WILHELM RIBHEGGE

EUROPA – NATION – REGION

WILHELM RIBHEGGE

EUROPA – NATION – REGION

PERSPEKTIVEN DER STADT- UND REGIONALGESCHICHTE

WISSENSCHAFTLICHE BUCHGESELLSCHAFT
DARMSTADT

Die Deutsche Bibliothek – CIP-Einheitsaufnahme

Ribhegge, Wilhelm:
Europa – Nation – Region: Perspektiven der
Stadt- und Regionalgeschichte /
Wilhelm Ribhegge. – Darmstadt: Wiss. Buchges.,
1991
ISBN 3-534-11642-9

Bestellnummer 11642-9

Gedruckt auf säurefreiem und alterungsbeständigem Werkdruckpapier
Gesamtherstellung: Wissenschaftliche Buchgesellschaft, Darmstadt
Printed in Germany
Schrift: Linotype Times, 9.5/11

ISBN 3-534-11642-9

INHALT

VORWORT

„Der Begriff ‚Europa' war uns lieb und teuer, etwas unserm Denken und Wollen Natürliches. Es war das Gegenteil der provinziellen Enge, des bornierten Egoismus, der nationalistischen Roheit und Unbildung, er meinte Freiheit, Weite, Geist und Güte. ‚Europa' das war ein Niveau, ein kultureller Standard."
(Aus einer Rundfunkrede Thomas Manns, die vom BBC, London, im Rahmen des Programms für deutsche Hörer während des Zweiten Weltkriegs im August 1942 gesendet wurde.)

Wissenschaftler haben intellektuelle Traditionen, an denen sie sich orientieren. Deutsche Historiker neigten je nach Einstellung zu Hegel oder Ranke, zu Marx oder Burckhardt, nicht wenige zu Treitschke. In der Gegenwart gilt Max Weber als das bevorzugte Vorbild. Auffallend ist, daß diese geistige Ahnengalerie sich auf Personen des 19. und 20. Jahrhunderts beschränkt. Der Schluß liegt nahe, daß auch die Mentalitäten, die die Arbeiten der Historiker prägten und prägen, die des 19. und frühen 20. Jahrhunderts geblieben sind. Aber bedeutet dies nicht eine freiwillige Einengung und Verkürzung der historischen Perspektive?

Die Anregung, sich an Beda Venerabilis (673–735) zu erinnern, mag zunächst verblüffen. Der Themenkreis „Europa – Nation – Region" legt es nahe, sich diesen angelsächsischen Mönch und Gelehrten ins Gedächtnis zu rufen, der fast sein ganzes Leben in dem Kloster von Jarrow in der Nähe der nordenglischen Städte York und Durham verbrachte, fast am Rande der damaligen Welt. Er war geprägt von der klösterlichen Gemeinschaft, die ihn lehren und forschen ließ. Beda beeinflußte Alkuin, der von York an den Hof Karls des Großen ging und dort die Anfänge des europäischen Bildungswesens im Mittelalter begründete. Über sich selbst schrieb Beda: „Ich habe mein ganzes Leben in diesem Kloster verbracht und mich ganz dem Studium der Schriften zugewandt. Und während ich die klösterliche Regel befolgte und täglich in der Kirche die Psalmen sang, war es mir immer eine Freude, zu studieren, zu lehren und zu schreiben."

Diese Sätze Bedas stehen am Schluß seiner berühmten ›Kirchengeschichte des englischen Volkes‹, die dieser frühe Schutzheilige der europäischen Gelehrten 731 fertigstellte. Von der Lektüre des Buchs, in der Übersetzung von Sherley-Price aus dem Lateinischen ins Englische in die Reihe der Penguin Classics aufgenommen und seit einigen Jahren auch in der lateinisch-deutschen Ausgabe von Günter Spitzbart in der Wissenschaftlichen Buchgesellschaft greifbar, geht noch heute eine eigenartige Faszination aus.[1] Beda berichtet im Detail und im Überblick über die Geschichte Englands seit der Eroberung durch die Römer unter Cäsar, über die spätere Eroberung der Insel durch die vom Kontinent herübergekommenen Angeln, Sachsen und Jüten und schließlich über die weitere Geschichte des englischen Volkes bis zu seiner eigenen Gegenwart. Er schreibt in klaren Konturen, in einem präzisen Stil und in knapp gehaltenen, nicht ausschweifenden Kapiteln. Doch entwickelt er diese nationale Geschichte nicht gleichsam aus sich selbst heraus, vielmehr gewinnt sie ihr Profil erst aus der ständigen Konfrontation mit der europäischen Geschichte, zunächst in ihrer Prägung durch die Römer und die römischen Kaiser, später durch die christliche Kirche und die römischen Päpste, die Missionare nach England schickten. So ist diese ›Historia ecclesiastica gentis Anglorum‹, wie schon der Titel erkennen läßt, bipolar angelegt: im Spannungsbogen eines Gegensatzes, der allerdings nicht trennt, sondern verbindet. Dabei ist diese Geschichtsschreibung insgesamt eher pragmatisch, ja nüchtern gehalten. Man spürt wohl die Sorgen des Mönchs, der erfreut registriert, wenn die Lebensverhältnisse endlich einmal etwas friedlicher werden. Aber das geistliche Motiv ist nicht ständig dominant. So ist beispielsweise das Konzept einer Geschichtstheologie, anders als in der späteren Geschichtsschreibung des Mittelalters, dieser „englischen Geschichte" fremd.

In Bedas Buch finden sich zwei eindrucksvolle Szenen, die beide das Verhältnis von Nation und Europa – in dem damaligen historischen Kontext von angelsächsischem Volk und christlicher Kirche – aufgreifen und variieren. Sie erweisen sich als Schlüsselszenen. In beiden Fällen handelt es sich bezeichnenderweise jeweils um eine Versammlung, um beratende Gremien, die einen Beschluß herbeiführen. Als König Edwin, umworben von den christlichen Missionaren, zögert, den neuen Glauben anzunehmen, berät er sich mit den Adeligen. Einer von ihnen gibt folgendes zu bedenken: Gleiche nicht das gegenwärtige Leben jenem Vorgang, bei dem der König im Winter mit seinem Gefolge beim Mahl in einer Halle sitzt, in der ein Feuer brennt, während draußen die Stürme toben, und Schnee und Regen fällt: Ein Sperling durchfliegt die Halle. Er kommt durch die eine Tür und verläßt sie durch die andere. Entspreche dies Bild nicht dem eigenen Leben? Es sei kurz. Was ihm vorhergehe und was ihm folge, wisse niemand. Die neue Lehre aber habe darauf eine Antwort. Die Versammlung, berich-

[1] Bede, A History of the English Church and People. Translated and with an Introduction by Leo Sherley-Price. Revised by R. E. Latham (The Penguin Classics), Harmondsworth 1968; Beda der Ehrwürdige, Kirchengeschichte des englischen Volkes, übersetzt von G. Spitzbart (Texte zur Forschung Bd. 34), 2 Bde., Darmstadt 1982.

tet Beda, nahm daraufhin die neue Lehre an, und der heidnische Priester zerstörte eigenhändig die alten Altäre: Man gibt die fraglich gewordene Identität der überkommenen partikularen Gemeinschaft auf und schließt sich der überzeugenderen Botschaft der neuen, größeren Gemeinschaft an.

Die zweite Szene bewegt sich um ein nur scheinbar harmloses Problem, nämlich um den richtigen Termin des jährlichen Osterfestes. England ist inzwischen christlich geworden. Doch streiten sich die einheimischen keltischen Christen mit den eingewanderten Angelsachsen um das Datum des Osterfestes. Auch hier geht es neben den möglicherweise ethnischen Differenzen wieder um die Frage der Erhaltung partikularer, regionaler Traditionen oder der Übernahme des römischen, des europäischen Modus der Berechnung des Osterfestes, also um die Alternative insularer Abkapselung oder der Einbindung in die Gebräuche der universalen, europäischen Lebensgemeinschaft. Nach dem Bericht Bedas berief König Oswy eine Synode nach Whitby ein. Die Anhänger des keltischen Brauchs behaupteten dort, die Regel des „Lieblingsjüngers Jesu“, des Johannes, zu befolgen, die angelsächsischen Anhänger des römischen Brauchs wiesen darauf hin, daß ihr Ostertermin von allen Völkern mit Ausnahme, so heißt es etwas abfällig, einiger Schotten, Briten und Iren auf einer abgelegenen Insel, also eben der Kelten, befolgt werde. Schließlich sei Petrus, aber nicht Johannes, die Schlüsselgewalt im Himmel und auf Erden verliehen worden. Das letztere Argument gab auf der Synode den Ausschlag. In Whitby entschied man sich für Rom.

So einigte man sich im frühen Mittelalter auf Europa. Offensichtlich hat Beda diesen Streit und seinen Abschluß deswegen so ausführlich geschildert, weil er sich der geschichtlichen Tragweite der Entscheidung bewußt war. Es ging nicht nur um die Frage eines liturgischen Datums, sondern auch um die Frage der kulturellen Identität. Beda ist noch heute anregend, weil er für seine Zeit das Spannungsmoment Europa – Nation – Region in seiner Geschichtsschreibung erfaßt hat. Man mag ihm aus heutiger Sicht vorhalten, seine Geschichtsschreibung sei „narrativ“ und es mangele ihr an einer reflektierten Theorie. Aber ist eine Erzählung eigentlich keine „Theorie“?[2]

[2] Eine knappe Würdigung Bedas gibt M. D. Knowles: „Die herrlichste Blüte dieses Zeitalters war Beda, Mönch von Jarrow. Als typischer Vertreter ragte er über seine Zeitgenossen hinaus durch seine Schriften über Chronologie; in seinen Bibelkommentaren gab er der wörtlichen Auslegung Vorzug vor der allegorischen; in seinen letzten Lebensjahren schrieb er seine Kirchengeschichte. Durch die Verwendung von Dokumenten und durch Quellenkritik, mit seinem geistvollen Erzählstil und durch sein reines, idiomatisches, unrhetorisches Latein steht er einzig da. Sein Werk ist die wertvollste historische Schrift des Westens zwischen dem silbernen lateinischen Zeitalter und der italienischen Renaissance.“ (M. D. Knowles, Geschichte

Natürlich ist heute alles anders, und ein vergleichender Brückenschlag über die Jahrhunderte hinweg vom frühen Mittelalter bis zur Gegenwart wirkt etwas unvermittelt. Und doch, geht es nicht auch heute darum, einseitige, teils partikulare, teils nationale, teils europäische Fixierungen infolge überkommener historischer Mentalitäten des 19. und 20. Jahrhunderts zu überwinden, vorherrschende Geschichtsklischees, wenn auch nicht gänzlich aufzulösen, so doch zu relativieren, die geschichtlichen Bezüge längerfristig anzusetzen? Ist nicht das politisch-historische Weltbild, aus dem heraus wir denken, argumentieren, auch handeln, aus dem wir unsere Neigungen und Abneigungen beziehen, das uns in der Publizistik, in der politischen Rede und in Schul- und Lehrbüchern entgegentritt – nicht nur in Deutschland – bewußt und unbewußt bestimmten nationalen historischen Mentalitäten verhaftet?[3] Gerade die Tatsache, daß die politischen Veränderungen in Deutschland und Europa im Jahre 1989, als alle Welt an die Französische Revolution vor zweihundert Jahren erinnerte, die historischen und Geisteswissenschaften so unvorbereitet trafen, ist ein Beleg dafür.

Es soll in den folgenden Beiträgen nicht darum gehen, für eine Revision des vorherrschenden Geschichtsbilds zu kämpfen. Dergleichen Unternehmen wirken oft verkrampft. Das Anliegen ist behutsamer und zurückhaltender. Es geht um Anregungen und Sichtweisen, die neue oder andere Zugänge zur Verarbeitung und Aufarbeitung der Geschichte bieten können. Denn Geschichte ist kein Fixum, kein Kanon geheiligter Texte, Daten, Ereignisse und Methoden. Da sich die Geschichte als „Geschehen" ständig ändert, muß auch die „geschriebene Geschichte" immer wieder neu aufgearbeitet und fortgeschrieben werden. Hinzu kommt, daß sich ja nicht nur „die Geschichte" ändert, sondern sich vor allem die Menschen ändern, die sie betrachten, studieren und beurteilen. Damit ändert sich nicht alles, aber immer wieder ändert sich etwas. Manches, das in den folgenden Beiträgen gesagt wird, ist deshalb nicht immer neu oder gänzlich anders. Das wäre auch vielleicht nicht gut. Denn Kommunikation setzt Vertrautes voraus. Das Andersartige liegt vor allem in den Perspektiven, die hier aufgezeigt werden.

der Kirche Bd. II: Früh- und Hochmittelalter, Einsiedeln–Zürich–Köln 1971, S. 144.) – Zur historischen Rolle Bedas im europäischen Kontext: Philippe Wolff, L'éveil intellectuel de l'Europe (Histoire de la pensée europóeene 1), Paris 1971, S. 20–24; Michel Banniard, Genèse culturelle de l'Europe V^e^–VIIIe siècle, Paris 1989, S. 164–168.

[3] Vgl. dazu die kritischen Überlegungen Finkielkrauts zum permanenten Weiterwirken des Herderschen „Volksgeist"-Konzepts in moderner gedanklicher Gewandung bis in die Gegenwart: Alain Finkielkraut, La défaite de la pensée, Paris 1987. (Deutsch: Die Niederlage des Denkens, Reinbek bei Hamburg 1989.)

Wer kennt nicht Erasmus, nicht Luther? Aber seltsamerweise ist zum Beispiel der doch leicht zugängliche Briefwechsel zwischen Erasmus und Luther, der dem berühmten Auftritt Luthers auf dem Reichstag in Worms 1521 vorausging, bisher selten beschrieben worden: gleichsam ein deutsch-europäischer Briefwechsel.

Auch Thomas Mores ›Utopia‹ von 1516 besteht nicht nur aus dem einen Buch, das die bekannte Zukunftsvision entwirft – im Text selbst ist es übrigens eher ein Rückblick auf eine fiktive Vergangenheit –, sondern aus zwei „Büchern", wobei sich More in dem ersten Teil, den er der eigentlichen „Utopie" vorausschickte, sehr konkret, zeitgebunden und zeitkritisch mit der eigenen Gegenwart Englands und Europas Anfang des 16. Jahrhunderts auseinandersetzt. Und ist ›Utopia‹, liest man den Text genau, wirklich ganz „utopisch", oder zeigt nicht die äußere Beschreibung jener imaginären Insel erstaunliche geographische Ähnlichkeiten mit der Heimat des Autors, mit der Insel England? Beda und More haben übrigens etwas gemeinsam: Sie setzen sich in ihren Schriften, jeweils bezogen auf ganz unterschiedliche Fragen, Sichtweisen und vorgegebenen Tatsachen mit der Frage „Nation und Europa" auseinander. Beide sind Europäer, nationalbewußte Europäer gewissermaßen.

Die Interpretation der ›Utopia‹ in diesem Band macht deutlich, daß More weniger an eine Blaupause für eine visionäre Zukunftsgesellschaft dachte, sondern daß er sich als ein kritischer Betrachter in einer Zeit des Umbruchs darüber Gedanken machte, wie die drängenden Probleme des politischen, gesellschaftlichen und kulturellen Lebens seiner Gegenwart gelöst werden könnten. ›Utopia‹ ist ein Gedankenspiel mit einem ausgeprägten Sinn für historische Ironie, kein Parteiprogramm, eher schon ein Paradoxon.

Die Frage, wie in bestimmten, historisch vorgegebenen Situationen das Problem des politischen, gesellschaftlichen und kulturellen Zusammenlebens gelöst wurde, oder wie man zumindest versuchte, es zu lösen, durchzieht wie ein roter Faden sämtliche zehn Beiträge dieses Bandes, so unterschiedlich sie im einzelnen angelegt sind. Seine Einheit besteht bewußt nicht in einer bestimmten Zeit oder Periode, auch nicht in einem exakt zu umschreibenden geographischen Raum. Europa, Nation und Region sollen nicht als Fixum verstanden werden. Ebensowenig ist eine erschöpfende thematische Abhandlung beabsichtigt. Ja, sie ist nicht einmal unbedingt erstrebenswert.

In mehreren Beiträgen geht es um die Stadt und die Städte. Damit stellt sich das Problem der Urbanität der Lebensformen in Europa. Die Urbanität wurde von den Humanisten des 15. und 16. Jahrhunderts im Rückgriff auf die Antike wiederentdeckt. Dieser Vorgang ist insbesondere in den Schriften des Erasmus von Rotterdam greifbar. Sicherlich hängen Urbanität und ein Sinn für Geschichtlichkeit, der die Gegenwart relativiert, zusammen. Der Ort des Studiums der Geschichte und der Geschichtsschreibung, die ja irgendwo gedruckt werden muß, ist heute in der Regel die Stadt, so wie es noch für Beda in der rauhen Umwelt Europas im frühen Mittelalter das abgeschlossene und geschützte Kloster und dessen Schreibstube war. Schließlich haben in der europäischen Geschichte Stadt und Universität manches gemeinsam: Sie sind Einrichtungen, Organisationen, Lebensformen, die beide im europäischen Mittelalter entstanden und die bis zur Gegenwart eine gewisse Kontinuität bewahrt haben. Sie leben meist in einer Symbiose miteinander. In der Stadt und in der Universität – wie in den Kirchen – haben sich über viele historische Brüche, Veränderungen und auch Verirrungen hinweg europäische Traditionen bis in die Gegenwart behauptet. Dies trifft zu, auch wenn sich die meisten Städter und Akademiker heute dieser Tatsache offensichtlich nicht recht bewußt sind. Insbesondere die Städte verkörpern sichtbar und unmittelbar präsent die Gleichzeitigkeit des Ungleichzeitigen, die die Geschichtlichkeit und Faszination Europas bis zur Gegenwart ausmacht. Aber das bedeutet nicht, daß die europäische Geschichte nur ein Objekt historisch-ästhetischer Betrachtung wäre. Manche Beiträge dieses Bandes zeigen nicht nur sympathische Züge der Geschichte auf. Das letzte Kapitel des Buchs über die deutsche Kommunalgeschichte seit 1918 greift ein Thema auf, das vorübergehend oder dauerhaft wieder in das öffentliche Bewußtsein trat, als die Städte und die städtischen Gemeinschaften, darunter auch die kirchlichen, bei dem Zusammenbruch der DDR und der deutschen Einigung für viele ganz unerwartet eine zentrale Rolle spielten. Es betrifft das Problem Stadt und Nation in der deutschen Geschichte. Es würde sich lohnen, diesen Gegenstand noch intensiver, auch in anderen Epochen der deutschen Geschichte, zu studieren.

Historische Auseinandersetzungen und Kämpfe stehen im Mittelpunkt der beiden jeweils ganz unterschiedlich gelagerten Darstellungen über die Gründung der neuen Nationalstaaten Lettland und Estland 1918/19 und über das Verhältnis von Schwerindustrie, Politik und Gewerkschaften an der Ruhr im 19. und 20. Jahrhundert. In beiden Fällen geht es um die Bewältigung komplexer und auch komplizierter, aus der Vergangenheit überkommener politischer und gesellschaftlicher Probleme. Politik erscheint hier nicht nur als Macht und Machtausübung, wie es Max Weber definierte, oder als abstrakter Entscheidungsvorgang, sondern als sinnvolles Handeln, um in kritischen Situationen gangbare Lösungen des Zusammenlebens zu verwirklichen. In dem Fall des Baltikums handelt es sich um die Entstehung der neuen Staaten Lettland und Estland, deren nationale Bewegungen in das 19. Jahrhundert zurückreichen. Die Ereignisse spielten sich am Ausgang des Ersten Weltkriegs zwischen den beiden Revolutionsländern Deutschland und Sowjetrußland ab. Die baltischen Länder ergriffen die Chance, kleine, eigenständige Nationalstaaten zwischen den niedergeworfenen Großmächten zu gründen, ein äußerst interessantes, heute weithin vergessenes Kapitel, fast am Rande der europäischen Geschichte. Es gibt viele Gründe, wieder daran zu erinnern.

Bei dem anderen Fall der politischen Geschichte der Ruhrindustrie geht es scheinbar um innenpolitische Probleme. Tatsächlich aber greift die Geschichte der Ruhrindustrie, wie es unter anderem die Gründung der europäischen Montanunion 1951, der Vorläuferin der späteren Europäischen Gemeinschaft, zeigt, weit über das Regionale und Nationale hinaus. Sozialgeschichtlich geht es dabei um die Bewältigung und Beendigung eines Klassenkampfs, der die Geschichte der Ruhrindustrie im 19. und 20. Jahrhundert prägte und der erst nach der Auflösung Preußens, der Schaffung des neuen Landes Nordrhein-Westfalen und der Gründung der Bundesrepublik durch die Verabschiedung des Mitbestimmungsgesetzes von 1951 beendet wurde. Die Einführung der Mitbestimmung für die deutsche Montanindustrie ist bisher selten unter diesem übergreifenden Aspekt gewürdigt worden. Die Umwandlung der frühen Zechengelände und Industrieanlagen in Industrieparks läßt leicht vergessen, daß unter der Oberfläche dieser geschönten Landschaft ein enormes historisches Konfliktpotential begraben liegt, das das Leben, ja man muß hier schon sagen, das Schicksal, von mehreren Generationen, bestimmte. Auch das gehört zu unserer Geschichte, und es wäre nicht gut, die Erinnerung daran zu verdrängen. Bewußt wurde in diesem Beitrag über die politische Geschichte der Ruhrindustrie aus den entsprechenden Protokollen der Parlamente zitiert: des kaiserlichen Reichstags, des Reichstags der Weimarer Republik sowie des Deutschen Bundestags. Daran wird deutlich, wie eng in diesem Fall Region, Nation und Europa verzahnt waren und sind. Zudem wird hier ein Moment der Kontinuität parlamentarischer Traditionen sichtbar, über die Zäsuren von 1918 und 1945 hinweg.

Ein gewisser Schwerpunkt der Beiträge dieses Bandes liegt bei dem Land Nordrhein-Westfalen. Nordrhein-Westfalen gilt allgemein als ein politisch-historisches Kunstgebilde. Aber auch hier stellt sich die Frage der Perspektive. Denn Rheinland und Westfalen haben jeweils eine viele Jahrhunderte umfassende Geschichte, häufig auch eine gemeinsame Geschichte. Sie läßt sich bis weit in das Mittelalter zurückverfolgen. Von daher schließt sich der Kreis. Die Grundlagen einer Verwaltung wurden erstmals zur Zeit Karls des Großen in dieser historischen Landschaft gelegt. Die damals um 800 errichteten Bistümer waren weit mehr als kirchlich-religiöse Einheiten. Es handelte sich um die erste, die Regionen übergreifende Verwaltung dieser Landesteile überhaupt. Die meisten der Kirchen und Bistümer, die damals geschaffen und organisiert wurden, bestehen noch heute, nach fast 1200 Jahren, natürlich nicht deren ursprüngliche Gebäude. Um schließlich noch ein Moment historischer Ironie einzubringen: Schon Beda Venedrabilis war das heutige Land Nordrhein-Westfalen, zumindest seine Geographie, nicht fremd. Er berichtet in seiner englischen Geschichte, daß der friesische Bischof Suitbert, der sich in England zum Bischof hatte weihen lassen, am Schluß seines Lebens um 700 ein Benediktinerkloster auf der Rheininsel Kaiserswerth, damals „In Litore", also „Am Ufer" genannt, gründete. Der fränkische König Pippin habe ihm auf die Fürsprache der Königin Plectrudis die Insel übergeben. Kaiserswerth bei Düsseldorf ist heute keine Insel mehr, aber immer noch mit den Ruinen seiner mittelalterlichen Kaiserpfalz ein Ort historischer Ausstrahlung: Geschichte hat einen langen Atem.

Möglicherweise wird der Beitrag über „Nordrhein-Westfalen als historische Landschaft" Widerspruch oder Irritation auslösen, weil er von geläufigen geschichtlichen Vorstellungen abweicht. Sei das nicht, so mag man einwerfen, zu konstruiert, zu gewollt? Es fragt sich aber, ob solche Einwände nicht, eher unbewußt als bewußt, den gerade in der Bundesrepublik, insbesondere der „alten" Bundesrepublik bis 1990, vorherrschenden Präsentismus, die unhistorische Fixierung auf die Gegenwart, widerspiegeln. Der Umbruch, der sich inzwischen in Deutschland ereignet hat, regt an, sich neu zu orientieren und in weitergreifenden historischen Bezügen zu denken. Es kommt nun einmal vor, daß Gedanken von gestern, die nur aus dem „Heute" lebten, offensichtlich obsolet werden, weil sie allzusehr einem bestimmten zeitlichen Milieu verhaftet waren. So erweisen sich im nachhinein manche einmal zeitgemäße Gedanken und Konzeptionen als lediglich mentale Moden: Man kleidete sich mit Gedanken, so wie man sich eine Frisur, ein Kleid oder eine Krawatte zulegt. Später wird man dessen überdrüssig.

Einzelne Beiträge dieses Bandes sind kürzlich geschrieben worden, andere liegen schon einige Jahre zurück. Sie alle sind nicht zeitlos, aber hoffentlich auch nicht modisch. Wenn sie als Anregungen aufgenommen und verstanden werden, haben sie ihren Zweck erfüllt. – Für Hilfe beim Lesen der Korrekturen danke ich Anne-Kathrin Kalisch und Jürgen Simon.

Münster, im Mai 1991 W. R.

ERASMUS: EUROPA ALS LEBENSFORM*

Erasmus' Löwener Korrespondenz mit und über Martin Luther 1519/20

Ich möchte mit etwas nüchternen, ja ernüchternden Überlegungen beginnen. Europa wird heute als etwas Positives, als etwas Verbindendes, ja als etwas ungemein Friedliches verstanden. Das ist aber nicht selbstverständlich, und zumal in den politischen Denktraditionen der deutschen Geschichte war dies nicht immer der Fall.[1] Es hat Zeiten gegeben, da war Europa primär ein geopolitischer oder geographischer Begriff, zumal in Deutschland. Noch heute kann man sich gelegentlich nicht des Eindrucks erwehren, daß manche Politiker und Journalisten, wenn sie von Europa sprechen, dabei keineswegs an kulturelle, geistige oder auch politische Traditionen denken, sondern tatsächlich mehr an die Geographie oder, wenn es hoch kommt, an wirtschaftliche Potenzen. So gesehen, hat auch das Stichwort „europäischer Binnenmarkt" etwas ungemein Banales an sich. Denn einen gemeinsamen europäischen Markt hat es, wenn auch nicht politisch organisiert, schon seit Jahrhunderten gegeben. Bereits im späten Mittelalter trieb man Ochsen von Dänemark quer durch Europa, um sie zu vermarkten.

Gleichsam um nachdenklich zu stimmen, möchte ich auf ein historisches Ereignis eingehen, das mit dem Thema ›Erasmus: Europa als Lebensform‹ scheinbar gar nichts zu tun hat, in einer tiefergehenden historischen Perspektive aber doch: der sogenannte Brand von Löwen im August 1914. Als damals die deutschen Truppen Belgien überrannten, um gegen Frankreich vorzustoßen, hatte der deutsche Generalstab, der sich diesen völkerrechtswidrigen Überfall auf Belgien ausgedacht und danach durchgeführt hatte, auch ein Europakonzept, nämlich ein strategisches. In diesem strategischen Denken spielten Menschen, ihre Traditionen, ihre Gebräuche, Lebensverhältnisse und historischen Lebensformen überhaupt keine Rolle. Europa erschien als Schachbrett mit austauschbaren Figuren. Als in Belgien trotz der deutschen Übermacht vereinzelt ziviler Widerstand gegen die deutschen Eroberer auftauchte, entschloß sich das deutsche Militärgouver-

* Vortrag vor der Thomas-Morus-Gesellschaft am 24. November 1990.

[1] Dazu generell: Gordon A. Craig, Geschichte Europas 1815–1980, München 1984.

nement in Brüssel, zur Abschreckung der belgischen Bevölkerung ein Exempel zu statuieren. Drei belgische Städte wurden zerstört, darunter auch vom 25. August 1914 an die Stadt Löwen, eines der historischen Schmuckstücke des katholischen Belgien. Barbara Tuchman hat diesen Vorgang in ihrem Buch ›August 1914‹ in einem eigenen Kapitel eindrucksvoll beschrieben.[2] Ein Opfer dieses Brands wurde auch die 1426 gegründete Universitätsbibliothek von Löwen mit ihrer Sammlung von 230000 Bänden, 750 mittelalterlichen Handschriften und über 1000 Inkunabeln, also Erstdrucken von Büchern seit der Erfindung der Buchdruckerei bis zum Jahre 1500. Das Ereignis löste einen weltweiten Protest aus. Der französische Schriftsteller Rolland schrieb an Gerhard Hauptmann: „Stammt Ihr von Goethe ab oder vom Hunnenkönig Attila?" Die Wirkung dieses Ereignisses von Löwen in der Presse der neutralen Länder einschließlich der USA war verheerend. Jetzt entstand das Deutschlandbild von den Hunnen und Barbaren. Der deutsche Zentrumspolitiker Matthias Erzberger, der damals für die Auslandspropaganda zuständig war, stellte fest, die Vorgänge in Belgien hätten „nahezu die ganze Welt gegen Deutschland" aufgebracht.

Erzberger, einer der führenden katholischen Politiker des damaligen Deutschland, war zu Beginn des Krieges Annexionist. Später änderte er seine Haltung grundlegend. Seit 1917 kämpfte er – allerdings vergeblich – für die Wiederherstellung Belgiens, und er wurde zum eigentlichen Initiator der Friedensresolution des Deutschen Reichstags vom Juli 1917, die eine Beendigung des Krieges und eine Verständigung mit den bisherigen Kriegsgegnern verlangte. Erzberger brachte auch das Bündnis zwischen dem katholischen Zentrum, den Sozialdemokraten und den Linksliberalen bei der Friedensresolution zustande, aus dem später die Weimarer Koalition, die Weimarer Demokratie und die Weimarer Verfassung von 1919 hervorgingen. Erzberger hat, gleichsam in einem historischen Bußgang, am 11. November 1918 den Waffenstillstand unterzeichnet und sich einige Monate später in der Nationalversammlung mit seiner Fraktion dafür stark gemacht, den als schmählich empfundenen Versailler Friedensvertrag zu unterzeichnen. Erzberger ist ein exemplarisches Beispiel, wie sich ein deutscher Politiker von einem Nationalisten zu einem Europäer wandelte, der, wie auch die Sozialdemokraten, mit denen er zusammenarbeitete, nach dem Krieg ernsthaft eine Politik der europäischen Verständigung unter den Völkern im Osten wie im Westen einleiten wollte. Damit zog er sich den Zorn der extremen nationalen Rechten zu. Indirekt hängt damit auch das Attentat von 1921 zusammen, dessen Opfer er wurde.[3] Es war keineswegs

[2] Barbara Tuchman, August 1914. Der Ausbruch des Ersten Weltkriegs, Bergisch Gladbach 1981, S. 365–382.

[3] Klaus Epstein (Matthias Erzberger und das Dilemma der deutschen Demokra-

immer leicht, in Deutschland Europäer zu sein. Man sollte das nicht einfach vergessen. Damit kommen wir nun allmählich wieder zu unserem eigentlichen Thema zurück.

Unmittelbar nach dem Ersten Weltkrieg im Jahre 1919 erschien das Buch von Johan Huizinga ›Herbst des Mittelalters‹,[4] das gerade jene Welt einfühlsam und faszinierend beschreibt, die die deutschen Militärs mit dem Brand der Bibliothek von Löwen zu zerstören versucht hatten: die aus dem Mittelalter überlieferte Kultur und Geschichtlichkeit Europas. Im Mittelpunkt dieses Buchs steht die spätmittelalterliche Welt, stehen insbesondere die Niederlande, also das heutige Holland und Belgien, die damals in dem Herzogtum Burgund zusammengefaßt waren. Huizinga verwendet ausdrücklich den Begriff der „Lebensformen“: Genau dies ist die Welt, der Erasmus von Rotterdam entstammte, die ihn geprägt hatte und der er, wenngleich einer der eindrucksvollsten Europäer der Neuzeit, zeitlebens verbunden blieb. Eine der Schriften des Erasmus, die ›Institutio principis christiani‹ von 1516, eine Art politischer Theorie, so könnte man sagen, ist dem damaligen 16jährigen Herzog von Burgund, dem späteren Kaiser Karl V., gewidmet.[5] Erasmus hat sich häufig in Löwen aufgehalten, das durch sein Dreisprachenkolleg in ganz Europa berühmt war. Die Geschichte der Städte ermöglicht es manchmal, so in diesem Fall bei Löwen, historische Verbindungslinien über Jahrhunderte zu ziehen, die zum Nachdenken anregen.

Allerdings sind die Welten in Europa um 1914 natürlich von denen um 1516 grundlegend verschieden. Ich möchte deswegen noch ein weiteres Hilfsmittel heranziehen, um den Konnex über 400 Jahre, ja, von heute aus

tie, Frankfurt a. M.–Berlin–Wien 1976, am. [1]1959) beschreibt die Wandlung Erzbergers zum Christlichen Demokraten. Die Studie ist nach wie vor eine der besten politischen Biographien zur deutschen Geschichte des 20. Jahrhunderts. Zur Rolle Erzbergers bei der Entstehung der Friedensresolution des Deutschen Reichstags vom 19. Juli 1917: Wilhelm Ribhegge, Frieden für Europa. Die Politik der deutschen Reichstagsmehrheit 1917/18, Essen 1988.

[4] Johan Huizinga, Herbst des Mittelalters. Studien über Lebens- und Geistesformen des 14. und 15. Jahrhunderts in Frankreich und in den Niederlanden, hrsg. v. Kurt Köster, Stuttgart 1975 (holländisch [1]1919).

[5] Institutio principis christiani/ Die Erziehung des christlichen Fürsten, in: Erasmus von Rotterdam, Ausgewählte Schriften, Ausgabe in acht Bänden lateinisch und deutsch, Bd. 4, übers. u. eingel. von Gertraud Christian, Darmstadt 1968, S. 111–357. – Diese Studienausgabe enthält eine Auswahl der bekanntesten Schriften des Erasmus, darunter das ›Lob der Torheit‹ (Laus Stultitiae), das Enchiridion (Enchiridion militis christiani), eine Auswahl aus den Colloquien (Colloquia familiaria), den ›Ciceronianus‹ und die Kontroverse mit Luther in der Schrift über den „freien Willen“ (De libero arbitrio) und ›Hyperaspistes‹ als Antwort auf Luthers Gegenschrift über den „unfreien Willen“ (De servo arbitrio).

gesehen, über 475 Jahre herzustellen. Mit dem Stichwort „Europa" ist natürlich gleichzeitig ein zweites Stichwort gegeben, das der „Nation". Nation und Europa sollen auch gewissermaßen das Leitthema der folgenden Überlegungen sein. Diese Vorüberlegungen scheinen mir notwendig zu sein, um einen Trugschluß zu vermeiden, der vielleicht naheliegen mag und bestimmten, gerade in Deutschland weit verbreiteten politisch-historischen Stimmungslagen sehr entgegenkommt. Ich meine das Problem der sog. historischen Identitätsstiftung.[6] Ich halte nicht sehr viel, genauer gesagt gar nichts von irgendeiner deutschen oder auch europäischen Identitätsstiftung. Dahinter steht immer eine erschreckende Verharmlosung und Vereinfachung der historischen Komplexizität. Das kann harmlos, aber es kann auch riskant sein. Der Übergang von einer deutschen Identität über den deutschen Nationalcharakter zu einem deutschen Nationalismus aggressiver Art kann, wie die Geschichte zeigt, fließend sein. Und wenn man nun versucht, die Nation einfach durch Europa auszutauschen, kommt man im Grunde genommen auch nicht viel weiter. Denn zu einer historischen europäischen Identität würde dann auch die Expansion zählen, der Kolonialismus, der wirtschaftliche, politische und militärische Imperialismus. Heutige Historiker aus Lateinamerika, Afrika oder Asien werden die Rolle der Europäer im 18., 19. und 20. Jahrhundert sicherlich nicht nur positiv bewerten.

Andererseits wird man, um einen ganz anderen Aspekt einzubringen, sich gelegentlich fragen müssen, wenn man beobachtet, wie intensiv die Forschungen beispielsweise über Erasmus und Thomas Morus an amerikanischen Universitäten sind, jedenfalls verglichen beispielsweise mit den deutschen, ob nicht – gelegentlich – an den Hochschulen der USA mehr europäischer Geist zu finden ist als bei uns in Deutschland. Es genügt ein Blick in die Vorlesungsverzeichnisse deutscher Hochschulen: Erasmus oder Thomas Morus wird man dort nur selten und wenn, nur ganz am Rande erwähnt finden. So sind beispielsweise auch die deutschen Historiker an den Schulen wie an den Hochschulen nach wie vor immer noch sehr stark auf die deutsche Geschichte fixiert. Man sieht das sofort an den entsprechenden Lehr- und Schulbüchern. Zwar ist die politische Nationalgeschichte in der letzten Zeit weitgehend durch die sogenannte historische Sozialwissenschaft verdrängt worden, aber dadurch entsteht auch noch keine Vertrautheit mit den Traditionen, Bewegungen, geistigen und auch religiösen Entwicklungen Europas. "European Studies", wie sie in den historischen Curricula angelsächsischer Hochschulen üblich sind, sind an deutschen Hochschulen kaum bekannt. Dabei käme es gerade jetzt,

[6] Zur Problemstruktur Europas und seiner Ideologien im 20. Jahrhundert kritisch und anregend: Paul Johnson, A History of the Modern World from 1917 to the 1980s, London 1984.

auch in der jetzigen deutschen Situation, darauf an, deutsche und europäische Geschichte zu kombinieren: in den Studienordnungen der Hochschulen ebenso wie in den Lehrplänen der Schulen.[7] Der Sommerurlaub an den Küsten Spaniens oder Italiens ist noch kein Ersatz für eine historisch geprägte europäische Bildung. Jedenfalls, um den Punkt der sogenannten Identitätsstiftung abzuschließen, es gibt zwischen der Welt und der Geschichte Europas im 20. Jahrhundert und der Welt und der Geschichte Europas im 15. und 16. Jahrhundert, jener Welt, in der sich Erasmus von Rotterdam und Thomas Morus bewegten, mehr Trennendes als Gemeinsames.

Übrigens taucht auch das Wort „Europa" selbst in den Schriften Morus' wie Erasmus' so gut wie gar nicht auf. Europa war für sie die Welt schlechthin. Sicherlich war die Utopie des Thomas Morus indirekt von den Entdekkungen in Übersee beeinflußt. Die Reisen Vespuccis werden ja in dem Vorwort der ›Utopia‹ erwähnt. Die Bedrohung der europäischen Welt durch das Vordringen der Türken seit dem Fall Konstantinopels 1453 taucht in den Schriften von Morus und Erasmus als Bezugspunkt auf. Aber im Grunde genommen ist die europäische Lebenswelt selbst in dem zerrissenen Zustand, in dem sie sie gegen Ende ihres Lebens, also um 1535/1536, erlebten, die schlichtweg vorgegebene. Der englische Historiker Hale hat in seinem Buch ›Renaissance Europe‹ darauf hingewiesen, daß das große, erregende Thema der europäischen Schriftsteller jener Zeit, der Humanisten, nicht die überseeischen Entdeckungen waren, die in ihrem Bewußtsein einen relativ peripheren Platz einnahmen, sondern die Entdeckung und die Wiederentdeckung der Antike.[8] Sie wurden Europäer, ohne sich dessen ganz bewußt zu sein, indem sie mit einer Begeisterung die antiken Autoren lasen, die griechischen und die römischen, die heidnischen und die christlichen, wie wir vielleicht einmal früher Abenteuerromane gelesen haben. Man kann sich das heute schlecht vorstellen, wenn man bedenkt, wie quälend sich oft der Latein- oder Griechischunterricht vollzieht, wenn er überhaupt noch an unseren Gymnasien und Gesamtschulen stattfindet.

Die Turbulenzen des 16. Jahrhunderts bleiben unverständlich, wenn man sich nicht vor Augen hält, welche zündende Kraft von der Lektüre lateinischer, griechischer, ja auch hebräischer Texte, in Löwen beispielsweise wurden alle drei Sprachen gelehrt, in den Köpfen der Humanisten und der Reformatoren ausging. Wenn man die Dynamik der Bewegung der Humanisten und der Reformatoren und ihre oft maßlose Kritik an dem überkommenen Schulbetrieb an den Universitäten Europas irgendwie veranschau-

[7] Als Beispiel sei auf die Reihe der ›Fontana History of Europe‹ verwiesen, die, auf 14 Bde. angelegt, die europäische Geschichte vom Mittelalter bis 1945 darstellt. Bisher sind 12 Bde. erschienen.

[8] J. R. Hale, Renaissance Europe 1480–1520, London 1971.

lichen will, so könnte man als einen halbwegs zeitgenössischen Vergleich wohl nur die studentische Rebellion an unseren Hochschulen seit 1968 heranziehen.[9]

Im November 1520 schrieb Erasmus aus Löwen einen Brief an Thomas More in London, in dem er von einem Streit mit Nikolaus von Egmont, dem Prior der Karmeliter in Löwen, berichtete.[10] Egmont hatte Erasmus in einer öffentlichen Predigt angegriffen, und Erasmus hatte sich daraufhin bei dem Rektor der Universität Löwen beschwert. Dieser lud die beiden Streitenden zu einer gemeinsamen Aussprache ein. Egmont wiederum beschwerte sich, daß Erasmus ihn in seinen Büchern lächerlich gemacht habe. Dieser antwortete, er habe ihn gar nicht erwähnt. Dagegen habe Egmont in aller Öffentlichkeit behauptet, er, Erasmus, begünstige Luther, worauf Egmont „wie ein Wilder" schrie: „Du bist derjenige, der das Ganze verursacht hat, Du bist ein Werwolf und ein gerissener Schurke, und es gibt nichts, was Du nicht mit einem Schweifwedeln entstellst." Erasmus ergänzte: „Und viele ähnliche Dinge spie er mehr aus, als daß er sagte, was immer seine gelbe Galle ihm da eingab." Niemals, erklärte Egmont, werde er aufhören gegen Luther zu donnern, bis er ihn erledigt habe. „Ich antwortete, daß er meinetwegen fortfahren könne zu donnern, bis er sein Gedärm zersplisse, solange er nicht über mich keife; und daß ich mich nicht über sein Brüllen gegen Luther, sondern gegen mich beschwere, und er damit fortfahren könne, wenn ihm das so sehr am Herzen läge; doch werde er dadurch nichts gewinnen, es sei denn, sich zur Zielscheibe des Gelächters aller Gutwilligen zu machen. Denn ich hätte während seiner Predigten gesehen, daß alles weit und breit lachte."

Egmont hielt Erasmus vor, daß er Briefe an Luther schreibe. Erasmus in seinem Bericht: „Als ich ihm erzählte, daß mir die Würde der Theologen am Herzen läge, warf er zurück ‚Überlaß diese Sorge uns; wir kümmern uns schon selbst um uns.' Als ich hinzufügte, daß das Verbrennen der Bücher Luthers ihn aus den Bibliotheken, nicht aber aus den Köpfen der Menschen entferne, gab er zurück: ‚Ha! Aus den Köpfen der Menschen; das ist, wohin Du ihn gebracht hast!'"

Offensichtlich hielt Erasmus diesen albernen Löwener Theologenstreit für wichtig genug, daß er darüber an Morus nach London berichtete. Tatsächlich war der Streit um Luther, der im Hintergrund stand, keineswegs nur ein theologischer Disput oder nur eine deutsche Angelegenheit – Lu-

[9] Vgl. Geoffrey R. Elton, Europa im Zeitalter der Reformation 1517–1559, München 1982.

[10] Die deutsche Übersetzung des Briefs an Thomas More findet sich in: Thomas Morus. Briefe der Freundschaft mit Erasmus, übers., eingel. u. komment. von Hubertus Schulte-Herbrüggen (Thomas Morus, Werke, Bd. 5), München 1985, S. 237–251.

ther brachte gerade in diesem Jahr 1520 seine drei berühmten Programmschriften ›An den christlichen Adel deutscher Nation‹, ›Von der Freiheit eines Christenmenschen‹ und ›Von der babylonischen Gefangenschaft der Kirche‹ heraus –, er war eben auch eine europäische Angelegenheit geworden.[11] Stefan Zweig hat viel später in seinem Buch ›Triumph und Tragik des Erasmus von Rotterdam‹ behauptet, Erasmus habe sich in diesem Streit um Luther sehr feige verhalten.[12] Dieses historische Urteil ist weder ganz fair noch eigentlich richtig, und es lohnt, bei den europäischen Implikationen der Beziehungen zwischen Erasmus und Luther zu verweilen, wobei, eigenartigerweise, immer wieder der Name der Stadt Löwen im Kopf der entsprechenden Briefe des Erasmus auftaucht.

Als Martin Luther 1517 seine bekannten 95 Ablaßthesen formulierte, kannte er natürlich eine Reihe der Schriften des damals bereits berühmten Erasmus. Insbesondere den 1516 von Erasmus herausgebrachten griechischen Text des Neuen Testaments. Obwohl er, wie alle, natürlich Erasmus bewunderte, ging er innerlich jedoch schon bald auf Distanz. So schrieb Luther im Januar 1518 an Spalatin, den Sekretär Friedrichs des Weisen von Sachsen: „Da habt Ihr zum Beispiel Erasmus, der dem heiligen Hieronymus diese Bedeutung in Theologie und Kirche öffentlich zuspricht und ihn allein gelten lassen will. Wenn ich nun meinerseits den heiligen Augustin gegen ihn ausspiele, so wird man meine Entscheidung nicht allein wegen meiner Zugehörigkeit zu seinem Orden leicht als ungerecht verdächtigen" – Luther gehörte dem Augustinerorden an –, „sondern wegen des verbreiteten und schon längst eingebürgerten Ausspruchs Erasmus' ‚es wäre die größte Schamlosigkeit, wolle jemand Augustin mit Hieronymus vergleichen'."[13]

Luthers Meinung über Erasmus ist also sehr früh bereits gespalten. Der Wirbel, den die 95 Thesen, nachdem sie in deutscher Sprache übersetzt überall verbreitet wurden, ausgelöst hatte, hatte Luther zunächst überrascht. Es kam zu der Diskussion mit dem Konvent seines eigenen Ordens, des Augustinerordens in Heidelberg, wo er vor allem auf jüngere Ordensmitglieder und jüngere Humanisten einen sehr starken Eindruck machte. Es kam zu der Aussprache mit dem päpstlichen Legaten Cajetan am Rande des Augsburger Reichstags 1518 und zu den öffentlichen Attacken Ecks aus Ingolstadt gegen Luther, die dann im Frühjahr 1519 zu der berühmten Leipziger Disputation zwischen Luther, Karlstadt und Eck führten, durch die

[11] Zu Luther in diesem Kontext: Roland H. Bainton, Martin Luther. Rebell für den Glauben, Göttingen 1980; Heiko A. Oberman, Luther. Mensch zwischen Gott und Teufel, München 1986.

[12] Stefan Zweig, Triumph und Tragik des Erasmus von Rotterdam, Frankfurt a. M. 1980 ([1]1934).

[13] Brief Luthers an Spalatin vom 18. Januar 1518, deutsch in: Luthers Briefe. Auswahl, übers. u. erl. von Reinhard Buchwald, Stuttgart 1956, S. 29f.

Luther eine bekannte Persönlichkeit des öffentlichen Lebens in Deutschland und bald auch darüber hinaus wurde. So unverhofft in das Rampenlicht der Öffentlichkeit gehoben, empfand Luther jetzt das Bedürfnis, sich an Erasmus zu wenden, wohl auch, um sich seines Wohlwollens zu versichern. Er schrieb ihm am 28. März 1519: „So oft plaudere ich mit Dir und Du mit mir, lieber Erasmus, unsere Zierde, unsere Hoffnung, und doch kennen wir uns gegenseitig noch nicht; ist dies nicht etwas ganz Seltsames? Doch nein, nicht etwas Seltsames, sondern etwas, was gewiß täglich vorkommt. Denn wen gibt es, dessen Herz Erasmus nicht ganz einnimmt, den Erasmus nicht belehrt, den Erasmus nicht beherrscht? Ich rede von denen, welche die Wissenschaft recht lieben. Denn ich freue mich sehr, daß unter die übrigen Gaben Christi auch die gerechnet wird, daß Du vielen mißfällst. Durch dieses Kennzeichen pflege ich die Gaben des gnädigen Gottes von denen des zürnenden zu unterscheiden.“ Sicherlich sei es töricht, daß er „einen so großen Mann, so unvorbereitet, ohne Ehrerbietung und ohne ehrende Einleitung gleichsam als einen ganz vertrauten Freund anspreche, ein Unbekannter den Unbekannten. Aber Du wirst das in Deiner Menschlichkeit entweder meiner Liebe oder meiner Unerfahrenheit zugute halten, der ich zwar mein Leben unter Sophisten zugebracht, aber doch nicht so viel gelernt habe, daß ich einen gelehrten Mann brieflich begrüßen könnte.“ Aus dem etwas unterwürfig gehaltenen Brief geht nicht ganz klar hervor, was Luther eigentlich will. Vielleicht ist das Entscheidende der folgende Satz: „Trotzdem duldet es weder der Anstand noch das Gewissen, diese Dankbarkeit nicht auch in Worten auszudrücken, besonders da auch mein Name bekannt zu werden beginnt, damit niemand meine, das Schweigen sei böswillig und sehr häßlicher Natur.“[14] Offensichtlich wollte Luther in der für ihn sehr angespannt gewordene Situation wissen, wie Erasmus zu ihm stehe.

Erasmus selbst hatte die 95 Thesen mit Sympathie registriert. So schrieb er am 17. Oktober 1518 aus Löwen an den Prior des Augustinerklosters in Erfurt, Johann Lang: „Ich sehe, daß die Monarchie des römischen Oberpriesters, so wie sie jetzt ist, eine Pest der Christenheit bedeutet; ihm schmeicheln in allen Stücken die Dominikaner, ohne jegliche Scham.“ Aber bereits in diesem Brief taucht eine erste Skepsis auf, ob die Theologen die berufenen Reformer der Kirche seien: „Und doch weiß ich nicht, ob es sich empfiehlt, dieses Geschwür offen zu berühren. Das wäre Aufgabe der Fürsten, aber ich fürchte, die stecken mit dem Papst unter einer Decke, da sie an der Beute teilnehmen.“ Und im Hinblick auf Ecks Herausforderung an Luther schrieb er: „Ich wundere mich, was Eck in den Sinn gekommen ist,

[14] Brief Luthers an Erasmus vom 28. März 1519, deutsch in: Martin Luther. Die Briefe (Luther Deutsch. Die Werke Martin Luthers in neuer Auswahl für die Gegenwart, hrsg. v. Kurt Aland, Bd. 10), Stuttgart 1959, S. 58–60.

gegen Eleutherius" – so nannte sich damals Luther – „einen Streit vom Zaun zu brechen?" Ironisch fügte er hinzu: „Doch welches Menschenherz bezwingst Du nicht, heiliger Hunger nach Ruhm?"[15] Bevor Erasmus den Brief Luthers an ihn beantwortete, wandte er sich brieflich an einige Persönlichkeiten in der Umgebung Luthers in Wittenberg. Am 14. April 1519 schrieb er an Friedrich den Weisen von Sachsen, also an den Landesherrn Luthers: „Vor kurzem sind einige Arbeiten Martin Luthers erschienen, zugleich ging das Gerücht, er habe übermäßig unter der Autorität des verehrten Kardinals Cajetan zu leiden." Erasmus sah in den Attacken gegen Luther auch sein eigenes Werk, das der Humanisten, also die Wiederbelebung der Wissenschaften, wie die Humanisten es nannten, gegenüber der Universitätsscholastik gefährdet. „Unaufhörlich surrte es in heiligen Reden vor dem Volke", so schrieb er an Friedrich, „in den Schulen, in kleinen Versammlungen, bei Gastmählern von nichts anderem als ‚Ketzerei und Antichrist!' Und in dieses häßliche Treiben mengten besonders bei den Weibern und dem ungelehrten Volk schlaue Menschen die Erwähnung der drei Sprachen, der Beredsamkeit und der schönen Wissenschaft, als wenn Luther auf diesen Schutz vertraute, oder diesen Quellen die Ketzereien entsprängen!" Dies alles sei für gewisse Leute, „die sich als Vorkämpfer der Theologie und Säulen der christlichen Religion betrachten, ein gefundenes Fressen".

Dann zu Luther selbst: „Luther ist mir vollkommen unbekannt, ich kann also nicht in den Verdacht kommen, ich begünstige einen Freund. Seine Schriften zu verteidigen ist ebenso wenig meine Aufgabe wie sie zu mißbilligen, ich habe sie bisher nur stellenweise gelesen. Sein Leben billigt ganz gewiß jeder, der ihn kennt. Jeglicher Verdacht auf Habsucht und Ehrgeiz liegt bei ihm fern. Dic Reinheit der Sitten findet infolge dessen selbst bei den Heiden Beifall. Wie wenig paßt es zur theologischen Milde, sofort, ohne auch nur ein Buch gelesen zu haben, so furchtbar gegen Namen und Ruf eines rechtschaffenen Mannes loszuziehen! Und das vor der unerfahrenen Menge, die gar kein Urteil besitzt! Zumal wohl Luther Sätze zur Disputation aufgestellt, sich dem Urteil aller unterworfen hat, die dazu zuständig oder nicht zuständig sind. Niemand hat ihn ermahnt, niemand belehrt, niemand widerlegt. Nur einen Ketzer nennen sie ihn und schreien das mit tobendem Lärm an die Steine hin. Man möchte sagen, sie dürsten nach Menschenblut, nicht nach Seelenheil. Je verhaßter der Name Ketzerei christlichen Ohren ist, um so weniger darf man es dahin kommen lassen, daß er ohne Grund jemand aufgedrungen wird. Es ist nicht sogleich jeder Irrtum Ketzerei und es ist nicht sogleich ketzerisch, was diesem oder jenem miß-

[15] Erasmus von Rotterdam. Briefe, Verdeutscht und hrsg. von Walter Köhler, Wiesbaden 1947, D. 2219f. – Es handelt sich bei dieser älteren Ausgabe um die einzige Auswahlübersetzung der Briefe des Erasmus ins Deutsche.

fällt. Die führen nicht immer die Sache des Glaubens, die derzeitige glänzende Titel zum Vorwand nehmen. Vielmehr führen sehr viele die eigene Sache indem sie auf Erwerb oder Tyrannei bedacht sind.“ An diesem Brief wird Folgendes deutlich: Erasmus stellte sich bewußt und entschieden schützend hinter die Person Luthers. Der Adressat des Briefs, Friedrich der Weise, war hier eine Zentralfigur. Zum anderen machte sich Erasmus auch Luthers Reformanliegen, dessen Kampf gegen eine Verweltlichung und Kommerzialisierung des religiösen Lebens zu eigen. Zur Gedankenwelt Luthers selbst, also zu seinen Schriften, blieb er distanziert und vermied einen Kommentar. Nachdrücklich mahnte er den sächsischen Fürsten: „Wie es im übrigen Aufgabe Deiner Erlaucht ist, die christliche Religion in frommer Weise zu schützen, so ist es klug, nicht zu gestatten, daß ein Unschuldiger, solange Du Schutzherr der Gerechtigkeit bist, unter dem Vorwand der Frömmigkeit irgendwelcher Gottlosigkeit preisgegeben wird. Papst Leo will das gleiche; nichts liegt ihm mehr am Herzen als die Geborgenheit der Unschuld. ... Niemand lebt mehr nach dem Herzen des Papstes, als wer tut was recht ist. Wie man dort über Luther denkt, weiß ich nicht; hier“ – also in Löwen – „werden, wie ich deutlich sehe, seine Bücher von allen Guten sehr eifrig gelesen, obwohl ich noch keine Zeit dazu fand.“ [16]

Am 22. April 1519 ging ein Brief aus Löwen nach Wittenberg an den Vertrauten Luthers, Philipp Melanchthon, heraus. Darin bemerkte Erasmus über Luther: „Martin Luthers Leben billigt bei uns jeder, über seine Lehre gehen die Meinungen auseinander. Ich selbst habe seine Bücher noch nicht gelesen. An gewisse Dinge mahnt er mit Recht – möchte es nur in ebenso glücklicher Weise geschehen sein, wie es freimütig ist!“ Übrigens hatte auch Luther in seinem ersten Brief Melanchthon erwähnt und die Befürchtung geäußert, er schade seiner Gesundheit, weil er sich überarbeitet. Erasmus nahm diesen Punkt auf und mahnte Melanchthon: „Arbeite nicht zu viel, damit Du lange die Wissenschaft zu fördern imstande bist, ich höre, Deine Gesundheit ist nicht ganz sattelfest.“[17]

Am 18. Mai 1519 wandte sich Erasmus aus Antwerpen in einem Brief an Thomas Wolsey, den Kanzler des englischen Königs Heinrich VIII. Auch in diesem Brief wird Luther erwähnt, ein Zeichen, daß dessen Anliegen bereits eine europäische Angelegenheit geworden war. Luther, wiederholt Erasmus, „ist mir vollständig unbekannt, ich hatte noch keine Zeit, seine Bücher durchzulesen, mit Ausnahme von ein paar Seiten; nicht als wenn ich keine Lust dazu gehabt hätte, mir fehlte vor wissenschaftlicher Arbeit die Zeit; und doch sagen, wie ich höre, gewisse Leute fälschlich aus, er sei von mir unterstützt worden. Hat er gut geschrieben, so gebührt mir deswegen

[16] Erasmus. Briefe, S. 230–234.
[17] Erasmus. Briefe, S. 234f.

kein Lob; in anderen Fällen verdiene ich keinen Vorwurf, in allen seinen Schriften ist kein Fünkchen von mir. Daß das vollkommen wahr ist, wird erfahren, wer nachforschen will. Luthers Leben findet allgemeine Billigung; das ist kein geringer Vorzug, wenn die sittliche Lauterkeit so groß ist, daß auch die Feinde keinen Grund zur Verleumdung finden". In einer anderen Passage dieses Briefes beschreibt Erasmus die geistig-intellektuelle Szene in Deutschland wiederum etwas ambivalent, zustimmend und distanzierend zugleich: „Deutschland besitzt einige junge Leute, die in Bildung und Beredsamkeit viel versprechen, ich möchte prophezeien, daß dank ihrer einst Deutschland den Ruhm genießen kann, den jetzt mit bestem Rechte England genießt. Persönlich kenne ich von ihnen niemand außer Eoban Hessus (in Erfurt), Hutten und Beatus Rhenanus (im Elsaß). Die streiten mit allen Mitteln gegen die Feinde der Sprachen und Wissenschaften, die alle Guten verehren."[18]

Erasmus ist Europäer vor allem durch seinen Briefwechsel, der ihn mit zahlreichen Persönlichkeiten in ganz Europa verband. Dieser Briefwechsel, durchgängig in lateinischer Sprache geschrieben, ist eines der eindrucksvollsten Dokumente europäischer Lebensform, die wir aus den Anfängen der Neuzeit besitzen. Es ist vielleicht mehr als bezeichnend, daß immer noch keine seriöse deutschsprachige Übersetzung dieses Opus epistolarum vorliegt.[19] Wenn die Deutschen wirklich beweisen wollen, daß sie gute Europäer sind, müssen sie hier noch einiges nachholen, und zwar möglichst bald. Nun zu Erasmus' direkter Antwort an Luther. Der Brief ist auf den 30. Mai 1519 datiert und wurde in Löwen geschrieben. Er ist zunächst einmal aufmunternd gehalten: „Herzlichen Gruß, in Christus geliebtester Bruder. Dein Brief war mir sehr willkommen, er verriet Schärfe des Geistes und ein christliches Herz. Mit Worten könnte ich nicht sagen, welchen Sturm Deine Bücher hier hervorgerufen haben. Noch immer läßt sich vollkommen falscher Verdacht nicht ausrotten, daß man meint, Deine Schriften seien mit meiner Hilfe geschrieben, ich sei der Bannerträger dieser Partei, wie sie sagen. Sie glaubten, eine Handhabe bekommen zu haben, die guten Wissenschaften zu unterdrücken, die sie von Grund auf hassen als Verdunkelung der theologischen Majestät, die sie viel höher schätzen als Christus, und zugleich mich zu unterdrücken, dem sie einige Bedeutung für die Belebung der Studien beimessen. Die ganze Sache ging in Schreierei, Unverfrorenheit, Ränken, Eifersüchteleien, Verleumdungen vor sich; hätte ich es nicht selbst gesehen, ja gefühlt, ich würde nie einem Menschen geglaubt haben,

[18] Erasmus. Briefe, S. 241–244.

[19] Dazu Wilhelm Ribhegge, Politik, Gesellschaft und Kultur des deutschen Reichs in den Schriften und Briefen Erasmus' von Rotterdam, in: Wolfenbütteler Renaissance-Mitteilungen XIV (1988), S. 15–20.

daß die Theologen so den Verstand verloren haben." Leider habe sich das Gift dieses Übels von wenigen bereits auf mehrere verbreitet, „so daß ein großer Teil der hiesigen Universität von der Ansteckung durch diese nicht seltene Krankheit besessen scheint". Dann zur Sache: „Ich habe bezeugt, daß Du mir völlig unbekannt bist, ich Deine Bücher noch nicht gelesen habe; infolge dessen mißbillige und billige ich nichts. Nur habe ich gemahnt, man solle nicht, ohne Deine Bücher gelesen zu haben, so gehässig vor dem Volke schreiben; das Urteilen über Deine Schriften sei Sache derer, auf deren Urteil man größten Wert legen müsse. Man solle auch erwägen, ob es gut sei, vor dem gewöhnlichen Volke Dinge preiszugeben, die besser in Büchern widerlegt oder zwischen Gebildeten verhandelt würden, zumal man einstimmig das Leben des Verfassers rühme. Nichts habe ich erreicht; bis auf den heutigen Tag sind sie besessen von ihren zweideutigen, ja berüchtigten Disputationen."

Hier wird übrigens zwischen den Zeilen eine weitere Differenz zwischen Luther und Erasmus deutlich. Erasmus will vermeiden, daß die Sache vor und in dem Volk ausgetragen wird. Im Grunde genommen dachte Luther anfangs genauso. Aber er ist bereits dabei, seine Haltung zu ändern. Spätestens mit den Programmschriften von 1520 versteht er sich ausdrücklich als Mann des Volkes. So wird er auch gesehen, beispielsweise von den Nürnbergern Albrecht Dürer, Willibald Pirckheimer und Hans Sachs, der ihn als Wittenbergische Nachtigall preist.

Erasmus gibt Luther einige Informationen über die Verhältnisse in den Niederlanden und die dortigen Parteien, so zwischen der reformfeindlichen Universität Löwen und dem liberaleren Hof des Herzogs von Burgund. „Die Theologen sind hier bei Hofe verhaßt; das setzen sie auf mein Konto. Die Bischöfe sind mir sämtlich sehr gewogen." Der Europäer Erasmus informiert Luther im fernen abgelegenen Wittenberg auch gleich über seine Erkundigungen, die er in England über ihn eingezogen hat. „In England gibt es einige – und zwar sehr hochstehende – die von Deinen Schriften die beste Meinung haben. Auch hier hast Du Freunde, darunter den Bischof von Lüttich (Erhard von der Marck). So viel wie möglich halte ich mich neutral, um desto mehr dem Wiederaufblühen der Wissenschaften nützlich zu sein." Dann folgt höflich verklausuliert eine Mahnung an den Wittenberger Reformtheologen: „Meines Erachtens kommt man mit bescheidenem Anstand weiter als mit Sturm und Drang. Auf diese Weise hat Christus sich die Welt unterworfen oder Paulus das jüdische Gesetz abgeschafft, indem er alles allegorisch deutete." Als erfahrener Kämpfer gab Erasmus Luther einige taktische Ratschläge: „Es empfiehlt sich mehr, laut gegen die aufzutreten, die die päpstliche Autorität mißbrauchen als gegen die Päpste selbst. Ich glaube, so muß man es auch bei den Königen machen." Auch fühlte sich Erasmus bei Luthers allzu pauschalen Vorwürfen gegen den scholastischen Universitätsbetrieb in Europa nicht ganz wohl: „Die Schulen soll man nicht sowohl verachten, als sie zu vernünftigen Studien zurückrufen. Bei Dingen, die so fest eingewurzelt sind, daß man sie nicht gleich aus den Herzen reißen kann, muß man lieber mit beständigen und wirksamen Argumenten disputieren als schroffe Behauptungen aufstellen.“ Überhaupt müsse man sich überlegen, in welchem Stil man sich mit seinen Gegnern anlegen solle. „Giftige Streitereien gewisser Leute sollte man mehr verachten als sie widerlegen. Immer muß man sich davor hüten, anmaßend oder parteiisch zu reden oder zu handeln; so, glaube ich, ist es dem Geiste Christi angenehm.“ Und dann, ganz persönlich werdend, warnte Erasmus vor den Fallstricken eines jeden Kampfes. „Inzwischen muß man sich ein Herz bewahren, das durch Zorn oder Haß oder Drohung nicht verdorben werden kann, denn mitten im Streben nach Frömmigkeit drohen Fußangeln.“ Er wolle ihm keine Lehren erteilen, aber auch er, Luther, solle darauf achten, bei seinem Handeln beständig zu bleiben. Luthers Psalmenkommentar, in dem er ein wenig gelesen habe, habe ihm gut gefallen. Wäre es also nicht besser, bei der Exegese zu bleiben? Und schließlich, wieder aufmunternd: „In Antwerpen ist der Priester des Augustinerklosters, ein Christ ohne Falsch, der Dich ganz besonders liebt, einst Dein Schüler, wie er sagt, er predigt fast allein von allen Christus, die übrigen predigen nahezu nur Menschenfabeln oder zu eigenem Nutzen.“[20] Soweit die erste briefliche Begegnung zwischen dem deutschen Reformator und dem europäischen Humanisten. Es war erst das erste Stadium ihrer Begegnung und späteren Auseinandersetzung. Persönlich haben sie sich nie kennengelernt oder gesehen, auch später nicht während ihrer Auseinandersetzung über den „freien Willen“ (Erasmus) oder den „unfreien Willen“ (Luther) 1524/25.[21]

Aus Löwen gingen in den Jahren 1519 und 1520 noch weitere Briefe des Erasmus in der Sache Martin Luthers heraus, zwischendurch übrigens auch, und zwar datiert auf den 23. Juli 1519, aus Antwerpen der berühmte Brief an Ulrich von Hutten, einen weiteren Deutschen, der mit Luther sympathisierte, in dem Erasmus ein liebevolles und freundliches Bild seines Freundes Thomas More zeichnete. Am 17. Oktober 1519 schrieb Erasmus aus

[20] Erasmus. Briefe, S. 245–247.

[21] Von allen Seiten war Erasmus bedrängt worden – vom Papst wie auch von Morus –, eine Bekenntnisschrift gegen Luther zu verfassen. Statt dessen nahm Erasmus ein altes europäisches Thema auf, die „Willensfreiheit“, und berief sich auf die Tradition der Kirche. Sein Ton gegenüber Luther blieb sogar in dieser Kampfsituation moderat, höflich und nicht unfreundlich, während Luther Erasmus massiv aufforderte, in sich zu gehen und zu überprüfen, ob er überhaupt noch ein Christ sei: Erasmus berufe sich nicht auf Christus, und seine Worte seien „kälter als das Eis selbst“ (Luther Deutsch, Bd. 3: Der neue Glaube, Stuttgart 1961, S. 166).

Löwen an den Bischof von Rochester, John Fisher, der ja später, ebenso wie Morus, 1535, wegen seines Widerstands gegen Heinrich VIII. in London auf dem Schafott endete: Inzwischen habe Friedrich von Sachsen, so berichtete Erasmus, ihm bereits zweimal geschrieben. Sein Schutz allein habe Luther standhalten lassen. „Er sagt, er habe mehr um der Sache als um der Person willen so gehandelt, und fügt bei, er werde nicht dulden, daß in seinem Lande die Unschuld von der Bosheit derer unterdrückt werde, die das Ihre suchen, nicht was Jesus Christi ist." Erasmus flicht in diesen Brief noch etwas aktuelle Politik ein, da ja soeben die Wahl des bisherigen Herzogs von Burgund und inzwischen auch Königs von Spanien als Karl V. zum Kaiser in Frankfurt stattgefunden hatte. Gegenkandidaten waren unter anderen auch Friedrich der Weise und Heinrich VIII. gewesen, für den sich Wolsey eine Zeitlang eingesetzt hatte. Erasmus unterstrich die politische Bedeutung Friedrichs des Weisen, indem er bemerkte, Karl hätte niemals die Stimmen der sieben Kurfürsten bekommen, wenn nicht Friedrich selbst das Wahlangebot einen Tag vor der Wahl abgelehnt hätte. Erasmus fügte, für ihn charakteristisch, hinzu, die Verachtung dieser Ehre „hat ihn berühmter gemacht, als es die Annahme getan hätte".[22]

Vom 19. Oktober 1519, gleichfalls aus Löwen, ist ein langer Brief an den Erzbischof von Mainz, Albrecht von Brandenburg, datiert. Auch hier wieder eine vorsichtige Distanz: „Luther ist mir vollkommen unbekannt; seine Bücher konnte ich noch nicht lesen, nur stückweise habe ich einiges als Kostprobe genossen. Hat er gut geschrieben, so gebührt mir kein Lob; im anderen Fall kann man mich nicht verantwortlich machen." Über sein eigenes Verhältnis zu Luther heißt es wörtlich: „Luther hatte einen nach meiner Meinung recht christlichen Brief an mich geschrieben, und ich habe ihm geantwortet, indem ich beiläufig mahnte, er solle nicht irgendwie aufrührerisch, nicht gegen den römischen Papst, nicht anmaßend oder im Zorn schreiben, sondern die Lehre des Evangeliums aufrichtigen Herzens in aller Milde verkünden." Gewisse Erznarren hätten dies so gedeutet, als sei er ein Anhänger Luthers. – Briefe wurden übrigens damals bald veröffentlicht und wirkten so wie Zeitungsmeldungen. – „Ich bin weder Ankläger noch Schutzpatron noch Angeklagter von Luther." Es folgen Äußerungen zur Sache, zu dem Anliegen Luthers: „In erster Linie muß man die Quellen dieses ganzen Unglücks ins Auge fassen. Die Welt ist belastet mit menschlich allzu menschlichen Einrichtungen. Sie ist beschwert von der Tyrannei der Bettelorden; sie sind Trabanten des römischen Stuhles, haben aber so an Macht und Anzahl gewonnen, daß sie selbst den römischen Papst und manchen Königen furchtbar sind." Und weiter: „Über die Ablässe redeten sie so, daß es selbst für Idioten unerträglich war. Dadurch und durch vieles andere die-

[22] Erasmus. Briefe, S. 259f.

ser Art schwand allmählich die Kraft evangelischer Lehre ... Die Hauptsache der Religion droht zu mehr als jüdischen Zeremonien zu werden. Darüber seufzen und jammern alle Guten. Das gestehen auch die Theologen, die nicht Mönche sind, auch einige Mönche im Privatgespräch." Dies alles, so meine er, habe Luther bewogen, als erster zu wagen, sich „der unerträglichen Unverschämtheit gewisser Leute entgegenzustellen". Immerhin sei er ein Mann, der weder nach Ehren noch nach Geld aus sei. Sicherlich habe er gewagt, einige Sätze des Thomas von Aquin zu verachten, aber zögen nicht einige Dominikaner diese sogar den Evangelien vor? Es seien jene Prediger gewesen, die in den Gottesdiensten mehr von der Gewalt des Papstes als von Christus predigten, die Luther dazu getrieben hätten, über das Maß hinauszugehen. Dann folgt eine Formulierung der Mäßigung, die an alle beteiligten Parteien gerichtet ist: „Wer der Lehre des Evangeliums anhängt, ist ein Anhänger des römischen Papstes, der dessen erster Künder ist, während die übrigen Bischöfe ebenfalls Künder sind. Alle Bischöfe sind Stellvertreter Christi, aber unter ihnen ragt der römische Bischof hervor." Erasmus mahnt den Erzbischof, vorsichtig in diesem Zusammenhang mit dem Wort „Ketzerei" umzugehen. „Heute wird, wer irgendwie von Thomas von Aquino abweicht, Ketzer genannt ... Griechisch zu können, ist Ketzerei."[23] Morus und Erasmus hatten Griechisch gelernt und Lukian vom Griechischen ins Lateinische übertragen. Manche Leute meinten, schon sich gewählt ausdrücken zu können, sei Ketzerei. *Nur* das, was diese Kritiker um des Ehrgeizes und der Gewinnsucht betrieben, sei nicht Ketzerei.

Erasmus war, das ist ganz klar, kein Anhänger Luthers. Aber er engagierte sich in dieser äußerst kritischen Situation leidenschaftlich für die Gewissensfreiheit, die Toleranz auch unter Christen und, das nahmen ihm wohl damals die meisten besonders übel, für einen höflichen und gebildeten Umgang selbst unter Theologen. Er erkannte sehr früh die Gefahr, daß sich Europa, besonders das Europa der Gebildeten und der Theologen, in miteinander verfeindete Parteien auflösen könnte. Gerade diesen Anfängen suchte er zu wehren. Die neuen religiösen Parteien und Konfessionen, die jetzt entstanden, haben ihn gerade wegen dieser angeblichen Neutralität darin übereinstimmend verurteilt. In manchen theologischen, protestantischen wie katholischen Publikationen kann man diese historische Verurteilung selbst heute noch wiederfinden.

Aber Erasmus mahnte auch die Lutheraner. So schrieb er im Juni 1520 aus Löwen, nachdem Luther inzwischen begonnen hatte, sich als deutscher Reformator zu verstehen – so in seinen Programmschriften dieses Jahres –, an Philipp Melanchthon nach Wittenberg: „Wer Luther wohlwill – es sind nahezu alle Guten –, möchte, er hätte etwas höflicher und maßvoller geschrie-

[23] Erasmus. Briefe, S. 260–268.

ben. Doch dazu zu mahnen, ist jetzt zu spät. Ich sehe, daß die Sache auf einen Aufruhr hinauswill. Ich bete darum, daß sie zur Ehre Christi ausschlage. Vielleicht müssen Ärgernisse kommen, aber ich möchte nicht ihr Urheber sein. Das Treiben der Gegner Luthers ist teuflisch und will nur darauf hinaus, daß sie Christus unterdrücken und im Namen Christi das Regiment führen. Empfehle mich D. Luther und allen Deinen Freunden."[24] Hier fällt das Stichwort „Aufruhr". Das war Erasmus zutiefst verhaßt. Er hatte 1517 die ›Querela pacis‹, die Klage des Friedens, geschrieben. Gewalt war für ihn kein Mittel der Politik, noch weniger das des Glaubens.

Noch stärker mahnend, schrieb Erasmus erneut am 1. August 1520 aus Löwen an Martin Luther selbst, weil er befürchtete, daß dieser in seinem religiösen Eifer zum Schlag gegen die Wissenschaften überhaupt, die ja immerhin seit dem Mittelalter die Kultur Europas auf ein neues Niveau gehoben hatten, trotz ihrer Schwächen, ausholen würde: „Ich bin, lieber Luther, nicht der Mann, Dir einen Rat zu erteilen, doch wenn Du alle Philosophie schlechthin verwirfst, wirst Du es nicht nur mit allen Universitäten zu tun bekommen, sondern mit den Alten insgesamt, und auch mit Deinem Augustin, dem Du so gerne folgst. Angenommen, die Philosophie müsse wirklich gänzlich verworfen werden, so dürfte es doch nicht geraten gewesen sein, so viel auf einmal anzupacken. Eins nach dem anderen wäre besser." Er informierte in diesem Brief Luther über das europäische Meinungsklima, soweit es ihm bekannt war. „Es gibt keinen Fürstenhof, wo die Hetzer sich nicht festgenistet haben." Er erwähnt den französischen Hof, den Hof von Burgund in Brüssel, den Hof Heinrichs VIII. in England. Heinrich habe ihn, Erasmus, um seine Meinung zu Luther befragt. „Ich gab zur Antwort, Du seiest zu gelehrt, als daß ich wenig gebildeter Mensch ein Urteil über Dich abgeben könne." Nun, das war deutliche Ironie, für die Luther allerdings nicht besonders empfänglich war. Heinrich habe gewünscht, M. Luther hätte etwas klüger und bescheidener geschrieben. „Eben das, lieber Luther, wünschen diejenigen, die es gut mit Dir meinen."

Bekanntlich löste Luthers Schrift von der babylonischen Gefangenschaft der Kirche, in der er die sieben Sakramente verurteilte, bald darauf eine Kampfschrift eben Heinrichs VIII. gegen Luther aus. Zur Verdeutlichung der Situation hieß es in Erasmus' Brief an Luther: „Wer sich aufs Meer begibt, hat es nicht in der Hand, den Wogen zu gebieten. Sind Wirren nötig, so möchte ich lieber, daß ein anderer als ich der Urheber ist. Doch ich will Dir nicht entgegentreten, um nicht dem Geiste Christi entgegenzutreten, wenn Er es ist, der Dich treibt. Nur darum möchte ich Dich bitten, erwähne nicht meinen Namen oder den meiner Freunde in gehässiger Weise in Deinen Schriften, wie Du das getan hast in der Antwort auf das Verdammungs-

[24] Erasmus. Briefe, S. 271ff.

urteil der Löwener und Kölner. Denn auf diese Weise nimmst Du jenen die Möglichkeit, Dir zu helfen, indem Du die verdächtigst, die ohne Dein Tun Dir von größerem Nutzen sein könnten. Unsere Gegner suchen jede Gelegenheit, uns bei den Fürsten verhaßt zu machen." Es lohne sich auch nicht, den Kampf mit Eck weiter fortzusetzen. Luther solle sich auf sich selbst besinnen. „Ich möchte, daß Du ein Stück der Heiligen Schrift behandeltest, ohne jede Leidenschaft. Vielleicht verstummen darüber diese Wirren. Deinen Psalmenkommentar habe ich erhalten, aber erst ein halbes Jahr nach seinem Erscheinen. Ich habe noch nicht alles gelesen; was ich las, gefällt mir sehr.[25] Allerdings dachte Luther in diesen Tagen nicht daran, sich in seine Studierstube zurückzuziehen. Bewußt oder unbewußt entfernten sich beide Persönlichkeiten immer weiter voneinander.

Schließlich schrieb Erasmus am 13. September 1520 aus Löwen an Papst Leo X. Er mußte sich jetzt schon dagegen verteidigen, ein Anhänger Luthers zu sein. „Selbst damals, als es noch jedem freistand, Luther zu begünstigen, bin ich nicht sein Schutzpatron gewesen. Ich mißbilligte nur die Art, wie man ihn angriff, aber nicht im Interesse Luthers, sondern um der Autorität der Theologen willen. Ich sah, daß die Sache aus Haß gegen die Sprachen und die sogenannten guten Wissenschaften entstanden war. Ich sah, daß man sie mit grimmigem Haß und wildem Geschrei in der Öffentlichkeit vor dem Volke führte; nichts anderes wurde dadurch erreicht, als daß man die Werke Luthers berühmt machte, und die Masse begierig machte, sie zu lesen." Das Vorgehen gegen Luther sei gänzlich verfehlt gewesen. „Freie und edle Geister lassen sich gerne belehren, aber sie wollen nicht gezwungen werden."[26]

Am 6. Dezember 1520 hieß es in einem Brief aus Löwen an den liberal gesinnten päpstlichen Legaten Kardinal Lorenzo Campeggio: „Ich halte mich in der Luthersache vollkommen neutral, er hat seine eigenen Richter. Mein Lob soll ihm nicht helfen, und wenn ich anders über ihn denke, soll es ihn nicht beschweren."[27] Inzwischen stand aber Erasmus dem Weg, den nun Luther endgültig eingeschlagen hatte, ebenso fremd wie im Grunde genommen fassungslos gegenüber. Dem Präsidenten des Rates von Holland, Seeland und Friesland, Nikolaus Everard, schrieb er am 25. Februar 1521 aus Löwen: „Die Schrift von ‚der babylonischen Gefangenschaft' hat viele Luther entfremdet und von Tag zu Tag wird er schärfer. Ich sehe nicht, was er sich für Hoffnungen bei seinem Unterfangen macht ... Ich fürchte, wir vermeiden die Scylla Luther so, daß wir in eine Charybdis fallen. Gewisse Leute greifen jetzt aus Rachsucht zu dem Joch und Zügel päpstlicher Bullen

[25] Erasmus. Briefe, S. 272–275.
[26] Erasmus. Briefe, S. 276.
[27] Erasmus. Briefe, S. 281.

– vielleicht werden sie bald vergeblich wünschen, es abschütteln zu können."[28]

Erasmus hatte die Hoffnung nicht aufgegeben, mäßigend auf die Parteien einwirken zu können. Er gab sie im Grunde genommen zeit seines Lebens nicht auf, ja, er wurde schon fast am Ende seines Lebens – Erasmus starb 1536 – ein Europäer der Hoffnung gegenüber der gänzlich anders gelagerten Wirklichkeit. Wiederum aus Löwen schrieb er am 13. März 1521 an den mit Luther befreundeten Georg Spalatin: „Stets bekam ich es mit der Angst zu tun, wenn ich sah, daß Luther sich mit so vielem befaßt und scharf vorgeht. Es wäre besser, das Übel zu ertragen, als in verkehrter Weise die Heilung zu versuchen. Jetzt fürchte ich, es könne uns gehen, wie es denen zu gehen pflegt, die sich von Fesseln zu befreien suchen, aber wenn das nicht nach Wunsch geht, noch schwerer sich damit belasten. Es ist schier unglaublich, wie das Volk für Luther empfindet, von den Gelehrten ganz zu schweigen." Und dann im Blick auf die Gegenseite: „Möchten doch Papst Leo und der Kaiser die Dinge so kennen, wie sie wirklich liegen! Sie würden gegen niemand mehr Bann und Achtung verhängen. Jetzt weiß der Papst nur das, was er aus den Briefen gewisser Leute erfährt, die mehr ihre Sache als die des Papstes betreiben. Vielleicht macht es nicht viel aus, wenn *ein* Mensch nicht mehr da ist. Doch sollte Luther etwas zustoßen, so sehe ich schon die mehr als grausamen Sieger, die uns einen Glauben befehlen, den sie selbst nicht glauben. Bei Gott, wer von unseren Nachfahren wird glauben, daß es solche Theologen gegeben hat, wie wir gegenwärtig deren einige sehen? Man muß Christus bitten, daß Er selbst seine Braut behüte und den Fürsten heilsame Ratschläge ins Herz gibt."[29]

Dieser Brief wurde unmittelbar vor dem Auftreten Luthers auf dem Wormser Reichstag im April 1521 geschrieben. Hier in Worms entschied sich der damals 21jährige Kaiser Karl V., nachdem er Luther selbst in dem berühmten Auftritt vor dem Reichstag angehört hatte, letztlich gegen Luther. In einer von ihm selbst niedergeschriebenen Erklärung erklärte der junge Kaiser, es könne nicht sein, daß ein einziger Mönch gegenüber all den Konzilien einer tausendjährigen Kirchengeschichte recht habe. Es sei seine Pflicht, gemäß der Tradition seiner Vorfahren, den katholischen Glauben zu vertreten und zu verteidigen. Er wolle Luther nicht wiedersehen. Einen Monat später, übrigens merkwürdig spät, wie Ranke in seiner Reformationsgeschichte bemerkte, wurde über Luther die Reichsacht verhängt. Er hat seitdem Sachsen bis zu seinem Tode nicht mehr verlassen. Die Reformation nahm ihren Ausgang von der deutschen Provinz und verfestigte sich dort. Erasmus, der Europäer, verlor seitdem zunehmend an Einfluß, insbe-

28 Erasmus. Briefe, S. 282f.

29 Erasmus. Briefe, S. 283f.

sondere bei der studierenden Jugend, die sich überwiegend auf die Seite Luthers schlug. Den meisten war natürlich nicht bewußt, daß damals nicht nur die religiöse, konfessionelle Teilung Europas begann, sondern auch die politische Teilung Europas. Daran vermochte auch Kaiser Karl V., sosehr er sich bemühte, die endgültige Teilung Europas zu verhindern, letztlich nichts mehr ändern.

Gegen den Kaiser stand schließlich auch der Papst oder genauer, standen die Päpste und das Konzil von Trient, die die Sicherung der Glaubenssubstanz im Grunde genommen ähnlich wie Luther der Einheit Europas vorzogen. Während seiner gesamten Regierungszeit bis zum Jahre 1556 versuchte Karl V. noch die Einheit Europas zusammenzuhalten, wobei er fast schon rigoros bei dieser Politik, die ganz wesentlich eine dynastische, also eine Familienpolitik war, auch die eigenen Mitglieder seiner Familie einsetzte, Männer und Frauen. Das Netz, in dem die Familie der Habsburger Europa noch einmal einzuspannen suchte, reichte von Ungarn und Spanien bis Dänemark und England.[30] Erasmus hatte versucht, die Einheit Europas durch die Wissenschaft, die ja eigentlich soeben erst zu blühen begonnen hatte, zu erhalten.

Das Latein als die Sprache des gebildeten Europa, in der Erasmus fast ausschließlich schrieb, wurde durch die neuen Volkssprachen verdrängt. Dafür stehen als exemplarische Beispiele die deutsche Bibelübersetzung Martin Luthers, aber auch, das müßte man hinzufügen, die späten Schriften Thomas Mores, die sämtlich in der englischen Volkssprache gehalten waren und gehalten sein mußten, weil diese Schriften gegen die englischen Protestanten gerichtet waren. Wer jetzt das Volk für die Reformation oder für den überkommenen Glauben gewinnen wollte, mußte es schon in seiner eigenen Sprache ansprechen. Morus wußte darum genau, und er kämpfte, wie wir inzwischen aus seiner Biographie von Richard Marius wissen, geradezu leidenschaftlich bis zur Selbstpreisgabe. In diesem Punkt unterschied er

[30] Zu Karl V.: Ferdinand Seibt, Karl V. Der Kaiser und die Reformatoren, Berlin 1990; Herbert Nette, Karl V. in Selbstzeugnissen und Bilddokumenten, Reinbek 1979; Karl Brandi, Kaiser Karl V., Frankfurt a. M. 1979 ([1]1937); Elton, Europa, s. Anm. 9, S. 31–80; generell J. M. Roberts, The Pelican History of the World, Harmondsworth 1980, S. 573ff.; zu dem Komplex Luther und die Nation: A. G. Dickens, The German Nation and Martin Luther, London 1974. – Eine Würdigung der europäischen Rolle des Erasmus findet sich mit jeweils unterschiedlichen Akzenten in folgenden Arbeiten: Léon Halkin, Erasmus von Rotterdam. Eine Biographie, Zürich 1989; Roland H. Bainton, Erasmus. Reformer zwischen den Fronten, Göttingen 1969; Cornelius Augustijn, Erasmus von Rotterdam. Leben – Werk – Wirkung, München 1986; Margaret Mann Phillips, Erasmus and the Northern Renaissance, Bury Saint Edmunds/Suffolk 1981 ([1]1949). Anregend auch: Paul Johnson, History of Christianity, Harmondsworth 1978, S. 267ff.

sich auch von Erasmus. Erasmus war kein Kämpfer. Zum Abschluß des eben erwähnten Briefes an Georg Spalatin unmittelbar vor dem Wormser Reichstag von 1521 bemerkte Erasmus: „Ich hatte fest vor, nach Worms zu kommen, aber abgesehen von vielem anderen sprach mein Befinden dagegen; ich bin nicht sattelfest genug, als daß ich es wagen dürfte, mich der Reise und der Fastenzeit auszusetzen. Empfiel mich nachdrücklich dem Erlauchten Herrn Kurfürsten. Ich weiß sehr wohl, wieviel Dank ich ihm schulde. Wären doch alle Fürsten so gesinnt und stellten ihre persönlichen Wünsche hinter den Nutzen der Allgemeinheit zurück! Christus behüte Dich."

NORDRHEIN-WESTFALEN ALS HISTORISCHE LANDSCHAFT*

Nordrhein-Westfalen[1] ist kein Land, dessen Geschichte durch Dynastien zusammengehalten wird wie die Geschichte Preußens durch die Hohenzollern, die Geschichte Österreichs durch die Habsburger, die Geschichte Bayerns durch die Wittelsbacher. Nordrhein-Westfalen kennt keine historisch etablierten Dynastien. Aber die Schweiz kennt sie auch nicht. Sicherlich gab es in Westfalen und den Rheinlanden jene traditionsbewußten Familien von Grafen und Freiherrn, wie sie Josef Winckler 1924 in seinem Roman ›Der tolle Bomberg‹ historisch ironisiert hat. Aber die wichtigsten Landesherrn bis 1802/3, die Bischöfe der großen Fürstbistümer Köln, Münster und

* Gekürzte Fassung in: Vergangenheit als Verantwortung. Otto Borst zum Fünfundsechzigsten, Stuttgart 1989, S. 474–487.

[1] Ein plastisches Bild der historischen Landschaft Nordrhein-Westfalen, wenngleich mit betont kunstgeschichtlichem Akzent, vermitteln die Bände der DuMont-Reiseführer: Willehad Paul Eckert, Köln. Stadt am Rhein zwischen Tradition und Fortschritt, Köln 1976; Willehad Paul Eckert, Der Niederrhein. Das Land und seine Städte, Burgen und Kirchen, Köln 1977; Bernd Fischer, Münster und das Münsterland. Geschichte und Kultur, Köln 1982; G. Ulrich Großmann, Östliches Westfalen. Kunst und Kultur zwischen Soest und Paderborn, Minden und Warburg, Köln 1983; Thomas Parent, Das Ruhrgebiet. Kultur und Geschichte im 'Revier' zwischen Ruhr und Lippe, Köln 1984; Bernd Fischer, Das Bergische Land. Kultur, Geschichte, Landschaft zwischen Ruhr und Sieg, Köln ^{6}1985; Detlev Arens, Sauerland mit Siegerland und Wittgensteiner Land. Kultur und Landschaft im gebirgigen Süden Westfalens, Köln 1985; Walter Pippke u. Ida Pallhuber, Die Eifel. Entdeckungsreisen durch Landschaft, Geschichte, Kultur, Kunst, Köln 1984. – Inzwischen haben die Landeshistoriker der beiden Landesteile Westfalen und Rheinland – Lippe war bis 1945 ein eigenständiges Land – ihre eigenen voluminösen „Landesgeschichten" herausgebracht: Franz Petri u. Georg Droege (Hrsg.), Rheinische Geschichte, Bd. 1: Altertum und Mittelalter, Bd. 2: Neuzeit, Bd. 3: Wirtschaft und Kultur, Ergänzungsband: Bild- und Dokumentarband, Düsseldorf 1976–1983. – Wilhelm Kohl (Hrsg.), Westfälische Geschichte, Bd. 1: Mittelalter und Frühe Neuzeit, Bd. 2: Das 19. Jahrhundert. Politik und Kultur, Bd. 3: Wirtschaft und Gesellschaft, Ergänzungsband: Bild- und Dokumentarband, Düsseldorf 1983–1985. – Diese „Landesgeschichten" neigen dazu, sich in den Details zu verlieren. Regionalgeschichte, die in ihrem Anspruch mit den in den letzten Jahren herausgekommenen Bänden britischer Regionalgeschichte vergleichbar wären, sind es nicht. In der ›Regional History of England Series‹ (Longman, London) sind bisher erschienen: Nick Higham, The Northern Countries to AD 1000; David Hey, Yorkshire from AD 1000; J. H. Bettey, Wessex from AD 1000; Mary B. Rowlands, The West Midlands from AD 1000.

Paderborn wurden immer gewählt. Insofern ist die Geschichte Nordrhein-Westfalens etwas komplizierter als andernorts. Aber das heißt keineswegs, daß es ein geschichtsloses Land ist. Vielleicht ist die Geschichte Nordrhein-Westfalens „demokratischer" als die anderen Länder, wenn man Demokratie nicht nur als Verfassungsprinzip, sondern auch als Vielfalt der Lebensformen versteht. Nur derjenige, für den Demokratie und Geschichte per se Widersprüche sind – in der deutschen Geschichte scheint sich dies ja häufig auszuschließen –, wird an dieser Behauptung Anstoß nehmen. War es nicht gerade Heinrich Heine, „der Dichter, der vom Rhein kam", der ein solches unkompliziertes und undynastisches Verständnis von „Geschichte" hatte? In Heine, in Düsseldorf geboren und aufgewachsen, wird etwas von dem nonkonformistischen Geschichtsverständnis Nordrhein-Westfalens deutlich.

Er schrieb über die Geschichte dieses Landes, aber gegen den Strich: antiklerikal und antifeudal, als ironische Erinnerung in Poesie, in ›Deutschland. Ein Windermärchen‹ (1844):

Zu Köllen kam ich spät abends an,
Da hörte ich rauschen den Rheinfluß,
Da fächelte mich schon deutsche Luft,
Da fühlt' ich ihren Einfluß –

Auf meinen Appetit. Ich aß
Dort Eierkuchen mit Schinken,
Und da er sehr gesalzen war,
Mußt' ich auch Rheinwein trinken.

Der Rheinwein glänzt noch immer wie Gold
Im grünen Römerglase,
Und trinkst du etwelche Schoppen zu viel,
So steigt er dir in die Nase.

In die Nase steigt ein Prickeln so süß,
Man kann sich vor Wonne nicht fassen!
Es trieb mich hinaus in die dämmernde Nacht,
In die widerhallenden Gassen.

Die steinernen Häuser schauen mich an,
Als wollten sie mir berichten
Legenden aus altverschollener Zeit,
Der heil'gen Stadt Köllen Geschichten.

Ja, hier hat einst die Klerisei
Ihr frommes Wesen getrieben,
Hier haben die Dunkelmänner geherrscht,
Die Ulrich von Hutten beschrieben.

Der Cancan des Mittelalters ward hier
Getanzt von Nonnen und Mönchen;

Hier schrieb Hochstraten, der Menzel von Köln,
Die gift'gen Denunziatiönchen.

Die Flamme des Scheiterhaufens hat hier
Bücher und Menschen verschlungen;
Die Glocken wurden geläutet dabei
Und Kyrie Eleison gesungen.

Dummheit und Bosheit buhlten hier
Gleich Hunden auf freier Gasse;
Die Enkelbrut erkennt man noch heut'
An ihrem Glaubenshasse.

Doch siehe! dort im Mondenschein
Den kolossalen Gesellen!
Er ragt so verteufelt schwarz empor
Das ist der Dom von Köllen.

Er sollte des Geistes Bastille sein,
Und die listigen Römlinge dachten:
„In diesem Riesenkerker wird
Die deutsche Vernunft verschmachten!"

Da kam der Luther, und er hat
Sein großes „Halt!" gesprochen –
Seit jenem Tage blieb der Bau
Des Domes unterbrochen.

Er ward nicht vollendet – und das ist gut.
Denn eben die Nichtvollendung
Macht ihn zum Denkmal von Deutschlands Kraft
Und protestantischer Sendung.

Ihre armen Schelme vom Domverein,
Ihr wollt mit schwachen Händen
Fortsetzen das unterbrochene Werk
Und die alte Zwingburg vollenden!

O törichter Wahn! Vergebens wird
Geschüttelt der Klingelbeutel,
Gebettelt bei Ketzern und Juden sogar;
Ist alles fruchtlos und eitel.

Vergebens wird der große Franz Liszt
Zum Besten des Doms musizieren,
Und ein talentvoller König wird
Vergebens deklamieren!

Er wird nicht vollendet der Kölner Dom,
Obgleich die Narren in Schwaben
Zu seinem Fortbau ein ganzes Schiff
Voll Steine gesendet haben.

Er wird nicht vollendet, trotz allem Geschrei
Der Raben und der Eulen,
Die, altertümlich gesinnt, so gern
In hohen Kirchtürmen weilen.

Ja, kommen wird die Zeit sogar,
Wo man, statt ihn zu vollenden,
Die inneren Räume zu einem Stall
Für Pferde wird verwenden.

„Und wird der Dom ein Pferdestall,
Was sollen wir dann beginnen
Mit den heil'gen drei Königen, die da ruhn
Im Tabernakel da drinnen?"

So höre ich fragen. Doch brauchen wir uns
In unserer Zeit zu genieren?
Die heil'gen drei Kön'ge aus Morgenland,
Sie können wo anders logieren.

Folgt meinem Rat und steckt sie hinein
In jene drei Körbe von Eisen,
Die hoch zu Münster hängen am Turm,
Der Sankt Lamberti geheißen.

Fehlt etwa einer vom Triumvirat,
So nehmt einen anderen Menschen,
Ersetzt den König des Morgenlands
Durch einen abendländ'schen.

So ist dieses Land an Rhein und Ruhr nicht ohne Geschichte, ja, es hat wie alle Länder auch seine historische Erblast aus der NS-Zeit, vor allem aber ist Nordrhein-Westfalen eine geschichtliche Landschaft, deren historisch-politische Struktur Jahrhunderte umfaßt. Ihre Geschichte ist relativ exakt mit der Zeit Karls des Großen anzusetzen, als erstmals in dieser Region durch die Errichtung der Diözesen, der Kirchengemeinden, der planmäßigen Besetzung politischer Ämter und Verwaltungsposten, nicht zuletzt der Erhebung von Steuern und der Publikation von Gesetzen, die noch heute in den bekannten ›Kapitularien‹ Karls des Großen einzusehen sind, eine planmäßige administrative Erfassung und Ordnung dieser Landschaft begonnen wurde.[2] Das damalige Erzbistum Köln, das allerdings noch Teile

[2] Auf die jahrhundertealte Verbindung beider Landesteile verwies die Ausstellung ›Köln – Westfalen 11809–1980‹ (Katalog hrsg. v. Peter Berghaus u. Siegfried Kessemeier, Münster 1981, 2 Bde.). Eine Regionalgeschichte Nordrhein-Westfalens, die die politischen und kulturellen Traditionen dieser historischen Landschaft präsentiert, existiert bisher nicht. Die Feiern zum 40jährigen Bestehen des Landes Nord-

der heutigen Niederlande und Belgiens erfaßte, deckt sich in seinem Kern mit dem Bereich des heutigen Nordrhein-Westfalen. Die Geschichte des Landes beginnt nicht erst nach 1945.[3]

Wer nicht so tief staffeln will, und härtere Fakten als Beleg geliefert bekommen möchte, kommt nicht umhin, auf jeden Fall bis in das Jahr 1815 zurückzugreifen, als die preußischen Provinzen Rheinland und Westfalen geschaffen wurden. So tagt der Landtag von Nordrhein-Westfalen bis zur Fertigstellung seines neuen Gebäudes mit dem Blick auf den Rhein, dem „deutschen" Strom – sicherlich auch eine Demonstration des neu erwachten Landesbewußtseins –, in dem alten Ständehaus am Düsseldorfer Schwanenteich, eben dort, wo sich früher die Provinzialstände (der heutige Landschaftsverband) der Provinz Rheinland tagten.

Ohne Preußen gäbe es sicherlich heute kein Nordrhein-Westfalen.[4] Und hiermit beginnt die Geschichte des Landes, die nicht mehr idyllisch ist. Paul Johnson hat in seinem Buch ›A History of the Modern World. From 1917 to the 1980s‹[5] darauf hingewiesen, daß die deutsche Politik des 20. Jahrhunderts von einem „Ost-West-Gegensatz" bestimmt sei. Unter der Dominanz der preußischen Konservativen hatten bis 1918, bis zum Ende des Ersten Weltkrieges, die "Easterners" die Führung behauptet, die Gründung der Weimarer Republik 1918 sei dann zweifellos das Werk der deutschen "Westerners" gewesen. Paul Johnson meint weniger die Geographie als die politi-

rhein-Westfalen verfolgten eine etwas kurzsichtige historische Perspektive, wobei das Gründungsjahr 1946 ausschlaggebend war. – Zu Karl d. Gr. vgl. das Kapitel ›Der Sachsenkrieg‹ in: Wolfgang Braunfels, Karl der Große in Selbstzeugnissen und Bilddokumenten, Reinbek 1972, S. 43–48.

[3] Die Geschichte Kölns, der Stadt wie des Bistums, verbindet das heutige Land Nordrhein-Westfalen unmittelbar mit der römischen Antike: nicht nur kunst- und baugeschichtlich. Die Umschreibung eines kirchlichen Bistums als „Diözese" entstammt der römischen Verwaltungssprache. Tatsächlich vermittelt die kirchliche Verwaltung eine administrative Tradition aus der Antike bis in die Gegenwart. Die Kirche war im Mittelalter eben auch eine weltliche Einrichtung. Im übrigen ist die Periodisierung der Geschichte in „Antike", „Mittelalter" und „Neuzeit" problematisch. Es gibt Strukturen, die sich quer durch die Epochen bis heute erhalten haben. Wie sie ausgefüllt wurden, das war allerdings Sache der historischen Generationen, denen die Geschichte bei der Lösung ihrer jeweiligen aktuellen Probleme selten Rezepte anbietet. Geschichte ist zum Verständnis der Gegenwart wichtig, aber als „Rezept" leider in der Regel nicht verwertbar.

[4] Sehr instruktiv: Francis L. Carsten, Die Entstehung Preußens, Frankfurt a. M. u. a. 1981 (Ullstein-Tb.). – Im übrigen besteht preußische Geschichte wirklich nicht nur aus Friedrich dem Großen; vgl. Walter Henry Nelson, Die Hohenzollern, München 1972 (Tb. Orig.: The Soldier Kings, New York 1970).

[5] London 1983.

sche Einstellung, insbesondere das Verhältnis der deutschen Politik zu den westlichen parlamentarischen Demokratien. Es ist keine Frage, daß die Politiker der rheinischen und westfälischen Teile des 1947 endgültig aufgelösten Preußens, des heutigen Nordrhein-Westfalens, zu den "Westerners" innerhalb der deutschen Politik des 20. Jahrhunderts zählen. Dies zeigte sich nicht zuletzt an den Politikern, die diese beiden Provinzen in den 20er Jahren hervorbrachten. Das gilt für Zentrumspolitiker wie Adenauer, aber auch für die westfälischen und rheinischen Sozialdemokraten in der Weimarer Nationalversammlung, dem Reichstag und dem preußischen Landtag. Auch Gordon A. Craig hat diese Perspektive der Ost-West-Orientierung in seinen biographischen Essay über den preußischen Ministerpräsidenten Braun (SPD) und den Kölner Zentrumspolitiker Adenauer für die Zeit von 1919 bis 1933 augenommen.[6]

Die politische Rolle, die Adenauer seit seiner Wahl zum Kölner Oberbürgermeister 1917 am Ende des Kaiserreichs und dann in der Weimarer Republik spielte (nach seiner Absetzung durch die Nationalsozialisten 1933 zog er sich gänzlich bis 1945 aus der Öffentlichkeit zurück), ist durch seine spätere Kanzlerschaft verzerrt oder, genauer, gänzlich vergessen worden.[7] Adenauer, der aus einfachen sozialen Verhältnissen kam, gehörte zu dem linken Flügel der katholischen Partei des Zentrums um Matthias Erzberger, der seit der Friedensresolution des Deutschen Reichstags vom Juli 1917 bewußt eine Annäherung des Zentrums an die Sozialdemokratie anstrebte, eine Koalition, die schließlich 1919 in der Weimarer Nationalversammlung zusammen mit den linksliberalen Demokraten auch tatsächlich zustande kam. Bereits am 22. März 1918 lobte der SPD-Fraktionsvorsitzende Philipp Scheidemann in der Debatte des Reichstags über den Friedensvertrag von Brest-Litowsk (mit Sowjetrußland) den, wie er es formulierte, „rechtschaffenen Oberbürgermeister von Cöln“, weil er in dem großen Rüstungsstreik im Januar des Jahres 1918 mit den streikenden Arbeitern in Köln verhandelt habe, statt, wie die politische Rechte in Berlin, gleich das Militär zur Niederwerfung jeden Protestes aus der Arbeiterschaft gegen die Kriegspolitik der deutschen Regierung herbeizurufen. („Herr Adenauer ... hat *mit* den Cölner *Streikenden* verhandelt.“) Adenauer stand auch in den Revolutionstagen 1918 schnell auf dem Boden der neuen Tatsachen – nicht nur aus Taktik. In der ihm eigenen Schlauigkeit nutzte er die revolutionäre Situation, um von dem Rat der Volksbeauftragten unter Ebert die Zustimmung für die Gründung einer Universität in Köln zu erreichen. Die Revolutionsregierung, erfreut über soviel konservatives Vertrauen vom Rhein, stimmte so-

[6] Gordon A. Craig, Das Ende Preußens. Acht Porträts, München 1985.

[7] Vgl. – wenngleich unter dem Aspekt der späteren Kanzlerschaft geschrieben – Hans-Peter Schwarz, Adenauer. Der Aufstieg: 1876–1952, Stuttgart 1986.

fort zu, wenngleich sie der Verfassungskompetenz nach eigentlich nicht zuständig war.[8] Die Universität Köln besteht bekanntlich noch heute und ist inzwischen die größte des Landes Nordrhein-Westfalen.

In der Weimarer Nationalversammlung war es der Münsteraner katholische Moraltheologe Joseph Mausbach, der sich als Zentrumsabgeordneter für die Weimarer Verfassung im rheinischen und westfälischen Katholizismus stark machte. Mausbach spielte auch später ebenso wie Adenauer auf den Katholikentagen der Weimarer Zeit eine wichtige Rolle, um die ehemals monarchischen Katholiken für die Weimarer Demokratie zu gewinnen. Er arbeitete im Verfassungsausschuß der Weimarer Nationalversammlung mit dem DDP-Vorsitzenden Friedrich Naumann zusammen, um die „Grundrechte" in die Verfassung einzubringen. Dies gelang ihnen schließlich mit Unterstützung Eberts, der die Sozialdemokraten dafür erwärmte.[9] Die Grundrechte wurden später bei den Überlegungen des deutschen Widerstands gegen den Nationalsozialismus, zumal des Kreisauer Kreises, erneut in den Vordergrund gerückt. Sie sind – allerdings erheblich präzisiert – Bestandteil des Grundgesetzes der Bundesrepublik geworden.

Den Sozialkatholizismus an Rhein und Ruhr prägte seit den 1890er Jahren der „Volksverein für das katholische Deutschland". Er hatte seine Zentrale in Mönchengladbach, kümmerte sich um die Belange der Arbeiterschaft, aber auch um deren Familien und um Fragen der Erziehung und Bildung der unteren Bevölkerungsschichten. Häufig getragen von jungen Kaplänen, war diese Organisation im Gebiet des heutigen Nordrhein-Westfalen ungemein rührig, so rührig, daß es ihr sogar anfangs gelang, die Mehrheit der Arbeiterstimmen im Ruhrgebiet dem Zentrum und nicht der SPD zuzuführen. Erst nach der Jahrhundertwende holte die SPD mehrere Reichstagswahlkreise im heutigen Nordrhein-Westfalen. In der Weimarer Republik

[8] Protokoll der Kabinettsitzung vom 4. 1. 1919, in: Erich Matthias (Hrsg.), Die Regierung der Volksbeauftragten II (Quellen zur Geschichte des Parlamentarismus und der politischen Parteien, Bd. 6 II), Düsseldorf 1969, S. 194 u. Anm. 16. – Der preußische Kultusminister Konrad Haenisch (SPD) telegraphierte an Adenauer (publiziert im Reichsanzeiger am 20. 1. 1919): „Die hochbedeutsame Kölner Gründung gerade in diesen schweren Tagen soll und wird der Welt zeigen, daß der deutsche Geist ungebrochen ist. Er hat der Welt noch unendlich viel zu geben, ohne ihn müßte sie kläglich verarmen. In diesem Sinne ist Ihre Gründung zugleich eine nationale Tat ersten Ranges." – Das war ein kraftvoller Zuspruch.

[9] Vgl. Wilhelm Spael, Das katholische Deutschland im 20. Jahrhundert. Seine Pionier- und Krisenzeiten, Würzburg 1964; Heinrich Lutz, Demokratie im Zwielicht. Der Weg der deutschen Katholiken aus dem Kaiserreich in die Republik 1914–1925, München 1963; Theodor Heuss, Friedrich Naumann. Der Mann, das Werk, die Zeit, Stuttgart–Berlin 1937; Wilhelm Ribhegge, Geschichte der Universität Münster. Europa in Westfalen, Münster 1985, S. 153ff.

gab es an Rhein und Ruhr noch keine Großstadt mit einer SPD-Mehrheit. Die bekannten Oberbürgermeister dieser Region waren bürgerlich: Luther und Bracht in Essen, Jarres in Duisburg, Lehr in Düsseldorf und Adenauer in Köln.[10] Auch 1945 hatte es anfangs die SPD nicht leicht, ihre späteren Hochburgen in Nordrhein-Westfalen zu erobern.

Aus dem sozialen Katholizismus Nordrhein-Westfalens, des Kaiserreichs und der Weimarer Republik kamen Persönlichkeiten wie der langjährige Reichsarbeitsminister Heinrich Brauns ebenso wie der Professor für Christliche Sozialwissenschaften in Münster, Franz Hitze, ein Geistlicher.[11] Hitze drängte in der Weimarer Nationalversammlung auf die Einrichtung der Betriebsräte, die 1920 erstmals durch Gesetz geschaffen wurden: die Vorläufer des heutigen Mitbestimmungs- und Betriebsverfassungsrechts. Unter Brauns wurde 1927 das Gesetz über die Arbeitslosenhilfe in Deutschland eingeführt. Das rheinisch-westfälische Zentrum trug bis zuletzt die Weimarer Koalition in Preußen, die erst durch den Staatstreich Papens vom Juli 1932 gewaltsam beseitigt wurde. Damals arbeitete der politische Katholizismus des Rheinlandes und Westfalens mit den Sozialdemokraten in Preußen zusammen. Die Errichtung der Pädagogischen Akademien in Preußen 1926 war eine der kulturpolitischen Errungenschaften dieser Koalition. Mit dieser Reform der Lehrerbildung sollte der Gegensatz zwischen Stadt und Land beseitigt und das allgemeine Niveau der Schulbildung angehoben werden. Diese institutionelle Maßnahme wurde zu Recht als der erste Versuch gefeiert, die Klassenunterschiede im deutschen Bildungswesen einzuebnen. Leider ist die demokratische Tradition der Pädagogischen Hochschulen nach ihrer Integration in die Universitäten des Landes 1980 wieder in Vergessenheit geraten.

Im Preußen der Weimarer Republik waren es nicht mehr die ostelbischen Junker, die die Politik formulierten, sondern wesentlich jene Abgeordnete aus den Provinzen an Rhein und Ruhr, die jetzt nach der verspäteten Abschaffung des Dreiklassenwahlrechts 1918 über die Mehrheit verfügten. Von daher erklärt sich die bewußte Bindung Preußens an die parlamentarische Demokratie von 1919 bis 1932: die Westorientierung. Die politische Reaktion ging in den 20er Jahren nicht von Preußen aus: Auch das zählt zur politischen Tradition des heutigen Landes Nordrhein-Westfalen. Hitler putschte erstmals 1923 im bayerischen München. Die Westorienierung der preußi-

[10] Vgl. Wilhelm Ribhegge, Die Systemfunktion der Gemeinden. Zur deutschen Kommunalgeschichte seit 1918 (Beilage zur Wochenzeitung ›Das Parlament‹ v. 24. 11. 1973); in diesem Band: S. 346–387.

[11] F. J. Stegmann, Franz Hitze, in: Neue Deutsche Biographie 9 (1972), S. 272f. und: H. Müller, Franz Hitze, in: New Catholic Encyclopedia 7, Toronto u. a. 1967, S. 40f.

schen Politik der 20er Jahre zeigte sich auf der kulturpolitischen Ebene in dem großzügigen Ausbau der Universitäten Münster und Köln. Bis 1918 war der Westen Preußens von der preußischen Kulturpolitik immer etwas stiefmütterlich behandelt worden. Daran hatte auch die entgegenkommende Wissenschaftspolitik Althoffs wenig geändert.[12]

Unter dem preußischen Innenminister Carl Severing, der aus Bielefeld kam, ein früherer Gewerkschaftsfunktionär der Metallarbeiterverbände, 1903 der jüngste Reichstagsabgeordnete, wurde die preußische Polizei zu einem verläßlichen Instrument der Demokratie ausgebaut. Das war nicht selbstverständlich. Severing, der nach 1945 seine Lebenserinnerungen schrieb, war ein führender Politiker der Weimarer Republik.[13] Er war solide, drahtig, tüchtig, verantwortungsbewußt, beliebt in den eigene Reihen, hatte aber nicht die entsprechende Ausstrahlungskraft nach außen. Letzteres gilt auch von dem aus Düsseldorf kommenden Zentrumspolitiker Wilhelm Marx,[14] einem früheren Landgerichtspräsidenten, mehrfach Reichskanzler einer bürgerlichen Koalitionsregierung auf der Reichsebene, der 1925 als gemeinsamer Kandidat von Zentrum und SPD gegen den Kandidaten der bürgerlichen Rechten, Hindenburg, einem typischen "Easterner" in der entscheidenden Abstimmung – Präsidenten wurden direkt vom Volk gewählt – knapp unterlag. Das war, wie wir wissen, eine folgenreiche Niederlage.

Auch Brüning, der wegen seiner Notverordnungspolitik umstrittene Reichskanzler von 1930 bis 1932, hatte seine Anhängerschaft wesentlich im Rheinland und in Westfalen. Er war in Münster geboren und gehörte als Kriegsteilnehmer bereits einer jüngeren Generation von Politikern als Severing und Marx an. Das Zentrum hat dem Ermächtigungsgesetz Hitlers 1933 zugestimmt. Bei den internen Beratungen der Zentrumsfraktion hat Brüning bis zuletzt gegen eine Zustimmung gekämpft. Die Sozialdemokraten lehnten ab. Bis zur letzten Reichstagswahl am 5. März 1933 gelang es den Nationalsozialisten nicht, die beiden demokratischen Parteien von Zentrum und SPD insgesamt im Rheinland und Westfalen zu überrunden.

Franz von Papen, der eine äußerst verhängnisvolle Rolle bei der Ernennung Hitlers zum Reichskanzler 1933 spielte, selbst als Reichskanzler ein kurzlebiges „Kabinett der Barone“ anführte und als Vizekanzler in das erste Kabinett Hitlers eintrat, war kein typischer Repräsentant des rheinisch-westfälischen politischen Katholizismus, dem er entstammte.[15] Er gehörte

[12] Dazu die ausgezeichnete Untersuchung von Charles McClelland, State, Society and University in Germany 1700–1914, Cambridge 1980, S. 291–299.

[13] Carl Severing, Mein Lebensweg (2 Bde.), Köln 1950.

[14] Ulrich von Hehl, Wilhelm Marx, in: Wilhelm von Sternburg, Die deutschen Kanzler von Bismarck bis Schmidt, Königstein/Ts. 1985, S. 273–294.

[15] Vgl. Horst Gründer, Rechtskatholizismus im Kaiserreich und in der Weimarer Republik, in: Westfälische Zeitschrift, Bd. 134 (1984), S. 107–156.

zu jener nationalkonservativen Gruppe unter katholischen Adeligen und Teilen des katholischen Bürgertums, denen die Koalition mit der Linken verhaßt war und die sich selbst als Deutschnationale verstanden. Zu den katholischen Nationalkonservativen zählten nicht nur Adelige. Während des Ersten Weltkriegs gab es beispielsweise in der Zentrumspartei Düsseldorfs einen starken nationalkonservativen Flügel, der sich zum Ärger der katholischen Gewerkschaftler der Stadt betont annexionistisch gebärdete: möglicherweise einer der Gründe, warum sich in Düsseldorf die sozialen Gegensätze während der Revolution 1918/19 besonders scharf artikulierten. Es kam Anfang 1919 zu einer städtischen Revolutionsregierung, die innerhalb weniger Tage ausgabefreudig die städtischen Kassen leerte und deren Treiben nur durch Einrücken von Militär beendet werden konnte, wodurch das innerstädtische soziale Klima erneut vergiftet wurde.[16] Düsseldorf zählte während der zwanziger Jahre zu denjenigen Städten des rheinisch-westfälischen Industriegebiets mit dem höchsten Anteil an kommunistischen Stimmen. Der kommunistische Stimmenanteil lag dort und in einigen anderen NRW-Städten höher als der sozialdemokratische.

Man kann die Jahre von 1933 bis 1945, auch die politisch begründeten Verbrechen dieser Zeit, nicht einfach aus der Geschichte tilgen. Zur Geschichte oder Vorgeschichte Nordrhein-Westfalens gehören auch zwei führende nationalsozialistische Politiker: Joseph Goebbels und Robert Ley. Die demokratischen Bastionen des Landes waren 1933 beseitigt worden: die Gewerkschaften, die Parteien – das Zentrum hatte sich selbst aufgelöst –, die freigewählten kommunalen Parlamente. Die Rolle der Kirchen gegenüber dem Nationalsozialismus war anfangs ambivalent. Erst allmählich regte sich in ihnen der Widerstand, kein politischer, aber doch ein geistiger und kirchlicher. Die Kirchen reagierten aus Sorge um ihren religiösen Bestand. Die Synode der Bekennenden Kirche fand 1934 in Barmen statt. Karl Barth, einer ihrer geistigen Wegbereiter, hatte in Münster und Bonn seine theologische Professur ausgeübt.

An der Universität Münster lehrte in den dreißiger Jahren der katholische Existenzphilosoph Peter Wust: keine Natur, um zum Widerstand aufzurufen, aber seine Philosophie setzte klare und deutliche Akzente gegen jede Ideologie, zumal die nationalsozialistische. Er fand in Westfalen eine starke

[16] Mary Nolan, Social Democracy and Society. Working Class Radicalism in Düsseldorf 1890–1920, Cambridge 1981; Wolfgang Stump, Geschichte und Organisation der Zentrumspartei in Düsseldorf 1917–1933, Düsseldorf 1971; Ellen Lovel Evans, The German Center Party 1770–1933. A Study in Political Catholicism, Carbondale und Edwardsville 1981, S. 258f.; Wilhelm Ribhegge, Die Anfänge der kommunalen Demokratie in Düsseldorf. Die Stadtverordnetenversammlung im Nachkriegsjahr 1919, in: Düsseldorfer Jahrbuch 60 (1986), S. 133–164; in diesem Band: S. 207–237.

und treue Hörerschaft.[17] Kardinal von Galen leistete mit seinen drei Predigten in Münster 1941 Widerstand aus unmittelbarer Betroffenheit: als rechtsstaatlich begründeten Protest gegen die anlaufenden Euthanasiemaßnahmen. Die Nationalsozialisten wagten nicht, gegen den Bischof vorzugehen, und die Euthanasiemaßnahmen selbst wurden vorerst eingestellt. Das tapfere Auftreten des Bischofs, das wenig Nachahmer fand, war einer der wenigen öffentlichen Proteste, die ungeahndet blieben. Insgesamt war die Reserve der kirchlichen Bevölkerung Rheinlands und Westfalens unpolitischer Natur. Vor allem stieß das sogenannte „Neuheidentum“ und der Germanenkult ab.[18] Aber es gab natürlich auch zahlreiche NS-Aktive und Mitläufer. Ein anschauliches Beispiel, nicht der Opposition, aber einer oppositionellen Grundstimmung liefern Heinrich Bölls Erinnerungen aus seiner Gymnasialzeit in Köln (›Was soll aus dem Jungen bloß werden?‹).[19] In Münster bei den jährlichen Prozessionen und in Aachen bei der Heiligtumswallfahrt 1937 nutzte die Bevölkerung die Prozession als stumme, aber wirkungsvolle Demonstration. Da die Nationalsozialisten einiges von der „Ästhetik des Politischen“ hielten, wurde diese stille Bekundung durchaus verstanden.

In den letzten 30 Jahren ist der Widerstand in den größten Städten an Rhein und Ruhr, den dort die Arbeiterschaft leistete, näher erforscht worden, so für Dortmund, Duisburg, Essen und andere Orte.[20] Insbesondere haben sich die Stadtarchive häufig in Zusammenarbeit mit den Schulen, wenngleich nicht immer kritisch, dieser Fragen angenommen. Eines Tages wird es möglich sein, ein relativ gesichertes Bild des politischen Verhaltens in dieser Region während der Zeit von 1933 bis 1945 zu zeichnen. Die Landesforschung selbst steckt noch in den Anfängen. Die jeweiligen Provinzialhistoriker in Westfalen und im Rheinland bewachen zudem argwöhnisch

[17] Peter Wust, Ein Abschiedswort, Münster 1940.

[18] Clemens August von Galen (Hrsg.), Studien zum Mythos des XX. Jahrhunderts (Kirchliches Amtsblatt für die Diözese Münster, 15. Oktober 1934), Münster 1934.

[19] Heinrich Böll, Was soll aus dem Jungen bloß werden? Oder: Irgendwas mit Büchern, München 1983; vgl. Klaus Schröter, Böll in Selbstzeugnissen und Bilddokumenten, Reinbek 1982. – Es gibt wohl kaum einen Schriftsteller, der wie Böll die kulturellen Traditionen des Landes und die Mentalitäten seiner Bevölkerung so wirksam literarisch verarbeitet hat: sieht man von dem Kölner Kartäuser Rolevinck ab, der am Schluß des Essays näher beschrieben wird: und der 500 Jahre vor Böll in Köln lebte.

[20] K. Bludau, Gestapo, geheim! Widerstand und Verfolgung in Duisburg 1933–1945, Bonn-Bad Godesberg 1973; H.-P. Görgen, Düsseldorf und der Nationalsozialismus, Köln 1968; K. Klotzbach, Gegen den Nationalsozialismus. Widerstand und Verfolgung in Dortmund 1930–1945, Hannover 1969; H.-J. Steinberg, Widerstand und Verfolgung in Essen 1933 bis 1945, Hannover 1969.

ihre Regionalgrenze, so daß größere Zusammenhänge, die beide Regionen erfassen, selten erforscht werden. Dies ist einer der Gründe, warum sich Nordrhein-Westfalen heute den Außenstehenden so „geschichtslos" und historisch gesichtslos präsentiert. Die Lethargie des NRW-Wissenschaftsministeriums hat daran seinen Anteil. Nordrhein-Westfalen ist für das Düsseldorfer Wissenschaftsministerium so recht kein Begriff. Dies zeigte sich auch bei der Auflösung der ehemaligen Pädagogischen Hochschulen 1980, die anders als die Universitäten ein sehr bewußtes Verhältnis zur historischen Kultur des Landes hatten.[21]

Dabei existiert ein erheblicher Nachholbedarf an historischer Forschung. Denn die Region von Rhein und Ruhr war seit der Mitte des vorigen Jahrhunderts bis 1945, ja, auch noch einige Jahre danach, bis Kohle und Stahl aus ihrer industriellen Spitzenstellung verdrängt wurden, das Zentrum wirtschaftlicher Macht in Deutschland. Das muß man nicht zu abstrakt verstehen. Hier gab es die Krupp, Stinnes, Thyssen, Vögler, die nicht nur ihre wirtschaftlichen Unternehmen aufbauten, sondern von Rhein und Ruhr aus direkt und indirekt Einfluß auf die Politik nahmen.[22] Ihre historische Rolle ist aus der nationalgeschichtlichen Perspektive inzwischen teilweise erforscht und bekannt, zuletzt durch die Studie des englischen Historikers R. J. Overy über die Berührungen zwischen Göring und der deutschen Industrie.[23] Auch Geschichte muß handfest verortet werden, sonst entsteht allzuleicht Nebel, auf der Linken wie auf der Rechten: in marxistisch-antikapitalistischer Verpackung oder im nationalhistorischen Goldrahmen.

Von Rhein und Ruhr kamen führende Gewerkschaftler des Kaiserreichs, wie Theodor Bömelburg und Otto Hue. Aber wer kennt ihre Namen heute noch? Wer kennt sie vor allem in dem historisch-sozialen Kontext, in dem sie lebten und arbeiteten? Gelegentlich ist eine Straße nach ihnen benannt. Heute bemüht man sich um die historische Schaustellung in Industriemuseen oder bewegt sich auf den manchmal etwas idyllischen Pfaden der Alltagsgeschichte, die nach dem Motto abläuft: Schauen wir doch einmal in Omas Küche. Ganz so harmlos war es – jahrhundertlang – an Rhein und Ruhr nicht.[24] Wer es nicht glaubt, sollte Friedrich Engels befragen, einen Sohn dieses Landes, der sich nicht nur mit der „Lage der arbeitenden Klassen in England" befaßte.

[21] Vgl. Ribhegge, Geschichte der Universität Münster, Münster 1985, S. 230f.

[22] Wilhelm Ribhegge, Schwerindustrie, Gewerkschaften und Politik an der Ruhr im 19. und 20. Jahrhundert, in: Westfälische Zeitschrift, Bd. 135 (1985), S. 123–177.

[23] J. R. Overy, Hermann Göring, München 1986 (engl.: Göring. The Iron Man, Oxford 1984).

[24] Lutz Niethammer/Bodo Hombach/Tilman Fichter/Ulrich Borsdorf, „Die Menschen machen ihre Geschichte nicht aus freien Stücken, aber sie machen sie selbst." Einladung zu einer Geschichte des Volkes in NRW, Berlin–Bonn 1984.

Auch die Revolutionen von 1789 und 1848 gingen an dieser Landschaft nicht spurlos vorüber. Vor allem im Rheinland entwickelte man eine eigene politische Sensibilität. Liberale Politiker von 1848 wie Camphausen, Hansemann und Mevissen kamen aus dem Rheinland, Waldeck kam aus Westfalen.[25] Die Karnevalsumzüge, die man im 19. Jahrhundert wieder entdeckte, erwiesen sich als vorzüglich geeignet, die ringsum noch bestehende feudale Welt bürgerlich zu karikieren. Die Kölner Wirren in den 1830er Jahren, eigentlich ein Mischehenstreit, der mit der preußischen Bürokratie ausgefochten wurde, sensibilisierten größere Bevölkerungsgruppen des Rheinlands und Westfalens gegen den „Obrigkeitsstaat". Die Bewegung war nicht nur antipreußisch, sie bildete zugleich die Grundlage für die Anfänge der christlichen Demokratie in Rheinland und Westfalen, aus der später der politische Katholizismus, das Zentrum, entstand. Das Zentrum war die erste „Volkspartei" in Deutschland, die unter dem Banner der Verteidigung katholischer Rechte Adelige, bürgerliche Rechtsanwälte, Kaufleute, Handwerker, Akademiker und später auch Industriearbeiter in einer Wählergruppe vereinte. Seitdem in Preußen nach 1848 regelmäßig Wahlen stattfanden, gab es überall im heutigen Nordrhein-Westfalen Zentrumshochburgen. Sie wurden der Grundstock der heutigen Demokratie des Landes: Die Parteien selbst wechselten mit den historischen Aufgaben, die ihnen gestellt wurden. Demokratie ist eben nicht die Sache nur einer Partei.

Der literarischen Welt Nordrhein-Westfalens im 19. Jahrhundert gehören zwei Autoren an, die nichts miteinander zu tun und doch einiges gemeinsam hatten: Heinrich Heine und Annette von Droste-Hülshoff.[26] Heine,[27] in Düsseldorf als Jude in der Umwelt des rheinischen Katholizismus geboren, Droste-Hülshoff als Frau in der katholisch-adeligen und -bürgerlichen Welt des Münsterlandes aufgewachsen und zeitlebens gefangen: so empfand sie es selbst. Was hier über beide Autoren gesagt wird, ist natürlich vereinfacht und etwas oberflächlich. Beide Lyriker empfanden die Beziehung zwischen ihrer Persönlichkeit und ihrer Umwelt mit einer ungewöhnlichen Sensibilität. Zur Geschichte dieser Landschaft gehört nicht nur die Politik (einschließlich des politischen Biedermeiertums und Vereinswesens), die wirtschaftliche Macht (und häufig auch ihre Primitivität), dazu gehört auch die Lyrik Heines und Droste-Hülshoffs. Gelesen wurden ihre Gedichte und Er-

[25] Zu den Details vgl.: Veit Valentin, Geschichte der deutschen Revolution von 1848–1849, 2 Bde., Köln–Berlin 1970 (1. Aufl. 1930/31).

[26] Den sozialgeschichtlichen Hintergrund Annette von Droste-Hülshoffs beleuchtet eindrucksvoll Mary Lavater-Sloman, Annette von Droste-Hülshoff. Einsamkeit und Leidenschaft, Zürich 1950 (als Tb. 1981).

[27] Vgl. die jüngste biographische Deutung aus der Feder des jetzt in Köln lebenden Lew Kopelew, Ein Dichter kam vom Rhein. Heinrich Heines Leben und Leiden, Berlin 1981.

zählungen in den bürgerlichen Häusern und den Schulen des vorigen Jahrhunderts. Ihre Werke sind ein Zeichen sprachlicher und poetischer Kultur, die anscheinend irgendwann einmal verlorenging. Denn in Nordrhein-Westfalen zählt heute, oft auch in den Debatten des Landtages, eher die Fähigkeit, sich möglichst hausbacken ausdrücken zu können. Die bürgerliche Kultur des Landes im vorigen Jahrhundert, wo sie bewußt gepflegt wurde, war anders. Beide Autoren hatten ein Gespür für die historische Kultur ihrer Regionen, aus denen sie kamen. Geschichte wurde von ihnen aber nicht nur verklärend, sondern auch als Bedrohung gesehen. Dies schlägt in ihren Arbeiten immer wieder durch.

Hundert Jahre später hat einer ihrer literarischen Nachfahren, Heinrich Böll, in seinen Romanen etwas prosaischer und alltäglicher jene Welt eingefangen, in der man jetzt, nach 1945, an Rhein und Ruhr lebte. Ein Vergleich der Welten lohnt sich. Von Böll existiert auch ein Aufsatz aus dem Jahre 1960, überschrieben ›Nordrhein-Westfalen‹. Dort heißt es: „In diesem Bundesland Nordrhein-Westfalen hat Europa die Spuren seines Reichtums und seiner Fülle hinterlassen und die Spuren all seiner Krankheiten; hier sind unzählige Herzogtümer, Bistümer, Städte und Reiche immer wieder auseinandergerissen, immer wieder zusammengeflickt worden, und an den Nahtstellen schmerzt es noch immer. Durch die einheitliche Farbe, die das Bundesland Nordrhein-Westfalen kennzeichnet, schimmert noch das fleckige, vielfältige Gebilde des späteren Mittelalters hindurch, das wie ein Narrenkleid aussah.“[28]

In diesem Zitat wird die Tiefenstaffelung der Geschichte des Landes angedeutet. An der Wende zwischen der alten Welt und der modernen des Industriezeitalters, kurz vor 1800, tauchte eine Persönlichkeit im heutigen Nordrhein-Westfalen auf, die der politischen Kultur des Landes bis zur Gegenwart seinen Stempel aufgeprägt hat: Karl Freiherr vom Stein. Die ersten Stationen seiner Beamtenkarriere im preußischen Verwaltungsdienst waren Minden, Wettern, Hamm, Münster. Von Münster aus betrieb er die Auflösung jener alten Welt, die Böll beschrieben hat. Seine Aufgabe war es, die Säkularisation all jener geistlichen Herrschaften, der Fürstbistümer und Klöster durchzuführen, die auf dem sogenannten Reichsdeputationshauptschluß 1803 beschlossen worden waren und die seit dem Mittelalter die bunte politische Landkarte der Landschaft Nordrhein-Westfalens geprägt hatten. Die größten Fürstbistümer, die meist von dem Adel über die Domkapitel beherrscht wurden, waren Münster, Paderborn und Köln. Ihre Gründung ging bis auf die Zeit Karls des Großen zurück. Es endete also eine politische Struktur, die über tausend Jahre Bestand gehabt hatte. Stein

[28] Heinrich Böll, Aufsätze – Kritiken – Reden I, München 1969, S. 46. – In der gleichen Sammlung findet sich auch der Aufsatz ›Im Ruhrgebiet‹ (1957/8).

ratifizierte nicht nur das Ende der Feudalität in diesem Lande. Wenige Jahre später für kurze Zeit preußischer Minister, schuf er mit der bekannten ›Städteordnung‹ von 1808 eine neue Kommunalverfassung, die den Städten, die im 18. Jahrhundert zu staatlichen Vollzugsorganen herabgesunken waren, wieder eine Eigenständigkeit gab.[29] Diese kommunale Selbstverwaltung, 1918 grundlegend demokratisiert durch die Einführung des allgemeinen Wahlrechts für Männer und Frauen, besteht unangefochten bis heute. Es ist die einzige politische Kultur des Landes, die seit fast 200 Jahren besteht. Es hat den Anschein, daß sie wesentlich die politische Kultur der Düsseldorfer Landespolitik quer durch alle Parteien bis heute geprägt hat. Aber vielleicht ist das in anderen Ländern und Landtagen der Bundesrepublik nicht viel anders. War es je anders?[30]

Stein dachte, als er seine Kommunalreform vor dem Hintergrund der von der Französischen Revolution ausgehenden Bewegung in Preußen einführte, an das Vorbild der städtischen Politik des Mittelalters. Die Freiheit und Unabhängigkeit jener Städte des Mittelalters, wie die Kölns, Dortmunds, aber auch Soests und Münsters, die mit den kleineren abhängigeren Städten des Landes in der Hanse zusammengeschlossen waren, kann man sich heute kaum noch vorstellen. Die Städte gestalteten nicht nur ihre laufenden inneren Angelegenheiten selbständig, einschließlich des Gerichtswesens, der

[29] Informativ, in den politisch-historischen Wertungen problematisch, nach wie vor: Gerhard Ritter, Freiherr vom Stein. Eine politische Biographie, 1931 (Tb. Frankfurt a. M. 1983). – Das historische Milieu, in dem sich Stein damals in Westfalen bewegte, fangen die Lebenserinnerungen des evangelischen Bischofs Eylert anschaulich ein: Rulem. Fr. Eylert, Charakter-Züge und historische Fragmente aus dem Leben des Königs von Preußen Friedrich Wilhelm III., Magdeburg 1846. – Die Aktivitäten Steins in Westfalen und am Niederrhein sind dokumentarisch minutiös in: Erich Botzenhart (Hrsg.), Freiherr vom Stein. Briefe und amtliche Schriften, Bd. 1–10, Stuttgart u. a. 1957ff. belegt. – Zur Konzeption Steins für die Städteordnung, insbesondere seine politische Philosophie eines pragmatischen liberalen Konservatismus, die ›Nassauer Denkschrift‹ (Bd. 2, Stuttgart 1959, S. 380–398). – Vgl. Wilhelm Ribhegge, Eine preußische Stadt in Westfalen: Hamm. Historische Aspekte einer modernen Großstadt, in: Die alte Stadt 13 (1986), S. 165–183.

[30] Der liberale Reichstagsabgeordnete und Abgeordnete des preußischen Landtags Eugen Schiffer schrieb in seinen Erinnerungen über den preußischen Landtag der Kaiserzeit: „Nach eigenem Daseinsprinzip entwickelte sich der Reichstag zum Mittelpunkt der deutschen Geschichte ... Der preußische Landtag wurde in die zweite Reihe, in den Schatten gerückt. Der Posener Oberbürgermeister Witting, Bruder von Maximilian Harden, war ganz entsetzt über den engen politischen Horizont, den er bei seinem Eintritt in die Landtagsfraktion vorfand. ‚Das ist ja eine Stadtverordnetenversammlung, aber kein Parlament', sagte er und zog sich bald erbost zurück" (Eugen Schiffer, Ein Leben für den Liberalismus, Berlin-Grunewald 1951, S. 172f.).

Steuern und kommunalen Leistungen, sie führten auch selbständig Außenpolitik mit anderen Städten und mit anderen Landesherren, die Verteidigung eingeschlossen. Gelegentlich empfingen sie wie Dortmund im 14. Jahrhundert Kaiser Karl IV. mit großem Aufwand und Feierlichkeit in ihren Mauern: Politische Volksfeste waren in Nordrhein-Westfalen schon immer beliebt.

Die Städte waren so stark geworden, daß die Landesherren, die Bischöfe, vorsichtshalber nicht in ihren Residenzstädten wohnten, sondern außerhalb in kleineren Schlössern und Burgen.[31]

Über die Hanse, auch die gemeinsame niederdeutsche Sprache, standen die Städte in enger Kommunikation miteinander.[32] Reisen war zwar beschwerlicher als heute, aber das hinderte niemanden. Jugendliche aus dem Rheinland und Westfalen, die studieren wollten, gingen meist nach Köln. Es gab also bereits einen akademischen Kontakt, noch gefördert durch die Kontakte der Bettelorden, der Franziskaner und Dominikaner untereinander, die im innerstädtischen Leben aller größeren Städte der Region – es waren Städte zwischen 3000 und 20000 Einwohnern – eine erhebliche Rolle spielten, ebenso wie im späten Mittelalter die Frauengemeinschaften der Beginen, die man heute gelegentlich noch in Belgien findet, und die Bewegung der Brüder und Schwestern vom Gemeinsamen Leben, eine religiöse Lebensgemeinschaft von Laien, die vor allem in den Niederlanden, im

[31] Eine Analyse der innerstädtischen Situation nordwestdeutscher Städte im späten Mittelalter unter einer modernen sozialwissenschaftlichen Fragestellung liefern die Studien: Wilfried Ehbrecht (Hrsg.), Städtische Führungsgruppen und Gemeinde in der werdenden Neuzeit, Köln–Wien 1980, mit Beiträgen von Klaus Militzer (›Führungsschicht und Gemeinde in Köln im 14. Jh.‹), Wolfgang Herborn (›Verfassungsideal und Verfassungswirklichkeit in Köln während der ersten zwei Jahrhunderte nach Inkrafttreten des Verbundbriefs von 1396‹), Clemens v. Looz-Corswarem (›Unruhen und Stadtverfassung in Köln an der Wende vom 15. zum 16. Jh.‹), Wilfried Ehbrecht (›Form und Bedeutung innerstädtischer Kämpfe am Übergang vom Mittelalter zur Neuzeit: Minden 1405–1535‹), Karl-Heinz Kirchhoff (›Die Unruhen in Münster/W. 1450–1457‹), Ulrich Hergmöller (›Krisenerscheinungen kirchlicher Machtpositionen in hansischen Städten des 15. Jh.‹). Die politische und soziologische Geschichtlichkeit der Städte ist eines der interessantesten Aspekte nicht nur der Geschichte der Region NRW, sondern generell der deutschen Geschichte. Leider wird die deutsche Stadtgeschichte selten unter bewußt generalisierenden Ansätzen untersucht. So bleibt es oft bei Lokalgeschichten mit lokalem Ausblick. – Vgl. dazu den älteren Ansatz bei Ricarda Huch, Im alten Reich. Lebensbilder deutscher Städte, Bremen 1960 (1. Aufl. 1927/29).

[32] Einen ausgezeichneten Einblick in die Hanse und die Kooperation der nordwestdeutschen Städte gibt: Philippe Dollinger, Die Hanse, Stuttgart 1976 (La Hanse XIIe–XVIIe siècles, Paris 1964).

Rheinland und in Westfalen verbreitet war und die sich bewußt von der Veräußerlichung einer zunehmend feudalistischen Kirche absetzte.

Die relative politische und kulturelle Einheit und Geschlossenheit des Landes endete mit der Reformation im 16. Jahrhundert. Zwar blieben die größeren Fürstbistümer katholisch, aber zahlreiche kleinere Herrschaften und einzelne Städte wurden allmählich protestantisch. Das führte zu territorialen Absonderungen, auch der Bevölkerung, und zu einer wachsenden Einflußnahme der Bürokratie auf die Entwicklung der einzelnen Landesteile: einer Bürokratie, die man im Mittelalter so ausgeprägt kaum gekannt hatte. So kann von einem Landesbewußtsein vom 16. bis ins 18. Jahrhundert überhaupt nicht die Rede sein. Auch die Hanse schlief allmählich ein. Dennoch gab es in dieser Zeit eine interessante politisch-territoriale Kombination, die durch Heiratspolitik und Erbschaft entstanden war: die Verbindung der Herrschaften Kleve-Berg-Mark-Ravensberg, die sich quer mitten durch das heutige Gebiet Nordrhein-Westfalens, von Kleve über Düsseldorf, Hamm nach Bielefeld zog. Sie fiel ab 1609 an Preußen.[33] Durch Zufall lag das spätere Ruhrgebiet zum großen Teil auf diesem Territorium. Dieser Zufall ermöglichte überhaupt erst im 19. Jahrhundert die preußisch-deutsche Machtpolitik, die ohne den wirtschaftlichen Hintergrund nicht machbar gewesen wäre.

Ein weiterer Punkt ist in diesem Zusammenhang wichtig. Die Herzöge von Kleve hatten unter dem Einfluß des Erasmus von Rotterdam[34] im 16. Jahrhundert versucht, der Zuspitzung des konfessionellen Streits in ihrer Herrschaft entgegenzuwirken. So lebten schließlich drei Bekenntnisse, das katholische, das lutherische und das kalvinistische, in einem Land nebeneinander, nicht immer ganz friedlich, aber immerhin.

Das größte Aufsehen, nicht nur im Reich, sondern in Europa, erregte damals die zweijährige Herrschaft der Wiedertäufer in Münster 1534/35, die inzwischen eingehend erforscht worden ist und über die ausführliche Quellen vorliegen.[35] Es war in ihren Anfängen eine demokratisch-religiöse

[33] Vgl. Carsten, Anm. 4.

[34] Margaret Mann-Philipps, Erasmus and the Northern Renaissance, London 1949; George Faludy, Erasmus von Rotterdam, Frankfurt a. M. 1970; Roland H. Bainton, Erasmus. Reformer zwischen den Fronten, Göttingen 1972; Robert Mandrou, Histoire de la pensée européenne, Bd. 3: Des humanistes aux hommes de sciences XVIe et XVIIe siècles, Paris 1973.

[35] Karl-Heinz Kirchhoff, Die Täufer in Münster 1534–1535. Untersuchungen zum Umfang und zur Sozialstruktur der Bewegung, Münster 1973. – Das Buch initiierte eine moderne Erforschung der Täuferbewegung in Münster, die aber alles andere als ein lokales Ereignis war: vgl. die Kapitel ›Anabaptist and social unrest‹, ›Münster as the New Jerusalem‹, ›The Messianic reign of John of Leyden‹ in: Norman Cohn, The Pursuit of the Millenium. Revolutionary Millenarians and Mystical Anarchists

Bewegung, die sich aber allmählich radikalisierte und nach der Belagerung der Stadt durch katholische und protestantische Truppen aus dem Reich sich zunehmend fanatisierte, zum Selbstterror unter den Eingeschlossenen führte und phantastische Formen annahm. Brutal war die Rache der Belagerer nach der Eroberung. Die Ideologisierung des Konfliktes löste auf beiden Seiten die moralischen Hemmungen: bei den Schwachen wie bei den Mächtigen.

Seit dem 16. Jahrhundert verbreitete sich in Rheinland und Westfalen die Hexenverfolgung, von beiden Konfessionen mitgetragen. In Lemgo kann man noch heute das Hexenbürgermeisterhaus besichtigen. Wohlstand und Wahn schlossen sich nicht aus. Es gibt Landstriche in Lippe und Westfalen, wo die Zahl der Opfer ungewöhnlich groß war.[36] Mit dem in Düsseldorf-Kaiserswerth geborenen Jesuiten Friedrich von Spee und Langenfeld kam einer der ersten Gegner des Hexenwahns aus diesem Land.[37] Spee hielt sich später in Würzburg, Paderborn und Trier auf. 1632 entstand seine berühmte ›Cautio Criminalis‹, die Schrift gegen den Hexenwahn und gegen die Praxis der Folterung. Es gibt sicherlich nicht viele historische Vorbilder in der Geschichte Nordrhein-Westfalens, an die unbedingt erinnert werden sollte. Friedrich von Spee ist vielleicht der Bedeutendste unter ihnen. Die Geschichte des Alltags würde, wenn sie in Nordrhein-Westfalen durch die Jahrhunderte systematisch betrieben würde, nicht nur Angenehmes, sondern

of the Middle Ages, London 1984, S. 252–280. – Eine gute Zusammenfassung als Darstellung und in Quellenauszügen liefert: Richard van Dülmen, Das Täuferreich zu Münster 1534–1535, München 1974 (Tb.). Eine engagierte Präsentation des historischen Täufergeschehens in Münster geben Pierre Barret u. Jean-Noël Gurgand, Der König der letzten Tage. Die exemplarische und grauenvolle Geschichte der Wiedertäufer zu Münster 1534–1935, Frankfurt a. M. u. a. 1984 (Tb.). Zum europäischen Kontext der Täuferherrschaft: G. R. Elton, Reformation Europe 1517–1559, Glasgow [20]1979.

36 Rainer Decker, Die Hexenverfolgung im Herzogtum Westfalen, in: Westfälische Zeitschrift 131/132 (1981/82), S. 339–386. – Rainer Decker, Hexenverfolgungen im Hochstift Paderborn, in: Westfälische Zeitschrift 128 (1978), S. 314–356.

37 Friedrich von Spee, Cautio Criminalis oder rechtliche Bedenken wegen der Hexenprozesse, München 1982 (dt., Tb.). – Spee war nicht nur ein früher „Aufklärer", sondern zugleich ein Autor ungewöhnlich ansprechender geistlicher Lyrik, die sich noch heute in den Kirchengesangbüchern findet, darunter beispielsweise das Adventslied ›O Heiland, reiß die Himmel auf‹. – Ferner: Friedrich v. Spee, Trutz Nachtigal, hrsg. v. Theo G. M. van Oorschot, Stuttgart 1985 (RUB). Erstausgabe des Buchs: 1634. Es handelt sich um eine Sammlung barocker geistlicher Lyrik Spees. – Eine aktuelle Erinnerung: Hans Conrad Zander, Friedrich Spee. Hexenjagd in Deutschland, in: H. C. Zander, Gottes unbequeme Freunde – Heilige für unsere Zeit, Hamburg 1982, S. 51–87.

manches Zwielichtige hervorholen, aber auch, wie das Beispiel Spees zeigt, Stimmen der Vernunft, selbst zu einer Zeit, als das Zeitalter der Aufklärung noch nicht begonnen hatte.

Seit den Anfängen der politischen Gliederung des Landes, also seit der Zeit Karls des Großen, wußte man in diesem Land um die zentrale Funktion der Städte. Aachen war eine kurze Zeit lang das Zentrum des europäischen Westens. Die aufgewerteten oder neugegründeten Bistümer setzten mit dem jeweiligen Bischofssitz zentralörtliche Akzente: Köln, Münster, Paderborn, Minden, Osnabrück (das damals noch zu dieser Region zählte, ebenso wie noch Halberstadt sowie Verden und Hildesheim im heutigen Niedersachsen). Es gab bereits eine einheitliche Verwaltungssprache: das Latein der Geistlichen. Allerdings, 200 bis 300 Jahre lang, bis um 1100, war das damalige Nordrhein-Westfalen ein Land der Wälder und Fluren, in dem sich der Adel eine feste Position gesichert hatte, auch in den größeren Klöstern bei Corvey an der Weser und Werden bei Essen.

Nicht alle mittelalterlichen Bischöfe Rheinlands und Westfalens waren ausgesprochene Politiker. Liudger, der erste Bischof von Münster, war, wie auch die Legenden zeigen, die sich um seine Person ranken, eine bewußt religiöse Persönlichkeit. Er fühlte sich, wie aus der über ihn erhaltenen kurzen Biographie hervorgeht, wohler im Kreise seiner Mönche in Werden (bei Essen) denn als bischöflicher Funktionsträger.[38] In Münster gründete er eine klösterliche Gemeinschaft. Der Name der Stadt, Münster (= monasterium, d. h. Kloster), erinnert noch heute daran. Liudger hatte wie alle Bischöfe der damaligen Zeit eine westliche Bildung: Er war in Utrecht und in York in England erzogen worden. Der Adel des Mittelalters dachte und handelte immer in größeren geographischen Zusammenhängen, wie man sich überhaupt die Welt des Mittelalters nicht allzu kleinteilig vorstellen darf.

Eine bewußte Politisierung des Landes hatte mit der Einsetzung Brunos als Erzbischof von Köln durch seinen Bruder, Kaiser Otto den Großen, 953 begonnen.[39] Bruno wurde die zweite Hand des Kaisers und erhielt noch das westlich des Rheins gelegene Territorium Lothringen, vereinfacht die heutigen Benelux-Länder, als Herzogtum. Seit dieser Zeit wurde am Rhein Macht- und Reichspolitik betrieben. Zu den politischen Erzbischöfen Kölns zählen Anno II. im 11. Jahrhundert, Rainald von Dassel im 12. und Engelbert von

[38] Vita sancti Liudgeri auctore Altfredo, in: Die Vitae sancti Liudgeri, hrsg. v. W. Diekamp, Münster 1881, S. 3–53. – Dt. Übertragung: B. Senger, Das Leben des heiligen Liudger von Altfrid, Münster 1982.

[39] Leben des hl. Bruno, Erzbischofs von Köln, verfaßt von Ruotger, in: Lebensbeschreibungen einiger Bischöfe des 10.–12. Jahrhunderts (lat. u. dt.), übers. v. Hatto Kallfelz, Darmstadt 1973, S. 169–172.

Berg im 13. Jahrhundert. Die Kölner Bürgerschaft, seit Anno II. immer wieder in Konflikten mit den Bischöfen, entledigte sich in der Schlacht von Worringen 1288 der Herrschaft ihrer erzbischöflichen Landesherren. Erzbischof Anno II. hatte die Erziehung des jungen Heinrich IV. übernommen, jenes Kaisers, der später den berühmten Konflikt mit Papst Gregor VII. austrug und den Gang nach Canossa antrat. Damals wurde am Rhein intensiv Politik betrieben: Als Anno den jungen Heinrich auf einem Schiff 1062 entführen ließ und der junge Mann die Absicht durchschaute, stürzte sich Heinrich bei Kaiserswerth verzweifelt in den Rhein, um dem Zugriff seines Erziehers – vergeblich – zu entgehen.

Über Anno II., mit dem die Spannungen zwischen Bischof und der Stadt Köln einsetzten, liegt bereits eine deutschsprachige (mittelhochdeutsche) kurze Biographie in Versform vor, das Annolied. Es wurde vermutlich in dem Kloster Siegburg kurz nach dem Tod Annos um 1080 verfaßt. Darin wird aus der Interessenlage der Stadt Köln Klage über die politischen Verhältnisse im Reich während des Streits zwischen Kaiser Heinrich IV. und Papst Gregor VII. geführt, in den auch Anno II. verwickelt war:

Dar nah ving sich ane der ubile strit,
des manig man virlos den liph,
du demi vierden Heinriche
virworrin wart diz riche.
...
diz riche alliz bikerte sin gewefine
in sin eigin inadere.
mit siginuftlicher ceswe
vbirwantz iz sich selbe,
daz di gidouftin lichamin
vmbigravin ciworfin lagin
ci ase den bellindin,
den grawin walthundin.
du daz ni truite bisunin seint Anno,
du bidroz une lebin langere.

Danach begann der schlimme Kampf,
durch den viele ihr Leben verloren,
als dem vierten Heinrich
das Reich in Unordnung gebracht wurde.
...
Das ganze Reich kehrte seine Waffen
gegen seine eigenen Eingeweide.
Mit siegreicher Hand
überwand es sich selber,
so daß die Leichen der Christen
unbestattet hingestreut lagen

als Aas für die bellenden
grauen Wölfe.
Als St. Anno keine Möglichkeit zur Schlichtung sah,
wurde es ihm lästig, länger zu leben.[40]

In diesen Kontext gehört auch die Rolle Bennos II. von Osnabrück, einer der engsten Berater Kaiser Heinrichs IV. Als er in dem großen Konflikt zwischen Kaiser und Papst gezwungen wurde, für die eine oder andere Seite Stellung zu beziehen, entzog er sich auf einer Fürstenversammlung der Entscheidung, indem er sich in einer Nische des Altars während des ganzen Tages, an dem die Beratung stattfand, versteckte. Niemand wußte, wo er war. Jeder hatte ihn die Kirche betreten sehen. Als alle das Gebäude verließen, war er wieder da: So berichten die Mönche des Klosters Iburg, das Benno gründete. Ihr Bericht scheint authentisch zu sein.[41] Die Szene mag das etwas eigene Verhältnis dieses Landes zur Weltpolitik kritisch illustrieren.

Im Mittelalter gab es kaum Landesbewußtsein, um so intensiver aber ein „Stadtbewußtsein". Als die Reichsstadt Dortmund am 22. November 1377 Kaiser Karl IV. empfing, der auf einer Reise durch Deutschland auf dem Weg über Lüneburg, Minden, Herford, Paderborn und Soest angereist kam, inszenierte man in Dortmund einen großen Empfang. Der alte und der neue Bürgermeister ritten dem Kaiser vor der Stadt entgegen, übergaben ihm die Stadtschlüssel, wie der städtische Chronist Dietrich Westhoff berichtet. Vor den Stadttoren holte eine Prozession der Geistlichkeit und der Bürgerschaft den Kaiser und sein Gefolge ab: Voran gingen die Nonnen des Klosters St. Katharina, paarweise, wobei jede ein Heiligtum (Reliquie) in den Händen trug. Ihnen folgten die Brüder des Franziskaner- und Dominikanerklosters, auch sie ein „Heiligtum" in ihren Händen. Am Schluß der Prozession trug man den Schrein von St. Reinoldi, des Stadtheiligen, umrahmt von allen Kerzen, die man in den Kirchen Dortmunds hatte auftreiben können. Der Kaiser küßte den Reinoldi-Schrein und ritt durch die „Ostenporte" unter einem blauen Baldachin in die Stadt. Die beiden Bürgermeister führten sein Pferd am Zaum.

Man hatte auch hygienisch vorgesorgt: Die Straßen, die der Kaiser durchritt, waren „vlitig rein und klaer gesuvert und wol gezijrt" (fleißig, rein und klar gesäubert und gut geschmückt). Vor der Reinoldikirche stieg der Gast vom Pferd, betrat die Kirche und verrichtete „in langer innicheit mit geval-

[40] Das Annolied (mittelhochdeutsch und neuhochdeutsch), hrsg. u. übers. v. Eberhard Nellmann, Stuttgart 1979 (RUB), S. 52–56.

[41] Leben Bischof Bennos II. von Osnabrück, verfaßt von Abt Norbert, in: Lebensbeschreibungen einiger Bischöfe des 10.–12. Jahrhunderts (Anm. 39), S. 363–442. – Ein biographischer Essay: Werner Goez, Gestalten des Hochmittelalters. Personengeschichtliche Essays im allgemeinhistorischen Kontext, Darmstadt 1983, S. 149–163.

deden handen sijn gebet to god" (lang und innig mit gefalteten Händen sein Gebet zu Gott).[42] Währendessen sang der Chor „Felix namque es sacra virgo Maria" als Responsorium mit Orgelbegleitung. Danach brachte man den Gast in sein Quartier in der Witstraten und bewirtete ihn mit „broet, beer, wijn, vleisch und kruet und was man daer meer bedorfte".

Der nächste Morgen begann mit einer Messe in St. Reinoldi, danach schenkte man dem Kaiser eine Reliquie und erzählte ihm die Reinoldi-Legende. Zum Mittagessen zog sich der Kaiser wieder in sein Quartier zurück.

Indessen gab es während der Mittagszeit einige außenpolitische Verwicklungen für die Stadt. Die adeligen Nachbarn, die Grafen Engelbert von der Mark und Wilhelm von Berg, hatten sich vor der Stadt eingefunden und baten um Einlaß mit ihrem Gefolge. Der Graf von der Mark durfte mit 50 Pferden einziehen, dem Grafen von Berg wurden aber nur 40 Pferde zugestanden. Er ist beleidigt und bleibt draußen. Schließlich wird auch der Kaiser aufgeklärt: Wilhelm von Berg habe die Stadt jüngst beängstigt und „molestijrt", ihr Korn zertreten und von den Bürgern Dortmunds ungewöhnliche Zölle verlangt. Die Argumente der Stadt leuchten Karl IV. ein, und er billigt ihre Linie gegenüber dem Grafen von Berg. Es bleibt bei nur 40 Pferden. Graf Wilhelm aber fühlt sich zutiefst beleidigt: 10 Pferde weniger als der Graf von der Mark! In „hogester ungunst und heftig en torne" verläßt er den Ort und kehrt mit seinem gesamten Gefolge nach Hause zurück.

Ein weiteres Problem folgte. Der Herzog von Lüneburg und „marschall des hilgen römischen rijchs" machte der Stadt Dortmund Vorwürfe, den kaiserlichen Empfang nicht angemessen vorbereitet zu haben, 1. seien die Tore der Reichsstadt weder hoch noch breit genug, wie das für einen Empfang des Kaisers vorgeschrieben sei, 2. alle Häuser, die beim Eintritt von dem Handschuh eines Ritter berührt werden könnten, hätten abgerissen werden müssen, 3. aller Nutzen und Profit aus der Anwesenheit des Kaisers in einer Reichsstadt falle ihm, dem Marschall des Reichs, zu. Alle drei Punkte hatten die Dortmunder nicht beachtet. Die angeklagten Dortmunder entgegneten, um diese kaiserlichen Rechte hätten sie nicht gewußt. Sie seien unschuldig. Man setzte eine kleine Verhandlungsgruppe ein, die den Fall freundschaftlich bereinigte.[43]

Bevor der Kaiser die Stadt am 24. November wieder verläßt, bestätigt er ausdrücklich die Privilegien der Stadt. Alle sind zufrieden. Der Kaiser wird durch die „Westen-Porte" nach Lütgendortmund geleitet und dort feierlich verabschiedet: „mit hoechster reverenz sampt wunschung alles glucks und heils".[44]

[42] A. a. O., S. 234f.

[43] Die Chroniken der deutschen Städte vom 14. bis ins 16. Jh., Bd. 20: Dortmund, Neuss, Göttingen ^{2}1969, S. 232.

[44] A. a. O., S. 235.

Die größte – historische – Gefährdung Nordrhein-Westfalens vollzog sich 1474/75 mit der Belagerung von Neuss durch Herzog Karl von Burgund. Äußerlicher Anlaß war ein Streit um die Anerkennung des Kölner Erzbischofs Rupprecht von Bayern durch das Kölner Domkapitel. Der Erzbischof verband sich mit dem Herzog. Auf die Seite Kölns traten der Landgraf von Hessen, der Markgraf von Brandenburg und schließlich der Kaiser Friedrich III. Im Juli 1474 zog Karl der Kühne, so sein Beiname, von Maastricht aus gegen Neuss. Die Stadt wurde eingeschlossen und dreiviertel Jahr lang belagert, vergeblich. Die burgundischen Ritter richteten sich vor den Mauern der Stadt häuslich ein: eine große Zeltstadt, architektonisch kunstvoll angelegt, sogar mit kleinen Gärten ausgestattet, mit Schenken, Geschäften, Brauereien, und allem, was nötig war. Sogar die Historiker, die später berichten sollten, hatten die burgundischen Ritter gleich mitgebracht. Nur die Beheizung der Zelte während des Winters war äußerst schlecht. Man fror. Philippe von Croy klagte, auch das wird berichtet (auf französisch): „Ach, wo sind die Damen, um uns zu unterhalten, uns zur Tapferkeit anzufeuern, oder uns mit Kampfzeichen, Abzeichen, Kopftüchern und Halstüchern zu schmücken!“ Als sich schließlich das kaiserliche Heer Neuss näherte, einigte man sich auf Vermittlung des päpstlichen Nuntius auf den Abzug beider Heere. Die vergebliche Belagerung von Neuss war das größte militärische und gesellschaftliche Ereignis am Niederrhein in der zweiten Hälfte des 15. Jahrhunderts. Die Stadt Neuss ließ eine Reimchronik über die Belagerung anfertigen und dankte darin St. Quirin und der Jungfrau Maria für deren Beistand. Die Folgen einer tatsächlichen Eroberung von Neuss und anschließend des Erzbistums von Köln wären – aus heutiger Sicht – kaum ausdenkbar: Nordrhein-Westfalen gehörte heute möglicherweise zu Belgien und würde von Brüssel aus regiert. Zum späteren Aufstieg Preußens wäre es vielleicht nicht mehr gekommen. Grenzen, das zeigt sich auch an diesem Vorfall, sind in der NRW-Geschichte immer etwas Zufälliges.[45]

Die 396 Gemeinden des Landes Nordrhein-Westfalen verdanken ihre Entstehung im wesentlichen der Zeit vom 11. bis zum 15. Jahrhundert. Sie sind mittelalterlichen Ursprungs, wie übrigens fast alle deutschen Städte und Gemeinden. Danach fand kaum noch eine Neugründung statt. Es scheint auch schwerzufallen, wie das jüngste gescheiterte Neugründungsbeispiel der

[45] Ausführlich über die Belagerung von Neuss: Klaus Schelle, Karl der Kühne. Der letzte Burgunderherzog, München 1983. Die Zitate sind dem „Klassiker“ Johan Huizinga, Herbst des Mittelalters, Stuttgart [11]1975, entnommen. – Die Belagerung von Neuss muß seinerzeit das Tagesereignis im Rheinland und in Westfalen gewesen sein: In Münster verfaßte der Domherr Rudolf von Langen mehrere (lateinische) Gedichte, die sich auf das Ereignis bezogen (Adalbert Parmet, Rudolf von Langen. Leben und gesammelte Gedichte des ersten Münsterschen Humanisten. Ein Beitrag zur Geschichte des Humanismus in Deutschland, Münster 1986).

Stadt Wulfen beweist. Im übrigen war das Land jahrhundertelang ein Land der Bauern. Die Soziologie des Landes ändert sich erst grundlegend seit dem 18., vor allem aber seit dem 19. Jahrhundert und schließlich erneut, aus politischen Gründen, durch den Zuzug der Flüchtlinge und Vertriebenen nach 1945, der die Bevölkerung gründlich durchmischte und alte landsmannschaftliche Identitäten, soweit sie überhaupt vorhanden waren, beseitigte. Im Grunde bewahren in Nordrhein-Westfalen eigentlich nur die Kirchen ihre historische Identität und, bis zu einem gewissen Grade, auch die großen Parteien, die heute, das wird leicht vergessen, bereits große politische Gruppen mit einem Flor von Geschichtlichkeit geworden sind. Sie sind älter als das 40jährige Land. Die Städte selbst haben im Grunde keine politische Identität, wenn man darunter mehr versteht als ein bloßes äußerliches Merkmal.

Die erste Landesgründung zur Zeit Karls des Großen war nie unumstritten, da sie mit politischer Gewalt durchgesetzt wurde und der bäuerlichen Bevölkerung zahlreiche ihrer früheren sozialen und politischen Freiheiten nahm. Anscheinend hat sich eine latente Protesthaltung unter den abhängigen Bauern noch Jahrhunderte gehalten, die sich vor allem gegen die Steuern und Dienstverpflichtungen gegenüber ihren Grundherren – dies waren oft Kirchen und Klöster, nicht nur adeligen Familien – richtete.

Man spürt diese Mißstimmung noch in der ersten historischen, politischen und kulturgeschichtlichen Beschreibung des Landes, die der Kölner Prior des dortigen Kartäuserklosters St. Barbara, Werner Rolevinck, 1474 als Buch drucken ließ. Rolevinck war der Sohn eines wohlhabenden Bauern aus Laer im Münsterland, der bereits als junger Mann nach Köln gekommen war, dort ein beliebter Prediger wurde und über wissenschaftliche Kontakte nach außen verfügte. Er verfaßte mehrere Schriften, darunter eine ausführliche Schrift über die Lage der Bauern mit einem bewußt pastoralen Akzent und jenes Buch ›Laus Westphaliae‹, das ›Lob Westfalens‹, eine Geschichte Westfalens, die sich sicherlich in der Beschreibung der Zustände nicht allzusehr von der Geschichte des benachbarten Rheinlandes abhob. Diese Quelle ist schon deshalb so interessant, weil es dergleichen Regionalgeschichte im 15. Jahrhundert in Deutschland praktisch noch nicht gibt. Zudem führt sich Rolevinck bereits in der Ichform selbstbewußt als Erzähler ein. Auch das ist ungewöhnlich.[46]

Noch 650 Jahre nach der politischen Erfassung des Landes hielt es Rolevinck, der übrigens insgesamt, wenngleich mit einigen Wundergeschichten vermischt, die politische Geschichte nicht unkritisch schreibt, für notwendig, die Maßnahmen Karls des Großen zu verteidigen. „Sunt nonnulli qui

[46] Werner Rolevinck, Ein Buch zum Lobe Westfalens (De laude antiquae Saxoniae nunc Westphaliae dictae), lat. u. dt., Münster 1953.

putant sanctum principem Karolum nimis dure et inhumaniter populum Westphalicum gravasse ac eis imposuisse leges acerrimas, quos omnino errare pronuntio." „Manche vertreten die Meinung, Karl, der heilige Fürst, habe das westfälische Volk maßlos hart und unmenschlich behandelt durch seine unerträglich strengen Gesetze. Das ist meiner Meinung nach ein Irrtum." Und er argumentierte: „Um dies klar zu stellen, brauche ich nur kurz und möglichst wahrheitstreu die Art und Weise seiner Landesregierung (modum regiminis) zu schildern, so wie ich sie in Aufzeichnungen und teilweise auch aus eigener Anschauung kennengelernt habe. Es ist doch ganz ausgeschlossen, daß der hl. Luidger, der erste Bischof von Münster und der hl. Hatumar, der erste Bischof von Paderborn sowie die anderen durch viele Wunder ausgezeichneten ehrwürdigen Männer damit einverstanden gewesen wären, wenn die ins Land gekommenen Fremden, und wären sie auch noch so gläubige Christen gewesen, das eben bekehrte Volk so unglücklich gemacht hätten. Das würde ganz und gar im Gegensatz zum Geiste des Christentums gestanden haben, das seinen Anhängern eine viel größere Nächstenliebe zur Pflicht macht, als das Heidentum sie kannte." Soweit Rolevincks historisch-politische Argumentation, die er offensichtlich sehr ernst nahm.

Obwohl Rolevinck einer der interessantesten Autoren der Landesgeschichte ist, auch gerade wegen seiner biographischen Vermittlung zwischen Köln und Westfalen, sind seine Schriften heute nur wenigen bekannt. Es muß sogar bezweifelt werden, ob die heutigen Schüler der NRW-Schulen, einschließlich der Gymnasien wie der Gesamtschulen, soviel von der mittelalterlichen Geschichte NRWs wissen wie seinerseits die Leser der kleinen Westfalengeschichte Rolevincks. Es ist auch im 20. Jahrhundert nicht mehr viel über Rolevinck geschrieben worden. Die ausführlichste Darstellung seiner Schriften findet sich immer noch in der französischen ›Biographie universelle‹ (Bd. 36): Sie erschien in Paris im Jahre 1854.

Was aber seine Arbeiten über Land und Leute in Nordrhein-Westfalen im späten Mittelalter so interessant macht, ist die Beschreibung der sozialen und kulturellen Verhältnisse der Bevölkerung, ja auch ihrer Mentalitäten. Manches daran wirkt geradezu modern. In seiner Geschichte Westfalens werden die Bewohner des Landes als schlicht, friedfertig, arbeitsam, treu in der Ehe und zuverlässig beschrieben. Die vorherrschende Mentalität ist schlichtweg konservativ. Das ist sicherlich auch etwas pastoral gefärbt: der Wunschzustand bestimmt die Beschreibung des Zustands, aber sicherlich nicht nur. Zwei Aspekte sind besonders interessant: das eine ist die Beschreibung proletarisierter Adelsfamilien, die sich nur noch als Raubritter ihren Lebensunterhalt verdienen konnten. Rolevinck beschreibt sie ironisch, aber nicht ohne Sympathie. Das andere ist das eigenartige Phänomen der „Auswanderung". Das Land bot damals nicht genügend Erwerbsmöglichkeiten für die Kinder der oft kinderreichen Familien. Die Jugendlichen wurden deshalb von ihren Familien nach auswärts bis ins Baltikum geschickt, um dort voranzukommen. Diese Situation wird ungewöhnlich ausführlich berichtet. Dabei beschreibt Rolevinck so etwas wie eine typische Aufsteigermentalität. Die Familien hofften, daß ihr Sohn oder ihre Tochter andernorts etwas werde und sozialen Erfolg habe.

Rolevinck litt darunter, daß sein Land außerhalb der Landesgrenzen nicht genügend anerkannt sei. Von daher ja sein Versuch, mit der „Westfalengeschichte" einen Beitrag zum „Landesbewußtsein" zu leisten: wie man sieht, ein jahrhundertealtes traditionelles Unterfangen in Nordrhein-Westfalen. So gebärdet er sich an manchen Stellen wie ein moderner Public-Relations-Manager für sein Land. „Ich möchte keinem raten", so schrieb er, „über diese jungen Menschen, die in die Fremde ziehen, höhnisch zu lächeln oder zu spotten! Ich habe oft gehört, und einmal sogar mit eigenen Augen gesehen, daß ein unerklärbares Geheimnis dabei mitspielt. Bei ihrem Auszug tragen diese jungen Burschen armselige, lumpige Kleidung, dereinst aber werden sie in höchstem Ansehen stehen! – Heute gehen sie betteln, später werden sie selbst die reichsten Gaben spenden! Jetzt ziehen sie zu Fuß ihres Weges, bald werden sie hoch zu Roß daher getrabt kommen. Daheim hat niemand sie beachtet, da draußen im fremden Land herrschen sie bald über Paläste, Städte, Provinzen und Völker. Hohe Ämter, Doktorgrade und Ehrenstellen werden ihnen zuteil, und sie verleihen sie selbst einst anderen!" („Pedibus terram calcant, magnos caballos equitaturi; inter suos non reputati, sed palatia dispostituri, urbes, privincias, populos gubernaturi, beneficia, promotiones, honores suscepturi atque donaturi.") – Wer wirklich etwas über Nordrhein-Westfalen wissen möchte, sollte dieses Buch Werner Rolevincks aus dem Jahre 1474 studieren: wo könnte man genauer und belegter nachlesen, was die Welt noch aus Nordrhein-Westfalen zu erwarten hat? „Macht eure Tore weit auf", schrieb Rolevinck in seinem Werbetext, „ihr Bürger berühmter Städte, daß eure künftigen Bürgermeister und Magistratsherren einziehen! Nehmt keinen Anstoß daran, wenn sie mit eisenbeschlagenen Schuhen kommen, werdet nicht stutzig wegen ihrer schlichten Redeweise!" – Im Original: „Aperite portas, incliti cives, ut vestri consules et futuri rectores introeant. Non vos stridor ille ferratorum calceamentorum deterreat, non eloquii simplicitas in dubitationem adducat."

Rolevincks „Westfalengeschichte" gehört zu den „Inkunabeln", den „Wiegendrucken", d. h. zu den ersten gedruckten Büchern des 15. Jahrhunderts. Das Buch hat aber keineswegs nur bibliographischen Wert. Dieses Buch sowie eine weitere „Inkunabel", Rolevincks Schrift ›De regimine rusticorum‹ über die Lebenswelt der Bauern, sind äußerst ergiebige Quellen für die historische Soziologie des 15. Jahrhunderts, natürlich auch für die pastorale Sicht des Autors, die nie verleugnet wird. Bei einer geduldigen Lektüre wird hier eine historische Dimension des heutigen Nordrhein-Westfalen sichtbar, die erstaunen läßt. Beide Schriften zeigen, daß die Geschichte eines Landes selbst über 500 Jahre hinweg bei allen Veränderungen, die inzwischen eingetreten sind, keineswegs in sich beziehungslos ist: natürlich weniger oder kaum in einer direkten Traditionslinie. Aber darauf kommt es nicht an. Wichtiger ist der Nachweis der Geschichtlichkeit des Landes, die sich aber nicht durch Bekenntnisse oder Identitätssuche realisieren läßt, sondern am ehesten durch eine aufmerksame und sorgfältige Lektüre der entsprechenden Texte.[47]

Die älteste Stadtansicht aus Nordrhein-Westfalen findet sich übrigens auch in einem Buch Rolevincks. Es ist der ›Fasciculus temporum‹, ein Geschichtsbuch, das als Folio-Band gedruckt wurde und in einem dort abgedruckten Stich die Stadt Köln von der Rheinseite mit dem bekannten Baukran neben dem Dom zeigt, an dem jahrhundertelang gebaut wurde. Dieses Geschichtsbuch wurde bald ins Französische übertragen und erhielt dabei einen wunderschönen Untertitel: ›Les fleurs des temps passés‹ (Die Blumen der Vergangenheit).

[47] Zu Rolevincks Bauernschrift: Egidius Holzapfel, Werner Rolevincks Bauernspiegel. Untersuchung und Neuherausgabe von ›De regimine rusticorum‹, Freiburg u. a. 1959 (lat. Text). Dt.: Werner Rolevinck, Die seelsorgerliche Führung der Bauern. Bauernspiegel, übers. u. komment. v. Egidius Holzapfel, Freiburg 1959. – Zur pragmatischen Lebensphilosophie Rolevincks zählt auch der Satz aus der „Bauernschrift" „medium est tenendum": man soll die Mitte einhalten, anscheinend eine alte politische Philosophie aus der frühen Geschichte des heutigen Landes NRW. – Die Kölner Kartause, in der Rolevinck lebte, arbeitete und predigte, stand in einer älteren Tradition der Volksfrömmigkeit in Köln, zu der im 14. Jahrhundert die Predigttätigkeit des Dominikaners und Mystikers Meister Eckhard, seit dem 13. Jahrhundert die religiöse Frauenbewegung der Beginen zählte. (Vgl. R. W. Southern, Western Society in the Middle Ages, Harmondsworth 1970, S. 301 u. S. 319f.)

THOMAS MORE: UTOPIA (1516) – GESCHICHTE ALS GESPRÄCH*

Im Jahre 1516 erschien in Löwen, der heutigen belgischen Universitätsstadt, damals Sitz des soeben errichteten dreisprachigen – lateinischen, griechischen, hebräischen – Kollegs, eine kleine lateinische Schrift des Londoner Juristen und Politikers Thomas More, die den Titel ›Utopia‹ trug. Sie zählt bis heute neben Luthers Bibelübersetzungen und den Werken Shakespeares zu den am häufigsten gelesenen Schriften des 16. Jahrhunderts.

Utopia führt in die Zeit der Entdeckungen. Amerigo Vespucci hatte 1507 über seine ›Vier Reisen‹, so der Buchtitel, in die Neue Welt berichtet. Man war, zumal wer lesen konnte, neugierig geworden. Die Welt des christlichen Europa war kleiner und für denjenigen, der seine Umwelt wach beobachtete, in ihrer Bedeutung relativiert worden.

Man hatte nicht nur die bis dahin unbekannten transatlantischen Territorien entdeckt, sondern weit mehr: neue „Lebensformen“ – ein Begriff, den Jan Huizinga in seiner Studie ›Herbst des Mittelalters‹ von 1919 im Blick auf die Niederlande und Frankreich faszinierend beschrieben hat. Gegenüber den Lebensweisen in Politik, Kultur, Technik, Religion, Gesellschaft und Wirtschaft in Europa, das sich selbst als „Christenheit“ verstand – die Verwendung des Begriffs „Europa“ war damals noch nicht üblich[1] –, waren Alternativen sichtbar geworden, die man aufmerksam zu studieren begann. Ein soziologisches Interesse entstand, das die eigene europäische Gesellschaft nicht nur relativierte, sondern auch der Kritik unterwarf.

Das historische Milieu, aus dem heraus die ›Utopia‹ entstand, muß noch aus einer anderen Perspektive beschrieben werden. Die Entdeckungen des 15./16. Jahrhunderts bezogen sich nicht nur auf die Geographie der damaligen Welt, sondern zugleich auf die eigene europäische Vergangenheit und Geschichte. Seit 1453, seit der Eroberung Konstantinopels durch die Türken, waren zahlreiche griechische Gelehrte und Gebildete nach Westeuropa gekommen, besonders nach Oberitalien.

Wer etwas auf sich hielt, lernte jetzt nicht nur Latein, sondern auch Griechisch, um lesen zu können, so in seiner Jugend und Studienzeit auch Thomas More, 1478 als Sohn eines Londoner Richters geboren.[2] Die aus-

* Die alte Stadt 4 (1983), S. 327–347.

[1] Vgl. H. Gollwitzer, Europabild und Europagedanke, München 1964, S. 49.

[2] Der englische Theologe und Humanist John Colet hatte nach einer zweijährigen

gezeichnete Biographie von Chambers über More von 1935 hat die Einzelheiten und die Dramatik seines Lebens sorgfältig herausgearbeitet. 1968 erschien die Biographie ›The Field is Won. The Life and Death of Saint Thomas More‹ von Reynolds und 1979 die neueste deutschsprachige Biographie über Thomas More von Peter Berglar, betitelt ›Die Stunde des Thomas Morus. Einer gegen die Macht‹.

Platons Schriften waren im 15. Jahrhundert wieder bekanntgeworden, und vor allem: sie wurden wieder gelesen. More war nicht nur mit Augustinus' ›De civitate Dei‹, sondern auch mit Platons ›Politeia‹ vertraut. Erasmus von Rotterdam, seit Jahren mit More befreundet, brachte 1516 eine griechische Ausgabe des Neuen Testaments heraus, auf die sechs Jahre später Martin Luther seine deutsche Übersetzung stützte. Das Weltbild der damaligen europäischen Intellektuellen, Humanisten, wie sie genannt werden, war unverkennbar offener geworden, mehrdimensional, wenn man will: nicht nur in bezug auf die geographischen Horizonte, sondern zugleich bezogen auf die historische Vertikale.

Noch etwas anderes kam hinzu: Das Bücherschreiben und -edieren wurde Selbstzweck. Seit einigen Jahrzehnten war ein europäischer Buchmarkt entstanden. Der eine oder andere konnte bereits, wie Erasmus von Rotterdam, aus Veröffentlichungen seinen Lebensunterhalt bestreiten. Mit dem Büchermarkt entstand der Markt der Gedanken. Man schrieb mit Vergnügen nicht nur Bücher, sondern auch Briefe. Von Erasmus beispielsweise sind uns über 3000 Briefe überliefert. Man schrieb nicht mehr im Stil schwerfälliger theologischer Traktate. Utopia ist in einem Atemzug mit dem ›Narrenschiff‹ Sebastian Brants von 1494 und dem ›Morias enkomion‹, dem ›Lob der Torheit‹, des Erasmus von 1511 zu nennen, das er im Sommer 1509 während seiner Reise – zu Pferd und zu Schiff –, aus Italien kommend, über die Alpen, rheinabwärts über den Kanal nach England schrieb und im Haus Thomas Mores in London fertigstellte, dem diese liebevoll-bissige Satire gewidmet war.

Es ist die Welt Dürers, Cranachs, Holbeins in der Kunst; die Welt Luthers, Melanchthons, Colets, Cranmers, von Lefèvre d'Etaples und Ximénes de Cisneros unter den religiösen Reformern; die Welt Wolseys, Cromwells, Busleydens, Gattinaras, Willibald Pirckheimers unter den Politikern. Natürlich können im folgenden nur knappe Ausschnitte aus dieser historischen Szenerie gezeigt werden, oder um eine Formulierung des französischen Morus-For-

Studienreise nach Italien in Oxford exegetische Vorlesungen über die (griechische) Briefe dese Apostels Paulus eingeführt, sich dann aber, da sich die Universität als zu provinziell erwies, nach London begeben und dort mit Unterstützung Thomas Mores eine eigene Schule, St. Paul, gegründet (R. W. Chambers, Thomas More [dt.], München 1947, S. 107 [engl.: London 1935]).

schers Germain Marc'hadour in seiner Synopse ›L'univers de Thomas More. Chronologie critique de More, Erasme et leur epoque‹ von 1963 aufzugreifen: «La nécessité de me limiter m'a sans doute amené, plus d'une fois, à des choses arbitraires. Il faudrait pouvoir se mettre dans le peau de More pour contempler l'Univers sous même angle que lui.» Aber dieses „sich in die Haut“ einer historischen Persönlichkeit zu versetzen ist nur begrenzt realisierbar.

In einem Brief an Ulrich von Hutten vom 19. Juli 1519 beschreibt Erasmus die Persönlichkeit seines Freundes Thomas More: Er sei ein Mann mittlerer Größe und einer angenehmen Erscheinung, seine Haut sei hell, das Gesicht gelegentlich etwas rosig. Er habe dunkelblonde Haare und blaue Augen. Sein Blick sei frei und liebenswürdig, neige zum Lächeln und sei, wörtlich, „mehr auf Herzlichkeit als auf Ernst und Würde gestimmt“. Die rechte Schulter hänge etwas herab, zumal wenn er gehe. More stehe jetzt (1519) im Alter von fast 40 Jahren. Über die Art seines mitmenschlichen Umgangs heißt es: „Allem Menschlichen, das ihm begegnet, weiß er eine angenehme Seite abzugewinnen, auch sehr ernsten Dingen. Hat er es mit Gebildeten und Verständigen zu tun, so freut ihn der Geist, bei den Ungelehrten und Einfachen genießt er ihre Schlichtheit. Selbst an Erznarren stößt er sich nicht, in einer wunderbaren Gewandtheit weiß er sich jeder Geisteshaltung anzupassen.“ Über Mores intellektuelle Fähigkeiten bemerkt Erasmus: „Kaum dürfte jemand gekonnter improvisiert sprechen als er ... Bei Disputationen ist er der Scharfsinn selbst, so daß er oft selbst den berühmtesten Theologen Schwierigkeiten schafft, wenn er mit ihnen streitet.“[3] Dieses Urteil scheint von anderen geteilt worden zu sein. Der englische König Heinrich VIII. bemühte sich seit einigen Jahren, More als Berater an seinen Hof zu ziehen. Aber More hatte lange Zeit gezögert. Er fürchtete um seine Unabhängigkeit und machte sich wenig Illusionen über die Willkür und Launen seines Monarchen. Diese inneren Vorbehalte gegen die Übernahme des öffentlichen Amtes finden sich auch in den einleitenden Zeilen der ›Utopia‹ selbst.[4]

An dieser Stelle überschneiden sich Text und Biographie des Verfassers der Utopia. Entgegen den hier geäußerten Bedenken hat sich Thomas More später doch zum Eintritt in den königlichen Dienst drängen lassen – dieser Teil seiner Biographie ist ja bekannt: Er wurde Speaker des Unter-

[3] The Complete Works of St. Thomas More, Bd. 4: Utopia, hrsg. v. E. Surtz S. J. u. J. H. Hexter, New Haven/London 1965, S. 56.

[4] Die Bedenken, als Berater eines Fürsten zu dienen, werden so formuliert: „Nempe a principe bonorum, malorumque omnium torrens in totum populum velut a perenni quodam fonte promanat.“ – „Gießt sich doch vom Fürsten ein Sturzbach gleichsam alles Guten wie Bösen auf das gesamte Volk herab wie von einer nie versiegenden Quelle.“

hauses, schließlich von 1529–1532 Lord Chancellor, der erste Laie in dieser Funktion in England. Nach seinem Amtsrücktritt 1532 wurde er in die Auseinandersetzungen um die Ehescheidung Heinrichs VIII. von Katharina von Aragon, einer Verwandten Kaiser Karls V., sowie um die Suprematsakte, die kirchliche Lösung Englands von Rom, hineingezogen. More hielt sich zurück und schwieg, verweigerte damit eine öffentliche Zustimmung. Diese Zurückhaltung kostete ihm das Leben. Er wurde nach einem Pseudoprozeß am 6. Juli 1535 hingerichtet. Seine letzten Worte sind uns überliefert: "The King's sevant, but God's first": „Der Diener des Königs, aber zuerst der Diener Gottes." Seitdem ging von der Persönlichkeit Thomas Mores, der es ablehnte, sich bedingungslos den neuen politischen und gesellschaftlichen Konventionen seiner Zeit und seines Landes zu unterwerfen, immer wieder, auch in späteren Jahrhunderten, eine eigenartige Faszination aus.[5]

Keiner seiner Zeitgenossen, meinte Thomas Stapleton 1588 in einer der ersten Biographien über More, habe dessen Leistungen überzeugender gewürdigt als der Lutheraner und bekannte sächsische Schulreformer Johannes Rivius aus Attendorn, der 1545 im zweiten Buch seiner Abhandlung ›De conscientia bonae mentis‹ schrieb: „More war nicht nur ohne Tadel, sondern er diente auch seinem Fürsten jahrelang und treu, ja er war der loyalste seiner Berater. Aber derselbe Fürst ließ ihn seine Kräfte im Amt verbrauchen, bestrafte ihn mit Gefängnis und schließlich mit dem Tod." „Ist das der Preis", fragte Rivius, „für die Leistungen eines vornehmen Menschen?"[6]

[5] Eine Parallele zu dem Leben und Ende Thomas Mores läßt sich zu dem Schicksal Boethius' (ca. 480–524 n. Chr.) ziehen, der, gleichfalls literarisch-philosophisch gebildet, leitender Politiker war. Aufgrund falscher Beschuldigungen zum Tode verurteilt, verbrachte er vor der Hinrichtung längere Zeit im Gefängnis. Hier schrieb Boethius, um seine Verzweiflung zu bekämpfen, die ›Consolatio philosophiae‹ (›Trost der Philosophie‹): eine Schrift, die über Generationen hinweg zum philosophischen Trostbuch des Mittelalters wurde und beispielsweise von dem englischen König Alfred (849–899) ins Altenglische und von dem St. Gallener Mönch Notker „Labeo" (950–1022) ins Althochdeutsche übertragen wurde. Boethius klagte: „Et ego quidem bonis omnibus pulsus dignitatibus exutus, existimatione foedatus. beneficium supplicium tuli." – „So habe ich, aus allen meinen Gütern vertrieben, meiner Würden entkleidet, in meinem Ruf geschändet, für Wohltat das Todesurteil davongetragen" (Boethius, Trost der Philosophie. Lat.-deutsch, München 1981, S. 27).

[6] Stapleton (s. Anm. 37) S. 225; vgl. Germain Marc'hadour, L'Univers de Thomas More. Chronologie critique de More, Erasme et leur epoque. 1477–1536, Paris 1963, S. 529. – Johannes Rivius (geb. 1. 8. 1500 in Attendorn, gest. 1. 1. 1553 in Meißen) hatte die Schule des Attendorner Ortsgeistlichen Tilmann Mülle besucht, der mit der Münsteraner Schulreform Rudolf von Langens zusammenarbeitete. Trotz schwacher Gesundheit studierte Rivius bereits mit 16 Jahren an der Universität Köln. Später übernahm der lutherische Humanist Schulstellen in Sachsen (Zwickau, Marienburg,

Vierhundert Jahre nach seinem Tod, 1935, wurde More von Papst Pius XI., einem Historiker, kanonisiert. Die ›Bolšova Sovietskogo Ensiklopedija‹, die Moskauer Große Sowjetenzyklopädie, nennt More in der zweiten Auflage respektvoll: „angliskij mycitel gumanist, odin iz osnovopolozniki utopisiceskova socialisma" – „englischer Denker, Humanist, einer der Begründer des utopischen Sozialismus". Schon auf die Zeitgenossen Mores im 16. Jahrhundert muß die Utopia anregend gewirkt haben. So befand sich unter den Büchern, die der erste Bischof von Mexiko, der Franziskanerpater Juan de Zumárraga, von Spanien mit nach Amerika nahm, ein Exemplar der Utopia.[7]

Humanisten wie More und Erasmus wünschten sich eine politisch-religiös und geistig aufgeklärte Gesellschaft, aber nicht den konfessionellen Streit, der in den nächsten Jahrzehnten entstehen sollte. Sie hofften auf eine offene, moderne lebens- und bildungsfreudige Zeit und glaubten, daß die jungen Monarchen, die vor kurzem an die Regierung gelangt waren – der achtzehnjährige Heinrich VIII. 1509 in England, der einundzwanzigjährige Franz I. 1515 in Frankreich und der sechzehnjährige Karl V. 1516 als Herzog von Burgund und König von Spanien und drei Jahre später als deutscher Kaiser –, sich zu einer solchen aufgeklärten Politik bereitfinden würden.[8]

Schneeberg, Freiberg) und die Schulaufsicht über die neuen sächsischen Fürstenschulen (Gymnasien). Rivius verfaßte zahlreiche literaturwissenschaftliche, pädagogische und theologische Lehrbücher, darunter textkritische Arbeiten zu Terenz, Cicero und Sallust. Weit verbreitet war sein Handbuch: De iis disciplinis, quae de sermone agunt, ut sunt Grammatica, Dialectica Rhetorica libri XVIII, Leipzig 1539, in dem er die Verwendung der deutschen Muttersprache im Unterricht anregte. Zu seinen Schriften über die christliche Ethik zählt auch die Schrift über das Gewissen (De conscientia bonae mentis libri tres, Leipzig 1541, N. Wolrab), in dem sich die zitierte Bemerkung über Thomas More findet. Der Pädagoge Rivius, der es zu persönlichem Ansehen und bürgerlichem Wohlstand für seine Familie gebracht hatte, vertrat die Haltung seines sowohl frommen wie weltbejahenden christlichen Lebensstils, der Fleiß, Leistung und Wohlbefinden miteinander verbindet. Diese lebensbejahende Haltung spricht auch aus seiner Schrift ›De felicitate Germaniae‹ (›Über das Glück Deutschlands‹). Rivius zählte zu der zweiten Generation der (bereits etablierten) lutherischen Reformer. Seine theologischen Schriften, die auch in England verbreitet waren, zeichneten sich durch menschliche Wärme und Nähe aus (vgl. Georg Müller, Johannes Rivius, ADB 28 [1889], S. 709–713).

[7] R. Konetzke, Die Indianerkulturen Altamerikas und die spanisch-portugiesische Kolonialherrschaft (Fischer Weltgeschichte, Bd. 22), Frankfurt a. M. 1965, S. 266.

[8] Erasmus mahnt in einer Denkschrift von 1516 den späteren Kaiser Karl V., sich darauf zu besinnen, daß die Politik sich ausschließlich an dem Wohl der Bevölkerung zu orientieren habe, der Einfluß der Höfe zurückgeschraubt werden müsse, sich Adel nicht in Ahnengalerien, sondern nur in der Leistung zeige. Was Erasmus vor-

Der nüchternste unter den Humanisten war wohl Thomas More, auch in seiner Utopia. More hat übrigens das Wort Utopia selbst geprägt und in unser Vokabular eingeführt. Doch hatten die Humanisten, deren Zahl vielleicht 1000 bis 2000 in einem Europa von 50 Millionen betrug (in Deutschland und Frankreich lebten damals jeweils etwa 15 Millionen Menschen, in England 3 Millionen, in Spanien und Burgund jeweils 6 Millionen), wohl eine Chance. Allerdings verfaßte fast zur gleichen Zeit wie More seine Utopia 1513 in Florenz der dortige Stadtsekretär Machiavelli eine kleine, später gleichfalls berühmt gewordene Denkschrift, ›Il principe‹, in der er auf dem Hintergrund der jüngsten Erfahrung französischer und deutscher Einfälle in Italien die Möglichkeit einer gewaltfreien Politik verwarf und in offen erklärtem politischem Pessimismus eine Lehre zur erfolgreichen Anwendung der Gewalt entwickelte.

Verglichen damit war die Utopia in einem politisch sehr viel milderen Klima entstanden. More war 1515 in die Niederlande, nach Flandern, gesandt worden, um einen Handelsvertrag abzuschließen. Man verhandelte in Brügge. Die Verhandlungen verliefen schleppend. Nach vier Monaten legte man eine Pause ein. More reiste in der Zwischenzeit in das nicht weit entfernte Antwerpen, damals bereits eine der bedeutendsten Handelsstädte Europas mit etwa 25000 Einwohnern, Umschlagplatz von Waren aus den neuentdeckten Überseeländern, die über Spanien nach Antwerpen kamen. Hier traf sich More häufiger mit dem ihm befreundeten Stadtsekretär von Antwerpen, Peter Gilles. Aus diesen persönlichen Gesprächen entstand die Idee zur Niederschrift der Utopia. Bis zu diesem Punkt befinden wir uns auf historisch genau verifizierbarem Gelände. Einen Teil der Utopia verfaßte More übrigens noch in Antwerpen, den anderen nach seiner Rückkehr in London. Der Text liegt uns heute in der 1965 von Surtz und Hexter herausgegebenen neuesten Edition der Werke Mores durch die Yale University vor.[9]

Bei der ersten unbefangenen Lektüre der Utopia fällt es schwer, zu unterscheiden, ob es sich um eine Beschreibung realer Zustände, um die literarische Form einer Satire oder um die Vision einer idealen menschlichen Gesellschaft handelt. Historisch nachprüfbare Fakten und Irreales werden nahtlos ineinander verwoben. Am Anfang der Schrift, die aus Gesprächen

trug, war ein eher bürgerliches Verständnis der Politik, vor allem appellierte er leidenschaftlich an die Fürsten, jene politische Aktivität zu unterlassen, die er als mittelalterliches Relikt ansah: den Krieg, zumal den Krieg wegen Grenzstreitigkeiten. Die Humanisten glaubten in jenen Jahren optimistisch an eine bessere Zukunft: Erasmus von Rotterdam, Institutio principis christiani 1516, in: Ausgewählte Schriften, Bd. 5, Darmstadt 1968, S. 112–357.

[9] Utopia, hrsg. v. Surtz u. Hexter (s. Anm. 3), S. 46.

und Erzählungen besteht, wird jedenfalls ein Faktum berichtet: „Henricus eius nominis octavus ... me legavit in Flandriam." – „Heinrich VIII. sandte mich nach Flandern." Aber schon bald verflüchtigt sich die Realität in Vorstellung. More sagt: „Eines Tages hatte ich in der Marienkirche an dem Gottesdienst teilgenommen und wollte gerade von dort in meine Wohnung zurückkehren, da sehe ich Peter zufällig im Gespräch mit einem Fremden, einem älteren Mann mit sonnengebräuntem Gesicht, langem Bart. Der Mantel hing nachlässig von der Schulter herunter. Seinem Aussehen und seiner Kleidung nach war er sein Seemann."[10] Peter Gilles macht More mit diesem Fremden bekannt. Er heißt Raphael Hydlodeus und ist einer der Begleiter Amerigo Vespuccis auf dessen Reisen nach Übersee gewesen. Hier beginnt das Irreale der Erzählung. Denn die geheimnisumwitterte Person des Raphael ist natürlich erfunden. Tatsache aber ist, daß Vespucci viermal den Atlantik überquerte und auf einer dieser Reisen eine Gruppe von 24 Mann zurückgelassen hatte, die die fremden Länder erforschen wollten. More kannte offensichtlich die Reiseberichte Vespuccis, seine Leser kannten sie natürlich auch. So eingeführt wird Raphael die Aufgabe zugewiesen, als Sprecher des Autors zu fungieren. Denn More selbst hält sich, aus guten Gründen, zunächst zurück.

Die Erzählung der Utopia berichtet, daß sich More, Peter Gilles und jener Raphael in die Herberge Mores zurückziehen und sich im Garten auf eine Rasenbank setzen. Raphael beginnt, von seinen Eindrücken aus Politik und der fernen Gesellschaft zu berichten. Man kommt schnell ins Gespräch. Peter Gilles zeigt sich von Raphael und dessen Kenntnissen beeindruckt; er rät ihm, er solle in den Rat der Fürsten eintreten; er könne ja unschätzbare Ratschläge geben. Aber Raphael winkt ab, nein, seine bisherigen Erfahrungen mit der europäischen Politik seien äußerst schlecht, ja, er müsse offen sagen, daß er selbst in England – der Heimat seines Gastgebers – vor einigen Jahren im Hause des Erzbischofs von Canterbury und damaligen Lord Chancellors John Morton von schweren politischen und sozialen Mißständen gehört habe. Zur Erklärung müßte hier eingefügt werden, daß More selbst einen Teil seiner Jugend im Haus eben dieses John Morton verbracht hat.

So wechselt jetzt unvermittelt die Szene. Durch die Erzählung Raphaels befinden wir uns auf einmal jenseits des Kanals in England, erfahren von einer Diskussion im Haus des Erzbischofs vor dem Regierungsantritt

[10] Utopia (s. Anm. 3), S. 48: „Hunc cum die quadam in templo divae Mariae ... rei divinae interfuissem, atque peracto sacro pararem inde in hospitium redire, Petrum forte colloquentem video cum hospite quodam, vergentis ad senium aetatis, vultu adusto, promissa barba, penula neglectim ab humero dependente qui mihi ex vultu atque nauclerus esse videbatur."

Heinrichs VIII. Es ging um das englische Strafrecht, die Strafe für Diebstahl, nämlich die Todesstrafe. Ein englischer Jurist verteidigt sie als berechtigt. Raphael äußert schwere Bedenken. Übrigens belegt auch in Deutschland die Carolina, das Strafgesetzbuch, das der Reichstag 1532 verabschiedet hat, Einbruchs- und Rückfallsdiebstahl mit der Todesstrafe.[11] Die sozialen Sitten waren noch ziemlich rauh in Europa.

Raphael fragt jene Engländer im Haus des Erzbischofs, ob es nicht sinnvoller sei, die Ursachen, die die Leute zum Diebstahl treiben, zu beseitigen, anstatt diese gleich aufzuhängen. Seien unter ihnen nicht auch Kriegsveteranen aus solchen Kriegen, die England selbst geführt habe? 1492 hatten englische Truppen, wenn auch vergeblich, versucht, das französische Calais zu besetzen; 1497 war eine Rebellion in Cornwall niedergeschlagen worden. More läßt seinen Sprecher Raphael die Kritik an den britischen Verhältnissen fortsetzen und verstärken. Stelle nicht auch der Adel mit seinem ritterlichen Anhang und Gefolge eine Gruppe von Drohnen dar, die von der Arbeit anderer Leute lebten und sich nur dadurch vor dem eigenen wirtschaftlichen Ruin schützten, daß sie ständig ihre Pachtabgaben erhöhten?[12]

Und das ritterliche Gefolge? Verständen diese Leute irgendeine andere Form zum Erwerb des Lebensunterhaltes als die, im kriegerischen Aufputz, das Schwert an der Seite, mit blasiertem Gesicht einherzustolzieren, über die Leute aus der Nachbarschaft die Nase zu rümpfen, ohne selbst wie jene imstande zu sein, mit Hacke und Spaten sich den spärlichen Lebensunterhalt der Armen zu verdienen?[13] Und, so fährt Raphael fort, gebe es, genauer betrachtet, zwischen den Soldaten und Dieben überhaupt einen Unterschied? Seien nicht die Söldnertruppen und stehenden Heere – die jetzt überall in Europa, zumal in Frankreich, aufkommen – nichts anderes als Diebe, die ihr Gewerbe als wirtschaftliches Unternehmen betrieben? Seien

[11] Vgl.: Die peinliche Gerichtsordnung Karls V. von 1532 (Carolina), hrsg. u. erl. v. G. Radbruch, Stuttgart 1960, S. 102f., § 160: „... Wo aber der dieb zu solchem diebstahl gestigen oder gebrochen, oder mit waffen ... gestolen hett, so hett er damit wie abgemelt, das leben verwirkt." – § 162: „Item aber wird jemandts betretten, der zum dritten mal gestolen het, und solcher dreifachtiger diebstal, mit gutem grundt als von erfarung der warheyt gesatzt ist, erfunden würd, das ist eyn merer verleumder blieb, und auch eynem vergewaltiger gleich geacht, und soll darumb, nemlich der man mit dem strang, und die fraw mit dem wasser oder sunst inn andere weg, nach jedes landts gebrauch vom leben zum todt gestrafft werden."

[12] Tantus est ergo nobilium numerus, qui non ipsi modo degant ociosi tanquam fuci laboribus aliorum, quos puta suorum praediorum colonos augendis reditibus ad vivum usque radunt" (Utopia, hrsg. Surtz u. Hexter [s. Anm. 3], S., 62).

[13] Ebd.: „Solitus sit accinctus acinace ac cetra, totam viciniam vultu nebulonico despicere et contemnere omnes prae se, haudquaquam idoneum fore, qui cum ligone ac marra, maligna mercede ac victu parco, fideliter inserviat pauperi."

sie nicht geradezu zu Raubzügen gezwungen, um, wie bereits Sallust bemerkt habe, nicht aus der Übung zu kommen?

Diese Kritik richtet sich gegen den ritterlichen Adel, für dessen kriegerische Funktion jetzt am Ausgang des Mittelalters kein Bedarf mehr bestand. Er war, wie More durch Raphael zu verstehen gibt, überflüssig geworden. Das Problem stellte sich natürlich nicht nur in England, die gleiche Erscheinung fand sich damals auch in Deutschland, beispielsweise auch in unserer Region, in Westfalen. Auch hier wuchs der Überdruß der Bauern und Städter an dem arbeitslosen, allmählich proletarisierenden Rittertum, wie es 1474 von Werner Rolevinck in seiner ›Laus Westphaliae‹ beschrieben wird.[14]

Raphael führte in seinem Bericht noch aus, warum Teile der englischen Bevölkerung in die Armut und damit zum Diebstahl getrieben würden: An vielen Orten begännen die landbesitzenden Herren, weltliche wie geistliche, größere landwirtschaftliche Flächen einzuhegen – es handelte sich um die auch heute noch für die englische Landschaft charakteristischen Hekken –, um Schafzucht zu betreiben. „Eure friedlichen Schafe“, sagt Raphael, „fangen an, Menschen, Äcker, Häuser zu verschlingen, ja selbst Dörfer zu verwüsten und zu entvölkern.“[15] Selbst Kirchen würden in Schafställe umgewandelt. Es handelte sich hier um die Politik der sogenannten “enclosures”. Die Preise für Wolle waren Ende des 15. Jahrhunderts erheblich gestiegen. Dadurch wurde die Schafzucht für den, der Land besaß, ein lukratives Gewerbe. Sie brachte zudem, woran es dem Adel häufig fehlte, Bargeld in die Familienschatullen. Wer geschäftstüchtig war, stellte sich auf die Bedingungen der neu entstandenen Geld- und Handelswirtschaft um. Wolle wurde der wichtigste englische Exportartikel. Aber dieser Vorgang hatte eine soziale Kehrseite. Bauern und Pächter verloren ihre Erwerbsgrundlage für das bescheidene Leben ihrer Familien. 1517 setzte das englische Unterhaus eine Untersuchungskommission ein, die die Vorgänge überprüfen sollte. Das Gewissen der Nation war erstmals wachgerüttelt worden, ohne daß aber Entscheidendes geschah.[16] Raphael selbst kommentierte den Vor-

[14] Vgl. A.-K. Hömberg, Westfälische Landesgeschichte, Münster 1968, S. 193: Werner Rolevinck, De laude antiquae Saxoniae nunc Westphaliae dictae, lat. u. dt., hrsg. H. Bücker, Münster 1953, S. 203–213 (das Kapitel: ›De excusanda patria nostra‹).

[15] „Oves ... vestrae, quae tam mites esse, tamque exiguo solent ali (nunc, uti fertur), tam edaces atque indomitae esse coeperunt, ut homines devorent ipsis, agros, domos, oppida vastent, populentur“ (Utopia, hrsg. v. Surtz u. Hexter [s. Anm. 3], S. 65f.).

[16] C. S. L. Davies, Peace, Print and Protestantism 1450–1558 (The Paladin History of England, Bd. 4), St. Albans 1977, S. 129 u. S. 247–253; D. C. Coleman, The Economy of England 1450–1750, Oxford 1977, S. 39–41.

gang der "enclosures" folgendermaßen: „So hat eine kleine habgierige Minderheit eure Insel, die früher durch die natürlichen Bedingungen so glücklich war, in ein Desaster gebracht."[17] Denn diese Minderheit beherrschte als ein Oligopol die Wollpreise, die für die breiteren Schichten des Landes immer unerschwinglicher würden. So gesehen sei die Todesstrafe für Diebstahl zu hart und unangemessen. Der Verlust an Eigentum bei dem einen könne nicht mit dem Verlust des Lebens bei dem anderen aufgewogen werden. Nicht einmal die mosaische Gesetzgebung des Alten Testamentes verfahre mit solcher Grausamkeit.

Bei diesem Stand des Antwerpener Gespräches wirft More nochmals die Frage auf, ob es nicht doch sinnvoll sei, wie es schon Plato geraten habe, wenn Philosophen Könige würden oder Könige, d. h. die Politiker, Philosophie studierten? Aber Raphael hat gleich das Gegenargument parat. Man möge sich vorstellen, er selbst habe die Aufgabe, im Kabinett des französischen Königs mitzuberaten. Statt Franz I. – wie man es dann von ihm erwarte – zu raten, Mailand und Neapel in Italien oder Flandern, Brabant und Burgund zu erobern oder sogar den Blick auf England zu werfen, die Schotten zu einem Aufstand gegen die englische Krone zu ermuntern – genau hier lagen die Streitpunkte, die die fürstlichen Herren Deutschlands, Englands und Frankreichs im Laufe des 16. Jahrhunderts bewegten –, würde er, Raphael, raten, der König solle im eigenen Land bleiben und dies nur gut verwalten und zu blühendem Wohlstand bringen. Würde man ihn – bei solchen Ratschlägen gegen eine Eroberungspolitik – nicht gleich wieder aus dem Kabinett jagen? Nein, es gebe nur eine Methode zum Erfolg: die indirekte. Bereits Plato habe ein eindrucksvolles Bild dafür gefunden, warum sich vernünftige Menschen aus der Politik heraushalten sollten: „Sie sehen nämlich, wie das Volk auf die Straße strömt und ununterbrochen von Regengüssen durchnäßt wird, können es aber nicht dazu bewegen, sich vor dem Regen in Sicherheit zu bringen und in die Häuser zu gehen. Weil sie aber wissen, daß sie, wenn sie auch auf die Straße gehen, nichts weiter erreichen, als daß sie selbst mit einregnen, so bleiben sie im Hause und sind damit zufrieden, wenigstens selbst in Sicherheit zu sein, wenn sie schon fremder Torheit nicht steuern können."[18]

Woher aber kamen die Übel, fragt sich Raphael, in der bestehenden Gesellschaft: dadurch, so die Antwort, daß Geld und Privateigentum die

[17] „Ita qua re vel maxima felix haec vestra videbatur insula, jam ipsam paucorum improba cupiditas vertit in perniciem."

[18] Utopia, hrsg. v. Surtz u. Hexter (s. Anm. 3), S. 102: „Quippe cum populum videant in plateas effusum assiduis imbribus perfundi, nec persuadere queant illis, ut se subducant pluviae, tectaque subeant, gnari nihil profuturos sese exeant, quam ut una compluantur, semet intra texta continent habentes satis, quando alienae stultitiae non possunt mederi, si ipsi saltem sint in tuto."

zwischengesellschaftlichen Beziehungen bestimmen und damit nur ein bestimmter Personenkreis – Raphael meint, es seien die Schlechteren –, sozial begünstigt werde: Das Beste falle damit immer den Schlechtesten zu, das Glück werde nur unter wenige verteilt; der Rest führe ein elendes Dasein.[19]

Aber an diesem Punkt hakt Mores Utopia ein. Raphael lehnt das Privateigentum und das Geld als Grundlage der Regelung der gesellschaftlichen Verhältnisse ab, fordert statt dessen die Gleichheit des Besitzes, um den sozialen Frieden zu sichern. Denn leider seien auch Fürsten gezwungen, den Vermögenderen Ämter zu übertragen, die zweckmäßigerweise an andere mit größeren Fähigkeiten vergeben werden sollten. So entstehe nun die Überbewertung von Geld und Privateigentum, jener unglückliche Zirkel, unter dem die Politik Europas leide. Unverkennbar hatte More hier einen neuralgischen Punkt der entstehenden modernen Gesellschaft getroffen. Dem Plädoyer Raphaels für die Gleichheit der Eigentumsverhältnisse begegnet More selbst mit einem Gegenargument: Könne man sich wirklich dort wohlfühlen, wo Gütergemeinschaft herrsche? Würde überhaupt noch jemand arbeiten, wenn es keinen Anreiz zur Arbeit gäbe? Käme es nicht zu dauernden gewalttätigen Auseinandersetzungen, wenn das, was sich der einzelne erworben habe, nicht auch als Eigentum geschätzt werde?[20] Hätten die Behörden überhaupt noch eine Autorität, wenn unter den Menschen kein Unterschied mehr bestehe?

Die Antwort, die Raphael findet, ist etwas verblüffend. Er widerlegt das Argument nicht, sondern verweist auf die Verhältnisse in der von ihm besuchten Insel Utopia. Die dortige Bevölkerung, das zeige ihre lange Geschichte, habe durch Fleiß und Leistung mehr zustande gebracht als die tüchtigen Engländer, bei allem Respekt vor dem Stand ihrer wissenschaft-

[19] Utopia, hrsg. v. Surtz u. Hexter (s. Anm. 3), S. 102: „Quanquam profecto mi More (utea vere dicam, quae meus animus fert) mihi videntur ubiconque privatae sunt possessiones, ubi omnes omnia pecuniis metiuntur, ibi vix umquam posse fieri, ut cum Republica aut juste agatur, aut prospere, nisi vel ibi sentias agi juste, ubi optima quaeque perveniunt ad pessimos, vel ibi feliciter, ubi omnia dividuntur in paucissimos, nec illos habitos undecunque commode, caeteris vero plane miseris."

[20] Ein ähnliches Argument *für* die Erhaltung des Privateigentums findet sich übrigens auch in dem Essay von Sigmund Freud, Das Unbehagen in der Kultur (1930), hier zitiert nach einer Textausgabe von 1964 (Frankfurt a. M.), S. 151: „Ich habe nichts mit der wirtschaftlichen Kritik des kommunistischen Systems zu tun, ich kann nicht untersuchen, ob die Abschaffung des privaten Eigentums zweckdienlich und vorteilhaft ist. Aber seine psychologische Voraussetzung vermag ich als haltlose Illusion zu erkennen. Mit der Aufhebung des Privateigentums entzieht man der menschlichen Aggressionslust eines ihrer Werkzeuge, gewiß ein starkes, und gewiß nicht das stärkste."

lichen Kenntnisse und Fähigkeiten. Übrigens seien die Utopier in ihrer über tausendjährigen Geschichte immer so klug gewesen, von den Errungenschaften fremder Völker zu lernen, ja selbst von den Engländern, wenn diese als Schiffbrüchige an den Küsten Utopias gelandet seien.

Hier bricht der pädagogische Impetus der Utopia durch. Es gibt tatsächlich einen Weg, die Gesellschaft zu verbessern: durch Lernen, nicht durch Umsturz und Gewalt. Das ist das politische Rezept, das die kleine Schrift enthält. Aber sind die Europäer des Jahres 1516, zumal die Engländer Thomas Mores wirklich lernbereit? Das bleibt zweifelhaft. „Denn während sich die Utopier", sagt Raphael ironisch, „schon bei der ersten Berührung mit uns unsere nützlichen Erfindungen aneignen, wird es dagegen lange dauern, bis *wir* irgendeine Einrichtung übernehmen, die bei ihnen besser ist als bei uns. Dies halte ich auch für den Hauptgrund dafür, daß trotz unserer geistigen und materiellen Überlegenheit ihr Staat dennoch klüger verwaltet wird und glücklicher aufblüht."[21]

Mit diesem Appell an den Stolz des alten Europas schließt das erste Buch, und der Leser kann im zweiten Buch das Lernmodell Utopia genauer studieren. Bevor die drei Gesprächspartner ihre Unterhaltung fortsetzen, gehen sie zu Tisch. In der Unterhaltung des Nachmittags, wiederum im Garten, gibt Raphael dann seine Beschreibung der überseeischen Insel Utopia. Es handelt sich dabei im Text um das zweite Buch der Utopia. Utopia heißt übrigens, wörtlich übertragen, „Nirgendwo" („Nicht-Ort", „Un-Ort"). An der Insel – jedenfalls ihrer geographischen Gestalt – fällt die Ähnlichkeit zur Heimat Mores, England, selbst auf. „Die Insel der Utopier", so heißt es, „dehnt sich in der Mitte, wo sie am breitesten ist, zweihundert Meilen weit aus, ist eine weite Strecke lang nicht viel schmaler und spitzt sich dann gegen die beiden Enden hin allmählich zu. Die Küsten bilden einen wie mit dem Zirkel gezogenen Kreisbogen von fünfhundert Meilen Umfang und geben der ganzen Insel die Gestalt des zunehmenden Mondes."[22]

In frühgeschichtlicher Zeit soll die Insel nicht vom Festland getrennt gewesen sein. Der Begründer des Inselstaates, Utopos, habe ehedem, nach der Eroberung des Landes, einen Graben von 15 Meilen ziehen lassen. Er sei es auch gewesen, der die Inselbevölkerung zum erstenmal auf ihren hohen Bildungsstand gebracht habe. Die Insel zählt 54 Städte, „alle weiträumig und prächtig". Sprache, Sitten, Einrichtungen, Gesetze der Inselgesell-

[21] Utopia, hrsg. v. Surtz u. Hexter (s. Anm. 3), S. 109: „Et ut illi ano statium congresso quicquid a nobis commode inventum est, fecerunt suum: Sic diu futurum puto, priusquam nos accipiamus quicquam quod apud illos melius quam nobis est institutum. Quod unum maxime esse reor in causa, cur quum neque ingenio neque opibus inferiores simus eis, ipsorum tamen res quam nostram prudentius administretur et felicius efflorescat."

[22] K. J. Heinisch (Hrsg.), Der utopische Staat, Reinbek bei Hamburg 1960, S. 48.

schaft sind homogen. Der Stolz der Utopier sind ihre Städte. Sie werden vom Land versorgt. Stadt und Land stehen nicht im sozialen Gegensatz. Es besteht vielmehr eine Art Symbiose. Übrigens wurde – im Vergleich dazu – in dem geschichtlichen Europa des 16. Jahrhunderts der Gegensatz zwischen Stadt und Land, Bürgern und Bauern, Kaufleuten und Adel, immer ausgeprägter, also ein der Utopia entgegengesetzer Vorgang.

Die Hauptstadt der Insel Utopia ist „Amaurotum", sie ähnelt unverkennbar der englischen Hauptstadt London. Denn durch Amaurotum fließt der Fluß „Anydros", der wiederum der Themse ähnelt. Es heißt von dem Fluß: „auf der ganzen Strecke zwischen der Stadt und dem Meere und noch einige Meilen oberhalb der Stadt zeigt sich alle sechs Stunden der Einfluß von Ebbe und Flut an der Strömung des Flusses. Wenn das Meer bis zu dreißig Meilen weit eindringt, füllt es das ganze Bett des Anydros mit seinen Wogen und drängt den Fluß zurück, dann verdirbt es auch dessen Wasser beträchtlich darüber hinaus mit seinem Salzgehalt. Darauf gewinnt allmählich das Süßwasser wieder die Oberhand."[23] Wie London besitzt Amaurotum eine steinerne Brücke über den Fluß. Amaurotum ist, wie die meisten mittelalterlichen europäischen Städte, mit einer Mauer und einem Graben umgeben.

Gleichfalls findet sich der mittelalterliche Städtebau in dem utopischen Amaurotum wieder. Die Häuser sind schmuck, ihre Lage und blockweise zusammenhängende Reihe übersieht man von der gegenüberliegenden Häuserfront aus. Der Abstand zwischen den beiden Häuserfronten beträgt zwanzig Fuß, also sechs Meter. Jedes dieser Häuser – die anderen Städte auf Utopia sollen ähnlich gebaut sein – hat eine Pforte, die zu einem Garten auf der Rückseite führt. Die Utopier lieben ihre idyllischen Gärten. Sie ziehen in ihnen Wein, Obst, Gemüse und Blumen, „von solcher Pracht und Schönheit", sagt Raphael, „daß ich niemals etwas Üppigeres und zugleich Geschmackvolleres gesehen habe". Die Stadtteile stehen dabei in einem Wettkampf um die gepflegtesten Gärten zueinander. Lewis Mumford hat in seinem Buch ›The City in History‹ 1961 darauf aufmerksam gemacht, daß an dieser Stelle das Bild der mittelalterlichen Klein- und Mittelstadt – bevor sie selbst verbaut wurde – idealisiert wird,[24] gewissermaßen ein Vorläufer der modernen Gartenstadt.

Die politische Struktur der Städte in Utopia: jeweils dreißig Familien wählen sich einen Vorstand. Alle zweihundert Vorsteher einer Stadt wählen

[23] Heinisch (s. Anm. 22), S. 51.

[24] Lewis Mumford, Die Stadt. Geschichte und Ausblick, Bd. 1, München 1979, S. 381: „Wie Venedig das vollkommenste Produkt mittelalterlicher Praxis, so war Utopia vielleicht im Hinblick auf die Verfassung und Organisation städtischer Gemeinwesen das vollständige Beispiel mittelalterlichen Denkens."

in geheimer Abstimmung aus vier von den Stadtteilen benannten Kandidaten einen Bürgermeister auf Lebenszeit, die übrigen städtischen Beamten werden jährlich gewechselt. Die politischen Angelegenheiten berät der Rat der Stadt, gelegentlich eine Volksversammlung. Beschlüsse des Rats werden immer erst einen Tag nach der Beratung gefaßt, um sich vor überhitzten Debatten zu schützen. Die Größe einer solchen Stadt müßte nach den gemachten Angaben bei etwa 6000 Haushalten liegen.

Das Kernstück von Utopia ist die Organisation des Lebensunterhalts, des wirtschaftlichen und gesellschaftlichen Lebens. Zunächst einmal erlernen sämtliche Inselbewohner gemeinsam ein Handwerk, Männer und Frauen: die Landwirtschaft. Hinzu kommt, nach Auswahl, ein zweites, gewerbliches Handwerk: Tuchmacher, Leineweber, Schlosser, Schmiede, Zimmerleute. Größere Unkosten für die Kleidung entstehen nicht, da alle Bewohner ähnlich, vor allem schlicht, gekleidet sind. Die Stoffe sind meist aus Leinen oder Wolle. Die Kleidung wird von den Familien selbst gefertigt. Was die Berufswahl angeht, so erlernen die Kinder in der Regel das elterliche Handwerk. Familiäre Bindungen spielen in Utopia eine wichtige Rolle.

In einem Punkt sind die Utopier sehr empfindlich: es gibt keinen Müßiggang bei ihnen.[25] Allerdings lehnen sie es auch ab, daß man sich von morgens bis abends wie ein Lasttier abmüht. Die Utopier scheinen, was die Regelung der Arbeitszeit angeht, eine ebenso verblüffende wie einfache Lösung gefunden zu haben. Man arbeitet nur sechs Stunden am Tag. Das war für das frühe 16. Jahrhundert – jedenfalls für die arbeitenden Bevölkerungsschichten – ungewöhnlich, ja möglicherweise gar nicht machbar, wenn man sich seinen täglichen Lebensunterhalt sichern wollte.

Wie kam diese utopische Lösung des Arbeitsproblems zustande? Morgens und nachmittags wird jeweils drei Stunden gearbeitet, dazwischen liegt eine ausgedehnte Mittagspause, die nicht nur für die Mahlzeit, sondern auch für Lektüre und Weiterbildung genutzt wird. Bereits in den frühen Morgenstunden, noch vor Arbeitsbeginn, finden auf Utopia öffentliche Vorlesungen statt, an denen Zuhörer aus allen Schichten der Bevölkerung, Männer und Frauen teilnehmen. Es handelt sich hier, wie man sieht, um die Idee einer Art Volkshochschule, die die Utopier zum ersten Mal realisiert haben. Die Zeit nach dem Abendessen dient der Freizeit. Man musiziert oder erholt sich in Gesprächen. Würfelspiele sind bei den Utopiern ebenso verpönt, wie sie bei den Europäern des 16. Jahrhunderts beliebt waren. Glücksspiele zählen auf Utopia zu den Lastern, weil sie die Menschen in ihrer privaten Existenz leicht ruinieren können.

Raphael wirft an dieser Stelle seines Berichtes die Frage auf, die ja naheliegt, ob eine sechsstündige Arbeitszeit überhaupt ausreiche, um die Erzeu-

[25] Vgl. Heinisch (s. Anm. 22), S. 54.

gung und Erstellung aller lebensnotwendigen Güter sicherzustellen. Das Problem wird auf Utopia so gelöst, daß – wiederum mit einem kritischen Seitenblick auf die entsprechenden Verhältnisse in Europa des 16. Jahrhunderts – alle Inselbewohner arbeiten, Männer und Frauen, und nicht, wie in Europa, immer die eine Hälfte der Gesellschaft nichts tut und die andere arbeiten läßt. Wörtlich hießt es im Text: „Zunächst die Frauen, die Hälfte der Gesamtbevölkerung; wo aber die Frauen arbeiten, so schnarchen dort an ihrer Stelle meist die Männer. Dazu kommen noch die Priester und Mönche; welche riesige untätige Gesellschaft! Rechne noch die reichen Leute hinzu, vor allem sämtliche Grundherren, die man gewöhnlich Vornehme und Adelige nennt. Zähle auch noch deren Gefolgschaft hinzu, jene Banden bewaffneter Raufbolde, die ich bereits erwähnte. Füge noch die arbeitsfähigen und gesunden Bettler hinzu, die Krankheit für ihre Untätigkeit vortäuschen. Du wirst erstaunt sein, um wieviel geringer die Zahl derjenigen ist, die für die Versorgung der menschlichen Gesellschaft notwendig sind, als du angenommen hattest!“[26]

Soviel die Utopia auch aus dem Mittelalter entlehnte, an dieser Stelle stellte sie die gesamte mittelalterliche Gesellschaft mit ihrer Aufteilung in die drei Gruppen der Arbeitenden, der Betenden und der Herrschenden, nämlich: den Handwerker und Bauern in der ersten, der Mönche und Priester in der zweiten und dem Adel in der dritten Gruppe, in Frage. Thomas More war nicht der erste, auch nicht in England, der diese Sozialkritik formulierte. William Langland hatte in dem visionären Epos ›Piers Plowman‹[27] bereits hundert Jahre zuvor ähnliches geschrieben. Aber es war bis dahin mehr ein murrendes Anklagen, gespickt mit Aggressivität und Ressentiment gewesen. In dieser analytischen Klarheit und Schärfe hatte es vor Thomas More noch niemand formuliert. Und, das kommt hinzu, Thomas More war eine Persönlichkeit, die zur geistig führenden Schicht seines Landes zählte. Obwohl er mit manchen Einrichtungen der mittelalterlichen Gesellschaft sympathisierte (er hatte sich beispielsweise während seiner Jugend und Studienzeit vorübergehend in dem Londoner Kartäuserkloster,

[26] Utopia, hrsg. v. Surtz u. Hexter (s. Anm. 3), S. 128–130: „Primum mulieres fere omnes, totius summae dimidium, aut sicubi mulieres negociosae sunt, ibi ut plurimum, earum vice, viri stertunt. Ad haec sacerdotum ac religiosorum, quos vocant, quanta quamque ociosa turba, adjice divites, omnes maxime praediorum dominos, quos vulgo generosos appellant ac nobiles, his adnumera ipsorum famulitium, totam videlicet illam cetratorum nebulonum colluviem. Robustos denique ac valentes mendicos adjunge, morbum quempiam praetextentes inaertiae, multo certe pauciores esse quam putaras invenies eos, quorum labore constant haec omnia quibus mortales utuntur.“

[27] Eine Ausgabe des Textes ›Piers Ploughman‹, die um 1550 in London erschien, enthält einen Hinweis auf Thomas More (vgl. Marc'hadour [s. Anm. 6], S. 539).

einem der strengsten religiösen Orden der damaligen Zeit, aufgehalten und sich auch später gegen die Politik der Auflösung der Klöster und religiösen Orden unter Heinrich VIII. gewandt), so sah er doch wohl, daß für einen großen Teil dieser Kleriker und Mönche – manche von ihnen waren längst in ein klerikales Proletariat abgesunken – die Frömmigkeit, oft gezwungenermaßen, nur noch als Mittel zur Bestreitung des Lebensunterhaltes diente. Ähnliche Beobachtungen machte Martin Luther zur gleichen Zeit in Deutschland.

Neu in der Utopia und charakteristisch ist auch die eindeutig positive Bewertung der manuellen Arbeit. Das heißt natürlich nicht, daß Arbeit nicht immer notwendig gewesen ist. Entscheidend ist vielmehr, daß, gedanklich ausformuliert, der Arbeit und damit den Arbeitenden in Utopia ein positiver sozialer Stellenwert beigemessen wird. Die Utopier sehen nicht auf den herab, der arbeitet, sondern auf den, der nicht arbeitet. In Platons ›Politeia‹, die in manchem bei der Abfassung der Utopia als Vorlage gedient hatte, war die Handarbeit noch als sozial minderwertig klassifiziert worden.[28] Sozial anerkannt und aufgewertet wurde die Arbeit in der Klosterregel Benedikts, die um 530 entstanden war und später die vorherrschende Regel der europäischen Klöster wurde, die uns in der Kurzfassung „ora et labora" – „Bete und arbeite" geläufig ist. Aber diese benediktinische Regel bezog sich auf das klösterliche, nicht auf das weltliche Leben. Ihre Nichtbeachtung war gerade zu Beginn des 16. Jahrhunderts fast notorisch, wenn man den zeitgenössischen Kritikern glauben darf.[29] In Utopia werden in jeder Stadt nur 500 Personen von der gewerblichen Arbeit freigestellt, darunter die Verwaltungsbeamten, die Priester und Wissenschaftler. Wissenschaftler, die die in sie gesetzten Erwartungen nicht erfüllen, werden auf Utopia wieder in den Handwerkerstand zurückversetzt. Da nun, und das ist das Fazit, das Raphael nach der von ihm aufgeworfenen Frage zieht, fast die gesamte Bevölkerung wirtschaftlich tätig ist, zudem unnütze Arbeiten nicht

[28] L. Mumford (s. Anm. 24), S. 215.

[29] Vgl. den Dialog ›Abbatis et eruditae‹ (›Der Abt und die gelehrte Frau‹) in Erasmus' ›Colloquia familiaria‹ und die dort enthaltene ironische Verspottung der feudalen, aber ungebildeten Lebensweise des Abtes durch die „gebildete Frau". In diesem Dialog wird übrigens der Haushalt Thomas Mores, zumal die Erziehung seiner Töchter und deren Bildungsstand, als vorbildlich gepriesen (Erasmus von Rotterdam, Colloquia familiaria, übers. u. eingel. v. W. Welzig, Ausgewählte Schriften, Bd. 6, Darmstadt 1967, S. 252–265). – Zur Regel Benedikts über die Handarbeit vgl. dort das Kapitel 48 „Otiositas inimica est animae, et ideo certis temporibus occupari debent fratres in labore manuum, certis iterum horis in lectione divina." – „Müßiggang ist der Feind der Seele. Deshalb sollen sich die Brüder zu bestimmten Zeiten mit Handarbeit, zu bestimmten Zeiten dagegen mit heiliger Lesung beschäftigen" (Die Benediktinerregel lat.-dt., hrsg. v. Basilius Steidle OSB, Beuron 1978, S. 144).

ausgeübt werden, sei leicht zu errechnen, warum die tägliche Arbeitszeit auf wenige Stunden eingeschränkt werden könne: „Proclivis aestimatio est, quam paucae horae quantum boni operis pariant.“[30]

Die Utopier leben in Großfamilien zusammen. Sie zählen 10 bis 16 Erwachsene, Kinder nicht mitgerechnet. Man betreibt in Utopia Bevölkerungspolitik: Wird die Bevölkerung zu groß, siedelt man auf dem benachbarten Festland und begründet dort utopische Kolonien. Das Kolonialland wird anscheinend den dortigen Einwohnern mehr oder weniger rigoros weggenommen. Nimmt die heimatliche Bevölkerung ab, so kehren die utopischen Kolonisten wieder auf ihre Insel Utopia zurück. Die deutschen Historiker Hermann Oncken und Gerhard Ritter haben aus dieser Textstelle später, 1922 bzw. 1940, die programmatischen Anfänge des britischen Imperialismus und Kolonialismus bei Thomas More herauslesen wollen, eine Deutung, zu den Reynolds ironisch bemerkt: “a view that amuses a pragmatic Englishman.“ Auch Historiker irren.[31] An der Spitze der Familie auf Utopia steht der Älteste. Die Familien sind reichlich patriarchalisch gegliedert, die Frauen, so heißt es, seien den Männern, die Kinder den Eltern, die Jüngsten den Ältesten unterstellt.

Wie versorgen sich die Utopier? In der Mitte einer Stadt findet sich ein Markt, dort werden sämtliche Erzeugnisse gespeichert und können von den Familienältesten ohne Bezahlung geholt werden. Man bekommt alles, was man verlangt, denn alles ist im Überfluß vorhanden. Folglich kommt es auch nicht zu Streit und Räubereien aus Habgier oder Mangel, berichtet Raphael. Man ernährt sich von Gemüse, Früchten, Brot, Fisch und Fleisch. Das entsprach der Lebensweise, wie sie beispielsweise Cochläus 1512 für Nürnberg in einem geographischen Lehrbuch für den Schulunterricht beschrieb. In Nürnberg wurden, wie dieselbe Quelle berichtet, Lebensmittel gespeichert, um sie gegebenenfalls, in Krisenzeiten, an die unteren Bevölkerungsschichten weiterzugeben.[32]

Die Utopier essen zu mehreren Familien gemeinsam in größeren Hallen. Sie können wohl auch, so heißt es, privat ihre Mahlzeiten nehmen, ziehen aber die Gesellschaft vor. Das erinnert an die Gelage der Zünfte, die ja

[30] Utopia, hrsg. v. Surtz u. Hexter (s. Anm. 3), S. 132.

[31] H. Oncken, Die Utopia des Thomas More und das Machtproblem, Heidelberg 1922; G. Ritter, Machtstaat und Utopie, München/Berlin 1940; vgl. E. E. Reynolds, The Field is Won. The Life and Death of Saint Thomas More, London 1968, S. 105.

[32] Vgl. Johannes Cochlaeus, Brevis Germanie descriptio, hrsg. v. K. Langosch, Darmstadt 1976, S. 82: „Domus frumentarie multe quidem ac magne quoquo omnes, publice famis solacia pauperisque vulgi dulce levamen.“ – „Die Kornhäuser sind nun zahlreich und groß, alle auch voll, ein Trost für den Hunger der Allgemeinheit und eine angenehme Erleichterung für das arme Volk.“

auch faktisch Familienverbände waren. Trompeten, so heißt es, laden zum Mittag- und Abendessen ein. Die niederen Arbeiten verrichten Sklaven. Frauen und Männer sitzen getrennt. Während der Mahlzeiten werden zur Erbauung Vorlesungen gehalten. Diese Sitte der Utopier entsprach mittelalterlichem Klosterbrauch. Abends wird in Utopia mit Musik aufgespielt: Die Utopier befürworten eine vergnügte Lebensweise. Utopier, die reisen, bedürfen dazu der Erlaubnis der städtischen Behörden, eine strenge Praxis. Sie reisen kostenlos. Denn sie werden in jeder anderen Stadt aufgenommen, müssen aber gegebenenfalls auch an ihrem Urlaubsort arbeiten. Müßiggang ist unerwünscht. Es gebe weder Weinstuben, Bierschenken noch Bordelle, berichtet Raphael.

Man braucht kein Geld und hält auch wenig vom Geld, ebensowenig von Gold und Silber. Größerer Privatbesitz wird nicht angestrebt. Man schätzt nicht einmal Perlen und Schmuck. Die Utopier sind indessen ein gebildetes Volk. Alle jungen Utopier erhalten eine Schuldbildung. Das war zu Mores Zeiten noch ungewöhnlich. Lediglich in Florenz wurde bereits ein großer Teil der städtischen Jugend schulisch ausgebildet, so daß sie zumindest lesen und schreiben konnten. Es existiert eine utopische Lebensphilosophie, deren Ziel „Tugend und Glück" – in dieser Verbindung – sind. Der Gewinn an Lebensfreude wird bei den Utopiern ausdrücklich bejaht, so rigoros und manchmal abstoßend auch manche ihrer Einrichtungen uns erscheinen mögen. Als Voraussetzung des Vergnügens sehen sie die Gesundheit an. Mehr noch als physische schätzen sie die psychischen und geistigen Genüsse. Wer in Utopia gebildet ist, liest. Der Buchdruck, ein halbes Jahrhundert vor dem Erscheinen der Utopia eingeführt, ist auch dort schon bekannt. Und so lesen die Utopier: Platon, Aristoteles, Theophrast, Plutarch, Aristophanes. Die Technik des Buchdrucks haben die Utopier, ebenso wie die der Papierherstellung, von den Europäern übernommen.

Während die Utopier auf Sklaven – meist Kriegsgefangene – nicht verzichten, zeichnen sie sich besonders durch die sorgfältige und liebevolle Versorgung ihrer Kranken aus. In einem Punkt sind sie streng: ihre Sexualmoral schreibt die Einehe vor und duldet keine Abweichungen und keinen Ehebruch. Raphael macht seine Gesprächspartner auf eine, wie er meint, praktische Lösung aufmerksam, die die Utopier erfanden, um Ehescheidungen vorzubeugen. Bereits vor der Heirat werden dort die junge Frau und der junge Mann einander – jeweils begleitet von einer ehrbaren Dame und einem Herrn – völlig nackt vorgeführt. Er selbst, Raphael, habe das zunächst als albern empfunden und gelacht. Doch die Utopier hätten sich über die Torheiten der Europäer gewundert. Sie seien beim Kauf eines armseligen Pferds, bei dem es sich nur um eine geringe Stute handele, so vorsichtig, daß sie den Kauf verweigern, wenn nicht zuvor der Sattel abgenommen wird und alle Pferdedecken entfernt werden (obwohl das Tier doch schon von Natur fast nackt ist), damit nicht durch diese Verhüllungen ein Schaden verdeckt bleiben kann. Sei nicht die Ehe, die ein ganzes Leben tragen soll, wichtiger als der Kauf eines Pferdes?

Noch ein Blick auf die politischen Verhältnisse: Die Utopier haben einen eigenen diplomatischen Dienst eingerichtet. Sie ziehen Bündnisse und Verträge kriegerischen Verwicklungen vor und gehen grundsätzlich davon aus, daß alle Menschen friedlich nebeneinander leben wollen: „Die natürliche Zusammengehörigkeit der Menschen ersetzte ein Bündnis, und die Menschen binde Verträglichkeit besser und wirksamer als ein Vertrag."[33] Ähnlich argumentiert Erasmus von Rotterdam in seiner ›Institutio principis christiani‹, die ›Erziehung des christlichen Fürsten‹, die er im gleichen Jahr, 1516, veröffentlichte und die dem späteren Kaiser Karl V. gewidmet war. More und Erasmus wehrten sich leidenschaftlich gegen den Krieg und seine Vorbereitungen, sie demoralisierten publizistisch die kriegerischen Motive. Erasmus brachte 1517 seine bewegte ›Klage des Friedens‹, die ›Querela pacis‹, heraus, nachdem er, der Geistliche, bereits einige Jahre zuvor in dem Pamphlet ›Julius exclusus de coelis‹ Papst Julius II. aus dem Himmel ausgeschlossen hatte, weil er ein kriegsfreudiger italienischer Renaissancefürst gewesen war. Machiavelli dagegen hielt Julius II. für recht vorbildlich.

Schließlich die Religion. Die Entdeckungen in Übersee hatten den europäischen Wissenschaftlern, Theologen und Philosophen deutlich bewußt werden lassen, daß es außer der eigenen, christlichen, noch weitere religiöses Lebensweisen gab. So wird auch in der Utopia gleichsam ein gefächertes Bild verschiedener religiöser Formen gezeichnet. Die religiösen Anschauungen seien nicht nur auf der Insel insgesamt, sondern selbst in den einzelnen Städten verschieden. Einige Gruppen, so heißt es, verehrten die Sonne, andere den Mond oder einen anderen Planeten, wieder andere eine geschichtliche Persönlichkeit als Gottheit. Die Mehrheit der Utopier glaube an einen einzigen Gott, ein unbekanntes, fernes Wesen. Doch bleibt Utopia eine nichtchristliche Gesellschaft. Zwar seien einige von ihnen Christen geworden, doch es fehlten ihnen christliche Priester, bemerkt Raphael. Die Utopier üben untereinander religiöse Toleranz. Niemand wird wegen seiner Überzeugung beleidigt oder gar bestraft, man respektiert die Gesinnung, um Lüge und Verstellung, die aus Meinungszwang entstehen, zu vermeiden.[34]

Liebevoll werden die religiösen Gebräuche und die Liturgie der Utopier beschrieben. Sie erinnern, bei aller Fremdheit, an die kirchliche Liturgie

[33] Heinisch, S. 87. – Utopia, hrsg. v. Surtz u. Hexter (s. Anm. 3), S. 198: „Naturae consortium foederis vice esse, et satius valentiusque homines invicem benevolentia quam pactis, animo quam verbis connecti."

[34] Vgl. Utopia, hrsg. v. Heinisch (s. Anm. 22), S. 98f.

Europas. In Utopia nehmen die Priester eine besonders abgehobene Stellung ein. Wie eine Stadt des 16. Jahrhunderts zählt auch jede utopische Stadt mehrere Kirchen und Kirchengemeinden. Die religiösen Lieder werden in der Landessprache gesungen. Sie sind – anders als in Europa – besonders innig. Surtz, der Herausgeber der Yale-Edition der Utopia, umschreibt den Tenor dieser Passagen so: "The whole Chapter on religion is a masterpiece of indirection. There is no loud attack, no bitter satire, nor ironic comment on religious abuses in Europe. Instead, the plea for reformation is kept muted and subdued. More lets the pagan Utopians quietly show Christians where they must reform: practice of toleration, welcoming of death, simplicity of funerals, holiness of priests, humility of ascetics, fewness of holiday reverence in church, intelligibility of vocal music, etc. His approach is all positive."

Mit dem Stimmungsbild der religiösen Lebensform endet die Beschreibung Utopias. Er halte, sagt Raphael Hydlodeus, Utopia für das beste Gemeinwesen, das er kenne. Es gebe keine Armen und Bettler, niemand bange um sein tägliches Brot, werde von der jammernden Ehefrau um Geld geplagt, brauche nicht die Verarmung seines Sohnes zu befürchten oder sich um die Mitgift für die Tochter sorgen. Jeder könne seines eigenen Glückes wie des seiner Angehörigen sicher sein, der Frau, der Kinder, der Enkel und Urenkel. Man könne die Reihe des Glücks auf Utopia fortsetzen wie die Genealogie eines Adeligen in Europa. Über die Generationen hinweg hätten Staat und Gesellschaft für die einzelnen und ihre Familien Vorsorge getroffen.

Gegenüber diesem Idealbild greift Raphael nochmals die politischen Zustände Europas an, die dort vorherrschende krasse soziale Ungleichheit. Seine Kritik spitzt sich in der Frage zu, ob nicht die gegenwärtigen Staaten Europas nichts anders seien als „eine Verschwörung der Reichen, die im Namen und unter dem Rechtstitel des Staates für ihren eigenen Vorteil sorgen"[35]. Ähnlich mochten, kaum zehn Jahre nach der Veröffentlichung der Utopia, die aufständischen Bauern in Süd- und Mitteldeutschland gedacht haben. Natürlich beriefen sie sich nicht auf Thomas More: deutsche Bauern waren häufig Analphabeten und lasen keine lateinischen Schriften.

Er habe, erwähnt More, am Ende dieses Antwerpener Gartengesprächs, Raphael noch in manchen Punkten widersprechen wollen, doch dann bemerkt, wie der weitgereiste Erzähler ermüdet gewesen war, und er, More, habe nicht gewußt, ob man ihm noch Widerspruch zumuten könne. Aber er müsse hinzufügen, schloß More ab, daß es in diesem Staat der Utopier

[35] Utopia, hrsg. v. K. J. Heinisch, S. 108. – Utopia, hrsg. v. Surtz u. Hexter (s. Anm. 3), S. 240: „occurrit aliud quam quaedam conspiratio divitum, de suis commodis Rei publicae nomine, tituloque tractantium."

manches gebe, das nachahmenswert sei. Damit endet das Nachmittagsgespräch.

More hatte das kleine Buch nach seiner Rückkehr nach London 1516 gleichsam nebenbei fertiggestellt. Er schrieb darüber an seinen Antwerpener Freund Peter Gilles und beklagte sich darüber, bei den täglichen Geschäften kaum Zeit zur Niederschrift gefunden zu haben: Er habe sich die Zeit vom Schlaf nehmen müssen, der einem ja die Hälfte des Lebens raube, wie More es formulierte. Er hat also offensichtlich den Text der Utopia in den späten Nachtstunden fertiggestellt: übrigens eigenhändig, wie alle seine Arbeiten.[36] Die Hilfe eines Sekretärs nahm der vielbeschäftigte Autor und Politiker nicht in Anspruch.

Wie wurde die Utopia aufgenommen? Die europäischen Leser des 16. Jahrhunderts, die Humanisten, bewunderten an ihr die Intelligenz und sprachliche Gewandtheit des Autors, seinen Humor und seine politische Klugheit, so berichtet 1588 der Biograph Stapleton. Er nennt Budé, Erasmus, Cochläus, Beatus Rhenanus, Busleyden, den Berater Karls V., Bischof Tunstall, Kardinal Reginald Pole, Hutten, und andere.[37] More selbst hatte sich in der Utopia, vielleicht auch unter dem Druck der Tagesgeschäfte, in einem in Dialogform gestalteten politischen Traum von der bestehenden Wirklichkeit abgesetzt, ohne aber den Wunsch zu äußern, daß dieser Traum wortwörtlich eingelöst werde.[38] Für eine solche biographische Deutung des Sich-Absetzens von den Tagesgeschäften als Motivation des Verfassers spricht auch ein Brief, den More in der Nacht zum 4. Dezember 1516 an seinen Freund Erasmus schrieb und in dem er sich darüber beklagte, daß der beginnende Morgen ihn wieder aus seinem Traum in die Wirklichkeit des Hoflebens zurückhole.[39] Er habe nur die Hoffnung, daß

[36] Utopia, hrsg. v. Surtz u. Hexter (s. Anm. 3), S. 38f.: „Sed huic tamen tam nihilo negocii peragendo, caetera negocia mea minus quam nihil temporis reliquerunt. Dum causas forensis assidue alias ago, alias audio, alias arbiter finio, alias judex dirimo, dum hic officii causa visitur, ille negocii, dem foris totum ferie diem aliis impartior reliquum meis, relinquo nihi, hocest literis, nihil. Nempe reverso domum, cum uxore fabulandum est, garriendum cum liberis, colloquendum cum ministris. Quae ego omnia inter negocia numero, quando fieri necesse est (necesse est autem, nisi velis esse domi tuae peregrinus) et danda omnino opera est, ut quos vitae tuae comites aut natura providit, aut fecit casus, aut ipse deligisti, hiis ut et quam jucundissimum compares, modo ut ne comitate corrumpas, aut indulgentia ex ministris dominas reddas. Inter haec quae dixi elabitur dies, mensis, annus. Quando ergo scribimus?"

[37] Thomas Stapleton, The Life and Illustrious Martyrdom of Sir Thomas More, transl. by Ph. E. Hallet, London 1928, S. 33.

[38] Von einem „geistreichen Spiel" spricht J. Droz, Gesch. d. Sozialismus 1, S. 117f.

[39] More darin: "I was going to continue with this fascinating vision (d. h. von

bestehende Königreiche ähnlich zerfließen könnten wie sein Traum einer besseren Gesellschaft. Utopia ist in sich selbst zu mehrdeutig,[40] als daß aus ihr der eindeutige Wunsch nach Realisierung abgelesen werden könnte.[41]

Nach seinem gewaltsamen Tod, 1535, gerieten Mores Schriften in England allmählich in Vergessenheit, auch wenn 1557 bereits die erste Ausgabe seiner englischsprachigen Werke erschien.[42] Das utopische Thema jedoch

Utopia), but the rising dawn has shattered my dream – poor me! and shaken me of my throne and summons me back to the drugery of the courts. But at least this thought gives me consolation: real kingdoms do not last much longer. Farewell, dearest Erasmus!" (St. Thomas More, Selected Letters, ed. by Elizabeth F. Rogers, New Haven/London 1971, S. 85).

[40] Auf die Widersprüchlichkeit zwischen der Biographie des Autors und der Utopia selbst, zugleich auf die historische – vielleicht nur scheinbare – Widersprüchlichkeit der Gedankenwelt der Utopier selbst, weist auch Luigi Firpo in der Einleitung zur neuesten italienischen Textausgabe der Utopia hin: Thomas More, Utopia, hrsg. v. Luigi Firpo, Napoli 1979, S. 17: «Il fatto che un martire christiano, quale il More fu, e un santo debitamente canonizatto, proponga una soluzione radicalmente comunistica, potrebbe assumere un sapore di attualita contingente e d'un opportunismo quasi malizioso. In realtà questo piccolo libro raggruma un cosi fitto nodo di pensieri e di istanze, che ogni riduzione semplicistica ne impedisce non soltanto la comprensione profonda, ma perfino l'approccio. Medioevo ed eta moderna, ascetismo ed edonismo, economia rurale di mera sopravvivenza e nuove tecnologie manifatturiere, feudalesimo e democrazia, deismo e cattolicesimo, insularita ed espansíonismo britannici, sono soltanto alcune delle antinomie che questo testo comprime ed esalta. Più che nella soluzione comunista – di cui, ad ogni buon conto, si ha qui uno degli incunaboli piu suggestivi – la riflessione del lettore sara stimolata a meditare sui caratteri preoccupanti della ‹società chiuse› e sulla contradizione insuperata tra qualunque modello di perfezione intoccabile e quel perenne mutare che è la storia.»

[41] More selbst hat die Bedeutung seiner Utopia eher herunter- als heraufgespielt. Er hatte auch, wie aus einem Brief an Erzbischof William Warham vom Jan. 1517 hervorgeht, gar nicht an eine Publikation gedacht und wollte sie nur in einem engeren Freundschaftskreis zirkulieren lassen (Abdruck des Briefes bei Stapleton, S. 82–84). Er habe das Buch, bemerkt er in diesem Brief, in „ungebührlicher Hast" geschrieben (Stapleton [s. Anm. 37], S. 83). Die Veröffentlichung der Utopia ging auf Peter Gilles zurück. Erasmus kümmerte sich um die Drucklegung.

[42] Die erste Ausgabe der Werke Thomas Mores erschien 1557, im Jahr vor dem Regierungsantritt Elisabeth I.: The Works of Sir Thomas More knygt written by him in the English tonge, London (J. Carwod etc.) 1557. – Gelegentlich kam aus dem Kreis der in der Regierungszeit Elisabeths I. (1558–1603) in die Minderheit gedrängten englischen Katholiken der Versuch, Thomas More zu einer katholischen Symbolfigur zu stilisieren, wenn er etwa von ›Ro.Ba‹ 1599 in der Biographie ›The Life of Syr Thomas More‹ in eine Traditionslinie mit dem mittelalterlichen, von Heinrich II. umgebrachten Erzbischof von Canterbury, Thomas Becket (1118–1170), gestellt wurde: "Howbeit there was great conformitie both in birth and place, being both borne in

blieb erhalten und wurde zunehmend literarisiert. Nachdenklich bemerkt Michel de Montaigne (früher Bürgermeister von Bordeaux) im 23. Kapitel seiner ›Essais‹ von 1580 über die moralische Wirkung der neuen Entdeckungen in Übersee auf die Mentalität der Europäer: «J' ai peur que nous ayons les yeux plus grands que le ventre, et plus de curiosité ques nous n'avons de capacité.» – „Ich fürchte, daß unsere Augen größer sind als unser Magen und unsere Neugier unser Fassungsvermögen übersteigt." Auch Shakespeare verwendet in seinem Drama ›The Tempest‹ von 1611 den Topos der Insel, und zwar in der Begegnung von Alter und Neuer Welt, von Vernunft und Natur, nur daß Shakespeare anscheinend beiden, weder der Natur noch der Vernunft, so recht traut. Der Tenor dieses Stückes ist weitaus pessimistischer als die dazu vergleichsweise optimistisch angelegte Utopia. Allerdings findet sich das Traummotiv in Shakespeares ›Tempest‹ gegenüber der Utopia noch verstärkt wieder. Darin ähneln sich die beiden um etwa hundert Jahre voneinander getrennt lebenden Bürger der Stadt London, More und Shakespeare. Im 4. Akt, 1. Szene (Vers 156–157) heißt es im ›Tempest‹: "We are of such stuff as dreams are made on and our little life is rounded with a sleep."[43] Bezeichnenderweise läßt Shakespeare ein junges Mädchen, das bisher nur die ozeanische Insel kennt, in der sie aufwuchs, bei der ersten Begegnung mit den als korrupt geschilderten Europäern, die dort nach einem Schiffbruch landeten, begeistert – und für die Zuschauer zugleich voller Ironie – ausrufen: "O brave new world!"

1602 verfaßte der Dominikaner Tommaso Campanella im Kerker von Neapel – er war wegen Volksaufwiegelung verurteilt – eine Utopie unter dem Namen ›La cittá del sole‹ (›Der Sonnenstaat‹). Sie liest sich nicht so angenehm wie die Utopia von 1516. 1624 schrieb Francis Bacon seine ›Nova Atlantis‹, gleichfalls eine Utopie, zugleich ein Plädoyer für die Gründung wissenschaftlicher Akademien und Forschungsgemeinschaften. Bacon ging einen Schritt weiter als More: er befürwortete die bewußte Veränderung der Gesellschaft durch Wissenschaft und Technik und plädierte für den Fortschritt. Im 18. Jahrhundert nahm Daniel Defoe das Inselmotiv in seinem be-

London; in their names, and both were Thomas; in their offices, for both were High Chauncellors of England; and in this: when sainct Thomas of Canterburrie his troubles beganne, he came to the king carrying his Crosse hym selfe, not suffering any other to carrie it; and in that Sir Thomas More, when his great troubles grew first on hym, carried the Crosse in procession in his parish Churche at Chelsey; and both Thomases ever after (carried), thoug not the material, yet the true Crosse of tribulation. In that was some conformitie, that Sir Thomas More died according to his desire upon the eve of Sainct Thomas of Canterburrie" (Ro.Ba. The Life of Sir Thomas More [Orig. 1599], Nachdruck 1957, S. 269).

[43] The Tempest (Arden Edition), hrsg. v. Frank Kermode, London 1979, S. 104.

kannten Roman ›Robinson Crusoe‹ auf. Aber dieser Robinson ist nicht von allzuviel Skrupeln geplagt, sondern er bewegt sich als Einzelgänger zupakkend auf seiner Insel und versucht das Schicksal zu bewältigen, wo es ihn auch hingeschleudert hat. Robinsons Insel hat mit der Utopia von 1516 wenig gemeinsam. Will man sie geschichtlich zuordnen, so nimmt sie eher die Mentalität eines selbstbewußten angelsächsischen, amerikanischen Unternehmertums vorweg. Wiederum in einer skeptischen Verarbeitung findet sich das Inselmotiv in Jonathan Swifts ›Gulliver's Travels‹ im 18. Jahrhundert wieder. Hier tauchen gleich mehrere Inseln auf, in deren Lebensweisen sich die mehr oder weniger verdorbene Gesellschaft des alten Europa widerspiegeln soll, seien es nun sich gegenseitig bekriegende Könige, Projekte machende Professoren oder andere.

Wieder hundert Jahre später, 1848, nimmt das ›Kommunistische Manifest‹ von Marx und Engels einige in der Utopia genannte Überlegungen auf, so beispielsweise die Kritik an dem Privateigentum, der Zerstörung der sozialen Beziehungen durch das Geld, d. h. durch den „Kapitalismus", und setzt diese Kritik in ein politisches Programm um, was die Utopia des Thomas More im strengen Sinn nicht war. Utopia war ein Gespräch, kein Programm. Seit dem 19. Jahrhundert gewinnen sozialistische Forderungen nach Veränderung der Gesellschaft eine breitere Anhängerschaft, im 20. Jahrhundert kommt es gar zu kommunistischen Staatengründungen, die das Privateigentum ausdrücklich ablehnen. Zur gleichen Zeit setzt eine scharfe intellektuelle Kritik gegen eine an der Aufopferung individueller Bedürfnisse und Rechte zugunsten einer Überdehnung der politisch-gesellschaftlichen Kompetenz orientierten Politik ein. Karl Mannheim verwies in den zwanziger Jahren auf die Zusammenhänge von Ideologie und Utopie.[44] Skepsis gegenüber der Zukunft findet sich im 20. Jahrhundert wieder in der Literatur, die gelegentlich die Utopien in Anti-Utopien umwandelt, so in Aldous Huxleys ›Brave new world‹, der sich gegen die Vergewaltigung des Individuums und seiner Gefühlswelt durch eine wissenschaftlich manipulierende Gesellschaft und Verwaltung wendet, oder ähnlich in George Orwells Zukunftsroman ›1984‹. Heutige Literaturhistoriker sehen die Utopia in der Reihe von Lukian bis Swift eher als den Versuch, die Schwächen der Gesellschaft und die Wege der Besserung aufzuzeigen.[45]

[44] K. Mannheim, Ideologie und Utopie, Frankfurt a. M. 1929 (^{2}1964).

[45] Vgl. T. S. Dorsch, Sir Thomas More und Lukian. Eine Interpretation der Utopia, in: Englische Literatur von Morus bis Sterne, Frankfurt a. M. 1970, S. 33. – Vgl. Utopia, in: Kindlers Literatur-Lexikon, Bd. 22, München 1974, S. 9789–9791. – Ähnlich argumentiert auch Paul Turner in seiner Übertragung der Utopia: Thomas More, Utopia, translated with an introduction of Paul Turner, Harmondsworth 1965, S. 7. – Die neuere Auseinandersetzung mit der Utopia findet sich in: J. C. Davis, Utopia and the Idea of Society. A Study of English Utopian Writing 1516–1700, Cambridge 1981.

BILDUNGSGESCHICHTE WESTFALENS*

1474–1780

Als der 49jährige Kartäusermönch Werner Rolevinck in Köln 1474 das „Gesetz des Schweigens“ – wie er es nannte – brach[1] und zum erstenmal die Geschichte der Region niederschrieb, konstatierte er über das westfälische Bildungswesen des 15. Jahrhunderts: „Sprechen wir von den wissenschaftlichen Studien und fragen uns, ob unser Westfalen auch seine Söhne studieren läßt. Es hat zwar zur Zeit keine Universität, doch ich wage nicht zu sagen, daß es in der ganzen christlichen Welt [d. h.: Europa] auch nur eine einzige Universität gebe, wo keine Westfalen wären. Es gibt auch zweifellos keine Fakultät ohne Westfalen.“[2]

Rolevinck sagte das mit einem bedauernden Unterton. Denn wer sich durch Studium weiterbilden oder eine berufliche Karriere machen wollte, mußte damals Westfalen verlassen, wie Rolevinck (1425–1502) selbst, der als Sohn eines wohlhabenden Bauern aus Laer bei Horstmar in seiner Jugend an der Universität Köln Jura studiert hatte, dann in das dortige Kartäuserkloster eingetreten und als Prediger und Seelsorger tätig war. Er nutzte die neue Technik des Buchdrucks, um eine Reihe von religiösen, historischen und politisch-soziologischen Studien zu publizieren, wie eben auch die ›De laude antiquae Saxoniae nunc Westphaliae dictae‹, die erste Geschichte, Soziologie und, das muß man hinzufügen, Nostalgie West-

* Geschichte der Universität Münster, Europa in Westfalen, Münster 1985, S. 11–49.

1 „Solvo igitur legem nostratum hucusque silentium et aliqua saltem pauca omni laude digna depromere curavi, et eo licentius, quo jam ultra triginta annos exul ac alienis exemplis provocatum me cerno.“ – „So will ich denn gegen unsere Gewohnheit das bis heute andauernde Schweigen unserer Landsleute brechen. Ich will nur wenig erzählen, aber das ist für unser Land recht ehrenvoll. Ich tue es umso lieber, weil ich schon über dreißig Jahre lang recht fern der Heimat lebe und das Beispiel anderer mich zum Schreiben angeregt hat.“ (W. Rolevinck, De laude antiquae Saxoniae nunc Westphaliae dictae [Text der lat. Erstausgabe von 1474], übers. u. hrsg. v. H. Bücker, Münster, S. 10f.)

2 Rolevinck, S. 131. – Original: „Veniendum est ad studia litterarum, si forte nostra Westphalia soleat natos suos transmittere. Hodie ipsa universitatem nullam habeat, sed an in christianitate sit aliqua Westphalorum expers, non facilem dixerim. Insuper si aliqua facultas sit quam aggredi paveant, omnino diffido“ (S. 130).

falens. Denn Rolevinck blickt nach über dreißigjähriger Abwesenheit von seiner Heimat – „exul" – etwas wehmütig von Köln nach dem – fernen – Westfalen, dem Land seiner Kindheit zurück.

Was studierten die Westfalen damals in Erfurt, Köln, Heidelberg, Prag oder auch in Paris, Bologna, Padua? „Der eine wendet sich den tiefen Geheimnissen der Theologie zu", berichtete Rolevinck, „der andere dem Kirchenrecht. Sie studieren die Rechte, Medizin, Philosophie und die freien Künste, Literatur, Geschichte, Astronomie und Geometrie. Sie erforschen das Wasser und die Luft, untersuchen Meteore, verlegen sich auf Erdkunde, Zoologie und Anthropologie; alle Geschöpfe, irdische wie himmlische, suchen sie zu erforschen. Um es kurz zu sagen: das ganze ungeheure Gebiet des menschlichen Wissens suchen sie sich anzueignen". Rolevinck, nicht nur Historiker, sondern auch Seelsorger, fügte noch ermahnend hinzu: „Wenn das in der rechten Weise geschieht, steigt man wie auf einer Leiter immer höher zur Gotteserkenntnis auf."[3]

Der Text ist auch heute noch für uns ein wichtiges Dokument. Verfaßt 40 Jahre vor der Reformation, 20 Jahre vor den Entdeckungen der Neuen Welt, zeigt sich hier unverkennbar, daß – überall in Europa – anwachsende wissenschaftliche, auch naturwissenschaftliche Interesse. Und: noch denkt man kosmopolitisch. Die Universitäten sind europäische Einrichtungen, die die Studierenden der einzelnen europäischen Regionen bei sich aufnehmen. Aber auch die „Landesuniversitäten" kommen jetzt auf. Wittenberg wird 1502 gegründet. Bereits Köln (1388) war eine städtische Gründung ge-

[3] S. 131. Original: „Hic profunda theologiae mysteria scrutatur, hic canonibus, hic legibus, hic medicinalibus praeceptis invigilat, hic artibus, hic poesi, hic chronicis, hic stellis numerandis, terris metiendis, aquis, aeribus, ignibus, aetheris, provinciis, bestiis, hominibus, angelis, ceterisque creaturis a Deo factis cognoscendis studium impendit. Ut breviter dicam: quidquid unquam in notitiam hominum venire potest, confidunt se apprehendere posse. Omnibus his qui bene utitur, scalam sibi erigit, per quam ad Dei cognitionem ascendit" (S. 130); zu Rolevincks vorreformatorischem Geschichtsverständnis, so in dem von ihm verfaßten, zu Beginn des 16. Jh. in den europäischen Bibliotheken weit verbreiteten ›Fasciculus temporum‹ (eine Art Chronologie der Weltgeschichte) vgl. L. v. Ranke, Deutsche Geschichte im Zeitalter der Reformation, hrsg. v. W. Andreas, Hamburg 1957, S. 635. – Der Kölner Johann Koelhoff, der in der Einleitung seiner ›Cronica van der hilligen stat van Coellen‹ (1499) auch einige Gedanken über den Sinn der Geschichtsschreibung einfügte („bereits der wise meister Tullius" [Cicero] habe von der „historia" gesagt: „die is ein gezuige der zit, ein liecht der wairheit, ein leven der memorien of der gedechtnisse, ein meistersche des Lebens und ein verkundersche der altheit"), führte den ›Fasciculus tempororum‹ „broder Werneirs van carthuser orden zu Coellen" in die Reihe der ihm bekannten Geschichtswerke – von Caesar bis zur Gegenwart, d. h. bis 1500 – auf. (Die Chroniken der deutschen Städte vom 14. bis 16. Jahrhundert, Bd. 13: Cöln, Göttingen 1968 [Nachdruck], S. 255 u. 257.)

wesen. Vom 16. Jahrhundert an endete vor allem im Zuge des jetzt aufkommenden Konfessionalismus in Deutschland die Zeit der kosmopolitischen Universität. Konfessionelle universitäre Grenzpfähle wurden gesteckt und bestimmten fortan, 300 Jahre lang, die deutsche Hochschulgeographie.

Warum gab es im mittelalterlichen Westfalen keine Universität? Rolevinck gibt keine Erklärung, aber sie läßt sich indirekt aus dem Gesamttext gewinnen: Westfalen war damals ein Land von Flüssen, Weiden, Wäldern, fruchtbaren Anbauflächen für Getreide, doch insgesamt ein karges Land. Man konnte sich ernähren, wenn man hart arbeitete, mehr aber auch nicht. Es gab keinen Wohlstand, der es gestattet hätte, wie in Köln, eine Universität zu unterhalten.[4] „Westphalia non vinifera, sed virifera", so hatte Rolevinck den nüchternen Sachverhalt auf eine knappe poetische Formel gebracht: Westfalen bringe keinen Wein, wohl aber viele Menschen hervor. Sie wanderten aus und studierten, wie Rolevinck selbst, außerhalb der Region. Dabei blieb es noch einige Jahrhunderte lang.[5]

Ähnlich wie Rolevinck beschrieb 1512 der Rektor der Lateinschule von St. Lorenz in Nürnberg, Magister Johannes Cochläus, die westfälische Landschaft, als er für seine Schüler eine kurze geographische Beschreibung Deutschlands anfertigte. Aus der Nürnberger Perspektive sah das so aus: „Hinter Hessen liegt Westfalen, ein großes Gebiet, mit vielen Städten geschmückt, ein kaltes Land, von den Flüssen Weser und Ems ... bewässert und deshalb mehr mit Weiden fürs Vieh als mit Saatfeldern gesegnet, ohne Wein, sofern er nicht von anderswoher eingeführt wird. Das Volk ist kernig und gegen Strapazen abgehärtet; es hat Bier als Trank und Käse und Schwarzbrot als Speise, auch Fleisch vom Rind sowie vom Schwein und zwar sehr viel, meistens aber geräuchert."[6] Wie Rolevinck sah auch Coch-

[4] Zur Universität Köln, den Beziehungen von städtischer Gesellschaft und Hochschule – vom Mittelalter bis heute – vgl. A.-D. von den Brincken, Die Stadt Köln und ihre Hohen Schulen, in: Stadt und Universität im Mittelalter und in der frühen Neuzeit, Sigmaringen 1977, S. 27–52. – Zur Struktur und Soziologie der mittelalterlichen Universitäten Europas: J. Le Goff, Les intellectuels au Moyen Age, Paris 1985 ([1]1957).

[5] Einen Einblick in die spätmittelalterlichen geistlichen Mentalitäten Westfalens vermitteln die Predigten der Augustiner Hollen und Vrie aus Osnabrück, des Franziskaners Dietrich Kolde, des Soester Dominikaners Jacob Schwarten und, am sensibelsten, des Münsteraner Fraterherren Johann Veghe, der seine Predigten häufig im Frauenkloster Niesing (in der Nähe der Servatiikirche) hielt. (F. Jostes [Hrsg.], Johann Veghe. Ein deutscher Prediger des 15. Jahrhunderts, Halle a. S. 1883; F. Jostes, Zur Geschichte der ma. Predigt in Westfalen, in: Ztschr. f. vaterl. Gesch. u. Altertumskunde [WZ], Bd. 44, Münster 1886, S. 147.)

[6] Johannes Cochlaeus, Brevis Germanie descriptio (1512), hrsg., übers. u. kommentiert v. K. Langosch, Darmstadt 1976, S. 147.

läus die Christianisierung nach der Eroberung Westfalens durch Karl den Großen als das entscheidende Ereignis in der Geschichte des Landes an: „Caroli quoque Magni victoriis nobilitata, qui eam Christiana imbuit religione." – „Zu Ansehen kam es durch die Siege Karls des Großen, der es der christlichen Religion zuführte."[7] Westfalen ist somit erst durch die Christianisierung und durch die Gründung des Monasteriums – Münster – als geographischer Begriff bekannt geworden: Europa in Westfalen.

Rolevinck war keine Einzelerscheinung. Im 15. Jahrhundert entstanden die Anfänge eines geistigen Lebens in Westfalen. 1489 schrieb der damals 20jährige Erasmus von Rotterdam einem Freund: „Ich glaube, in unserer heutigen Zeit zahlreiche wirkliche Gebildete zu sehen, die an die Bildung der Antike nahe herankommen. Besonders fällt mir da der frühere Lehrer meines eigenen Lehrers Alexander Hegius, Rudolf Agricola, ein, der in allen freien Künsten (artes liberales) ausgezeichnet bewandert ist und die Rede und die Dichtung beherrschte. Er verstand das Griechische ebenso gut wie das Lateinische. Dann kommt Alexander Hegius selbst ... Er drückte sich so elegant im Stil der Alten aus, daß Du leicht im Autor fehlgreifen kannst, wenn er seinen Namen nicht über ein Gedicht setzt. Schließlich, in welches Ansehen Anton Vrye und Friedrich Mormann durch ihr Wissen Westfalen gebracht haben, läßt sich kaum genau sagen."[8] Aus dem Brief sprach jugendliche Schwärmerei. Sie war nicht unbegründet.

Alexander Hegius (um 1433–1498) – er nannte sich nach seinem Geburtsort Heek bei Ahaus – war einer der hervorragenden Vertreter der in den Niederlanden, am Niederrhein, in Westfalen und in Mitteldeutschland verbreiteten Bewegung der „devotio moderna", einer religiösen wie literarischen Erneuerungsbewegung, die Gläubigkeit durch eine an der Antike orientierten Bildung zu vertiefen und zu belegen suchte, sich gegen die Veräußerlichung und Feudalisierung des kirchlichen Lebens wandte, ohne bewußt eine Rebellion zu schüren. Man arbeitete eher im stillen und notfalls mit der spitzen Feder. Die „devotio moderna" begründete im Nordwesten Europas den christlichen Humanismus und gab wesentliche Impulse für die spätere lutherische Reformation. Hegius hatte an den Schulen von Wesel und Emmerich gelehrt und die große Schule von Deventer aufgebaut und geleitet, wo Erasmus sein Schüler wurde. Anton Vrye (gest. 1508), genannt Liber, aus Soest hatte in Italien studiert und später an verschiedenen Schulen in den Niederlanden unterrichtet. Friedrich Mormann, genannt Maurus

[7] A.a.O., S. 156f.

[8] Zitiert nach: Erasmus von Rotterdam, Briefe, hrsg. v. W. Köhler, Wiesbaden 1947, S. 9. – Im Text selbst steht der Name „Anton Gang", wohl eine Verwechslung von Anton Vrye.

(gest. 1482), hatte an der Schule der „Brüder vom gemeinsamen Leben" in Münster gelehrt.[9]

Das Münsteraner Haus des Fraterherren bestand seit 1401.[10] 1444 folgte die Gründung der Gemeinschaft der „Schwestern vom gemeinsamen Leben", die sich im Haus Niesing niederließen. Sie fertigten von den Predigten ihres geistlichen Rektors Johannes Veghe (in niederdeutscher Sprache) Niederschriften an, die heute noch erhalten sind.[11] Das Ideal der Gemeinschaften sah ein Leben in humilitas (Demut) und simplicitas (Schlichtheit) vor. Die Fraterherren waren Menschen, die von und für Bücher lebten, auch materiell, etwa durch Abschreiben von Büchern.[12] Sie fielen in der spätmittelalterlichen Stadt durch ihr stilles und zurückhaltendes Auftreten

[9] Zu den Leistungen der „Brüder vom gemeinsamen Leben" im Bildungswesen: G. R. Potters, Education in the 14th and 15th Centuries, in: The Cambridge Medieval History, vol. III, Cambridge 1936, S. 710–717. – Dort über das Wirken von Hegius als Schulleiter in Deventer: "... They took great care in the choice of teachers and particularly of headmasters. It was, for example, mainly owing to the personalities of men such as Hegius at Deventer ... that these particular schools achieved the marked success that they did. Further, they welcomed really poor boys, whom they taught in every way as well as their richer schoolfellows." – Erasmus wurde der berühmteste Schüler von Hegius. (Vgl. R. H. Bainton, Erasmus. Reformer zwischen den Fronten, Göttingen 1972, S. 19, 21, 29.)

[10] Es war von dem Domvikar Heinrich Ahaus (gest. 1439) errichtet worden. Das Statut der Gemeinschaft verlangte, daß in dem Haus – es befand sich in der Nähe des Bispinghofs – „zwei oder mehr Priester mit einigen Klerikern und einem oder mehreren Laienbrüdern wohnen, die durch irgendwelche Hindernisse nicht in einen Orden eintreten könnten oder ihrer Berufung nach das nicht vorhätten, sondern bis zu ihrem Ende in dem Hause bleiben, in Niedrigkeit, Keuschheit und anderen Tugenden lebend, Gott dienen und im gemeinsamen Leben sich gegenseitig unterstützen wollten." (Zit. bei E. Iserloh, Devotio moderna – Die ‚Brüder und Schwestern vom gemeinsamen Leben' und die Windesheimer Augustiner Kongregation, in: Monastisches Westfalen. Klöster und Stifte 800–1800, Münster 1982, S. 193.) Über die wirtschaftlichen Verhältnisse dieser Gemeinschaft und ihre Stellung innerhalb der Stadt: H. Höing, Kloster und Stadt. Vergleichende Beiträge zum Verhältnis Kirche und Stadt im Spätmittelalter, dargestellt am Beispiel der Fraterherren in Münster, Münster 1981.

[11] A. Schröer, Die Kirche in Westfalen vor der Reformation, Bd. 2, Münster 1967, S. 330 und 334.

[12] Vgl. W. Kohl, Die devotio moderna in Westfalen, in: Monastisches Westfalen, S. 203–207. – Auf S. 200f. Wiedergabe von Büchern des Fraterhauses. – Frauen waren nach dem Statut von 1431 in dem Haus und den Wohnungen der Fraterherren nicht zugelassen: „Item prohibeatur ne maalieres aliquatenus ingrediantur ad conventus vel domos fratrum nostrorum." (Wiedergabe des Statuts in: G. Rehm, Quellen zur Geschichte des Münsterschen Kolloquiums und des Schwesternhauses Engelenhuis in Groenlo, in: Westfälische Zeitschrift 131/132 [1981/82], S. 28.)

auf. Das war ungewohnt. Zum ersten Mal zog jene Spiritualität in Münster ein, die noch heute im 20. Jahrhundert, beispielsweise in der Symbiose von Warenhausgeschäftigkeit und zurückgezogenem Gebet wenige Schritte entfernt, der Stadt ihr unverwechselbares Gepräge verleiht.

Rudolf von Langen (1438–1519) wurde der eigentliche Begründer des höheren Schulwesens in Münster und Westfalen. Er stammte aus Everswinkel[13] und war nach dem Studium in Erfurt in das Domkapitel von Münster aufgenommen worden. Von einem Italienaufenthalt brachte er geistige Anregungen und eine große Zahl von Büchern mit. Sie bildeten den Grundstock des späteren Münsteraner Bibliothekswesens. Ein Teil dieser Dombibliothek fiel wenige Jahrzehnte später dem rabiaten Zugriff der Wiedertäufer zum Opfer. Langen reorganisierte die alte Domschule und gab ihr ein klassisches Curriculum mit Latein und Griechisch. Münster war um 1500 ein Zentrum des nordwestdeutschen Humanismus geworden. 1486 brachte Langen eine Sammlung lateinischer Gedichte als Buch heraus.[14] Als er 1519 im Alter von 81 Jahren starb, hatte er bereits von dem Auftreten Martin Luthers gehört. Er soll begeistert gewesen sein: Dieser junge Mann spräche aus, was er und andere schon seit langem gedacht hätten.

Einer der beliebtesten Humanisten der Stadt war der junge Konrektor der Domschule Magister Johannes Murmellius aus Roermond. Am Abend des 3. Juli 1503 saß der Dreiundzwanzigjährige mit Georg Sibutius, einem Professor der Rhetorik der Universität Köln, der sich auf der Durchreise in Münster befand, zusammen. Man trank, erregte sich und ging eine Wette ein. Murmellius versprach, er werde noch am nächsten Tag ein Gedicht über Münster in fünfzig Strophen verfassen. Am Abend des 4. Juli war die Wette eingelöst. Das Gedicht wurde ein Jahr später in Deventer unter der Überschrift ›In urbem Monasteriensem Westphaliae Metropolim‹ gedruckt. Die Ode gilt als das erste Gedicht über Münster. Diese humanistische Stadtlyrik preist die in Münster wirkenden Geistlichen, Magister und Humanisten, die sich in dem Milieu der Stadt wohl und geborgen fühlten. Einige Strophen fangen die Stimmung jener Sommertage ein[15]:

[13] Von dem alten Haus Langen ist heute nur noch wenig zu erkennen: lediglich die Spuren eines früheren Walls und Grabens. Ein akademischer Pilgergang von Münster nach Everswinkel würde etwas enttäuschend ausfallen.

[14] Zur Einordnung der Rolle Rudolf von Langens in die Bewegung der Schulreform des 15./16. Jahrhunderts in Europa vgl. R. Weiss, Learning and Education in Western Europe from 1470 to 1520, in: The New Cambrige Modern History, Bd. 1, Cambridge 1957, S. 116.

[15] Übersetzung von Hermann Brücker. Eine Beschreibung der Entstehung des Gedichts und weitere Literaturangaben finden sich in: H. Bücker, Das Lobgedicht des Johannes Murmellius auf die Stadt Münster und Ihren Gelehrtenkreis, in: West-

Zierde und strahlender Glanz westfälischen Landes
Stehst du, herrliche Stadt, im Schutze des Paulus!
Mehr als Delphi gerühmt, als Stätte der Künste
Gleichst du Athen selbst!

Fruchtbare Äcker erfreu'n dich mit reichem Getreide,
Freundlich strahlt in der milden Luft dir der Himmel,
Eicheln hast du zur Schweinemast und für die Rinder
Prächtige Weiden.

Auf deinen grünen Fluren hoppeln die Hasen,
Grimmige Keiler droh'n mit gefährlichen Waffen,
Starke Hirsche trinken am grünenden Ufer
Wasser der Quelle.

Stolze, mächtige Türme ragen zum Himmel,
Hohe, stattliche Häuser und prachtvolle Kirchen
Schmücken die Stadt, und dunkle Gewässer umspülen
Ringsum die Mauern.

Hier in den Fluten tummeln sich Scharen von Fischen,
Die sich am krummen Haken der Angel verfangen.
Mädchen mit weißen Füßen waschen am Ufer
Fleißig die Wäsche.

Fromm bekennen hier ihren Glauben an Christus
Volk und Senat und die Priester, die Venusbesieger.
Prächtige Stimmen singen zum Lobe Mariens
Herrliche Lieder.

---

fälische Zeitschrift 111 (1961), S. 53–74. Die Originalfassung der zitierten acht Strophen lautet:

Westphalae gentis decus, aura, splendor,
Civitas Paulo celebris patrono,
Notior Delphis, variis Athenas
Artibus aepuat!
Haec agro gaudet Cereris ferace
Gaudet et caelo bene temperato,
Nec sui glandes, nec amoena desunt
Pascua bobus.
Errat herboso lepus hic in arvo,
Dentibus saevi minitantur apri,
Cervus et vivax bibit in virenti
Margine fontis.
Emient turres nimium levatae,
Sunt domus altae, speciosa lucent
Templa; et obscurae decorata cingunt
Moenia fossae.

Kerzen brennen zur Ehre des himmlischen Königs.
Echter Weihrauch duftet auf den Altären,
Würdige Priester, die fromm und makellos leben,
Feiern die Messe.

In gepflegter Sprache verkündet die Predigt
Gottes Wort; dann strömen Knaben und Mädchen,
Mütter und Greisinnen mit durchfurchten Gesichtern
Hin zu den Kirchen.

Von den gelehrten Kanonikern, Fraterherren und Magistern der Stadt wird Rudolf von Langen mit mehreren Strophen geehrt. Er war die hervorragendste Persönlichkeit im geistigen Leben der Stadt:

Unter den ruhmreichen Männern ist Rudolf von Langen
Weitaus der erste; an Frömmigkeit, Rede und Dichtkunst
ein überragender Geist! Am hellsten von allen
Leuchtet sein Name.

Schreibt er nun Verse aus besonderem Anlaß,
Oder preist er in frommen Liedern die Magier,

Hic frequens dulci spaciatur amne
Piscis et curvo retinetur hamo;
Stant aquas circum niveo puellae
Cure lavantes.
Hic colunt Christum pietate mira
Plebs, patres, victor Veneris sacerdos
Et pii blandis Mariae canuntur
Vocibus hymni.
Caereis ardent superis dicatae
Et bonos arae redolent odores
Resque divinae peraguntur omnes
Corpore casto.
Cum Dei verbum bene culta lingua
Seminat, multi pueri, puellae
Confluunt; matres et anus plicatis
Frontibus adstant.

Den Hinweis auf Murmellius verdanke ich Heinrich Petzmeyer. – Zu dem seit dem Mittelalter beliebten Topos der Stadt als „Objekt der Literatur“ vgl. O. Borst, Babel oder Jerusalem? Prolegomena zu einer Geistesgeschichte der Stadt, in: Ders., Babel oder Jerusalem? Sechs Kapitel Stadtgeschichte. Im Auftrag der Arbeitsgemeinschaft Die alte Stadt zum sechzigsten Geburtstag des Autors hrsg. von H. Böhme, E. Jäckel und R. Jooß, Stuttgart 1984, S. 60ff.: „Um 1500 herum scheinen die Gestalt, der Raum, die innere Ordnung der deutschen Stadt eine rundum lobenswerte Sache, nicht nur in sichtbarem, in optischem Sinn. Auch gerade der Ordnungsfaktor ‚Stadt‘ bewährt sich immer wieder aufs neue“ (S. 63).

Oder singt er zur Harfe von Siegen und großen
    Edelen Taten.

Er ist der einzige Schutzherr aller Gelehrten,
Wahrlich, er gleicht dem Apollo; fragt man um Rat ihn,
gibt er auch in den schwierigsten Fragen des Lebens
    Klare Entscheidungen!

Es gelingt Murmellius, jeweils etwas von der Individualität der Persönlichkeit einzufangen, die er beschreibt. So bemerkt er über den Kanoniker am Stift St. Mauritz Bernhard Tegeder (1483–1526):

Gern ergeht sich Tegeder draußen vorm Stadttor
In den Gärten und in den erfrischenden Wäldern,
Geht gemächlich des Weges und horcht dabei auf die
    Stimmen der Schwäne.

Betont freundlich, aber auch etwas ironisch fallen die beiden Strophen über den Fraterherren und Prediger Johannes Veghe (ca. 1435–1504) aus, der später als der Vertreter der Mystik in Westfalen bezeichnet wurde:

Doch nicht weniger schätzen wir unseren Veghe:
Unter glückverheißenden Sternen geboren
Hebt ihn empor der Ruf seines heiligen Wandels
    Zu den Gestirnen!

Wieviele Bücher von hochgebildeten Männern
Haben mit geistvollen Lehren sein Wissen bereichert!
Früh am Morgen, bereits vor dem Aufgang der Sonne
    Liest er die Bibel.

Über den Rektor des Paulinums, den Leiter seiner eigenen Schule, Timann Kemmener aus Werne, mit dem sich Murmellius wenige Jahre später derart überwarf, daß er die Schule verlassen mußte, dichtete er:

Weit und breit im Land ist bekannt, wie er alle
Gleich behandelt, man rühmt sein Können und Wissen,
Freundlich leuchtet sein Auge. Vorbildlich ist
    Sein geistliches Leben.

Die Faszination, die Bücher auf diese Humanisten ausübten und die im 20. Jahrhundert nicht mehr für jeden nachvollziehbar ist, schlug sich in den Zeilen über den Kanoniker im Stift St. Martini Heinrich Morlage nieder:

Seine größte Freude ist's Bücher zu sammeln,
Niemand hat eine so erlesene reiche
Bibliothek gelehrter Werke, die jeder
    Staunend betrachtet.[16]

[16] H. Bücker, Das Lobgedicht des Johannes Murmellius auf die Stadt Münster und ihren Gelehrtenkreis, S. 63–67.

Münster ist eine der wenigen deutschen Städte, vermutlich die einzige, von der eine authentische Beschreibung innerstädtischer Lebensverhältnisse, des Stadtbilds, der Architektur, der kommunalen Einrichtungen, der Kirchen und Klöster, der jahreszeitlichen Feiern wie Neujahr, Karneval, Send, der sozialen Schichtung und besonders des Bildungswesens aus der Mitte des 16. Jahrhunderts erhalten ist. Der Autor ist Hermann Kerssenbrock, der 25 Jahre lang von 1550 bis 1575 die Münsteraner Domschule, das Paulinum, leitete. Er hatte in seiner Jugend die Täuferzeit von 1534/35 miterlebt und dabei Erfahrungen gesammelt, die sich ihm derart eingeprägt hatten, daß er später 1568 die umfangreiche Geschichte der Täufer niederschrieb,[17] deren Drucklegung jedoch am Widerstand des Rats der Stadt Münster scheiterte – als Buch erschien das Manuskript erst 1771 in deutscher Übersetzung.

In einem ausführlichen Vorspann beschreibt die Täufergeschichte die historische Soziologie der Stadt Münster.[18] Es ist ein insgesamt recht freund-

[17] A Hermanni Kerssenbroch, Anabaptistici furoris Monasterium inclitam Westphaliae metropolim evertentis historica narratio, hrsg. v. H. Detmer, 2 Bde., Münster 1899/1900. – Die bisher dritte deutsche Übertragung erschien 1929 bei Aschendorff, Münster. – Kerssenbrock wurde 1519 in Barntrup bei Lemgo geboren, er besuchte die Schule in Paderborn, seit 1533 die Domschule in Münster. Hier wurde der 14jährige Augenzeuge der Anfänge der Täuferbewegung. Im Februar 1534, als sich die Vorherrschaft der Täufer abzeichnete, flüchtete Kerssenbrock mit der Familie seines Hauswirts nach Herford. Seit 1538 studierte er in Köln und erwarb dort 1540 das Baccalaureat. Damals verfaßte er seine erste, kurze Darstellung der Täuferunruhen: als Gedicht in lateinischen Hexametern. 1546 unterrichtete Kerssenbrock an dem ein Jahr zuvor gegründeten Gymnasium in Düsseldorf. In dieser Zeit immer reger werdender schulischer Aktivitäten (Neugründungen und Reformen) war die Karriere eines Gymnasiallehrers mit häufigem Ortswechsel verbunden: 1548 findet sich Kerssenbrock an dem Gymnasium in Hamm, von 1550 bis 1575 in Münster. Er verließ Münster 1574 wegen einer Pestepidemie. Er war verheiratet und hatte damals fünf Söhne. Seine Frau, Elisabeth Jüdefeld, kam aus einer Familie des Münsteraner Patriziats. 1578/79 lehrte er in Paderborn, anschließend drei Jahre in Werl und von 1582 bis 1585 leitete er das gemischt-konfessionelle Gymnasium in Osnabrück. Hier starb er am 5. Juli 1585.

[18] Vgl. W. Ribhegge, Politik, Religion und Gesellschaft im 16. Jahrhundert (Auszug: Münster), vervielfältigtes Vorlesungsmanuskript WS 1982/83 – Kerssenbrocks Beschreibung war gleichsam als Gegenbild zu dem späteren Treiben der Täufer gedacht. Kerssenbrock war engagierter Pädagoge. Münster diente ihm als historisches Exempel, wie Carthago und Troja in der Antike: „So hat Carthago, die herrliche Stadt in Afrika, durch Hochmut, Ehrgeiz und Eifersucht sich selbst den Untergang zuwege gebracht. So sind die Einwohner von Sodom und Gomorrha, da sie durch Üppigkeit und Wollust sich den Haß Gottes zugezogen hatten, durch Pech und Schwefel aufgerieben worden. So haben Troja, Babylon, Ninive und andere Städte dieser Art durch ihre Laster sich selbst ins Verderben gestürzt“ (Kerssenbrock, 1929, S. 10).

liches Bild: „Münster liegt ... fast mitten in dem alten Sachsen, das jetzt Westfalen heißt, zwischen dem Rhein und der Weser, nicht weit von der Ems, in einer flachen, sehr fruchtbaren und angenehmen Gegend, und wird daher mit Recht für die Hauptstadt von ganz Westfalen gehalten. Vor der Stadt findet man sehr anmutige Gärten, in denen sich die Bewohner bei einem Glas Wein oder Bier allen Gram und alle Sorgen zu verscheuchen pflegen."[19] In jenen Gärten vor den Stadtmauern wachse „eine große Zahl an Küchenkräutern, weiße und gelbe Rüben und dergleichen, daß, wenn die vielen Schweine nicht einen großen Teil davon verzehrten, man glauben sollte, die Einwohner ernährten sich davon ganz allein".[20] „Betrete man die Stadt durch eines ihrer zehn Tore, die nach den Heiligen der jeweiligen Kirche benannt seien, so gehe man nicht gerade durch die Stadt, sondern durch viele Krümmungen, wie dies auch mit gutem Grund angelegt sei, um nämlich den Feinden die Eroberung der Stadt umso beschwerlicher zu machen."[21] Die ungewöhnlich detaillierte Beschreibung der städtischen Befestigungsanlagen[22] war für den Rat der Stadt der Anlaß, den in Köln geplanten Druck des Buches zu unterbinden und gegen den Verfasser jahrelang zu prozessieren. Kerssenbrock beschreibt sämtliche Kirchen und Stadtviertel, angefangen von dem Dom, dem Domplatz mit den Häusern der adeligen Domherren, ferner das adelige Frauenkloster von Überwasser, die verschiedenen Ordensniederlassungen, die Kirchspiele vom Lamberti, Ludgeri,

[19] Kerssenbrock, 1929, S. 15. – Im Original: „Sunt et extra urbem horti amoenissimi variis herbarum fructicumque generibus consiti, in quibus cives urbem egressi sese ablectant et bono vino cervisiaque omnem animi molestiam et maerorem saepe abluunt" (Kerssenbrock, 1899, S. 14).

[20] Kerssenbrock, 1929, S. 16f.

[21] Kerssenbrock, 1929, S. 20.

[22] Beispiel: „Die Stadt wird von zwei, ziemlich breiten und tiefen Gräben vollständig umgeben, davon ist nicht nur der eine, der an das freie Feld und einige Gärten stößt, sondern auch der andere, der diesseits des Walls gezogen ist, mit Dämmen, Verteidigungsplätzen, Zufluchtsstätten und Schwalbenlöchern (vorgelagerte Blockhäuser mit Schießscharten) so ausgestattet, daß kein Feind, wenn er auch noch so viel Gewalt anwende, über sie hinwegkomme. Mitten zwischen diesen Gräben liegt ein breiter, hoher und steiler Wall, der den zweiten, inneren Graben ununterbrochen umgibt, dessen Höhe mit eichenen, spitzen Schanzkörben gekrönt ist, unten aber, nicht weit von dem Wasser, von einer dichtgeflochtenen, undurchdringlichen und undurchsichtigen Dornenhecke künstlich umgeben ist. Diese beiden Verschanzungen werden den Feind, wenn er auch schon über den Graben gekommen ist, leicht aufhalten, die Höhe zu erreichen. Dieser Wall ist auch mit verschiedenen inneren Behältern, verborgenen Gängen und Minen ausgestattet, von denen aus man den Feind von allen Seiten mit Geschütz und Wurfgeschossen erreichen kann. Aber es ist besser dies mit Stillschweigen zu übergehen, als öffentlich bekannt zu machen" (Kerssenbrock, 1929, S. 26f.)

Martini, Servatii und die außerhalb der Stadt gelegene Kirche St. Mauritz, an der eine Zeitlang Bernhard Rothmann gepredigt und Scharen von Frauen und Männern, die aus der Stadt nach Mauritz kamen fasziniert hatte.[23]

Ebenso freundlich klingt die Beschreibung der Innenstadt, deren hygienische Verhältnisse gelobt werden: „Wie groß ... die Reinlichkeit der Gassen und Privathäuser der Stadt ist, brauche ich nicht weiter zu erwähnen, da Münster sowohl hierin wie auch an anderen Schmuckstücken alle übrigen (Städte) übertrifft. Alle Gebäude stehen dicht nebeneinander und sind in einer solchen geraden Linie gebaut, daß keins vor dem anderen hervorragt." Begeistert äußert sich Kerssenbrock über den Prinzipalmarkt. „Die Häuser, die die Lage um den Markt herum und fast den halben Domplatz einnehmen, zeichnen die Stadt besonders aus. Sie sind mit Bögen errichtet, die in gleichen Abständen voneinander auf Säulen ruhen. Unter ihnen kann man jederzeit wie auf einer öffentlichen Straße gehen. Die Bewohner dieser Häuser mit den Bögen sind meist Kaufleute, deren Frauen und Töchter der gemeine (einfache) Mann ‚Bogen-Frauen' und ‚-Jungfern' nennt: dadurch sollen ihre Vorzüge an Schönheit und guten Sitten ausgedrückt werden." Für die Reinlichkeit und Anmut der Stadt sorge auch die Aa, die mitten durch die Stadt fließt: „Alpha fluvius diversis fontium scatebris auctus ab austro per cancellos munitissimos moenia ingreditur ac per decliviorem urbis partem fluens ripas suas nunc pascuis, nunc pomariis, nunc aedeficiis utrinque exornatas frequenti attritu radit."[24]

[23] Ausführlich beschreibt Kerssenbrock das Schohaus (Schauhaus) am Fischmarkt, die Versammlungsstätte der Bürgerschaft, die gegenüber dem Rat als das demokratische Organ der Stadt wirkte: „Auf der anderen Seite des Lamberti-Kirchhofs zum Westen hin liegt der Korn- und zum Norden der Fischmarkt. Dort liegt auch das öffentliche Haus der gesamten Bürgerschaft, wo gelegentlich alle Bürger, manchmal nur die Vorsteher der Bürgerschaft mit den Viertelsherren, je nachdem, wenn es die Bedeutung der Gegenstände erfordert, zusammenkommen, um sich über das allgemeine Beste zu beratschlagen. Hier werden die Meinungen des Volkes gleichsam mit hänfenen Stricken so fest zusammengeheftet, daß der Magistrat nicht imstande ist, sie zu trennen." Kerssenbrock ist das Schauhaus verhaßt: „Diese Satansschule ist fast allezeit dem Magistrat zur Last gewesen, indem sie fast zu allen bürgerlichen Unruhen Gelegenheit gegeben hat. Sie hat zuerst verschiedene Neuerungen in der Religion eingeführt, und zuletzt das wiedertäuferische Ungeheuer zur Welt gebracht, und zum Verderben aller Rechtschaffenen aufgezogen" (Kerssenbrock, 1929, S. 66f.)

[24] Kerssenbrock, 1929, S. 81: „Der Fluß der Aa, der durch verschiedene Quellen gespeist wird, fällt durch starke Schleusen in die Stadt ein und da, wo diese am niedrigsten ist, zieren seine beiden Ufer bald Wiesen, bald Baumgärten, bald schöne Gebäude in großer Zahl." Die Aa treibt sowohl die Wassermühlen der Georgskommende wie des Herrn von Wyck an. Mitten in der Stadt teilt sie sich in zwei Arme,

Das achte Kapitel des Buches, überschrieben ›Divisio incolarum urbis‹, ›Die Gliederung der Einwohnerschaft‹, führt in die eigenartige Soziologie Münsters ein, die aus dem Mittelalter überkommen war. Die Einwohnerschaft wird in zwei Gruppen eingeteilt: „Die gesamte Stadt umfaßt zwei Gruppen von Menschen: die eine besteht aus Mönchen und Geistlichen, die andere aus den weltlichen Bewohnern oder den Laien." Bei den Klerikern wird zwischen dem höheren Klerus, den 40 Kanonikern des Domkapitels, und dem niederen Klerus unterschieden. Spöttelnd wird zum Lebensstil der adeligen Kleriker angemerkt: „Diejenigen Glieder des Kapitels aber, die kein geistliches Amt haben, widmen, so wie es unter dem Adel üblich ist, ihre ganze Zeit der Jagd, dem Vogelfang und anderen Vergnügungen. Sie führen ein fröhliches und prächtiges Leben. Sie erscheinen niemals öffentlich, ohne von einem Schwarm von Bediensteten umgeben zu sein. In ihrem Gang, in ihrer Rede und in ihrem ganzen Betragen zeigen sie etwas Großes und Ehrwürdiges. – Zu den Waffen sind sie jederzeit, wenn es das Wohl des Staates erfordert, bereit. Haben sie einen etwas weiten Weg zu tun, so bedienen sie sich ihrer Kutschen und Pferde. Bei dem Gottesdienst tragen sie sehr dünne, leinene, in viele Falten gelegte lange Röcke. Ihre Kleider sind teils von feiner Wolle, teils aus Seide gewebt und gehen beinahe bis an die Füße. An dem Hals tragen sie doppelte goldene Ketten, und an den Fingern mit Edelsteinen besetzte Ringe, in denen die Wappen ihrer Ahnen graviert sind. Die jüngeren Domherren tragen weiße Kragen, die so kraus wie Gartenlattich sind. Wenn sie ausgehen, bedecken sie meistens ihr Haupt mit seidenen Baretten, wodurch sie sich von den Nicht-Adeligen unterscheiden. Die alten tragen statt der Schuhe Pantoffeln aus Tuch und bedienen sich überhaupt alles dessen, was zu einem weichlichen Leben erforderlich ist."[25] Kerssenbrock war Humanist und gehörte einer neuen sozialen Schicht von Lehrern und Intellektuellen an, die bürgerlich und leistungsbewußt dachte. Geistlich-adeliger Müßiggang zählte unter Humanisten wenig.

Kerssenbrock beobachtet, wie sich zwischen Klerus und Laien gleichsam ein neuer sozialer Stand geschoben hat: der der Lehrerschaft. Er mißt die-

die später wieder zusammenkommen und dadurch eine Art Insel bilden, „die aber durch Brücken mit dem festen Land" verbunden ist. „Über diesem Fluß sind, damit die Reinlichkeit der Stadt umso größer sei, auf öffentliche Kosten hin und wieder heimliche Gemächer (Toiletten) gebaut. Kurz, der Fluß führt allen Unrat der Stadt, der von beiden Seiten in ihn hineinfällt." Unrat, der sich in den Gassen ansammle, werde auf öffentlichen Karren weggebracht, um die Äcker damit zu düngen. Die Fischrechte in der Aa stünden zur Zeit der Domdechanten und dem Propst von St. Mauritz zu.

[25] Kerssenbrock, 1929, S. 87.

ser Gruppe ein soziales Eigengewicht bei. „Zwischen dieser Gruppe der Geistlichen und zwischen der Gruppe der Laien sollte man die Lehrer an den öffentlichen Schulen einordnen", die „die Jugend in heilsamen Lehren unterweisen" („scholarum publicarum magistros juventutem salutaribus praeceptis erudientes").[26] Sie, die Lehrer, seien wichtig. Denn wer sonst kümmere sich um den Nachwuchs sowohl der Geistlichkeit wie der Laien? So komme ihnen in der sozialen Rangstellung der zweite Platz nach dem Klerus zu. Wie aber würden sie behandelt? Schlechter als ein Stallknecht, ein Pferdehändler, ein Jäger, ein Vogelsteller, ein unnützer Schwarm von Marketenderinnen, ein Hundejunge, eine Dirne, die sich billig anbiete. Kerssenbrocks Klagen sind typisch. Tatsächlich wurden Lehrer an öffentlichen Schulen, bedingt durch die große Bildungsreform des 16. Jahrhunderts, immer mehr gebraucht; ihr soziales Ansehen, besonders ihre Bezahlung, aber lag im argen.[27]

Münster selbst, so wird berichtet, habe drei öffentliche Schulen: die von Ludgeri, die von Martini und die Paulinische. In den beiden ersteren werde das lateinische Elementarwissen vermittelt, in der dritten, dem Paulinum, die nach ihrem Alter und der Zahl ihrer Schüler die vornehmste und berühmteste sei, würde Latein, Griechisch und Hebräisch unterrichtet. Zur rhetorischen Ausbildung zähle die Verteidigung von Thesen und öffentliche Disputationen. Kerssenbrock drängt darauf, daß über das formale Wissen und Können hinaus auch die Sicherheit des Umgangs mit dem Gelernten und die Fähigkeit der Anwendung geübt werden müsse. Für Schüler aus ärmeren Verhältnissen gab es ein Stipendium, das von den Domherren aufgebracht wird. Die Domschule hob sich im 16. Jh. von den übrigen Lateinschulen der Stadt und Westfalens ab, ohne allerdings den Rang einer Universität zu erreichen.

[26] Kerssenbrock, 1899, S. 102.

[27] Für die Bildungsreform des 15./16. Jahrhunderts, die ganz Europa erfaßte – in England wären ohne sie die Werke Shakespeares und in Frankreich die Rabelais' und Montaignes undenkbar –, ist der Lebensweg des Westfalen Johannes Rivius exemplarisch. Rivius (geb. 1. 8. 1500 in Attendorn, gest. 1. 1. 1553 in Meißen) hatte die Schule des Attendorner Ortsgeistlichen Tilmann Mülle besucht, der mit der Münsteraner Schulreform Rudolf von Langens zusammenarbeitete. Trotz schwacher Gesundheit studierte Rivius bereits mit 16 Jahren an der Universität Köln. Später übernahm der lutherische Humanist Schulstellen in Sachsen (Zwickau, Marienburg, Schneeberg, Freiberg) und die Schulaufsicht über die neuen sächsischen Fürstenschulen (Gymnasien). Rivius verfaßte zahlreiche literaturwissenschaftliche, pädagogische und theologische Lehrbücher, darunter textkritische Arbeiten zu Terenz, Cicero und Sallust. Weit verbreitet war sein Handbuch: De iis disciplinis, quae de sermone agunt, ut sunt Grammatica, Dialectia Rhetorica libri XVIII, Leipzig 1539, in dem er die Verwendung der deutschen Muttersprache im Unterricht anregte (vgl. G. Müller, Johannes Rivius, ADB 28 [1889], S. 709–713).

Leider, so klagt Kerssenbrock, gebe es neben diesen drei „gymnasia publica", den öffentlichen Schulen, noch weitere Winkelschulen, deren Lehrer „privatim privata docentes", d.h. privat ihre eigenen Schüler unterrichteten. Kerssenbrock hält überhaupt nichts von diesen privaten Schulen: „Wie träge die Gemüter junger Leute werden, wenn man sie zwingt, eine solche Winkelschule zu besuchen, ist nicht zu beschreiben. Die meisten Jungen haben auch einen Widerwillen gegen dergleichen Schulen, gleich wie gegen ein Gefängnis, und lernen lieber an einem Ort, wo sie viele Mitschüler haben und wo man sich gegenseitig anregt und in der Leistung miteinander konkurriert." – Vermutlich vermittelten diese privaten Schulen elementares Wissen für den praktischen Gebrauch, also nicht den humanistischen Bildungskanon. Sie mißfallen Kerssenbrock auch deswegen, weil sie den gymnasia publica die Schüler wegziehen, damit zugleich das Einkommen der Lehrer an den öffentlichen Schulen schmälern, das von der Schülerzahl abhängt. Deswegen fordert er von dem städtischen Magistrat, diese Privatschulen abzuschaffen. Auch seine eigene Schule, das Paulinum, werde ausschließlich aus Mitteln des Domkapitels unterhalten, während der Magistrat, so heißt es bissig, statt der Besoldung der Schule nur seine Autorität zur Verfügung stelle („... et senatus auctoritas loco stipendii corroborat").

Am 7. September 1551 hatte Kerssenbrock in seiner höheren Schule, dem Paulinum, eine „ratio studiorum",[28] eine Curriculumreform eingeführt. In diesem Schulplan waren die Unterrichtsstunden über den ganzen Tag verteilt: von 6–8 Uhr vormittags, von 12–2 Uhr mittags und von 4–5 Uhr nachmittags. Auch an Sonn- und Feiertagen wurde unterrichtet. An diesen Tagen fand eine religiöse Unterweisung statt. Die Schüler der oberen Klassen lasen das Markus-Evangelium auf Griechisch, die Schüler der unteren Klassen die Epistel und das Evangelium des Tages auf Latein. Am Sonntagnachmittag wurden der Mittelstufe der Psalter und der Unterstufe die vier Kardinaltugenden erklärt. Dazu wurde aus den Sentenzen Petrarcas vorgetragen. Alltag und Sonntag waren arg verschult.

Die Pädagogen des Paulinum spürten, daß ein Ausgleich nötig sei. So kam man auf die Idee, die Schüler dreimal im Jahr „in das Feld zu führen, allerdings unbewaffnet". Dabei gingen die Schüler in einer bestimmten Rangordnung, die ihrem schulischen Leistungsstand entsprach, aus der Stadt heraus und ließen sich dort im Grünen in eigens am Tag zuvor errichteten Hütten zu Tisch nieder. „Sie schmausen so unmäßig, daß man sie für unvernünftig halten sollte und sind so ausgelassen, daß sie von ihren Lehrern an diesem Tag kaum in Zaum gehalten werden können." Schließlich kehre der Zug, mit Zweigen in den Händen, in die Stadt zurück, am Kreuz-

[28] Der Text findet sich in der Ausgabe der lateinischen Fassung der ›Historica narratio‹ von Detmer (1899), S. 32–39.

gang des Doms gehe man auseinander. Als weitere Veranstaltung diente das jährliche Examen. Die Schüler wurden öffentlich examiniert, wohl in der Absicht, die Öffentlichkeit über den Leistungsstand an der Domschule auf dem laufenden zu halten. Das dritte Schülerfest wurde am Nikolaustag im Dezember begangen. Man wählte einen der Schüler zum „Bischof". Er wurde von der Schülerschaft und der Einwohnerschaft feierlich am Domplatz empfangen. Das Ganze endete auch diesmal wieder mit dem notorischen „Schmausen". Kerssenbrock sucht nach einer pädagogischen Begründung: „Die Vergnügungen der Jugend", betont er, „haben anfangs keine andere Absicht gehabt, als daß die jungen Leute sich von ihrem übermäßigen Studieren erholen sollten. Dieser Zweck wurde erreicht. Denn sie wurden dadurch gleichsam neu geboren und in den Stand gesetzt, den Wissenschaften umso eifriger nachzugehen." Doch klagend fügt er hinzu, daß sich die Schülerfeste inzwischen weit von dem ursprünglichen Zweck entfernt und sich die Vergnügungen verselbständigt hätten. Kerssenbrock mochte das Ausgefallene in dieser Stadt – übrigens auch deren burleske Karnevalsbräuche – überhaupt nicht.

Wer die Schüler der hohen Schule Münster im 16. Jahrhundert wegen der Trockenheit ihrer Curricula und der Monotonie des Lebensstils bedauert, darf nicht vergessen, wie es kulturell ringsum im Lande aussah. Münster hatte damals eine Einwohnerzahl von höchstens 10000 bis 11000. Soest und Dortmund kamen in Westfalen auf ähnliche Größen. Die Zahlen aller anderen Orte lagen darunter. 90% der Bevölkerung lebte auf dem Land. Dort war von Bildung nur wenig zu spüren. Das Leben in Westfalen war rauh und häufig roh.[29] Die Westfalen waren andernorts für ihre „Derbheit" bekannt. Urbane Umgangsformen kannte man nicht. Bildung war hier tatsächlich „eruditio", Bearbeitung des Rohzustands.[30] Das größte Übel aber sahen

[29] Vgl. H. Rothert, Westfälische Geschichte, Bd. 1, Gütersloh 1981 (Nachdruck), S. 485.

[30] Rolevinck beschreibt anschaulich in seiner Westfalengeschichte die Erfahrungen eines westfälischen Bauernsohnes, der in die Dienste eines größeren städtischen Haushalts getreten war: „So gerät der Bursche in das Haus eines wohlhabenden Mannes. Er verspricht, treu und gewissenschaft zu arbeiten und versucht, alles zu tun, was man ihm aufträgt. Er läuft hin und her, ist aber mehr willig als brauchbar, ist so gefällig, wie er lang ist, und stellt sich so dumm an, daß er nicht einmal Wasser holen kann. Für alle Dinge, die ihm neu sind, hat er wunderliche, plattdeutsche Namen. Eine Silberschale nennt er ein eisernes ‚Kümpken'. Zinnerne Kannen, Trinkbecher, Löffel, Humpen und ähnliche Dinge, meint er, seien aus Stahl. Bunte, weiße und sonstige Pelze hält er für Katzenfelle. Sieht er ein Wandgemälde, das einen Löwen darstellt, ruft er verwundert aus: ‚Was für einen langen Schwanz hat doch dieser Hund.' Soll er für den Herrn dies oder jenes tun, was er nicht kennt, so stellt er sich so drollig-täppisch an, daß die ganze Gesellschaft in schallendes Gelächter ausbricht.

Lehrer wie Geistliche in dem geradezu fließenden Übergang vom Glauben zum Aberglauben auf dem Lande. Rolevinck, der sich gut auskannte, hatte bereits im 15. Jahrhundert energisch den Aberglauben bekämpft und in seiner Schrift ›De regimine rusticorum‹[31] einige anschauliche Beispiele festgehalten. So warnte er, kirchlich-liturgische Zeichen als Zaubermittel anzuwenden. Er nannte ein Beispiel: „So kam einmal bei Bauern folgendes vor: Als sie merkten, daß ihnen die Milch durch Zauberei weggenommen wurde, legten sie an bestimmten Stellen Teile von Kräutern aus oder versuchten auf andere Weise, die gefürchtete Wirkung zu verhindern, indem sie selbst unbekannte Worte oder Verfluchungen aussprachen. – Aber das eine ist so abergläubisch wie das andere."[32] Abergläubisch verhielten sich auch diejenigen, so Rolevinck, die von der Begegnung mit Hasen oder Katzen oder aus dem Vogelflug Zeichen erwarteten.[33]

Er erwähnte den Aberglauben, „der in den Köpfen von törichten und widerspenstigen Frauen" herrsche: „Sie wehren sich gegen Arbeiten oder enthalten sich der Speisen, ganz gegen die Gepflogenheit des christlichen Volkes. An Donnerstagen wollen sie nach der Vesper nicht mehr spinnen, weil da der Erlöser sein Leiden und seinen Kreuzweg begann. Am Ostertag wollen sie kein Fleisch essen, als ob sie damit Gott einen Gefallen erweisen könnten; denn da ist ja der Fleischgenuß allen wieder erlaubt. Dann wieder weigern sie sich, an bestimmten Tagen, die keine Festtage sind, körperliche Arbeiten zu verrichten. Lauter ungereimtes, absonderliches Zeug.[34] Rauhe

Soll er gewürzten Wein einschenken, stutzt er und meint, es sei Sand in den richtigen Wein gekommen. Er holt ein Stück Leinen und will den Wein damit sieben. Sagt man ihm, er möge die gedrechselten Manuale holen, kommt er mit einem dicken Brett heran, das man zum Kohlschneiden gebraucht. Wenn sein Herr eine Schere wünscht, um sich den Bart zu stutzen, geht der Junge zum Stall und holt eine Roßschere. Einen sehr einfältigen Tropf, den ich kenne, schalt man einmal, er habe sein schmutziges Fell nicht gewaschen; da lief der arme Taps schleunigst zum Brunnen und schleppte Wasser heran!" (W. Rolevinck, De laude antiquae Saxoniae, hrsg. v. H. Brücker, S. 165f.)

[31] Rolevinck, De regimine rusticorum, dt.: W. Rolevinck, Die seelsorgerische Führung der Bauern. Bauernspiegel, übers. u. komment. E. Holzapfel, Freiburg 1959, S. 74: „Wenn nämlich durch die Bezeichnung des Kreuzes oder durch das Beten des Vaterunser oder mit einer anderen heiligen Handlung, wie sie in der Kirche üblich sind, sofort alle Übel notwendigerweise abgewehrt würden, dann würden Glaube und Hoffnung weitgehend überflüssig."

[32] A.a.O., S. 76.

[33] A.a.O.; als Generalregel empfahl Rolevinck: „Bei all diesen unheilvollen Einbildungen halte man sich an den gesunden Menschenverstand. Man beherzige die Lehre des katholischen Glaubens, daß diese Dinge in Wahrheit keine Wirkung haben, sondern den Wahnvorstellungen unglücklicher Menschen entstammen."

[34] A.a.O., S. 77.

Sitten, Unbildung, Aberglaube, aber auch die Abgelegenheit der westfälischen Region, die ja nicht an den großen Strömen und europäischen Verkehrswegen lag, und die Kargheit der allgemeinen Lebensbedingungen, die sich in den Städten allerdings allmählich zu bessern begannen, waren äußere Bedingungen, die Bildung nicht erleichterten. Erst aus diesem Vergleich erhält die Domschule ihre geschichtliche Bedeutung als Vorläufer der späteren Universität Westfalens.

Die Täuferbewegung in Münster von 1534/1535, die in ganz Europa aufmerksam beobachtet wurde, hatte, wie immer man sie beurteilen mag, dem Bildungsfortschritt geschadet, und nicht nur durch die entschiedene Kunst- und Bildungsfeindlichkeit der Anhänger des Neuen Jerusalem in Münster. Allerdings hatten die Täufer auch eigene Volksschulen – für Jungen wie für Mädchen – eingerichtet, in denen in deutscher, genauer niederdeutscher Sprache Lesen und Schreiben gelehrt und Psalmen auswendig gelernt wurden.[35] Schwerer wog noch die Rückwirkung nach außen. Die Münsteraner Erfahrungen von 1534/35 verstärkten in den humanistischen Kreisen die häufig anzutreffende Abneigung gegen die „plebs", die einfache Bevölkerung der Schuhmacher, Bäcker, Schmiede und Schneider, und dementsprechend die Bereitschaft, die fürstliche Herrschaft moralisch, publizistisch und pädagogisch zu stützen. Dies läßt sich an den Briefen verfolgen, die Freunde an den inzwischen sechzigjährigen Erasmus nach Freiburg schrieben, darunter Briefe vom Hof des die Wiedertäufer belagernden Bischofs Franz von Waldeck in Dülmen.

Bernhard Rothmann (um 1497–1535 [?]), der geistige Führer der Wiedertäufer, hatte in seiner Jugend die Domschule in Münster und die Schule der „Brüder vom gemeinsamen Leben" in Deventer besucht, sich aber nicht

[35] Der Augenzeuge Gresbeck berichtet: „Sie hebben ock vief ofte sees scholen up geschlagen in der stat. Dair lereden die kinder und die jungen und medekens. Dieselve moisten leren die duitsche salmen, schriven und lesen. Al dat gene, dat sie lerden, datselve was al von der dope und na irer weise. So wolden sie die junge kinder so leren in der junckhiet, und solden so mit der dope up wassen." Die Kinder wurden wöchentlich paarweise aus den Schulen in den Dom zur Predigt geführt: „So plagen die kinder uth allen scholen alle wecken in den doem tho gain, bei paren, die straet entlanges. So plagen sie den kindern in dem doem tho predeken und wolden sie in der tiet an fueren." – Gresbeck berichtet von Bücherverbrennungen: „Und hebben ferner gebieden laten in der predicate; al die giene, die boke of brieve hedden in oer huis, dieselven solden sie brengen up den doemhof. So hebben ein deil Lude ir boke und brieve gebracht, und alle die boke uth den kercken und uth den kloesters. So hebben sie deselve bocke und breve up den doemhof in vief ofte sees hoepe gelacht und hebben sie gebrant ... Ein deil lude hebben ihr brief beholden und ihre boecke." (C. A. Cornelius [Hrsg.], Berichte der Augenzeugen über das Münsterische Wiedertäuferreich, Münster 1853 [Neudruck 1965], S. 47.)

den Kreisen der Humanisten angeschlossen, wohl auch aus wirtschaftlichen Gründen. Er war der Sohn eines Schmieds aus Stadtlohn und verfügte nach seiner Schulzeit am Paulinum, die durch eine Stelle als Chorknabe in St. Mauritz getragen worden war, nicht über Mittel zu einem weiteren Studium an einer der Universitäten. So trat er eine Stelle als „magister ludi“, als Lehrer, in Warendorf an.[36] Aber er war kein fügsamer Pädagoge und empfand bewußter als andere die sozialen Unterschiede seiner Umwelt. Er sympathisierte mit den Handwerkern, deren niederdeutsche Sprache er eindrucksvoll zu formulieren verstand. Er gab seine Lehrerstelle in Warendorf auf und begann das Grundstudium der artes liberales in Mainz, wobei er gleichzeitig, seit 1524, wieder eine Lehrerstelle übernahm.

Entscheidend für ihn war, daß er den weltlichen Lehrerberuf schließlich ganz aufgab, sich zum Priester weihen ließ und, nach Münster zurückgekehrt, eine Predigerstelle in St. Mauritz annahm. Er predigte gut und kam an. Vorübergehend, so 1529/30 und 1531, unternahm er längere Reisen und kam dabei in engeren Kontakt mit reformatorischen Gruppen. 1531 sprach er in Wittenberg mit Melanchthon und dem Kirchenorganisator Luthers, Johannes Bugenhagen. Wenige Wochen später tauchte er in Straßburg auf und machte sich vermutlich mit den Ideen des heute so genannten „linken Flügels der Reformation“ vertraut. Er lernte dort den lutherischen Humanisten Wolfgang Capito und den Schlesier Caspar Schwenckfeld kennen, ein, wie er gelegentlich genannt wird, „protestantischer Mystiker“. Dessen Abneigung gegen die Verweltlichung der Kirche sprach Rothmann an. Ständig in Geldsorgen kehrte er bald nach Münster zurück. Stil und Inhalt seiner Predigten in St. Mauritz änderten sich jetzt. Er distanzierte sich von den traditionellen kirchlichen Zeremonien.[37] Gerade durch seine Polemik lenkte er die Aufmerksamkeit der Münsteraner auf sich. Angriffslustig suchte er die Disputation mit dem neuen Domprediger Johannes von Deventer über die kirchliche Lehre vom Fegefeuer.

Als Rothmann den Domherren zu lästig wurde, erhielt er ein bischöfliches Predigtverbot. Dies kam ihm nicht ganz ungelegen. Er protestierte heftig,[38] schrieb dem Bischof einen längeren, wohlgesetzten Brief und beklagte sich dann über den Schmerz, den man ihm, der nichts geahnt und

[36] Zu Bernhard Rothmann, R. Stupperich (Hrsg.), Schriften Bernhard Rothmanns, Münster 1970 (Einleitung), S. XI–XXII.

[37] Stupperich, S. XV.

[38] Brief B. Rothmanns an den Bischof von Münster, Friedrich von Wied, vom 16. Januar 1532, abgedruckt bei Stupperich, S. 19–21. Rothmann schreibt höflich, fast demütig, aber ungemein beredt und verwendet Vergil-Zitate: Der Droste von Wolbeck, Dietrich von Merveldt, habe ihm das Predigtverbot mitgeteilt. „Starr, stand ich, die Haare gesträubt, mir stockte die Stimme“ – „obstipui, fateor, steteruntque comae, vox faucibus haesit“ (nach Vergil, Aeneis II, 774).

nichts gewußt habe, mit dem Verbot zugefügt habe: „Et ecce, o dolor! Inopinanti et nihil minus exspectanti, utpote nullius mihi mali conscio dominationis tuae salvum conductum renunciavit.“[39] Der Bischof möge ihn schützen, bis in einem öffentlichen Examen klargelegt sei, was an seiner Lehre falsch sein solle und worin die Gefahr bestünde.[40] Rothmann zog jetzt in die Stadt und wohnte im Krameramtshaus. Hier wußte er sich durch seine Anhänger geschützt. Jetzt setzten seine Aktivitäten ein. Er verfertigte kurze Bekenntnisschriften, die an den Rat und den Bischof gerichtet waren und ins Niederdeutsche übersetzt wurden. Streitpunkte waren die Lehre vom Abendmahl und von der Taufe. Die rege Publizistik zeigte Wirkungen. Am 23. Februar 1532 predigte Rothmann bereits in Lamberti „über die evangelische Freiheit und gegen den Götzendienst der Katholiken“.[41] „Spontan“ stürzte Knipperdolling, ein Kaufmann, der in einem der Häuser am Prinzipalmarkt wohnte, mit Anhängern in die Kirche und setzte Rothmann als Prädikanten ein. Kaufleute und die Gilden der Handwerker standen hinter diesem Schritt. Sie alle wünschten, das Evangelium „von allen Flecken gereinigt unter uns blühen zu sehen“.[42] Bis zum Mai 1532 hatte sich Rothmann in der Stadt durchgesetzt, und man begann, die katholischen Geistlichen aus der Stadt zu verdrängen. Im August übergab Rothmann dem Rat eine Denkschrift über die Mißbräuche in der katholischen Kirche.[43]

Er stand im Briefwechsel mit Wittenberg. Martin Luther und Philipp Melanchthon, die Rothmann gelegentlich um Rat fragte und die ihn als einen ihrer Anhänger ansahen, suchten mäßigend auf ihn einzuwirken. Er solle

[39] A.a.O., S. 19. „Und sieh, welcher Schmerz! Mir, der ich ahnungslos war und nicht das Geringste erwartete, weil ich mir keiner Schuld bewußt war, verweigerte er Deinen Schutz!“

[40] „Idcirco, optime princeps, respice quaeso huius causae necessitatem, respice dignitatem tuam et laudatissimam non meam tantum, sed omnium de te existimationem et indulge in hac patria mea publico tuo praesidio tantisper vivere tuto, donec per accusatores meos criminis alicuius reus convictus fuero, aut certe quoadusque doctrinae meae confessio, quam propediem publico omnium iudicio, ut qualis sit cognoscatur, producam, examinetur, probetur aut meo periculo condemnetur. Quod cum aequitatis ratio postulet, d. t. clementer facturam dubitare non debeo, sed ita me commendo, ita confido, ita spero in tuam amplissimam dominationem, quam Dominus lesus nobis servet et magnificet ad gloriam, evangelii sempiternam. Amen! Responsum d. t. clemens suppliciter precor. Datum anno 1532 in pervigilio Antonii. T. D. deditissimus Bernhard Rothmannus ecclesiastes D. Mauritii“ (A.a.O., S. 21).

[41] R. van Dülmen, Reformation als Revolution. Soziale Bewegung und religiöser Radikalismus in der deutschen Reformation, München 1977, S. 272.

[42] Van Dülmen, S. 272.

[43] „Korte Anwisunge der Missbruch der romischen Kerken“ (Stupperich, S. 58ff.).

sich nicht in eine sektiererische Richtung treiben lassen, schrieb ihm Luther am Vortag des Heiligabends 1532. „Wir vertrauen Dir im Herrn, daß Du, nachdem Du die Engel im Himmel und auf Erden erfreut hast, als Du die Stadt Münster bekehrt hast, so auch fortfährst, eben dieses Opfer in Gott zu vollenden. Unternehme nichts, soweit Du es vermagst, daß die Freude, die Du uns bereitet hast, in Traurigkeit gewandelt werde, sondern vermehre sie und erhalte sie für immer." Er solle sich von den Lehren Zwinglis und Thomas Müntzers fernhalten. „Ich habe Dir offen und vertrauensvoll geschrieben. Nimm es auch offen und freundschaftlich an. Denn ich will nicht, daß bei Dir ein Zweifel aufkommt, daß wir Dich lieben und schätzen."[44]

Die Sorgen, die sich die Lutheraner, auch Bucer in Straßburg, um Rothmann machten, waren begründet. Aber ihre Mahnungen wirkten nicht. Rothmann, dem Einfluß der nach Münster von auswärts kommenden Prädikanten und Täufer ausgesetzt, isolierte sich in diesem lokalen Milieu und verlor allmählich den Kontakt zur Außenwelt. Er trat zu den Täufern über und wurde deren innerstädtischer Prediger und Publizist, „Worthalter", wie es hieß. Seine spiritualistischen Schriften wurden bis in die Niederlande verbreitet. Aber so beeindruckend und in seinen alttestamentlichen Bildern bedrohlich er auch schreiben konnte, bis hin zu jener leidenschaftlich-verzweifelten Schrift von der ›Wrake‹, von der Rache, kurz vor dem Zusammenbruch der Täuferherrschaft, so kann man sich letztlich des Eindrucks kaum erwehren, als handele es sich hier um eine Art „lokaler Theologie", primär geprägt aus der Situation des zufälligen örtlichen historischen Milieus mit seinen Scharen von Vertriebenen aus den Niederlanden, die in Münster eine neue Heimat, ein Neues Jerusalem suchten.[45]

Robert Stupperich beschreibt die Situation Rothmanns so: „Es war trotzdem für Rothmann eine schwere Entscheidung, als er vor diese Konsequenz gestellt wurde. Nach Hamelmann hat er lange mit sich gerungen, ehe er nachgab. Die Anpassungsfähigkeit des begabten und phantasiereichen Mannes erwies sich als zu stark. Nun stand er als einziger gebildeter und wortgewandter Theologe unter den Vertretern eines Laienchristentums. Rothmann machte sich unentbehrlich und behielt seine Stellung: Aber mit

[44] „Candide et confidenter scripsi. Tu quoque candide et amice accipies. Nam amari et coli te a nobis volo non dubites. Wittenbergae ante Vigil. Nativitatis Christi 1532. T. Martinus Luther" (Stupperich, S. 39).

[45] Dieses Bild vermittelt Marguerite Yourcenar in dem Kapitel ›La mort à Münster‹ des Romans ›L'Œuvre au Noir‹ (Paris 1968). Sie läßt dort Rothmann die Ankömmlinge an dem Stadttor empfangen: «Bernard Rottmann les reçut aux portes de Münster dans un encombrement de charois, de sacs et de barils ... Simon écoutait les explications du Grand Restitueur: Rottmann était calme; tout comme la foule endoctrinée par lui qui traînait par les rues les légumes et le bois de la campagne voisine, il comptait sur l'aide de Dieu» (S. 86).

welchem Preis war sie bezahlt! ... Mochte er sich zuerst gegen die Einfälle Jans von Leiden gewehrt haben, er mußte sich in allem, auch in der Einführung der Vielehe, fügen."[46]

Der Stadtsyndikus von Münster Johannes von Wiek, ein weltgewandter Mann, der über gute Kontakte nach außen verfügte, arbeitete gegen Rothmanns Pläne, eine demokratisierte und spiritualisierte Kirchenverfassung in Münster einzuführen. Er bemühte sich um ein theologisches Gutachten der Universität Marburg, das Rothmanns Ideen verwarf. Schließlich hoffte er, Rothmanns Einfluß durch eine öffentliche Disputation, die jener so oft verlangt hatte, einzudämmen. Sie kam tatsächlich am 7. und 8. August 1533 zustande. Streitpunkt war die Rechtmäßigkeit der Kindertaufe. Gegen Rothmann traten der Senior des Fraterhauses Johann Holtmann und der lutherische Humanist Hermann Buschius auf. Hermann von dem Busche, genannt Buschius (1468–1534),[47] zählte zu den inzwischen allerdings alt gewordenen westfälischen Humanisten; er war ein Freund des Erasmus und früher ein Freund Ulrich von Huttens gewesen, mit dem er gemeinsam manchen geistigen Strauß gefochten hatte. Im Laufe seines abenteuerlichen Lebens war er viel herumgekommen und hatte an mehreren deutschen Universitäten Professuren für Rhetorik und Poesie bekleidet. Ein Theologe war er nicht.

Die Disputation fand auf dem Rathaus statt. Herr Berndt (Rothmann) hielt die erste Rede. Bezeichnenderweise wehrte er von vornherein alle wissenschaftliche Gelehrsamkeit ab.[48] Auch sei der Unterschied zwischen

[46] Stupperich, S. XVII.

[47] Hermann von dem Busche wurde in Sassenberg (Kr. Warendorf) geboren, besuchte die Domschule Rudolf von Langens, später die Schule Alexander Hegius' in Deventer. Seine Studien, unstet wie die vieler Humanisten, führten ihn nach Heidelberg, Rom und Bologna. Vorübergehend hatte er eine Stellung am Hof des Bischofs von Münster eingenommen, doch nahm er 1495 in Köln ein juristisches Studium auf. Danach kam er als „Wanderlehrer" nach Hamm, Münster, Osnabrück, Bremen, Hamburg, Lübeck und Wismar. Er hielt Vorlesungen in Rostock über antike Dichtung, verfeindete sich jedoch mit dem Rektor. 1502 erhielt er an der soeben gegründeten Universität Wittenberg einen Lehrstuhl für Beredsamkeit und Poesie; 1513 lehrte er in Leipzig. Seit 1507 hielt er sich in Köln auf und galt als einer der Verfasser der ›Epistolae obscurorum virorum‹. Im Reformationsstreit schlug er sich auf die Seite Luthers. 1523 folgte eine Professur für römische Literatur in Heidelberg, 1527 für Geschichte in Marburg. Er starb im April 1534 am Hof des Bischofs in Dülmen. – Eine erste Biographie verfaßte Hermann Hamelmann 1584. – Vgl. W. Trusen, Hermann von dem Busche, NDB 3 (1957), S. 61 f.

[48] „Mann solle nicht achten up Doctoren und Licentiaten, Meister off ander gelerten, oick nicht up fursten und herrn, stende, ryke offte stede, sunder allein up dat pur rein wort gottes" (Niederdeutsche Niederschrift der Disputation bei Stupperich, S. 95–119; hier: S. 98).

Katholiken und Evangelischen nicht erheblich: „dan die Papisten sin gerne in den kerken und horen misse und de Lutterschen gerne up den beirbencken (Bierbänken).“[49] Der alte Buschius mahnte zum Frieden. Man solle den Zank vermeiden und sich so verhalten, „wie den Christlichen luden bethemet zu doin“, damit „Got alle tyt ein louelick statt Munster hüten und schermen will vor twydracht, ungelouen und alles unguidt“.[50] Sei es Sache („Ist et sacke“), so fragte Buschius, daß nach Herrn Berndts und seiner Freunde Wort die Kindertaufe ohne Glauben geschehe und vor Gott ein Greuel sei?[51] Nein, das könne er nicht annehmen. „So wer es io ein grois wunder, des ich my nicht vernemen kan, das andert halff dusent jair, in welchen so manniger frommer hilliger gottselliger man gelewet hait, de gantze christliche kyrche so blint soll sein und soll solchen gruwel der kinderdoiff begangen haven und allirst sehende werden in dussen lesten gruwlichen dagen, dar Paulus alle Christen vor warnet.“[52]

Das zweitägige Streitgespräch zwischen dem 36jährigen Prediger und dem 65jährigen Professor brachte nicht das gewünschte Ergebnis. Man konnte sich nicht einigen, Rothmann lehnte andere Vorstellungen als die seinen ab, und Buschius gab schließlich auf: Er sei zu alt, krank, und die beiden letzten Tage hätten in ermüdet.[53] Münster ging nicht nur für die Katholiken und die lutherische Ratsmehrheit, sondern auch für die Humanisten 1533 verloren. Rothmann blieb erfolgreich. Aber es wurde einsam um ihn. Als geistiger Führer begleitete er seine Anhänger, die seit 1534 in der Stadt eingeschlossen waren, mit seinen Schriften und Predigten in die Katastrophe, ähnlich wie zehn Jahre zuvor Müntzer seine Anhänger in Mühlhausen. In der Isolation, dies zeigte sein Scheitern, ließen sich keine dauerhaften neuen religiösen, demokratischen und städtischen Ordnungen schaffen.

Im August 1534 schrieb Erasmus in einem Brief: „Niederdeutschland wird von den Wiedertäufern überschwemmt wie einst Ägypten von den Fröschen und Heuschrecken. Sie unterdrücken das gesamte Land, wenn man ihnen nicht wachsam begegnet ... Münster, die Metropole Westfalens, ist jetzt durch einen Belagerungsring eingeschlossen. Im Innern regieren die Wiedertäufer. Ihre politischen Vorstellungen (polititia) kannst Du der Notiz entnehmen, die ich beifüge.“[54]

[49] Stupperich, S. 98.

[50] Stupperich, S. 101.

[51] Stupperich, S. 103.

[52] Stupperich, S. 104.

[53] Van Dülmen, S. 284.

[54] Erasmus an Justus Decius, Freiburg, den 22. August 1534, in: Allen, Opus Epistolarum Des. Erasmi Rot., Oxford 1906–1958, Nr. 2961. – Aus Dülmen schrieb Vigilius Zuichemus an Erasmus, so in Briefen vom 22. August 1535 (Allen, Nr. 2962) und vom 26. Februar 1535. Aus Köln wurde Erasmus am 17. August 1535 von der Erobe-

Den detaillierten Bericht über Münster hatte Erasmus von Conrad Heresbach aus Düsseldorf bekommen.[55] Er lobte darin, daß von dem Busche den Doktrinen der Täufer von Anfang an entschieden Widerstand geleistet hätte. Unter dem Eindruck der jüngsten Entwicklung in Europa – zur gleichen Zeit, als in Münster die Täufer niedergeworfen wurden, waren in London Thomas Morus und der Bischof von Rochester John Fisher, beide Freunde des Erasmus, von König Heinrich VIII. hingerichtet worden – schrieb der 69jährige am 18. August 1535 einen ungemein bedrückten Brief an Damian van Goes, den Schatzmeister des Königs von Portugal: „Inzwischen wird Niederdeutschland ganz von den Wiedertäufern zugrunde gerichtet. Münster ist erobert. Kann man den Gerüchten trauen, so sind alle getötet worden, die über zwölf Jahre alt waren ... In Wittenberg wütet die Pest, ebenso ist sie in Augsburg und Straßburg ausgebrochen. Der König von England wütet gegen einige Mönche, den Bischof von Rochester und Thomas Morus hält er schon längst gefangen. Das ist nur zu wahr. Leute, die aus Brabant hierherkommen, erzählen, beide seien hingerichtet worden; ich wünschte, das Gerücht wäre falsch."[56]

Geistig wie politisch waren die Vorgänge in Münster 1534/35 mehr als eine lokale Angelegenheit. Nicht nur Reformatoren und Humanisten waren erregt. Zwei Reichsversammlungen, in Koblenz im Dezember 1534 und in Worms im April 1535, befaßten sich mit der Niederwerfung der Täuferherrschaft – und der Finanzierung des Unternehmens.[57] Die Stadt selbst sollte

rung der Stadt Münster und der Hinrichtung der führenden Wiedertäufer berichtet. Über das Schicksal Bernhard Rothmanns, des geistigen Führers der Täufer, sei allerdings nichts bekannt: „Bernardus Rotmannus baptista, qui sectae anabaptistice Monasterii fuit propagator neque inter cadavera neque alibi (ut aiunt) repertus est." Man habe ihn weder unter den Leichen noch anderswo gefunden. Im Scherz werde gesagt, er sei mit Hilfe der nekromantischen Kunst im Nebel entschwunden (Allen, Nr. 3041).

[55] Allen, Nr. 3031. Heresbach lobte darin von dem Busches Widerstand gegen die Täufer: „Inter quos et Buschius fuit, qui iam inde ab initio, anabaptisticae doctrinae audacisseme restitit."

[56] Erasmus von Rotterdam, Briefe, S. 555f. – Die Gerüchte trafen zu: Fisher war am 22. Juni, Thomas Morus am 6. Juli hingerichtet worden. – Münster war am 25. Juni erobert worden. Die Stadt wurde von eindringenden Landsknechten geplündert.

[57] H. Neuhaus, Das Reich und die Wiedertäufer von Münster, in: Westfälische Zeitschrift, Bd. 133 (1983), S. 9–36. Der „Abschied von Neuss" zwischen dem Kölner Erzbischof Hermann von Wied, dem Herzog von Cleve, Jülich und Berg, Johann, und dem Bischof von Münster, Franz von Waldeck, vom 19. Juli, unmittelbar nach der Eroberung der Stadt, der das politische Konzept der siegreichen Belagerer wiedergibt, bezieht sich auf den „Abschied von Worms" vom April 1535 (Münsterische Urkundensammlung, Bd. 1, hrsg. v. J. Niesert, Coesfeld 1826, S. 201–215).

nach dem Willen des Bischofs Franz von Waldeck „gründlich gedemütigt und fest an die Kette gelegt werden“.[58] Auf einem Landtag am Sonntag Misericordia, den 30. April 1536, beschlossen auf Drängen des Bischofs Domkapitel, Ritterschaft und Landstädte auf dem Laerbrock, die politischen Verhältnisse der Stadt Münster neu und streng zu regeln: Die Gilden, die man für die Entstehung der Täuferherrschaft verantwortlich machte, wurden gänzlich aufgelöst, zur militärischen Überwachung der Stadt wurde ein Zwinger („Blockhaus“) errichtet, ein neuer Rat aus 24 Ratsherren, zwölf „Erbmännern“ und zwölf wohlhabenden Bürgern, sowie zwei Bürgermeister auf Lebenszeit bestellt, die wohl gewählt werden konnten, aber der fürstlichen Bestätigung bedurften, und schließlich wurde verfügt, daß die Schlüssel zu den Stadttoren jeden Abend dem bischöflichen Ortskommandanten und Statthalter Bernhard von Oer zu übergeben seien.[59] Der Schrecken der letzten beiden Jahre wirkte in den Formulierungen des Landtagsabschieds noch nach: Nicht nur „landen und lüden“ (Land und Leuten) und „lyuen und gudern“ (Leben und Güter) seien bedroht gewesen, nein, die Absicht der Täufer sei weitergegangen: „ock gantze duitsche Nation und to lest gemeine Christenheit to erschreckliger emborung (Empörung) und ewich verderven gesath (gesät) werden soldten.“[60] Dabei ging es zunächst nur um die Wiederherstellung der bürgerlichen Ruhe und Ordnung, noch nicht um die Regelung der innerstädtischen konfessionellen Probleme. Die Aufhebung der jährlichen Neuwahl zum Rat wurde 1541 zurückgenommen. Die Stadt blieb vorerst bikonfessionell. Der Landtagsabschied warnte lediglich vor der Zulassung von religiösen Lehren, die neuen Streit auslösen könnten. Der Bischof selbst, Franz von Waldeck, schwankte (wie auch der Kölner Erzbischof Hermann von Wied), ob er sich nicht dem evangelischen Bekenntnis zuwenden sollte.

In dieser Situation erreichte ihn 1544 aus Rostock ein Brief des aus Emsbüren stammenden Humanisten Arnold Burenius, der ihm die Errichtung einer protestantischen Universität in Westfalen vorschlug. Als Motiv für sein Schreiben nannte Burenius seine Bewunderung für den Bischof und die Liebe zu seiner Heimat. Die westfälische Jugend brauchte eine Hochschule, nicht zuletzt für ihre geistliche Bildung. Könne nicht der Bischof mit einer solchen Universitätsgründung den Glanz seines Namens vergrößern, das Heil und das Glück der Bewohner des Landes vermehren und somit zu dem christlichen Erlösungswerk beitragen?[61]

[58] H. Rothert, Westfälische Geschichte, Bd. 2, S. 52.

[59] „Item dat des Slottel van allen porten jders auentz na gelegenheit der tith, und ordnung des Stadtholders, up dat Huess dem Stadtholder to Handen sollen werden van den porteneren geleuert“ (Münsterische Urkundensammlung, S. 266).

[60] Münsterische Urkundensammlung, S. 248.

[61] „Ego vero partim huius divinae tuae virtutis admiratione, partim magnitudine

Arnold Burenius war einer der Reformer der lutherischen Landesuniversität Rostock. Sein Aufruf an Franz von Waldeck erschien als Buch mit einem Vorwort Philipp Melanchthons, der auf die Notwendigkeit hinwies, mit Hilfe der Hochschulen die christliche Lehrtradition rein und unverfälscht zu erhalten: dies sei nicht zuletzt die Aufgabe der praktischen Politiker.[62] Diese Schrift Burenius' und Melanchthons von 1544 gehörte in den Kontext der großen reformatorischen Bildungsreform des 16. Jahrhunderts, die das deutsche Schul- und Hochschulwesen bis in das zwanzigste Jahrhundert nachhaltig geprägt hat.

Franz von Waldeck sympathisierte seit 1541 offen mit der lutherischen Seite. Von daher war die Initiative aus Rostock und Wittenberg zur Gründung einer evangelischen Universität in Westfalen wohl überlegt. Aber der Bischof stieß auf den Widerstadt des katholischen Domkapitels. Der Vorschlag der Lutheraner ließ sich nicht realisieren. Als einzige höhere Schule der Stadt bestand weiterhin das Paulinum, wie es Kerssenbrock beschrieb und das später von den Jesuiten geleitet wurde, die 1588 ihr Kolleg in Münster errichteten. So wurde für die nächsten zweihundert Jahre im Münsterland nicht die deutsche Bildungsreform der Wittenberger, sondern wie auch

amoris in patriam excitatus, duxi tuam celsitudinem, hoc tempore oratione qualicunque cohortandam, ut pro suo pulcherrimo in Remp. [Redemptionem] studio, de ludo literario amplissimo Principe digno Westphalae iuventuti aperiundo, aliquando cogitaret. Quod inde non minor officii laus, et nominis splendor ad tuam dignitatem, quam salutis accessio, et foelictatis incrementum ad totam Remp. [Redemptionem] sit perventurum" (Arnoldi Burenii oratio ad reverndissimum Episcopum Monasteriensem de scholis literariis constituendis, in quibus semper Ecclesiae Dei seminaria fuerunt, Wittenberg 1944 [Inkunabel]). – Den Hinweis auf die Schrift von Burenius verdanke ich Dieter Metzler.

62 Melanchthon schrieb: „Harum maximarum rerum ut duraret memoria, voluit deus extare monumenta, certa autoritate tradita, haec legi, cognosci, audiri, praecipit. Et Christus inquiet. Si quis diligit me, sermones meos servabit. Testatur hoc se officio praecipue coli, si studia doctrinae quam tradidit amemus, si recte discamus Evangelium, si curemis ne monumenta Evangelii intereant, set ut posteris tradatur pura et incorrupta doctrina. Hac est magna et neccessaria causa discendi literas; Qua moveri omnes homines oportebat, ac praecique gubernatores." („Damit so große Dinge der Erinnerung erhalten bleiben, wollte Gott, daß es Dokumente gibt, die mit gesicherter Autorität überliefert werden. Er verpflichtet uns, diese zu lesen, zu erkennen und zu hören. Und Christus sagt: Wer mich liebt, wird meine Worte bewahren. Dies beweist, daß der Auftrag besonders erfüllt wird, wenn wir das Studium der Lehre, die er uns übergab, lieben, wenn wir das Evangelium richtig lernen, wenn wir darauf achten, daß die Dokumente des Evangeliums nicht untergehen, sondern daß den Nachkommen die Lehre rein und unverdorben überliefert wird. Dies ist der große und zwingende Grund, die Schriften zu studieren. Er muß alle Menschen anspornen, aber besonders die Politiker.") – A. a. O.

in Köln die europäische Reform der römisch geprägten Jesuiten bestimmend. Zugleich mit der Niederlassung der Jesuiten begründete Lambert Raesfeld 1591 seine Druckerei in Münster, in der fortan die Bücher der katholischen Reformbewegung erschienen. Aus der Druckerei auf dem Horsteberg unmittelbar neben dem Dom ging später der Verlag Regensberg hervor.[63]

Seit dem Beginn der Gegenreformation war für protestantische Humanisten und Lehrer im Münsterland kein Unterkommen mehr. Sie suchten meist außerhalb Westfalens eine Stellung, wie die Biographie des Osnabrükkers Hermann Hamelmanns (1526–1595) beweist, der zunächst katholischer Priester war, 1552 das lutherische Bekenntnis annahm, ein protestantischer Schulreformer und Publizist wurde und zuletzt als Superintendent in Oldenburg wirkte. Seine ›Historia ecclesiastica renati evangelii‹ beschreibt die Reformationsgeschichte Westfalens und belegt wie auch seine biographischen Arbeiten über die westfälischen Humanisten, daß die Lebensverhältnisse westfälischer Bildungsbürger des 16. Jahrhunderts in diesem Raum – aber auch andernorts – ungewöhnlich rauh und hart waren, was leicht vergessen wird.[64]

Seit der Reformation errichteten einige westfälische Städte ihre Lateinschulen (die späteren Gymnasien). Höhere Schulen hatte es bereits in den Domstädten Paderborn und Münster im Mittelalter gegeben. Münsters Lateinschule, das Paulinum, wurde seit der Gegenreformation von Jesuiten geleitet.[65] Schließlich kam es im 17. Jahrhundert auch zu kleineren Universitätsgründungen, provinzialen und konfessionellen Zuschnitts: Paderborn 1614 (bis 1801, kath.), Rinteln a.d. Weser 1621 (bis 1809, luth.), Duisburg 1655 (bis 1818, reformiert). Ihr Blickwinkel war, wie der der meisten damaligen deutschen „Landesuniversitäten", beschränkt. Diese negative Kennzeichnung gilt nicht nur für die westfälischen, sondern nahezu für alle deutschen Hochschulen des 17. Jahrhunderts. Der Dreißigjährige Krieg hatte nicht nur die Landschaft, die Städte und die Wirtschaft verwüstet, sondern auch das kulturelle Leben Deutschlands zu Boden gezogen. Noch zu Beginn des 18. Jahrhunderts blickten angesehene Wissenschaftler wie Leibniz

[63] B. Lucas, Der Buchdrucker Lambert Raesfeldt. Ein Beitrag zur Buchdruckereigeschichte Münsters im 16. und 17. Jahrhundert, Münster 1927.

[64] Vgl. E. Thiemann, Die Theologie Hermann Hamelmanns, Diss. Münster 1958. – Hermann Hamelmanns Geschichtliche Werke. Kritische Neuausgabe, hrsg. v. K. Löffler, Bd. 1: Schriften zur niedersächsischen-westfälischen Gelehrtengeschichte (Heft 3: Illustrium Westphaliae virorum libri sex), Münster 1908; Bd. 2: Reformationsgeschichte Westfalens, Münster 1913.

[65] Einen ausführlichen Überblick gibt: A. Hartlieb von Wallthor, Höhere Schulen in Westfalen vom Ende des 15. bis zur Mitte des 19. Jahrhunderts, in: Westfälische Zeitschrift 107 (1927), S. 1–105.

in Deutschland etwa mitleidig auf die Universitäten und ihre Leistungen herab, drängten auf die Errichtung von „Akademien“, um das wissenschaftliche Leben außerhalb der Universitäten anzuregen.[66] Der im 16. Jahrhundert beginnende und das 17. und die erste Hälfte des 18. Jahrhunderts bestimmende Trend zur Provinzialisierung und Konfessionalisierung der Hochschulen beschränkt sich nicht auf Deutschland. Die fürstliche Kontrolle über die Universitäten nahm zu, zugleich spielte die Theologie, mochte sie katholisch, lutherisch, calvinistisch, zwinglianisch oder anglikanisch sein, überall in Europa eine dominante Rolle. Der universitäre Provinzialismus begünstigte den Theologenstreit, dessen Rahmen nicht mehr, wie im Mittelalter, durch die Kontroversen der Scholastiker, sondern durch die jeweiligen Bekenntnisse abgesteckt war.[67]

Schließlich hatte auch das Fürstbistum Münster 1631 ein kaiserliches Diplom (am 12. Mai, päpstliche Bestätigung am 4. August) für eine Universität erreicht, aber das Vorhaben scheint wegen der Knappheit der öffentlichen Finanzen im Dreißigjährigen Krieg nicht realisiert worden zu sein. Aus ähnlichen Gründen scheiterte dann auch Christoph Bernhard von Galen trotz seines politischen Ehrgeizes. Nachdem er 1661 die Stadt Münster erobert hatte, fehlte ihm das Geld für die beabsichtigte Einlösung des Universitätsprojektes. Zudem lagen seine politischen Prioritäten nicht gerade im Bereich von Bildung und Ausbildung. So blieb Westfalen, jedenfalls das Münsterland, bis 1780 eine Region ohne Universität.

Die Stadt Münster konnte selbst während des Dreißigjährigen Krieges ihr eigenes Fluidum bewahren. Auswärtige Besucher wie der päpstliche Nuntius (und spätere Papst Alexander VII.) Fabio Chigi, der sich während der Friedensverhandlungen von 1644 bis 1649 in Münster aufhielt, konnten, wenn sie empfindsam waren, die Tradition und den Schauer der Geschichtlichkeit, den die Stadt ausstrahlte, spüren, aber auch die Banalität des Münsteraner Alltags. Chigi schrieb damals mehrere Gedichte in lateinischen Hexametern an einen Freund in Italien. Sein Eindruck:

[66] Ch. E. McClelland, State Society and University in Germany 1700–1914, Cambridge 1980, S. 27.

[67] R. R. Bolgar, Education and Learning, in: The New Cambridge Modern History, Bd. 3: The Counter-Reformation and Price Revolution 1559–1610, Cambridge 1971, S. 438. – Protestantische Universitätsgründungen finden sich zu dieser Zeit in Jena (1558), Helmstedt und Leyden (1574), Dublin (1591), katholische, überwiegend von Jesuiten getragene, in Mexiko (1551), Lima (1551), Dillingen (1554), Douai (1562), Pont-à-Mousson (1572), Wilna (1578), Würzburg, die Gregoriana in Rom (1582), Graz (1585). – Wissenschaftliche Fortschritte sind in dieser Zeit wohl am ehesten in der Medizin zu verzeichnen, besonders auf dem Gebiet der Anatomie. – Generell: R. Mandrou, Des humanistes aux hommes des science XVIe et XVIIe siecles (Histoire de la penseé européenne, Bd. 3), Paris 1973.

Ehemals gab der Große Karl dem Orte den Namen,
Sparte mit Stiftungen nicht, fügte die Mitra hinzu.
Sechs Jahrhunderte schon ist die Stätte die Hauptstadt Westfalens,
Statt Monasterium ward Münster auf deutsch sie genannt.
Zweifach umkränzt eine Mauer die Stadt und ein zweifacher Graben,
Fern von ihr flutet die Ems, quer durch die Stadt rauscht die Aa.
Prachtvolle Kirchen sind wiedergewonnen dem Glauben der Väter,
Als mit dem König sein Volk, wahnsinnig beide, verschwand!
Hoch zu den Wolken empor heben mächtige Türme die Helme,
Und ein melodisch Geläut klingt von den Glocken herab.
Schau! Drei Wiedertäuferkäfige hängen da droben!
Und die Gebeine selbst büßen die furchtbare Schuld.
Dicker Schmutz liegt meist an den Seiten der Straßen,
Ja, oft sieht man sogar dampfende Haufen von Mist.
Unter gemeinsamem Dach wohnen Bürger und trächtige Kühe,
Und mit dem stinkenden Bock auch noch die borstige Sau.[68]

Die Stadt ohne Universität beherbergte damals gemeinsam mit dem benachbarten Osnabrück die europäischen Gesandten. Durch die Friedensverhandlungen, die die Beziehungen unter den europäischen Staaten neu regelten und fixierten, wurde der Name der Provinz wie der Stadt ein europäischer Begriff. Die kulturelle Bedeutung, die der Frieden von 1648 für die innerdeutschen Verhältnisse hatte, wird häufig übersehen. Er beendete die Zeit der gewaltsamen religiösen Auseinandersetzungen, legte aber gleichzeitig – fast bis zur Gegenwart – den Status quo der konfessionellen Geographie in Deutschland fest, wie Hajo Holborn formuliert: „Zwei Jahrhun-

[68] Fabio Chigi, Gedichte zu seinem Aufenthalt in Münster 1644–1649, lat. u. dt., Münster 1975, S. 17–19. – Seinen Tagesablauf in Münster faßt Chigi in zwei Zeilen zusammen:

Lesen, schreiben, verhandeln muß ich, daheimbleiben, ausgehen,
Und im Gebet am Altar flehn um den Frieden der Welt.
Ambulo, servo domum, lego, scribo, negotia curo,
sacra colo, pacem nocte dieque rogo. (A. a. O., S. 20f.)

Dazu die einfühlsame Beschreibung von H. Bücker: Der Nuntius Fabio Chigi (Papst Alexander VII.) in Münster 1644–1649, nach seinen Briefen, Tagebüchern und Gedichten, in: Westfälische Zeitschrift 108 (1958), S. 1–90.

Die poetische Faszination, die von dem Westfälischen Frieden ausging, hat sich anscheinend weit über 300 Jahre erhalten, von Fabio Chigi bis Günter Grass: „Gestern wird sein, was morgen gewesen ist. Unsere Geschichten von heute müssen sich nicht jetzt zugetragen haben. Diese fing vor mehr als dreihundert Jahren an. Andere Geschichten auch. So lang rührt jede Geschichte her, die in Deutschland handelt. Was in Telgte begann, schreibe ich auf ...“ (G. Grass, Das Treffen in Telgte, Reinbek bei Hamburg 1971, S. 7).

derte lang bestimmte die Regelung der religiösen Frage auf dem Westfälischen Kongreß die religiöse Landkarte Deutschlands. Nicht einmal die Entstehung konfessionell gemischter Staaten und die moderne Industrialisierung und Verstädterung im 19. Jahrhundert änderten allzuviel an diesem allgemeinen Bild. Erst die große Wanderung nach 1945 hat Verschiebungen in der Bevölkerungsverteilung mit sich gebracht, die viele der religiösen Grenzlinien des Westfälischen Friedens ausgelöscht haben." [69]

111 Jahre nach dem Abschluß des Westfälischen Friedens ging Westfalen erneut, diesmal nicht in die europäische Geschichte, sondern in die europäische Literatur ein. Doch erwies sich dieser literarische Ruhm Westfalens als zweideutig oder mehrdeutig. Die Hauptfigur in Voltaires Roman ›Candide où l'optimisme‹ von 1759 stammt aus Westfalen: „In Westfalen, im Schloß des Barons Thunder-ten-tronckh, lebte ein Jüngling, der von Natur aus sehr sanftmütig war ... Er war aufrichtig und reinen Geistes, und eben deshalb, glaube ich, nannte man ihn Candide." Das erste Kapitel dieses Romans ist eine Persiflage auf das ländlich-adelige Westfalen, das Voltaire auf der Durchreise kennengelernt hatte.

Die zahlreichen Schlösser des Landes imponierten dem französischen Schriftsteller wenig: „Der Herr Baron war einer der mächtigsten Edelherren Westfalens, denn sein Schloß hatte eine Tür und Fenster. Im großen Saal hing sogar ein Gobelin. Seine Kettenhunde gaben zur Not eine Meute ab, die Stallknechte Piqueure, und der Dorfpfarrer war der Schloßkaplan. Alle nannten ihn Freiherr, und sie lachten, wenn er Geschichten zum besten gab." Die Handlung des Romans gab den Rahmen für eine Satire auf Strömungen im deutschen und europäischen Geistesleben ab, besonders die Philosophien Leibniz', Wolffs und Popes und ihren Glauben an die innere Harmonie der Welt. Alexander Pope hatte in seinem ›Essay on Man‹ (1733/34) geschrieben:

All nature is but Art, unknown to thee;
All Chance, Direction, which thou canst not see;
All Discord, Harmony, not understood;
All partial Evil, universal Good;
And, spite of Pride, in erring Reason's spite,
One truth is clear "Whatever is, is RIGHT." [70]

Das war sehr optimistisch. Candides Hauslehrer Pangloß ist einer dieser philosophischen Optimisten. Voltaire setzte in dem Roman das arg bodenständige, immer auf das Praktisch-Naheliegende gerichtete westfälische Denken zur Entlarvung des in Europa aufkommenden Zeitgeistes einer

[69] H. Holborn, Deutsche Geschichte der Neuzeit, Bd. 1, München 1971, S. 345.
[70] The Poems of Alexander Pope, hrsg. v. J. Butt, London 1963, S. 515.

allzu naiven Wissenschaftsgläubigkeit ein. Mit den folgenden Belehrungen, die Pangloß dem jungen Candide vorträgt – „in seiner Einfalt glaubt er alles“ –, ging Westfalen während des Siebenjährigen Krieges in die Weltliteratur ein:

„Die Dinge können nicht anders sein, als sie sind“, sagte er! „Das ist bewiesen. Denn jedes Sein hat einen Zweck, und alles Sein dient natürlich dem besten Zweck. Ihr seht, daß die Nasen gemacht wurden, um Brillen zu tragen; folglich gibt es Brillen. Die Beine sind offensichtlich dazu da, um Stiefel zu tragen. Die Steine sind dazu da, daß man sie behaut und Schlösser daraus baut. Folglich hat der Freiherr ein sehr schönes Schloß; der größte Baron der Provinz muß auch am besten wohnen; und die Schweine sind dazu da, gegessen zu werden: Schweinefleisch essen wir das ganze Jahr. Dementsprechend sagen diejenigen, die behaupten, alles sei gut, eine Dummheit. Man muß sagen: alles ist zum besten.“

Candide verläßt Westfalen, erlebt Abenteuer in aller Welt, die wenig Harmonisches an sich haben: das Erdbeben in Portugal, menschliches Unglück, Mord und Diebstahl. Nicht nur die Ideen seines Lehrers, auch er selbst erleidet Schiffbruch. Das Schicksal verschlägt ihn nach Bulgarien, zu den Indianern im Jesuitenstaat Paraguay und schließlich in das mohammedanische Konstantinopel. Dort heiratet er Kunigunde, die Tochter des Barons Thunder-ten-tronckh, der ihn übrigens im ersten Kapitel des Romans wegen seiner Liebschaft mit seiner Tochter mit einem Fußtritt in den Hintern aus dem Haus gejagt hatte. Der Fußtritt hatte nicht nur die Handlung des Romans, sondern darüber hinaus einen Bildungsprozeß in Candide ausgelöst. Schließlich läßt sich Candide auf einem Landgut nieder. „Wir müssen unseren Garten bebauen“, sagt er am Schluß abgeklärt.

Soweit Voltaire über Europa in Westfalen. Die Zeit war reif, um mit der Gründung der Universität zu beginnen. Übrigens wußte man in Westfalen vermutlich wenig von dem literarischen Weltruhm, den man erlangt hatte. Der Roman kam auf den päpstlichen Index und wurde deshalb im katholischen Westfalen kaum gelesen. Man mußte sich mit dem ›Anti-Candide‹, den der Osnabrücker Justus Möser (1720–1794) verfaßte, begnügen.

EUROPÄISCHE URBANITÄT 1500–1800*

Zu Beginn dieser Überlegungen möchte ich ein stadtgeschichtliches Ereignis aufgreifen, daß die europäische Öffentlichkeit ebenso erregte und faszinierte wie abstieß: die Herrschaft der Wiedertäufer in Münster in den Jahren 1534/35. Der Vorgang mag zugleich als Kontrast zu dem dienen, was wir unter europäischer Urbanität verstehen. Selten stand in der neueren Geschichte eine Stadt im Mittelpunkt von Erwartungen und Hoffnungen, wie dies für Münster damals der Fall war. Die Täuferbewegung, ursprünglich eine friedliche Bewegung in Süddeutschland, hatte einen starken Anhang unter niederländischen und ostfriesischen Handwerkern und Kleinbürgern gefunden, deren endzeitliche Erwartung auf ein „Neues Jerusalem", also die neue Stadt schlechthin, das meint die biblische Metapher, sich zunächst auf Straßburg, schließlich aber auf die Stadt Münster gerichtet hatte. Üblicherweise sieht man diesen Vorgang eher im Rahmen der Geschichte der Reformation oder der Sozialgeschichte. Daß hier aber auch die Stadtgeschichte gefragt ist, ist offenkundig.[1]

1525, dem Jahr des Bauernkrieges, war es in Münster zu sozialen Unruhen gekommen, die von den Handwerkern ausgingen und sich gegen die gewerblichen Aktivitäten eines Frauenklosters richteten. Die Webstühle wurden gewaltsam aus dem Kloster entfernt. Aus dem Streit entstand allmählich, gefördert von den Gilden, eine lutherisch-reformatorische Bewegung. 1532 war die Stadt bereits überwiegend lutherisch. Der Bischof, der traditionell mit der Stadt auf gespanntem Fuß stand, nahm das noch hin. Bald jedoch trafen die ersten Wiedertäufer aus Holland in Münster ein. Ein junger Prediger namens Bernhard Rothmann, der einen starken Rückhalt in der Bevölkerung, nicht zuletzt unter den Frauen der Stadt hatte, radikalisierte sich von Monat zu Monat und machte sich die Lehre der Wiedertäufer zu eigen.[2] Es gab somit drei Konfessionen, das hieß zugleich drei Parteien in der

* Die alte Stadt 1 (1988), S. 53–67.

[1] N. Cohn, The Pursuit of the Millennium. Revolutionary and Mystical Anarchists of the Middle Ages, London 1984 ([1]1957), S. 252–280; K.-H. Kirchhoff, Die Täufer in Münster 1534/35. Untersuchungen zum Umfang und zur Sozialstruktur der Bewegung, Münster 1973; G. Brendler, Das Täuferreich zu Münster 1534/35, Berlin 1966; R. van Dülmen (Hrsg.), Das Täuferreich zu Münster 1534–35. Berichte und Dokumente, München 1974 [mit ausführlicher Bibliographie]; F. Dürrenmatt, Die Wiedertäufer [Drama], München 1979.

[2] R. Stupperich (Hrsg.), Die Schriften Bernhard Rothmanns, Münster 1970.

Stadt. Dem Rat kam es wie den meisten Räten der damaligen deutschen Städte mehr auf den innerstädtischen Frieden als auf das rechte Bekenntnis an. Er tolerierte alle Bewegungen, während der Bischof, gestützt auf einen Beschluß des Reichstags von Speyer von 1529, von dem Rat vergeblich die Vertreibung der „Ketzer", der Wiedertäufer, verlangte.[3] Ihre gleichmacherische soziale Lehre galt als gefährlich. „Wehe, wehe", so predigten die Täufer, nach dem Bericht einer Quelle, „dem hochmütigen Münster: Wehe euch, die ihr Gold, Silber, Steine und kostbare Kleider zum Schmucke traget! Verflucht seid ihr, weil ihr den Schmuck des Leibes höher schätzet als den der Seele."[4] Selbst jüngere adelige Nonnen waren von den Predigten so begeistert, daß sie sich den Täufern anschlossen. Frauen gaben unter Protest ihrer Männer Schmuck und Vermögen ab. Nicht nur die Handwerker und die unteren Schichten der Stadt, auch ein Teil der Oberschicht fühlte sich angesprochen. Man entwickelte eigene symbolhafte Umgangsformen. Eine zeitgenössische Quelle berichtet: „Wenn sich Männer begegneten auf der Straße, so gaben sie sich die Hand und küßten sich auf den Mund und sagten ‚Lieber Bruder, Gottes Friede sei mit Euch', antwortet der andere ‚Amen'. So hatten die Frauen, die sich hatten taufen lassen, auch eine eigene Losung untereinander: Dieselben Wiedertäuferinnen pflegten ohne Kopftuch zu gehen und gingen mit einer Mütze und dieselbe Mütze hatte einen Überschlag oben auf dem Haupte. Sie wollten sich halten wie Brüder und Schwestern, so große Liebe wollten sie untereinander haben."[5] In den Anfängen hatte diese täuferische Bewegung durchaus etwas Sympathisches. Es waren neue städtische Umgangsformen. Die Bewegung erklärt sich zum Teil aus einer Verunsicherung der Bevölkerung, die nicht nur wirtschaftliche, sondern auch sozialpsychologische Gründe hatte. So hatte man unerklärbare Erscheinungen am Himmel beobachtet, Epidemien waren aufgetreten. Die Täufer in Münster entwickelten eine besondere Gabe, überall göttliche Zeichen zu entdecken und zu deuten.

Mit der Wahl zum Rat der Stadt am 23. Februar 1534 politisierten sich aber die Dinge. Die Täufer stellten jetzt die Mehrheit im Rat und die beiden Bürgermeister, darunter Knipperdolling, der einer alten Münsteraner Kaufmannsfamilie entstammte. Weiterhin bestand aber die Gefahr, daß der Bischof mit Gewalt eingreifen würde. Anfang Februar 1534 waren bischöfliche Bauern und Reiter in die Stadt gezogen, aber durch das Verhandlungsgeschick des Bürgermeisters wieder hinauskomplimentiert worden. Die Täufer selbst erhielten Zuzug aus den umliegenden Gemeinden. Nach

[3] H. Neuhaus, Das Reich und die Wiedertäufer von Münster, in: Westfälische Zeitschrift, Bd. 133 (1983), S. 9–36, hier S. 12f.

[4] R. van Dülmen (s. Anm. 1), S. 44.

[5] Ebd., S. 45.

ihrem Wahlsieg plünderten sie die Klöster, drangen in den Dom ein, zerstörten Kunstwerke, Reliquienbehälter, die Orgel, benutzten die ornamentierten Sitze des Kapitelsaals als Abtritt, zerstörten die Glasfenster und verbrannten Bücher und Handschriften jener Dombibliothek, durch die Münster erst vor wenigen Jahrzehnten zu einem Zentrum des nordwestdeutschen Humanismus geworden war.[6] So finden sich früh bildungsfeindliche, antiintellektuelle und kunstfeindliche Züge in dieser Bewegung. Die bis dahin überwiegend friedliche Bewegung nahm gewaltsamen Charakter an. Die noch in der Stadt verbliebenen Katholiken und Lutheraner wurden zu „Gottlosen" erklärt und Ende Februar, soweit sie sich nicht taufen ließen, bei winterlichem Wetter aus der Stadt vertrieben. Ihr Eigentum wurde eingezogen. Erst jetzt begann die eigentliche Herrschaft der täuferischen Stadt, die Kirchengemeinschaft und politische Gemeinschaft in einem war, eine kommunale Theokratie. Religiöse und weltliche Gesetze waren identisch. Man dachte fundamentalistisch. Von der Toleranz, die noch der vorherige Rat gegenüber den Täufern geübt hatte, war jetzt umgekehrt keine Rede mehr. Es begann die Aufhebung des Privateigentums und die Einführung der kommunalen Gütergemeinschaft, durch die die Täuferherrschaft bis zur Gegenwart für die einen berühmt und für die anderen berüchtigt wurde. Die Einführung der Polygamie, genauer: der Mehrfrauenehe, übrigens nach streng patriarchalischen Gesetzen, setzte einige Monate später unter dem neuen „König" Jan van Leyden ein, ein 26 Jahre alter, hochbegabter junger Mann, der sich bis dahin in Holland vergeblich als Gastwirt und Schauspieler versucht hatte. Er brachte einen willkürlichen, ja schließlich despotischen Stil in die täuferische Stadt ein. Unter Jan van Leyden wurde die kommunale Gesellschaft eine ausgesprochen theatralische Inszenierung. Offensichtlich war sein Königtum als eine Art Karikatur der feudalen Umwelt gedacht. Als der Bischof Franz von Waldeck Jan van Leyden nach der Eroberung der Stadt bei seiner Festnahme fragte: „Bist Du ein König?", kam die spitze Gegenfrage „Bist Du ein Bischof?" – Friedrich Dürrenmatt hat die Theatralik dieser Szenen in seinem Stück ›Die Wiedertäufer‹ herausgearbeitet.[7]

Über ein Jahr lang wurde die Stadt belagert. Die Eingeschlossenen mußten sich verteidigen. Protestantische wie katholische Fürsten fanden sich bei dem Kampf gegen die Täufer zusammen. Die Belagerer standen im Auftrag des Reichs.[8] Die Täufer lebten praktisch von der Außenwelt abgeschlossen,

[6] R. Weiss, Learning and Education in Western Europe from 1470 to 1520, in: The Cambridge Modern History, Bd. 1, Cambridge 1967, S. 116.

[7] Eine ältere eindrucksvolle und plastische Beschreibung der täuferischen Bewegung in Münster findet sich in dem neunten Kapitel des sechsten Bandes von Rankes ›Deutsche Geschichte im Zeitalter der Reformation‹.

[8] H. Neuhaus (s. Anm. 3); N. Cohn (s. Anm. 1); G. R. Elton, Europa im Zeitalter der Reformation, München ^{2}1981, S. 99–102.

verstanden es aber immer wieder, Boten und Briefe an Freunde nach draußen zu schicken. Schließlich setzte der Hunger ein, und die Stimmung in diesem Neuen Jerusalem verdüsterte sich. Eine der letzten Schriften Rothmanns trägt den Titel ›Von der Wrake‹ (›Von der Rache‹): „Nun liebe Brüder, die Zeit der Rache ist an uns gelangt. Gott hat den verheißenen David erweckt, gerüstet mit seinem Volk, zur Rache und Strafe an Babylon. Darum liebe Brüder rüstet euch zum Streit, nicht allein mit den demütigen Waffen der Apostel zum Leiden, sondern auch mit dem herrlichen Harnisch Davids zum Rächen, mit Gottes Kraft und Hilfe alle babylonische Gewalt und all das gottlose Wesen auszurotten. Seid unverzagt, Gut, Weib, Kind und Leib in die Schanze zu schlagen."[9]

Die ständige Berufung auf das Alte Testament – zu Lasten des Neuen Testaments – unterscheidet die Täufer auch von Lutheranern und Katholiken. Es gelang den Fürsten nicht, die Stadt zu erobern. Erst durch Verrat konnten sie die Täufer im Juni 1535 überwältigen.

Die Niederwerfung war so massiv, daß es seitdem keine Täuferbewegung in einer größeren Stadt mehr gegeben hat. Nicht nur in Münster setzte seitdem die Politik der Zurückdrängung der alten städtischen Freiheiten des Mittelalters ein.[10]

Überall suchte der fürstliche Staat seine Herrschaft über die Städte auszudehnen. Die Spannungen zwischen Stadt und fürstlichem Hof prägen seitdem die städtische Entwicklung vom 16. bis in das 18. Jh. Am deutlichsten läßt sich dies in der städtischen Architektur verfolgen, wo die fürstliche Planungshoheit, nicht nur in Preußen, den Haupt- und Residenzstädten ihren bis heute unverkennbaren Stempel aufdrückte. Dem Verlust an baulicher Planungshoheit entsprach der Verlust an politischer Selbständigkeit. Nur wenige Städte in Deutschland konnten ihre politische und rechtliche Selbständigkeit aus dem Mittelalter in das 19. oder gar 20. Jh. hinüberretten, wie Frankfurt, Lübeck, Hamburg und Bremen. Auch der Versuch Savonarolas, in Florenz am Ende des 15. Jahrhunderts ein theokratisch geprägtes republikanisches Stadtregiment zu errichten, war gescheitert. Kurz zuvor hatte der florentinische Humanist Ficino einen Satz geprägt, der auch als Motto für diese Überlegungen zur „europäischen Urbanität" stehen könnte: „Eine Stadt besteht nicht aus Steinen, sondern aus Menschen." Daß ein solcher Satz nicht ganz so harmlos ist, wie er zunächst klingt, hat das Beispiel der Täufer in Münster gezeigt.[11]

[9] R. van Dülmen (s. Anm. 1), S. 208.

[10] P. M. Hohenberg / L. H. Lees, The Making of Urban Europe 1000–1950, Cambridge, Mass./London 1985.

[11] Zur Rolle Ficinos in Florenz und generell zu dem Komplex Stadt, Kultur und Urbanität: J. R. Hale, Die Medici und Florenz. Die Kunst und die Macht, Stuttgart/Zürich 1979 (Florence and the Medici, 1977), dt. Tb. 1981.

Wenn es aber jemals eine Bewegung gegeben hat, die sich den Gedanken Ficinos zu eigen gemacht hat, eine Bewegung, die geradezu zum Träger der Urbanität in Europa wurde, so waren es die städtischen Humanisten des 16. Jahrhunderts.[12] Selten haben Intellektuelle in Europa so stark aus, für und in den Städten gelebt wie die Humanisten Europas des 16. Jahrhunderts, auch wenn das Motiv nur darin lag, in der Nähe der Officin, der Druckerpresse, zu sein, die ihre Bücher herausbrachte. Denn gedruckt wurde in der Stadt. So korrigierte Erasmus von Rotterdam seine Bücher gleich in der Werkstatt von Johannes Froben in Basel oder in den berühmten Druckereien von Aldo Manutio in Venedig.[13] Im April des Jahres 1987 befaßte sich ein deutsch-französisches Historikerkolloquium in Marburg mit der Frage „Humanismus und höfisch-städtische Eliten im 16. Jahrhundert". Man fand genügend Stoff, um 15 Referate anzubieten.

Die Urbanität der Humanisten bestand aber natürlich nicht nur in ihrer gleichsam physischen Nähe zur Stadt, sondern in der Begründung eines neuen Lebensstils, neuer Lebens- und Umgangsformen in Europa. Auch wenn wir heute die Entstehungsgeschichte der Urbanität weithin vergessen haben, so unterscheidet sich unsere Vorstellung von Urbanität kaum von der der Humanisten: in manchem haben wir sogar eher einen Rückfall zu verzeichnen. Die Modernität der ›Utopia‹ des Londoners Thomas Morus von 1516, die außer ihrem literarischen Stil durch die Verschmelzung von Vergangenheit, Gegenwart und Zukunft, von Erzählung und Zeitkritik, von Konversation und Analyse fasziniert, besteht nicht zuletzt darin, daß Utopia eine Stadtgesellschaft ist: die Insel besteht aus 54 Städten und der Hauptstadt Amaurotum. Um zu verhindern, daß die Leser der ›Utopia‹ allzusehr utopischen Gedankenflügen nachgingen, malte Morus diese Insel in einer verblüffenden Ähnlichkeit zum zeitgenössischen England aus, mit der Hauptstadt London an der Themse und seinen zahlreichen spätmittelalterlichen Städten. Stadt und Land ergänzen sich in Utopia. Sie stehen nicht gegeneinander. Auch werden „Urbanität" – wenn man darunter mehr den Lebensstil versteht – und „Urbanisierung" – gewissermaßen die materielle Grundlage der städtischen Lebensform – wie „Zivilität" und „Zivilisation" im engen Zusammenhang gesehen. Auf Utopia genießt man das Leben und die Bildung, aber man arbeitet auch. Der Lebensstil der Feudalität, die

[12] R. Mandrou, Des humanistes aux hommes de sciences XVIe et XVIIe siècles, Paris 1973; A. Kraislheimer (Hrsg.), The Continental Renaissance 1500–1600, Harmondsworth 1971; A. G. Dickens, The German Nation and Martin Luther, London 1976; M. Dowling, Humanism in the Age of Henry VIII., London 1986.

[13] Zu Erasmus: R. H. Bainton, Erasmus. Reformer zwischen den Fronten, Göttingen 1972 (Erasmus of Christendom, 1969); G. Faludy, Erasmus von Rotterdam, Frankfurt a. M. 1973 (engl. 1970); A. J. Gail, Erasmus von Rotterdam in Selbstzeugnissen und Bilddokumenten, Reinbek 1974.

Trennung in eine müßige, herrschende Klasse und eine stumpf arbeitende, beherrschte Klasse, ist abgeschafft. Da ja alle arbeiten, meint man in dem urbanen Utopia, genüge es andererseits, wenn man nur sechs Stunden am Tag arbeite. Das Problem der modernen Industriegesellschaft, die Arbeitszeitverkürzung, ist somit auf Utopia bereits gelöst. Das Prinzip „Muße und Arbeit" ist eine moderne urbane Abwandlung der alten benediktinischen Klosterregel des „ora et labora", bete und arbeite. – Morus verfaßte diese Schrift eher nebenbei zum Zeitvertreib während einer Gesandtschaft in Brügge, Antwerpen und später zu Hause in London. Sie entstand in einem durch und durch städtischen Milieu. In der literarischen Form wird die ›Utopia‹ als ein Gespräch gestaltet. Auch das ist urban: die Stadt führt zum Gespräch zusammen, vereint unterschiedliche und gegensätzliche Meinungen. Denn die Teilnehmer dieses Gespräches diskutieren miteinander.[14]

Der unermüdliche Propagator der urbanen Kultur des Gesprächs und der Toleranz war der Humanist Erasmus von Rotterdam, der mit Morus eng befreundet war. Eines seiner meistgelesenen Werke waren die Colloquien, wörtlich „Unterhaltungen", „Gespräche", in denen er seine Figuren sich über alle möglichen Themen und Fragen unterhalten läßt: über den Umgang der Frau mit dem schwierigen Ehemann, den Kartäuser und den Soldaten über die Nutzlosigkeit des Kriegs, eine Gruppe lebenserfahrener Männer im geistlichen Gastmahl, den jungen Mann und die Hure oder einen Ritter, der im Gespräch den Adel parodiert.[15] Die Würze der Konversation, in der alle Schichten der Gesellschaft auftauchen, besticht weniger im Inhalt als in ihrem Witz. Eben deswegen wurden die ›Colloquien‹ so beliebt, so beispielsweise der folgende Dialog ›Der Abt und die gebildete Frau‹, ein Plädoyer für die weibliche Bildung. Auch das gehört zweifellos zur Urbanität[16]:

Der Abt Antronius betritt das Studierzimmer Magdalias, der „gelehrten Frau". Diese Begegnung ist der Inhalt des Dialogs. Die Frau erkundigt sich, ob dem Gast ihre Einrichtung gefalle. Er wisse nicht so recht, antwortet der Abt. „Warum?" – „Weil alles voll von Büchern ist." – Frauen sollten sich um die Annehmlichkeiten des Lebens kümmern. – Woher kommen denn diese

[14] W. Ribhegge, Thomas More: Utopia (1516). Geschichte als Gespräch, in: Die alte Stadt 1983, H. 4, S. 327–347; R. Marius, Thomas More. A Biography, London 1985 (dt. 1987), S. 152–198.

[15] Teilabdruck in: Erasmus von Rotterdam, Colloquia familiaria / Vertraute Gespräche (lat. u. dt.), in: Ausgewählte Schriften, hrsg. v. W. Welzig, Bd. 6, Darmstadt 1967 (597 Seiten); Erasmus von Rotterdam, Colloquia familiaria (lat. u. dt.), Stuttgart 1976 (Reclam); darin: ›Der Abt und die gelehrte Frau‹, ›Altmännergespräch: oder: Das Fuhrwerk‹ und ›Die Soldatenbeichte‹.

[16] Abbatis et Eruditae (Der Abt und die gelehrte Frau), in: W. Welzig (Hrsg.) (s. Abb. 15), S. 252–265.

Annehmlichkeiten, fragt die Frau, aus den äußeren Dingen oder aus der inneren Einstellung. – „Aus den äußeren." – „Ihr seid mir ein feiner Abt, aber ein grober Philosoph." Was er denn für angenehmer halte? „Den Schlaf, das Essen, die Freiheit zu tun, was man will, das Geld, die Ehren." – „Liege ihm nicht auch an der Weisheit?" – Darauf könne er verzichten, meint der Abt. Er wird ärgerlich: „Der Umgang mit Büchern macht blöde." Was nutze letztlich auch die Bildung? „Mit größten Mühen erwirbt man sich Bildung, und nachher muß man sterben."[17] Aber gebe es nicht heutzutage schon in einigen Familien in Spanien, England, Italien und Deutschland gebildete Frauen? (Erasmus dachte dabei unter anderem an die Familien Morus in London und Pirckheimer in Nürnberg.) „Wenn ihr nicht auf der Hut seid", so die Frau, „wird es noch so weit kommen, daß wir in den theologischen Schulen den Vorsitz führen, in den Kirchen predigen und Eure Mitren in Beschlag nehmen." – Der Abt: „Das möge Gott verhüten." – Die Frau: „Es wird an Euch liegen, das abzuwenden, denn wenn ihr so weiter tut wie bisher, werden eher die Gänse predigen, als daß man Euch stumme Hirten länger erträgt. Ihr seht, daß die Bühne sich wandelt. Entweder muß man abtreten oder seine Rolle spielen." – Wie habe er nur einer solchen Frau begegnen können, klagt der Abt. Sie solle ihn doch einmal zu Hause besuchen, dann werde er sie freundlicher empfangen: „Wir werden tanzen, reichlich trinken, jagen, spielen und lachen." – Die Frau hat das letzte Wort: „Mich reizt es allerdings jetzt schon zum Lachen."

Wir stellen uns die Humanisten wohl manchmal etwas zu „humanistisch", zu fein und weltabgeklärt, vor. Sie konnten auch, wie dieser Dialog zeigt, ganz schön frech sein. Zur Urbanität dieser Colloquien des Erasmus zählten nicht nur der Inhalt, sondern ebenso ihre Szenen. Sie spielen sich meist in Häusern oder in gepflegten Gärten nahe bei den Häusern ab. Auch die Utopia des Thomas Morus wurde als ein solches „Gartengespräch" – in Antwerpen – gestaltet. Die Äußerlichkeit des menschlichen Umgangs werden wichtig genommen. Stein des Anstoßes für den Abt in eben diesem Dialog war ja auch die Inneneinrichtung einer Wohnung, die Bibliothek einer Frau. Auch hier wird darauf hingewiesen, daß die materielle und ideelle Seite der Urbanität zusammengehören.[18]

Urbanität war – und ist – nicht zuletzt die Kunst des Zusammenlebens auf engem Raum. Norbert Elias hat in seinem Werk ›Über den Prozeß der Zivilisation‹ eindrucksvoll aufgezeigt, wie die Vorstellung von „urbanitas", „civilitas" und „humanitas" aus den Schriften des 15./16. Jahrhunderts entsteht. Elias hat diesen Vorgang bis in das 18. Jahrhundert, etwa in den

[17] „Immensis laboribus comparatur eruditio; ac post moriendum est."

[18] Vgl. das Kapitel: Morgenröte einer neuen Zeit, in: L. Mumford, Die Stadt. Geschichte und Ausblick, Bd. 1, München 1979, S. 367–400.

Schriften Voltaires, weiterverfolgt.[19] Die Verhaltensweisen ändern sich. Man legt Wert auf gute Umgangsformen und Manieren. Dies geschieht, um dem einzelnen mehr Schutz für seine Individualität und Privatheit zu bieten. Indem man förmlicher wird, beim Essen, bei der Begrüßung und in den alltäglichen Umgangsformen, geht man wohl ein wenig auf Distanz, respektiert aber dabei die Individualität des einzelnen. Dies gilt auch für die Intimsphäre, die noch im späten Mittelalter häufig allen gemeinsam war. Erasmus hat in seinen Erziehungsschriften immer wieder auf die Respektierung dieser Distanz gedrängt, wie überhaupt die Humanisten der Erziehung einen hohen Stellenwert für die Kunst des Zusammenlebens beimessen. Dies erklärt ihre intensive Beschäftigung mit Fragen der Erziehung, der Schulen und der Studien.[20] Glücklicherweise haben die protestantische Reformation und die katholische Gegenreformation, wenn auch verkürzt, dieses Anliegen übernommen und weitergeführt, als die Humanisten bereits außer Kurs geraten waren.[21] Was beiden Bewegungen aber abging, war die Liberalität der Humanisten und leider oft auch die Toleranz: ein wesentliches Merkmal der Urbanität.

Die Kunst des Zusammenlebens mußte aber nicht nur von Kindheit an gelernt, geübt und mühsam erworben werden, sie blieb auch für die Erwachsenen eine schwierige Kunst. Erasmus hat in seiner berühmtesten Schrift, dem ›Lob der Torheit‹ von 1509, dazu eine eigene Philosophie entworfen,[22] die tiefsinniger ist, als sie auf den ersten Blick zu sein scheint: Man kann sich überhaupt nur gegenseitig ertragen, so argumentiert er, wenn man die Torheit, die eigene miteingeschlossen, erträgt. Mit Ironie, Humor und bissiger Satire relativiert das Lob der Torheit alle Menschen, auch und nicht zuletzt deren eigene Wichtigkeit. In diesem Lob der Torheit findet sich der Kern der Philosophie der Urbanität bei Erasmus. Bereits Sebastian Brant, der in Straßburg und Basel lebte, hatte in seinem ›Narrenschiff‹ von 1499, das nicht zuletzt durch seine Illustrationen, darunter einige von Dü-

[19] N. Elias, Über den Prozeß der Zivilisation, 2 Bde., Frankfurt a. M. 1980.

[20] So Erasmus in seiner Schrift ›Institutio principis christiani‹ (Die Erziehung des christlichen Fürsten), Ausgewählte Schriften, Bd. 5, Darmstadt 1968, S. 111–338. Erziehung ist bei Erasmus immer auch Erziehung zu einem friedvollen Verhalten, privat und öffentlich. Seine Urbanität hat einen pazifistischen Charakter.

[21] R. R. Bolgar, Education and Learning, in: the New Cambridge Modern History, Bd. 3: The Counter-Reformation and Price Revolution 1559–1610, Cambridge 1971, S. 427–451.

[22] In: Ausgewählte Schriften, Bd. 2, Darmstadt 1975, S. 2–212; Das ›Lob der Torheit‹, Thomas Morus gewidmet (von daher der griechische Titel ›Encomion moriae‹), ist die bekannteste und bis heute beliebteste Schrift von Erasmus. Vgl. die dt. Textausgabe als Insel-Taschenbuch mit den Randzeichnungen von Hans Holbein d. J. (Frankfurt a. M. 1979).

rer, bekannt wurde, etwas Ähnliches unternommen.[23] Brants ›Narrenschiff‹ fällt gegenüber dem ›Lob der Torheit‹ von Erasmus noch etwas naiv aus. Der „Problembewußtsein", wenn man so will, aber ist beiden gemeinsam.

Wenn Erasmus 1514 geradezu in einem Triumphzug rheinaufwärts nach Basel fuhr und in den Städten am Rhein immer wieder begeistert empfangen wurde, so zeigt dies, daß seine Meinungen einen starken Rückhalt in den Städten fanden. Unter dem Eindruck dieser Reise schrieb er am 21. September 1514 aus Basel an Jakob Wimpfeling: „Ich höre, allenthalben seien bei den Deutschen ausgezeichnet gebildete Männer, daher habe ich mehr und mehr Freude an meinem Deutschland, es gefällt mir, und ich bedauere und schäme mich, es so spät kennengelernt zu haben."[24]

Urbanität aber ist kein gesicherter Besitz. Das wußten nicht zuletzt nachdenkliche und sensible Humanisten wie Erasmus. Gefährdungen kamen keineswegs nur von Bewegungen wie den Täufern. Gefahren drohten auch von den Fürsten und der fürstlichen Politik. Die Städte waren zwar seit dem Spätmittelalter wichtige Faktoren des wirtschaftlichen und gesellschaftlichen Lebens in Europa geworden, besonders in Deutschland, was ein scharfsinniger Beobachter wie Machiavelli in seiner Schrift ›Il principe‹ (1513) aufmerksam registrierte. Aber auch in England, Frankreich, natürlich in Italien, das großenteils aus Stadtrepubliken bestand, und in den Niederlanden, wo sich um Brüssel, Brügge, Gent, Antwerpen die blühendste städtische Kultur Nordwesteuropas entfaltete. Im deutschen Reichstag waren die Städte anteilig mit etwa 80 Sitzen vertreten,[25] in England konnten die "boroughs" neben den Baronen ihre Vertreter in das Unterhaus schikken, die Augsburger Fugger finanzierten 1519 in Deutschland die Wahl Karls V. zum Kaiser, aber die Politik war und blieb eine Domäne des Adels, der Könige, Herzöge und Grafen und ihrer Höfe.

Um vor der Willkür fürstlicher Politik, die zudem allzuleicht in Kriege ausarten konnte, geschützt zu sein, machte man sich Gedanken, wie man mäßigend auf sie einwirken könne. „Wenn schon kein Tier so roh oder wild ist", schrieb Erasmus in der Schrift ›Institutio principis christiani‹ von 1516, die an den damals 16jährigen Herzog von Burgund, den späteren Kaiser Karl V., gerichtet war, daß es nicht gezähmt werden könne, warum solle man annehmen, „daß irgendein menschlicher Charakter so roh und hoffnungslos sei, daß er durch sorgfältige Erziehung nicht kultiviert werden könne?" Anders als der Florentiner Machiavelli, der in seinem ›Il principe‹ das

[23] S. Brant, Das Narrenschiff, Stuttgart 1975 (Reclam, neuhochdt. Übertragung mit Illustrationen, teilweise von Albrecht Dürer).

[24] Erasmus von Rotterdam, Briefe, hrsg. v. W. Köhler, Wiesbaden 1947, S. 115.

[25] G. Schmidt, Der Städtetag in der Reichsverfassung. Eine Untersuchung zur korporativen Politik der Freien und Reichsstädte in der ersten Hälfte des 16. Jh., Wiesbaden 1984.

Konzept einer Machtpolitik ausgebrütet hatte, versuchte Erasmus in dieser Schrift, den Fürsten zu einer friedlichen, eher verwaltenden Politik zu bewegen. Denn alles andere sei heidnisch und tyrannisch. „Der Tyrann ist darauf aus, das Vermögen der Bürger bei wenigen, und zwar bei den schlechtesten anzusammeln, und durch Verringerung des Einflusses der Bürger festigt er seine Macht." Der christliche König dagegen sei überzeugt, daß der Reichtum des Fiskus im Reichtum der Bürger bestehe. „Der Tyrann legt es darauf an, daß alle durch Gesetze und Denunziationen mächtig an ihn gebunden sind. Der König freut sich an der Freiheit der Bürger." Manches an dieser Schrift wirkt vielleicht etwas naiv, aber der Tenor, das Plädoyer für eine Politik im Interesse der Bürger, ist offenkundig. Am leidenschaftlichsten bemühte sich aber Erasmus, die fürstliche Politik von der Vorstellung abzubringen, daß der Krieg ihr ureigenstes Handwerk sei. Er ging so weit, die Theorie des gerechten Krieges abzulehnen. Seine Kampfschrift ›Julius exclusus de coelis‹, ›Papst Julius vor der verschlossenen Himmelstür‹, und die berühmte ›Querela pacis‹, die ›Klage dies Friedens‹, sind geradezu pazifistische Schriften. Andere wie Vives und Thomas Morus schlossen sich diesen Forderungen an. Doch blieben sie, wie sich bald zeigte, schon für die damalige Zeit leider ohne Erfolg. Die Fürsten ließen sich nicht ihren Handlungsrahmen durch die humanistische Urbanität beschneiden, weder die Kaiser Maximilian I. und Karl V. noch Heinrich VIII. von England und Franz I. von Frankreich, eben jene Politiker des damaligen Europa, die man ansprechen wollte. Dennoch gehört der pazifistische Impuls zu dem humanistischen Verständnis der Urbanität hinzu. Wie sollte man in den Städten leben, wenn sie umkämpft oder mit der jetzt aufkommenden Waffe der Artillerie beschossen wurden? Hier zeigt sich die gegensätzliche Interessenlage von Hof und Stadt, die das 16. wie das 17. und 18. Jahrhundert prägt, nur daß die Stadt und ihre politischen wie geistigen Interessenvertreter immer mehr an Einfluß verloren. Für die fürstliche Politik bestand bis 1789 die Stadt immer noch wesentlich aus Steinen und keineswegs nur aus Menschen, um das Bild Ficinos nochmals aufzugreifen.

Auch die Humanisten schwankten zwischen Hof und Stadt. Humanistische Juristen wie Morus, Busleyden, Budé, Viglius van Ayatta,[26] die politischen Ehrgeiz entwickelten, bewegten sich zwangsläufig in der Nähe der Höfe. Die soziale Basis der Humanisten blieb jedoch die Stadt, aus deren Milieu sie kamen und aus dem sie lebten. Auch verbanden nicht alle Humanisten mit der Urbanität den europäischen Horizont von Erasmus, sondern sie zogen häufig den nationalen vor. Jakob Wimpfeling gab seiner Schrift ›Germania‹ von 1501 den Untertitel ›Zur Ehren Straßburgs‹. Es war ein

[26] F. Postma, Viglius von Ayatta als humanist en diplomat 1507–1549, Zuitphen 1983.

Dokument national gefärbter Urbanität. Wimpfeling stand auch wie die meisten Humanisten anfangs dem reformatorischen Anliegen Luthers nahe. A. G. Dickens hat in seinem Buch ›The German Nation and Martin Luther‹,[27] das leider nie ins Deutsche übertragen wurde, zu Recht darauf hingewiesen, daß die Reformation in Deutschland vor allem eine urbane Bewegung gewesen ist und ohne die Mitwirkung der Städte, ihrer Humanisten, Prediger, Drucker und nicht zuletzt ihrer Leserschaft kaum möglich gewesen wäre. Hier war, wie bereits das Beispiel Münster zeigte, die Bereitschaft vorhanden, sich von den neuen Lehren erregen und mitreißen zu lassen, zumal von der neuen religiösen Sprache, der deutschen Sprache und den Psalmen und Kirchenliedern in deutscher Sprache. Auch Luther wußte um die Rolle der Städte. Deshalb wandte er sich in einigen Schriften direkt an die Räte der Städte, so in seiner Mahnung, Schulen zu errichten und auszubauen. Schließlich wurden fast alle größeren Städte Deutschlands mit Ausnahme Kölns protestantisch.

Noch bei Albrecht Dürer und einem anderen Nürnberger, Hans Sachs (›Wittenbergsche Nachtigall‹), kann man nachspüren, wie sehr die lutherische Reformation zugleich städtisches und nationales Empfinden ganz unmittelbar ansprach. Aber anders als bei Erasmus und Morus war die Mentalität Luthers nicht wirklich urban. Das richtige geistliche Leben war ihm letztlich wichtiger als das richtige weltliche Leben. Und neben seiner berühmten Programmschrift ›Von der Freiheit eines Christenmenschen‹ schrieb er die andere Programmschrift ›An den christlichen Adel deutscher Nation‹. Sie sprach eben den Adel an. Luther kritisierte zwar häufig die Fürsten, aber die Tatsache fürstlicher Politik selbst war für ihn unumstritten. Es gab für ihn viele Gründe, das provinzielle Wittenberg nicht zu verlassen. Er hat es aber auch tatsächlich nicht getan. In dem Maße, wie sich schließlich die Fürsten in Deutschland die Reformation oder auch die katholische Gegenreformation zu eigen machten, ging das ursprünglich sehr lebendige urbane Element in der reformatorischen Bewegung zurück. Es schien opportun, Landes- und Kirchenorganisationen miteinander in Einklang zu bringen. Verluste, die schleichend eintreten, bemerkt man zudem häufig nicht. Die Studie von Po-chia Hsia über Münster von 1535 bis 1618 hat minutiös aufgezeigt, wie eine städtische Gesellschaft, nicht zuletzt ihre Jugend, unter dem Einfluß der Gegenreformation, die hier von den Jesuiten getragen wurde, allmählich an städtisch-zivilem Ehrgeiz verliert. Führende Familien der Stadt zogen sich seit dem 16. Jahrhundert aus der kommunalen Politik zurück und entwickelten andere Interessen.[28] Das war kein Einzelfall.

[27] Siehe Anm. 12.

[28] R. Po-chia Hsia, Society and Religion in Münster 1535–1618, New Haven/London 1984; vgl. Rezension in: Die alte Stadt 1986, H. 2, S. 157–159.

Das kommunale Gegenstück zu der wachsenden Macht der einzelnen Staaten oder Territorien in Deutschland sind die "home towns", die deutschen „Heimatstädte", wie sie Mack Walker in seiner Studie, die die deutsche Stadtgeschichte bis in das 19. Jahrhundert verfolgt, beschrieben hat.[29] Der Horizont der Städte verengt sich. Die Stadtmauern, die an Funktion verloren und allmählich verfielen, wurden zum Symbol eines begrenzten Blickfelds, ja einer gewissen städtischen Inzucht: das Gegenteil von Urbanität. Andererseits entstehen aber im 18. Jahrhundert im Zuge der Aufklärung in diesen deutschen Klein- und Mittelstädten häufig neue Zentren der Bildung, weniger der Politik. Dabei konnten Universitätsstädte wie Jena, Halle, Göttingen, Tübingen, Marburg, und seit dem Ende des 18. Jahrhunderts auch Münster, anregend wirken. Örtliche Verlage, Zirkel und Salons oder der Leserkreis der moralischen Wochenschriften und anderer Zeitschriften, die „Intelligenzblätter", bilden „Kreise", wobei häufig sogar die Schranken zwischen adeligem und bürgerlichem Publikum, zwischen männlicher und weiblicher Welt überwunden werden.[30] Die Bediensteten sind von dieser neuen Kultur natürlich ausgeschlossen. Man findet solche Kreise in Hamburg und Weimar, ja fast überall an allen größeren Orten. Der Osnabrücker Justus Möser hat diese Welt, die uns heute vielleicht etwas bieder erscheint und tatsächlich bei aller Aufklärung recht konservative Züge trug, in seinen ›Patriotischen Phantasien‹ Mitte des 18. Jahrhunderts eindrucksvoll beschrieben.[31] Goethe setzte dieser trauten Welt der deutschen home-towns in seinem Versepos ›Hermann und Dorothea‹ gleichsam ein literarisches Denkmal. Wenn die Städte aber noch bewußt an die Tradition der großen städtischen Politik des späten Mittelalters und der ersten Hälfte des 16. Jahrhunderts anknüpften, wie beispielsweise die Reichsstadt Frankfurt, etwa wenn man sich dort zum Empfang des Kaisers rüstete, dann ging es weniger um die Präsentation stolzer Urbanität, sondern schon eher um geschichtliche Nostalgie. Immerhin ließ sich dabei nicht schlecht leben: Frankfurt beherbergte im 18. Jahrhundert die größte Messe Europas.

Fernand Braudel hat in seiner Studie über die Geschichte der Zivilisation vom 15. bis zum 18. Jahrhundert mit dem Akzent auf der Geschichte des

[29] M. Walker, German Home Towns. Community State and General Estate. 1648–1871, London 1971; vgl. das Kapitel ›Historische Perspektiven‹ in: G. A. Craig, Über die Deutschen, München 1982, S. 19–41.

[30] O. Borst, Kulturfunktion der deutschen Stadt im 18. Jahrhundert, in: O. Borst, Babel oder Jerusalem? Sechs Kapitel Stadtgeschichte, Stuttgart 1984, S. 355–392; F. Kopitsch (Hrsg.), Aufklärung, Absolutismus und Bürgertum in Deutschland. Zwölf Aufsätze, München 1976; K. Gerteis, Die deutschen Städte in der Frühen Neuzeit, Darmstadt 1986.

[31] J. Möser, Sämtliche Werke, 2. Abt., Bd. 4–7, Oldenburg 1943–54; J. Möser, Patriotische Phantasien, Stuttgart 1970 (Reclam, Auszug).

Alltags die Veränderung des städtischen Lebens in Europa detailliert beschrieben.[32] Die Städte werden zwar häufig entpolitisiert, aber sie bleiben ein neuralgisches System der europäischen Gesellschaft. Die bewegenden Ereignisse der Politik vom Dreißigjährigen Krieg bis zur Politik Friedrichs des Großen, die manchmal das historische Interesse bannen, täuschen leicht über die wichtige Rolle der Städte in der Gesellschaft des 17. und 18. Jahrhunderts hinweg.

Einen systematischen Überblick über diese Entwicklung des Systems der europäischen Städte von 1500 bis 1800 hat Jan de Vries in seiner Studie ›European Urbanization 1500–1800‹ geliefert.[33] Da uns diese Perspektive noch sehr fremd ist, lohnt es, kurz dabei zu verweilen. Das Buch sagt wenig über die Entwicklung der innerstädtischen Lebensformen aus, wie man es bei Braudel nachlesen kann. Auch politisches Handeln, die fürstliche Urbanisierungspolitik, wie wir sie überall in Versailles oder in Berlin und Potsdam, in Turin oder Wien, in Würzburg oder Passau, in Dresden oder Karlsruhe verfolgen können, werde ich hier nicht behandeln. Das alles kann man ausführlicher in dem DuMont-Band von Wolfgang Braunfels über die abendländische Städtebaukunst studieren.

Es handelt sich in diesem Buch von de Vries über die europäische Urbanisierung eher um ein Planspiel, das größere Zeiten und Räume erfaßt und sich auch wenig um nationale Grenzen kümmert. „Urbanisierung" bedeutet natürlich etwas anderes als „Urbanität". Es geht um eine tendenzielle Entwicklung der Städte als ein System, eben nicht um das innerstädtische Leben. De Vries stützt seine Aussagen auf die vorhandene Literatur über jene 279 europäischen Städte, die den Gegenstand seiner Studie bilden: Städte, deren Einwohnerschaft die Mindestzahl von 10000 während dieser 300 Jahre wenigstens einmal überschritten hat. Dazu zählen 6 Städte in Skandinavien, 53 in England, 8 in Schottland, 8 in Irland, 21 in Holland, 20 in Belgien, 56 in Deutschland, 78 in Frankreich, 4 in der Schweiz, 65 in Italien, 43 in Spanien, 5 in Portugal, 8 in Österreich und 3 in Polen. So entsteht das ungewöhnliche Bild des historischen Panoramas der europäischen Urbanisierung, das den Leser ebenso beeindruckt wie das – auf S. 170 – abgebildete Satellitenphoto von 1977 „Europa bei Nacht". Hier strahlen die bei Nacht erleuchteten Städte für die Gegenwart jenes „System der Urbanisierung" gleichsam in den Weltraum aus, das der Autor auf festem Boden für die Vergangenheit untersucht hat. Die Entwicklung dieses Systems der eu-

[32] Abschnitt ›Das Städtewesen‹, in: F. Braudel, Die Geschichte der Zivilisation. 15. bis 18. Jahrhundert, München 1971, S. 257–656.

[33] J. de Vries, European Urbanization, 1500–1800, London 1984; W. Braunfels, Abendländische Stadtbaukunst, Köln ³1979; P. Clark (Hrsg.), The Transformation of English Provincial Towns 1600–1800, London 1984.

ropäischen Städte wird dabei in drei Phasen dargestellt: 1500–1600/50 (The long sixteenth century), 1600/50–1750 (The age of rural proletariat) und 1750–1850/80 (The new urbanisation). Die nationalstaatliche Entwicklung der europäischen Länder in dieser Zeit schlägt sich in der Expansion der einzelnen Hauptstädte nieder. Mit ihnen verändert sich die „Rangordnung" unter den Städten, die de Vries für wichtig hält. Die wachsende wirtschaftliche Verflechtung, die Verlegung des Seetransports aus dem Mittelmeer – dem europäischen Meer der Antike und des Mittelalters – in den Atlantik, schlägt sich in der Expansion einzelner Hafenstädte und dem Rückgang anderer – beispielsweise Venedigs –, nicht zuletzt auch der deutschen Hansestädte, nieder. Dabei änderte sich die Hierarchie der europäischen Städte. Veränderungen in diesem System werden aber nicht mehr wie im Mittelalter durch Neugründung, sondern durch Bevölkerungswanderungen und durch bewußte politische Maßnahmen wie den Ausbau der Bürokratie in den fürstlichen Städten bewirkt. Man müßte ergänzen, auch durch den Aufbau des Militärsystems, worauf Mumford in seinem Buch ›The City in History‹ nachdrücklich hinweist. In der Unterwerfung der Städte und des Städtebaus unter die militärische Zweckmäßigkeit sieht Mumford einen erheblichen Verlust an Urbanität und städtischer Kultur, auch wenn die Städte wirtschaftlich von derlei Maßnahmen in der Regel profitierten. Solche kritischen und skeptischen Kommentare fehlen in der Studie von de Vries. Das ist der Nachteil einer allzu einseitigen, quantitativ orientierten Forschung zur Stadtgeschichte.

Bissig bemerkt Mumford zur fürstlich-barocken Stadtbauplanung: „Will man die entscheidende Begrenztheit der barocken Planung begreifen, nämlich ihre Unfähigkeit, mit irgendeiner anderen als der höfischen Daseinsform fertigzuwerden, so muß man fragen: Welche Vorsorge traf man für den stadtbürgerlichen Kern? In der Nachbarschaft überhaupt nicht. Der örtliche Markt und die Schule erhielten auf dem Plan keine besonderen Plätze zugewiesen. Auch dient der kleine Park inmitten des großen Platzes nicht als Spielplatz für Kinder aus der Nachbarschaft mit Ausnahme derer, die kraft Eigentums rechtlichen Anspruch darauf haben. Die Institutionen der Stadtverwaltung rangierten hinter dem Palast des Fürsten, und die Theorie dieses stadtbürgerlichen Kerns hat Palladio vortrefflich beschrieben."

Mumford zitiert den italienischen Stadtplaner: Die zentralen städtischen Gebäude sind für ihn das Schloß, das Schatzamt, das Gefängnis und das Irrenhaus. „Das waren die Dominanten. Zwischen ihnen erstreckten sich in langweiliger Wiederholung die Fassaden und hinter diesen Fassaden gingen die vergessenen und verleugneten Teile des Lebens irgendwie weiter."[34]

[34] L. Mumford (s. Anm. 18), S. 459.

Gelegentlich verwandelte der barocke Städtebau die Städte – so Venedig, London, Paris, St. Petersburg – in große Theaterbühnen, auf denen sich die gesellschaftliche Elite stilgerecht bewegen konnte, nicht zuletzt durch die Schaffung großer Plätze im Innern der Städte. Darauf haben Hohenberg und Lees in ihrem Buch ›The Making of Urban Europe 1000–1950‹ (1985) hingewiesen. In Umwandlung des bereits erwähnten Spruchs von Ficino schienen die Städte jetzt doch eher aus Steinen als aus Menschen zu bestehen. Allerdings, die moderne demokratische Gesellschaft fühlt sich auf dieser alten städtischen Bühne auch nicht gerade unwohl. Die Stadt verbindet die Zeiten und Jahrhunderte.

Eine der eindrucksvollsten Beschreibungen eines städtischen Systems findet sich in dem 1724–26 erschienenen Buch von Daniel Defoe ›Tour through the Whole Island of Great Britain‹.[35] Defoe war Journalist, nicht nur der Autor von ›Robinson Crusoe‹, und eine ungewöhnlich fleißige und schreibfreudige Persönlichkeit. Dieses Buch schwankt im Stil zwischen einem Touristenführer, einem Handbuch der Städte und Plätze und einem Unternehmensführer. Es ist jedenfalls reich an Material und von daher, wenn auch nicht immer ganz zuverlässig, sehr informativ. Wo gibt es sonst aus dem 18. Jahrhundert in Europa die Beschreibung einer Stadtlandschaft in einer so dichten und zugleich breit angelegten Form? Was immer interessiert an Bristol oder Liverpool, an den alten Städten aus der römischen Zeit oder an modernen gewerbetüchtigen Städten, mit denen Defoe sympathisiert, hier findet sich alles, einschließlich einiger recht abfälliger Bemerkungen über den Müßiggang der damaligen britischen "leisure"-class in Badeorten wie Tunbridge Wells und Bath. Das Bad diene diesen Leuten, so der Puritaner Defoe, nur als Vorwand zum Vergnügen. Es seien die besten Orte Englands, um moralisch herunterzukommen.

Am ausführlichsten und begeistertsten fällt Defoes Bericht über London aus. Eingehend werden die Londoner Märkte beschrieben, die Fischmärkte in Billingsgate und Fishstreet, der Gemüsemarkt in Covent Garden, Märkte für Obst, Korn, Heu, Leder, Häute und Felle, Tuche und nicht zuletzt für die Kohle, die aus Newcastle upon Tyne per Schiff nach London gebracht wurde. Gelegentlich traf eine Flotte von 500 bis 700 Schiffen mit Kohle im Londoner Hafen ein. Defoe erwähnt die innerstädtische Post. Dergleichen gebe es weder in Paris noch in Amsterdam oder in Hamburg. London ist eine kapitalkräftige Stadt. Defoe beschreibt die Börse und die Überseegesellschaften wie die Südsee-Kompanie und die Ost-Indien-Kompanie. Die Aktie hält er für eine wunderbare Erfindung. Der Aktienmarkt bewirke, daß sich der hohe wie niedrige Adel ständig in der Nähe der

[35] D. Defoe, A Tour through the Whole Island of Great Britain, hrsg. v. G. D. H. Cole u. D. C. Browning, London 1962.

Hauptstadt aufhalten müsse, weil von den Bewegungen der Börse das Schicksal Tausender von Familien abhänge.

So hatte sich in London eine besondere Beziehung von Hof und Stadt, von Court und City entwickelt, die sich von den Verhältnissen anderer Länder Europas merklich unterschied. Bereits im Mittelalter befand sich der Hof in Westminster – außerhalb der Stadt. Die Stadt beschränkte sich auf den engen, ummauerten Bezirk der City of London zwischen dem Tower und Westminster. Die Herrschaft der Councils und des Mayors der City war und blieb auf diesen engen Raum beschränkt. Hier herrschten die Gilden. Inzwischen, so Defoe, habe die Stadt die Oberhand gegenüber dem Hof gewonnen, aber insgesamt hätten Court und City ihre gegenseitige Abhängigkeit voneinander erkannt, zum Vorteil beider Seiten.[36]

Ein Ereignis, das noch in den 1720er Jahren nicht vergessen war, war der große Brand von London von 1666, der zu der Neuplanung der Stadt durch Christopher Wren geführt hatte. Das gesamte mittelalterliche London war abgebrannt. Jetzt entstanden die neuen Gebäude wie die St. Paul's Cathedral, die Defoe nicht genug loben kann. Nur der Petersdom in Rom, er bedauert dies, sei noch größer. Städtisches und imperiales Denken schließen sich bei Defoe nicht aus. Was das Feuer angeht, so hält Defoe den Bürgern von London einen traditionell bodenlosen Leichtsinn vor. Selbst der große Brand von 1666 sei anfangs nicht ernst genommen worden, weil jedermann angenommen habe, es handle sich um einen der üblichen kleineren Stadtbrände, die regelmäßig vorkamen. Die Häuser seien damals auch so hochgezogen gewesen und die oberen Stockwerke so weit in die Straßenfront gebaut, daß man von den oberen Geschossen bei einem Brand in das Haus auf der anderen Straßenseite habe hinüberspringen können. Eine andere Kehrseite der Bebauungsdichte und der oft miserablen hygienischen Verhältnisse war über Jahrhunderte die Pest gewesen, die regelmäßig einen größeren Teil der Londoner Bevölkerung hinweggerafft hatte. Auch das gehört zur Geschichte der europäischen Stadt in der frühen Neuzeit.

Im übrigen gab es viele, die sich in der Stadt des 18. Jahrhunderts wohlfühlten wie die Schriftsteller und Dichter Johnson und Boswell,[37] die glaubten, ohne das anregende Klima der Stadt London nicht arbeiten und produzieren zu können. London wuchs zudem in den Außenbezirken von Jahr-

[36] "But the City, I say, has gained the ascendant, and is now made so necessary to the Court (as before it was thought rather a grievance) that now we see the Court itself the daily instrument to encourage and increase the opulence of the city, and the city again, by its real grandeur made not a glory only, but an assistance and support to the Court, on the greatest and most sudden emergencies" (D. Defoe [s. Anm. 35], S. 338).

[37] A. Lees, Cities Perceived. Urban Society in European and American Thought 1820–1940, Manchester 1985, S. 8f.

zehnt zu Jahrzehnt, und da man keine exakten Volkszählungen kannte, nicht einmal die Kirchenregister waren zuverlässig, da es ja mehrere Konfessionen gab, wußte auch Defoe die Bevölkerungszahl der Stadt nicht genau anzugeben. Sie lag gegen Ende des Jahrhunderts bei etwa 800000. Nicht nur in England, überall in Europa wertet man die Stadt im 18. Jahrhundert überwiegend positiv. Urbanität galt als Wert. Ähnlich wie Johnson in London empfand der Verleger und Schriftsteller Nicolai in Berlin, und Voltaire verspottete in seinem ›Candide‹ in dem Baron Thunder-ten-tronckh ländliche Unbeholfenheit und Unbildung. Erst seit dem Ende des Jahrhunderts, zumal im 19. Jahrhundert, zugleich mit der Entstehung moderner Industriestädte, kommt verstärkt in literarischen Kreisen Stadtpessimismus und ein antiurbanes Denken in Europa auf, so bei den britischen Dichtern William Blake und William Wordsworth und deutschen Romantikern.[38] Sie boten wenig Hilfe, um die enormen Probleme zu lösen, die sich der modernen Stadt des 19. und 20. Jahrhunderts stellten.[39]

Immerhin, selbst in den unruhigen Zeiten der Französischen Revolution und der späteren Napoleonischen Kriegszüge dachte man in der deutschen Provinz immer noch an die Welt der Urbanität, die inzwischen durch die deutsche Aufklärung des 18. Jahrhunderts gefiltert und ein wenig entpolitisiert worden war. So schrieb das ›Morgenblatt für die gebildeten Stände‹ in seiner Ausgabe vom 25. April 1812: „Die Römer besaßen ein hochsinniges, bedeutendes Wort, das in keiner Sprache sich so richtig und erschöpfend ausdrücken läßt, – es hieß Urbanität.“ Man habe darunter „Milde, Gefälligkeit, Artigkeit, Höflichkeit und Gewandheit in den Sitten, im Betragen, in der Schreibart, im geselligen Umgang“ verstanden. Das ›Morgenblatt‹ deutete die Urbanität anthropologisch: „Keine Tugend bringt aber größeren Gewinn als die, welche die Römer Urbanität nannten. Der Mensch ist ein geselliges Wesen. Zu seinem Vergnügen, zu seiner Erholung bedarf er durchaus Gesellschaft, Mitteilung und Umgang, und sucht sie auf.“

Ganz offensichtlich war nicht nur römische, sondern auch deutsche Urbanität mit einem Hauch von Biedermeier gemeint. Würde diese Tugend die Stürme der Industrialisierung, des Bevölkerungswachstums und der Entstehung jener Großstädte in den nächsten hundert Jahren bestehen, an die an jenem Sonnabend im April 1812 die Redakteure jenes südwestdeutschen Morgenblatts kaum gedacht haben konnten?

[38] Ebd., S. 9; H. Brunschwig, Gesellschaft und Romantik in Preußen im 18. Jahrhundert, Berlin 1975.

[39] An die politische Funktion städtischer Politik durch die Jahrhunderte europäischer Geschichte hindurch erinnert: D. Sternberger, Die Stadt als Urbild. Sieben politische Beiträge, Frankfurt a. M. 1985.

EINE PREUSSISCHE STADT IN WESTFALEN: HAMM*

Historische Aspekte einer modernen Großstadt

„Noch nie zuvor in der Geschichte hat eine so bedenkenlose und vorerst noch keineswegs abgeschlossene Traditionsvernichtung stattgefunden", schrieb 1965 Alexander Mitscherlich in seiner Streitschrift über ›Die Unwirtlichkeit unserer Städte‹.[1] Zwar hat die Forschung der letzten 20 Jahre zur Urbanisierung[2] die Stadt als Studienobjekt wieder interessanter gemacht, aber die Beschreibung der «longue durée», der „langen Dauer" der Städte wird selten gewagt. Dieser Beitrag will versuchen, am Beispiel der Stadt Hamm die Komplexität einer über acht Jahrhunderte durchlaufenden Stadtgeschichte knapp zusammenfassend zu beschreiben und Akzente zu setzen.[3]

Eine preußische Stadt in Westfalen, das klingt etwas ungewöhnlich. Gemeint ist zunächst etwas Äußerliches: Die Stadt Hamm, der Hauptsitz der mittelalterlichen Grafschaft Mark, war seit 1609 brandenburgisch, d. h. preußisch, bis 1945, dem Ende Preußens, das förmlich durch ein Kontrollratsgesetz der Alliierten 1947 aufgelöst wurde. Darüber hinaus entwickelte die preußische Politik und Bürokratie in Berlin seit dem 18. Jahrhundert ein besonderes Interesse an dieser Stadt, die als Verbindungsort zu den westdeutschen Landesteilen Preußens eine Schlüsselrolle spielte.

Die Gründung der Stadt im Jahre 1226 hängt unmittelbar mit einem Drama zusammen, das sich etwa 50 Kilometer von Hamm, in Gevelsberg,

* Vortrag zur Eröffnung der Ausstellung ›Hamm im Wandel der Zeit‹ am 3. Mai 1986.

[1] A. Mitscherlich, Die Unwirtlichkeit unserer Städte. Anstiftung zum Unfrieden, Frankfurt a. M. 1965, S. 47.

[2] Vgl. J. Reulecke, Geschichte der Urbanisierung in Deutschland (Neue Historische Bibliothek), Frankfurt a. M. 1985.

[3] Der Beitrag entstand aus einem Vortrag zur Eröffnung der Ausstellung ›Hamm im Wandel der Zeit‹ am 3. Mai 1986. – Generell zur Geschichte der Stadt Hamm: H. J. Berges, Hamm. So wie es war (Bildband), Düsseldorf 1977; H. Zink (Hrsg.), 750 Jahre Stadt Hamm, Hamm 1976; I. Bauert-Keetmann u. a., Hamm. Chronik der Stadt Hamm (Westf.). Festschrift zur Erinnerung an das 700jährige Bestehen der Stadt, hrsg. vom Magistrat der Stadt Hamm, Hamm 1927 (Nachdruck 1973); Heimatbuch Kreis und Stadt Hamm, Hamm 1922.

abspielte: die Ermordung des Kölner Erzbischofs Engelbert von Berg[4] durch seinen Vetter Friedrich von Isenberg im Jahre 1225. Es war eine adelige Familientragödie mit politischen Implikationen. Isenberg wurde zum Tode verurteilt und in Köln hingerichtet.[5] Ein Vetter Isenbergs, Graf Adolf von Altena, besaß bereits die Burg Mark, etwa 1½ Kilometer von dem heutigen Gebäude des Oberlandesgerichts entfernt. Eine andere Ortschaft, einige Meilen westlich von Mark an der Lippe, Nienbrügge, hatte Isenberg gehört. Nienbrügge wurde jetzt von dem Grafen erobert und zerstört. Der Ort blieb in seinem Besitz. Er gründete eine neue Stadt zwischen Mark und Nienbrügge an der Landspitze zwischen Lippe und Ahse, von daher vermutlich die Bezeichnung „tom Hamme“. Diese künstlich, gleichsam vom Reißbrett geschaffene Stadt wurde der Hauptsitz der Grafschaft Mark, hatte also von der Gründung an eine zentrale Funktion, zugleich eine politisch-administrative.[6] Die Grafen errichteten später in Hamm ein Franziskanerkloster, dessen Kirche St. Agnes auch als Grabstätte der Familie ge-

[4] Über die Beziehungen Kölns zu Westfalen im Mittelalter: W. Janssen, Das Erzstift Köln in Westfalen, in: Köln–Westfalen 1180–1980. Landesgeschichte zwischen Rhein und Weser, Bd. 1: Beiträge, Münster 1980, S. 136–142. – Zur Politik der Städtegründung: W. Ehbrecht, Ziele kölnischer Städtepolitik bis zum Tod Erzbischofs Engelberts von Berg, in: Köln–Westfalen, Bd. 1, S. 226–232. Ferner: C. Haase, Die Entstehung der westfälischen Städte, Münster ³1976.

[5] Es war ein politischer Mord. Er hing mit den Bestrebungen Engelberts von Berg zusammen, durch gezielte Städtepolitik seine Herrschaft im Gebiet des heutigen Nordrhein-Westfalens auszubauen. Dabei stieß er auf den Widerstand seiner eigenen Verwandtschaft. Friedrich von Isenberg, Bischof von Münster, dem vorgeworfen wurde, den Mordanschlag begünstigt zu haben, wurde seines Amtes enthoben. So endete der erste Versuch, so etwas wie ein Land „Nordrhein-Westfalen“ bereits im Mittelalter zu begründen, in Mord, Hinrichtung und Amtsenthebung. – Das Geschehen um die Ermordung des Erzbischofs verdichtete sich später in Legenden: vgl. J. Greven, Die Entstehung der Vita Engelberti des Cäsarius von Heisterbach, in: Annalen des Historischen Vereins für den Niederrhein 102 (1918), S. 1–39. Im 19. Jh. verfaßte Annette von Droste-Hülshoff die Ballade ›Der Tod des Erzbischofs Engelbert von Köln‹, dessen erste Strophe lautet:

Der Anger dampft, es kocht die Ruhr,
Im scharfen Ost die Halme pfeifen.
Da trabt es sachte durch die Flur,
Da taucht es auf wie Nebelstreifen,
Da nieder rauscht es in den Fluß,
Und stemmend gen der Wellen Guß
Es fliegt der Bug, die Hufe greifen.
(Rüschhauser Balladen 1840/41)

[6] U. Vahrenhold-Huland, Grundlagen und Entstehung des Territoriums der Grafschaft Mark, Dortmund 1968; Dies., in: Köln–Westfalen, Bd. 1, S. 180–184.

dacht war.[7] Der Grundriß der ellipsenförmig angelegten, mit Mauern und einigen Türmen befestigten Stadt, ihre vier Tore, die einander kreuzenden zwei Hauptstraßen und die entsprechenden Parallelstraßen sind noch heute vorhanden und wurden nicht einmal bei der Zerstörung der Hammer Innenstadt im Zweiten Weltkrieg ausgelöscht.[8] Städte haben einen langen Atem.

1337 erhielt die Stadt eine eigene Pfarrei. Bis dahin war sie noch von dem Pfarrer von Mark betreut worden. Aber der Weg über die zwei Meilen, so verfügte der Kölner Erzbischof, sei doch zu gefährlich und, in Latein, „in ipso opido Hamme sit multitudo populi copiosa“: die Bevölkerung sei so zahlreich geworden. Vor der Stadt, auf dem Hof Kentrop, gab es bereits ein Zisterzienserinnenkloster und im Norden, jenseits der Lippe, das Nordenhospital, ein Damenstift für Töchter der reichsten Familien Hamms, das von dem Rat der Stadt versorgt wurde. Das mittelalterliche Hamm war eine fromme Stadt. Politische Gemeinde und kirchliche Gemeinde deckten sich nahezu.

Daß Hamm mit der Burg als dem Sitz der Grafen von der Mark bereits früh an politischer Ausstrahlungskraft gewann, kann man dem Lebensweg des Ritters Levold von Northof (1279–1359) entnehmen. Auf einem Gut im nahen Pelkum geboren, hatte er in Erfurt studiert und wurde Erzieher der

[7] Die Rolle der Franziskaner im innerstädtischen Leben der deutschen Stadt des Mittelalters, die erheblich war, ist bisher kaum untersucht worden. Vgl. das Kapitel ›Die Bettelorden‹, in: A. Schröer, Die Kirche in Westfalen vor der Reformation. Verfassung und geistliche Kultur, Münster 1967; D. Henninges OFM, Eine Friedensinsel von brandenden Wogen fortgespült. Das Franziskanerkloster zum Hamm, Hamm 1924. – Es existiert ein ausführlicher zeitgenössischer Bericht über die Gründung des Franziskanerklosters (Observanten) 1455, den der Dechant der Patrocli-Kirche von Soest anfertigte. Er enthält auch die Gründungsbulle, die man eigens von Papst Nikolaus V. 1453 erwirkt hatte. Darin hieß es, etwas ausschweifend: „De bonis sibi a Deo collatis unam domum dicti ordinis in quodam suo opido Hamme nuncupato magno et populoso Comitatu et Diocesi prefatis consistente in loco ad hoc congruo et fratrum dicti ordinis inibi pro tempore altissimo pro sua et progenitorum ac heredum et consanguineorum suorum animarum salute famulaturorum cum Ecclesia, Ortis, Ortaliciis, Campanii, Campanis et aliis necessariis officinis fundare, construere, erigere et edificare seu fundari, construi et edificari facere serventer exoptat dummode sibi super hoc Sedis Apostolice suffragetur auctorias.“ – Der langen und (hier nicht wiedergegebenen) längeren Rede kurzer Sinn: Papst Nikolaus gewährt dem Grafen Gerhard von der Mark sowie seinen Nachkommen für deren Seelenheil die Gründung eines Franziskaner-(Observanten-)Klosters in Hamm mit allem, was dazugehört: Kirche, Gärten, Garteneinrichtungen, Kirchturm, Feldern und den nötigen Werkstätten. (Abdruck in: Johann Diederich von Steinen, Westfälische Geschichte, T. 4, Lemgo 1760 [Nachdruck Münster 1964], Anfang Nr. 20, S. 677ff.)

[8] H. Stoob, Grundrißbild und Entwicklung der Altstadt in Hamm bis 1830, in: 750 Jahre Stadt Hamm, S. 13–21.

Söhne des Grafen von der Mark. Später ging er mit Adolf von der Mark, als dieser Bischof wurde, nach Lüttich und war dort Domherr von St. Lambert. Im hohen Alter schrieb er die erste politische Geschichte der Grafschaft, die noch heute imponiert. Darin berichtete er auch über die Gründung der Stadt Hamm.

Seit 1298 gab es in Hamm, wie in vielen westfälischen Städten, eine Lateinschule. Wer gebildet war, sprach damals Latein. 1507 verfaßte der Münsteraner Lehrer Murmellius bei einem Besuch in Hamm ein Gedicht auf die Stadt. Es trägt den Titel: ›In Praeconium Oppidi Hammonensis Marcanae gentis clarissimi Ode Sapphica‹, ›Ode an die berühmte Stadt Hamm in der Mark‹. Es hat 43 Strophen. Über den Anblick der Stadt heißt es dort:

Zwei fischreiche Flüsse umfließen die Stadt
Die Ahse teilt sich und umspült sie in zweifachem Bogen
An der vierten Seite fließ die Lippe
an der Stadt vorbei.
In dem Fluß werden Mühlen betrieben
Hier schleppen die Menschen vom Ufer Mengen
An Korn heran, damit es der harte Mühlstein zermalmt.
Breite Bohlen und ausgebreitete Zweige
bieten bequeme Sitze an den Ufern des Flusses
von denen aus eine Gruppe von Menschen
den weiten Ausblick genießt.
Hier sitzt man, erzählt und scherzt
fröhlich mit deftig gewürzten Geschichten
und offenherzig erzählen die Freunde miteinander
von ihren Liebesabenteuern.
Auf dem Wachtturm bläst der Wächter ins Horn
Mit jedem Ton zählt er die Tore der Stadt
Von den ankommenden Reitern
erhält er ein Trinkgeld.

Zum Abschluß heißt es in dieser Stadtlyrik, die übrigens allgemein beliebt war, von den Bewohnern Hamms:

Sie sind in den Künsten des Krieges wie
in denen des Friedens gleichermaßen berühmt
Ich bekenne, sie verdienen dieses Lied,
das ich nun den gelehrten Musen zur ständigen
Erinnerung überlasse.[9]

[9] Abdruck des Gedichtes bei Steinen (s. Anm. 7), S. 684–688. Die erste der hier zitierten Strophen lautet im Original:

Confluunt amnes bene pisculenti
Asa si findit, geminoque cornu
Oppidum cingit, fluitat quaterno Luppia cursus.

Die Stadt wird in diesem Gedicht als „patria“, als Vaterland bezeichnet. Dies unterstreicht die Aussage des französischen Historikers Fernand Braudel: „Die Städte sind die ersten ‚Vaterländer‘ des Abendlandes, der Patriotismus der Städter ist viel intensiver, weil bewußter als der sich nur langsam entwickeltende Patriotismus der ersten Territorialstaaten.“[10] Überhaupt zählten die deutschen Städte am Ausgang des Mittelalters zu den Schmuckstücken des damaligen Reiches und wurden überall bewundert. Doch das Bild des innerstädtischen Lebens änderte sich bald. Die Erregung, die die Reformation in Deutschland auslöste, schlug sich vor allem in den deutschen Städten nieder, vom Norden bis zum Süden. Hamm wurde lutherisch, später unter dem calvinistischen Pfarrer Gallus aus Deventer, der 1561 nach Hamm kam, reformiert. Es blieb seitdem ein Zentrum der Reformierten in der Mark. Nachbarorte wie Rhynern, Herringen und Uentrop schlossen sich im 17. Jahrhundert dem reformierten Bekenntnis an. Nur Mark blieb lutherisch.[11]

Murmellius aus Roermond verfaßte auch ein Gedicht auf die Stadt Münster. Zur humanistischen Stadtlyrik, damals sehr en vogue, vgl. O. Borst, Babel oder Jerusalem? Sechs Kapitel Stadtgeschichte, Stuttgart 1984, S. 60ff. – Johannes Murmellius (1480–1517) stammte aus dem heute holländischen Roermond. Er besuchte wie der 16 Jahre ältere Erasmus von Rotterdam zuvor die Schule von Alexander Hegius in Deventer, damals ein Zentrum des nordwestdeutschen Humanismus, anschließend die Universität Köln, wo er 1500 das Lizentiat erwarb und später zum Magister promovierte. Er wurde Konrektor an der Domschule in Münster unter Rudolf von Langen, der sich bemühte, Münster zu einer modernen humanistischen Hochschule auszubauen. Als 1506 die Pest in Münster ausbrach, siedelte Murmellius vorübergehend nach Hamm über. Er wohnte im Haus des Pfarrers der Stadtkirche Hermann Gockelen. Aus den Gesprächen und Kontakten mit den Freunden in Hamm entstand 1507 das Gedicht auf die Stadt Hamm, das einige konkrete historische Detail einfängt, in anderen Strophen die Stadt bewußt typologisiert und lediglich als Topos verwendet. Aber auch die Typologisierung hat eine Funktion. Sie belegt, wie wichtig die Humanisten die Städte nahmen, die ja das Umfeld ihrer eigenen Tätigkeit bildeten.

[10] F. Braudel, Die Geschichte der Zivilisation. 15. bis 18. Jahrhundert, München 1971, S. 599.

[11] A. Schröer, Die Reformation in Westfalen. Der Glaubenskampf einer Landschaft, 2 Bde., Münster 1979ff. – Cleve-Mark verfolgte eine eher ausgleichende Politik zwischen den Konfessionen im 16. Jahrhundert (Albrecht Stenger, Quellen zur westfälischen Kirchengeschichte: Westfälische Kirchenordnungen des 16. Jahrhunderts, Bd. 1 [Soest 1532, Cleve-Mark-Ravensberg 11533, Neuenrade 1564]), Dortmund 1942. – Der älteste Bericht über die Reformationsgeschichte Hamms ist eine Denkschrift des reformierten Predigers Johann Hoffmann vom Anfang des 17. Jahrhunderts, der in sich bereits eine authentische Quelle ist und anschaulich die Enge und Ängstlichkeit des innerstädtischen Konfessionalismus belegt, der nach der anfänglichen Aufbruchstimmung der Reformation zu Beginn des 16. Jahrhunderts bald

1609 ging die Grafschaft Mark an den Kurfürsten von Brandenburg über, damit auch die Stadt Hamm. Es begann die preußische Zeit. An die Stelle der markgräflichen „Burgmannen“ trat eine brandenburgische Besatzung, an deren Spitze ein Offizier als Kommandant stand. Ein neuer Zug kam in die Stadt. 1655/57 wurde das „Gymnasium illustre“ errichtet, an dem auch wissenschaftliche Fächer wie reformierte Theologie, Philosophie und Jura von den neuen Professoren gelehrt wurden.[12] Gleichzeitig wurde eine Druckerei eingerichtet. Das kulturelle Niveau der Stadt hob sich. Man hatte es auch nötig. Denn in den letzten 40 Jahren war die Stadt arg mitgenommen worden. Während des Dreißigjährigen Krieges war sie verteidigt und erobert worden, die Besatzungen hatten ständig gewechselt. 1634 klagte der Rat: „Wir sind mit einmal garaus gemacht und gleichsam zu einem dürren Halm geworden.“[13] Der Glanz der früheren Hansestadt war vorbei.[14] Die Städte am Hellweg sanken damals zu unbedeutenden Ackerbürgerstädten herab. In den kurfürstlichen Erlassen wurde man jetzt als „Untertanen“ bezeichnet. Der Stolz des mittelalterlichen Bürgertums war dahin.[15] Es gibt einen bekannten Kupferstich von Hamm von Matthäus Merian aus dem Jahre 1647. Die Stadt wirkt dort ungewöhnlich schmuck und geordnet. Ein Reiter mit einem Knecht zu Fuß nähert sich im Vordergrund des Stiches der Stadt, die von einer mächtigen Befestigungsanlage eingefaßt ist. Aber das Bild ist trügerisch. Es waren nicht mehr der Rat, sondern die jeweiligen Besatzungstruppen, die diese Anlagen erstellt hatten. Informativer ist schon der Begleittext, der die Stadt dem deutschen Publikum vorstellte. Hamm habe, so heißt es dort mitleidsvoll, seit dem Tod des letzten märkischen Landesherren und den Erbfolgekriegen „viel ausstehen und von solcher Zeit an eine Besatzung unterhalten müssen“.[16]

den religiösen Alltag der Städte bildete. Im Kern ging es in diesem Bericht um die Abwehr einer zweiten (lutherischen) Kirche in Hamm, die der Kurfürst von Brandenburg für seine lutherischen Soldaten in der Stadt errichten wollte. Die Reformierten wehrten ab, da sie ihre eigene Position gefährdet sahen.

[12] A. Hartlieb von Wallthor, Höhere Schulen in Westfalen vom Ende des 15. bis zur Mitte des 19. Jahrhunderts, in: Westfälische Zeitschrift 107 (1957), S. 1–105.

[13] H. Rothert, Westfälische Geschichte, Bd. 2, Münster [4]1951, S. 167.

[14] Hamm hatte in der Hanse allerdings nicht eine so zentrale Rolle gespielt wie die nahe gelegene Stadt Soest. Einen guten Überblick über die Hanse in Nordwestdeutschland gibt: Ph. Dollinger, Die Hanse, Stuttgart [2]1976.

[15] Zur preußischen Verwaltung in der Grafschaft Kleve-Mark im 18. Jahrhundert: Rothert (s. Anm. 13), Bd. 3, S. 295–303.

[16] Topographia Westphalica 1647 (Nachdruck Münster 1961). Über das Hammer Stadtleben während des Dreißigjährigen Krieges wird dort berichtet: „Anno 1622 war diese Statt von den Ligisten erobert. Anno 1633 im Decembri hat die Hessische Besatzung eingenommen. Folgendes haben die Kaiserlichen in ihren Gewalt ge-

Aber selbst in so turbulenten Zeiten, wie sie Grimmelshausen in seinem Roman ›Simplicissimus‹ (der ›Jäger von Soest‹) von 1668 einfing, ging der Alltag in Hamm weiter, er mußte weitergehen. Wie sich das abspielte, kann man der Wochenmarktordnung entnehmen, die der Rat während des Krieges, 1635, erließ. Das hörte sich in der damaligen Sprache so an:

Allerhand eßbare Waaren sollen zum fehlen (feilen) Kauf aufs Markt gebracht werden mogen als:

1. Ochsen, Kühe, Rinder, Schweine, Kälber, Schäfe vett und mager,
2. Gänse, Hüenner, Enten, Eier, Tauben und dergleichen,
3. Feld- und Gartengewechs, Bohnen, Erbsen, Wurtzeln, Kabbus, Koel, Salat, Rüben und dergleichen,
4. Fettwaaren, Butter, Keese, inländischen und frembden Stockfisch, Heringk, Bulck, Schollen, auch frische Fische und dergleichen,
5. Speck, Schinken, Wurst,
6. Salz und Ziebel pp.
7. Aepfel, Birnen, Nüß pp.

Jedes soll seinen besonderen Stand und Ort haben, lebendig Viehe soll gegen dem Rathaus uber, zwischen der Kirchhofsmaueren und Markt stehen, das Federwerk (Federvieh) aber vorne auf dem Kirchhof, Fettwaar und was darunter gehört auf den Fischbänken, Salz daneben auf einer besondern Bank, Garten- und Baumfruchte unter dem Bogen gegen dem Markt.

Die Becker behalten ihren alten Stand unter dem Bogen in der Höckerei, und soll ein jedweder Becker auf den Markttagen ein Tisch mit Brod, so er will, mogen fehl haben (anbieten). Die Fleischhever (Fleischhauer) haben ihren alten Platz vur und in der Scherne. Schmedde (Schmiede), Schuhmacher, Kramer, Höltzen- und Pottkrämer wissen auch ihren Ort.[17]

Inzwischen war aus dem Kurfürstentum Brandenburg 1701 das Königreich Preußen geworden, zwar anfangs noch in Europa belächelt. Unter Friedrich Wilhelm I. entwickelte sich der preußische Militärstaat, und die Macht der Zentralbehörden wurde von Jahrzehnt zu Jahrzehnt stärker.[18] Vor allem brauchte der junge Staat Geld. Diesem Anspruch fiel die Steuerhoheit der Gemeinden weitgehend zum Opfer und bald auch der Kern der

bracht. Daher im Mayen deß 34 Jahrs die Lüneburg- und Hessische wider darvor kommen und die Statt in der Nacht mit stürmender hand ersteigen. Anno 1636 bekam solche der keyserisch Feld-Marshall Götz in seinen Gewalt. Anno 41 litten die Hessischen vor Hamm Schaden, als sie solche Ort in Octobri zu erobern versuchten."

[17] A. Overmann, Die Stadtrechte der Grafschaft Mark: Hamm, Münster 1903, S. 82.

[18] Zur inneren Entwicklung in Preußen: F. L. Carsten, Die Entstehung Preußens, Frankfurt a. M. 1981; H. Boldt, Deutsche Verfassungsgeschichte, Bd. 1, München 1984, S. 208–246. Generell: G. Barudio, Das Zeitalter des Absolutismus und der Aufklärung 1648–1779 (Fischer Weltgeschichte, Bd. 25), Frankfurt a. M. 1981.

städtischen Freiheiten, die Selbstverwaltung. Von Berlin aus begann man die Städte der Mark zu „reformieren", wie es hieß. Der Magistrat wurde fortan vom König bestellt, nicht mehr von der Bürgerschaft und den Fürsten gewählt. Die Ratsmitglieder wurden auf Lebenszeit mit festumschriebenen Aufgaben bestellt. Die Reform hatte aber nicht nur negative Aspekte. Sie beendete zugleich den Klüngel alteingesessener Familien, die den deutschen Städten seit dem 17. Jahrhundert einen fast inzüchtigen Charakter verliehen, wie ihn der englische Historiker Mack Walker in seinem Buch über die ›German Home Towns‹ (1971) beschrieben hat.[19]

Der Verwaltungsreform der Städte folgte die Reform der ländlichen Verwaltung. 1753 wurde die Mark in vier Landkreise aufgeteilt. Hamm wurde Sitz eines der vier neuen Landratsämter. Die Landräte wurden dem König von den Ständen vorgeschlagen. Es kamen aber nur Adelige in Frage. Ihnen wurde ein bürgerlicher Kreisschreiber beigegeben, der sich nicht selten als der Überlegene von beiden erwies. Auch die Justiz wurde gänzlich von den Städten gelöst. Im Zuge der Justizreform wurde 1749 in Unna, Hagen, Altena, Lüdenscheid, Bochum und Hamm jeweils ein Landgericht für Zivilsachen eingerichtet, das kollegial und nicht mehr von Einzelrichtern geführt wurde. Der Reformer Cocceji hatte in seiner Untersuchung für den König die damaligen Richter als „privilegierte Räuber" bezeichnet.[20]

[19] Über die eigenartige innerstädtische Kultur der deutschen Klein- und Mittelstädte schreibt Mack Walker in seiner zusammenfassenden Analyse über ›German Home Towns. Community, State and General Estate. 1648–1871‹ (Ithaca u. London 1971, S. 5): „Aber die deutsche ‚Heimatstadt' konnte nicht in einem Zustand der Bewegung und des Wandels leben; Stabilität und Abgeschlossenheit waren die Bedingungen ihrer Existenz." Walker weist darauf hin, daß die Unterschiede zwischen den (freien) Reichsstädten und den (abhängigen) Landstädten faktisch nicht so groß waren, wie es dem Unterschied in dem verfassungsrechtlichen Status entsprach. "Home towns" gab es überall in Deutschland. Die innere Atmosphäre dieser Städte, ihr Lebens- und Konversationsstil wird einprägsam in der kleinen Verserzählung ›Hermann und Dorothea‹ (1798) von Goethe eingefangen, insbesondere in dem dritten Gesang, überschrieben ›Die Bürger‹. Auch in Hamm pflegten bürgerliche Kaufleute, Geistliche, Offiziere und Lehrer des Gymnasiums im 18. Jahrhundert den Kontakt miteinander. Später im 19. Jahrhundert traten an die Stelle der Offiziere die Anwälte und Richter des Oberlandesgerichts. Die auf Behaglichkeit eingerichtete innerstädtische Kultur blieb dabei erhalten.

[20] Cocceji berichtete 1749 über die Gerichtsverhältnisse in Kleve-Mark an Friedrich den Großen: „Die meisten Richter sind unvernünftige und hungrige Leute, die in ihrem Distrikt allein regieren, keine Assessores haben, folglich niemand ist, der ihnen auf die Hände Achtung geben kann. Sie sind privilegierte Räuber, welche von keiner Ordnung wissen, die Prozesse in der äußersten Konfusion traktieren und die Untertanen durch die schwere Prozeßkosten bis aufs Blut aussaugen" (vgl. Rothers [s. Anm. 15], S. 303).

Hamm entwickelte sich im 18. Jahrhundert zu einer Festungsstadt als Sitz des 9. Regiments, das lange Zeit im Stadtinnern untergebracht war. Das Garnisonsleben prägte auch den Alltag.[21] Vorübergehend kam Hamm im 18. Jahrhundert mit, wenn man so will, weltpolitischen Vorgängen in Berührung: 1761 spielte sich nicht allzuweit vor den Toren Hamms entfernt am 15. und 16. Juli die Schlacht bei Vellinghausen ab, bei der sich ein französisches Heer und eine Armee preußischer, braunschweigischer und englischer Truppen gegenüberstanden.[22] Es war der Siebenjährige Krieg, bei dem es auch um britisch-französische koloniale Auseinandersetzungen in Nordamerika und Indien ging. Von Hamm aus konnte man das Donnern und die Rauchwolken der abgefeuerten Kanonen beobachten. Die Stadt selbst blieb unberührt. Zivil und Militär lebten im 18. Jahrhundert in zwei voneinander getrennten Welten nebeneinander. Es waren Kabinetts-, keine Volkskriege. Reste dieser Begegnung Hamms mit der Weltgeschichte werden heute noch gelegentlich auf den Äckern zwischen Hamm-Ost und Vellinghausen gefunden: Gewehrkugeln, Uniformknöpfe und ähnliches.

Die zweite Begegnung mit der Weltpolitik hing gleichfalls mit dem preußischen Status der Stadt zusammen. König Friedrich Wilhelm II. erlaubte in den 1790er Jahren adeligen französischen Emigranten, sich vorübergehend in Hamm niederzulassen, bis die Revolution in Frankreich beendet sei. Unter ihnen befanden sich zwei spätere Könige der Restaurationszeit von 1815 bis 1830: Ludwig XVIII. und Karl X. Anfangs profitierte man von dem Besuch und staunte über das ungewohnt freie Leben des französischen Adels. Doch nahm das Interesse bald ab. Die Einwohnerzahl betrug 1722 3250, 1763, zum Ende des Siebenjährigen Krieges, 1694. Sie ging bis 1800 nicht über 4000 hinaus. Es gab viele Städte in Deutschland in dieser Größenordnung.[23]

Seit dem 15. Jahrhundert lag der Schwerpunkt der städtischen Wirtschaft bei der Herstellung von Leinen. Nach einem Steuerbericht von 1722 gab es 234 Gewerbetreibende, davon 51 Leinenweber und sieben Wollentuchmacher. An zweiter Stelle der Häufigkeit folgten 41 Kuchen- und Brotbäcker.

[21] Zum preußischen Militäralltag: K. Schwieger, Militär und Bürgertum. Zur gesellschaftlichen Prägekraft des preußischen Militärsystems im 18. Jahrhundert, in: D. Blasius (Hrsg.), Preußen in der Deutschen Geschichte (Neue Wissenschaftliche Bibliothek, Bd. 111), Königstein/Ts. 1980, S. 179–200. (Der Beitrag geht auch detailliert auf die Verhältnisse in der Mark ein.)

[22] Es existiert ein rührender Augenzeugenbericht, der deutlich macht, wie distanziert das städtische Bürgertum dem gesamten militärischen Geschehen gegenüberstand. Man hatte nur Mitleid mit den verwundeten und gefallenen Soldaten gleich welcher Partei. Es gab keinen Kriegsrausch im 18. Jahrhundert (J. A. Möller, Spezial-Geschichte von Lippstadt, Lippstadt 1788, S. 215ff.).

[23] Hamm. Chronik einer Stadt, S. 80 und 194.

Es gab 21 Fleischhauer, zehn Gastwirte, neun Keut- und Bierbrauer, vier Wein- und Branntweinschenken, 20 Branntweinbrenner. Ferner 28 Schneider, ebenso viele Schuster, 18 Hufschmiede, 15 Maurer, zehn Faßbinder, acht Schlosser, zehn Lohgerber, acht Wollspinner, acht Bandwirker, sechs Sattler, acht Schreiner, fünf Apotheker und fünf Buchbinder, vier Glasmacher, sieben Barbiere und drei Perückenmacher, dazu noch einige andere Berufe.[24] Man produzierte also primär für den lokalen Bedarf, nicht zuletzt für den Magen. Nur das Leinengewerbe war exportorientiert. Die Waren gingen über Holland bis nach Westindien. Zweimal in der Woche kamen die Bauern zum Markttag. An der Lippe und Ahse befanden sich weiterhin mehrere Mühlen. Im übrigen bemühten sich die Zünfte, neue Gewerbe, wie sie Friedrich der Große wünschte, zu verhindern. So wurde Hamm im 18. Jahrhundert eine typisch deutsche Mittelstadt mit einer gehobenen Mittelschicht aus Offizieren, Beamten, Geistlichen und Gymnasiallehrern, einer breiteren Schicht von Handwerkern, Gewerbetreibenden und kleineren Kaufleuten und einer namenlosen, aber sicherlich vorhandenen Schicht von Bediensteten. Lediglich zwei erhalten gebliebene Bürgerhäuser erinnern noch heute an diese Zeit.[25] Der Charakter der Leinenweberstadt wurde bereits sichtbar, wenn man sich der Stadt näherte. Ringsum wurde Flachs angebaut, die Wiesen an der Lippe und Ahse und zwischen den Stadtwällen wurden als Bleichen benutzt.

1763 ließ Friedrich der Große die Festungsringe schleifen. Auf den Wällen, die man einst verteidigt hatte, ging man jetzt spazieren. Die Stadt wurde offener. Zu dieser Zeit wurde Friedrich von Wolffersdorff als Kommandant von Hamm bestellt, ein geborener Haudegen mit jovialen Umgangsformen. Er schaltete und waltete in der Stadt wie ein Präfekt, ließ Straßen pflastern, sorgte für Sauberkeit und Ordnung und kümmerte sich um die städtischen Anlagen. Bürgermeister, Magistrat und Zünfte behandelte er wie Lakaien. Ein bis heute erhalten gebliebenes Denkmal schuf er sich mit dem vierspurigen Ausbau der Ostenallee, der Anlage des Exerzierplatzes am Ostentor und einer 88 Meter langen Kaserne am Westentor, für deren Bau er die Steine der alten Burg Mark verwendete.[26] Das war militä-

[24] Die Angaben beruhen auf einem Bericht des Steuerrats Motzfeld aus dem Jahre 1722 (s. Anm. 22), S. 195.

[25] G. Kaldewei, Stuniken und Vorschulze. Zwei Hammer Bürgerhäuser. Eine hausgeschichtliche Studie, Hamm 1982. – Die erste Stadtgeschichte: J. A. Möller, Kurze historisch-genealogisch-statistische Geschichte der Hauptstadt Hamm und der ursprünglichen Entstehung der Graftschaft Mark, Hamm 1803 (Nachdruck: Osnabrück 1975).

[26] Etwas verharmlosend: H. H. Klein, Karl Friedrich von Wolffersdorff. Ein streitbarer Sachse im Dienste Friedrichs des Großen, Osnabrück 1984. – Kritisch über die militärisch-politische Funktion des Städtebaus in Garnisons- und Residenz-

rischer Städtebau im Zeitalter des Barock. In dieser Zeit entstand auch die dritte städtische Kirche, die Luther-Kirche.

Dem Ziel der preußischen Politik, die Mark wirtschaftlich stärker auszubauen, diente die Errichtung der Kriegs- und Domänenkammer – eine typisch barocke Bezeichnung – 1787 in Hamm. Ihr Direktor wurde Karl Freiherr vom Stein.[27] Stein sammelte seine ersten Erfahrungen in Politik und Verwaltung in Westfalen. Über die Besuche Steins in Hamm berichtete der Prediger und spätere Bischof Eylert in seinen Erinnerungen: „Die Sitzungen der Kollegien waren dann kürzer als gewöhnlich und alles auf die Sache selbst gerichtet, mußte schneller gehen ... Anregen, wecken, neue Zustände ... herbeiführen, Hindernisse niedertreten, treiben und jagen, war die Seele seiner Tätigkeit." Das war etwas ungewohnt. Über seine eigene Begegnung als junger Prediger mit Stein in Hamm berichtet Eylert: „Von dem reichen Geiste des Mannes, seiner Lebendigkeit und Wärme, fühlte ich mich damals (27 Jahre alt) mächtig angezogen, und um ihn öfter zu sprechen, ging ich abends in die Ostenallee, wo er gewöhnlich in der Dämmerung zu spazieren pflegte, und wo er dann mich anredete, so daß ich mit ihm gehen durfte. Mir war das immer ein Fest; denn jedesmal wurde ich von dem seltenen Manne angeregt, belebt und begeistert ... Bald darauf wurde ich sein Amanuensis (Sekretär), der vorzüglich nach der Jenaer Literatur-Zeitung, nach der allgemeinen Deutschen Bibliothek und nach den Rintel'-schen Annalen dem vielbeschäftigten Manne kurze Vorträge über die neu erschienenen Bücher halten mußte. Gewöhnlich wählte er dazu die Tischzeit, und ließ er zwei Portionen drei Speisen von dem Stadtkeller holen. Bei dem frugalen Mahle war der gesunde Mann gesprächig, heiter, humoristisch, vorzüglich sarkastisch. Bei gutem Wetter wurde der Kaffee gewöhnlich im Garten in einer Laube getrunken."

Stein war eine energische und schwierige Persönlichkeit, zielbewußt und gradlinig. Als späterer Minister scheute er sich nicht, sich mit der Berliner Hofkamarilla anzulegen – und wurde im Januar 1807 entlassen. Damals

städten: L. Mumford, Die Stadt. Geschichte und Ausblick, Bd. 1, München 1979, S. 430f. – Eine anschauliche Beschreibung der selbstherrlichen Aktivitäten Wolffersdorffs, der gelegentlich in der Nacht Bürgermeister und Magistrat der Stadt in Nachtgewand und Zipfelmütze zu sich zitieren ließ, um sie auf hygienische oder bauliche Mißstände in der Stadt aufmerksam zu machen, liefern die Erinnerungen Eylerts (R. F. Eylert, Charakter-Züge und historische Fragmente aus dem Leben des Königs von Preußen Friedrich Wilhelm III., Dritter Theil, 1. Abt, Magdeburg 1846).

[27] Am informativsten, wenngleich in der historisch-politischen Zuordnung nicht mehr haltbar, ist nach wie vor die Biographie von G. Ritter, Freiherr vom Stein. Eine politische Biographie, [1]1931 (Nachdruck als Fischer-Taschenbuch, Frankfurt a. M. 1983).

konzipierte er, vorübergehend im Ruhestand, seine berühmte ›Nassauer Denkschrift‹, in der er eine Reform der preußischen Politik und Verwaltung vorschlug.[28] Zwei Maßnahmen, die Bauernbefreiung und die Städteordnung von 1808, konnte er – erneut Minister, aber nur für ein Jahr – noch selbst einleiten. Die Tradition der modernen kommunalen Selbstverwaltung, die Stein begründete, ist die älteste politische Tradition, die die deutsche Geschichte vorzuweisen hat. Sie hat alle Umbrüche von 1815, 1871, 1918, 1933 und 1945 überdauert und diente den Verfassungsberatungen der Weimarer Nationalversammlung 1919 als Anregung für eine demokratische Neuordnung der deutschen Politik. Das Neue an der Städteordnung vom 19. November 1808 war der § 73, der besagte:

„Die Wahl der Stadtverordneten nach Ordnungen, Zünften und Korporationen in den Bürgerschaften wird hierdurch völlig aufgehoben. Es nehmen an den Wahlen alle stimmfähigen Bürger Anteil, und es wählt jeder lediglich als Mitglied der Stadtgemeinde ohne alle Beziehungen auf Zünfte, Stand, Korporation und Sekte.“

Der neue Begriff des Bürgers dieser Städteordnung war der des „Staatsbürgers“, jedenfalls im Prinzip, unabhängig von ständischen und sonstigen Bindungen.[29] Die aus der Bürgerschaft gewählten Stadtverordneten wählten den Magistrat, dem die eigentliche Verwaltung der Stadt zukam. Das war das Neue. Die sogenannte ›Revidierte Städteordnung‹ von 1831 wurde 1835 auch in Hamm eingeführt, allerdings schränkte sie das Bürgerrecht durch einen Vermögenszensus ein. Später wurde auch in den Gemeinden das Dreiklassenwahlrecht eingeführt, das in Preußen bis 1918 galt. In der Regel waren bis 1918 selten mehr als zehn Prozent der Einwohnerschaft

[28] In dieser Denkschrift findet sich auch Steins politische Philosophie: „Auch meine Diensterfahrung überzeugt mich innig und lebhaft von der Vortrefflichkeit zweckmäßig gebildeter Stände, und ich sehe sie als ein kräftiges Mittel an, die Regierung durch die Kenntnisse und das Ansehen aller gebildeten Klassen zu verstärken, sie alle durch Überzeugung, Teilnahme und Mitwirkung bei der National-Angelegenheit an den Staat zu knüpfen, den Kräften der Nation eine freie Tätigkeit und eine Richtung auf das Gemeinnützige zu geben, sie vom müßigen sinnlichen Genuß oder von leeren Hirngespinsten der Metaphysik, oder von Verfolgung bloß eigennütziger Zwecke anzulenken und ein gut gebildetes Organ der öffentlichen Meinung zu erhalten, die man jetzt aus Äußerungen einzelner Männer oder einzelner Gesellschaften vergeblich zu erraten bemüht ist“ (Denkschrift Steins ›Über die zweckmäßige Bildung der obersten und der Provinzial-, Finanz- und Polizey-Behörden in der preußischen Monarchie‹ [Nassauer Denkschriften vom Juni 1807], in: E. Botzenhart [Hrsg.], Freiherr vom Stein, Briefe und amtliche Schriften, Bd. 2, Stuttgart 1959, S. 380–398, hier: S. 391).

[29] E. Botzenhart, Karl Freiherr vom Stein 1757–1831, in: Die Großen Deutschen. Deutsche Biographie, hrsg. v. H. Heimpel, T. Heuss, B. Reifenberg, Frankfurt a. M. 1956, S. 413–432.

wahlberechtigt. Mit der Wahl der Stadtverordneten begannen die Anfänge der Partei- und Fraktionsbildungen in den Städten, zunächst in Form von Honoratiorenklubs. Kommunalpolitik hatte im 19. Jahrhundert noch einen vergleichsweise gemütlichen Charakter. Seit 1847 waren die Sitzungen öffentlich.

Bei der administrativen Neuordnung der 1815 neugeschaffenen Provinz Westfalen verlegten die preußischen Behörden den Sitz des Oberpräsidenten nach Münster, den Sitz des Regierungspräsidenten nach Arnsberg, jeweils in katholische Gebiete, die bisher nicht preußisch gewesen waren. In Hamm war man sich der preußischen Tradition sicher. Die Stadt wurde Sitz einer der 13 jetzt neugeschaffenen Landkreise Westfalens. Die Provinz Westfalen wurde straff organisiert, dabei auch die evangelische Kirche unter Mitwirkung des früheren Hammer Predigers und späteren Hofpredigers Eylert. Die jetzt unierte evangelische Kirche Preußens war Staatskirche mit einer betont konservativen Prägung. Als Eylert erfuhr, daß sich sein Sohn während der deutschen Revolution von 1848 an dem Berliner Märzaufstand beteiligt hatte, war er so entsetzt, daß er ihn enterbte. 1848 bildeten sich in allen deutschen Städten die ersten Parteien, die auf der örtlichen Ebene nationale Fragen diskutierten: Presse- und Versammlungsfreiheit, Republik oder Monarchie, Parlament und Regierung, Kirche und Staat. Es war überall eine große Aufbruchstimmung. Aber die Revolution war nicht von Dauer. Dennoch blieben einige freiheitliche und parlamentarische Errungenschaften erhalten. Hamm zählte damals 7000 Einwohner. Der örtliche Arbeiterverein hatte Delegierte zu den Demokratenkongressen im Juni 1848 nach Frankfurt und im August 1848 nach Köln gesandt. Erstmals artikulierte sich in Hamm eine konservative und liberale Rechte und eine demokratische Linke.[30]

Der Name „Arbeiterverein" war etwas hochgegriffen. Er bestand eigentlich nur aus Schülern, Referendaren am Oberlandesgericht und Akademikern. Der führende Kopf war der damals 24jährige Friedrich Kapp. Er war der Sohn des Schulleiters des Hammer Gymnasiums, Dr. Friedrich Kapp,

[30] H.-J. Behr, Die Provinz Westfalen und das Land Lippe 1813–1933, in: Westfälische Geschichte, Bd. 2, hrsg. v. W. Kohl, Düsseldorf 1983, S. 861. – In der Mitte des 19. Jahrhunderts entstand der etwas verwaltungsmäßig trocken ausgefallene Bericht ›Beschreibung und kurze Geschichte des Kreises Hamm‹ von M. F. Esselen (Hamm 1851), zugleich ein Beleg dafür, wie schwierig es war, die verlorengegangene Tradition der eigenen Stadtgeschichte wachzurufen. – Zur Selbstverwaltung der Städte in der preußischen Provinz Westfalen vor 1848 das Kapital ›Fesselung der kommunalen Selbstverwaltung‹, in: W. Schulte, Volk und Staat. Westfalen im Vormärz und in der Revolution 1848/49, Münster 1954, S. 45–53. – Zur Entwicklung der Stadt im 19. Jahrhundert: O. Krabs, Hamm. Beiträge zur Geschichte der Stadt im 19. Jahrhundert, Diss. Göttingen 1964.

ein bekannter liberaler Schulreformer. Der junge Kapp hatte in Heidelberg und Berlin studiert und Bekanntschaften mit linksliberalen und sozialistischen Schriftstellern, unter anderen mit Ludwig Feuerbach und Karl Marx, geschlossen. Seit 1845 war er wieder in Hamm, als sogenannter „Asculator" im juristischen Vorbereitungsdienst. Am Gericht machte er sich mit seinen freien Meinungsäußerungen unbeliebt. Er organisierte für seine Freunde einen Leseverein in Hamm und abonnierte englische und amerikanische Zeitungen, weil ihm die deutschen zu reaktionär und uninformativ waren. Seiner Schwester Ida schrieb er 1845 in einem bekenntnishaften Brief: „Halte es ja nicht für etwas Zufälliges, daß jetzt auf einmal so vielfache Bestrebungen für das Wohl des Volkes auftauchen und daß die Wissenschaft mit diesen gleichen Schritt hält. Das Losungswort der neuen Zeit ist: ‚Wir wollen Menschen sein', das heißt Anerkennung unserer Rechte und gleiche Behandlung vor dem Gesetz, die freie Entwicklung unserer Fähigkeiten und Anlagen haben. Es wird freilich noch mancher den Launen der Pfaffen und Geld- und Geburtsdespoten geopfert werden, aber diese Forderung macht sich mit der ganzen Zentnerschwere ihres Gehalts täglich mehr geltend und hat, ich leugne es nicht, den gewaltsamen Umsturz alles Bestehenden zur Folge, da die jetzt Herrschenden zu blind sind, als daß sie die Winke der Zeit erkennen könnten. Du siehst, wir stehen vor großen Ereignissen. Das Mittelalter soll aufhören."[31] Das waren kraftstrotzende brüderliche Worte.

Wohl selten gingen von Hamm so starke geistig-politische Impulse aus wie zu dieser Zeit von dem jungen Kapp und seinen Freunden Christian Esselen und J. Weydemeyer. Begeistert machten sie sich im März 1848 die Ziele der deutschen Revolution zu eigen, doch spürten sie bald den Widerstand der königlichen Behörden in der Stadt. Bereits im April 1848 gab der junge Kapp auf und verließ Hamm. Im ›Hamm'schen Wochenblatt‹ erklärte er am 12. April 1848: „Zuvorderst bekenne ich offen, daß ich besiegt, wenn auch in keiner Hinsicht widerlegt bin." Er überlasse seine Gegner den Ereignissen. Er ging nach Frankfurt, später nach Paris und emigrierte 1850 in die USA. Dort begann er eine äußerst erfolgreiche Karriere als Rechtsanwalt, Schriftsteller und Mitglied der Republikanischen Partei. Seine kommunistischen Jugendträume verblaßten. Aber er blieb ein Liberaler, kämpfte gegen die Sklaverei und später nach seiner Rückkehr nach Deutschland gegen den Antisemitismus. Er schrieb kritische Bücher über den Soldatenhandel deutscher Fürsten im 18. Jahrhundert und eine große Biographie des deutsch-amerikanischen Generals von Steuben. In den 1870er Jahren wurde er nationalliberaler Stadtverordneter in Berlin, Land-

[31] H.-U. Wehler, Vom radikalen Frühsozialismus des Vormärz zur liberalen Parteipolitik der Bismarckzeit: Friedrich Kapp, 1842–1884, in: H.-U. Wehler, Krisenherde des Kaiserreichs 1871–1918, Göttingen 1970, S. 240.

tagsabgeordneter und Reichstagsabgeordneter und – zeitweilig – Bismarckverehrer und Vorstandsmitglied der „Deutschen Bank". Er starb 1884. Sein Sohn Wolfgang geriet später in rechtsradikale Fahrwasser: Er initiierte den „Kapp-Putsch" von 1920. Dieser Lebenslauf Friedrich Kapps, der in einer gebildeten Bürgerfamilie in Hamm und am „Hammonense" begann, war ungewöhnlich. 1970 schrieb der Historiker H.-U. Wehler: „Friedrich Kapp ist in Vergessenheit geraten. Keine neuere Geschichte des 19. Jahrhunderts erwähnt ihn, kein Examenskandidat braucht sich seiner zu erinnern. Name, Leistung und Werk sind den allermeisten unbekannt. Vor 100 Jahren war das freilich anders: Den einen war er als radikaler 1848er ein Begriff, den anderen als einer der Führer der Deutsch-Amerikaner."[32]

In den Jahren 1847 bis 1850 wurden zwei planerische Entscheidungen für Hamm getroffen, die seitdem das Gesicht der Stadt grundlegend veränderten und die Entwicklung Hamms zu einer Industriestadt begründeten: die Errichtung der Bahnlinie Köln – Hamm – Minden 1847, die von dort über Hannover nach Berlin weitergeführt wurde, und diese kreuzend die Bahnlinien nach Münster und Paderborn. Die Bahn führte westlich an der Stadt vorbei, durchschnitt also nicht den alten Stadtkern, sondern bildete eine Verkehrstangente außerhalb der Stadt. Jenseits dieser Tangente im Hammer Westen entstand jetzt ein neues Industriegebiet und später, kurz vor dem Ersten Weltkrieg fertiggestellt, der Hafen an dem neuen Datteln-Hamm-Kanal. Die Geschichte Hamms ist seitdem zu einem wesentlichen Teil Wirtschaftsgeschichte. Begünstigt durch die Transportsituation von Bahn und Kanal veränderte die Industrie das Gesicht der Stadt und schuf jene für die heutige Situation so charakteristische Stadtlandschaft, in der Industriewerke, Zechenanlagen, ein spinnennetzartig sich ausdehnendes Straßennetz zwischen der Altstadt und den kleineren, um den Kern liegenden Ortschaften schließlich das heutige Konglomerat der Großstadt Hamm entstehen ließen, die sich mit Heessen und Bockum-Hövel heute über die Lippe hin erstreckt. Inmitten dieser Stadtlandschaft, die durch den Wirtschaftsverbund und durch die Administration zusammengehalten wird, aber nicht einheitlich gewachsen ist, finden sich immer noch idyllische Oasen in den Ortskernen von Uentrop, Mark, Rhynern, Pelkum und Herringen, an den Ufern der Lippe im Osten, in Bad Hamm und den Schlössern Oberwerries, Heessen, Bockum-Hövel und Uentrop.

Die ersten Bemühungen um industrielle Unternehmungen kamen noch aus Hamm selbst. Wilhelm Hobrecker, der 1820 an der Lippe am Nordentor sein mit Wasserkraft betriebenes Eisenwalzwerk errichtete, war ein ansässiger Schlosser und Schmiedemeister. Der nächste größere Unternehmer, Jo-

[32] A. a. O., S. 237. – Dazu: Friedrich Kapp, Briefe. 1843–84, hrsg. v. H.-U. Wehler, Frankfurt a. M. 1969 (Sammlung Insel).

seph Cossack, kam aus Neheim-Hüsten. Er kaufte 1853 einige Grundstücke in der Westenfeldmark in unmittelbarer Nähe der Bahn und baute hier seine Fabrikanlage, die gleichzeitig Drahtzieherei und Eisengießerei betrieb. Die Firma Hobrecker kam nach und siedelte sich in unmittelbarer Nachbarschaft des Konkurrenten an. Aus beiden Unternehmen entstanden die Westfälische Drahtindustrie und die Westfälische Union (heute Thyssen). Der Magistrat unterstützte die Entwicklung. Begünstigt wurde die Industrie durch den wachsenden Bedarf an Telegraphendraht. Doch blieb die Schwerindustrie vorerst von Hamm fern. Die Halbfabrikate wurden aus Dortmund bezogen.

Mit den Fabriken kamen die Arbeiter. Sie siedelten sich in unmittelbarer Nachbarschaft ihrer Werke an. Arbeiterschaft und Bürgertum waren durch die Bahn voneinander getrennt. Aber die Klassentrennung schlug nicht gleich in einen Klassengegensatz um. Bezeichnenderweise benannte man die Hauptstraße des neuen Stadtteils, die Pelkumer Straße, nach dem preußischen König als Wilhelmstraße. Cossack stiftete für seine Arbeiter 1865 eine katholische Kapelle, die er Joseph-Kapelle nannte. Sie bildete den Grundstein der späteren Kirchengemeinde. Alles blieb hier in der Nähe: Arbeit, Arbeitsstätte, Taufe und Beerdigung, eine kleine Welt für sich. Fernweh kannte man noch nicht. Man war genügsam. Bei der Einweihung der Kapelle veranstalteten die Arbeiter einen Fackelzug. Die Altstadt feierte mit.

1860 wurde das erste Bahnhofsgebäude errichtet, aus rotem Klinker, mit Türmen und Zinnen, wie ein Kastell, altdeutsch, mehrgeschossig. Die langen Fensterreihen blickten überlegen auf die gegenüberliegende Altstadt: ein Symbol der neuen Zeit. Die Reichsgründung von 1871 führte zu einer Reorganisation des deutschen Justizwesens. Das Oberlandesgericht wurde 1879 als Appellationsgericht für Westfalen errichtet und erhielt 1894 ein repräsentatives, monumental wirkendes Gebäude. Sein Zuständigkeitsbereich erfaßte in den 1920er Jahren eine Bevölkerung von fünf Millionen.

Jahrzehnte später, in der NS-Zeit seit 1933, wurde hier ein Sondersenat für „Hochverratsprozesse", vornehmlich zur Aburteilung von Kommunisten aus dem rheinisch-westfälischen Industriegebiet, gebildet.

Hier liefen, für den Außenstehenden unsichtbar, die Fäden des Alltags im Ruhrgebiet, soweit sie sich in Zivil- und Strafrechtssachen niederschlugen, in Akten gebündelt, zusammen. Der preußische liberale Kultusminister Falk (1827–1900) erhielt, nachdem er von Bismarck fallengelassen worden war, das Präsidium des Oberlandesgerichts. Ein führender liberaler Politiker war Hammer Bürger geworden.

So hatte die Stadt gegen Ende des 19. Jahrhunderts auch mit dem neuen altdeutsch wirkenden Gebäude des Landratsamts am Westentor ein neues, städtebauliches Gesicht bekommen. Rat und Magistrat betrieben die Erhebung der jetzt über 30000 Einwohner zählenden Stadt zu einer Kreisfreien Stadt. Dies wurde 1901 verwirklicht. Damit war der Zuständigkeitsbereich der örtlichen Verwaltung erweitert. 1929 ging der Sitz des Landkreises an die Stadt Unna über.

Im 19. Jahrhundert liegen auch die Anfänge des Zeitungswesens in Hamm. Es entstand eine lokale publizistische Öffentlichkeit. Seit 1822 besteht eine lokale Zeitung, das ›Hamm'sche Wochenblatt‹, aus dem später der ›Westfälische Anzeiger‹, seit 1892 als Tageszeitung, hervorging. Seine politische Orientierung war im Kaiserreich nationalliberal. Seit dem Ende des 19. Jahrhunderts erschien der ›Westfälische Kurier‹, ein Zentrumsblatt, und 1919 ›Der Hammer‹, ein SPD-Blatt.[33] Die Garnison wurde 1877 aufgelöst. Die Uniform verschwand aus dem Alltagsbild. Die Soziologie der Stadt schichtete sich allmählich um. Die Kommunalpolitik wurde allerdings nach wie vor von den oberen bürgerlichen Gruppen gestaltet. Konfessionell übertraf inzwischen der katholische den evangelischen Bevölkerungsteil. Als dritte Konfession bestand in Hamm seit dem Mittelalter eine jüdische Gemeinde, die eine eigene Grundschule unterhielt. Es gab wie überall in der damaligen deutschen Gesellschaft Spannungen zwischen den Konfessionen und Parteien, die sich besonders in Wahlkämpfen entluden. Aber insgesamt war das Klima in Hamm zwischen den politischen Gruppen und Konfessionen wohl eher liberal. Der Vorsitzende der Stadtverordnetenversammlung war über 25 Jahre lang bis zum Ersten Weltkrieg Eduard Windthorst, ein kämpferischer Liberaler und Hammer Rechtsanwalt, ein Verwandter des Zentrumspolitikers.[34] Jüdische Kaufleute gehörten der Stadtverordnetenversammlung an. Ein toleranter Geist spricht auch aus der plattdeutschen Stadtgeschichte ›Geschichte van diär Stadt Hamm‹, die Eduard Raabe schrieb, und aus der Festschrift zum 700jährigen Bestehen der Stadt von 1926.[35] Die politische Kultur Hamms brach erst 1933 zusammen.

Seit dem Ende des 19. Jahrhunderts entstand auch die sogenannte „unsichtbare Stadt",[36] von der die Stadthistoriker sprechen: Seit 1886 wurde

[33] Vgl. K. Koszyk, Die katholische Tagespresse im westfälischen Ruhrgebiet von 1870 bis 1949, Katholische Akademie Schwerte 1982.

[34] Vgl. die Erinnerungen: E. Windthorst, Lebenserfahrungen eines Idealisten, Bonn 1912.

[35] E. Raabe, Geschichte van diär Stadt Hamm, 2 Bde., Leipzig 1903, Eickhoff, Aus der Kirchen- und Schulgeschichte Hamms, in: 700 Jahre Stadt Hamm (Westf.), Hamm 1926, D. 156–173.

[36] Einen anregenden Einblick in die Entstehung der modernen Industriestädte gibt A. Briggs, Victorian Cities (Pelican Books), Harmondsworth 1963: Introduction, S. 11–58. Zur Wirkung der Industrialisierung auf die Landschaft und zur Entstehung der modernen Stadtlandschaft: die beiden Kapitel ›Roads, Canals and Rail-

Hamm mit Ruhrwasser versorgt, 1858 waren bereits die ersten Gaslaternen aufgestellt und 700 Haushalte mit Gasanschlüssen versorgt, 1898 wurde ein Elektrizitätswerk an der Friedrichstraße errichtet. Nach der Jahrhundertwende wurden die ersten Straßenbahnlinien gebaut, die später in den 20er Jahren Hamm mit den Umlandgemeinden verbanden. Durch die Straßenbahn rückte man im Raum Hamm näher zusammen. Der Bau der neuen Hafenanlage 1912 bis 1914 hing unmittelbar mit den neuen Kohlezechen zusammen: 1901 Heinrich-Robert zwischen Pelkum und Herringen, 1905 die Zeche Radbod in Bockum-Hövel, 1912 die Zeche Sachsen in Heessen. Die Unternehmensführung der Zechen ging weit über den regionalen Bereich hinaus. Heinrich-Robert gehörte dem französischen Konzern de Wendel. Die Zechen waren Großbetriebe mit mehreren tausend Beschäftigten. Sie alle mußten eine entsprechende Unterkunft finden. Aber eine größere Raumplanung existierte nicht. So blieb die bauliche Entwicklung weiterhin dem Zufall überlassen. Die Wirtschaft, nicht die Administration, bestimmte die städtebauliche Entwicklung der Stadt. Der Raum Hamm wurde zersiedelt.

Im November 1908 kamen 348 Bergleute bei einer Schlagwetterkatastrophe auf der Zeche Radbod ums Leben. Das war kein lokales Ereignis. Es löste eine nationale Betroffenheit aus. Zudem waren die Beziehungen zwischen der Bergarbeiterschaft und den Unternehmensführungen im Ruhrgebiet gespannt, wie es sich bei dem Bergarbeiterstreik an der Ruhr 1905 gezeigt hatte. Im Reichstag wies damals Philipp Scheidemann auf die Hilfeleistungen französischer Bergarbeiter für die Bergleute der Zeche Radbod hin. Das Bürgertum sollte sich daran ein Beispiel nehmen. Die Arbeiterschaft kenne nicht jenen Nationalismus, wie er von den bürgerlichen Parteien des Reichstags im Zeichen der Hochrüstung betrieben werde. Es war wenige Jahre vor dem Beginn des Ersten Weltkriegs. Wörtlich erklärte Scheidemann am 5. Dezember 1908: „Wie ist unser Verhältnis zu Frankreich geworden? Zwischen den Regierungen finden Reibereien aller Art statt – nicht nur mit der französischen Regierung. Aber mit freudiger Genugtuung möchte ich feststellen, daß wenigstens das Verhältnis der Völker untereinander ein freundliches und herzliches ist (Zustimmung bei den Sozialdemokraten). Das ist in sehr erfreulicher Weise in die Erscheinung getreten bei dem furchtbaren Unglück auf der Zeche Radbod vor wenigen Wochen. Daran hat das französische Volk den herzlichen Anteil genommen.“[37]

ways‹ und ›The Landscape of Towns‹, in: W. G. Hoskins, The Making of the English Landscape, Harmondsworth 1970, S. 233–297. Das Buch von Hoskins ist inzwischen eine klassische Darstellung der „Geschichte der Landschaft“ geworden.

[37] Verhandlungen des Reichstags XII. Legislaturperiode, Bd. 223, 117. Sitzung, S. 6024f.

Der Erste Weltkrieg versetzte dem bis dahin in Deutschland vorherrschenden naiven Wirtschaftsoptimismus einen ersten Schock. Die Fürsorgelasten des Krieges wurden weitgehend den Städten aufgebürdet. Es fiel ihnen schwer, sich davon zu erholen. Glücklicherweise war die kommunale Grundausstattung Hamms bereits vor 1914 gesichert. Die Massenarbeitslosigkeit seit dem Ende der 20er Jahre brachte neue drückende soziale und finanzielle Lasten, so daß es oft schwerfiel, die kommunalen Etats auszugleichen.

Durch die Einführung des allgemeinen und gleichen Wahlrechts 1919 in den Gemeinden wurde Hamm zum ersten Mal in seiner Geschichte eine demokratische Stadt.[38] Es begann die Zeit des modernen kommunalen Parlamentarismus. Die Entbehrungen des Krieges und das Mißtrauen gegen die politische Führung hatten in der Arbeiterschaft des Ruhrgebietes ihre Spuren hinterlassen. 1919 entstand die KPD, die in manchen Ruhrgebietsstädten, nicht in Hamm, einen höheren Stimmenanteil als die SPD erreichte.

Zum Ausbau der Stadt zählte die Anlage größerer Wohnsiedlungen im Osten, der zu einem bevorzugten Wohngebiet wurde, eine Art Gartenstadt, während im Westen, Süden und Norden jenseits der Lippe neue Wohnsiedlungen für die Industriearbeiterschaft entstanden. Unverkennbar besserte sich das Niveau des allgemeinen Wohnungsstandards. Der englische Stadthistoriker Asa Briggs weist in seinem Buch ›Victorian Cities‹ darauf hin, daß eigentlich alle modernen Industriestädte trotz ihrer scheinbaren Gleichartigkeit eine eigene Individualität bewahrt haben, sei es nun Leeds oder Manchester, Dortmund oder Duisburg.[39] Man könnte ergänzen: dies gilt auch für Hamm und Bradford, die heutige britische Partnerstadt Hamms. Bradford in Yorkshire zeichnet sich durch eine auffallende Parallelität zu Hamm aus: eine moderne Industriestadt, die im 19. Jahrhundert expandierte und dabei die benachbarten kleinen Dörfer verschlang und heute einen planlosen städtischen Siedlungskomplex darstellt mit dem im neugotischen Stil errichteten Gebäude des Wollmarktes in der Stadtmitte.

Die Wählerbewegung der Stadt Hamm von 1919 bis 1933 liefert einigen Stoff zum Nachdenken. Denn bei den ersten Wahlen der Weimarer Republik zur Nationalversammlung im Januar 1919 erwies sich die Stadt Hamm als eine Hochburg der Weimarer Demokratie: Auf die Parteien der sogenannten Weimarer Koalition von Zentrum (39 Prozent), SPD (31 Prozent) und DDP (17 Prozent) entfielen somit 87 Prozent der Stimmen, auf die Par-

[38] W. Ribhegge, Die Systemfunktion der Gemeinden. Zur deutschen Kommunalgeschichte seit 1918, in: R. Frey (Hrsg.), Kommunale Demokratie, Bonn-Bad Godesberg 1976, S. 28–65; in diesem Band: S. 346–387.

[39] Briggs untersucht die Städte Manchester, Leeds, Birmingham, Middlesbrough, Melbourne und London.

teien der Rechten, DNVP und DVP, lediglich 13 Prozent. Nicht mehr ganz so überzeugend, aber doch noch eindeutig fiel das Ergebnis der Reichstagswahl im Juni 1920 in Hamm aus, bei der das katholische Zentrum als stärkste Partei 38 Prozent, die SPD 29 Prozent und die DDP fünf Prozent erhielten, zusammen somit 73 Prozent. Auf die Rechtsparteien DVP und DNVP entfielen 23 Prozent, auf die links von der SPD stehende USPD vier Prozent. Seitdem ging SPD und DDP bei den folgenden Wahlen kontinuierlich zurück. Bei den Reichstagswahlen im Mai 1924 erhielt die KPD erstmals zwölf Prozent, die DVP und die DNVP gemeinsam 25 Prozent und die NSDAP erstmals drei Prozent. Bei den Reichstagswahlen im Juli 1932 erreichte die NSDAP in Hamm mit 33,3 Prozent das beste Ergebnis von allen Ruhrgebietsstädten.[40] Das Wahlergebnis der NSDAP von 37,7 Prozent bei den Reichstagswahlen am 5. März 1933 erklärte sich zum Teil aus den Stimmeneinbußen der Hammer Kommunisten, deren Anteil im Vergleich zur letzten Reichstagswahl von 14,2 auf 8,3 Prozent herabfiel. Es gab anscheinend in Hamm einen Schwenk der Radikalen von links nach rechts.

14 Jahre nach jenen Wahlen zur Weimarer Nationalversammlung, am 22. März 1933, berichtete der ›Westfälische Anzeiger‹ über die „Vaterländischen Feierstunden" zum sogenannten „Tag von Potsdam" in Hamm, der die „Versöhnung" der Nationalsozialisten mit dem alten Preußen feiern sollte: Die alte preußische Stadt in Westfalen hatte sich dieser Sogwirkung leider rasch hingegeben. Der ›Westfälische Anzeiger‹ schrieb über dieses seltsame Stadtspektakel: „Hamm hat nun heute den Nationalfeiertag hinter sich und wenn man die einzelnen Ereignisse der Festordnung werten will, so kann man sagen: es waren Feierstunden im besten Sinne des Wortes. Den ganzen Tag über herrschte in der Stadt eine Stimmung, die der beste Beweis der starken Anteilnahme der Bevölkerung an dem Geschehen in Potsdam und Berlin waren. Wenn etwas dieser Stimmung noch einen besonders lebhaften Widerklang gab, so war es der Fahnenschmuck, den viele, viele Häuser aufwiesen. Der Feldgottesdienst war mit den zahllosen Teilnehmern, den vielen Fahnen und Uniformen ein Eindruck, dem man sich nicht schnell wird entziehen können. Alle Redner rührten an das Herz ihrer Zuhörer und unterstrichen in ganz verschiedener Weise die Bedeutung der neuesten Entwicklung im Reiche. Der Vorbeimarsch wiederum gemahnte an Bilder in der Vorkriegszeit, die für Hamm allerdings weiter zurückliegen als für die Städte, die noch im Jahre 1914 Militär in ihren Mauern hatten. Dann der überwältigende Eindruck des Fackelzuges mit den vielen, vielen Flammenzeichen. Die Erinnerung an ihn wird sicherlich noch lange fortleben. Die Schuljugend wiederum erfuhr aus dem Rundfunk in den Schulen den Ver-

[40] W. Böhnke, Die NSDAP im Ruhrgebiet 1920–1933, Bonn-Bad Godesberg 1974, S. 189.

lauf des Festaktes; sie konnte diesen Tag auch noch darum als Festtag buchen, weil sie schulfrei hatte. Und vor allem: der Himmel sagte zu allem sein Ja und Amen. Es hätte schließlich auch anders kommen und alles verregnen können. Hamm hat jedenfalls, nehmt alles nur in allem, den Nationalfeiertag würdig begangen. Es wird ihn als ein hervorragendes Ereignis in seiner Geschichte buchen können." Mit solchem sprachlich-stilistischen Stuß begann die Gleichschaltung Hamms im Jahre 1933.

Aus der Perspektive dieser Stadtgeschichte eine gesonderte Bemerkung zur Herrschaft des Nationalsozialismus: Obwohl der Nationalsozialismus ständig von der Volksgemeinschaft redete und sie jedermann einzubläuen versuchte, hat er gerade jenen städtischen Gemeinschaftsgeist zerstört, der darin besteht, miteinander in einer Stadt auszukommen, bei allen vorhandenen Unterschieden und Gegensätzen politischer, religiöser, sozialer Art sowie dem Unterschied im Lebensstil und in den Lebensformen. Eben diese Pluralität macht erst die Urbanität einer Stadt aus. Bei der Kommunalwahl am 12. März 1933, der letzten freien Wahl in Hamm bis 1945, behauptete das Zentrum 14 Sitze, die SPD vier, gemeinsam erzielten diese beiden demokratischen Parteien also 18 Sitze gegenüber 16 der NSDAP."[41] Auf die rechtsbürgerliche Gruppe Schwarz-Weiß-Rot entfielen drei, auf die KPD zwei und auf den Evangelischen Volksdienst ein Sitz. Die Nationalsozialisten hatten keine Mehrheit. Unmittelbar vor dieser Wahl wurde der örtliche Polizeidirektor Sommer (Zentrum) entlassen, die Zentrumszeitung, der ›Westfälische Kurier‹, beschlagnahmt und die Wohnung eines führenden örtlichen Sozialdemokraten, Dr. Griesbach, durchsucht. Zwar habe man die gesuchten belastenden Unterlagen nicht gefunden, verkündete ein NS-Extrablatt am 11. März, dem Vortag der Wahl, „dagegen älteres Material, das von der langjährigen zersetzenden Tätigkeit des Juden zeugt". Der Oberbürgermeister Schlichter wurde wie die meisten Oberbürgermeister deutscher Städte in den Ruhestand versetzt. Die farbige und breite Lokalpresse der Weimarer Republik, eine der interessantesten Erscheinungen der Hammer Stadtgeschichte von 1919 bis 1933, wurde gleichgeschaltet oder eingestellt. Es gab nur noch offiziöse Nachrichten.

Die Einzelheiten über den Abbruch der Synagoge der jüdischen Gemeinde Hamms waren bisher in der Öffentlichkeit der Stadt unbekannt. Sie lassen sich aber aus den im Stadtarchiv erhaltenen Protokollen des Gemeinderats und der „Entschließungen des Oberbürgermeisters" genau rekonstruieren. Während vielerorts die Synagogen am 9. November 1938 „spontan" gestürmt, beraubt und angezündet wurden, wurde die Hammer Syn-

[41] Unterlagen über die Kommunalwahlen vom 12. 3. 1933 befinden sich im Stadtarchiv Hamm. Der größte Teil der Bestände des Stadtarchivs, darunter auch die Ratsprotokolle, wurden 1944 bei einem Bombenangriff vernichtet.

agoge an der Martin-Luther-Straße (dem heutigen Santa-Monica-Platz) nicht in Brand gesteckt, um die benachbarten Häuser nicht zu gefährden. Statt dessen wurde der Abriß der Synagoge durch einen kalten Verwaltungsakt herbeigeführt. Die Stadtverwaltung berichtete dem Gemeinderat am 28. November 1938 – in nichtöffentlicher Sitzung – über das eingeschlagene Verfahren: Mit einer ortspolizeilichen Verfügung wurde die Synagogengemeinde am 19. November zum Abbruch der Synagoge aufgefordert. Drei Tage später schloß die Stadt mit der Gemeinde einen Kaufvertrag, um nach Übernahme der Synagoge den Abbruch selbst durchzuführen. Der Kaufpreis betrug 4000,– Reichsmark. Davon wurden 2500,– RM als „Kosten der von der Stadt auszuführenden Niederlegung der Synagoge" abgezogen. Die Entschließung des Oberbürgermeisters, der damals nach dem „Führerprinzip" und der Deutschen Gemeindeordnung von 1935 das entscheidende Verwaltungsorgan war, setzte schließlich am 12. Dezember fest: „Das Synagogen-Gebäude ist sofort abzubrechen." Die Zerstörung der Synagoge geschah somit in Hamm nicht durch spontanen „Volkszorn", genauer durch NS-Verbände, sondern auf dem Wege der Zwangsenteignung, durch einen städtischen Verwaltungsakt. Die Stadt, die das kulturelle Leben der Bürger schützen und fördern soll, zerstörte es.[42]

Bei Kriegsbeginn wurde die Hammer Industrie auf den Kriegsbedarf umgestellt. Am 18. Februar 1941 wurden die Belegschaften der „Westfälischen Union" und der „Westfälischen Drahtindustrie" in der Halle der Drahtindustrie zu einer Kundgebung zusammengerufen. Die Front war mit Hakenkreuzfahnen drapiert. Eine Blaskapelle spielte auf. Männerchöre sangen ›Psalm der Arbeit‹, ›Stärkste Liebe ist stärkste Kraft: Alles dem Vaterland‹ und ›Deutschland, treib Deine Saat ins Licht‹. Der Gauleiter sprach. „Es ist immer", so kommentierte der ›Westfälische Kurier‹, „ein Ereignis und ein Erlebnis, wenn Gauleiter Reichskommissar Josef Wagner spricht. Es sind die großen und tragenden Gedanken, die er in jeder seiner Reden mit unübertrefflicher Klarheit und zwingender Logik entwickelt." Allerdings befand sich seltsamerweise unter dem ganzseitigen Jubelartikel des ›Westfälischen Kuriers‹, in einem schwarzen Balken entlang des unteren Randes der Seite unübersehbar weiß eingedruckt, ein scheinbar nichtsaussagender Reklametext, der stutzig machte, möglicherweise auch stutzig machen sollte. Er hatte folgenden banalen Wortlaut: „Auf Wunsch vieler Verbraucher gibt es Henko, Henkels Einweich- und Enthärtungsmittel jetzt auch im Doppelpaket, Preis 25 Rpf."[43] War das bloßer Zufall? Die Zeitung mußte 1942 ihr

[42] Protokoll der Sitzung des Gemeinderats vom 28. 11. 1938 (Niederschriften über die Sitzungen der Ratsherren vom Januar 1934 bis August 1944, Stadtarchiv Hamm); Entschließung des Oberbürgermeisters vom 12. 12. 1938 (Niederschriften über die Entschließungen des Oberbürgermeisters von 1938 bis 1944, Stadtarchiv Hamm).

[43] Westfälischer Kurier vom 19. 2. 1941.

Erscheinen einstellen. Die jüdische Gemeinde zählte 1932 400 Mitglieder. Einige von ihnen wanderten bereits 1933 aus. Es gab in Hamm mehrere von jüdischen Einwohnern geführte Geschäftshäuser. Bis 1942 verließen 313 Juden die Stadt. In dieser Zeit begannen die Deportationen in die Konzentrationslager Polens. Nur wenige jüdische Bürger überlebten bis Kriegsende.[44]

1941 wurden die ersten Bunker gebaut, später die großen Hochbunker. Die ersten Bombenangriffe begannen 1940. Die Warnungen durch Sirenen wurden eine alltägliche Erscheinung im Leben der Stadt. Die schwersten Angriffe erlebte man seit dem Herbst 1944. Die Trümmerberge nahmen zu. Von den drei innerstädtischen Kirchen standen 1945 nur noch Ruinen. Der zerstörte Bahnhof, das Symbol des modernen Hamm, bot bei Kriegsende ein Bild trostloser Verlorenheit. Am Ostersonntag, dem 1. April, stießen die amerikanischen Truppen bis in den Norden Hamms vor. In einem letzten sinnlosen Abwehrakt ließ man die Münster-Brücke sprengen. Am 6. April war die Stadt von amerikanischen Truppen besetzt. Für Hamm waren Krieg und Nationalsozialismus beendet. Der Wohnungsbestand war zu 60 Prozent zerstört.[45] Nach Dortmund war Hamm die am stärksten zerstörte Stadt des westfälischen Ruhrgebiets. Dies hing zweifellos mit der Zentralität seiner Lage zusammen. Nur die Hochbunker überstanden die Angriffe und prägen bis heute in ihrer düster wirkenden Baulichkeit das Stadtbild: unübersehbare Monumente einer dunklen Vergangenheit. Die Bevölkerung der Stadt war während des Krieges von 59000 auf 35000 zurückgegangen. Die kleine Bahn, die die Trümmer aus der Innenstadt in die Kuhlen ehemaliger Ziegeleien am Stadtrand transportierte, wurde wie in vielen Städten zu einem Symbol der Nachkriegszeit. An die NS-Zeit erinnerten noch einige Straßennamen wie „Goebbelsring" und „Göringplatz". Auf einer Konferenz der Landräte und Oberbürgermeister des Regierungsbezirkes Arnsberg im Juni 1945 wurde gerügt, daß in Hamm diese Bezeichnungen noch nicht abgeschafft worden seien.

Etwas mühselig lief die Arbeit des neuen, zunächst von den britischen Militärbehörden ernannten Stadtrats an. In der Sitzung im August 1946 wurde von Ratsmitgliedern Klage geführt, daß die Krankheitsziffer in Hamm „mit

[44] A. Dartmann, Die soziale, wirtschaftliche und kulturelle Entwicklung der jüdischen Gemeinde in Hamm 1327–1943, Hamm (1978); E. Hilscher (Hrsg.), Spuren zur „Reichskristallnacht" in Hamm, Hamm 1988.

[45] Verwaltungsbericht der städtischen Bauverwaltung für die Rechnungsjahre 1945–1950: „Der Zusammenbruch im Frühjahr 1945 hinterließ in unserer Stadt Verwüstungen und Zerstörungen größten Ausmaßes. Besonders stark waren die Schäden in der Altstadt, an öffentlichen Gebäuden und Anlagen, Schulen, Kirchen, dem Schlachthof, der Badeverwaltung, den öffentlichen Verkehrseinrichtungen, dem Straßennetz und der Stadtkanalisation. Die Gesamtschäden in der Stadt wurden auf 60 Prozent geschätzt" (Stadtarchiv Hamm).

100 Prozent über dem Durchschnitt" an der „Spitze aller westfälischen Städte" liege. „Die weiten Wege", so ein Stadtverordneter, „die die Hausfrauen – auch bei Wind und Wetter mit abgerissenem Schuhwerk und in dürftigster Kleidung zu den Geschäften und dann nach stundenlangem Warten zu ihrer Wohnung zurück zu machen hätten, seien ein wesentlicher Grund für die erschreckend hohe Krankheitsziffer." Mit diesen Hinweisen drängte man die britischen Militärbehörden, die Sperrstunde für die städtische Straßenbahn aufzuheben. Später kamen härtere Brocken: Im November 1947 protestierte die inzwischen gewählte Stadtvertretung gegen die geplante Demontage des Werkes der „Westfälischen Drahtindustrie" in Hamm.[46]

Inzwischen lief wie in allen Städten das Entnazifizierungsverfahren an. Man mußte sich sehr persönlich und mit der Vergangenheit auseinandersetzen. Für weitere nachdenkliche Überlegungen blieb oft wenig Raum. Wie überall dachte man mehr an Vergessen und Wiederaufbauen. Damals fertigte Otto Brinkmann, Schulleiter des Gymnasiums bis 1942, Aufzeichnungen über die schulischen Verhältnisse während der NS-Zeit an. Er beklagte darin die Entfremdung der Schule und der Beziehungen zwischen Jung und Alt durch die nationalsozialistische Schul- und Jugendpolitik. „Schnell machte sich ein rüpelhaftes Benehmen der Jugendlichen auf der Straße breit, in der Schule waren mutwillige Beschädigungen des Schuleigentums an der Tagesordnung, wüstes Lärmen in den Turnstunden, eine Verrohung des Umgangstons der Schüler untereinander griff um sich. Unauffälliges, bescheidenes und höfliches Betragen galten als Zeichen von Ängstlichkeit und Unsicherheit; ein richtiger Hitlerjunge mußte durch lautes, anmaßendes und rücksichtsloses Auftreten seinen Mut und seine Einsatzbereitschaft kundtun." Schlimmer noch, so die Beobachtung des Pädagogen, seien die „Hemmungslosigkeit der entfesselten Jugend auf sexualethischem Gebiet" gewesen. Der Eingriff der Nationalsozialisten in das Leben der Stadt hatte nicht nur die Oberfläche erfaßt.[47]

1948 schrieb der Deutsche Städtetag in seinem Verbandsorgan: „Daß das deutsche Leben unter seinen derzeitigen Voraussetzungen noch nicht völlig zum Erliegen gekommen ist, zeugt von einer nach so vielen Katastrophen fast erstaunlichen Kraft. Ausdruck dieser Kraft sind nicht zuletzt die Gemeinden, die sich seit dem Zusammenbruch als eine der wenigen Realitäten im Gespensterskat der Fiktionen bewahrt haben und bewähren."

[46] Niederschriften über die Sitzungen der Stadtvertretung, Stadtarchiv Hamm.

[47] Otto Brinkmann, Das Staatliche Gymnasium in Hamm während der nationalsozialistischen Zeit, in: Mitteilungen des Vereins der Freunde des Gymnasiums 1/2 (1951), S. 16. – Zur Situation der Schulen in der NS-Zeit vgl.: G. A. Craig, Deutsche Geschichte 1866–1945, München 1980, S. 582f.

Die Wirtschaft der ersten Nachkriegsjahre war weitgehend eine Zwangs- und Planwirtschaft. Die Bezugsscheine für Lebensmittel fielen erst 1950 fort, waren aber bereits seit der Währungsreform von 1948 überständig und häufig wertlos. Die drei alten städtischen Kirchen wurden später im früheren Stil wieder aufgebaut: die wenigen zentralen Merkmale der Stadt, die an ihre jahrhundertealte Vergangenheit erinnern. Hamm war keine preußische Stadt mehr. Das neue Land Nordrhein-Westfalen gründete sich auf rheinisch-westfälische Verbindungen, die bereits seit Jahrzehnten bestanden hatten. Man trauerte dem Untergang Preußens nicht nach.[48] Überhaupt suchte man nach den ersten Wiederaufbaujahren lieber das Neue und Moderne. Der Stil der Neubauten entsprach dem Stil der „Neuen Sachlichkeit", der ja ein ausgesprochen unhistorischer Stil ist. Man dachte weniger an die Vergangenheit. Auf den Augenblick kam es an. Durch die Aufnahme von Vertriebenen und Flüchtlingen wuchs die Bevölkerung schnell wieder an.

Nach 1945 standen Kohle, Eisen und Stahl nicht mehr derart im Vordergrund des Wirtschaftslebens wie zuvor. Diese Entwicklung wirkte sich unmittelbar auf den Raum Hamm aus, wo Kohle und Drahtindustrie nach wie vor die dominierenden Wirtschaftszweige waren. Man begann nach neuen Wirtschaftsunternehmen Ausschau zu halten. Mit Du Pont kam ein moderner Wirtschaftszweig, die Chemieindustrie, nach Hamm. Durch die vielen Freiflächen infolge der Bombardierungen wurde Hamm zeitweilig eine fast „autogerechte" Stadt. Die Motorisierung und die Einbindung in die beiden sich kreuzenden Autobahnlinien veränderten den Charakter der Stadt grundlegend, obwohl vielleicht auch von den meisten kaum bewußt wahrgenommen. Die wirtschaftliche Entwicklung nach 1945 begünstigte technisch-handwerkliche Betriebe und den Handel aller Dimensionen, von dem ein flexibles Eingehen auf das Spiel von Angebot und Nachfrage verlangt wurde. Die private Nachfrage wurde wesentlich von dem außerordentlichen Anstieg der Erwartungen an den Lebensstandard bestimmt, der von breiten Schichten bestimmt wird, nicht mehr wie noch im 19. Jahrhundert von einer sozialen Minderheit. Die nachindustrielle Stadt Hamm ist eine Stadt demokratischer Lebensformen,[49] nicht mehr der ständischen, die noch in den 20er Jahren vorherrschend waren. Bezeichnenderweise gab eine weibliche Kandidatin für die Stadtverordnetenwahl 1929 als Berufsbezeichnung „Frau Justizrat" an. In dieser nachindustriellen Stadt sind Berufe und Beschäftigungen wichtiger als der „Stand". Das schließt ein Berufsethos ebenso wie ein Leistungsbewußtsein nicht aus. Das A und O aber ist, daß überhaupt genügend qualifizierte Beschäftigungen vorhanden sind. Zweifellos kann die städtische Verwaltung hier eine Steuerfunktion ausüben.

[48] Vgl. G. A. Craig, Das Ende Preußens. Acht Porträts, München 1985.

[49] Vgl. D. Bell, Die nachindustrielle Gesellschaft, Hamburg 1979.

Bestimmend für den gegenwärtigen Charakter der Stadt Hamm ist die Neugliederung von 1975, bei der die Zechenstädte Heessen und Bockum-Hövel und industrielle Orte wie Herringen und Pelkum mit ausgesprochen ländlichen Gemeinden und dem Kerngebiet zu einer neuen Großstadt zusammengeschlossen wurden. Allerdings sind hier nicht nur Ortschaften, sondern auch unterschiedliche Lebensbereiche zusammengefügt worden, die sich sicherlich nicht im Gegensatz von Alt-Hamm und Neu-Hamm erschöpfen, wie ja überhaupt eine solche innerstädtische „Geopolitik" höchst problematisch wäre. Es gibt wenig moderne Städte, denen noch so viele gestalterische Möglichkeiten offenstehen wie dem heutigen Hamm mit den vielen kleinen Zentren an der Peripherie. Schließlich fließt auch noch die Lippe durch Hamm wie zu Murmellius Zeiten 1507. Anstelle von Murmellius besingt nun Reinhard Mey in seinem Lied ›Hauptbahnhof Hamm‹ die mitternächtliche Begegnung mit Gastarbeitern, die in ihre Heimatländer zurückkehren.

> Am Abend, wenn der Wartesaal
> im Hauptbahnhof zur Piazza wird,
> wenn sich der Süden jedesmals
> bis in den Norden verirrt ...

Die Stadtlandschaft Hamm übt, zumindest auf den Außenstehenden, einen eigenartigen Reiz aus. Was nötig ist zum Ausbau einer solchen Stadt, ist neben dem Geld vor allem schöpferische und gestalterische Phantasie.

Ich möchte zum Schluß mit einer kurzen Bemerkung den Bogen zu den Anfängen Hamms im Mittelalter schließen: Als damals, wie erwähnt, Hamm-Mitte eine eigene Pfarrei erhielt und nicht mehr von der Pfarrei St. Pankratius im benachbarten Mark betreut wurde, sah der Erzbischof von Köln ein, daß es bei dieser ersten Neugliederung in der Hammer Stadtgeschichte eines Trostpflasters bedürfe. Er verfügte: „Verumne in perpetuum processe temporis transeat in oblivionem quod haec Ecclesia Hamme ab eadem Ecclesia de Marcka hactenus dependebat ..." – Damit nicht in dem weiteren Verlauf der Geschichte vergessen werde, daß die Kirche in Hamm von der Kirche in Mark abstamme, ordne er an, daß jährlich zum Weihnachtsfest der Pfarrer von Hamm der Mutterkirche in Mark zwei vierpfündige Kerzen aus gutem Wachs schenke. Sie sollen auf dem Altar der Kirche in Mark entzündet werden und während der gesamten Hauptmesse brennen. Niemand dürfe sie entfernen ...[50] Dieser Brauch geriet anschei-

[50] Wörtlich: „In signum aliqualis subjectionis huius et debeti honoris exhibendi ordinamus et inviolabiliter statuimus, ut Curatus sive Pastor Ecclesiae in Hamme quolibet anno in die Nativitatis Domini duos cercos quilibet de quatuor libris, ponderis coloniensis (nach Kölner Gewicht), bonae cerae per suum nuncium super altare majus praedictae Ecclesiae parochialis de Marcka faciat praesentari, qui in die Nativita-

nend doch in Vergessenheit. Aber dieses Zitat aus dem Jahre 1337 ist aktuell genug, um heute noch daran zu erinnern.

tis Domini et postea festivis diebus subsequentibus in ipso altari durante Majore Missa accendantur et ardeant usque ad eorum consumetionem, ab eodem altari nullatenus amovendi“ (Steinen [s. Anm. 7], S. 661 f.). Das Zitat aus der Verfügung des Kölner Erzbischofs mag als ein mittelalterlicher Beitrag verstanden werden, dem zu Anfang dieses Beitrags von Mitscherlich beklagten Traditionsverlust der Städte entgegenzuwirken. Tradition besteht auch in Symbolen, und kann oft nur noch darin bestehen: Denn das Leben einer Stadt geht ja weiter.

SCHWERINDUSTRIE, GEWERKSCHAFTEN UND POLITIK AN DER RUHR IM 19. UND 20. JAHRHUNDERT*

Zu Beginn des 19. Jahrhunderts war die Stadt Bonn, in der im Frühjahr 1951 das Gesetz über die Mitbestimmung in der deutschen Montanindustrie nach leidenschaftlichen öffentlichen Debatten verabschiedet wurde, eine kleine Universitätsstadt und – bis 1802 – eine kurfürstliche Residenz.[1] Die Professoren der Universität stritten sich wohl gelegentlich untereinander, so um die aufgeklärte Theologie des aus Münster berufenen katholischen Theologen Hermes, aber an Kohle und Stahl dachte man eigentlich im Bonn vor 1850 kaum. Eher galt schon für Bonn jener Satz aus dem englischen Roman von Thackeray ›Vanity Fair‹, der schlaglichtartig die Szenerie einer gemütlichen deutschen Mittelstadt am Rhein um das Jahr 1820, nach dem Sturz Napoleons, beleuchtet: "Everybody in Pumpernickel knew everybody."[2]

Allerdings, in der preußischen Verwaltung – und Bonn gehörte seit dem Beginn des Jahrhunderts zu Preußen – machte man sich schon einige Gedanken, wenn auch noch nicht über Kohle und Stahl, so doch über Kohle

* Westfälische Zeitschrift Bd. 135 (1985), S. 123–177.

[1] Dieser Beitrag weicht methodisch von anderen bekannten regionalgeschichtlichen Arbeiten und generellen Darstellungen zur deutschen Geschichte des 19. und 20. Jahrhunderts ab. (Vgl. die beiden Bände 9 und 10 der Reihe ›Deutsche Geschichte‹ bei Vandenhoeck & Ruprecht, Göttingen, von Hans-Ulrich Wehler und Gerhard Schulz.) Um den Text aber nicht zu überladen, wird auf eine ausführliche theoretische und methodische Vorüberlegung verzichtet. Manche anfängliche Fragen beantworten sich bei der Lektüre von selbst. Für das zugegeben etwas ungewöhnliche Konzept eines „Zwischenwegs" zwischen Regional-, Wirtschafts-, Sozial- und politischer Geschichte sei auf die Überlegungen von Richard J. Evans in der Einleitung des von ihm herausgegebenen Sammelbands ›Society and Politics in Wilhelmine Germany‹ (London 1978) hingewiesen: "Introduction: Wilhelm II's Germany and the Historians" (a. a. O., S. 11–39). Die folgende Bemerkung von Evans gilt, erweitert, auch für diesen Beitrag über die Geschichte der Ruhrindustrie: "A major purpose ... is to rehabilitate Wilhelmine society as an object of study in its own right, to demonstrate its diversity and to show something of the wealth of political and social processes that were taking place in it" (S. 35). – Die „narrative" Form dieses Beitrags bedarf ebensowenig einer Begründung: sie liest sich besser, und dadurch wird auch die Sache verständlicher.

[2] W. M. Thackeray, Vanity Fair. A Novel without a hero, Washington 1947 ([1]1847), S. 674.

und Eisen. Schon Freiherr vom Stein, seit 1796 Oberpräsident für die preußischen Gebiete an Rhein und Ruhr, hatte sich intensiv mit dem Gedanken der „Staatswirtschaft" befaßt,[3] wie er in seiner Autobiographie schreibt, und aufmerksam Anregungen aus dem sich industrialisierenden England aufgenommen. Politik, Wirtschaft, Gesellschaft und Verwaltung waren an Rhein und Ruhr bereits miteinander verwoben, bevor man sich voll bewußt geworden war, welche industriellen Kräfte das Land in sich barg, und die Verzahnung von Politik, Wirtschaft, Gesellschaft und Verwaltung blieb auch nach der industriellen Explosion seit der Mitte des 19. Jahrhunderts bestehen, besteht bis heute.

In den folgenden Überlegungen soll versucht werden, im Blick auf ein zentrales Gesetz, das Gesetz über die Einführung der Mitbestimmung in der Kohle und Stahl erzeugenden Industrie von 1951, die Sozialgeschichte und politische Geschichte von Rhein und Ruhr vor unseren Augen Revue passieren zu lassen.

Die Feststellung, daß sich die Montanindustrie an Rhein und Ruhr gewissermaßen traditionell durch eine enge Verbindung von Verwaltung und Wirtschaft auszeichnet, wobei nicht zuletzt das Wirtschaftsrecht die Verbindung herstellt, bedarf noch einiger, geschichtlich etwas ausholender, in der Sache aber sicherlich sinnvoller Erklärungen.

Preußische Verwaltung

Bis zu Beginn des 19. Jahrhunderts waren der Bergbau und die damit verbundenen Rechte und Zuständigkeiten eine Sache des Landesherrn. Dieser Zustand war aus dem Mittelalter überkommen, und er hatte sich auch reibungslos in die zunehmende staatliche Wirtschaftstätigkeit Preußens im 18. Jahrhundert einfügen lassen. Das ›Preußische Allgemeine Landrecht‹ von 1794 hatte diese Verhältnisse im Berg- und Hüttenwesen rechtlich kodifiziert. Die Zechen an der Ruhr unterstanden bis zu Beginn des 19. Jahrhunderts königlichen Behörden, wurden also von Beamten geleitet. Auf die sorgfältige Ausbildung dieser Bergbeamten wurde zunehmend größerer Wert gelegt. So entstand im 19. Jahrhundert der Typus des examinierten Bergassessors, der auch betriebswirtschaftliche Kenntnisse vorweisen mußte. Die Führung der Zechen regelte sich nach dem staatlichen „Direktionsprinzip".[4] Das entsprach selbstverständlich nicht den Vorstellungen

[3] Die Autobiographie des Freiherrn vom Stein, hrsg. v. Kurt von Raumer, Münster 1960, S. 29.

[4] Wilhelm Treue, Gesellschaft, Wirtschaft und Technik Deutschlands im 19. Jahrhundert, in: Gebhardt, Handbuch der dt. Geschichte, Stuttgart [9]1970, S. 123.

einer freien Wirtschaft, wie sie sich bereits weitaus stärker als in Deutschland in England und Frankreich seit dem ausgehenden 18. Jahrhundert durchgesetzt hatten, und es widersprach den Grundsätzen des unternehmerischen Wettbewerbs und des freien Markts der Arbeitskräfte, wie sie Adam Smith 1776 in seiner Untersuchung ›On the Wealth of the Nations‹ formuliert hatte. Adam Smith warf der damaligen europäischen Politik des 18. Jahrhunderts vor, die wirtschaftliche Freiheit einzuschränken "by obstructing the free circulation of labour and stock, both from employment and from place to place".[5]

Doch hatte die preußische Lösung nicht nur Nachteile. Sie sicherte das im Bergbau unabdingbare hohe Qualifikationsniveau der verantwortlichen Leitung – das war jedenfalls die Intention und meist auch die Praxis – und gab den Bergarbeitern einen öffentlich-rechtlich verankerten sozialen Schutz. Es lohnt sich, einen Augenblick bei dieser vorindustriellen Regelung der Rechtsverhältnisse im Berg- und Hüttenwesen durch das Preußische Landrecht von 1794 zu verweilen[6]: Das Bergwerksregal fällt dort unter die „Rechte des Staates auf herrenlose Güter und Sachen". Das ist nicht unwichtig, denn es bedeutet: Die Bodenschätze sind öffentliches, nicht privates Eigentum, das heißt, aus der mittelalterlichen Tradition unterliegen sie zunächst der Verfügungsgewalt des jeweiligen Landesherrn – von daher „Regal" –, später, als der Verwaltungsstaat an die Stelle der personenorientierten mittelalterlichen politischen Verfassung trat, unterliegen sie der Verfügungsgewalt des Landes, in diesem Fall, für das Ruhrgebiet, der ehemaligen Grafschaft Mark, dem Land Preußen. „Alle Fossilien", so hatten es die preußischen Juristen im Landrecht von 1794 formuliert, „woraus Metalle und Halbmetalle gewonnen werden können, gehören ausschließlich zum Bergwerksregal".[7] Das Recht des Bergbaus vergab das Land: „Wer ein Stockwerk, Erzlager, Gang oder Flötz von solchen Fossilien ... bauen will, muß damit gehörig beliehen seyn."[8]

Aber auch nach dem Erwerb seiner Schürf- oder Hüttenrechte war der Unternehmer in seiner wirtschaftlichen Tätigkeit nicht frei. Denn er unterstand den Weisungen des jeweiligen Bergamts: „Jeder Beliehene muß sein Bergwerkseigenthum den Grundsätzen der Bergwerkspolizey gemäß benutzen und kann sich dabey der Aufsicht und Direction des Bergamts nicht

[5] Adam Smith, The Wealth of the Nations, ed. by Andrew Skinner, Harmondsworth 1974 (Pelican Classics), S. 222.

[6] Vgl. ›Vom Bergwerksregal‹ (Zweyther Teil, 16. Titel des PrALR); Textausgabe: Preußisches Allgemeines Landrecht von 1794, hrsg. v. H. Hattenhauer u. G. Bernert, Frankfurt a. M. – Berlin 1970, S. 605–619.

[7] PrALRG, 2. Teil, 16. Titel, § 69.

[8] PrALRG, 2. Teil, 16. Titel, § 79.

entziehen."[9] Darüber hinaus war ein Zehntel der geschürften Metalle und Mineralien an den Staat abzuführen.

Die Anteile einer Gewerkschaft – hier handelte es sich anders als in unserem heutigen Sprachgebrauch um die Gesellschaft der Bergwerkseigentümer – waren auf 128 Kuxe beschränkt.[10] Darüber hinaus – und das klang 1794 noch etwas mittelalterlich – verblieben zwei Anteile, oder Erbkuxe, bei dem Grundherrn, zwei bei der Kirche und Schule, „unter derem Sprengel die Zeche liegt" (so wörtlich), und zwei bei der jeweiligen Knappschafts- und Armenkasse. Die Begrenzung auf 128 Kuxe behinderte natürlich die Investitionsmöglichkeiten, weil sie die Kapitalbasis des Bergwerks gesetzlich limitierte. In einem Punkt neigte das Landrecht von 1794 zu mehr Liberalität, in dem es auch Nicht-Landeseinwohnern den Erwerb von Kuxen gestattete, ohne – so wörtlich – „Unterschied der Religion". Es galt also auch im Bergbau das religiöse Toleranzprinzip Preußens, das Friedrich der Große in den letzten Jahrzehnten in seinem Land durchgesetzt hatte.

Sonderbestimmungen galten für die Bergbeamten. Eine mögliche Gewinnbeteiligung an den ihnen unterstehenden Bergwerken wurde eingeschränkt. Es war ihnen nicht gestattet, „streitige Zechen oder andere Berggebäude an sich zu bringen".[11] Die Sozialrechte der Bergleute wurden ausdrücklich in den Kodex aufgenommen, so ihr Recht auf baren Lohn (also nicht Naturalien) wie ihr Recht auf sofortige Entlohnung nach einem neuen Anschnitt aus den „bereitesten Vorräten", „ohne Verzug".[12] Das Landrecht gewährte den Bergleuten Schutz im Krankheitsfall – Versorgung und Fortsetzung der Entlohnung –, Kuren bei Erkrankung, die Übernahme der Begräbniskosten durch die Knappschaftskasse und den Gnadenlohn der Bergmannswitwe.[13]

Aufnahme und Entlassung der Bergleute fiel in die Zuständigkeit des Bergamts, also nicht in die der Unternehmer. Die Freizügigkeit des Arbeitsmarktes war dadurch eingeschränkt. Ausdrücklich hieß es für die Hüttenarbeiter: „Die Hüttenwerke sollen einander die Arbeiter nicht abwendig machen."[14]

Die Bergleute wurden im Preußischen Landrecht noch als „Stand" gesehen und ihre Verhältnisse entsprechend geregelt. Sie waren Stand, wie in

[9] PrALRG, 2. Teil, 16. Titel, § 82. – Ähnlich die Regelungen für den Hüttenbetrieb; so in § 85: „Hüttenwerke darf niemand ohne Erlaubnis des vorgesetzten Bergamts anlegen." Ferner § 88: „Die Anlegung muß unter Aufsicht des Bergamts geschehen; und es muß darüber besondere Beleihung nachgesucht werden."

[10] PrALRG, 2. Teil, 16. Titel, § 133.

[11] PrALRG, 2. Teil, 16. Titel, § 139 u. 140.

[12] PrALRG, 2. Teil, 16. Titel, § 213.

[13] PrALRG, 2. Teil, 16. Titel, § 214, 215, 216, 217 u. 218.

[14] PrALRG, 2. Teil, 16. Titel, § 472.

dem Landrecht auch die Bauern, Bürger und der Adel als „Stand“ genannt werden. „Stand“ bedeutet Festschreibung des sozialen Status, aber auch Sicherung der sozialen Integration und ein Minimum an sozialer Rechtssicherheit. Der Stand der Bergleute an der Ruhr war zu Beginn des 19. Jahrhunderts noch kein Proletariat.

Doch allmählich begann sich auch die noch geordnete und von den Juristen sorgsam verwaltete Soziologie Preußens zu verändern. Es waren wiederum die preußischen Juristen, die fast dreißig Jahre nach dem Landrecht von 1794, nämlich 1820, ein neues Steuergesetz zustande brachten, das Klassensteuergesetz. Es taxierte fortan die Untertanen bzw. Staatsbürger an einem ebenso nüchternen wie modernen Maßstab: dem Geld. Das war, wie Wilhelm Treue bemerkt hat, eine wichtige gesellschaftliche wie volkswirtschaftliche Etappe. Sie führte zur Auflösung der traditionellen „Herrschafts- und Genossenschaftsordnung“ und zur Begünstigung einer neuen Gesellschaft aus dem „System der Bedürfnisse“, wie Hegel es damals in Berlin formulierte. Individuelle Leistung, genauer individuelle „Einkommensleistung“, wurde jetzt ein wichtiges soziales Kriterium. Wie man an dieses Einkommen herankam, darum mußte sich jeder selber kümmern. Das preußische Klassensteuergesetz forderte die Landeseinwohner auf, sich zunächst einmal wirtschaftlich selbst durchzusetzen. Soziale Rücksichtnahme war sicherlich nicht verboten, aber auch nicht mehr gleichsam staatlich verordnet oder vorgeschrieben.

19. Jahrhundert: Industrialisierung

Damit endete allmählich auch die Gemeinsamkeit von Bergunternehmern, Bergleuten, Bergamt, die von nun an getrennte Wege zu gehen begannen. Die agilsten und tüchtigsten unter ihnen waren offensichtlich die Unternehmer. Bauernbefreiung, Aufhebung des Zunftzwanges, Gerwerbefreiheit – die bekannten preußischen Reformen unserer Geschichtsbücher – hatten das sozialrechtliche Korsett gelockert, das die damalige preußische Gesellschaft zwickte und zwackte. Die Reformen hatten natürlich unmittelbar keine individuellen wirtschaftlichen Initiativen in Gang gesetzt, aber sie doch erleichtert. Und nachdem Napoleon durch seine Züge quer durch Europa die europäische Gesellschaft durcheinandergerüttelt hatte, neigte man jetzt in der 1. Hälfte des 19. Jahrhunderts in Deutschland eher dazu, sich von den Leistungen im Ausland, sei es in England oder in Frankreich, anspornen zu lassen. Die Kontinentalsperre bestand seit 1815 nicht mehr, so daß auch von daher der Austausch innerhalb der europäischen Wirtschaft größere Anreize bot. In einem Europa ohne Krieg konnte man sich auf Wirtschaft, Ausbildung und Bildung konzentrieren. So wurden auch in

Preußen in diesen Jahrzehnten die Grundlagen der späteren sprunghaften industriellen Entwicklung in der zweiten Hälfte des 19. Jahrhunderts gelegt. Künftige Verwaltungsbeamte machten sich jetzt an den preußischen Universitäten mit den Theorien von Adam Smith vertraut. Gewerbeschulen wurden errichtet. Einzelne Unternehmer reisten in das Ausland, beispielsweise nach Nordamerika, um sich dort Anregungen zu holen, so etwa auch Friedrich Harkort, der in Dortmund nach der Rückkehr von dem Feldzug von 1814/15 sein Eisen- und Kupferwalzwerk gegründet hatte.[15] Die preußische Staatsverwaltung unterstützte das wachwerdende wirtschaftliche Interesse ehrgeiziger Staatsbürger, indem sie großzügig Werk- und Betriebsspionage im Ausland organisierte und Auslandsaufenthalte von Technikern finanzierte.[16]

Einige statistische Daten: 1. Die Förderung an Kohle im Ruhrgebiet in Tonnen: 1792 betrug die Jahresförderung 176676, 1830: 571434 und 1840: 990352; 2. Die Anzahl der Zechenanlagen: 1792: 154, 1830: 172, 1840: 221 (hier hatte sich wenig verändert); 3. Die Belegschaft auf den Ruhrzechen: 1792: 1357; 1830: 4457, 1840: 8945.[17] Sowohl in der Jahresförderung an Kohle wie in der Gesamtzahl der Belegschaften zeigt sich ein allmählicher, kontinuierlicher Anstieg. Seit den 1840er Jahren beschleunigt sich plötzlich die Entwicklung. 1844 überschreitet die Zahl der Belegschaften an der Ruhr zum ersten Mal die Grenze von 10000. Sie liegt 1850 bei knapp 13000. 1868 wird die Zahl von 50000 überschritten, 1884 von 100000 und 1899, also gegen Ende des Jahrhunderts, von 200000. Im Jahr 1900 lag die Jahresförderung an Kohlen bei 59 Millionen Tonnen, 50 Jahre zuvor belief sie sich auf 1 Million. Die Wende zu verstärkter Kohleförderung setzte unverkennbar um 1870 ein, der Zeit der Reichsgründung und der sogenannten „Gründerjahre“. Zahlen sind in sich immer etwas dürftig. Aber sie verweisen hier auf die Probleme und Leistungen dieser neuen Industriegesellschaft an der Ruhr.

Diese Entwicklung entsprang nicht bloßem Zufall. Im Vergleich mit der Situation, wie sie das Preußische Landrecht von 1794 für den Bergbau rechtlich umschrieben hatte, ist leicht einzusehen, daß sich auch in der Gesetzgebung Veränderungen vollzogen haben müssen. Natürlich wehrten sich die Bergwerksunternehmer gegen die Einschränkungen ihrer Betätigung, die das Landrecht vorschrieb. Eine neue Juristengeneration in der preußischen Verwaltung dachte ähnlich wie die Unternehmer. Seit 1826 begann die Revi-

[15] W. Köllmann, Friedrich Harkort, 1964.

[16] Vgl. Reinhart Koselleck, Das Zeitalter der europäischen Revolution, Frankfurt a. M. 1969, S. 305.

[17] Klaus Tenfelde, Sozialgeschichte der Bergarbeiterschaft an der Ruhr, Bonn-Bad Godesberg 1977, S. 602f.

sion des „Landrechts". Liberale Unternehmer wie Harkort und Haniel hatten die Beseitigung des „Direktionsprinzips" der bürokratischen Bevormundung gefordert. Mit der Neufassung des Bergrechts in den 30er, 40er und 50er Jahren wurde die Abgabepflicht an den Staat verkleinert, die Zahl der Miteigentümer an einer Zeche erweitert, so daß jetzt Aktiengesellschaften möglich wurden und damit die Kapitalbasis erweitert werden konnte. 1860 wurde die Freizügigkeit der Arbeitsverhältnisse hergestellt und damit den Bergämtern das Einstellungsrecht von Bergarbeitern genommen. Das Hüttenwesen wurde generell der Kompetenz der Bergämter entzogen, schließlich wurden die örtlichen Bergämter überhaupt aufgelöst und durch die regionalen Oberbergämter ersetzt. Das Berggesetz von 1865, das die Kuxenzahl von 128 auf 1000 erhöhte, brachte einen vorläufigen Abschluß der Entwicklung. Es begann die übrigens nur kurze Periode eines gleichsam klassischen Wirtschaftsliberalismus an der Ruhr, die bereits Ende der 1870er Jahre mit dem wachsenden Staatsinterventionismus der Bismarckschen Gesetzgebung endete und später, vor allem seit 1890 mit der zunehmenden Kartellierung der Ruhrindustrie, auch von den Unternehmensführungen an der Ruhr im Grunde gar nicht mehr angestrebt wurde. Die Zeit eines reinen Wirtschaftsliberalismus war in Deutschland tatsächlich recht kurz gewesen.

In den 1880er Jahren überschritt die Bevölkerung des Ruhrgebietes die Grenze von einer Million, ein Drittel dieser Bevölkerung war in der Ruhrindustrie beschäftigt. Jetzt enstand das, was wir bis heute unter dem „Ruhrgebiet" verstehen. Aus den Dörfern, Klein- und Mittelstädten entstanden die modernen Industriestädte dieser Landschaft und die damaligen preußischen Landkreise und Städte Dortmund, Hörde, Bochum, Hattingen, Gelsenkirchen, Essen, Mühlheim, Duisburg, dem eigentlichen Kern: ein Gebiet, das sich allmählich bis Hagen, Hamm-Heessen, Ahlen, Werne, und in den Landkreis Recklinghausen ausdehnte und hier das Münsterland berührte. Die Verwaltung dieses Gebietes, d. h. die zuständigen staatlichen Behörden blieben außerhalb: Die jeweiligen Regierungspräsidenten hatten ihren Sitz im sauerländischen Arnsberg sowie im Münsterland, in Münster selbst, wo zugleich der Sitz des Oberpräsidiums der 1815 errichteten Provinz Westfalen lag. Hier tagte auch der Provinziallandtag. Das, was sich in der neuen Gesellschaft an Rhein und Ruhr abspielte, dieser Komplex geschichtlichen Geschehens, ist bis heute noch nicht in seiner empirischen Breite historisch aufbereitet und beschrieben worden: der Zuzug großer Bevölkerungsgruppen aus Ostdeutschland, die Entstehung neuer Industriestädte, der soziale Daseinskampf der Bewohner, die Formierung bürgerlicher, christlicher und sozialistischer Parteien, Gewerkschaften, die Wahlen und Wahlergebnisse, Zusammensetzung und Arbeitsweise der Stadtverordnetenversammlungen, die Organisation der industriellen Unternehmen in

Kohle, Stahl, Eisen, Maschinenbau, deren Geschäftspolitik, die Mentalitäten der Bevölkerung, ein gerade für das Ruhrgebiet bei aller industriellen Modernität manchmal fast ins Idyllische gehender Hang zum Alten, Althergebrachten (oder was man dafür hielt), gleicherweise in der Arbeiterschaft, der Mittelschicht, der neuentstehenden, in ihrem Sozialverhalten im Grunde genommen recht unsicheren bürgerlichen Oberschicht, die meinte, den Adel nachahmen und sich ihm annähern zu müssen, etwa wenn sie überdimensionale, meist recht unwohnlichc Villen wie die Villa Hügel errichtete, während sich die Arbeiterfamilien nach einem kleinen eigenen Heim mit etwas Garten, einer Ziege, ein paar Kaninchen und vielleicht einigen Brieftauben sehnten; ferner die Entstehung neuer kultureller Lebensformen, auch neuer evangelischer, freikirchlicher und katholischer Kirchengemeinden – das Ruhrgebiet war frommer, als mancher Historiker so meint. Es gibt eine ausgezeichnete Studie von Klaus Tenfelde über die Sozialgeschichte der Bergarbeiterschaft an der Ruhr im 19. Jahrhundert,[18] es gibt eine etwas ältere und doch vom Ansatz her recht problematische Darstellung über das sogenannte Ruhrvolk von Brepohl, aber die einzige lesbare und faßbare Gesamtdarstellung findet sich in einem kleinen Merian-Heft, das mehr auf Erinnerung als auf wissenschaftlich begründete geschichtliche Aufarbeitung bedacht ist.[19] Der moderne deutsche Historiker neigt in der Regel mehr zur vehementen Formulierung und theoretischen Begründung des Postulats auf Sozialgeschichte als auf die Einlösung eben dieser selbstgestellten Forderung.

So kann im folgenden nur *ein* Strang der geschichtlichen Entwicklung an der Ruhr aufgezeigt werden, der jedem kritisch beobachtenden Historiker sofort gleichsam ins Auge springt: der Sozialkonflikt zwischen Unternehmern und Arbeiterschaft, genauer zwischen den Industrieverbänden der Gewerkschaften auf der einen, der Eigentümer und Unternehmensführungen auf der anderen Seite, und den Versuchen zu Lösungen dieses Konflikts. Gerade hier, bei den Lösungsversuchen, kommt noch eine dritte so-

[18] K. Tenfelde, Sozialgeschichte der Bergarbeiterschaft an der Ruhr im 19. Jahrhundert, Bonn-Bad Godesberg 1977. Als Beispiel für eine das 19. und 20. Jahrhundert umgreifende, allerdings primär an der betrieblich-technischen Entwicklung interessierte und von daher recht einseitige Unternehmensgeschichte vgl. Wilhelm Treue/Helmut Uebbing, Die Feuer verlöschen nie, Bd. 1: August-Thyssen-Hütte 1880–1926, Bd. 2: August-Thyssen-Hütte 1926–1966, Düsseldorf u. Wien 1966/69 (Econ-Verlag).

[19] Wilhelm Brepohl, Der Aufbau des Ruhrvolkes im Zuge der Ost-West-Wanderung. Beiträge zur deutschen Sozialgeschichte des 19. u. 20. Jahrhunderts (Soziale Forschung und Praxis, hrsg. v. d. Sozialforschungsstelle an der Universität Münster), Recklinghausen 1948; W. Brepohl, Industrievolk im Wandel, 1957; Merian-Heft ›Ruhrgebiet‹ (1980) mit Beiträgen u. a. von Heinrich Böll.

ziale Kraft ins Spiel, die man mit „Öffentlichkeit“ umschreiben kann, wobei hier weniger, aber auch, an die öffentliche Meinung, jedoch vor allem an die politischen Organe, die Verwaltungen und die Parlamente gedacht ist.

Das soziale Konfliktpotential war an Rhein und Ruhr latent bereits vorhanden, bevor die Auflösung der ständischen Lebensverhältnisse ihrer Artikulation freieren Raum verschafften: Aus den Wählerlisten zu dem ersten westfälischen Provinziallandtag von 1826, nach Steuerklassen gestaffelt, wissen wir über die damalige Sozialstruktur Westfalens, wie sie Köllmann aufgeschlüsselt hat, genau Bescheid: 0,1% der Bevölkerung zählten zur Gruppe der adeligen Großgrundbesitzer, 3,9% zur großbäuerlichen Schicht, 0,9% zur städtischen Honoratiorenschicht der Kaufleute und Unternehmer, 1,2% waren Beamte oder gehörten den freien Berufen an. Die mittelbäuerliche Schicht wird mit 11,2% berechnet, die der mittleren und kleineren Unternehmer, Handwerker und Gewerbetreibenden mit 3,4%. Auf die Gruppe der klein- und unterbäuerlicher Schicht fiel der Großteil der Bevölkerung mit 63,7%, auf die der klein- und unterbürgerlichen Schicht 16,3%. Die beiden letztgenannten Gruppen, d. h. 80% der Bevölkerung, waren von dem Wahlrecht ausgeschlossen. Aus dieser Schicht rekrutiert sich seit den 40er Jahren das künftige Proletariat, die Schicht der Verelendeten, die sich 1848/49 während der Revolution in Westfalen noch kaum artikulierte, da die unruhigen Demokraten, wie sie genannt wurden, noch meist aus der Schicht der Handwerker und ihre Wortführer aus dem Bürgertum kamen, darunter Akademiker.[20] Die Chance der neuentstehenden sozialen Schicht der Industriearbeiter, sich politisch zu artikulieren, also ihre eigenen Forderungen in die Öffentlichkeit einzubringen, war somit zunächst gering. Dabei muß man sich das Faktum der Bevölkerungsexplosion im Ruhrgebiet vor Augen halte: 1875 sind es 875911, 1882: 993787, 1885: 1568330.[21]

Arbeiterbewegung

Während die Unternehmer die Chancen, die die neue Berggesetzgebung von 1865 bot, sofort aufgriffen, sich auch bald organisierten, so 1858 im Verein für die bergbaulichen Interessen, 1871 in dem einflußreichen sogenannten Langnamverein der rheinisch-westfälischen Industrie und schließlich in dem Kohlesyndikat von 1893, dem größten Kartell in Deutschland vor

[20] Vgl. W. Köllmann, Wirtschaft und Gesellschaft Rheinland-Westfalens zu Beginn des Industriezeitalters, in: Jürgen Reulecke (Hrsg.), Arbeiterbewegung an Rhein u. Ruhr. Beiträge zur Geschichte der Arbeiterbewegung in Rheinland-Westfalen, Wuppertal 1974, S. 21.

[21] Tenfelde, S. 644.

1900, so verlief die organisatorische Entwicklung der Arbeitnehmer an Rhein und Ruhr nur recht schleppend.[22] Sie war auch nicht zuletzt durch die starke Zuwanderung aus Ostdeutschland, darunter auch Polen, kommunikationstechnisch schwierig. Als verbindend erwies sich zunächst das konfessionelle Moment: Kamen die Arbeitgeber und das neue Industriebürgertum an der Ruhr meist aus protestantischen Familien,[23] so setzte sich die Arbeiterschaft an der Ruhr zu einem großen Teil aus Katholiken zusammen. Man fand sich zunächst nur über religiös geprägte Vereine und Zeitschriften zusammen, die Kolping-Vereine, Christlich-soziale Arbeitervereine, denen später auch evangelische soziale Vereine folgten. Dazu wirkte der Kulturkampf in den 70er Jahren ungemein verbindend, ließ sich doch hier nicht nur ein kultureller, sondern auch sozialer Protest aussprechen. Die jungen Kapläne an der Ruhr, häufig aus katholischen Bauernfamilien, erwiesen sich als äußerst rührig. So fiel es selbst den Sozialdemokraten anfangs schwer, in dem größten deutschen Industriegebiet an der Ruhr Fuß zu fassen. Katholische Arbeiter wählten häufig das Zentrum, die einzige Partei mit dem Anspruch einer Volkspartei, die damals in Deutschland bestand.

Schließlich 1877 – fünf Jahre nach dem ersten größeren Streik an der Ruhr, in Essen – setzte sich eine Bewegung zur Gründung einer Bergarbeitergewerkschaft in Gang. „Gedrängt von der äußeren Noth", so hieß es in einfachen Worten in dem Statutenentwurf, „in Verbindung mit einer schamlosen Ausbeutung ist auch unter den Bergarbeitern Rheinlands und Westfalens der Gedanke nach ‚Vereinigung' wach gerufen worden."[24]

Obwohl seit 1871 in den Jahren der nun einsetzenden Prosperität, wenn auch von Konjunkturkrisen begleitet, das Realeinkommen und der Lebensstandard aller Bevölkerungsschichten anwuchs, verstärkte sich gleichzeitig die soziale Kluft zwischen den Schichten des neuen deutschen Bürgertums – das übrigens mit dem alten wenig gemeinsam hatte – und der neuentstehenden Schicht der Arbeiterschaft, der Mehrheit der Bevölkerung. Das neue Industriebürgertum suchte sich sozial durch betonte Distanzierung von den unteren Schichten als die bessere Gesellschaft zu behaupten, durch Anteil an Vermögen, Bildung, aber auch durch bereitwillige Annahme borussischer Elemente, so des Reserveoffiziers als Standesmerkmal, und unverkennbar einer gewissen „Herrenmentalität", verbunden mit einem – etwas abstrakten – nicht sozialbezogenen Leistungsdenkens.[25]

[22] Wolfram Fischer, Die Bedeutung der preußischen Bergrechtsreform (1851–1865) für den industriellen Ausbau des Ruhrgebiets, in: Ders., Wirtschaft u. Gesellschaft im Zeitalter der Industrialisierung, Göttingen 1972, S. 177.

[23] Vgl. Wilhelm Treue, Wirtschaftsgeschichte der Neuzeit, Stuttgart 1962, S. 559f.

[24] Abdruck bei: Tenfelde, S. 637.

[25] Vgl. Wilhelm Treue, Wirtschaftsgeschichte der Neuzeit, S. 560. – Zum Vergleich der Entwicklung an der Ruhr und in der britischen Industrielandschaft Wales:

Hedwig Wachenheim hat die Situation, mit der sich die Arbeiterschaft konfrontiert sah, in ihrer Geschichte der deutschen Arbeiterbewegung beschrieben:

> Die Arbeiter lebten in einer Welt, in der Sieg, Friedensaussichten und die Einigung und Vergrößerung des Reichs das Selbstbewußtsein der Nation erhöht hatte. Die Bürger des neuen Reiches wollten besser leben und mehr konsumieren als zuvor. Die Arbeiter wurden mitgerissen von der allgemeinen Hoffnung auf bessere Zeiten, dem allgemeinen Drang nach Geld und der Aktionslust. Sie sahen, wie leicht Geld verdient wurde und waren Zeuge des zur Schau getragenen Luxus. Die Teuerung aber drückte ihre Lebenshaltung herab. So entschlossen sie sich, ihren Anteil an dem leicht erworbenen Einkommen zu erlangen.[26]

Streiks, anfangs noch auf betrieblicher oder örtlicher Basis, werden allmählich eine ständige Begleiterscheinung des industriellen Wachstums, um Forderung an Lohn, Arbeitszeitregelung, Unfallschutz, Schutz vor Entlassungen, Verbesserung der Arbeitsverhältnisse durchzusetzen. Die Gewerkschaften organisieren sich in Anlehnung an die neue sozialdemokratische Bewegung. Das Sozialistengesetz von 1878, für das sich eine konservativ-bürgerliche Mehrheit im Reichstag fand, sollte diese Entwicklung aufhalten. Gleichzeitig besann sich die preußische Verwaltung wieder darauf, stärker in die Wirtschaft einzugreifen. Die Sozialgesetzgebung, wesentlich von dem Zentrum mitgetragen, leitete in den 80er Jahren die Anfänge der Entwicklung zu dem Sozialstaat ein. Allerdings, die erhoffte politische Befriedung der Arbeiterschaft blieb aus, im Gegenteil, ihre Forderungen wurden lauter.

Bergarbeiterstreik von 1889

1889 wurde für die Weltausstellung in Paris als Symbol des Industriezeitalters der Eiffelturm fertiggestellt. Am gleichen Ort, im gleichen Jahr wurde die II. sozialistische Internationale gegründet. Ein Jahr zuvor hatte übrigens Theodor Strom die Novelle ›Der Schimmelreiter‹ geschrieben. Rodin hatte seine Plastik ›Die Bürger von Calais‹ beendet. In Deutschland war ein Jahr zuvor Wilhelm II. 28jährig Kaiser des Deutschen Reiches und König von Preußen geworden. Das Verhältnis des jungen Kaisers zu dem Kanzler, zu Bismarck, war gespannt. Sachlich berührten diese Spannungen auch das Verhältnis beider zur Arbeiterbewegung und zur Sozialgesetzgebung.

Im Mai 1889 kam es an der Ruhr zu einem Ereignis, von dem Beobachter

D. Smith (Hrsg.), A People and a Proletariat. Essays in the History of Wales 1780–1980, 1980 (Pluto-Press).

[26] Helga Wachenheim, Geschichte der deutschen Arbeiterbewegung, Köln 1967, S. 137.

und Beteiligte wie Hue und Imbusch später schrieben, es sei wie „ein Unwetter mit Blitz und Donner“ gekommen und habe sich „wie ein Präriebrand“ verbreitet.[27] Anfangs waren auf den Zechen Präsident in Bochum und Friedrich Ernestine in Essen am 25. April bzw. 1. Mai jugendliche Bergarbeiter spontan in den Ausstand getreten. An der Ruhr hatte es in diesem Frühjahr 1889 schon mehrfach Streiks gegeben, am Niederrhein bei den Färbern und Webern und einen Streik im belgischen Bergbau. Jetzt, in den Maitagen, dehnte sich der Streik in wenigen Tagen auf den gesamten Bergbau an der Ruhr aus und erfaßte bis zum 9. Mai 70000 der 100000 Bergarbeiter. Es gab keine Streikorganisation. Einsatz von Militär am 7. Mai in Gelsenkirchen hatte wenig bewirkt. Aktuell verbanden sich mit dem Streik[28] Forderungen nach Lohnerhöhungen um 15% (damals nicht ungewöhnlich), nach dem Achtstundentag, Schutzvorrichtungen, längerfristig eine Reform der Knappschaftsverfassung. Dahinter stand die Sorge vor einer sozialen Verschlechterung angesichts der rapiden Veränderungen im Ruhrbergbau. Schließlich tauchte etwas später die Forderung nach der Einrichtung von Arbeiterausschüssen in den Zechen auf. Das bedeutete: Einschränkung der Alleinzuständigkeit der Zechenbesitzer und Rücksichtnahme auf die Belange der Belegschaft durch geregeltes Verfahren.

Am 9. Mai beschloß eine Versammlung in Dorstfeld, eine Arbeiterdelegation nach Berlin zu entsenden, um dem jungen Kaiser ihr Anliegen vorzutragen. Die Idee war etwas verblüffend, fand aber in der Öffentlichkeit an der Ruhr gleich Anklang. Die Reisekosten wurden durch eine Sammlung zusammengetragen. Am 14. Mai waren die drei Delegierten Schröder, Bunte und Siegel, die aus den Knappschaftsorganisationen bekannt waren, zur Aussprache mit Wilhelm II. in Berlin. Man war inzwischen in Berlin von der Spontanität des Vorgangs überzeugt und sah manche Forderungen der Arbeiter als berechtigt an. Wilhelm II. hielt den Arbeiterdeputierten zwar die Unrechtmäßigkeit ihres Vorgehens vor, unterstützte aber das Konzept einer Einrichtung von Arbeiterausschüssen. Auch Bismarck als Kanzler billigte diese Linie einer moralischen Anerkennung der Arbeiterschaft, verlangte aber zur Sicherung der Neutralität auch eine Aussprache mit der Unternehmerseite.

Inzwischen kam es in Berlin zu Verhandlungen zwischen der Arbeiterdeputation und dem Geschäftsführer des Bergbaulichen Vereins, Friedrich Hammacher, die einige Reichstagsabgeordnete angebahnt hatten. Man einigte sich am 15. Mai auf ein gemeinsames Protokoll, das ›Berliner Protokoll‹, das auch die Errichtung von Arbeiterausschüssen vorsah. Alle Details

[27] Vgl. Albert Gladen, Die Streiks der Bergarbeiter im Ruhrgebiet in den Jahren 1889, 1905 und 1912, in: Reulecke, S. 111–148, hier: 127.

[28] Gladen, S. 128.

können hier nicht erwähnt werden. Doch unverkennbar hatte die Bergarbeiterschaft einen Rückhalt sowohl in der Öffentlichkeit wie in der Berliner Verwaltung gefunden, weniger in den Kommunalverwaltungen in den Ruhrstädten, denn dort hatte man sich zunächst spontan auf den Standpunkt der Zechenleitungen gestellt und überhaupt kein Verständnis für die Bergleute gehabt. Anders allerdings der Oberpräsident der Rheinprovinz, v. Berlepsch, der für seinen Zuständigkeitsbereich keinen Einsatz von Militär gegen die Streikenden zugelassen hatte. Berlepsch wurde bald der sozialpolitische Berater des jungen Kaisers und später preußischer Handelsminister.[29]

Im Zusammenhang mit der Bergarbeiterfrage war es in Berlin zu persönlichen Spannungen zwischen Bismarck und Wilhelm II. gekommen. Am 14. Mai hatte der junge Kaiser im Staatsministerium, das unter Bismarcks Vorsitz tagte, von sich aus die Minister angewiesen, für eine Beilegung der Auseinandersetzungen zu sorgen; notfalls sollten die Bergwerksbesitzer gezwungen werden, die Forderungen der Streikenden zu erfüllen.[30]

Im Mai und Juni 1889 wurde im Reichstag das Gesetz über die Invaliditäts- und Altersversicherung beraten. Anscheinend mitausgelöst durch die Ereignisse an der Ruhr, fühlte sich der 74jährige Kanzler von Bismarck veranlaßt, in die Aussprache selbst einzugreifen. Er riet dringend, neue Energiequellen ausfindig zu machen, etwa die Wasserkraft Westpreußens, um sich von jener Minderheit an der Ruhr, wie er sie nannte, unabhängig zu machen. Der Vorschlag des alten Kanzlers war sicher nicht unoriginell, aber wohl doch etwas abwegig. Wörtlich sagte er:

> ... und wenn man von der Kohle, von der Möglichkeit, daß die Bevölkerung von 20 Quadratmeilen im Stande ist, das ganze Reich durch Arbeitsverweigerung an irgend einem Donnerstag in eine Kalamität zu stürzen, wenn man davon loskommen will, so muß man die Ausbeutung der Wasserkräfte thunlichst fördern; dann hat der heutige Streik keine Bedeutung; an irgend ein Mittel gegen Kalamitäten derart, wie sie uns dieser Tage bedroht haben, werden wir doch denken müssen. Wir dürfen uns dem unmöglich aussetzen, daß die kleine Minorität der Bewohner der Kohlenreviere uns jeden Tag in die Lage setzen kann, in die uns etwa die Landwirtschaft setzen kann, wenn sie uns das Brot abschneiden würde. Die Kohle ist in vielen Provinzen so notwendig geworden wie das Brot es in allen ist, und es müssen meines Erachtens von Staats wegen Vorkehrungen getroffen werden, daß die Kohle nicht plötzlich

[29] Zur Frage der Arbeiterausschüsse vgl. Hans Jürgen Teuteberg, Geschichte der industriellen Mitbestimmung in Deutschland, Tübingen 1961, S. 362–376, dort auch über die Rolle v. Berlepschs.

[30] Vgl. Alan Palmer, Bismarck, Bergisch Gladbach 1978 (London ¹1976), S. 326f. Tatsächlich war Wilhelm II. auch in den Aussprachen mit „den Zechenbesitzern streng ins Gericht gegangen, während er mit den Arbeitern wie ein alter Onkel redete“ (Michael Balfour, Kaiser Wilhelm II. und seine Zeit, Frankfurt a. M. u. a. 1979, S. 135).

in drei Tagen der Menschheit entzogen werden kann, daß nicht jede kleine Wirtschaft am Kochen, jede Waschfrau am Waschen, jede anderweitige Industrie verhindert wird.[31]

Soweit Bismarcks Reaktion auf den Ruhrstreik in wörtlicher Rede. Im übrigen schärfte er in seinem Auftritt vor dem Reichstag den preußischen Konservativen ein, die einzuführende Altersrente nicht durch eine verfehlte Opposition zu Fall zu bringen. Es gehe dabei auch darum, „den Staat und das Reich" zu erhalten und zu schützen.[32] „Ich habe", so führte Bismarck aus, „lange genug in Frankreich gelebt, um zu wissen, daß die Anhänglichkeit der meisten Franzosen an die Regierung, die gerade da ist ... wesentlich damit in Verbindung steht, daß die meisten Franzosen Rentenempfänger sind ... Die Leute sagen, wenn der Staat zu Schaden geht, dann verliere ich meine Rente, und wenn es 40 Franken im Jahre sind, so mag er sie nicht verlieren, und er hat Interesse für den Staat. Es ist ja menschlich und natürlich."[33]

Offensichtlich erhielten die Reichstagsdebatten über die Sozialversicherung durch den Ruhrstreik eine Wende ins Grundsätzliche. Auch August Bebel, der Führer der Sozialdemokraten, ließ es sich nach Bismarcks Auftritt am Samstag nicht nehmen, am folgenden Montag – er hatte über das Wochenende seine Rede ausgearbeitet – gegen den Reichskanzler Stellung zu beziehen.

Es scheint fast, so führte er aus, „daß die Ereignisse, welche jene Deputation nach Berlin führten, in weit höherem Grade, als wir vermuteten und glaubten, diese höchsten Herren irritiert hat".[34]

Zugleich verwahrte sich Bebel gegen abfällige Äußerungen des Kanzlers, die Sozialdemokraten betrieben nur Obstruktion und Agitation und würden aus wahltaktischen Gründen die Sozialgesetzgebung ablehnen:

Indem wir es als unsere Aufgabe halten und es bisher für unsere Aufgabe gehalten haben, die deutschen Arbeiter über das aufzuklären, was sie als Menschen und Staatsbürger des 19. Jahrhunderts von Staat und Gesellschaft zu erwarten haben, erfüllen wir eine hohe sittliche und menschliche Pflicht.[35]

Beide Symbolfiguren des Kaiserreichs, Bismarck auf der einen, Bebel auf der anderen Seite, bezogen sich bei ihrem Reichstagsauftritt im Mai 1889 auf „das Menschliche schlechthin". Unterdessen liefen die Verhandlungen

[31] Reichstag, Bd. 107 (1889), S. 1386.
[32] A. a. O., S. 1836.
[33] A. a. O., S. 1835.
[34] A. a. O., S. 1845.
[35] A. a. O.

um eine Beendigung des Streiks weiter. Die Unternehmer, überrrascht von der für sie ungünstigen Reaktion der Öffentlichkeit und von Wilhelm II. in einer Besprechung eindringlich zur Verständigung mit den Arbeitern gemahnt, sahen sich gezwungen, umzudenken und begrenzt von dem „Herr-im-Hause-Standpunkt" abzugehen. Allerdings hatten sie inzwischen von dem Kanzler einen anderen Wink erhalten, der ihnen neue Hoffnung gab. In einer ›Essener Erklärung‹ vom 18. Mai 1889 verweigerten die Zechenbesitzer dem Berliner Protokoll ihre Zustimmung.[36] Von einer gleichberechtigten Anerkennung der Arbeiterschaft, von Arbeiterausschüssen war jetzt nicht mehr die Rede. Die Zecheneigner betonten vielmehr ihr „Hausrecht".[37] Die Bergarbeiter protestierten am 19. Mai mit einer Kundgebung in Bochum, nahmen aber zugleich die anderen Vereinbarungen, darunter den Achtstundentag, an. Auch die Streikführer rieten zum Einlenken. Am 21. Mai sollte die Arbeit wiederaufgenommen werden. Als dann erneut Mißverständnisse um den Wortlaut der Vereinbarung auftauchten, drohte eine Wiederaufnahme des Streiks. Aber die Mehrheit der Bergleute war streikmüde. So konnte sogar die Streikleitung ohne Widerstand festgenommen werden. Moralisch war der Erfolg der Bewegung von 1889 an der Ruhr erheblich gewesen, in den unmittelbaren Auswirkungen für die Beteiligten allerdings gering. Die hier von den Bergarbeitern gemachte Erfahrung, gleichsam im nachhinein hintergangen worden zu sein, wurde an der Ruhr auch in den folgenden Jahren nicht vergessen.

Aber auch in Berlin wirkte der Impuls von 1889 weiter. Wilhelm II., der jetzt einen Kreis von Sozialreformern um sich gesammelt hatte, darunter Franz Hitze, drängte auf weitere Reformen, so auch die Zulassung von Arbeitervertretungen in den Betrieben und Ausdehnung der Arbeiterschutzgesetzgebung. Er konnte sich damit auf einer Sitzung des Kronrats am 24. Januar 1890 durchsetzen. Das Konzept fand seinen offiziellen Niederschlag in dem sogenannten Februar-Erlaß vom 4. Februar 1890, der, ohne Zustimmung des Kanzlers publiziert, gesetzliche Regelungen zur „Pflege des Friedens zwischen Arbeitgebern und Arbeitnehmern" in Aussicht stellte.[38] Nachdem im Reichstag zunehmend Stimmen gegen die Fortsetzung des Sozialistengesetzes laut geworden waren, lief es, da nicht mehr verlängert, 1890 aus. Am 5. November hatte der Zentrumsabgeordnete Peter Reichensperger im Reichstag ausgeführt: Die jüngste Geschichte habe gezeigt, „daß die Arbeiterkreise in ihrer Mehrheit sich besonnener und unzugänglicher erwiesen haben gegenüber den Einflüsterungen der sozialdemokratischen Partei".[39] Als dann aber die Sozialdemokraten bei den Reichs-

[36] Teuteberg, S. 366.
[37] Teuteberg, S. 366.
[38] Teuteberg, S. 373.
[39] Reichstag, Bd. 111 (1889), S. 118.

tagswahlen am 20. Februar 1890 mit 1,4 Mill. Stimmen ihren Stimmenanteil fast verdoppelten und unerwartet die stärkste Partei im Deutschen Reich geworden waren, verrauchte die Reformeuphorie recht bald, zumal bei dem dreißigjährigen Kaiser, der noch im gleichen Jahr den alten Kanzler entließ, zur gleichen Zeit auch das Motiv, aus Opposition gegen den alten Staatsmann Reformpolitik zu betreiben, fortfiel. Die sozialen Spannungen im Kaiserreich verschärften sich, und in der Umgebung Wilhelms II. kamen jetzt auch stärker Industrielle zum Zuge, darunter von Kardorff, Krupp und der Saarindustrielle Stumm, der im Saargebiet wie ein politischer Patriarch seine Fabriken und das kleine Land beherrschte.[40]

Zu den sozialpolitischen Erfolgen der Bewegung von 1889 zählte das Arbeiterschutzgesetz von 1891 (Änderung der Gewerbeordnung), das wesentlich auf die Initiative von Berlepschs zurückging. Die dritte Kraft zwischen Unternehmern und Arbeiterschaft, die Verwaltung, hatte sich gegenüber den industriellen Interessen durchgesetzt. Die ehemals staatlich bevormundende und fürsorgende Interventionspolitik des preußischen Staats begann sich in die moderne Sozialpolitik zu verwandeln. Diese Sozialpolitik hatte auch in mehreren Lehrstühlen an den deutschen Universitäten ihre theoretische Begründung gefunden. 1891 erhielt auch der sozialpolitische Sprecher des Zentrums im Reichstag, Franz Hitze, seinen Lehrstuhl für „Christliche Sozialwissenschaften" in Münster. Der „Verein für Socialpolitik", eine Vereinigung der Sozialwissenschaftler und Sozialpolitiker, trieb von sich aus die Reflexion über die Bedingungen und Aufgaben der Sozialpolitik weiter fort. So entstand allmählich gegenüber der Industrie die Kontrolle einer kritisch eingestellten wissenschaftlichen Öffentlichkeit in Deutschland.

Auf diese Veränderung anspielend, wetterte der Reichstagsabgeordnete und Saarindustrielle Freiherr von Stumm-Halberg am 9. Januar 1895 im Reichstag. Seine Argumentation war etwas undifferenziert und übertreibend:

> Meine Herren, es hat sich namentlich hier in Berlin ein vollständiger Universitätssozialismus herausgebildet, diese Herren herrschen ebenso unbeschränkt in ihren Kreisen wie die Führer der Sozialdemokratie. Jeder Gelehrte, namentlich jeder Professor der Nationalökonomie, der nicht in das sozialistische Horn stößt, wird boykottiert, er wird verfolgt, wird für unwissenschaftlich ausgegeben und kommt nach keiner Richtung vorwärts. Das sind die Leute, welche unsere jungen Beamten ausbilden.[41]

[40] In einem Punkt stimmten übrigens Stumm und der Führer der Sozialdemokraten Bebel durchaus überein: aus recht unterschiedlichen Überlegungen lehnten beide die Errichtung von Arbeiterausschüssen in den Betrieben ab (vgl. Teuteberg, S. 382).

[41] Reichstag, Bd. 138 (1905), S. 210. – In der gleichen Sitzung monierte Stumm

Die Streikbewegung von 1889 hatte die gewerkschaftliche Organisation der Bergarbeiter begünstigt. 1890 wurde der der SPD nahestehende Verband deutscher Bergleute gegründet, dessen politische Führung bald bei Otto Hue lag, seit 1895 Redakteur der Bergarbeiterzeitung. Hue, der die Distanz zu dem radikaleren marxistischen Flügel der Sozialdemokratie wahrte, bestimmte fast 25 Jahre lang das geistige Profil der politisch eher zur Mäßigung neigenden Bergarbeiterschaft an der Ruhr. Hue begünstigte auch die Zusammenarbeit mit dem zweiten Bergarbeiterverband, dem christlichen Bergarbeiterverband, der einen Rückhalt in der Zentrumspresse Dortmunds und Essens hatte. 1904 zählte der der SPD nahe Bergarbeiterverband etwa 80000, der zentrumnahe christliche Bergarbeiterverband 45000 Mitglieder. Daneben war noch eine polnische Bergarbeitervereinigung von 11500 Mitgliedern entstanden.[42]

Der durchschnittliche Jahreslohn im Bergbau stieg von 726,80 Mark (1887) auf 956,78 (1897), 1407,30 (1900) und 1587,51 (1913). Der Bergbau

noch ein weiteres – in seinen Augen – Skandalon, die Aufführung des Hauptmann-Stücks ›Die Weber‹ in Berlin: „In Berlin wird unter den Augen der Polizei oder vielmehr durch die Entscheidung des Oberverwaltungsgerichts ein Stück ›Die Weber‹ aufgeführt, ein Stück, das in New York verboten worden ist, das ihr früherer Genosse Most als das wirksamste Mittel zur Verbreitung anarchistischer Ideen ... hingestellt hat“ (a.a.O., S. 212). – Zur öffentlichen Diskussion über das Drama ›Die Weber‹, die Emotionen des Pro und Contra, die das Stück 1893 in der deutschen Presse auslöste, vgl. H. Schwab-Felisch, Hauptmann: Die Weber. Dichtung und Wirklichkeit (Anhang), Frankfurt a. M.–Berlin 1963 (Ullstein Tb., Neuauflage 1984).

[42] Gladen, S. 133. – Zur Politik des Bergarbeiterverbandes vgl. die Ausführungen von Steven Hickey in ›The Shaping of the German Labour Movement: Miners in the Ruhr‹ (in: R. J. Evans, Society and Politics in Wilhelmine Germany, London 1978, S. 215–239; hier, S. 235f.): “The repeated strike failures, particulary in the years between 1889 and 1893, convinced the generations of miners' leaders who emerged in the later 1890s and early 1900s – most notably Hermann Sachse and Otto Hue – that spontaneous industrial militancy alone was not enough. It had to be backed up by coordinated and sustained mass action, and this was only to bea achieved through the creation of a numerically strong and well disciplined organisation. It required cooperation of all miners, and this in turn required that the deeply divisive questions of religion and politics be strictly excluded from the trade union sphere. This was the basis of the doctrine of trade union 'neutrality', which encouraged the trade unions to distance themselves from all political parties, including the SPD, and pursue strictly limited and immediate goals. Although most leaders of the 'free' miniers' union ... were Social Democrats (Sachse, Hue and others becames SPD Reichstag deputies), they stressed the non-political aims of the union, and used their considerable authority within the SPD itself to discourage leftist activity which might embarrass them in their attempts wo work with the large number of miners who were vehemently nonsocialist, or were politically apathetic.”

lag, wie der Untersuchung von Desai ›Real Wages in Germany‹ zu entnehmen ist, in der Einkommensskala hinter Eisen und Stahl und weit über Bau oder Textil. In beiden letztgenannten Zweigen lag das Jahreseinkommen 1913 noch unter 1000 Mark.[43]

Bergarbeiterstreik von 1905

Dennoch nahmen die sozialen Spannungen an der Ruhr weiter zu, wenn auch zunehmend in organisierteren Formen. Mit dem Kohlesyndikat hatten sich die Zecheneigner das damals größte europäische Verkaufskartell geschaffen. Der industrielle Aufschwung hatte sich in Deutschland seit den 90er Jahren weiter fortgesetzt, mit ihm, teils zu Recht, teils zu Unrecht, zugleich das unternehmerische Selbstbewußtsein. Die Leitung der Zechen war teilweise bereits von dem früheren privaten Unternehmer auf die, wie es heute heißt, „leitenden Angestellten" übergegangen, den Bergassessoren im damaligen Sprachgebrauch. Es scheint, daß gerade in dieser Bergassessorengruppe an der Ruhr bewußt eine Haltung von Kühle und Distanz und Überlegenheit gegenüber der Belegschaft gepflegt wurde. Jenes gemeinschaftliche Moment, das der ständische Bergbau bis in die Mitte des 19. Jahrhunderts noch gekannt hatte, war zwangsläufig unter den Bergassessoren nur wenig verbreitet. Allerdings, die Öffentlichkeit an der Ruhr, darunter auch die regionale Presse, vor allem des Zentrums und der Sozialdemokraten, hatte die Vergangenheit noch nicht vergessen. Das zeigte sich bei dem zweiten großen Streik an der Ruhr 1905.

Obwohl damals auf internationalen Sozialistenkongressen intensiv über „Massenstreiks" diskutiert wurde, hatte die Bewegung an der Ruhr 1905 mit diesen internationalen Debatten ebensowenig zu tun wie mit dem zeitlich parallellaufenden Massenstreiks in Petersburg, der russischen Revolution von 1905. Bezeichnenderweise ging auch der große Streik an der Ruhr von 1905 ebenso wie 1889 wieder von spontanen Arbeitsniederlegungen aus, war also nicht vorbereitet. Erst danach traten die organisierten Gewerkschaften und ihre Leiter in die Streikkommissionen ein.

Inzwischen wuchs der Wohlstand in Deutschland, der allgemeine Lebensstandard hob sich an. Die Kohle hatte weiter an Bedeutung, auch für den Verbrauch in den privaten Haushalten, gewonnen. Sie prägte unverkennbar die Lebensverhältnisse des Alltags, und dieser Tatsache wurde jedermann, sobald er eine warme Mahlzeit einnahm, bewußt, vom Winter ganz zu schweigen. Das Kohlesyndikat von 1893 begann den Markt fühlbar zu kontrollieren, dehnte sich auch auf das Transportwesen, so die Schiffahrt, sowie den

[43] A. V. Desai, Real Wages in Germany 1871–1913, Oxford 1968, S. 110.

Handel aus, bestimmte die Verbraucherpreise. Das Syndikat war eine anonyme Gruppe, die „Großkapitalisten", wie es bald im Sprachgebrauch hieß, die die Preise für die Verbraucher und die Löhne der Bergarbeiter festsetzte. Daß hier eine bewußte Lohn- und Preispolitik betrieben wurde, war leicht zu erkennen und jedermann bekannt, der die Dinge bewußt beobachtete.

In der Gruppe der Zecheneigner hatte sich ein Generationswechsel vollzogen. Söhne traten gelegentlich das Familienerbe an, so etwa der junge Hugo Stinnes in Mühlheim und Fritz Thyssen. Sie wurden bald zu Millionären und damit ein beliebtes deutsches Gesprächsthema. Bei ihren wirtschaftlichen Unternehmungen, darunter die Stillegung unrentabler Zechen, ließen sie sich nicht immer von sozialen Skrupeln plagen. Sie verstanden ihre Zechen ausschließlich als Privateigentum. Daß sie ursprünglich aus dem staatlichen Bergregal entstanden waren, war ihnen nicht mehr geläufig. Eher begannen jetzt diese Nachwuchsunternehmer Einfluß auf Staat und Verwaltung zu nehmen, als sich umgekehrt von Staat und Verwaltung kontrollieren zu lassen. Zudem war der Wilhelminische Staat kein Bismarckstaat. Man ließ die Dinge in der Wirtschaft ziemlich treiben. Es ging ja offensichtlich alles aufwärts.

Andererseits war das politische Gesamtklima an der Ruhr gespannter geworden. Die Sozialdemokraten, die bis 1890 höchstens bis zu 15 % der Stimmen an der Ruhr gewannen, holten sich jetzt mehrere Reichstagswahlkreise. In Dortmund gab es eine eigene sozialistische Arbeiterzeitung, auch der Berliner ›Vorwärts‹ wurde an der Ruhr gelesen. Das gesamte politische Leben war bewußter geworden.

Die wirtschaftliche Lage der Bergarbeiter galt, gemessen an der relativen Genügsamkeit der Arbeiterschaft, nicht unbedingt als schlecht. Dennoch wuchs erneut die Mißstimmung. Zum 1. Juni 1904 waren 9 Zechen stillgelegt worden. Etwa 10000 Bergleute mit eigenem Haus- und Grundbesitz waren von dieser Maßnahme zum Ausbau des Großbetriebs bedroht. Neue, bisher bergfremde Arbeitskräfte hatten die Unfallgefahr auf den Zechen ansteigen lassen, die Krankenziffer nahm zu. Schließlich unternahmen die Zechenleitungen auf indirektem Weg den Versuch, durch Verlängerung der Seilschaften, also der Anfahrten in die Gruben, die Arbeitszeit zu verlängern. Die Gewerkschaftsleitungen selbst warnten die Arbeiter vor Streikmaßnahmen, vermutlich auch, weil sie sich mit ihren Streikkassen gegenüber den Unternehmern nicht stark genug fühlten. Sie suchten ausbrechende Streiks zu lokalisieren.

Als es im Januar 1905 in der Zeche Bruchstraße in Bochum zum Streik kam, lehnte Stinnes, der Zechenbesitzer, Verhandlungen mit den Streikenden ab. Daraufhin setzte sich der Ausstand spontan von Zeche zu Zeche fort. Entgegen einer ausdrücklichen Warnung der Gewerkschaftsvorstände standen am 11. Januar bereits 50000 Bergleute im Ausstand. Die Streikenden wählten auf einer Delegiertenkonferenz am 12. Januar in Essen eine Streikleitung, die sogenannte „Siebenerkommission“, deren Vorsitz Johann Effert, ein christlicher Gewerkschaftsführer, übernahm.[44] Die sozialistischen Gewerkschaften überließen die Führung von sich aus den christlichen Bergarbeiterführern. Die Konferenz beschloß einen Katalog von Forderungen an den Bergbaulichen Verein, die Unternehmensvertretung. Dazu zählten: Achtstundenschicht einschließlich Ein- und Ausfahrt, keine Sonntags- und Überschichten, Abschaffung des sogenannten „Wagennullens“, d. h. die Nichtanerkennung von Arbeitsleistungen unter Tage, ferner die Festsetzung eines Mindestlohnes, die Einrichtung von Arbeiterausschüssen, die Einführung von Grubenkontrolleuren, die Abschaffung von harten Strafen, humane Behandlung und die Anerkennung der Gewerkschaften als Vertragspartner bei Tarifabschlüssen. 1905 waren die Gewerkschaften noch nicht von den Unternehmern als legitimierte Vertreter der Arbeiterschaft anerkannt. Das Oberbergamt Dortmund und das preußische Handelsministerium versuchten in dieser Situation zwischen den streikenden Bergarbeitern und dem Bergbaulichen Verein zu vermitteln. Aber die Unternehmer lehnten am 14. Januar jede Verhandlung mit der „Siebenerkommission“ ab. Vereinbarungen über die Arbeitsordnung seien ausschließlich Angelegenheit der einzelnen Zechenverwaltungen und des einzelnen Arbeiters. Durch diese Abfuhr trieben die Unternehmer die Dinge auf die Spitze. Die Öffentlichkeit richtete sich wie 1889 erneut gegen die Unternehmer und sympathisierte mit den Streikenden, zumal da der äußere Ablauf ruhig verlief und Gewalttätigkeiten nicht vorkamen. Die Zecheneigner baten um Entsendung von Militär an die Ruhr, um die Regierung auf ihre Seite zu ziehen. Es wurden aber lediglich auswärtige Polizeikräfte an die Ruhr gesandt. Die Polizei der Ruhr sympathisierte gleichfalls mit den Streikenden, das war naheliegend.

Die Auseinandersetzungen an der Ruhr waren unverkennbar zu einem sozialen Machtkampf geworden. Die Unternehmer gingen davon aus, daß sie die Stärkeren seien und am längeren Hebel säßen. Am 16. Januar wurde der Generalstreik ausgerufen. In den nächsten Tagen standen 200000 Bergleute – drei Viertel aller Bergleute des Ruhrgebiets – im Ausstand. Das Ereignis bewegte selbstverständlich die gesamte deutsche Öffentlichkeit. Bernhard von Bülow, zugleich preußischer Ministerpräsident und Reichskanzler, wies am 14. Januar im preußischen Landtag in Berlin auf die Notwendigkeit hin, die Konkurrenzfähigkeit der deutschen Wirtschaft gegenüber dem Ausland zu sichern.[45]

[44] Gladen, S. 136; Max J. Koch, Die Bergarbeiterbewegung im Ruhrgebiet zur Zeit Wilhelms II., Düsseldorf 1954, S. 143.

[45] Sten.Ber. über d. Verhdl. d. Pr. Hauses d. Abgeordneten 20. Leg. per. I. Sess. 1904/05 Bd. 6, Sp. 8352.

Bei der Beratung des Jahresetats meldete sich am 17. Januar der christliche Bergarbeiterführer Brust im preußischen Landtag zu Wort.[46] Er nannte die Gründe für den Zorn der Bergarbeiter:

> Meine Herren, wenn ein Grubenbesitzer wie namentlich Herr Hugo Stinnes, in letzter Zeit sich noch äußerte: ich mache mit meinem Eigentum, was ich will, so ist das jedenfalls sehr bezeichnend für den Geist, der in den Kreisen der Grubenbesitzer augenblicklich herrscht.[47]

Die Lohnforderungen der Bergarbeiter, erklärte Brust vor dem Landtag, seien berechtigt, wenn man bedenke, „daß die Arbeit unter Tage bei ihrer Schwere oft in nassen Arbeitsstätten, in furchtbarer Hitze, in schiefer, vielfach gekrümmter Körperhaltung und auch noch in schlechter Luft nur von einer starken Person in den besten Lebensjahren geleistet werden kann".[48] Die Temperaturen lägen bei 28 bis 29 Grad, bei einer acht- bis neunstündigen Arbeitszeit.[49]

Am Vortag, dem 16. Januar 1905, hatten die Streikenden an der Ruhr den Generalstreik ausgerufen. Dazu der christliche Gewerkschaftler Brust vor dem Abgeordnetenhaus: „Ich halte diese Forderungen und die Wünsche alle für berechtigt und bei allseitigem guten Willen auch für durchführbar."[50] Anschließend sprach der preußische Handelsminister Möller. Er versuchte, zwischen den streitenden Parteien eine ausgleichende Haltung einzunehmen. Dann aber zeigte sich der Innenminister Freiherr von Hammerstein so ungeschickt, vor dem Landtag anzukündigen, „notfalls bewaffnete Macht zur Hilfe zu rufen", falls die ordentlichen Polizeikräfte an der Ruhr nicht ausreichten. Das war die Proklamierung des Herrenstandpunktes gegenüber der streikenden Arbeiterschaft. Der preußische Landtag firmierte in seiner konservativen Zusammensetzung in der deutschen Öffentlichkeit als „Junkerparlament". Von den Abgeordneten selbst stützten allerdings wenige, wie der Essener Nationalliberale Hirsch, Syndikus der Essener Handelskammer, die unnachgiebige Haltung der Arbeitgeber. Die linksliberalen Abgeordneten neigten zu den Streikenden.

Der Debatte im Landtag folgte wenige Tage später eine Aussprache im Reichstag, die durch eine Rede des sozialistischen Bergarbeiterführers und

[46] Brust: „Meine Herren, von mir als Bergarbeiter, der ich 20 Jahre lang praktische Bergarbeit betrieben habe, erwartet man vor allen Dingen draußen, daß ich mich mit diesen Fragen eingehend beschäftigte" (a. a. O., S. 8470). Brusts Ausführungen: Sp. 8470–8483.

[47] A. a. O., S. 8471.

[48] A. a. O., S. 8478.

[49] A. a. O., S. 8477.

[50] A. a. O., S. 8475.

SPD-Reichstagsabgeordneten Otto Hue eingeleitet wurde. Unter dem Eindruck der jüngsten Landtagsdebatte warnte Hue die Regierung eindringlich vor der Anwendung von Gewalt an der Ruhr. Er erinnerte dabei an den Streik von 1889. Damals sei an der Ruhr angesichts der disziplinierten Haltung der Streikenden das Wort umgegangen, bemerkte Hue ironisch: „Alles ist ruhig, nur die Polizei ist nervös." Es gebe augenblicklich keinen Grund zu gewaltsamen Eingriffen.[51]

Huc nutzte die Gunst der öffentlichen Meinung für die Streikenden und richtete seine Kritik gegen, wie er es darstellte, die illoyale Haltung der Unternehmer an der Ruhr gegenüber dem Staat. Wörtlich: „Der Herr Minister Möller hat im Landtag gesagt, er bedaure, daß die deutschen Arbeiter so wenig Achtung vor dem Gesetz hätten. Meine Herren, ich aber bedaure, daß der Herr Minister nicht bedauert hat, daß die Arbeitgeber so wenig Achtung vor den Gesetzen haben." Ein wichtiger neuer Gedanke tauchte in dieser Argumentation auf. Der eigentlich Schwache in diesem Streik, so fuhr Hue aus, sei der Staat gewesen, der sich als unfähig erwiesen habe, die Unternehmer an den Verhandlungstisch zu bringen, denn die Streikenden seien ja dazu bereit gewesen. Wo blieben eigentlich, fragte Hue polemisch, die „Gendarmen, wo bleibt das Militär gegenüber den Zechenstillegern? Wo bleibt das Militär, wo bleiben die Gendarmen gegen die Herren, die ganz Orte verödet haben im Ruhrgebiet, die den wer weiß wie vielen Arbeitern und Geschäftsleuten das wenige, was sie verdienten und zusammensparten, vernichtet haben?"

Die etwas biedere Argumentation Hues war nicht ungeschickt. Immer wieder lief seine Rede darauf hinaus, daß der Staat, zumal die preußische Regierung sich in dieser Situation als unfähig erwiesen habe. „Wenn regieren heißt voraussehen, dann, kann man sagen, haben wir wenigstens was das preußische Bergwerksministerium anbelangt, noch keine Regierung gehabt." Hue personalisierte den Angriff und zog den Handelsminister Möller zur Rechenschaft.

Als SPD-Abgeordneter wies er darauf hin, daß die laufenden Aktionen an der Ruhr von überparteilichen Gremien geleitet würden, sich sogar Bürgerkomitees zugunsten der Bergarbeiter gebildet hätten; der Erzbischof von Köln, Fischer, habe 1000 Mark an die Streikkasse überwiesen. Der Streik finde die Sympathie des ganzen Volkes: „Bei Bürgern, bei Bauern, wo wir nur hinkommen, hören wir: ‚Wenn ihr nur gewinnt! Leute, haltet fest! Das Kohlesyndikat, die Großunternehmer sind unser Feind. Leute,

[51] Hue: „Ich erinnere Sie an den Streik von 1889. Dort waren nur 90000 Streikende, und gleich am ersten Tag schlug der Säbel und schoß die Flinte! Jetzt haben wir volle 14 Tage hinter uns, etwa 220000 Mann streiken und alles ist erstaunt über die musterhafte Ruhe der Streikenden" (Reichstag Bd. 201 [1905], S. 3904).

haltet fest, daß ihr gewinnt!‘ Das ist die Stimmung der Bürgerschaft bei uns.“[52]

Die Forderungen der Bergleute seien nicht utopisch, sie kämpften, so Hue, um die „Erlangung des bürgerlichen Rechtsbodens, welcher ihnen nach und nach unter den Füßen weggenommen worden ist“. Es sei eine Demonstration „gegen die Ungesetzlichkeit der Unternehmerschaft“. So gehe es auch nicht lediglich um Lohnforderungen, vielmehr um die Anerkennung der menschlichen Würde der Bergarbeiter. Das Nullen von Wagen werde an vielen Zechen rein willkürlich durchgeführt. Nicht an allen, fügte Hue hinzu. Unvertretbar seien Doppelschichten, d.h. Arbeitszeiten bis zu 16 Stunden unter Tage. Die Unfallquoten seien in den letzten zwanzig Jahren ständig angestiegen. Hue nannte Zahlen: 1885/86 habe sie noch bei 75 pro Tausend gelegen, 1900 bei 124 und 1903 bereits bei 147 pro Tausend.[53] Das alles geschehe in „unserer modernen, in der Kultur so vorgeschrittenen Zeit“.

Wegen der materiellen Fragen wäre es nicht zu dem „kolossalen Kampf“ gekommen, wenn nicht eine „geradezu barbarische Behandlung“ der Bergarbeiter hinzugekommen wäre. Hue nannte als Beispiel Prügelstrafen, Beleidigungen von Bergarbeitern, die er im Wortlaut ausführlich zitierte, darunter die Invektiven: „Faulenzer“, „Strolch“, „Schurke“, „ich hau dir die Backenzähne aus“, „ich schlage dir die Meterlatte auf dem Kopf kaputt“, „Hungerleider“, „Mucker“, „Pfaffenbruder“. So habe sich das Ehrgefühl der Bergarbeiter gewehrt. Wie sei so etwas möglich, fragte Hue, wo man im gleichen Jahr, 1905, den hundertsten Todestag Friedrich Schillers in Deutschland feiere? Wenn man aber den Protest an der Ruhr nicht verstehe, „dann lassen wir doch die klassischen Dichter Schiller und Goethe aus den Schulen unseres Volkes, dann lassen wir sie lieber in den Silberschrank verschließen und lassen wir nicht die Kinder in den Schulen sich an den herrlichen Gedichten eines Schillers erbauen. Dann wissen wir nicht, daß es auch das Ideal eines Menschen sein muß, für die Menschenwürde einzutreten“.[54]

Nach diesem Appell ging der Abgeordnete Hue wieder auf die realen Vorgänge an der Ruhr ein. Das Kohlesyndikat beherrsche sämtliche Zechen, habe die Kohlepreise systematisch bis auf 60 % in die Höhe getrieben, es beherrsche den Handel: „Wir haben es mit einer großkapitalistischen Organisation zu tun, die alles, was der Staat im Interesse der Gesamtheit schaffen kann, die alles, was die Gemeinden im Interesse der Eingesessenen tun können, illusorisch macht, um in brutal egoistischer Weise den Profit für

[52] A. a. O., S. 3909.
[53] A. a. O., S. 3915.
[54] A. a. O., S. 3917.

sich allein herauszuziehen. Unser Volk befindet sich schon in der fürchterlichen Knechtschaft dieser großen Unternehmerorganisationen." Er verstehe nicht, warum die Staatsregierung nicht bereits gegen das Kohlesyndikat eingeschritten sei. Wenn die Regierung wirklich nicht in der Lage sei, das Kohlesyndikat zu bändigen, dann, so hieß es polemisch, „sollte man doch lieber Herrn Kirdorf zum Reichskanzler und Herrn Stinnes zum Bergwerksminister" machen. So denke jedenfalls das Volk.[55] So lief die Rede des sozialdemokratischen Abgeordneten immer wieder auf einen Appell an den Willen zur Selbstbehauptung der staatlichen Autorität hinaus.

Bülow antwortete als Reichskanzler vor dem Reichstag dem Bergarbeiterführer. Auch er habe aus der bürgerlichen Presse die Klagen über die „angebliche Rat- und Machtlosigkeit des Staates" entnommen, ein starkes Mißtrauen gegen die „vereinte Kapitalsmacht der großen Zechenbesitzer und Banken" in „unserer an Achtung vor König, Staat und Obrigkeit gewohnten bürgerlichen Gesellschaft". In der Sache selbst wich Bülow aus. Er nannte wohl die in den USA eingeleitete Anti-Trust-Gesetzgebung als vorbildlich, suchte aber die Ursachen der Streikbewegung an der Ruhr in politischen, partei- und wahlpolitischen Motiven, verwies dabei auf die Berichterstattung des ›Vorwärts‹, der tatsächlich, wohl auch aus Verärgerung der marxistischen Redaktion darüber, daß die Bewegung an der Ruhr so unmarxistisch entstanden und verlaufen war, sich zu wortgewaltigen journalistischen Anklagen gegen das Kapital aufgerafft hatte. Hier würden „Wagenladungen" von Öl ins Feuer geworfen, bemerkte Bülow. Die Rede Hues selbst hatte allerdings allgemein beeindruckt. In der Sache konnte Bülow nichts anbieten, noch weniger Möller, der nach ihm sprach. „Die Unternehmer haben es abgelehnt, mit den Arbeitern kontradiktorisch zu verhandeln", erklärte Möller. „Meine Herren, ich habe das im hohen Grade bedauert. Daran ist aber zur Zeit nichts zu ändern."[56] Tatsächlich sprach aus diesen Worten eine Art Kapitulation der Regierung vor der Wirtschaft.

Peter Spahn, der Sprecher der Zentrumsfraktion, stellte sich am 23. Januar gleichfalls hinter die Streikbewegung. Die Forderungen der Streikenden seien ja für den Bergbaulichen Verein nicht überraschend gekommen, sie seien seit 1889 bekannt. Auch habe ihm das Verhalten des preußischen Handelsministers „verhältnismäßig wenig imponiert".[57] Die Siebenerkommission habe in ihrem Schreiben zu Recht geltend gemacht, daß die Arbeiter seit 1896 wiederholt an den Bergbauverein um Verhandlungen herangetreten seien. Ihre Forderungen seien nicht berücksichtigt, nicht einmal beantwortet worden. Spahn zeigte auch die Vorgeschichte der aktuellen Be-

[55] A. a. O., S. 3819.
[56] A. a. O., S. 3821.
[57] A. a. O., S. 3977.

wegung an der Ruhr auf: „Schon in dem Moment, wo das Syndikat neu gegründet und damit die Syndikatsmacht erheblich gestärkt worden war, steigerte sich die Sorge der Arbeiter um ihre Stellung gegenüber den Zechenbesitzern, die jetzt durch den Rückhalt, den ihnen das Syndikat gewährte, den Arbeitern gegenüber eine viel festere Position erlangten als vorher, weil sie von jetzt an den Arbeitern geschlossen gegenüberstanden."[58]

Schließlich seien auch die Banken in das Kohlesyndikat eingetreten: „Wir dürfen nicht vergessen, daß den Arbeitern gerade dieses Hervortreten der Banken, das noch nie so sichtbar geworden war, so recht klar machte, daß sie bei dem Arbeitsvertrag nicht mehr Mann gegen Mann, Mensch gegen Mensch, sondern als Anbieter ihrer Ware ‚Arbeit' einer Aktiengesellschaft gegenüberstanden." Diese Bemerkung Spahns wurde mit einem „Sehr gut!" aus der Mitte des Reichstags quittiert.[59]

Auch sei die Behauptung von Individualverträgen, von der der Bergbauliche Verein ausgehe, in sich abwegig, denn es gebe im Bergbau nur kollektive Verträge. Sie gälten in den gleichen Formulierungen für alle Arbeiter.[60] Spahn erwähnte gleichfalls die Erkrankungen unter den Bergarbeitern, vor allem die sogenannte Wurmkrankheit. Sicherlich, die Arbeitgeber hätten 8 Millionen Mark zur Bekämpfung dieser Krankheit ausgegeben, aber was könne der Arbeiter dafür, „daß ihn die Krankheit befallen hat".[61] Spahn nannte als weitere Quelle der Mißstimmung die Zechenstillegungen, die „Tausende von Arbeitern aus ihren Betrieben, aus ihren Verhältnissen, in die sie sich eingewöhnt hatten, herausgerissen haben".[62] Schließlich sei die Verlängerung der Seilfahrt, d.h. der Arbeitszeit, ausgerechnet an einer Zeche eingeführt worden, deren Eigentümer auf sein Privateigentum poche. Das sei auch, sagte der Zentrumssprecher, nicht christlich gedacht. „Das Christentum verlangt von uns, daß wir die Vermögensverwaltung nach Ideen Gottes im Interesse der Gesamtheit der Menschheit, nicht im Interesse dessen, dem das Vermögen gehört, benutzen."[63]

Spahn wies auch die Behauptung Bülows in der gleichen Debatte zurück, die Streikbewegung sei in erster Linie von den Sozialdemokraten initiiert und getragen. Diese Darstellung widerspreche den Tatsachen. Am Schluß seiner Rede erinnerte Spahn übrigens als erster in dieser Debatte an die historische Herkunft des bergbaulichen Vermögens aus dem alten Bergregal, also aus öffentlichem Eigentum, das geschichtlich nur auf dem Wege der

[58] A.a.O., S. 3978.
[59] A.a.O., S. 3978.
[60] A.a.O., S. 3978.
[61] A.a.O., S. 3978.
[62] A.a.O., S. 3978.
[63] A.a.O., S. 3981.

sog. „Mutung“, d. h. aus der staatlichen Verleihung der Schürfrechte in die private Hand gelegt sei. Spahn fügte hinzu: „Und wenn der Bergeigentümer die Rechte, die ihm aus der Mutung entspringen, mißbraucht, so hat der Staat das Recht und die Pflicht, sich daran zu erinnern, daß er es war, der die Mutung gewährt hat, der also auch dafür zu sorgen hat, daß Zustände erhalten bleiben, die für die gesamte Bevölkerung des Reiches erträglich sind.“[64]

Nach Spahn sprachen weitere sozialdemokratische Abgeordnete, so Zimmermann und Bömelburg. Bömelburg, der Dortmunder Abgeordneter und Gewerkschaftsführer war, warf die Frage nach der Verstaatlichung des Bergbaus auf, offensichtlich als ein Druckmittel gegen die Zecheneigner. Wörtlich: „Vergessen sie nicht, daß wenn die Regierung die Verstaatlichung des Bergbaus in Aussicht stellte, dann die Herren es mit der Angst gekriegt hätten; denn wenn so ein Herr wie Stinnes, Thyssen – letzterer soll ja wohl ein jährliches Einkommen von 20 bis 30 Millionen haben – merken würde, daß diese großen Gewinne wegfallen sollen, dann können Sie sicher sein, die Herren wären recht kleinlaut geworden, und ohne Frage wäre in sehr kurzer Zeit eine Unterhandlung und Einigung zustande gekommen.“[65]

So forderte auch Theodor Bömelburg mit Nachdruck die staatliche Intervention: „Ich möchte die Herren von der Regierung dringend bitten, ihre Stellung gegenüber den Unternehmern ganz wesentlich zu ändern, vor allen Dingen in Rücksicht auf die Arbeiter des Bergbaus.“[66] Aber leider rassele die Regierung bisher nur mit dem Polizeisäbel, so Möllers Äußerung und schließlich auch Bülows. Als positives Beispiel nannte Bömelburg demgegenüber die Haltung des Bürgermeisters von Witten, der in einer Bergarbeiterversammlung ausdrücklich abgelehnt hatte, weiteren polizeilichen und militärischen Schutz anzufordern. Bömelburg zitierte aus der Rede des Wittener Bürgermeisters, eines Mitglieds des westfälischen Provinziallandtages, in Münster.[67] Leider habe es in Dortmund anders ausgesehen; dort

[64] A. a. O., S. 3982.

[65] A. a. O., S. 3987.

[66] A. a. O., S. 3988.

[67] „Seit einigen Tagen halte ich mich in Münster auf zur Teilnahme an den Verhandlungen des Provinziallandtages. Ich bin hierhergekommen, um der heutigen Verhandlung beizuwohnen und um die Stimmung zu erforschen. Als ich von Münster abreiste, sagte ich einem Kollegen: ob ich zurückkehren werde, weiß ich nicht; das hängt davon ab, wie es in Witten aussieht. Heute weiß ich, was ich tun werde. Ich reise nach Münster zurück und bleibe dort bis Ende der Woche so ruhig, als ob wir im tiefsten Frieden lebten. Nun sorgen Sie aber dafür, daß es nicht heißt: der Bürgermeister hat sich auf die Bergleute verlassen, und da war er verlassen, sondern daß man am Ende des Streiks sagen wird: die Wittener Bergleute haben durch ihr besonnenes Betragen gezeigt, daß sie Männer sind, welche auf etwas halten“ (a. a. O., S. 3988).

seien Bergarbeiterversammlungen von dem zuständigen OB Schmiesing untersagt worden.[68]

Diese Debatten im Reichstag und im preußischen Abgeordnetenhaus hatten auf den unmittelbaren Gang des Geschehens an der Ruhr keinen Einfluß. Die Unternehmer ließen sich nicht auf Verhandlungen ein, die Streikkassen leerten sich. Als schließlich Möller am 30. Januar die Vorlage seiner Berggesetznovelle ankündigte, die „wesentliche Punkte der Beschwerden der Bergleute gesetzlich regeln" werde,[69] entschloß sich eine Revierkonferenz der Streikenden am 9. Februar 1905 in Essen, den Streik abzubrechen, angesichts der Tatsache, wie es in der Erklärung hieß, „daß der Herrenstandpunkt ... in nächster Zeit noch nicht gebrochen werden kann". Der Beschluß zum Streikabbruch wurde mit 165 gegen 5 Stimmen gefaßt.

Die Debatte über die Berggesetznovelle zog sich noch einige Monate hin. Immerhin war es der Bewegung an der Ruhr gelungen, eine politische Lösung herbeizuführen. Die Berggesetznovelle vom 14. 7. 1905 kam in wichtigen Punkten den Forderungen der Bergarbeiter entgegen: Die Gesamtschichtdauer wurde auf 8½ Stunden begrenzt, einschließlich der Ein- und Ausfahrt, Überschichten und Nebenschichten wurden eingeschränkt, das Wagennullen abgeschafft, das Strafwesen geregelt und ständige Arbeiterausschüsse obligatorisch eingeführt.[70] Die letztgenannte Regelung griff am weitesten in die bisherigen internen Verhältnisse im Bergbau ein. Diesen Arbeiterausschüssen kam ein Kontrollrecht zur Überwachung der erbrachten Förderleistungen zu, sie wirkten an der Verwaltung der Unterstützungskassen mit und wurden bald eine feststehende innerbetriebliche Einrichtung. Das war zweifellos ein Fortschritt, der Beginn innerbetrieblicher Mitbestimmung in Großbetrieben. Die Mitgliederzahlen der Gewerkschaften im Bergbau stiegen an. Aber es blieb bei der Trennung in sozialistische und christliche Gewerkschaften. Bei gewerkschaftlichen Aktionen arbeiteten diese Verbände, zu denen noch die kleineren Gruppen der liberalen und polnischen Gewerkschaften hinzukamen, zusammen. Die nächste Streikbewegung an der Ruhr von 1912, sieben Jahre später, kam ohne die Mitwirkung der christlichen Gewerkschaften zustande, war zudem ein reiner Lohnstreik und wurde wohl auch durch die Konkurrenz zwischen den beiden Gewerkschaftsrichtungen motiviert. Die sozialistischen Gewerkschaften wollten sich gegenüber ihren Anhängern durch materielle Erfolge behaupten und neue Mitglieder werben. Ein Ziel aller drei Bewegungen an der Ruhr, von 1889, 1905 und 1912, nämlich die gleichberechtigte

[68] Schmiesing war Mitglied des Aufsichtsrats der Harpener Bergbaugesellschaft (a. a. O., S. 3989).

[69] Gladen, S. 138.

[70] Gladen, S. 139.

Anerkennung der Gewerkschaften als Tarifpartner durch die Arbeitgeber, wurde bis zum Ersten Weltkrieg jedoch nicht erreicht. Herr im Hause blieb – bis 1918 – die Industrie. Erst gegen Ende des Krieges setzte eine andere Entwicklung ein.

Im Zusammenhang mit dem Ruhrstreik von 1905 spielte sich noch eine weitere Bewegung ab, die weniger die Bergarbeiter als die Führung der Gewerkschaften betraf. Die theoretische Linke in der Sozialdemokratie forderte seit längerem den „Massenstreik" als politisches Mittel. Die Gewerkschaften selbst, auch die hier unmittelbar betroffenen sozialistischen Gewerkschaften, beobachten die Diskussion mit Verdruß. Der Unmut der Gewerkschaftsführer nahm zu, als sie sich in der Öffentlichkeit 1905 hatten vorhalten lassen müssen, sie wollten mit ihren Streiks nur politische Ziele erreichen, nicht die Belange der Arbeiter selbst fördern. Tatsächlich hatten manche Redaktionen sozialdemokratischer Blätter in ihrer Kommentierung des Bergarbeiterstreiks genauso argumentiert. Seitdem versuchten die Gewerkschaftsführungen gezielt, den Einfluß der theoretischen Linken innerhalb der SPD zurückzudrängen. Ihren ersten Erfolg errangen sie auf dem Mannheimer Parteitag der SPD 1906, der den politischen Streik an die vorherige Zustimmung der Gewerkschaften band. Seit dieser Zeit gewannen auch die Gewerkschaften innerhalb der Reichstagsfraktion der SPD an Einfluß. Die Zahl der Gewerkschaftler im Reichstag nahm zu. Sie setzten einer selbständigen Politik der Sozialdemokratie in Deutschland Grenzen. Die SPD war bereits vor 1914, wie es Friedrich Naumann schon 1906 beschrieben hatte, eine Reformpartei geworden.[71]

Erster Weltkrieg

1914 war die Reichsregierung überrascht, daß sich sofort nach Kriegsbeginn die Gewerkschaften zu einem „Burgfrieden" bereitfanden, d. h. zur Einstellung gewerkschaftlicher Kampfmaßnahmen während des Krieges.

Es zeigte sich bald, daß eine erfolgreiche Kriegführung nicht nur von Soldaten, Munition, Geschützen abhing, der Krieg nicht nur an der Front ge-

[71] Friedrich Naumann, Die innere Wandlung der Sozialdemokratie, Süddeutsche Monatshefte, 3. Jg., Nr. 10 (106), in: Naumann, Werke, Bd. 4, S. 339–348. – Vgl. Theodor Heuss, Friedrich Naumann, Der Mann, das Werk, die Zeit, Stuttgart–Berlin 1937, S. 211 ff. – Naumann war durch persönliche Kontakte mit den politischen, sozialen und kirchlichen Verhältnissen des Ruhrgebiets gut vertraut. Die Modernität seiner politischen Analysen würdigt M. Zimmermann, A Road not Taken. Friedrich Naumann's Attempt at a Modern German Nationalism, in: Journal of Contemporary History 17 (1982), S. 689–706.

führt wurde, sondern die wirtschaftliche Leistung des eigenen Landes, nicht zuletzt die Arbeitsleistung von ausschlaggebender Bedeutung war für Erfolg und Mißerfolg. So begann im Ersten Weltkrieg ein neues Kapitel der deutschen Sozialgeschichte und der Beziehungen zwischen Politik, Verwaltung, Unternehmerorganisationen und Gewerkschaften.

Zunächst mußte es scheinen, als seien die Unternehmer, vor allem die Schwerindustrie, die eigentlichen Kriegsgewinnler. Die Schwerindustrie nahm zwangsläufig in den Kriegsjahren eine Schlüsselstellung ein, und die Unternehmerschaft scheute sich nicht, ihre Aufopferung für das Vaterland mit der Erhöhung der Preise für ihre Lieferungen zu koppeln. Vor allem die Firmen Krupp und Stinnes wurden für ihre Koppelung von Vaterlandsliebe und Gewinn bekannt.

Die unternehmerische Situation in der Schwerindustrie schien sich noch weiter zu verbessern, als Ende August 1916 Hindenburg und Ludendorff in die neue Oberste Heeresleitung berufen wurden. Denn die neue OHL verlangte sofort eine Steigerung der kriegswirtschaftlichen Leistungen, für das sie das bekannte „Hindenburg-Programm" aufstellte. Die Einlösung dieses Programmes sollte das sogenannte „Vaterländische Hilfsdienstgesetz" durch die Mobilisierung der gesamten Bevölkerung zwischen 16 und 60 Jahren für den Arbeitsdienst bringen. Das Gesetz mußte im Reichstag verabschiedet werden. Weitgehende Übereinstimmung in der Schlußabstimmung – um der Demonstration der Geschlossenheit willen – war erwünscht. Schien mit dem Hindenburg-Programm anfangs die Stunde der Schwerindustrie gekommen zu sein, so kam kurz darauf mit dem Hilfsdienstgesetz die Stunde der Gewerkschaften.[72]

Wer das Kriegsgeschehen nur von dem äußeren Erscheinungsbild sieht, vergißt leicht die verwaltungstechnische Organisation im Innern – wie sie von allen kriegführenden Ländern in diesen Jahren aufgebaut wurde. Die Wirtschaft mußte auf die Bedürfnisse des Heeres umgestellt werden. Das bedeutete nicht nur erhebliche Eingriffe in die wirtschaftliche Freiheit, sondern zugleich auch eine direkte Intervention der Verwaltung, vor allem der Reichsämter, d. h. der Ministerien in den Ablauf der Produktion selbst, wie dies vor 1914 unbekannt gewesen war.

Neben der staatlichen Verwaltung kam 1914 noch eine weitere Organisa-

[72] Vgl. G. A. Ritter, Staat, Arbeiterschaft und Arbeiterbewegung in Deutschland, Bonn 1980, S. 83. – Zahlreiche Materialien zur Geschichte der Ruhrindustrie während des Ersten Weltkriegs und in den zwanziger Jahren finden sich in der 4bändigen, allerdings sehr zeitgebundenen Darstellung von Hans Spethmann, Zwölf Jahre Ruhrbergbau (Reimar Hobbing), Berlin 1928. – Zur vergleichbaren innenpolitischen Entwicklung in England während der Kriegsjahre das Kapital ›War, Patriotism and the State‹, in: John Stevenson, British Society 1914–45 (The Pelican Social History of Britain), Harmondsworth 1984, S. 46–77.

tion ins Spiel. Das Gesetz über den Belagerungszustand hatte 1914 den 20 Stellv. Generalkommandos in Deutschland neben den örtlichen und provinzialen Verwaltungen einen eigenständigen Zuständigkeitsbereich zugewiesen. In diesen Generalkommandos, deren Generäle meist wenig Erfahrung in politischen, wirtschaftlichen und sozialpolitischen Dingen hatten, entstand eine neue Anlaufstelle für die Wirtschaft. Das galt auch für die Beziehungen zwischen Gewerkschaften und Industrie, auf die die Militärs ihre Aufmerksamkeit richteten. Zuständig für das Ruhrgebiet war das Stellv. Generalkommando in Münster. Gerald Feldman hat aus den Akten des münsterschen Staatsarchives, vor allem aus dem Briefwechsel zwischen General von Gayl und dem münsterschen Regierungspräsidenten von Merveldt, diese Vorgänge rekonstruiert.

Im August 1916 hatten vereinzelt Streiks im Ruhrgebiet stattgefunden, ausgelöst durch die verschlechterte Ernährungslage. Als sich die Industriellen an Gayl wandten, riet er zum Ausgleich, vor allem solle man die Gewerkschaften, die sich als zuverlässig erwiesen hätten, bei der Lösung der Probleme heranziehen. Das widersprach natürlich den Intentionen der Unternehmer an der Ruhr. Aber die besondere Situation zwang sie, von ihren bisherigen Einstellungen, mehr widerwillig als willig, abzugehen. Das primäre Interesse des Militärs lag darin, jegliche Unruhe unter der Arbeiterschaft zu vermeiden. Es zeigte sich, daß die Gewerkschaften automatisch einen höheren Stellenwert bekommen hatten.[73]

Das galt auch für die vorbereitenden Beratungen um das Hilfsdienstgesetz in Berlin 1916. Sobald die Gewerkschaftsführungen erkannten, daß man ihre Mitarbeit und Zustimmung als unabdingbar ansah, stellten sie Forderungen, der Preis für eine Zustimmung. Das Berliner Innenministerium unter Karl Helfferich und das Kriegsamt unter Wilhelm Groener verhandelten jetzt mit den Spitzen der Unternehmer und der Gewerkschaften über den Inhalt des Gesetzes. An den Besprechungen mit den jeweiligen Fraktionsvorständen im Reichstag waren die Gewerkschaftsführer durch Carl Legien, den Vorsitzenden der Generalkommission der Gewerkschaften, beteiligt. Legien war grundsätzlich bereit, dem Hilfsdienstgesetz zuzustimmen, wenn politische Gegenleistungen erbracht würden. Es ging ihm um die offizielle Anerkennung der Gewerkschaften als Verhandlungspartner und um die Einrichtung von Arbeiterausschüssen. Selbstverständlich war man über die Einführung der Dienstverpflichtung nicht glücklich, aber in Gewerkschaftskreisen begann man nun Vor- und Nachteile abzuwägen. Das zeigen auch die Protokolle der SPD-Fraktion aus den Novembertagen 1916, die die Überlegungen festhalten. Schließlich stimmte die SPD-Fraktion am

[73] Vgl. Gerald D. Feldman, Army, Industry and Labor in Germany 1914–1918, Princeton 1966, S. 134ff.

1. Dezember auf eine Intervention Legiens hin fraktionsintern dem Hilfsdienstgesetz mit 49 gegen 21 Stimmen zu.[74]

Dennoch blieb die Situation bis zur Schlußabstimmung in der dritten Lesung am 2. Dezember 1916 gespannt. Das Hilfsdienstgesetz wurde im Reichstag mit 235 gegen 19 Stimmen angenommen, also auch mit der Mehrheit der Sozialdemokraten. In Betrieben mit über 50 Arbeitnehmern wurden die vorgeschriebenen Arbeiterausschüsse eingerichtet. Der betreffende Artikel 12 des Gesetzes orientierte sich in der Formulierung an der preußischen Berggesetznovelle von 1905.[75]

Gerald Feldman kommt in seiner Studie ›Army, Industry and Labor in Germany 1914–1918‹ zu dem Ergebnis, daß das Gesetz, das am 5. Dezember in Kraft trat, einen Wendepunkt in der deutschen Sozialgeschichte bedeutete, weniger wegen der Dienstverpflichtung, ein äußerst gravierender Eingriff in das wirtschaftliche Leben, sondern vor allem wegen der Aufwertung der Gewerkschaften durch die Regierungspolitik: "The government had been compelled to recognize the unions and their right of equality with the employers."[76]

Man hatte unter dem Zwang der Verhältnisse den Schritt in die modernen Arbeitsverhältnisse des 20. Jahrhunderts getan, Verhältnisse, wie sie im wesentlichen heute noch bestehen. Fortan suchten Verwaltung wie Industrie bei allen wichtigen Wirtschafts- und Arbeitsfragen die Meinung der gewerkschaftlichen Organisationen ein. Alexander Schlicke, der Vorsitzende der Metallarbeitergewerkschaft, trat in das neugeschaffene Reichsarbeitsamt ein.

Natürlich änderte das Hilfsdienstgesetz, auf Mobilisierung der inneren Reserven abgestellt, wenig daran, daß sich allmählich die Lage der Arbeiterschaft, vor allem die Ernährungslage, zu verschlechtern begann. Vom Januar bis Mai 1917 brachen vereinzelte Streiks in Berlin wie an der Ruhr aus. Sie wurden durch Vermittlung der Gewerkschaften, des Kriegsamtes und von Gayls im Ruhrgebiet beigelegt. An diesen Vorfällen zeigte sich, daß die Gewerkschaftsführungen keineswegs immer sicher sein konnten, das Vertrauen der Arbeiterschaft zu besitzen. Größere Streiks, das wußte jeder, bedeuteten nicht nur ein Scheitern des Hilfsdienstgesetzes, sondern stellten auch die Fortsetzung des Krieges selbst in Frage.

Nicht nur die Gewerkschaften mußten eine Linie zwischen den Interes-

[74] Vgl. Matthias Pikart, Die Reichstagsfraktion der deutschen Sozialdemokratie 1898–1918, Teil II, Düsseldorf 1966, S. 237 und: Das Kriegstagebuch des Abgeordneten Eduard David 1914–1918, Düsseldorf 1966, S. 212: „Legien rettet die Situation. Ebert und Scheidemann waren bis zur letzten Stunde zum Umfall bereit.“

[75] Vgl. H. J. Teuteberg, Geschichte der industriellen Mitbestimmung, Tübingen 1961, S. 511.

[76] Feldman, S. 247.

sen ihrer Arbeiterschaft und einer bedingten Bereitschaft zur Kooperation mit Staat und Unternehmern finden, die Unternehmer standen ihrerseits in einer ähnlichen Lage. Seit 1918 wuchs sowohl bei den Gewerkschaften wie bei den Unternehmern das Mißtrauen gegen die Verwaltung der Reichsämter, nicht zuletzt gegen ihre sachliche Kompetenz in der Lösung anstehender wirtschaftlicher Fragen.

So kam es im Sommer 1918 zu der zunächst überraschenden Entwicklung, daß die Unternehmer von sich aus den Kontakt mit den Gewerkschaften suchten, um beide Seiten tangierende Fragen gemeinsam zu lösen.

Für die Gewerkschaften entstand zudem eine ungeahnte, interne Schwierigkeit. Das Hilfsdienstgesetz bewirkte einen Zustrom neuer Mitglieder in die Gewerkschaften, häufig jugendliche Arbeiter. Bisher bestanden die Gewerkschaften in ihrem Kern aus einer in sich solidarische Gruppe von Facharbeitern. Einberufungen bisheriger Mitglieder an die Front und Neuzugänge veränderten plötzlich die innergewerkschaftliche Struktur, brachten auch die Gefahr mit sich, daß sich der Kontakt der Gewerkschaftsführungen zu den betrieblichen Belegschaften lockerte. Sowohl in der staatlichen Verwaltung wie in den Unternehmerkreisen erkannte man bald das interne Führungsproblem der Gewerkschaften.

Nachdem anfängliche Versuche der Unternehmer, von der Kooperation mit den Gewerkschaften, die das Hilfsdienstgesetz vorschrieb, wieder loszukommen, am entschiedenen Widerstand der Verwaltung scheiterten, hatte bei führenden Unternehmern ein Prozeß des Umdenkens begonnen.[77] Man versuchte sich zu arrangieren. In der Folge kam es, wie Peter Wulf in seiner 1979 erschienenen Biographie über Hugo Stinnes schreibt, „zu einem Zweckbündnis der Produzenten, nämlich der Unternehmer und der Gewerkschaften gegen die große Masse der Konsumenten, indem Lohnerhöhungen für die Arbeiterschaft mit gleichzeitigen Preiserhöhungen gekoppelt wurden".[78]

Löhne wie Preise wuchsen kontinuierlich, ein Vorgang, der sich übrigens ähnlich im gegnerischen Nachbarland, Frankreich, abspielte. Auch hier wuchsen die industriellen Einkommen, wie Jean-Jacques Becker in einer Untersuchung über ›Les Français dans la Grande Guerre‹ aus den Berichten der Präfekten über die innere Lage des Landes erforscht hat.[79]

Manche Überlegungen, die bei Hugo Stinnes, der sich inzwischen ein Wirtschaftsimperium an Rhein und Ruhr aufgebaut hatte – sein Familienun-

[77] Vgl. Peter Wulf, Hugo Stinnes. Wirtschaft und Politik 1918–1924, Stuttgart 1979, S. 88ff.

[78] A. a. O., S. 89.

[79] J.-J. Becker, Les Français dans la Grande Guerre, Paris 1980 (vgl. Rez. in: Le Monde des livres, 16. 1. 1981).

ternehmen war aus einer Mühlheimer Kohlenhandlung entstanden –, und seinem Vertrauten und Berater Albert Vögler auftauchten, waren etwas abenteuerlich. Man dachte daran, auch die Gewerkschaften für expansive Kriegsziele zu gewinnen, und sprach sie gelegentlich darauf an. Aber selbst im Bergbaulichen Verein, dem Stinnes am 22. März 1917 seine für manchen etwas zu prinzipienlosen Kooperationsabsichten vortrug, stieß er auf Ablehnung, unter anderen von seiten Hugenbergs, eines leitenden Mitarbeiters des Krupp-Konzerns.[80]

Gelegentliche Gespräche zwischen Stinnes, Kirdorf, Hugenberg und Vögler auf der einen Seite, den Gewerkschaftlern Legien, Bauer, Schmidt und Schlicke auf der anderen – so am 25. Juli und 9. August 1917 im Berliner Hotel „Continental" – vermittelte der Bonner Professor für Nationalökonomie, Schumacher. Erschwert wurden diese Gespräche dadurch, daß sich seit 1917, seit der Friedensresolution des Reichstags, eine deutliche Spaltung der deutschen öffentlichen Meinung abzeichnete. Die Gewerkschaften unterstützten die Friedensresolution der Reichstagsmehrheit, die Unternehmer tendierten zu der chauvinistischen Sammlungsbewegung der „Vaterlandspartei". Die „Vereinigung deutscher Arbeitgeberverbände" warf Stinnes Verrat an gemeinsamen Grundsätzen vor. Es war anfangs nicht ganz klar, wohin die tastenden Gespräche führen würden.[81] Als sich aber im Sommer 1918 die militärische Niederlage, jedenfalls ein Ende des Krieges abzeichnete, wurden die Gespräche intensiver. Im August 1918 sprach Stinnes mit dem Vorsitzenden des Bergarbeiterverbandes Hermann Sachse und dem Reichstagsabgeordneten Otto Hue. Diese Kontakte kamen ausgerechnet im Kohlebergbau zustande, wo bisher die Gegensätze zwischen Arbeitgebern und Arbeiterschaft am schärfsten ausgeprägt gewesen waren. Am 11. Oktober trafen sich Stinnes und Hue erneut, diesmal auf der Zeche Victoria-Mathias, um Verhandlungen einzuleiten. Die offiziellen Verhandlungen wurden am 18. Oktober 1918 aufgenommen. Auf der Gewerkschaftsseite waren alle vier Verbände (sozialistische, christliche, liberale, polnischer) beteiligt. Beraten wurden Lohn- und Arbeitszeitfragen.

Die Anregungen, die von der Kohleindustrie ausgingen, wurden bald auch von anderen Industriezweigen aufgenommen. Als am 9. Oktober 1918 einige Eisen- und Stahlindustrielle im Stahlhof in Düsseldorf zusammenkamen, war man sich bald darüber im klaren, daß die Zukunft erhebliche Gefahren in sich barg, von daher die Fühlungnahme mit den Gewerkschaften dringend sei. Das Vertrauen der Wirtschaft in die Regierung, zumal die neue Regierung unter Max von Baden, nahm weiter ab. Man war der Ansicht, für die Zukunft eigenständige Lösungen suchen zu müssen. So ver-

[80] Wulf, Stinnes, S. 90.
[81] Wulf, Stinnes, S. 93.

festigte sich in diesen Tagen die Konzeption einer Arbeitsgemeinschaft zwischen Unternehmern und Gewerkschaften, die die förmliche Anerkennung der Gewerkschaften als legitimierte Vertreter der Arbeit einschloß. Aber dieser Frage war eigentlich angesichts der sich abzeichnenden innenpolitischen Veränderungen gar kein offenes Problem mehr. Man beauftragte Stinnes, mit den Gewerkschaften offiziell zu verhandeln.

Eine ähnliche Bewegung war von der Elektroindustrie unter dem Geschäftsführer des Verbandes, Hans von Raumer, ausgegangen. Diese verschiedenen Bewegungen liefen jetzt zusammen. Am 11./12. November wurde der Achtstundentag vereinbart – für sämtliche Industrien, ferner die generelle Regelung der Arbeitsbeziehungen über kollektive Arbeitsverträge. Das Abkommen wurde am 15. November unterzeichnet. Es ist zweifellos eins der wichtigsten Dokumente der deutschen Wirtschaftsgeschichte, wenn auch sprachlich und textlich recht farblos und wenig ansprechend. Es wurde anschließend im Reichsanzeiger durch den neugebildeten Rat der Volksbeauftragten veröffentlicht.

Natürlich stieß die Vereinbarung bald gewerkschaftsintern auf Kritik. Man habe sich doch auf ein Bündnis mit dem Klassengegner eingelassen, so hieß es. Auch wurde der Gewerkschaftsführung vorgehalten, die Gunst der Stunde angesichts der politischen Niederlage von 1918, gewissermaßen auch eine Niederlage der Unternehmer, nicht genutzt zu haben. Aber die Gewerkschaftsführer waren alles andere als Revolutionäre. Wie der Krieg für sie unerwünscht gewesen war, so galt dies auch für die Revolution. Sie suchten vielmehr eine dauerhafte Ausgestaltung der sozialen Beziehungen innerhalb des Wirtschaftssystems und hatten in dieser langfristigen Perspektive nicht unrecht.

Andererseits hatten sich die Unternehmer ihre Zugeständnisse an die Arbeiterschaft ganz offensichtlich nur notgedrungen angesichts der Situation in Deutschland im November 1918 abringen lassen. So blieben auch hier erhebliche Vorbehalte. Die Arbeitsgemeinschaft vom November 1918 war ein Zweckbündnis, von innerer Zustimmung konnte bei allen Beteiligten nicht die Rede sein. Aber unverkennbar hatten sich beide Seiten ein Stück Freiheit erobert. Die Wirtschaftsverfassung der Weimarer Republik war liberaler als die des soeben aufgelösten Kaiserreichs. Allerdings im November 1918 konnte niemand voraussehen, wie sich die künftige Entwicklung der wirtschaftlichen Beziehungen gestalten würde. Schließlich kam die Liquidationsmasse des verlorenen Krieges auch auf die Wirtschaft zu, und es stellte sich bald die Frage, zu wessen Lasten sie verteilt werden sollte.[82]

[82] Um die Situation an der Wende von 1918/19 zu realisieren, ist die Veränderung zu berücksichtigen, die jetzt das wirtschaftliche und politische Leben erfaßte. Die sozialistischen Gewerkschaften waren von 2,5 Mill. Mitgliedern im Jahre 1914 auf

1919/20: Weimarer Republik

Vor 1914 war die Arbeitslosigkeit kaum bekannt gewesen. Jetzt lag sie wie ein Gespenst über dem wirtschaftlichen Leben. Während die Gewerkschaftsvorstände alles daransetzten, organisatorisch die Wirtschaft wieder arbeitsfähig zu machen, dabei prinzipielle wirtschaftspolitische Fragen zurückstellten, richtete sich das Mißtrauen der Arbeiterschaft schnell, zumal in der Metall-, Stahl- und Kohleindustrie, gegen die Unternehmensführung und ihre Ambitionen während der jüngsten Kriegsjahre. Ihnen wurde die aktuelle deutsche Misere angelastet.

So fand 1919 die Forderung nach Sozialisierung, vor allem im Kohlebergbau, bis dahin lediglich in einzelnen sozialistischen Zeitschriften erörtert, schnell Eingang in die Debatte der Parlamente, nicht zuletzt einer der Gründe, warum die Schwerindustrie, gewohnt, von den deutschen politischen Organen gehätschelt zu werden, auf die neue parlamentarische Demokratie mit erheblichem Mißtrauen reagierte.[83]

7 Mill. 1919 angewachsen. Ähnlich verlief die Entwicklung des Mitgliederstandes bei den christlichen und liberalen Gewerkschaften. Das Gewicht der Gewerkschaften in der deutschen Öffentlichkeit war erheblich gestärkt worden. Barrieren, welche die Sozialordnung des Kaiserreichs ihnen entgegengesetzt hatte, waren aufgehoben. An den Gewerkschaften ging kein Weg mehr vorbei. Dennoch wurde ihr Spielraum durch innere Schwierigkeiten eingegrenzt. Denn ausgehend von der Spartakusbewegung, den revolutionären Obleuten der letzten Kriegsjahre, und von der Ende 1919 neugegründeten Kommunistischen Partei, fanden sich jetzt in allen größeren Gewerkschaften starke Oppositionsgruppen, die die ausgleichende Politik ihrer Verbandsvorstände bekämpften, und getragen von einer weitverbreiteten Mißstimmung, zumal der jüngeren Arbeiterschaft, die häufig unterernährt, noch von den Wunden des Krieges gezeichnet war, und inzwischen auch von der Arbeitslosigkeit bedroht wurde, zu radikaleren Haltungen drängten.

[83] Als am 18. Februar 1919 eine von Anhängern der USPD getragene Konferenz in Essen zu einem dreitägigen sog. Generalstreik aufgerufen hatte, die Frage in der seit Anfang Februar tagenden Nationalversammlung in Weimar zur Sprache kam, sah sich Otto Hue, nach wie vor der anerkannte Sprecher der Bergarbeiterschaft, veranlaßt, dazu vor der Nationalversammlung am 27. Februar Stellung zu nehmen. Die Mehrheit der Delegierten habe überhaupt nicht hinter diesem Beschluß gestanden, und selbst die Minderheit sei durch bewaffnete Soldaten vor den Türen des Konferenzsaals unter Druck gesetzt worden. Hier werde Gewalt angewandt, und warum, fragte erregt, „dieser Bruderkampf?" Ferner: „Die Unabhängige Sozialdemokratische Partei, ja auch die Spartakisten haben ihre Leute nicht mehr in der Hand: die sind losgebrochen, und nun will keiner der Generalstreikprediger die Verantwortung übernehmen." Niemand von diesen Anhängern des Generalstreiks stelle sich die Frage: „Was kommt dann hinterher?" (Nationalversammlung, Bd. 326, S. 336). Das Ergebnis sei: „Die Bergarbeiter kommen immer tiefer in die Not hinein" (a. a. O.).

Otto Hue brachte die Sozialisierungsfragen in die Nationalversammlungen ein, die die Aussprachen des Parlaments bis in den Sommer 1919 hinein beschäftigten. Am 7. März begründete Hue die Sozialisierungsforderungen in einer ausführlichen Rede vor der Versammlung. Er verwies auf die Geschichte des Bergbaus und die Geschichte der Eigentumsregelungen. Es gebe kein „Privateigentum an den Bodenschätzen". Weder habe früher der Regal- und Standesherr ein sogenanntes „natürliches Recht" an Bodenschätzen gehabt – Unternehmer wie Friedrich Harkort hätten sich leidenschaftlich gegen eine solche Haltung gewehrt –, noch hätten die heutigen Eigner ein natürliches Recht auf privates Eigentum. Ehedem – Hue hatte sich eingehend mit der Geschichte des Bergbaus befaßt – habe es ein „altgermanisches Markgenossenschaftsrecht" an den Bodenschätzen gegeben. Dies müsse jetzt, so fügte Hue in einem großen historisch-gedanklichen Sprung hinzu, in dem „republikanisch-sozialistischen Deutschland" wieder das Eigentum der Gemeinschaft werden, von daher Sozialisierung, eine Forderung, die ehedem angestrebt worden sei. Hue verwies darauf, daß überall in Europa von den Bergarbeiterschaften ähnliche Forderungen gestellt würden, so jüngst der italienische Gewerkschaftskongreß in Bologna, in Schweden, die Waliser Bergarbeiter in England. Die „Überspannung der privatkapitalistischen Wirtschaft, die Exzesse der privatkapitalistischen Autokratie", so Hue, habe „in allen betroffenen Ländern die Empörung der Massen wachgerufen". Daraus sei in der europäischen Arbeiterschaft die Forderung nach wirtschaftlicher Demokratie und Sozialisierung entstanden. Hue hatte nicht unrecht. Ähnlich wie in Deutschland begann jetzt die Linke in allen europäischen Ländern den Herren in der Industrie die Verantwortung für den Krieg und seine Verheerungen anzulasten.

Solange noch eine latente Streikgefahr bestand, verhielten sich die industriellen Führer in Deutschland – so in den ersten Monaten 1919 – politisch zurückhaltend. Aber bereits im Sommer 1919, im Zusammenhang mit der öffentlichen Debatte um den Versailler Vertrag, der der deutschen Regierung ultimativ zur Unterzeichnung vorgelegt worden war und heftigste Erregung, zumal bei den Parteien der nationalen Rechten, auslöste, glaubte mancher Industrieführer wieder festeren Boden unter den Füßen zu haben. Zudem war die Sozialisierung selbst von sozialdemokratischen Politikern nicht gerade begeistert betrieben worden.

Hue sah sich gezwungen, die sozialistische Linke vor dem Forum der Weimarer Nationalversammlung aufzurufen, in ihrer Agitation einzuhalten. „Noch ist es Zeit", warnte er, „noch sind die Massen nicht derart von Verzweiflung erfaßt, daß wir sie nicht in gemeinschaftlicher Arbeit aufrichten könnten zur Erreichung des Zieles, das wir gemeinsam haben, nämlich die Sozialisierung der Volkswirtschaft, erstlich des Bergbaus!" (a.a.O.).

Die politische Explosivität, die die Ruhrindustrie nach wie vor in sich barg, wurde in dem parlamentarischen Schlagabtausch sichtbar, der sich im Februar 1919 in der Weimarer Nationalversammlung zwischen dem Ruhrindustriellen Albert Vögler, einem parlamentarischen Neuling, Abgeordneten der DVP, und dem erfahrenen, rhetorisch gewandten Zentrumspolitiker und jetzigen Staatssekretär Matthias Erzberger abspielte.

Vögler, von Beruf Hütteningenieur und seit 1915 Generaldirektor der Deutsch-Lux. Bergwerks- und Hütten AG (Bochum), begründete für seine Fraktion eine Interpellation, die sich gegen die Verhandlungsführung Erzbergers bei der Fortsetzung des Waffenstillstands mit den bisherigen Kriegsgegnern richtete. Er leitete seine Attacke mit malerischen Worten ein: „Der Pulsschlag der deutschen Industrie wird schwach und schwächer, schon stockt er hier und da ganz, schon setzt der Erstarrungsprozeß an vielen Punkten unseres wirtschaftlichen Lebens ein. Mit grausamer Sicherheit weiß der Feind die Punkte zu wählen und zu treffen, die uns dem sicheren Ruin entgegenführen müssen." Erntete Vögler anfangs noch Beifall mit seiner etwas naiven Frage, ob er, der zuständige Staatssekretär Erzberger, überhaupt die genauen Zahlen der abzuliefernden Transportmittel kenne – Lokomotiven, Eisenbahnwagen –, so spitzte sich die Situation zu, als er Erzberger vorwarf, er habe die führenden deutschen Industriellen, besonders Hugo Stinnes, nicht als beratende Sachverständige zu den Trierer Waffenstillstandsverhandlungen hinzugezogen. Das Verhandlungsergebnis kritisierte Vögler so: „... diese Bedingungen waren das letzte Schlußglied in der Kette, die der Herr Reichsminister Erzberger in monatelangen Verhandlungen um das deutsche Volk gelegt hat (sehr gut! rechts), das Schlußglied in der Kette, die das deutsche Volk erwürgen wird. (Sehr richtig! rechts)."[84] Das war massiv und gegen ein führendes Mitglied der neuen Regierung wie gegen einen Repräsentanten der noch jungen Demokratie gerichtet.

Als Augenzeuge hielt Walter Oehme später in seinen Erinnerungen fest: „Vom ersten Wort an sprach er (Vögler) im Ton eines Staatsanwalts oder eben eines Generaldirektors, der mit den Fehlern seiner Untergebenen abrechnet. Das Haus füllte sich schnell, hinter den Regierungsbänken herrschte drangvolle Enge, und auf den Tribünen lauschte man Kopf an Kopf ... Das Haus wurde unruhig. Vögler steigerte seine eiskalte Stimme zur letzten großen Anklage."[85]

„Wir werfen Ihnen vor", erklärte Vögler zu Erzberger gewandt, „daß Sie

[84] Eduard Heilfron (Hrsg.), Die Deutsche Nationalversammlung im Jahre 1919, Bd. 1, Berlin 1920, S. 315.

[85] Walter Oehme, Die Weimarer Nationalversammlung 1919. Erinnerungen, Berlin 1962, S. 172f. u. 176.

in wichtigen Lebensfragen unseres Volkes allein verhandelt haben, wir werfen Ihnen vor, daß Sie niemals Sachverständige zur rechten Zeit in den so wichtigen Erz- und Kohlenfragen aus den Kreisen der Interessenten zu den Waffenstillstandsverhandlungen hinzugezogen haben."[86] Das Protokoll verzeichnet: „Stürmische, andauernde Unterbrechungen und große Unruhe im Zentrum und Links."[87] Vögler suchte die offensichtlich für ihn unerwartete Reaktion der Nationalversammlung abzuwehren und rief, ohne seinen Satz zu Ende führen zu können: „Ich bin kein Hetzer, meine Herren, ich habe Ihnen nur aus einem amtlichen Protokoll ..." Das Protokoll: „Andauernde erregte Zwischenrufe im Zentrum und Links."[88] Vögler setzte erneut an: „Ja, meine Herren, ist das im neuen Deutschland die neue Sitte?" Protokoll: „Fortgesetzte stürmische Entrüstungsrufe im Zentrum und Links." Vögler: „Ich bin neu im Parlament. Kann man hier nicht frei weitersprechen?" Protokoll: „Fortdauernde Unterbrechungen im Zentrum und Links." Der Präsident der Versammlung intervenierte, ergriff die Glocke und sprach auf Vögler ein: „Sie haben durch die Art Ihrer persönlichen Angriffe den Entrüstungssturm entfesselt."

Vögler sprach, ständig unterbrochen, weiter, steigerte, möglicherweise ungewollt, seine Angriffe: „Ich kenne Herrn Erzberger gar nicht, ich habe mit ihm noch nie etwas zu tun gehabt, aber ich spreche hier als Vertreter einer Industrie, die am Erstarren ist, und ich habe die Pflicht Ihnen hier zu sagen, wie die Sache bei uns steht. Wenn ich dies nicht täte, dann stände ich hier nicht auf meinem Platze."[89] Der Industrielle suchte nach abschließenden Worten und goß dabei erneut Öl ins Feuer: „Wir vermuten, daß wir bald, sehr bald Frieden haben, wir vermuten, daß der Frieden von selbst kommt, wir vermuten aber auch, daß es ein Frieden des Kirchhofs ist (große Unruhe und stürmische Zurufe bei den Mehrheitsparteien), vielleicht nur unterbrochen von dem gellenden Geheul der bolschewistischen Hyäne."[90] Das war zuviel. Das Protokoll verzeichnet: „Stürmische Unterbrechungen und große Unruhe bei den Mehrheitsparteien." Vögler bemühte sich noch um einige verbindliche Bemerkungen und beendete seine Rede. Die Rechte antwortete mir „lebhaftem Beifall".

Als Augenzeuge berichtet Oehme, damals Sekretär in der Reichskanzlei, über den weiteren Verlauf der tumultuösen Szene in der Nationalversammlung am 18. Februar 1919: „Mit wieselflinken Schritten sprang Erzberger zum Rednerpult. Er hatte eifrig Notizen gemacht und ein paarmal einen

[86] Heilfron, Bd. 1, S. 318.
[87] A. a. O., S. 319.
[88] A. a. O., S. 319.
[89] A. a. O., S. 320.
[90] A. a. O., S. 320.

Referenten hinausgejagt, um Akten zu holen, in denen er hastig blätterte. Jetzt demonstrierte er seinen Feinden auf der Rechten ihren Fehlgriff, ihm ein parlamentarisches Greenhorn als Angreifer gegenüberzustellen. Erzberger war der Schrecken aller Parlamentsstenografen. Sie waren auf 300 Silben in der Minute geprüft, aber er schleuderte 350 und mehr hinaus, und während er lachte und höhnte, bewies und dröhnte, schwitzten die Stenografen vor Angst."[91]

„Meine Damen und Herren", startete Erzberger seine Replik, „die Rede des Interpellanten hätte für Deutschland irgendeinen Nutzen erwirken können, wenn er sie statt an meine Person an Marschall Foch gerichtet hätte, dann aber nicht mit der Oberflächlichkeit und Leichtfertigkeit, mit der er hier mit Tatsachen umgesprungen ist, mit einer Leichtfertigkeit und Oberflächlichkeit, wie ich sie in meiner sechzehnjährigen parlamentarischen Tätigkeit nicht erlebt habe."[92] Vögler hatte gesagt: „Ich spreche hier als Vertreter einer Industrie, die am Erstarren ist." Erzberger konterte: „Der Vorredner sagte, die Augen seien ihm am letzten Sonntag [d. h. nach dem Bekanntwerden der Ergebnisse der Waffenstillstandsverhandlungen] geöffnet worden, wohin wir steuern. Uns sind sie schon längst geöffnet, und zwar zu einer Zeit, als wir noch stark waren, und wo die Gruppe, die heute dem Interpellanten zujubelte, den Ruin des Vaterlandes herbeigeführt hat. (Stürmische Zurufe bei den Mehrheitsparteien. Erregte Zurufe rechts.) Sie wagen es, die Gruppe Vögler wagt es, in der Nationalversammlung vom Schuldkonto eines Ministers zu sprechen, der für den Frieden der Verständigung und Versöhnung eingetreten ist in einer Zeit, wo Sie (nach rechts) die Leidenschaften aufpeitschten und unser armes Volk weiteren Blutopfern ausgeliefert haben. (Erneute stürmische Zustimmung bei den Mehrheitsparteien. – Erregte Zurufe rechts.) Wer dem Wilsonschen Frieden im Wege stand, das waren Sie auf der Rechten, meine Herren!"[93]

In dieser Sitzung der Nationalversammlung am 18. Februar 1919 brachen die Kriegsjahre wieder auf, und damit wurde automatisch, durch die Vögler-Rede zudem provoziert, die Frage nach der politischen Rolle der Schwerindustrie aufgeworfen. Vögler war ein führender Manager des Stinnes-Konzerns. So wendete Erzberger die Spitze des auf seine Person gerichteten Angriffs gegen die Person des Ruhrindustriellen Hugo Stinnes: „Es haben Herr Beukenberg und andere Herren, an welche wir uns gewandt haben, abgelehnt, als Sachverständige teilzunehmen, und zwar mit der Motivierung, daß Herr Hugo Stinnes abgelehnt worden sei. Unter solchen Terrorismus suchen Sie (nach rechts) die Regierung zu versetzen. Ihre Herrschaft

[91] Oehme, S. 177.
[92] Heilfron, Bd. 1, S. 321.
[93] A.a.O.

ist vorüber, glauben Sie mir das. Restlos (stürmische Beifall links und im Zentrum – Lebhafte Zurufe rechts. – Glocke des Präsidenten).“[94]

Eine solche direkte Abrechnung mit der politischen Haltung der Schwerindustrie war bisher noch in keinem deutschen Parlament ausgesprochen worden, auch nicht von sozialdemokratischen Abgeordneten. Bei aller Freude an der parlamentarischen Polemik hatte Erzberger mit einem Satz seiner Antwortrede den Kern des Problems getroffen, als er Vögler und dessen Anhängern vorhielt: „Durch die Rede des Herrn Abgeordneten Vögler zog sich eines hindurch: Er hat immer die eine nicht ganz kleine Tatsache vergessen, daß wir leider den Krieg verloren haben. Das hat er bis heute noch nicht in den Kreis seiner Betrachtungen gezogen, sonst könnte man eine solche Rede nicht halten.“[95]

Es liegt auf der Hand, daß die Rechtslastigkeit in führenden Kreisen der Ruhrindustrie, wie sie in dieser Rede Vöglers sichtbar und in der deutschen Öffentlichkeit publik wurde, zwangsläufig das politische Mißtrauen in der Ruhrarbeiterschaft bestärkte, das Anwachsen der Kommunistischen Partei in den Ruhrgebietsstädten in den zwanziger Jahren begünstigte und auch einen Grund für die immer wieder aufflackernden Unruhen bot bis hin zu dem sogenannten „Ruhrkampf“ von 1920, als sich nach dem Kapp-Putsch bewaffnete Arbeiter und Freikorps auf den Feldern rund um die Großstädte an der Ruhr gegenüberstanden.

Im August 1919 beriet die Nationalversammlung die Errichtung eines Reichskohlerats. Als Redner standen sich Otto Hue und Heinrich Imbusch für die Bergarbeiter sowie Albert Vögler, Generaldirektor des Stinnes-Konzerns, gegenüber. Gemeinsam beschrieben sie die Lage im Kohlebergbau: Die Förderung reiche zur Versorgung aller deutschen Gebiete nicht aus, Unterernährung der Bergarbeiter, Arbeitszeitprobleme. Man stellte die zentrale Bedeutung der Kohle im wirtschaftlichen Gesamtgefüge heraus, die sie ja auch faktisch in den zwanziger Jahren noch hatte. „Der eigentliche Diktator der Wirtschaft ist die Kohle“, erklärte Vögler. Das klang allerdings drohender, als es gemeint war, denn er fügte hinzu: „Es ist auch verständlich, daß aus dieser Kohlenot heraus immer von neuem der Dreiklang ertönt: mehr fördern, mehr sparen, mehr transportieren!“[96] Die Redner achteten darauf, nicht zu überpointiert zu sprechen. So auch Hue: Es werde, so

[94] Heilfron, Bd. 1, S. 332.

[95] Heilfron, Bd. 1, S. 340. – Zur Situation dieser Sitzung der Nationalversammlung am 18. 2. 1919 vgl.: Klaus Epstein, Matthias Erzberger und das Dilemma der deutschen Demokratie, München 1976 (Ullstein TB), S. 337–341; ferner: Louis Lochner, Die Mächtigen und der Tyrann. Die deutsche Industrie von Hitler bis Adenauer, Darmstadt 1955, S. 72–75; Gert von Klass, Albert Vögler, einer der Großen des Ruhrreviers, Tübingen 1957.

[96] Nationalversammlung, Bd. 329, S. 2419 (15. August 1919).

meinte er, „überall mit Wasser gekocht, ob wir nun ein monarchistisches System oder ein kommunistisch-spartakistisches oder irgendeine andere Form der Staatsgewalt bekommen ... Wir dürfen nicht vergessen, daß unsere Arbeiterschaft nicht nur, sondern auch die Beamtenschaft und wir alle durch diesen furchtbaren Krieg mehr oder weniger nervenkrank geworden sind. Wenn es heute möglich ist, daß einige wenige spartakistisch-kommunistische Wirrköpfe, die im Grunde genommen harmlose Seelen sind, es fertig bringen, ganze Belegschaften in tolle Situationen hineinzustürzen, so ist das einzig und allein durch die Geistesverwirrung zu verstehen, die die Kriegsleiden und ihre Folgen über die Menschheit gebracht haben".[97]

Kontrovers war nach wie vor die Frage der Sozialisierung, doch auch hier war man auf gegenseitige verbale Schonung bedacht. Hue wehrte ab, daß dadurch die unternehmerische Initiative gelähmt werde. Wie vor 70 Jahren die privaten Unternehmer die Macht der Fürsten und deren Eigentumsrechte gebrochen hätten, so solle jetzt durch die Beseitigung des Unternehmerprofits die Bahn für eine Gemeinwirtschaft geebnet werden.[98] Wichtiger aber war für Hue offensichtlich die Zustimmung der Unternehmer zu dem vorbereiteten Betriebsrätegesetz, das schließlich im März 1920 verabschiedet wurde. Hue empfahl, die Betriebsräte bei den anstehenden innerbetrieblichen Reformen heranzuziehen. Sie seien ein wichtiges Mittel gleichermaßen zur Schaffung des Betriebsfriedens wie zur Beseitigung der akuten Kohlenot. „Geben Sie es auf, den Betriebsräten jene Voreingenommenheit entgegenzubringen, die wir immer noch konstatieren müssen."[99]

Mit der Forderung nach Betriebsräten, deren Einrichtung sich im Gegensatz zu den 1918 spontan gebildeten revolutionären Arbeiterräten in der Weimarer Republik als dauerhaft erwies, nachdem sie einmal eingeführt waren, kamen sich auch die sozialistischen und christlichen Gewerkschaften nahe. Katholische Sozialwissenschaftler, wie etwa der Münsteraner Franz Hitze, der gleichfalls der Nationalversammlung angehörte, sahen in dem Betriebsrätegesetz die Erfüllung ihrer alten Träume einer solidarischen Gesellschaft jenseits von Kapitalismus und Sozialismus. Tatsächlich darf bei allen Spannungen, die uns heute aus der Geschichte der Weimarer Republik bekannt sind, und über ihre Krisen und ihr Scheitern hinaus, nicht verkannt werden, daß auch starke Kräfte vorhanden waren, die gangbare und dauerhafte politisch-soziale Lösungen suchten. Das Ende der Republik zwangsläufig aus einem geschichtlichen Fatalismus zu deuten ist, wenn man sich auch nur ein wenig an die historische Empirie hält, ganz abwegig.

Vögler wandte sich in der Nationalversammlung gegen die Sozialisierung;

[97] A.a.O., S. 2476.
[98] A.a.O., S. 2479.
[99] A.a.O., S. 2480.

er kritisierte, daß man es den Unternehmern verwehre, sich publizistisch gegen diese Forderung zu wenden: „Ja glauben Sie, wir würden es einfach über uns ergehen lassen, wenn große wirtschaftliche Bewegungen, die gegen unsere Überzeugung sind, geplant werden, ohne daß wir dazu Stellung nehmen? Glauben Sie wirklich, es wäre besonders anfeuernd für die Unternehmer, wenn dauernd mit der Sozialisierung gedroht wird?“[100] Und direkt an Hue gewandt untermalte Vögler seine Bemerkung: „Aber eine Frage möchte ich an Sic richten, Herr Kollege Hue. Wenn Ihnen zum 1. Oktober die Wohnung gekündigt wird, fangen Sie im August noch an, die Zimmer neu zu tapezieren?“[101]

Die Beratungen über das Betriebsrätegesetz 1919/20 zogen sich monatelang hin. Diese Einrichtung ging praktisch den Weg einer Ausweitung der 1916 eingeführten Arbeiterausschüsse, allerdings bereits weit über die Funktion bloßer Beschwerdeinstanzen hinaus. Es war die erste Form der betrieblichen Mitbestimmung in wirtschaftlichen Fragen, die in Deutschland geschaffen wurde. Das Zustandekommen des Gesetzes am 4. Februar 1920 gegen anfängliche Widerstände innerhalb der Linken wie der bürgerlichen Rechten war unter anderem ein Verdienst des fast 70jährigen Franz Hitze, der einen Kompromiß zwischen den Kontrahenten vermittelt hatte. Ludwig Preller bemerkt in seiner Geschichte der Sozialpolitik in der Weimarer Republik zur Auswirkung des Betriebsrätegesetzes: „Es war damals schwerlich vorauszusehen, daß dieses Gesetz im Laufe der Jahre doch endlich noch ein brauchbares Instrument der Sozialpolitik, eine Schule der Gewerkschaften für ihre erneute Beschäftigung mit betrieblichen Fragen und eine der Arbeiterschaft für die Kenntnis der Betriebswirtschaft werden würde, und daß auch die Arbeitgeber, wenigstens in den großen Betrieben, sich mit dem Gesetz nicht nur abfinden, sondern es für die betriebliche Sozialpolitik nicht ohne Erfolg in Anwendung bringen würden.“[102]

Mit dem Inkrafttreten des Versailler Vertrages drohte neuer politischer und sozialer Konfliktstoff das wirtschaftliche Leben zu irritieren, nicht nur wegen der erheblichen Belastungen durch Reparationen, für die nicht zuletzt die Ruhrindustrie aufzukommen hatte. Politische Momente kamen hinzu. Die Reichswehr war auf 100000 Mann begrenzt worden, das bedeutete Entlassung von Offizieren. Mißstimmungen, die in diesen Kreisen entstanden und sich mit einem seit langem bestehenden Ressentiment in den Provinzen östlich der Elbe gegen den Westen verbanden, vor allem in Ostpreußen, das zugunsten Polens verkleinert werden sollte, lösten im März

[100] A.a.O., S. 2489.

[101] A.a.O., S. 2489.

[102] Ludwig Preller, Sozialpolitik in der Weimarer Republik, Düsseldorf 1978 ([1]1949), S. 251.

1920 den Kapp-Putsch aus. Kapp war leitender Bankangestellter in Königsberg und 1917 Gründer der annexionistischen Vaterlandspartei gewesen. Aus dieser Gruppierung, das wußte man, verliefen seit Jahren Fäden zur Schwerindustrie. So hatte Stinnes versucht, sein wenn auch nur kurzlebiges Wirtschaftsimperium bis nach Ostpreußen auszudehen.

Die Selbsternennung Kapps am 13. März 1920 zum Reichskanzler, unterstützt von einigen Freikorps, löste die Gegenaktion des Generalstreiks aus. Als Kapp feststellen mußte, daß sich niemand von ihm regieren ließ, gab er auf. Von daher war der Vorgang vielleicht nicht so gravierend. Dennoch war seitdem das politisch-soziale Klima in Deutschland von ständigem Mißtrauen belastet. Die Arbeiterschaft hatte sich geschlossen hinter die legale Regierung gestellt, auch die größten Teile der Beamtenschaft. Die deutsche Bevölkerung wollte keine politischen Abenteuer mehr. Doch es bestand der Verdacht, daß Militärs, Industrielle, Junker, so die Vorstellung, sich erneut zu einer Verschwörung zusammenfinden würden. Die politischen Fronten wurden durch den Kapp-Putsch emotionalisiert, die Frustrationen, die jedermann in den letzten Jahren erfahren hatte, verstärkten den Prozeß.

Ein Teil der Arbeiterschaft an Rhein und Ruhr radikalisierte sich, unterstützt von der USPD und der neuen KPD. Man bildete eine „Rote Armee", um den Machenschaften der Reaktion vorzubeugen. Damit waren die vorsichtig eingeleiteten Bemühungen um eine Sicherung des sozialen Friedens an Rhein und Ruhr vorläufig gestoppt. Die Städte Mühlheim, Düsseldorf, Oberhausen, Elberfeld und Kettwig wurden von der Arbeiterarmee regelrecht besetzt. Die Regierung Bauer – der Kanzler war selbst Gewerkschaftler – sah kein anderes Mittel, als Militär zu Hilfe zu rufen. Freikorps zogen ins Ruhrgebiet, und eine bürgerkriegsähnliche Situation entstand. So kämpften 1920 Münsteraner Studenten gegen die Ruhrarbeiter. Politisch-soziale Fronten zwischen der Linken und der bürgerlichen Rechten verfestigten sich wieder und lösten sich in den späteren Jahren auch nicht wieder auf. Der Ruhrkampf selbst konnte durch die geschickte Verhandlungsführung Carl Severings, des früheren Bielefelder Stadtverordneten, Reichstagsabgeordneten der SPD, selbst Gewerkschaftler, im sogenannten Bielefelder Abkommen beigelegt werden.[103]

[103] In Bielefeld trafen sich Vertreter der Reichsregierung, der preußischen Regierung, Oberbürgermeister der Städte an Rhein und Ruhr, Vertreter der Parteien mit Vertretern der bewaffneten Arbeiterschaft. Man vereinbarte die Auflösung der Arbeiterarmee und Abgabe der Waffen. Als Gegenleistung wurde die Demokratisierung der Verwaltung, die Einführung eines freiheitlichen Beamtenrechts, die Übernahme des Kohlesyndikats durch das Reich, „Beseitigung des Wucher- und Schiebertums in Stadt und Land" von den politischen Vertretern zugestanden. Die Reichswehr werde bei Einhaltung der Vorschriften nicht in das Ruhrgebiet einmarschieren. Die Freikorps würden aufgelöst. (Wiedergabe des Bielefelder Abkommens, in: Carl

Die Rote Armee löste sich in den Aprilwochen 1920 auf, nachdem – entgegen der Bielefelder Vereinbarung – Truppen in das Ruhrgebiet gesandt worden waren. Aber die Lagermentalität zwischen der Linken und der Rechten und das Mißtrauen blieb bestehen. Die SPD, deren Führer um Vermittlung bemüht gewesen waren, verlor an Vertrauen unter der Arbeiterschaft, die radikalere USPD gewann schnell an Stimmen, die später, nach der Auflösung der USPD 1922, an die KPD fielen. Die KPD sprach vor allem die jüngeren und ungelernten Arbeiter an und war bald in allen Industriestädten an Rhein und Ruhr vertreten. Die SPD schied nach ihrer Wahlniederlage im Juni 1920 für acht Jahre (abgesehen von der kurzfristigen großen Koalition unter Stresemann 1923) aus der Reichsregierung aus. Dagegen hielt sich in Preußen, nach wie vor durch Territorium, Bevölkerung und Wirtschaftskraft das wichtigste Land innerhalb des Reiches, die Koalition von SPD, Zentrum und der linksliberalen Deutschen Demokratischen Partei, die „Weimarer Koalition", die für politische Stabilität und eine kontinuierliche und aufbauende Entwicklung in diesem Land sorgte.

Wie in Deutschland, so war auch in Frankreich Anfang der zwanziger Jahre die bürgerliche Rechte zum Zuge gekommen. Auch dort empfand man den Drang zum Abenteuer. 1923 wurde das Ruhrgebiet von französischen und belgischen Truppen besetzt. Diese etwas brachialen Methoden sollten die Kohlelieferungen von der Ruhr nach Frankreich gewährleisten. Die Bevölkerung an Rhein und Ruhr entdeckte wieder, wie schon vor Jahrzehnten, ihre „Schicksalsgemeinschaft". Man hielt zusammen, kämpfte, unterstützt von der Reichsregierung, in der deutschen Öffentlichkeit. Als sich zeigte, daß dieses heroische Unternehmen für alle Beteiligten unergiebig war, wurde der Kampf abgebrochen. In Frankreich kam eine Linksregierung unter Herriot zum Zuge, in Deutschland leitete Gustav Stresemann, unterstützt von den Sozialdemokraten, eine Politik der Verständigung ein. Ähnliche Ziele verfolgte 1925 die neue Labour-Regierung in England unter MacDonald. Es schien, als habe man in allen Industrieländern Europas begonnen, die gemeinsam tangierenden Probleme friedlicher zu lösen.

In den nächsten Jahren hatte man an der Ruhr relativen politischen Frieden. Die Industrie leitete ein umfangreiches Rationalisierungsprogramm ein, das zu einer Modernisierung der Stahl- und Kohleerzeugung und zu einer durchgreifenden Umstrukturierung der Schwerindustrie führte. Neue Großkonzerne entstanden. Die Bedeutung der Familienunternehmen an Rhein und Ruhr ging zurück. 1923 starb Hugo Stinnes, und sein privates

Severing, Mein Lebensweg, Bd. 1: Vom Schlosser zum Minister, Köln 1950, S. 263–265). – Vgl. Kurt Koszyk, Carl Severing, in: Westfälische Lebensbilder, Bd. 11, Münster 1975, S. 172–202; generell: George Eliasberg, Der Ruhrkrieg von 1920, Bonn-Bad Godesberg 1973.

Wirtschaftsimperium zerfiel sofort. Vögler organisierte jetzt die Vereinigten Stahlwerke, den größten Stahlkonzern im damaligen Europa. Der Wirtschaftsmanager trat an die Stelle des privaten Großunternehmers.[104] Hugenberg, bei Kriegsende leitender Angestellter von Krupp, versuchte noch einmal, auf eigene Faust im alten Stil Politik, Wirtschaft und privates Unternehmertum zu verbinden, aber dieser Wirtschaftsstil war eigentliche schon obsolet. Da Hugenberg es verstand, einen Teil der Massenpresse aufzukaufen und damit ein Mittel zur Beeinflussung der öffentlichen Meinung zu gewinnen, konnte der deutschnationale Reichstagsabgeordnete seinen publizistischen Kampf gegen die Weimarer Republik einleiten. Seit dem Ende der 20er Jahre suchte er die Kooperation mit den damals neu aufkommenden Nationalsozialisten. Hier wurde offenkundig mit wirtschaftlicher Macht Mißbrauch getrieben. Es gab wenig Mittel, Hugenbergs Aktivitäten einzuschränken und der Ausnützung des wirtschaftlichen Vermögens zur Verhetzung politisch Andersdenkender entgegenzuwirken.

Gesellschaft und Bevölkerung im Ruhrgebiet traten in den zwanziger Jahren von der zweiten in die dritte Generation. Die Bevölkerungsexplosion früherer Jahrzehnte war gestoppt. Man begann sich in den Großstädten an Rhein und Ruhr einzurichten. Die Ansprüche an den Lebensstandard und die Wohnbedürfnisse nahmen zu. Die Infrastruktur besserte sich. Die Städte an Rhein und Ruhr kauften umliegende Rittergüter auf. 1929 schuf die Gebietsreform durch Eingemeindungen großzügige Zuschnitte der Städte. Man begann, Volkshochschulen einzurichten, der allgemeine Bildungsstand wuchs. Zunehmend gingen Frauen als Angestellte in die Büros der städtischen Verwaltungen und der großen Unternehmen. Neue Jugendprobleme tauchten auf. Die industriellen und städtischen Investitionen wurden zum Teil mit ausländischen Krediten finanziert. Der große englische Bergarbeiterstreik von 1926 kam indirekt dem Ruhrbergbau zugute. Die alten Probleme liefen aus, dafür kamen neue.

Mit dem Beginn der Wirtschaftskrise von 1929, die auch das Ruhrgebiet wegen seiner internationalen wirtschaftlichen Verbindungen traf, nahmen die Krisensituation und die sozialen Spannungen wieder zu. Als Indiz mag dienen, daß in manchen Ruhrgebietsstädten die inzwischen stalinisierte KPD die stärkste Partei wurde. Sie erreichte bei den Reichstagswahlen im Juli 1931 in Dortmund 27,9% vor der SPD mit 23,7%, der NSDAP mit 19,6% und dem Zentrum mit 18,6% der Stimmen. In Herne erzielte die KPD bei dieser Wahl 31,6%, in Castrop-Rauxel 29,1% und in Wanne-

104 Jürgen Kocka, Großunternehmen und der Aufstieg des Manager Kapitalismus im späten 19. und frühen 20. Jahrhundert. Deutschland im internationalen Vergleich, in: Historische Zeitschrift 232 (1981), S. 39–60. Der systematisch angelegte Beitrag klammert allerdings die politischen Probleme aus.

Eickel 32 %.[105] Ebenso sprunghaft waren die NSDAP-Stimmen angewachsen. Bis dahin waren das Zentrum, mitgetragen von den christlichen Gewerkschaften, und die SPD die stärksten Parteien an der Ruhr gewesen. Eine sozial verängstigte Wählerschaft war auf radikale Parolen ansprechbar geworden, gleichermaßen von rechts wie von links. Der politischen Mitte fehlte es an Überzeugungs- und Durchsetzungskraft.

Andererseits neigten die führenden Industriemanager im Zweifelsfall mehr nach rechts, sicherlich nicht nach links. Alfred Hugenberg hatte die sogenannte Harzburger Front unterstützt. Albert Vögler, der Chef der Vereinigten Stahlwerke, ließ sich nach 1933 auf der nationalsozialistischen Liste in den Reichstag wählen und war bereit, mit der NS-Regierung zu kooperieren. Bereits 1924 war die Arbeitsgemeinschaft von 1918 wieder aufgelöst worden, da niemand mehr hinter ihr stand. Ohne auf die Details der neueren Forschungen und Diskussionen über die Mitwirkung der Industrie an dem Aufstieg der Nationalsozialisten einzugehen, kann man pauschal festhalten: bekämpft hat sie die NS-Bewegung nicht.

In den zwanziger Jahren war an der Ruhr ein neues soziales Problem aufgetaucht, das seit dem Ende des 19. Jahrhunderts fast unbekannt gewesen war, die Arbeitslosigkeit. Die Kohle stand in den 20er Jahren nicht mehr so sehr im Mittelpunkt des wirtschaftlichen Lebens wie vor 1914. Andere Industrien expandierten, die Lohn- und Preispolitik war komplizierter geworden. Zechenstillegungen begannen. Diese Strukturkrise wurde seit 1929 durch die große Wirtschaftskrise noch gesteigert. Der Reichsarbeitsminister Heinrich Brauns, ein katholischer Geistlicher, hatte von 1920 bis 1928 erfolgreich zwischen den Parteien bei Fragen der Arbeitszeit und der Lohnpolitik vermittelt. Er hatte das Arbeitslosengesetz von 1927 im Reichstag durchgebracht.

Aber an der Frage der Finanzierung der Arbeitslosenversicherung, zwischen Gewerkschaften und Unternehmern hart umstritten, scheiterte schließlich die große Koalition 1930, die letzte parlamentarische Regierung der Weimarer Republik. Es gelang nicht mehr, die Gegensätze zwischen den Vertretungen von Kapital und Arbeit zu kanalisieren und Kompromißformeln zu finden. Die Unversöhnlichkeit und der Starrsinn beider Wirtschaftsparteien rüttelte an der staatlichen Autorität und war an dem Fall der Weimarer Republik keineswegs unschuldig.[106]

[105] S. Bahne, Die KPD im Ruhrgebiet in der Weimarer Republik, in: Reulecke, Arbeiterbewegung an Rhein und Ruhr, S. 350.

[106] Aus der Untersuchung von Helga Timm (1952) und dem seit 1970 vorliegenden Protokoll der Kabinettssitzungen am 27. März geht ziemlich eindeutig hervor, daß die Kabinettsmitglieder der unternehmernahen DVP nicht über einen Beitrag zur Arbeitslosenversicherung von 3,5 %, die Kabinettsmitglieder der gewerkschaftsnahen SPD nicht unter 4 % gehen wollten. Beide Seiten versuchten, abhängig von

1933–1945: Nationalsozialismus

Die nationalsozialistische Regierung löste die Probleme von Kapital und Arbeit durch einen Gewaltstreich von oben. Die Gewerkschaften wurden im Mai 1933 aufgelöst und die Vertretung der Arbeitgeber und Arbeitnehmer in der „Deutschen Arbeitsfront" zwangsweise zusammengeschlossen. Vergeblich hatte der Allgemeine Deutsche Gewerkschaftsbund unter Theodor Leipart einige Wochen zuvor versucht, sich der neuen Entwicklung anzupassen, indem er sich in einer Erklärung von der Sozialdemokratie distanzierte. Die Gewerkschaftshäuser wurden von SS- und SA-Mannschaften erstürmt und geschlossen. Eine der größten gesellschaftlichen Organisationen des Reichs hatte nahezu kampflos aufgegeben. In den Betrieben wurde das Führerprinzip eingeführt. Nachdem die Tarifautonomie aufgehoben war, übernahmen staatliche „Treuhänder der Arbeit" das Schlichtungswesen und damit die Ausgestaltung der Löhne. Tatsächlich ging die Arbeitslosigkeit allmählich wieder zurück. Aber Löhne und Preise wurden eingefroren, und seit 1936 wurde die Wirtschaft auf die Rüstungsvorbereitung abgestellt. Mit der Ideologie der Volksgemeinschaft sollten die bestehenden sozialen Spannungen abgedeckt werden. Einige Gruppen von Gewerkschaftlern, vor allem kommunistische, organisierten Widerstand in den Betrieben.[107] Aber es gelang der Gestapo bis 1936, diese Widerstandsgruppen auszuschalten. Politisch entmachtet wurde die Arbeiterschaft in den Krieg geführt. Zu Kriegsbeginn 1939 gab es an der Ruhr keinen nennenswerten organisierten Widerstand gegen das NS-System mehr.

Es sei nicht einfach, meint Gordon A. Craig, ein objektives Fazit zu ziehen, „was die deutschen Arbeiter als Klasse unter der Herrschaft des Nationalsozialismus gewannen oder verloren, oder ein realistisches und verallgemeinerbares Urteil über ihre politische und psychische Einstellung zum Hitlerregime zu geben".[108] Zunächst einmal habe die Gleichschaltung die deutsche Arbeiterschaft aller jener sozialen Rechte beraubt, die sich ihre Organisationen in zähem und aufopferungsvollem Kampf über Jahrzehnte

ihren Fraktionen, sich gegenseitig den „Schwarzen Peter" zuzuschieben. Da man nicht willens war, eine Einigungsformel zu finden, ergriff das Kabinett die Flucht in die Demission. – Vgl. H. Timm, Die deutsche Sozialpolitik und der Bruch der großen Koalition 1930, 1495–1610 (dokumentiert die Kabinettsvorlagen zum Reichshaushalt 1930, die Kabinettssitzungen und Besprechungen der Parteivorsitzenden, die dem Bruch der Koalition im Februar und März 1930 vorausgingen).

[107] Detlev Peukert, Die KPD im Widerstand. Verfolgung und Untergrundarbeit an Rhein und Ruhr 1933 bis 1945, Wuppertal 1980.

[108] Gordon A. Craig, Deutsche Geschichte 1866–1945. Vom Norddeutschen Bund bis zum Ende des Dritten Reiches, München 1980, S. 545.

erworben hatten: das politische Wahlrecht, das gewerkschaftliche Organisationsrecht, die Tarifautonomie. Diese kollektiven Rechte wurden noch im Jahre 1933 beseitigt, dazu die persönlichen Rechte der freien Wahl des Berufs und des Arbeitsplatzes. Die psychische Reaktion auf diese Verluste mochte, so Craig, je nach Generation unterschiedlich sein: „Für die ältere Generation war dies ein Verlust an Freiheit, der nicht leicht zu verschmerzen war; für jüngere Arbeiter, die nie einer Gewerkschaft angehört oder einer anderen Partei als der NSDAP ihre Stimme gegeben hatten, wogen diese Einbußen psychologisch lange nicht so schwer."[109]

Teilweise wurden diese Verluste durch eine sozialpsychologisch geschickte Wirtschaftspolitik überspielt: durch Förderung und Befriedigung des Konsumanreizes. Wenige mußten darben, und selbst in den Kriegsjahren 1939 bis 1945 wurde eine minimale Versorgung der Bevölkerung mit den notwendigen Lebensmitteln, mit Kleidung und Ähnlichem sichergestellt. Daß zur gleichen Zeit die Hochschulen und Schulen kurzgehalten wurden, das kulturelle Leben erstarrte, die Professoren vor leeren Hörsälen sprachen und die gleichgeschalteten Tageszeitungen ein monotones und niederdrückendes Braun in Braun malten, mochte dabei – von einem rein materiellen Gesichtspunkt – nicht so sehr zu Buche schlagen, zumal da die Gewöhnung als wirksamer sozialpsychologischer Faktor nicht unterschätzt werden darf. Zudem konnte die vor dem Krieg 1937 begonnene Massenproduktion des kleinen PKW, dessen Bezeichnung „Volkswagen" der der „Volksgemeinschaft" irgendwie ähnelte, durchaus konsumtive Hoffnungsschimmer erzeugen, die von manchem potentiellen Käufer höher veranschlagt wurden als soziale Rechte und Freiheiten.

[109] A. a. O. – Zur Forschung und Diskussion des Komplexes „Arbeiterschaft, Sozialpolitik, Nationalsozialismus" vgl. die folgenden Beiträge: Timothy W. Mason, Sozialpolitik im Dritten Reich, Arbeiterklasse und Volksgemeinschaft, Opladen 1977; K. Teppe, Zur Sozialpolitik des Dritten Reiches am Beispiel der Sozialversicherung in: Archiv f. Sozialgeschichte 17 (1977), S. 195–250; H. A. Winkler, Vom Mythos der Volksgemeinschaft, in: Archiv f. Sozialgeschichte 17 (1977), S. 484–490; W. Ribhegge, August Winnig. Eine historische Persönlichkeitsanalyse, Bonn-Bad Godesberg 1973; G. May, Die Nationalsozialistischen Betriebszellenorganisationen. Zum Verhältnis von Arbeiterschaft und Nationalsozialismus, in: Vjh. f. Ztg. 31 (1983), S. 573–613; K. Wisotzky, Der Ruhrbergbau im Dritten Reich. Studien zur Sozialpolitik im Ruhrbergbau und zum sozialen Verhalten der Bergleute in den Jahren 1933–1939, Düsseldorf 1983; W. F. Werner, „Bleib übrig!" – Deutsche Arbeiter in der nationalsozialistischen Kriegswirtschaft, Düsseldorf 1983; David Schoenbaum, Die braune Revolution. Eine Sozialgeschichte des Dritten Reiches, Köln 1968 (dtv-TB 1980).

Nach 1945

1945, nach Kriegsende, ging es an Rhein und Ruhr zunächst um die Erhaltung der industriellen Anlagen, soweit sie überhaupt noch vorhanden waren. Anfangs hatten die Alliierten, noch unter dem Einfluß des Morgenthau-Plans, eine Demontage weiterer Industrieanlagen angestrebt. Gegen solche Pläne erhob sich aber bald Widerstand. Die Unternehmer waren vorerst in einer schwachen Position. Die Industriellen Gustav Krupp von Bohlen und Halbach und Friedrich Flick wurden in Nürnberg als Kriegsverbrecher angeklagt. Heftiger Widerstand gegen die Demontage kam aus der Arbeiterschaft, die sich wieder in Gewerkschaften organisiert hatte. Vorsichtig meldete sich auch die – noch unter alliierter Lizenz stehende – Presse zu Wort. In der Reihe der Persönlichkeiten, die in der Öffentlichkeit Protest gegen die Demontage erhoben, reihten sich Münsters Kardinal von Galen und der SPD-Vorsitzende Kurt Schumacher ein.

Den Vorsitz in den wiedergegründeten Gewerkschaften übernahmen überall die früheren Gewerkschaftler aus der Weimarer Republik. Sie brachten von daher ein Moment der Kontinuität und Stabilisierung in das wirtschaftliche Leben in Westdeutschland ein. Der eigenen Gewerkschaftstradition, den Richtungsgewerkschaften, sozialistischen, christlichen, liberalen, stand diese Generation von Gewerkschaftsführern, durch Erfahrung geprägt, jetzt skeptisch gegenüber. So drängte man zur sogenannten Einheitsgewerkschaft, in der die jeweiligen Richtungen zwar nach wie vor vorhanden, aber von untergeordneter Bedeutung waren. Der führende Gewerkschaftler dieser Nachkriegsjahre war Hans Böckler. Er war 1945 70 Jahre alt geworden, gehörte seit 1894 dem Metallarbeiterverband an, war seit 1903 Gewerkschaftssekretär im Saarland, in Frankfurt a. M., in Schlesien und im Siegerland gewesen, hatte als Soldat am Ersten Weltkrieg teilgenommen, 1920 die Kölner Verwaltungsstelle seines Metallarbeiterverbandes geleitet und seit 1928 als Bezirkssekretär des ADGB, des Dachverbands der sozialistischen Gewerkschaften, im Rheinland gearbeitet. Seit 1924 gehörte er für die SPD der Kölner Stadtverordnetenversammlung an, seit 1928 dem Reichstag. Adenauer und Böckler kannten sich seit langem aus ihrer gemeinsamen politischen Tätigkeit in Köln. 1933–1945 hatte Böckler unter der ständigen Bedrohung durch Verfolgung und Verhaftung gestanden.

Hans Böckler wirkte innerhalb der verschiedenen Richtungen und Verbände der westdeutschen Gewerkschaftsbewegung integrierend und war als Persönlichkeit nicht nur in den eigenen Reihen, sondern auch bei den Militärbehörden und den neuentstandenen Parteien geschätzt. Die Gewerkschaften zählten jetzt neben den Kirchen, Verwaltung, Universitäten, Unternehmern, Rundfunk und Presse und den Parteien zu den tragenden Säulen des öffentlichen Lebens in der pluralistischen Gesellschaft Westdeutschlands. In den politischen Aussagen hielten sie sich zurück, eine Haltung, die ihre Position eher stärkte als minderte.

In einem Punkt waren die Gewerkschaften, geprägt durch ihre geschichtliche Erfahrung, unnachgiebig geworden, in der Frage ihrer Funktion im gesamten Wirtschaftsprozeß und in der Frage der Kontrolle der wirtschaftlichen Macht. Die Zeit war für sie in diesen Nachkriegsjahren günstig. Nicht nur in sozialistischen Gruppen in Deutschland, sondern auch auf seiten der Alliierten war man sich grundsätzlich einig, daß die konzentrierte wirtschaftliche Macht an Rhein und Ruhr, zumal im Sektor Kohle und Stahl, einer Kontrolle unterworfen werden sollte. Die britische Labour-Regierung führte 1947 in der britischen Zone, die das Gebiet von Rhein und Ruhr erfaßte, in Großbetrieben die paritätische Mitbestimmung der Gewerkschaften ein. Außenminister im britischen Kabinett war der langjährige Vorsitzende der britischen Transportarbeitergewerkschaft Ernest Bevin.[110] Einmal realisiert, wurde die Mitbestimmung zu einer grundsätzlichen Forderung der Gewerkschaften. Das Ahlener Programm der CDU von 1947 enthielt die Forderung nach Vergesellschaftung der Bergwerke, die bereits 1919 in der Nationalversammlung von Otto Hue erhoben worden war, sowie nach der Mitbestimmung der Arbeiter in der Wirtschaft. Auch der Bochumer Katholikentag von 1949 machte sich die Forderung nach Mitbestimmung zu eigen. Hier wirkte die Tradition der christlichen Gewerkschaftsbewegung und des sozialen Katholizismus nach.[111] Die Politiker aller demokratischen Parteien waren sich unausgesprochen darin einig, daß die Politik nicht wieder ein Spielball der Wirtschaft werden dürfe und daß der politische Spielraum der Wirtschaft einzuschränken sei. Es bestand überhaupt in allen wesentlichen Fragen bei den führenden Verantwortlichen in Westdeutschland weitgehend Übereinstimmung, eine Tatsache, die für manche Historiker durch den schroffen Ton der damals gepflegten öffentlichen Umgangssprache leicht verdeckt wird. Mit der Gründung der Bundesrepublik organisierten sich Ende 1949 auch die Wirtschaftsverbände auf Bundesebene, der Bundesverband der Deutschen Industrie (BDI) und der Deutsche Gewerkschaftsbund (DGB).

[110] Die britische Labour-Regierung ging aber – ebenso wie die westdeutschen Gewerkschaften – auf entschiedene Distanz zu der kommunistischen Entwicklung in Osteuropa und im östlichen Deutschland: Kenneth Harris, Attlee, London 1982, besonders das Kapitel ›Cold Warrior 1945 – 9‹, S. 292–316.

[111] Erich Kosthorst, Jakob Kaiser. Der Arbeiterführer, Stuttgart u. a. 1967, S. 140ff.

Das Mitbestimmungsgesetz von 1951

Auf dem Münchner Gründungskongreß des DGB berief sich Böckler ausdrücklich auf die Mitbestimmungsresolution des Bochumer Katholikentags vom gleichen Jahr. Am 18. Januar 1947 hatte der Vorsitzende des Aufsichtsrats der Klöckner AG und frühere Duisburger Oberbürgermeister Jarres den Gewerkschaften zu verstehen gegeben, daß man zu einer dauerhaften Festlegung der verantwortlichen Mitbestimmung der Gewerkschaften in den Großunternehmen seitens der Industrie grundsätzlich bereit sei. Verschiedene Aufsichtsräte, so der des Hörder Vereins in Dortmund, der Eisen- und Hüttenwerke Bochum und der Gutehoffnungshütte in Oberhausen, waren gleich nach ihrer Entflechtung aus den Konzernen paritätisch mit Unternehmern und Gewerkschaftlern besetzt worden.[112]

Inhalt und Form dieser wirtschaftlichen Mitbestimmung allerdings waren neu. Es hatte wohl in den bereits erwähnten ersten Arbeiterausschüssen und später in dem Betriebsrätegesetz von 1920 gewisse Vorläufer gegeben, die neue Mitbestimmung ging jedoch erheblich weiter. Am 14. Oktober 1949 legte Carlo Schmid auf dem Gründungskongreß des DGB seine Konzeption vor, wonach die Mitbestimmung eine neue Form der demokratischen Mitwirkung der Arbeiterschaft in einer modernen Industriegesellschaft darstellte.[113] Diese Vorstellung, die sich von den tagespolitischen Kämpfen abhob, fand in den späteren Jahren zunehmend Anhänger. Bei der aktuellen Einführung der Mitbestimmung in den ersten Nachkriegsjahren stand allerdings noch das Mißtrauen gegenüber den Unternehmensführungen auf dem Hintergrund der Geschichte der Jahre 1933–1945 im Vordergrund. Die Mitbestimmungsfrage wurde bald nach 1949 zum Politikum.

In seiner ersten Regierungserklärung am 20. September 1949 sprach sich der neugewählte Bundeskanzler Konrad Adenauer für die öffentliche Anerkennung der Arbeitnehmerschaft und die Neuordnung der Besitzverhältnisse in der Grundstoffindustrie aus.[114] Hier wurde bereits deutlich, wie sich die Gewichte in der deutschen Politik verschoben hatten. Bereits im Zusammenhang mit dem Petersberger Abkommen vom 22. November 1949, das einen Demontagestopp an der Ruhr und den Beitritt der BRD zu dem internationalen Ruhrstatut vorsah, kam es zu einer Zusammenarbeit zwischen der neuen Bundesregierung und dem soeben gegründeten DGB, wobei es Adenauer mit der ihm eigenen Schläue verstanden hatte, die

[112] Vgl. B. Otto, Der Kampf um die Mitbestimmung, in: Vom Sozialistengesetz zur Mitbestimmung. Zum 100. Geburtstag von Hans Böckler, hrsg. v. Heinz Oskar Vetter, Köln 1975, S. 399–429.

[113] Carlo Schmid, Erinnerungen, Bern–München–Wien 1979, S. 479.

[114] Otto, Kampf um die Mitbestimmung, S. 421.

oppositionelle SPD unter ihrem etwas unkonziliantenVorsitzenden Kurt Schumacher zu übergehen. Voller Zorn ließ sich Schumacher in der Aussprache des Bundestages am Abend des 24. November, nachdem Adenauer auch noch aus einem dem SPD-Vorsitzenden unbekannten Brief Böcklers an den Kanzler zitiert hatte, zu dem bekannten Wort hinreißen: „Kanzler der Alliierten".

Die Beratungen über die gesetzliche Einführung der Mitbestimmung begannen Ende 1950. Es kam schnell zum Eklat. Die Gewerkschaften fürchteten, als die ersten Entwürfe vorlagen, daß die in einigen Großbetrieben der Eisen- und Stahlindustrie bereits eingeführte Mitbestimmung wieder rückgängig gemacht werden sollte. Am 29./30. November 1950 beschlossen die Hüttenarbeiter und Angestellten in einer Urabstimmung Streikmaßnahmen zur Durchsetzung der Mitbestimmung. Zwei Monate später schlossen sich die Bergarbeiter – im Bergbau selbst gab es bis dahin noch keine Form der Mitbestimmung – am 17. und 19. Januar 1951 gleichfalls in einer Urabstimmung der Streikdrohung an. Am 12. Januar 1951 hatte der Bundesausschuß des DGB finanzielle Mittel für einen politischen Streik um die Mitbestimmung bewilligt.

Im Dezember 1950 kam es zu einem Briefwechsel zwischen Böckler und Adenauer. Der Kanzler hatte zunächst versucht, die Bundesregierung aus diesen Fragen herauszuhalten. Doch argumentierte Böckler immer eindringlicher, verwies auf den Streikbeschluß und erinnerte Adenauer daran, daß eine politische Lösung unumgänglich sei und nicht hinausgeschoben werden könne. Böckler erwähnte in seinem Schreiben vom 29. Dezember 1950 die jüngste Situation in Korea und erinnerte an ihre gemeinsame Beurteilung der außenpolitischen Lage aus früheren Gesprächen. Das war ein deutlicher Wink. Adenauers Vorstellung zur militärischen Aufrüstung der Bundesrepublik war inzwischen bekannt. Ohne die Mitwirkung der Gewerkschaften wäre dies nicht durchführbar gewesen. Jetzt lenkte Adenauer ein und ergriff von sich aus die Initiative.[115]

Am 1. Februar 1951 sollten 230000 Stahlarbeiter und 600000 Bergarbei-

[115] Vgl. Theo Pirker, Die blinde Macht, München 1960, S. 195. – Das Schreiben Böcklers an Adenauer vom 11. 12. 1950 enthielt zudem eine grundsätzliche Begründung der Mitbestimmungsforderung: „Die deutschen Gewerkschaften sind zudem der Ansicht, daß die allgemeine politische Entwicklung in der Welt mit aller Deutlichkeit zeigt, daß nur durch eine lebendige soziale Ordnung der Vermassung und dem Totalitarismus Einhalt geboten werden kann. Sie sind weiterhin der Meinung, daß es für die Demokratie in Deutschland lebenswichtig ist, daß sie nicht nur auf den politischen Bereich beschränkt bleibt, sondern ihre sinngemäße Ergänzung auch durch die Einführung demokratischer Grundsätze in der Wirtschaftsführung und Wirtschaftsgestaltung erhält. Den Beweis für ihre Auffassung sehen die deutschen Gewerkschaften in der Tatsache des Mißbrauchs wirtschaftlicher Macht zu politischen Zwecken in der Vergangenheit und in der traurigen Folgeerscheinung dieses

ter in den Ausstand treten. Eine schwere Belastungsprobe stand für die junge Bundesrepublik in Aussicht. Die öffentliche Meinung sympathisierte bis dahin überwiegend mit den Gewerkschaften.

Am 11. Januar 1951 kamen Adenauer und Böckler zu einer persönlichen Aussprache in Bonn zusammen. Nach diesem Gespräch zeichnete sich eine Wende ab. Böckler berichtete dem Bundesausschuß des DGB am folgenden Tag, dem 12. Januar, er habe Adenauer klargemacht, daß ein Kompromiß seitens der Gewerkschaften in der Mitbestimmungsfrage nicht mehr möglich sei.[116]

Der nordrhein-westfälische Ministerpräsident Arnold, der gleichfalls an der Bundesausschußsitzung des DGB teilnahm – er war christlicher Gewerkschaftler –, versprach, auf einen für die Gewerkschaften positiven Ausgang bei den bevorstehenden Verhandlungen hinzuwirken. Adenauer selbst sprach sich auf dem CDU-Landesparteitag am 12. Januar für das Mitbestimmungsrecht aus und bekannte sich zu dem Ahlener Programm der CDU. Am 17. Januar verhandelte Adenauer mit den Unternehmern und am nächsten Tag, dem 18. Januar, mit Vertretern des DGB-Bundesvorstands, der IG Metall und der IG Bergbau. Er selbst wie die Bundesregierung, erklärte Adenauer den Gewerkschaftsvertretern, seien für die paritätische Mitbestimmung.[117]

Am 19. Januar kamen beide Wirtschaftsgruppen, Unternehmer und Gewerkschaftler, zu einer Aussprache, die Adenauer leitete, zusammen. Hier kam eine grundsätzliche Verständigung über die Einführung der Mitbestimmung zustande. Umstritten blieb nur noch der sogenannte 11. Mann im Aufsichtsrat, der sich aus jeweils 5 Arbeitgeber- und 5 Arbeitnehmervertretern zusammensetzen sollte. Als in den nächsten Tagen neue Bedenken bei den Unternehmern auftauchten, kam in einer erneuten Besprechung am 25. eine Vereinbarung zustande, die als „Richtlinien zur Mitbestimmung im Bergbau und in der eisenschaffenden Industrie" schriftlich fixiert wurde und der Bundesregierung als Grundlage für die Ausarbeitung des Gesetzesentwurfs dienen sollte.[118] Adenauer selbst sicherte zu, daß so verfahren werde.

Mißbrauchs, nämlich Krieg und Zerstörung" (Abdruck des Schreibens bei: Pirker, S. 189–191).

[116] Protokoll der 5. Sitzung des Bundesausschusses des DGB am 2. 11. 1951, zit. nach: Eberhard Schmitt, Die verhinderte Neuordnung 1945–1952, Frankfurt 1972, S. 186.

[117] Protokoll über die Besprechungen zwischen Bundeskanzler Dr. Adenauer und der Delegation des Bundesvorstands des DGB über die Regelung der Mitbestimmung am 18. 1. 1951, S. 5 (DGB-Archiv). Zit. nach Schmitt, S. 186.

[118] Otto, Kampf um die Mitbestimmung, S. 424; Schmitt, S. 187; Pirker, S. 198.

Es schien, daß in dem politischen Nebel Bonns Probleme lösbar wurden, die man bis dahin für unlösbar gehalten hatte. Der Bundesausschuß des DGB stimmte dem Verhandlungsergebnis am 29. Januar einstimmig zu und beschloß die Aussetzung des angekündigten Streiks an der Ruhr.

Am 30. Januar sprach Hans Böckler, bereits schwer erkrankt – er starb am 16. Februar in Köln-Lindenthal –, vor der Generalversammlung der IG Bergbau. Er führte aus:

> Was hier vorliegt und was wir bislang geschaffen haben, ist nicht die volle Erfüllung der Wünsche der Arbeiterschaft. Und es sollte mir leid tun, wenn sie sich mit dem begnügen wollte. Aber ein Anfang ist gemacht. Wenn ihr wollt, dann dürft ihr sogar sagen, ein recht guter Anfang ist gemacht, da in den beiden Wirtschaftsgruppen, die von je bei der deutschen Arbeitnehmerschaft ihren besonderen Ruf hatten [– gemeint waren Kohle und Stahl –], die erste Bresche geschlagen wurde.[119]

In seiner Darstellung der Geschichte der westdeutschen Gewerkschaftsbewegung charakterisiert Theo Pirker die Persönlichkeit Böcklers: „Hans Böckler war vom Machiavellisten vom Schlage Adenauers wie vom Volkstribun vom Schlage Schumachers gleich weit entfernt. Wenn er auch im innergewerkschaftlichen Kampf nicht ohne Schlauheit und Härte war: es fehlte ihm die Verachtung des Menschen wie der Ideen, um ihn zum Machiavellisten werden zu lassen. Es fehlte ihm aber auch die an Fanatismus grenzende Überzeugung und die zündende Rede, um zu einem Tribun im Stile Schumachers zu werden. Seine Autorität, von der er ganz erfüllt war, gründete sich auf die Unerschütterlichkeit seiner Ansichten und die Unmittelbarkeit, mit der er diese Ansichten vertrat."[120]

[119] Otto, Kampf um die Mitbestimmung, S. 424.

[120] Theo Pirker, Die blinde Macht, S. 203. – Die Vorstellung Böcklers über den gewerkschaftlichen Kampf charakterisiert Pirker folgendermaßen: „Nicht die Erfolglosigkeit ist es, die es dem Historiker nicht erlaubt, ihn als großen Politiker zu bezeichnen; es ist der in ihm liegende Widerspruch zwischen radikalem, ja sogar revolutionärem Programm, das ihn bewegte, und den traditionellen Mitteln, die er einzusetzen gewillt war. Seiner tiefen Abneigung gegen radikale Aktionen kann nur noch seine tiefe Abneigung gegen alle autoritären Bestrebungen an die Seite gestellt werden. Der Begriff ‚Generalstreik' war ihm zutiefst verhaßt und er trat damit in die Spuren seiner Vorgänger Karl Legien und Theodor Leipart. Er konnte sich nur die Anwendung des Generalstreiks im äußersten Fall, zur Abwehr der Bedrohung der Demokratie, vorstellen. So sehr er den Generalstreik auch ablehnte, so selbstverständlich war ihm der politische Streik als letztes gewerkschaftliches Kampfmittel" (Piker, S. 204). – Vgl. die Bemerkungen von Paul Noack (Die deutsche Nachkriegszeit, München 1966, S. 107) über Hans Böckler: „Gegen Ende seines Lebens war es der Kampf für die Mitbestimmung in den Kohle- und Stahlwerken, der ihn aufzehrte. Nicht zuletzt seiner Autorität war es zu verdanken, daß diese Kraftprobe nicht zu einer Katastrophe für den neugebildeten Staat wurde."

Doch die letzte Hürde zur Beendigung des fast hundertjährigen sozialen Machtkampfes in der Schwerindustrie an Rhein und Ruhr war noch nicht genommen. Der Bundestag mußte das Gesetz beraten und beschließen.

Die grundsätzliche Bereitschaft der Unternehmer, einer Mitbestimmung zuzustimmen, überrascht zunächst. Es gab ideelle Gründe: Der Wiederaufbau der Industrie nach 1945 hatte ein gemeinsames Verantwortungsbewußtsein wach werden lassen. Tatsächlich hätte sich ohne die Proteste der Gewerkschaften die Demontage kaum stoppen lassen. Es gab politische Gründe: Die Ruhr war wieder ein Politikum geworden, wie bereits nach dem Ersten Weltkrieg. Man war, nicht zuletzt in Frankreich, daran interessiert, die Ruhr zu kontrollieren,[121] de Gaulle hatte 1945 in einer Rundfunkrede vorgeschlagen, die Ruhr aus dem politischen Verband Deutschlands generell zu lösen. In dieser Situation war es naheliegend, daß die feindlichen Brüder an der Ruhr zusammenarbeiteten. Es entsprach der Not der Stunde.[122]

Am 14. Februar 1951 begann die erste Lesung des Gesetzentwurfs über die ›Mitbestimmung der Arbeitnehmer in Unternehmen des Bergbaus sowie der Eisen- und Stahlindustrie‹ im Bundestag. Die zweite Lesung fand am 4. April und die dritte Lesung mit der Schlußabstimmung am 10. April 1951 statt. Zur ersten Lesung sprachen Adenauer und der Arbeitsminister Storch und Abgeordnete der SPD, CDU, FDP, DP, BP, des Zentrums, inzwischen eine kleine Partei geworden, des BHE, der SRP, der KPD und DRP. Ein Parteienverbot gab es damals in der BRD noch nicht.

Adenauer leitete seine Ausführungen zunächst mit einer geharnischten Kritik an der vorhergegangenen Streikandrohung der Gewerkschaften ein: „Ich halte es für unmöglich, daß in einem demokratischen Staat irgendwelche derartige Beeinflussung des Parlaments stattfinden dürfe."[123] Er lenkte aber dann ein, nannte den Gesetzentwurf „einen großen Fortschritt auf

[121] So bemerkt R. Poidevin, Frankreich und die Ruhrfrage 1945–1951, in: HZ 228 (1979), S. 317: „Seit 1945 ist es klar, daß die Ruhrfrage den ersten Rang innerhalb der französischen Bemühungen um die Lösung des Problems Deutschland einnimmt. Bereits im Februar 1945 trägt de Gaulle das Konzept eines Ruhrbeckens vor, das von einem eventuellen zukünftigen deutschen Staat – oder von deutschen Staaten – losgelöst ist" (Rundfunkrede de Gaulles vom 5. 2. 1945).

[122] Unter dem Eindruck der Entflechtungsmaßnahmen der Stahlkonzerne hatten 1947 mehrere Aufsichtsräte, darunter die Gutehoffnungshütte Oberhausen (Reusch), die Klöckner Werke (Jarres) und Otto Wolff, Köln (Hehemann), von sich aus die paritätische Mitbestimmung und die kapitalmäßige Beteiligung der Gewerkschaften an ihren Betrieben angeboten (Schreiben vom 21. 1. 1947 an den Leiter des Verwaltungsamtes für Wirtschaft in Minden der Bizone und vom 18. 1. [Jarres] an die Gewerkschaftszentrale in Köln. Abdruck in: Pirker, Die blinde Macht, S. 160–163).

[123] Bundestag, Bd. 6 (14. 2. 1951), S. 4431.

dem Wege zur sozialen Befriedung“, riet beiden Seiten, Unternehmern wie den Vertretern der Arbeiterschaft, sich in Zukunft in den Aufsichtsräten nicht nur mit Mißtrauen zu begegnen.[124] Die bisherigen Erfahrungen mit der Mitbestimmung seit vier Jahren hätten gezeigt, daß sie sich bewährt habe. Schließlich lobte er die Gewerkschaften. Der DGB wie die Arbeitnehmer hätten „in den schweren Jahren seit 1945 ein außerordentlich großes Verständnis für das gezeigt ..., was dem gesamten deutschen Volke not tut“.[125] Adenauer belegte diese Wertung an Beispielen: „Ich habe mit sehr vielen Arbeitnehmern aus Anlaß der Demontagen verhandelt. Ich möchte in dieser Stunde sagen, daß ich bei den vielen, vielen Verhandlungen, die ich mit vielen, vielen Arbeitnehmern gehabt habe, eine solche Anhänglichkeit, um nicht zu sagen, Liebe zu den Unternehmen, denen sie ihre Arbeitskraft gewidmet haben, gefunden habe, daß mir auch diese Anhänglichkeit an die Unternehmen, die zutage trat, das Vertrauen gibt, daß die Arbeitnehmer in den Aufsichtsräten auch in der Zunkunft in erster Linie das Interesse des Unternehmens zu wahren suchen werden, dem zu dienen sie verpflichtet sind.“[126]

Der Gesetzentwurf sah in den Betrieben der Montanindustrie mit über 1000 Beschäftigten oder einem Nenn-Kapital von über einer Million DM paritätisch besetzte Aufsichtsräte und ein von der Arbeitnehmerseite benanntes drittes Mitglied im Vorstand des Unternehmens, den sogenannten Arbeitsdirektor, vor. Der Unternehmensvorstand wurde vom Aufsichtsrat gewählt, also nicht von den Eignern.

In den Debattenbeiträgen im Bundestag wurde noch einmal die Erregung der letzten Monate, ja Jahre deutlich. So sagte der SPD-Sprecher und Vorsitzende der IG Bergbau, Imig: „Ich will auch nicht untersuchen, ob nicht mindestens der letzte Krieg hätte verhütet werden können, wenn das Problem, das heute zur Debatte steht, nach 1918 verwirklicht (d. h. gelöst) worden wäre. Die Arbeiter haben noch nicht vergessen, daß mit den Werten, die sie erarbeitet haben, Banden großgezogen worden sind, von denen sie nahher in den KZs gefoltert und ermordet worden sind. Wenn heute die Gewerkschaften das Mitbestimmungsrecht fordern, dann nicht am wenigsten aus dem Grunde, um eine Wiederholung ähnlicher Dinge zu verhüten.“[127] SPD und CDU/CSU stimmten grundsätzlich der Mitbestimmungsregelung

[124] A.a.O., S. 4432.

[125] Bundestag, Bd. 6, S. 4432.

[126] Bundestag, Bd. 6, S. 4432.

[127] Bundestag, Bd. 6, S. 4436. – Imig erwähnte auch den Kampf gegen die Demontage: „Nach 1945 ist unter den schwierigsten Verhältnissen mit dem Wiederaufbau aller Produktionsmittel begonnen worden, und im Kampf gegen die Demontage der Werke haben die Gewerkschaften ihren ganzen Einfluß geltend gemacht, um die Arbeitsstätten zu erhalten. Ohne das verständnisvolle Verhalten des deutschen

zu, beide Fraktionen hatten schon vorher im Bundestag entsprechende Gesetzentwürfe eingebracht. Die FDP, selbst in der Regierung, lehnte eine paritätische Mitbestimmung ab und sprach sich für eine Beteiligung in den Aufsichtsräten mit 30% der Arbeitnehmerseite aus. Sie stellte sich auf den Grundsatz des Privateigentums.

Das parlamentarische Verfahren hätte keine größeren Schwierigkeiten mehr zu bringen brauchen, nachdem sich die unmittelbar von der Mitbestimmung Betroffenen, Unternehmer und Gewerkschaften, geeinigt hatten. Auch hatten die CDU und SPD, die beiden führenden Parteien in Regierung und Opposition, sich bis zur zweiten Lesung in wesentlichen Punkten geeinigt. Dennoch kam es bei der dritten Lesung am 10. April zu einer ungewöhnlich angespannten Situation, so daß es für den unbefangenen Beobachter scheinen mußte, als stünde alles wieder auf Messers Schneide.

Der Grund mag darin gelegen haben, daß seit der Streikandrohung ein gewerkschaftsfeindlicher Zug in die Kommentare der westdeutschen Presse gezogen war. Warum, so fragte man, Mitbestimmung der Gewerkschaften, warum nicht Mitbestimmung der Belegschaften? Man wolle keinen Gewerkschaftsstaat, so lautete die Forderung. Auf dieser Linie äußerte sich auch die Hamburger liberale Wochenzeitung ›Die Zeit‹.

Gegen diese Angriffe verteidigte der SPD-Sprecher Fritz Henßler aus Dortmund die Gewerkschaften bei der Eröffnung der Bundestagsdebatte am 10. April. Die „alte Ordnung“, so führte er aus, sei „zerschlagen“. Die „Neuordnung“ müsse auch einen „Wandel der Formen des Zusammenlebens“ bringen und ihn in gesetzlichen Strukturen einbringen. Das gelte auch für die Gewerkschaften. Sie seien kein betriebsfremdes Element, wie es in den letzten Wochen geheißen habe. Habe nicht Adenauer selbst die Leistungen der Gewerkschaften beim Wiederaufbau nach 1945 bei der ersten Lesung gewürdigt?

Die Auseinandersetzungen hatten sich auf die Frage des sogenannten 11. Manns im Aufsichtsrat zugespitzt, dem bei strittigen Entscheidungen die ausschlaggebende Stimme zufallen würde. Die Gewerkschaften wollten auf jeden Fall den Ansatz einer Majorisierung durch die Eigentümer vermeiden. So sollte durch gesetzliche Klauseln gesichert werden, daß dieser 11. Mann nur mit Zustimmung beider Sozialpartner benannt werden könne. Es ging rechtstechnisch eigentlich nur noch um die Ausformulierung eben dieser Klausel, dem § 8 Abs. 3.

Die interne Atmosphäre im Bundestag an diesem Spätnachmittag des 10. April war mit Mißtrauen aufgeladen. Adenauer trat, als sich die rechtstechnische Debatte zuspitzte, an das Rednerpult: „Ich würde es ganz

Arbeiters wäre die bisherige Entwicklung überhaupt nicht möglich gewesen“ (a. a. O., S. 4437).

außerordentlich bedauern, wenn dieses sehr wichtige Gesetz, auf dessen Zustandekommen die Bundesregierung einen großen Wert legt, schließlich daran scheitern würde, daß zwei große Parteien im Saale, zwar, wie ich das verstehe, dasselbe wollen, nämlich das wiederherzustellen, was vereinbart worden ist, daß aber eine verschiedene Ausdrucksweise eine solche Meinungsverschiedenheit hervorbringt."[128]

Schließlich kam eine Formulierung der CDU-Fraktion, die als Vermittlung gedacht war, zur Abstimmung. Die Mehrheit der Abgeordneten, offensichtlich verwirrt, lehnte ab, und das Debakel war da. Die SPD lehnte jetzt die Gesamtabstimmung ab und verlangte, die Beratungen auszusetzen. Das geschah, und die Fraktionen berieten intern, was eigentlich bisher beschlossen worden sei. Die Sitzung wurde von 17.30 Uhr bis 18.45 Uhr unterbrochen. CDU und SPD hatten inzwischen eine Wiederholung der Abstimmung vereinbart. Das widersprach jedoch der Geschäftsordnung. Der Präsident des Bundestags, Ehlers, erklärte sich mit dem Verfahren einverstanden, da bei der Abstimmung offensichtlich ein Irrtum über den Inhalt vorgelegen habe. Die FDP-Fraktion widersprach durch ihren Abgeordneten Euler. Der Bundestagspräsident habe sich mit seiner Fraktion, der CDU, besprochen, wie man das Ding „wohl hinschaukeln könne".[129] Er warnte die CDU, daß, wenn sie bei ihrer Haltung verharre, eine „kritische Koalitionslage eintreten könne". Aber man beruhigte sich. Die Abstimmung wurde wiederholt, eine neue Formulierung des § 8 Abs. 3 lag vor. Es kam zur Abstimmung über den Paragraphen. FDP und DP, beide Regierungsparteien, protestierten gegen das Geschäftsordnungsverfahren, die DP-Fraktion verließ vorübergehend den Saal.

Es folgte die Schlußabstimmung. Die KPD gab eine kurze Erklärung ab, daß sie das Gesetz ablehne. Darin hieß es: „Dr. Adenauer, der die amerikanische Politik und die Remilitarisierung durchführt, ist Befürworter dieser Gesetzesvorlage. Das sollte jedem Arbeiter und Gewerkschaftler zu denken geben."[130] Das Protokoll verzeichnete Gelächter in der Mitte und rechts.[131] Die DP lehnte in ihrer Erklärung aus verfassungsrechtlichen Bedenken ab. Das Gesetz wurde gegen 50 Stimmen angenommen.[132] Kurz vor Mitternacht verließen die Abgeordneten den Saal.

[128] Bundestag, Bd. 6, S. 5083.

[129] Bundestag, Bd. 6, S. 5112.

[130] Bundestag, Bd. 6, S. 5114.

[131] Die Bayernpartei erklärte durch ihren Sprecher Seelos kurz und bündig: „Herr Präsident! Meine Damen und Herren! Unglücklich und unwürdig, wie der Start dieses ganzen Gesetzes war, so war auch das Ende dieses Gesetzes. Auf gut bayerisch ausgedrückt, es war a Bluatsschand!" (Beifall bei der DP – Große Heiterkeit – Anhaltende Unruhe) (Bundestag, Bd. 6, S. 5115).

[132] Der Beitrag von Gabriele Müller-List: Adenauer, Unternehmer und Gewerk-

Mancher war enttäuscht, daß ein so folgenreiches und sozialgeschichtlich bedeutendes Gesetz unter derart unglücklichen und etwas verkorksten Umständen zustande gekommen war, die seiner Bedeutung nicht gerecht wurden. So hatte der eher konservative Düsseldorfer CDU-Abgeordnete Schröder im Verlauf der Debatte zutreffend bemerkt, daß kein anderes Land auf der Welt ein vergleichbares Gesetz kenne, das die Sozialpartnerschaft in der Schwerindustrie konstituiere. Aber man war an jenem 10. April 1951 durch vielerlei Dinge frustriert und zur Feierlichkeit der Stunde nicht aufgelegt.

Am folgenden Tag reiste Adenauer nach Paris. Dort wurde acht Tage später, am 18. April, der Vertrag über die Gründung der Montanunion unterzeichnet, die Europäische Gemeinschaft für Kohle und Stahl. Damit wurde die Ruhr – wie die übrige Schwerindustrie Westeuropas – einer gemeinsamen Behörde aller beteiligten europäischen Länder unterstellt. Die deutsche Schwerindustrie hatte 1951 auch ihren außenpolitischen Zündstoff verloren, mit dem sie sich in den letzten acht Jahrzehnten aufgeladen hatte.

Ein junger französischer Beobachter nahm im Frühjahr 1951 im Bundestag an den Beratungen teil: Alain Peyrefitte. 25 Jahre später hielt er seine damaligen Eindrücke in dem Buch ›Le Mal Français‹ fest: Der Dynamismus Westdeutschlands habe ihn damals beeindruckt. Man habe alles wiederaufbauen müssen, die Städte, die Kunstwerke, die Verwaltung, die Industrie, ja selbst die Familien, die unter der langen Trennung gelitten hätten. Peyrefitte fährt fort:

> Devant ce champ de ruines, ouvriers et patrons s'étaient dit: «Nous ne nous en sortirons pas, si nous nous quérellons. Travaillons ensemble.» Au Bundestag, j'assistai aux débats émouvants sur le Mitbestimmungsrecht dans la sidérurgie – le droit à la cogestion. Chaque entreprise, comme la nation elle-même, était la chose de tous; travailleurs, cadres et patrons devaient participer ensemble à sa gestion et sa prospérité.[133]

schaften. Zur Einigung über die Montanmitbestimmung 1950/51, in: Vierteljahreshefte f. Zeitgeschichte Jg. 33 (April 1985), S. 288–309, hebt betont die Rolle Adenauers hervor und verweist auf die innen- und außenpolitischen Zusammenhänge (Wiederaufrüstung), die Adenauer in seinem Einsatz zugunsten der Mitbestimmung im Auge hatte. Das Fazit des Aufsatzes: „Mit der Verabschiedung des Gesetzes über die Montanmitbestimmung hatte die Bundesrepublik kaum zwei Jahre nach ihrer Gründung eine wichtige Bewährungsprobe bestanden. Mit der Einigung zwischen Unternehmern und Gewerkschaften, mit der Befriedigung ideologischer Arbeitnehmerinteressen durch den Bundesgesetzgeber wurde dessen Ansehen gestärkt und das Fundament des neuen Staates gefestigt" (S. 3208).

133 „Vor diesem Ruinenfeld hatte man sich gesagt, Arbeiter wie Unternehmer: ‚Wir kommen hier nicht heraus, wenn wir uns bekämpfen. Arbeiten wir zusammen!' Im Bundestag verfolgte ich die bewegenden Debatten über das Mitbestimmungs-

Der Weg vom fürstlichen Bergwerksregal zur Mitbestimmung zog sich durch die deutsche Sozialgeschichte des 19. und 20. Jahrhunderts über hundert Jahre lang hin. Er war mit heftig aufbrechenden Sozialkonflikten verknüpft, Klassenkämpfen, wie Marx zu sagen pflegte. Es ist nicht abwegig, auch die beiden großen Kriege in einen Zusammenhang mit diesem ungelösten Sozialkonflikt zu bringen. Tatsächlich brachte erst die Mitbestimmung in der Montanindustrie, die öffentliche Kontrolle und Selbstkontrolle der Wirtschaft, eine gewisse Lösung des Konflikts und ein Minimum an sozialer und nationaler Befriedung. Diese Lösung kam nicht aus dem Augenblick. Sie war als Erwartung, wenn auch nicht als Rezept, seit Jahrzehnten in der deutschen Öffentlichkeit, zumal bei den sozialpolitischen Denkern angelegt. Daß sie wirklich gelang, war eine politisch-soziale Leistung, die nicht nur aus Strukturen ableitbar ist, sondern die auch mit den Leistungen einzelner Persönlichkeiten verknüpft ist, von denen zwei herauszuheben sind: der 76jährige Gewerkschaftsführer Hans Böckler und der 75jährige langjährige Kommunalpolitiker und damalige Bundeskanzler Konrad Adenauer, die einander dreißig Jahre zuvor zum ersten Mal in der gemeinsamen politischen Tätigkeit in Köln begegnet und seitdem in Verbindung geblieben waren: ein evangelischer Sozialdemokrat und ein katholischer christlicher Demokrat.

recht in der Stahlindustrie. Jedes Unternehmen, wie die Nation selbst, verstand man als eine Sache, die alle betraf; Arbeiter, Gewerkschaften und Unternehmer sollten gemeinsam an seiner Führung und an seinem Erfolg Anteil haben" (Alain Peyrefitte, Le Mal Français, Paris 1976, S. 32). – Vgl. auch: Alfred Grosser, Geschichte Deutschlands seit 1945. Bilanz, München 1974, S. 292f.

DIE ANFÄNGE DER KOMMUNALEN DEMOKRATIE IN DÜSSELDORF*

Die Stadtverordnetenversammlung im Nachkriegsjahr 1919

Zu Beginn der Sitzung der Düsseldorfer Stadtverordnetenversammlung am Spätnachmittag des 28. März 1919 erklärte der Beigeordnete Geusen: „Die Eröffnung der heutigen ersten Sitzung der neugewählten Stadtverordneten bedeutet gewissermaßen einen Wendepunkt in der Geschichte der Stadt und ihrer Verwaltung. An die Stelle einer Versammlung, die nach dem Dreiklassensystem gewählt war – einem System, das der Anschauung der Mehrheit unserer Volksgenossen schon lange nicht mehr entsprach – ist diese Versammlung getreten, die gewählt ist nach einem der freiesten Wahlsysteme aller Zeiten und Völker."[1] Den kraftvollen Worten folgte ein etwas düsterer gestimmter Ausblick auf die kommenden Jahre: „Ungewiß und dunkel liegt vor unserer Stadt und vor unserem Lande die Zukunft." Der Beigeordnete gab den Ratsherren des Zentrums, der Deutschen Demokratischen Partei (DDP), der Deutschen Volkspartei (DVP), der Deutschnationalen Volkspartei (DNVP), der Sozialdemokratischen Partei Deutschlands (SPD) und der Unabhängigen Sozialdemokratischen Partei Deutschlands (USPD) etwas kommunalpolitische Lebensphilosophie mit auf den Weg: „Wir wollen uns mit frischem Mut und froher Zuversicht den Aufgaben der Gegenwart zuwenden und wollen uns bei der Erledigung der Arbeiten, die wir hier zu vollziehen haben, leiten lassen von den Gefühlen der Liebe zu unserer Stadt, zu unserem Lande, zu unserem Volke und von dem Gefühl gegenseitigen Vertrauens. Wenn wir diese Gefühle zur Richtschnur unserer Tätigkeit nehmen, wird unsere Arbeit der Stadt zum Segen gereichen."[2] Nach dieser kurzen Begrüßung ging man zur Tagesordnung über.

Der politische Alltag sah etwas anders aus. In dieser ersten Sitzung mußten sich die Stadtverordneten mit dem Problem auseinandersetzen, daß die städtische Verwaltung in den letzten Monaten gleichsam kopflos geworden war: Der Oberbürgermeister, Dr. Oehler, der sich während des Krieges dem „Alldeutschen Verband" angeschlossen hatte, hatte, als er seine Freiheit

* Düsseldorfer Jahrbuch 60 (1986), S. 133–164.

[1] Stenographische Verhandlungsberichte der Stadtverordnetenversammlung zu Düsseldorf 1919, S. 1.

[2] A. a. O.

durch den Vollzugsrat des Arbeiterrats gefährdet sah, im Januar die Stadt verlassen und sich nach Mühlheim, später zur Kur nach Magdeburg begeben und schließlich seiner Stadt mitgeteilt, er wäre mit einer vorzeitigen Versetzung in den Ruhestand einverstanden. Niemand unter den Stadtverordneten trat für seine Rückberufung ein. Man lastete ihm an, durch seine Flucht die städtische Verwaltung führungslos und die vorübergehende chaotische Herrschaft der Düsseldorfer Spartakusgruppe im Januar/Februar ermöglicht zu haben.

Der Verwaltungsbericht zum Entwurf des Haushaltsplans für das Jahr 1919 zeichnete ein nüchternes Bild der innerstädtischen Verhältnisse nach viereinhalb Jahren Krieg: 9000 Einwohner der Stadt seien während des Krieges gefallen, der Stand der Bevölkerung habe im Dezember 1918 auf der Grundlage der ausgegebenen Lebensmittelkarten 422000 betragen, die Sterblichkeitsziffer sei gestiegen, die Geburtenziffer gefallen; 1918 habe die Zahl der Neugeborenen nur noch die Hälfte derjenigen der Vorkriegsjahre ausgemacht. Im vergangenen Jahr seien 15% der Gestorbenen der Tuberkulose, 17% der Lungenentzündung und 9% der asiatischen Grippe zum Opfer gefallen. Die Säuglingssterblichkeit habe bei 11% der Geburten eines Jahres gelegen. Sie sei vornehmlich auf den Mangel an Milch zurückzuführen. Infolge der Verschlechterung der allgemeinen Gesundheit hätten die Krankenhäuser nicht mehr alle Kranken aufnehmen können, deren Zahl 1918 um 3000 gestiegen sei.

Zu den übrigen Sektoren des kommunalen Lebens bemerkte der Bericht, daß die Bautätigkeit 1918 praktisch zum Erliegen gekommen sei, gleichzeitig aber durch die Rückkehr der Soldaten von der Front eine Wohnungsnot, besonders bei den unteren Bevölkerungsschichten, eingetreten sei. Das größte Problem stelle der Arbeitsmarkt dar: „Die nachhaltige Erschütterung, die unsere Industrie seit November vorigen Jahres erfuhr, brachte auch für das Erwerbsleben in unserer Stadt eine Krise, deren Ende noch nicht abzusehen ist. Dem Arbeitsmarkt strömten seit November Tausende von Arbeitslosen zu.“ Die Zahl der Arbeitslosen betrug im Dezember 1918 25000, im März 1919 31000. Hinzu kamen 18000 arbeitslose Selbständige.

Eine ausreichende Ernährung der Bevölkerung war bereits seit den letzten Kriegsjahren nicht mehr gewährleistet und hatte aggressive Stimmungen, zumal in der Arbeiterschaft, ausgelöst. „Was die Versorgungen im einzelnen anbetrifft, so war die Versorgung mit Brot und Mehl gut, die mit Kartoffeln leidlich, mit Fleisch mangelhaft, mit Fett schlecht.“[3]

Das städtische Gartenamt sei bereit, so hieß es etwas hilflos, „jedem Einwohner unserer Stadt, der den Wunsch hat, einen Garten zu besitzen“, diesen Wunsch zu erfüllen. Noch existierten das Kriegsunterstützungsamt und

[3] Stenographische Berichte, S. 11.

die städtischen Kriegsküchen, von denen Anfang 1918 noch 42000 Familien mit 100000 Personen versorgt worden waren. Ohne Beschönigung und in drastischer Direktheit brachte der Verwaltungsbericht zum Ausdruck, daß die Lasten des kriegerischen Heldentums auf die kommunale Basis abgewälzt worden waren. Diese Lasten wogen schwer. Der Verwaltungsbericht erwies sich als eine einzige Beschreibung einer Notlage. Im typischen Verwaltungsdeutsch hieß es lakonisch: „Die häufige Unterbringung von Müttern in Krankenhäusern usw. machte die Zuweisung von Kindern in Waisenhäusern, Krippen usw. nötig." Und: „Die vermehrte Sterblichkeit spiegelt sich in der Ausgabe von 117000 Mark für Begräbniskosten wider."

Die Medizinische Akademie wie das gesamte Schulwesen waren in Mitleidenschaft gezogen worden. Der Unterricht fiel häufig aus. Lehrer, Lehrerinnen und Schüler hatten öffentliche Sammlungen von „Laubheu, Brennnesseln, Eicheln, Knochen, alten Kleidern, gebrauchter Wäsche, Papier" durchgeführt, und schließlich seien ganze Schulen wegen der Grippeepidemie des Jahres 1918 und der Kohlenot geschlossen worden.[4] Der Bildungsstand breiter Bevölkerungsschichten war zwangsläufig erheblich gesunken. Aber man war nicht bereit aufzugeben: 300000 Mark sollten zur Förderung der bildenden Kunst im Etat 1919 aufgebracht werden: „Die Kunststadt Düsseldorf hofft, mit der Bereitstellung dieser Summe den unzweifelhaft vorhandenen Notstand unter den bildenden Künstlern lindern zu können, und hier etwas zu tun, erscheint mir die Pflicht der Stadt."[5] Die Finanzlage der Stadt war 1919, bedingt durch den Krieg, noch günstig: der städtische Fiskus profitierte von den Gewinnen der in Düsseldorf dominierenden Rüstungsindustrie.[6]

Zur Geschichte der örtlichen Parteien liegen in den Büchern von Mary Nolan (Sozialdemokratie) und Wolfgang Stump (Zentrum) bereits zwei eingehende Studien vor.[7] Die SPD hatte in Düsseldorf in den 1890er Jahren nur schwer Fuß fassen können. Die überwiegend katholischen Arbeiter,

[4] Stenographische Berichte 1919, S. 13.

[5] Stenographische Berichte 1919, S. 14.

[6] Finanzdezernent Buck am 28. 3. 1919 zum Etat: „Der diesjährige Etat wird vielleicht mit 300% balanciert werden können. Der Grund liegt darin, daß das Steuerergebnis von 1918 alle Erwartungen und alle seine Vorgänger ganz bedeutend übertroffen hat, und zwar deshalb, weil Düsseldorf reine Kriegs- und Rüstungsindustriestadt war, die Gesellschaften nach dem dreijährigen Durchschnitt ihr Einkommen zu versteuern haben und gerade die guten Jahre jetzt bei der Durchschnittsberechnung in steuerlicher Beziehung in die Erscheinung treten, da auch die Arbeiter und Geschäftsleute gut verdient hatten" (Stenographische Berichte 1919, S. 14).

[7] Mary Nolan, Social Democracy and Society. Working Class Radicalism in Düsseldorf 1890–1920, Cambridge: University Press 1981; Wolfgang Stump, Geschichte und Organisation der Zentrumspartei in Düsseldorf 1917–1933, Düsseldorf 1971

von dem „Volksverein“ und den christlichen Gewerkschaften beeinflußt, wählten bei den jeweils anstehenden Wahlen des Kaiserreichs bis 1912 vor allem das Zentrum. Die soziale Struktur der Stadt hatte sich seit 1871 grundlegend gewandelt: 1871 betrug die Bevölkerung noch 71000, um die Jahrhundertwende bereits 213711 Einwohner. 1905 war Düsseldorf die fünftgrößte Stadt Preußens und die zehntgrößte des Deutschen Reichs.[8] Dabei kamen die Zuwanderer vorwiegend aus den nahen Regionen Westfalens, des Rheinlands, der Eifel und des Bergischen. Ein Teil von ihnen war protestantischer Herkunft, und so senkte sich der katholische Bevölkerungsanteil bis 1900 von zuvor 80% auf 70%. Düsseldorfer Sozialdemokraten waren überwiegend protestantisch oder hatten die Bindungen an ihre katholische Herkunft aufgegeben.[9] In lokalen Wahlkämpfen seit 1900 spitzten sich die Diskussionen häufiger auf religiöse Fragen („Christentum oder Atheismus?“) zu, und die Sozialdemokraten machten sich, mitbedingt durch die örtliche Vorherrschaft des Zentrums und dessen Unterstützung durch Pfarrer und Kapläne, eine antiklerikale Haltung zu eigen. Im Düsseldorfer Alltag waren die Trennungslinien zwischen Politik und Religiosität nicht immer klar zu erkennen.

Die seit 1860 in Düsseldorf einsetzende Industrialisierung war nicht zuletzt das Werk einzelner Unternehmer gewesen: der Piedbeufs, Poensgen, Flenders, Ehrhardt, Heye und Schiess.[10] Darüber hinaus wurde die Stadt als Wohnsitz für Ruhrindustrielle beliebt, die sich in ihren Vororten niederließen. So veränderten sich die sozialen Verhältnisse der Stadt drastisch: Im Jahre 1892 hatten 42 Düsseldorfer ein Jahreseinkommen von über 100000 Mark und 159 von 35000 bis 100000 Mark. 1906 hatten sich diese beiden Einkommensgruppen verdoppelt, und man zählte bereits 193 Millionäre. “This was in a city where only 2.6 percent of the population earned more than 3000 M.”[11]

Die im Zuge der Industrialisierung entstehende neue soziale Oberschicht suchte sich im Lebensstil gegenüber den Mittel- und Arbeiterschichten bewußt zu profilieren: im Baustil der Vorortvillen, in einer repräsentativen Gastlichkeit, in der Unterhaltung eines aufwendigen Personals im Hause. Düsseldorf zählte, verglichen mit anderen Großstädten, ungewöhnlich zahl-

(= Beiträge zur Geschichte des Parlamentarismus und der politischen Parteien, Bd. 43).

[8] W. Köllmann, Die Bevölkerung Rheinland-Westfalens in der Hochindustrialisierungsperiode, in: Vjh. f. Sozial- u. Wirtschaftsgeschichte 58 (1971), S. 359; Nolan, S. 17.

[9] Nolan, S. 17.

[10] Nolan, S. 18.

[11] Nolan, S. 18.

reiche häusliche Bedienstete.[12] In einigen Unternehmen, so bei Rheinmetall, regelte der strikte Herr-im-Hause-Standpunkt die Beziehungen des Unternehmers zu der Belegschaft. Führende Unternehmer ließen sich in die Stadtverordnetenversammlung wählen, die bis 1918, nicht zuletzt durch das geltende kommunale Dreiklassenwahlrecht, überwiegend eine städtische Honoratiorenversammlung unter den Oberbürgermeistern Friedrich Wilhelm Becker, Ernst Lindemann und Wilhelm Marx blieb. In der Stadtverordnetenversammlung dominierte das Zentrum, das auch die Stimmen der dritten Wählerklasse für sich gewinnen konnte. Die Sozialdemokraten blieben dadurch von der Mitwirkung im Kommunalparlament ausgeschlossen. So war der Einschnitt durch das neue demokratische Wahlrecht von 1919 gravierend.

Seit der Jahrhundertwende war die Mitgliedschaft der Sozialdemokratie rapide gewachsen. Sie war von 1902 bis 1911 von 530 auf 5500 gestiegen und betrug 1914 rund 7700. Die freien Gewerkschaften zählten 1914 in Düsseldorf 23000 Mitglieder.[13] Bei einer Antikriegsdemonstration, die, ausgelöst durch die Balkankrise, 1912 im Apollo-Theater stattfand, kamen 5000 bis 6000 Demonstranten zusammen. Nach vergeblichen Anläufen bei den Reichstagswahlen von 1903 und 1907 konnten die Düsseldorfer Sozialdemokraten bei einer Nachwahl zum ersten Mal das Reichstagsmandat für sich erobern. 1911 lag die SPD mit 52,3% vor dem Zentrum mit 47,4% und erneut bei den regulären Reichstagswahlen von 1912 mit 49,9% gegenüber 49,0% (Stichwahl). Die Nationalliberalen hatten im ersten Wahlgang 1912 13,6% erreicht.[14] Die Zentrumshochburg war erobert, und die Sozialdemokraten waren die Sprecher der Düsseldorfer Arbeiterschaft geworden. Da sie aber keinen Vertreter in das kommunale Parlament bringen konnten, versuchten sie die Düsseldorfer Kommunalpolitik von außen, nicht zuletzt durch die parteieigene ›Volkszeitung‹, mit Erfolg zu politisieren. Die Kommunalpolitik war in Düsseldorf bereits vor dem Krieg eine öffentliche Angelegenheit, die nicht länger hinter verschlossenen Türen durch Absprachen der beteiligten bürgerlichen Politiker abgehandelt werden konnte. Die ungewöhnliche Intensität des öffentlichen kommunalpolitischen Engagements in Düsseldorf in den zwanziger Jahren geht auf eine Tradition noch aus der Vorkriegszeit zurück.

Seit dem Juli 1914 protestierten die Düsseldorfer Sozialdemokraten gegen einen möglichen Krieg. Diese ablehnende Haltung wurde auch nach dem Kriegsausbruch beibehalten. Bei den Kommunalwahlen im Herbst 1914 gelang es ihnen aber wiederum nicht, einen Sitz in der Stadtverordne-

[12] 43 von 1000 Einwohnern waren häusliche Bedienstete (Nolan, S. 19).

[13] Nolan, S. 232f.

[14] Nolan, S. 216.

tenversammlung zu gewinnen. Ihr Stimmenanteil fiel sogar von 10000 (1912) auf 2700. Die Düsseldorfer Sozialdemokraten blieben isoliert. Während der Kriegsjahre vollzogen sie einen Ruck nach links, ihre führenden örtlichen Politiker, besonders die Redakteure der ›Volkszeitung‹, Berten und Pfeiffer, sympathisierten mit der Gruppe Liebknecht und Luxemburg in der SPD des Reichs. 1917 schloß sich die Mehrheit der Düsseldorfer SPD der neugegründeten, aus der Ablehnung der Kriegskredite entstandenen USPD an. Man bewunderte die russische Revolution. Der Trend zur Radikalisierung begünstigte 1919 die Gründung der Düsseldorfer KPD, die während der Jahre der Weimarer Republik beständig über 25% bei allen Wahlen erzielte, ein Anteil, der weit über dem vieler deutscher Großstädte lag.

Die Ausdehnung der Kriegsindustrie hatte vorübergehend während der Jahre von 1914 bis 1918 die Wirtschaftsstruktur der Stadt verändert. Düsseldorf wurde ein Zentrum der Rüstungsindustrie. Bei Rheinmetall stieg die Zahl der Arbeiterschaft von 3400 (1914) auf 30000 (1916). Darunter befanden sich 7000 Arbeiterinnen. Von den 30000 neu eingestellten Arbeitern in Düsseldorf während der zwei Jahre von 1915 bis 1917 waren zwei Drittel Frauen.[15] Seit 1918 propagierten die Gruppen der Unabhängigen und des Spartakus in ihren Flugschriften die Revolution und die Errichtung von Arbeiter- und Soldatenräten. Allerdings gab es keine konkreten revolutionären Pläne.[16]

Wie in allen deutschen Großstädten bildete sich im November 1918 ein Arbeiter- und Soldatenrat aus USPD und Mehrheitssozialisten (MSPD). Der Oberbürgermeister und die städtischen Behörden arbeiteten mit dem Arbeiterrat auf einer pragmatischen Grundlage zusammen. Zum Eklat kam es am 8. Januar 1919, als die neugegründete KPD in Düsseldorf eine Revolution auf eigene Faust – gegen den Arbeiterrat – veranstaltete, die öffentlichen Gebäude einschließlich des Bahnhofs, des Telegraphenamts und der Polizeizentrale besetzte, den Druck der antirevolutionär eingestellten bürgerlichen Zeitungen einstellte und in deren Druckhäusern – der ›Düsseldorfer Nachrichten‹ – die ›Rote Fahne vom Niederrhein‹ druckte. Es gab Tote. Der Oberbürgermeister und der Regierungspräsident verließen die Stadt und gingen auf die linke (von belgischen Truppen besetzte) Rheinseite. Die städtische Kasse wurde großzügig nach eigenem revolutionärem Ermessen verwaltet.

Die Düsseldorfer „Revolution“ vom Januar/Februar 1919 zog bald die Aufmerksamkeit der Öffentlichkeit des Reichs auf sich. In der Weimarer Nationalversammlung distanzierte sich der neue sozialdemokratische Ministerpräsident Scheidemann empört von den Düsseldorfer Vorgängen. Auf Anforderung der Reichs- und preußischen Regierung rückte ein Freikorps

[15] Nolan, S. 253.

[16] Nolan, S. 272.

am 28. Februar 1919 in die Stadt ein und löste den selbsternannten revolutionären Magistrat auf. Mit den ersten Kommunalwahlen nach dem neuen, gleichen Wahlrecht endete auch die Zeit des politischen Arbeiterrats.

Die Düsseldorfer Revolutionäre waren im Januar 1919 von der Idee fixiert, daß man den richtigen Zeitpunkt der Revolution nicht verpassen dürfe und notfalls im Alleingang vorpreschen müsse. Der Vorgang zeigt, wie aufgeladen die politische Stimmung in der Düsseldorfer Arbeiterschaft nach Kriegsende war. Zudem wurde die Stadt mit gravierenden wirtschaftlichen Problemen konfrontiert: Da 61% der Arbeiterschaft für die Munitionsindustrie gearbeitet hatten, stand für die Stadt größere Arbeitslosigkeit in Aussicht. So erwartete die Düsseldorfer Handelskammer im Oktober 1918, daß 40000 Arbeiter, ein Drittel der gesamten Arbeiterschaft, arbeitslos würden. Betroffen waren in erster Linie Rheinmetall, Hohenzollern und das Oberbilker Stahlwerk. Lösungen zum Vermeiden der Arbeitslosigkeit waren weder auf örtlicher noch auf überörtlicher Ebene vorbereitet. Tatsächlich waren im Januar etwa 17000 bis 20000 Beschäftigte in Düsseldorf offiziell arbeitslos.[17]

Die USPD setzte im Laufe des Jahres 1919 ihren Trend nach links weiter fort. Man entsandte einen Delegierten Düsseldorfs zu dem Treffen der Dritten Internationale nach Moskau. Dann aber spaltete sich die Düsseldorfer extreme Linke. Die Moskauer Bedingungen der III. Internationale für einen Beitritt wurden im Oktober 1920 von der Düsseldorfer USPD nach längeren erregten Debatten abgelehnt. Führende USPD-Politiker wie Becker, Pfeiffer, Schmitt, Schotte und Agnes befürchteten eine Überfremdung. Sie schlossen sich wieder der SPD an oder zogen sich aus der Politik gänzlich zurück. Die Mehrheit der einmal mobilisierten Wählerschaft der Düsseldorfer USPD wählte seitdem die KPD, darunter zahlreiche jüngere und weibliche Arbeiter.[18]

Wegen des bis 1918 geltenden kommunalen Dreiklassenwahlrechts hatte auch das Düsseldorfer Zentrum, die zweite große Partei mit einer Massenbasis, bis zum Ende des 1. Weltkrieges keine Mehrheit in der damals 57köpfigen Stadtverordnetenversammlung erreichen können. Nach den Wahlen vom 16. März 1919 änderte sich die Zusammensetzung der jetzt 84köpfigen Stadtverordnetenversammlung grundlegend. Von den 155518 gültigen Stimmen erzielte das Zentrum 60936 (39,2%), die USPD 41679 (26,8%), die SPD 21552 (13,8%), die linksliberale DDP 14815 (9,5%), die rechtsbürgerliche DNVP 12712 (8,2%) und die bürgerlich-liberale DVP 3824 (2,5%).[19]

[17] Nolan, S. 290.

[18] Nolan, S. 299.

[19] Verzeichnis sämtlicher Wahlergebnisse in Düsseldorf von 1919 bis 1933 bei Stump, S. 158–160.

Die Wahlbeteiligung lag bei 62%. Auf das Zentrum entfielen 33 Sitze, auf die USPD 22, auf die SPD 12, auf die DDP 8, auf die DNVP 7 und die DVP 2. Ein Drittel der Stadtverordneten des Zentrums hatte bereits dem früheren Stadtrat angehört.

Während der Kriegsjahre hatte die Zeitung des Zentrums, das ›Düsseldorfer Tageblatt‹, in der kommunalen Öffentlichkeit das Gegenstück zu der ›Volkszeitung‹ der USPD repräsentiert. Das ›Tageblatt‹ hatte mit dem rechten Flügel des Zentrums sympathisiert, sich seit 1917 gegen die von dem Zentrumspolitiker Erzberger im Reichstag betriebene Politik der Demokratisierung und Parlamentarisierung und die Friedensresolution des Reichstags vom 19. Juli 1917 gewandt und zum Ärger der führenden Berliner Zentrumspolitiker die 1917 neu gegründete „Vaterlandspartei" und deren annexionistisches und nationalistisches Programm unterstützt. Diese Linie war von dem Fraktionsvorsitzenden des Zentrums in Düsseldorf, Adams, und den Stadtverordneten Hecker und Lietz in einer öffentlichen Erklärung befürwortet worden,[20] doch hatte die Aktion des bürgerlichen sogleich eine Antwort des gewerkschaftlichen Flügels des Düsseldorfer Zentrums, der Gewerkschaftssekretäre Brauer, Leupke und Reuter, ausgelöst. Der bürgerlich-nationalistischen Linie hatten sich auch der Direktor des Hohenzollern-Gymnasiums, Clar, und der Stadtdechant Sasse angeschlossen, indem sie in den örtlichen Vorstand der Vaterlandspartei eintraten. Doch schlug die politische Stimmung des Düsseldorfer Zentrums im Verlauf des Jahres 1918 um. Am 27. Oktober 1918 verurteilte der geschäftsführende Ausschuß gegen 6 Stimmen die politische Haltung des ›Tageblatts‹. Es habe trotz wiederholter Warnungen eine Linie vertreten, „die der bei weitem größten Mehrheit der Parteiangehörigen im Wahlkreis nicht entspricht und die auch nur von wenigen Zentrumsblättern vertreten wird".[21] An den revolutionären Veränderungen im November war das Zentrum nicht beteiligt, aber man nahm den neugeschaffenen Zustand faktisch und ohne Widerstand hin, stellte sich auf die neue Situation ein und bereitete sich auf die bevorstehenden Wahlen nach dem demokratischen Wahlrecht für die Nationalversammlung, die preußische Landesversammlung und die Stadtverordnetenversammlung vor. Die Sekretäre der christlichen Gewerkschaften rückten jetzt im Düsseldorfer Zentrum in die vorderen Reihen. Die Wahlparolen, die Ende 1918 herausgegeben wurden, waren allgemein gehalten, sie forderten Demokratie, Nationalversammlung und Freiheit der Kirche. So wurde versucht, die unterschiedlichen innerparteilichen Strömungen unter einen Hut zu bringen.[22]

[20] Stump, S. 18.
[21] Zitat bei Stump, S. 23.
[22] Stump, S. 27.

Günstig, jedenfalls wahltaktisch gesehen, wirkte sich die von dem neuen preußischen Kultusminister Hoffmann (USPD) vorübergehend eingeleitete antiklerikale Kirchen- und Schulpolitik aus, die im Rheinland und in Westfalen einen Sturm der Entrüstung in katholischen Kreisen auslöste. Hoffmann wurde bald durch den auf Mäßigung bedachten SPD-Politiker Haenisch abgelöst. Das Mißtrauen gegen den Berliner „Atheismus" aber war im Rheinland nicht mehr auszulöschen und trug zweifellos zu den für das Zentrum günstigen Wahlergebnissen des Jahres 1919 bei. Ein Dilemma des Düsseldorfer Zentrums aber blieb während aller Jahre der Weimarer Zeit bestehen: die seit 1917 bestehende offene und versteckte Sehnsucht der bürgerlichen Führungsgruppe zu einer Zusammenarbeit mit den bürgerlich-nationalen Gruppen außerhalb des Zentrums. Dort fühlte man sich oft wohler als bei den eigenen christlichen Gewerkschaftlern. Der „Rechtstrend" im Düsseldorfer Zentrum, der bei zahlreichen Anlässen sichtbar wurde, war mehr milieubedingt als politisch begründet und von daher etwas national-sentimental und intellektuell nebelhaft. Bezeichnenderweise gründete sich 1922 ein „Katholikenausschuß der DNVP" in Düsseldorf, dem die Zusammenarbeit des Zentrums mit den Sozialdemokraten in der preußischen Regierung der großen Koalition seit 1920 ein Dorn im Auge war.

Bei anderen Gelegenheiten kam allerdings der linke Flügel des Zentrums wieder zum Zuge. So erreichte das Volksbegehren von 1926, das sich gegen die Entschädigung der früheren fürstlichen Familien des Deutschen Reichs aus dem Fiskus – als Entschädigung für ihre durch die Revolution verlorengegangenen Einnahmen und Besitzungen – wandte, 101447 Stimmen in Düsseldorf, eine Zahl, die weit über den üblichen Stimmenanteilen von SPD und KPD (77000) lagen, die das Volksbegehren offiziell unterstützten. Die Zentrumswähler in der Arbeiterschaft sahen in der Fürstenentschädigung eine Verletzung des „Gerechtigkeitsgefühls des deutschen Volkes". Wegen der parteiinternen Auseinandersetzungen um die Frage der Fürstenentschädigung geriet die Düsseldorfer Zentrumspartei in eine Zerreißprobe.[23] Das gemeinsame religiöse Band, das diese Partei noch während des Kaiserreichs fest über alle sozialen Gegensätze hinweg zusammengehalten hatte, verlor in den zwanziger Jahren an bindender Kraft, sicherlich auch deshalb, weil es keine überzeugende politische Begründung lieferte und die Verzahnung von katholischer Gläubigkeit und praktischer Parteipolitik bereits in der Weimarer Republik obsolet zu werden drohte. Hier lag einer der Gründe für die erstaunlich bereitwillige Selbstauflösung des Zentrums in Düsseldorf wie anderswo im Sommer 1933 nach dem Sieg der Nationalsozialisten und auf dem Hintergrund des 1933 abgeschlossenen Reichskonkordats mit dem Vatikan. Das Konkordat schien die katholischen

[23] Stump, S. 64f.

Rechte, zumal in der Schule, staatsrechtlich abzusichern und dadurch eine katholische Partei zur Verteidigung ebendieser Rechte überflüssig zu machen.[24]

Bei vielen Darstellungen und Analysen zur deutschen Geschichte, auch der deutschen Geschichte des 20. Jahrhunderts, wird übersehen, daß die Nation ein relativ abstraktes Phänomen ist und daß das Leben eines Landes, eines Staates, einer nationalen Gesellschaft unmittelbar nur dort sichtbar wird, wo es sich alltäglich abspielt: in den Städten und Gemeinden. Selbst die Parteien der modernen Demokratie sind quantitativ nur kleine Gruppen, denen allerdings eine entscheidende Funktion bei der politischen Willensbildung und bei den zu treffenden, mitunter gravierenden Entscheidungen zufällt. Der fließende Übergang vom alltäglichen zum politischen Leben zeigt sich in den Städten und Gemeinden in ihren kommunalen Parlamenten und der örtlichen Presse, in denen sie sich politisch artikulieren und in der Öffentlichkeit darstellen. Es ist nicht eigens nötig, die Gemeinden gleichsam als Urzellen des Gemeinwesens zu mystifizieren. Sie sind durch ihr bloßes Dasein relevant: Politik geschieht immer am Ort.[25]

Tatsächlich verfügen wir aber selten über die entsprechende historisch-empirische Anschauung. Von daher soll hier die Tätigkeit der Düsseldorfer Stadtverordneten im ersten Nachkriegsjahr 1919 anhand der gedruckt vorliegenden Sitzungsprotokolle einfühlend und beobachtend beschrieben werden. Der Übergang von der älteren Tradition kommunaler und liberaler Selbstverwaltung in die neue parlamentarische kommunale Demokratie im Jahre 1919 gelang in Düsseldorf erstaunlich gut. Einer der Gründe dafür lag sicherlich darin, daß die Selbstverwaltung des 19. Jahrhunderts eben nicht von „obrigkeitsstaatlichem Denken" geprägt war und die kommunale Be-

[24] Zum Verhältnis der örtlichen Partei des Zentrums in Düsseldorf zur Partei auf der Reichsebene vgl. Ellen Lovel Evans, The German Center Party 1870–1933. A Study in Political Catholicism, Carbondale und Edwardsville (Southern Illinois University Press) 1981, S. 258f. – Evans weist darauf hin, daß besonders jüngere Katholiken zu antidemokratischen Haltungen neigten, dem Zentrum den Rücken kehrten und dem Katholikenausschuß der Düsseldorfer DNVP beitraten. – Die Redaktion des ›Tageblatts‹ wurde wegen ihrer nationalistischen Haltung 1920 von der örtlichen Partei abgesetzt. Gleichzeitig versuchte der Gewerkschaftsflügel durch seine Zeitschrift ›Aufwärts‹ die politischen Vorstellungen des linken Flügels des Zentrums zu artikulieren.

[25] Zur Bedeutung der kommunalen Geschichte innerhalb der nationalen Geschichte und Politik vgl. W. Ribhegge, Die Systemfunktion der Gemeinden. Zur deutschen Kommunalgeschichte seit 1918, in: Beilage zur Wochenzeitung ›Das Parlament‹, B 47/73 (24. 11. 1973), in diesem Band: S. 346–387; ferner: Ders., Zur Geschichte des Alltags im 19. und 20. Jahrhundert (Rez.), in: Archiv f. Kommunalwissenschaften, Berlin, II/84 (Dez. 1984).

amtenschaft sich in ihrem Selbstverständnis wesentlich von der Beamtenschaft der zentralen preußischen Administration unterschied und übrigens, was oft vergessen wird, weitaus zahlreicher war als die der Zentralbehörden.[26]

So fiel es der Düsseldorfer Beamtenschaft, zumal der Leitung der städtischen Verwaltung, den Beigeordneten, nicht schwer, sich auf die neue Situation einzustellen, selbst dann nicht, wenn ihre eigenen politischen Auffassungen denen der neuen Stadtvertreter, etwa der USPD, gänzlich entgegengesetzt waren. Man kannte sich zudem meist seit Jahren persönlich. Auch war genügend Realismus vorhanden, um einzusehen, daß eine Zusammenarbeit mit den neuen Stadtvertretern für das örtliche Zusammenleben unabdingbar war. Die Stimmung in den Sitzungen der Stadtverordnetenversammlung, sowohl unter den Fraktionen selbst wie gegenüber der Verwaltung, war häufig äußerst gespannt. Dennoch konnte jeder Redner lange und ausführlich seine eigenen politischen Auffassungen artikulieren, und die Reden wurden von den beiden Stenographen sorgfältig aufgezeichnet und im Protokoll festgehalten. Nicht zuletzt trugen fünf lokale Zeitungen, darunter die ›Düsseldorfer Nachrichten‹, die ›Volkszeitung‹ und das ›Tageblatt‹ dazu bei, die politische Einheit der kommunalen Öffentlichkeit, wenngleich in jeweils scharf von einander abgesetzter politischer Färbung, darzustellen.[27]

Die örtlichen Verhältnisse Düsseldorfs waren bereits ein Politikum, bevor die neugewählte Stadtverordnetenversammlung erstmals zusammentrat. Der sozialdemokratische Ministerpräsident Philipp Scheidemann nahm am 21. Februar 1919 vor der Nationalversammlung in Weimar zu den

[26] Vgl. W. Först, Robert Lehr, in: Ders. (Hrsg.), Aus dreißig Jahren. Rheinisch-Westfälische Politiker-Porträt, Köln und Berlin 1979, S. 71: „So sehr auch die großen Städte im Kaiserreich bei festlichen Anlässen an der Verherrlichung von Thron und Herrscher Anteil gehabt haben, schon die Beamtenschaft der Gemeinden unterschied sich von dem politisch gesellschaftlichen Standard der Staatsbeamten."

[27] Vgl. die Bemerkung von R. König über die „kulturelle Einheit der Stadt" (in: Die soziale Struktur der Stadt, in: R. König, Soziologische Orientierungen, Köln/Berlin 1965, S. 457) über die „kulturelle Integration" der Stadt durch die Tageszeitung: „Wenn sich sonst auch die Zeitungsleser intensiv nach sozialen Schichten zu differenzieren pflegen, indem die Mittel- und Oberschichten mehr die nationalen Blätter lesen, die Unterschichten mehr lokale Blätter, pflegen alle Einwohner einer Stadt ein gemeinsames Interesse an der lokalen Zeitung mit ihren auf die Gemeinde bezogenen Nachrichten kultureller, wirtschaftlicher und sozialer Art." – König wendet sich hier gegen die etwas wehmütige kulturpessimistische Betrachtung der modernen Großstadt durch Lewis Mumford (Die Stadt. Geschichte und Ausblick [The City in History, 1961]), Köln/Berlin 1963 (dtv, Bd. 4326, München 1979). Vgl. auch H. P. Bardt, Die moderne Großstadt, Reinbek bei Hamburg 1961, S. 49f.: „Politische Öffentlichkeit" (allerdings etwas vage und allgemein).

Unruhen im rheinisch-westfälischen Industriegebiet und am Niederrhein, die er als bolschewistisch klassifizierte, Stellung und ging dabei sehr detailliert, allerdings auch recht drastisch und in der Faktizität der Angaben nicht ganz korrekt, auf die jüngste Situation der Stadt Düsseldorf ein. Wörtlich führte er aus:

> Aus fast allen Städten des rheinisch-westfälischen Industriegebiets kamen im Dezember und Januar schon Hilferufe, überall Stürme auf Zeitungsgebäude, Demolierung von Maschinen, Verhinderung des Drucks von Zeitungen, Verhinderung jedweder Expedition. Als ein ganz besonders tragisches Beispiel will ich Ihnen eine Stadt anführen, die durch den Bolschewismus in knapp sechs Wochen eine Bettlerin geworden ist, die wunderschöne deutsche Stadt Düsseldorf. (Lebhafte Zustimmung)
>
> Schon den ganzen Dezember hindurch hatte es gekriselt. Da kam es in der Nacht vom 8. zum 9. Januar zum ersten bolschewistischen Handstreich, mit dem die Bewegung, wie ich sagte, immer anfängt. Es wurden die Räume aller in Düsseldorf erscheinenden Zeitungen gestürmt und zum Teil zerstört und die ›Düsseldorfer Nachrichten‹ gezwungen, unter dem Titel ›Die Rote Fahne vom Niederrhein‹ zu erscheinen.
>
> Damit war das gestohlene Banner ausgestreckt, das alle kommenden Untaten dekken sollte. Am 9. Januar wurden hervorragende Männer Düsseldorfs verhaftet. Am 10. Januar: ein Demonstrationszug der Demokraten, den die Spartakisten mit Maschinengewehren beschossen (lebhafte Rufe bei den Demokraten: Hört! hört!), wo es zahlreiche Tode und Schwerverwundete gab. (Erneute lebhafte Rufe: Hört! hört)
>
> Am 14. Januar Einsetzung von Standgerichten, am 16. und 17. Januar erneute Demolierung von Zeitungshäusern und Bureaus der anderen Parteien. Dazwischen stets erneute Verhaftungen, Sprengung und Nichteinberufung der Stadtverordnetenversammlung und – natürlich – unerhörte finanzielle Mißwirtschaft, ohne Abrechnung und Ausweis, so daß Düsseldorf knapp vor dem Bankrott steht, wie die alte Stadt am Niederrhein in diesen Tagen bekannt gegeben hat.[28]

Die Krise in der Düsseldorfer Stadtverwaltung seit dem Januar 1919 prägte die erste Sitzung der neuen Stadtverordneten am 28. März. Da aber die Versammlung noch nicht aufeinander eingespielt war, konnte an diesem Tag nichts zum Abschluß geführt werden: weder die neue Besetzung der Verwaltungsspitze noch die Bildung der neuzubildenden Ausschüsse der Stadtverordnetenversammlung. Statt dessen kam es zu längeren Geschäftsordnungsdebatten und zu einer unerwartet offenen Aussprache über die Haltung und Leistungen des bisherigen Oberbürgermeisters und einiger Beigeordneter. Diese Debatte wurde durch Anträge Oehlers[29] auf vorzeitige

[28] E. Heilfron (Hrsg.), Die Deutsche Nationalversammlung im Jahre 1919, Bd. 2, Berlin o. J. 1920, S. 607. – Die Stadtverordnetenversammlung war nicht „gesprengt" worden, wohl aber hatten die Kommunalwahlen verlegt werden müssen. Das Greuelbild, das Scheidemann ausmalte, war etwas überzeichnet.

[29] Bereits am 25. 1. 1919 hatte Oehler dem 1. Beigeordneten Geusen schriftlich

Pensionierung sowie der beiden Beigeordneten Dr. Lehr und Dr. Reuter auf Beurlaubung ausgelöst. Geusen hatte es abgelehnt, den beiden politisch umstrittenen Beigeordneten vor dem Zusammentritt der neuen Stadtverordnetenversammlung ein Dezernat zu übergeben.[30] Die Zentrumsfraktion versuchte, diese Vorfälle sofort einem Ausschuß zur Beratung zu übertragen, konnte aber die öffentliche Aussprache in der Stadtverordnetenversammlung nicht verhindern, nachdem der Sprecher der DDP, Bloem, unverhohlen seine Meinung äußerte. Zwar verteidigte Bloehm den bisherigen Oberbürgermeister, fügte aber gleich einschränkend hinzu: „Trotz seiner hervorragenden Eigenschaften, meine Damen und Herren, war Herr Oehler aber nicht der richtige Mann an seinem Platz (Zustimmung), er war nicht der richtige Mann für uns; ... es gelang ihm nicht, die Bürgerschaft zu führen, er stand ihr dauernd fremd gegenüber."[31] Seine Flucht sei ein großer Fehler gewesen. Dadurch habe er die Stadt „in große Ungelegenheiten gebracht."[32]

mitgeteilt: „Nachdem ich am Sonntag, den 19. d. M., nach der Ausübung meines Wahlrechts zur Nationalversammlung auf offener Straße in Düsseldorf angegriffen und darauf vom Vollzugsrat des Arbeiterrats Düsseldorf in Haft genommen bin, bin ich endlich heute – am fünften Tage – aus der Haft entlassen worden. Erst am vierten Tage – abends – habe ich durch das Mitglied des Arbeiterrats, Herrn Voßmeyer, erfahren, weshalb man mich in Haft gehalten hat ... Bei dem jetzigen Gewalt- und Willkürregiment in Düsseldorf kann ich auf Schutz meiner persönlichen Freiheit und Sicherheit im rechtsrheinischen Stadtgebiet nicht rechnen" (Stenographische Verhandlungsberichte 1919, S. 2). – Oehler war daraufhin vom Regierungspräsidenten unbefristet beurlaubt worden.

[30] Im Schreiben Reuters vom 27. 3. 1919 hieß es über seine vorübergehende Tätigkeit als Polizeidezernent – er war im Dezember 1918 nach 4½jährigem Militärdienst von der Front zurückgekommen – im Januar 1919, während der Spartakusherrschaft: „Am 9. Januar wurde mir mittags gegen 2 Uhr mitgeteilt, daß der kommunistische Arbeiterrat meine Absetzung beschlossen habe; auch entnahm ich der drohenden Äußerung eines Angehörigen des spartakistischen Freiwilligenregiments, daß meine Verhaftung bevorstehe. Trotzdem begab ich mich am Nachmittag zum Dienst, als mir unmittelbar vor dem Betreten meines Dienstzimmers die Mitteilung gemacht wurde, daß in diesem Zimmer drei mit Karabinern bewaffnete Männer auf mich warteten, um mich zu verhaften." Darauf hatte Reuter die Stadt verlassen: „Mein Verhalten ist mir öffentlich zum Vorwurf gemacht worden; so muß ich demgegenüber betonen, daß ich mich nur dann freiwillig verhaften lasse, wenn es einen Sinn hat." Eine Wiederaufnahme des Dienstes durch Reuter, auch in anderer Verwendung, war dann an dem Einspruch des Vollzugsrats gescheitert.

[31] Stenographische Verhandlungsberichte 1919, S. 4.

[32] Bloem: „Gewiß, Herr Oehler ist kein kraftvoller Held, der mit Gewalt brutalen Angriffen Widerstand leistet. Aber es ist gänzlich verfehlt, wenn man wegen seiner Flucht ihm Unwürdigkeit zur Bekleidung seines Amtes vorwerfen wollte. Er ist nur nicht die Persönlichkeit, die wir heute unbedingt haben müssen" (a. a. O.).

Deutlicher wurde der Sprecher der SPD, Saupe. Oehler komme für das Amt nicht mehr in Frage.[33] Desgleichen wurde ein Ruhegehalt abgelehnt. In dieser Sitzung brach das politische Mißtrauen, mit dem die Linke seit Jahren die Verwaltungsspitze beobachtet hatte, durch und wurde öffentlich vorgetragen. Der Beigeordnete Lehr wurde in die Kritik mit einbezogen: „Dr. Oehler war auch für Dr. Lehrs Handlungen mit verantwortlich, und Dr. Lehr hat sich ja, wie Sie aus den Veröffentlichungen der Polizeiakten ersehen haben, in den Kriegsjahren sehr auffällig betätigt: er hat immer wieder Leute, die nach seiner Meinung politisch anrüchig waren, aus ihren Familien herausgerissen und ins Gefängnis befördert oder ihnen zum Schützengraben verholfen."[34] Noch schärfer fiel die Kritik des USPD-Sprechers Berten aus. Sie war politisch motiviert. Oehler sei der „Hauptrepräsentant derjenigen Richtung" gewesen, „die es während des Krieges verstanden hat, mit allen Mitteln nach außen hin den Eindruck zu erwecken, als ob Deutschland in diesem Kriege große Eroberungen machen wolle, und durch diesen Eindruck im Auslande mit dazu beigetragen hat, daß dieser Krieg so unendlich lange gedauert hat."[35]

Diese Kritik ging der bürgerlichen Seite zu weit. So wehrte der Sprecher der Deutschnationalen ab. Sicherlich habe Oehler seinen Posten nicht verlassen dürfen, doch sei die generelle Kritik unbegründet: „Offen gestanden, meine Damen und Herren, die Anklagerede, die von der äußersten Linken gegen den Oberbürgermeister gehalten worden ist, war mehr als matt (Zustimmung); darauf würde noch kein Staatsanwalt hereinfallen (Heiterkeit)."[36] Die bürgerlichen Vertreter drängten auf eine interne Kommissionsberatung. Die Sozialdemokraten lenkten ein. Man könne dem OB

[33] Saupe: „Er hätte ruhig auf seinem Posten bleiben und abwarten können, ob er wirklich als Geisel festgenommen worden wäre. Es sind auch andere Bürger als Geiseln festgenommen worden, die sich heute wieder unter uns wohl fühlen. Der Oberbürgermeister hat in dem Verlauf der Kriegsjahre sehr an Popularität eingebüßt."

[34] Weiter: „Er hat sein Amt in einer Weise ausgeführt, wie es sonst wohl kaum ein Beigeordneter in Deutschland getan hat. Beigeordneter Dr. Lehr ist für uns und wahrscheinlich auch für die Mehrheit der Stadtverordneten-Versammlung erledigt" (Stenographische Verhandlungsberichte 1919, S. 5).

[35] Berten: „Herr Dr. Oehler war eines der engagiertesten Mitglieder der alldeutschen Gruppe, die sich ja hier einen anderen Namen zugelegt hat, und der durch seine Tätigkeit nicht nur die Bevölkerung des gesamten Deutschlands, sondern auch speziell Düsseldorfs außerordentlich geschädigt, weil er dazu beigetragen hat, den Krieg zu verlängern. Deswegen sind wir ebenfalls gegen die Wiedereinstellung des Herrn Oberbürgermeisters Oehler und aus ziemlich denselben Gründen auch gegen die Wiedereinstellung des Herrn Lehr" (Stenographische Verhandlungsberichte 1919, S. 5).

[36] Stenographische Verhandlungsberichte 1919, S. 6.

nicht alles anlasten. „Das Verbrechen am deutschen Volke ist von oben herunter begangen worden." Auch für die Ernährungsmisere der Stadt sei der OB nicht allein verantwortlich zu machen, worauf der Zentrumsstadtverordnete und Gewerkschaftssekretär Reuter gezielt darauf hinwies, daß sich auch unter der vorübergehenden Herrschaft der Düsseldorfer Revolutionäre die Ernährungslage der Stadt nicht gebessert habe.[37] Die öffentliche Aussprache über die Verwaltungsspitze wurde daraufhin beendet.

Die internen Kommissionsberatungen über diese Frage zogen sich noch wochenlang hin. Am 24. Juni wurde die Frage der Pensionierung Oehlers erneut öffentlich beraten und endgültig gegen die Stimmen der SPD und USPD beschlossen. Die Debatte fand erneut in einem gereizten Klima statt. Auf dem Hintergrund der schlechten Ernährungslage in der Stadt warf die Linke Oehler vor, seine Familie habe sich während des Krieges unzulässig Vorteile bei der Beschaffung von Lebensmitteln durch Amtsmißbrauch verschafft. Die Mehrheit hatte sich nach Verhandlungen mit Oehler auf dessen vorzeitige Pensionierung bei einem Jahresgehalt von 26000 Mark geeinigt: Nur so sei überhaupt eine Neuwahl möglich. Die SPD wäre bereit gewesen, 19500 Mark, den gesetzlichen Pensionssatz, zu bewilligen. „Wenn Sie jetzt eine größere Summe bewilligen", erklärte ihr Sprecher Gerlach, „so entsprechen Sie damit durchaus nicht dem, was die übergroße Mehrzahl der Düsseldorfer Bevölkerung will."[38] Die Linke, USPD wie SPD, war nicht bereit, der Selbstverwaltung, an der sie bis 1918 nicht beteiligt gewesen war, nachträglich eine Anerkennung in Form von Gehaltszahlungen zu bewilligen. „Bei diesen Sünden", erklärte der USPD-Sprecher Berten, „die das frühere Verwaltungssystem auf sich geladen hat, einschließlich der Anstellungsbedingungen, die für derartige Posten früher festgelegt worden sind, auf die wir ebenfalls keinen Einfluß gehabt haben, halten wir es durchaus nicht für notwendig, daß wir in dieser Angelegenheit irgend etwas auf uns nehmen. Wir müssen es den bürgerlichen Parteien überlassen, zu sehen, wie sie mit dieser Angelegenheit fertig werden." Tatsächlich handelte es sich bei der Frage der OB-Pensionierung um eine vergleichsweise harmlose Angelegenheit, aber sie wurde verbissen, persönlich und emotional aufgeladen bis zuletzt öffentlich vor dem Düsseldorfer Publikum diskutiert.

[37] Reuter: „Wenn am heutigen Tage bereits die Ernährungspolitik des Herrn Oberbürgermeister Dr. Oehler in Grund und Boden verdammt wird, möchte ich doch das eine sagen, daß seine Nachfolger, Herr Schmitt und Herr Schmidtchen, in dieser Beziehung kein Jota besser gearbeitet haben (Sehr richtig!), sondern daß wir dieselbe Misere in der Revolutionszeit durchgemacht haben" (Stenographische Verhandlungsberichte 1919, S. 7).

[38] Stenographische Verhandlungsberichte 1919, S. 212.

Schließlich, am 30. September, wurde der Reichstagsabgeordnete der DDP und bisherige OB von Kassel, Erich Koch, zum neuen Oberbürgermeister gewählt. Doch lehnte Koch ab: Er trat am 1. Oktober sein neues Amt als Reichsinnenminister an. Am 28. Oktober wählte man – einstimmig – den bisherigen Bürgermeister Dortmunds, Emil Koettgen, zum Oberbürgermeister, der das Amt bis 1924 ausübte. Sein Nachfolger wurde darauf Robert Lehr, der noch 1919 wegen seiner Tätigkeit als Polizeipräsident während des Krieges umstritten war, in der Funktion als Finanzdezernent sein Beigeordnetenamt aber behielt. Am 6. Juni 1924 wurde er mit 39 von 65 gültigen Stimmen gegen die Stimmen der SPD, KPD und DVP zum Oberbürgermeister gewählt. Er wurde von den Nationalsozialisten 1933 abgesetzt.[39]

Am 2. Dezember 1919 wurde Koettgen in sein Amt eingeführt. Die Verwaltung hatte zur Verblüffung (und Verärgerung) der Stadtverordneten an diesem Tage eigens einen Straßenbahnwagen auf dem Markt vor dem Rathaus bereitgestellt, der die Versammlung in die Tonhalle transportierte. Das Ganze sollte zur Aufwertung der Verwaltung einen feierlichen Rahmen erhalten. Der kommissarische Regierungspräsident Landé hielt eine etwas larmoyante kulturpessimistische Rede: Deutschland sei während der letzten Jahrzehnte ein mächtiges und reiches Land geworden. Doch während des Krieges habe sich die Kehrseite dieser Entwicklung gezeigt: „Während draußen die Kanonen donnerten, tobte im Innern und in der Etappe geradezu eine Orgie des Egoismus."

Jetzt, zum Ende des Jahres 1919, war die Krise der Düsseldorfer Verwaltung beendet. Der Sprecher des Zentrums, Adams, dankte im Namen aller Fraktionen dem 60jährigen Ersten Beigeordneten Geusen, daß er in den letzten elf Monaten sein Amt „über Schluchten und Klippen, über Felsen und Gletscher" hinweg geführt habe. Großzügigerweise beschloß man unter dem erstmaligen Vorsitz des neuen OB in dieser Sitzung, das Gehalt Geusens um 4000 Mark auf 20000 Mark zu erhöhen.[40] Kommunalpolitiker denken praktisch.

Während des Jahres 1919 bestand weiterhin neben der Stadtverordnetenversammlung der Arbeiterrat, der im November 1918 als Kontrollorgan gegenüber dem Magistrat errichtet worden war, dann, nach der Neuwahl der Stadtverordneten, die Funktion einer Art „Arbeiterkammer" übernahm. Wie überall war die Existenz dieser Arbeiterräte neben den verfassungsmäßigen Organen umstritten. Der preußische Innenminister Heine (SPD) verfolgte in Erlassen und Erklärungen eine Politik, die auf den Abbau der Arbeiterräte hinzielte. In Düsseldorf wurde der Arbeiterrat als eine Beschwerde- und Anlaufstelle für Hilfesuchende verstanden und von daher

[39] W. Först: Robert Lehr, in: Aus dreißig Jahren, S. 70f.

[40] Stenographische Verhandlungsberichte 1919, S. 433–436.

von der Verwaltung positiv beurteilt. Auch die Stadtverordneten waren anfangs bereit, den Arbeiterrat anzuerkennen. Am 23. April bewilligten sie eine Erstattung der Kosten für die soeben stattgefundenen Neuwahlen zum Arbeiterrat in Höhe von 6665,92 Mark aus der Stadtkasse.

Die bürgerlichen Parteien zögerten allerdings bei der Bewilligung von Geldern für die laufenden Kosten der Tätigkeit des Arbeiterrats. Man erinnerte in der Sitzung am 23. April an den revolutionären Ursprung der Räte.[41]

Am 27. Mai bewilligte die Stadtverordnetenversammlung auf Antrag der Zentrumsfraktion dem Arbeiterrat einen monatlichen Betrag von 5000 Mark, am 30. September fand sich erneut, diesmal gegen das Zentrum, eine Mehrheit für den gleichen monatlichen Zuschuß, der bis Ende Dezember 1919 gezahlt werden sollte. Es kam jedoch zu einer längeren Diskussion. Gustav Reuter begründete die Ablehnung durch das Zentrum: „Wir treten auf den Boden der preußischen Ministererlasse ... und lehnen deshalb politische Arbeiterräte in Zukunft ab. (Bravo! rechts) Demgemäß werden wir auch die angeforderten Mittel der Verwaltungsvorlage ebenfalls ablehnen (Zuruf Gerlach: Ach, das Zentrum!).“[42] Von den bürgerlichen Parteien stimmte die DDP dem Antrag zu.[43]

Die Verwaltung, primär an der innerstädtischen Ruhe interessiert, plädierte für eine Zustimmung. Geusen hatte Auskünfte in den Nachbarstädten eingeholt, so in Duisburg und Essen. In Essen wurde der Arbeiterrat sogar von Krupp finanziert. Schließlich billigten 43 der 84 Stadtverordneten die Vorlage der Verwaltung.[44] Auf die Kontrolle der Verwaltung zielte auch

[41] Lepper (DNVP): „Die Arbeiterräte waren im Anfang ein Instrument der Revolution (Zuruf von links: Heute noch!). Nachdem die alte Ordnung gestürzt war, hatten die Arbeiterräte, die Bezirksräte, der Zentralrat in Berlin sowie der Rat der Volksbeauftragten allein die ausübende Gewalt im Staate inne. Nachdem aber der Staat sich neu konstruiert hat durch die Wahlen zur Nationalversammlung, zur Preußischen Landesversammlung und zu den Gemeinden, war das Mandat der Arbeiterräte und des Rates der Volksbeauftragten erloschen, und die Arbeiterräte hatten keine Befugnisse irgendwelcher Art mehr im öffentlichen Leben. (Zuruf von links: Warum haben Sie sich denn an der Wahl des Arbeiterrats beteiligt?)“ (Stenographische Verhandlungsberichte 1919, S. 87).

[42] Stenographische Verhandlungsberichte 1919, S. 336.

[43] Helmig (SPD): „Wenn nun hier gesagt wird, daß die Arbeiten des Arbeiterrats nicht von der Art wären, daß sie nicht die hohe Bezahlung erheischten, so möchte ich, nachdem ich in die Akten über die Tätigkeit des Arbeiterrats einmal hineingesehen habe; Herrn Kollegen Reuter darauf aufmerksam machen, daß einer seiner Kollegen aus seiner Gewerkschaft ihm doch vielleicht Aufschluß darüber geben kann, daß die Arbeit des Arbeiterrats doch immerhin für die Allgemeinheit fruchtbar gewesen sind“ (Stenographische Verhandlungsberichte 1919, S. 337).

[44] Stenographische Verhandlungsberichte 1919, S. 338.

ein Antrag der SPD vom 15. Juli ab, der die Errichtung einer Kontrollkommission nach der (nach wie vor gültigen) Rheinischen Städteordnung sah. Der Antrag bezweckte, die Ausgabenpolitik der Stadt durch direkte Einsichtnahme in die Verwaltungsakten zu kontrollieren.[45]

Noch monatelang bewegte die Stadtverordneten die Erfahrung der revolutionären Vorgänge im Januar und Februar und das Eingreifen der Regierungstruppen am 28. Februar. Als diese Frage am 8. April beraten wurden, lagen zwei Anträge vor: Die USPD wollte wissen, wer den Einsatz der Regierungstruppen am 28. Februar veranlaßt hatte und welche Entschädigung die Stadt den dabei Geschädigten leisten werde. Die DNVP-Fraktion fragte: „Was gedenkt die Stadtverwaltung zu tun, um auch in Zukunft Ruhe und Sicherheit in Düsseldorf zu gewährleisten?“[46] Ein Teil der bürgerlichen Rechten hätte am liebsten die Regierungstruppen auf Dauer in der Stadt stationiert gehabt. „Wir sehen jetzt wieder“, erklärte Lepper für die DNVP, „nachdem eine zeitlang in unserer Stadt und im Industriegebiet Ruhe geherrscht hat, wie besondere Kräfte und Elemente am Werke sind, um die Ruhe und Ordnung und die Sicherheit mit allen Mitteln und nach allen Regeln der Kunst zu untergraben.“[47]

Die Linke beklagte sich über die Mentalität der bürgerlichen Gruppen. Das Zentrum habe schon einmal liberalere Zeiten in seiner eigenen Parteigeschichte gekannt, erklärte Schmitt (USDP).[48]

Der Einzug der Regierungstruppen wäre geradezu „ekelhaft“ gewesen: „Der Empfang am Bahnhof und durch die Stadt von Seiten unserer Spießbürger und Mastbürger hat mir gezeigt, was im Herzen der Düsseldorfer Bürger nicht nur, sondern auch der ganzen Konterrevolutionäre schlummert.“[49] Schmitt schilderte plastisch und ausführlich Details und ließ sich

[45] Stenographische Verhandlungsberichte 1919, S. 266.

[46] Stenographische Verhandlungsberichte 1919, S. 56.

[47] A. a. O. – Lepper: „Jedenfalls können wir nicht dulden, daß durch die Unvernunft einzelner Narren nun das ganze Vaterland oder unsere Stadt in den Abgrund gestürzt wird (Beifall und lebhafter Widerspruch, große Unruhe).“ – (A. a. O.)

[48] Schmitt: „Meine eigene fromme Mutter, die als fromme Katholikin gestorben ist, war die erste, die mir die Dinge von 1848 in die Kinderseele hineingelegt hat. Also, meine Herren, Sie sollten in diesen Dingen recht vorsichtig sein. Es ist nicht gut angebracht, wenn man im Glashaus sitzt, mit Steinen zu werfen. Zudem muß ich sagen, daß das nicht die schlechteste Zeit der Zentrumspartei war, wo sie derartig aufgetreten ist; da war noch Mannesmut, da war noch demokratischer Geist in der Zentrumspartei (Sehr richtig! Zuruf Gerlach: Das ist lange her!).“ – (Stenographische Verhandlungsberichte 1919, S. 57.)

[49] A. a. O. – Schmitt: „Ich habe noch nachzutragen, daß am Morgen des Einzugs der Truppen außerdem recht feine Damen mit Frühstückskörbchen, gut belegten Brötchen, auch Würstchen, die Regierungstruppen empfangen haben.“ Es sei ein

trotz mehrfacher Mahnungen des Vorsitzenden, zur Tagesordnung und zur Sache zu kommen, nicht von seinem Konzept abbringen. Die Verhandlung des 8. April steigerte sich zu minutenlangen Lärmszenen, bei denen sich der ganze Zorn der beiden Lager auf die jeweils gegnerische Seite ergoß. Schmitts Redefluß war nicht zu stoppen. Das Protokoll verzeichnete fünf Seiten. Die Rechte konterte auf den „28. Februar" mit dem „10. Januar", so der Gewerkschaftler Leupke (Zentrum): „Wir haben ja die Taten noch lange nicht vergessen. Und glauben Sie sicher, wenn Sie vielleicht annehmen, daß wir den 10. Januar vergessen, irren Sie sich."[50] Das Eingreifen der Regierungstruppen sei „einfach eine Rettungstat für Düsseldorf gewesen", so wie dies Scheidemann von der Tribüne der Nationalversammlung bekannt habe.[51]

Geusen, als Verhandlungsleiter, fühlte sich angesichts dieser erhitzten Debatte nicht wohl. Die Verwaltung hatte den Antrag eingebracht, das innerstädtische Sicherheitsproblem durch eine Aufstockung der Mannschaftsstärke der örtlichen Polizei zu lösen. Die Polizei unterstand nach dem geltenden kommunalen Verfassungsrecht der Gemeinde. Man hätte so eine neutrale Instanz zur Verfügung gehabt. Aber der Antrag ließ sich angesichts der Erregung der Versammlung nicht beraten. Schließlich machte Geusen einen praktischen Vorschlag zum Verfahren: „Meine Damen und Herren, Sie wissen, daß wir heute abend kein Licht bekommen, wir werden nicht mehr lange hier sitzen können. Die Straßen werden auch dunkel sein. Viele wohnen weit entfernt. Ich frage, ob wir weiter tagen sollen. Ich würde vorschlagen, jetzt abzubrechen." Der Hinweis auf die bevorstehende Dunkelheit leuchtete sowohl der Düsseldorfer Rechten wie Linken ein. Man vertragte sich auf den 11. April.

Die Grundsatzdebatte über die jüngste Geschichte der Stadt wurde aller-

Skandal, „daß dieses Verbrechergesindel, daß sich während des ganzen Krieges vom Ausbeuten und Auswuchern gemästet hat, das hier noch öffentlich zur Schau trägt" (a.a.O.)

[50] Leupke: „Wenn wir auf all die Dinge zurückkommen, na, Herr Wilhelm Schmitt, Sie haben den Arbeiterrat so warm in Schutz genommen und haben wieder einmal mit den Spartakisten Arm in Arm gehen wollen, trotzdem Sie einmal nach dem Bericht der Volkszeitung sich geäußert haben, man möge sich auch vor der Reaktion auf der linken Seite in acht nehmen ... Sie erkannten die gefährliche Gesellschaft. Aber nachdem Sie bei Ihnen ist, nachdem Sie mehr nach links gleiten, Herr Schmitt, da sieht man Sie Arm in Arm, und es ist geradezu ein sonderbares Leichenbegängnis, das Sie begehen" (Stenographische Verhandlungsberichte 1919, S. 63).

[51] Leupke: „Deshalb wollen wir beide froh sein, daß wir zur rechten Zeit wackere Soldaten erhalten haben, die noch die Kokarde vor ihrer Mütze tragen, die auch noch Achselklappen besitzen, die ja von vielen Fanatikern in den ersten Tagen der Revolution den Soldaten abgerissen worden sind" (a.a.O., S. 64).

dings auch an diesem Tag mit der gleichen Intensität wiederaufgenommen. Das wirtschaftliche Leben der Stadt war seit einer Woche durch einen politischen Generalstreik lahmgelegt – von daher die abendliche Dunkelheit. Von den nach wie vor in Düsseldorf stehenden Regierungstruppen wurde der als Gegenmaßnahme verhängte Belagerungszustand ausgeführt. Seit Tagen erschienen keine Zeitungen mehr. Niemand war über die innerstädtischen Zustände exakt im Bild. Es schwirrten Gerüchte über Gefahren, Ausschreitungen, Gewaltaktionen, sei es von Militärs oder von bewaffneten spartakistischen Gruppen. In dem Industriegebiet von Oberbilk hatte eine mit Karabinern bewaffnete Spartakustruppe Schützengräben ausgehoben und sich dort verbarrikadiert.

Der 41jährige Paul Gerlach, der einige Jahre später, von 1928 bis 1933 die Düsseldorfer SPD im Reichstag vertreten sollte, hielt an diesem Tag eine auf Ausgleich und Glättung der Wogen bedachte Rede.[52] Er plädierte für die Annahme der Verwaltungsvorlage und die Aufstockung des örtlichen Polizeikorps auf 800 Mann, darunter 150 Hilfspolizeibeamte. Die Polizei müsse politisch neutral sein und dürfe nicht als politische Schutztruppe irgendeiner der Parteien fungieren. „Wir sind der Auffassung, daß es zur Gesundung unserer heutigen Verhältnisse allein beitragen kann, wenn wir uns alle darüber einig sind, die politischen Auseinandersetzungen nicht durch Blut und Eisen zu führen, sondern daß lediglich der Geisteskampf maßgebend sein muß.“ Jede Unterdrückung sei abzulehnen, gleich ob sie von einer „neuen spartakistischen Minderheitsdiktatur“ oder von der „alten konservativ-klerikalen Herrschaft“ komme.[53] Gewaltanwendung schaffe nur neue Erbitterung in der Stadt. „Deshalb halte ich es auch für notwendig, öffentlich von der Tribüne hier auszusprechen: Ich halte es für den größten Fehler, den die gegenwärtigen Militärmachthaber machen konnten, daß auch sie wieder zu diesen neuen Unterdrückungsmaßnahmen übergegangen sind, daß sie über Düsseldorf den Belagerungszustand verhängt haben. Das war zweifellos eine große politische Dummheit.“ Der Belagerungszustand sei auch kein geeignetes Mittel, um den Generalstreik zu beenden. Dann, an die Adresse der USPD gewandt, kritisierte Gerlach: „Ich sage, wir bedauern diesen Generalstreik, weil wir alle der Auffassung sind, daß die fortgesetzte Arbeitseinstellung zum Ruin unseres gesamten Wirtschaftslebens führen müsse.“ Wer die Kohlegruben ersaufen lasse, nehme dem

[52] Gerlach wurde am 19. 4. 1888 in Berlin geboren. Er war Schriftsetzer, später Landesrat bei der Düsseldorfer Provinzialverwaltung. Im Juni 1933, nach der Auflösung der Parteien durch die Nationalsozialisten, wurde er mehrere Monate in Haft genommen und am 22. 4. 1944 erneut verhaftet. Er starb an den Folgen dieser Haft am 10. 10. 1944 im KZ Sachsenhausen (M. Schwarz, MdR. Biographisches Handbuch d. Reichstage, Hannover 1963, S. 653/54).

[53] Stenographische Verhandlungsberichte 1919, S. 66.

Land die letzten Möglichkeiten, zu Devisen zu kommen, „dann werden wir gelegentlich verhungern müssen". Die Bürgerschaft müsse aufgeklärt werden. „Wir müssen unserer Bürgerschaft mitteilen, was bereits aus den Krankenanstalten gemeldet ist, daß infolge Lichtmangels keine Operationen ausgeführt werden konnten und so Leute dem Tode verfallen sind, die hätten gerettet werden können. (Hört! hört!)"[54] Auch Arbeiter seien wieder bewaffnet worden, obwohl angeblich alle Waffen abgeliefert worden seien. „Als mein Parteifreund Saupe und ich am Mittwoch aus der Finanzkommission kamen, haben wir massenhaft Zivilisten am Rhein stehen gesehen mit angeschlagenem Gewehr und Revolver. Die haben dort auf die Regierungstruppen geharrt."[55] Jede Bewaffnung von Bürgern sei abzulehnen. Man wolle auch keine Zustände wie jüngst in Duisburg haben, wo die Deutschnationalen eine Bismarck-Geburtstagsfeier oder „ähnlichen Klimbim" veranstaltet hätten, ein Kritiker sich in der Versammlung zu Wort gemeldet hätte, worauf gleich ein Trupp der dort bestehenden bürgerlichen „Volkswehr" mit „vorgehaltenem Revolver, mit angeschlagenem Gewehr, mit Handgranaten versehen" erschienen sei und man die dort anwesenden Arbeiter angebrüllt habe, die Versammlung sofort zu verlassen. Glücklicherweise sei Schlimmeres noch verhütet worden.

Gerlach sprach von einer demokratischen Interessensolidarität bis hin zu den bürgerlichen Kreisen. Die Anfrage der USPD, wer die Truppen im Februar nach Düsseldorf geholt habe, sei leicht zu beantworten: „Spartakus ist der Schuldige." Die große Mehrheit der Düsseldorfer Bevölkerung habe sich nicht länger von einer kleinen Minderheit vergewaltigen lassen wollen. Hätten nicht sogar manche USPD-Anhänger ähnlich gesprochen? Selbst die USPD habe den Spartakus-Umtrieben hilflos gegenübergestanden.[56]

[54] Stenographische Verhandlungsberichte 1919, S. 66. – Gerlach: „Wir müssen unserer Bevölkerung mitteilen, daß es ein Frevel ist, wenn man in Streikversammlungen erklärt, die Arbeiterfrauen können ihr Wasser bei einer etwaigen Absperrung des Wasserwerks aus dem Rhein und der Düssel holen und dann abkochen. Aber wenn sie es dann abkochen wollen, fehlt das Gas, weil es abgesperrt ist" (a.a.O.).

[55] A.a.O.

[56] Gerlach: „Dem, was heute passiert, treten wir entschieden entgegen, aber ich wünsche, meine Herren von der USPD, sie wären auch dem entgegengetreten, was am 10. Januar passiert ist, Sie wären wenigstens mit derselben Energie am 10. Januar den Vorgängen entgegengetreten, wie wir heute den Übergriffen von den Regierungstruppen entgegentreten. Es war wirklich nicht nobel und kein Beweis von großer Geistesfähigkeit, wenn man unsere Plakatträger verprügelt und die Plakate in den Schmutz getreten hat. Es war kein Beweis von großen Geistesgaben, daß man Kriegsbeschädigte, die ihre Gliedmaßen kaum gebrauchen konnten, deshalb mißhandelte, weil sie in dem Demonstrationszug Plakate trugen: ‚Nieder mit Spartakus'!" (Stenographische Verhandlungsberichte, S. 68.)

Unglücklicherweise würden jetzt, da die Stadt zeitungslos sei, die „entsetzlichsten Gerüchte“ kolportiert. „Die Übertreibungen haben letzten Endes nur zur Folge, daß die schon durch Hunger und Entbehrungen aller Art sehr aufgeregten Massen noch weiter aufgeregt werden.“ Man brauche jetzt in Düsseldorf eine Politik der „Vernunft und Verständigung“. Dies könne nur geschehen, wenn sich alle auf das Prinzip der Demokratie als der „Herrschaft der Volksmehrheit“ einigten. Ebendies wäre das sozialdemokratische Programm für die Lösung der augenblicklichen Probleme.

Gerlachs Grundsatzrede hatte erneut den vorliegenden Antrag auf eine Vergrößerung der Polizeitruppe politisiert. So meldeten sich auch gleich zwei bekannte parteipolitische Partisanen zu Wort, Berten für die USPD und Leupke für den christlichen Gewerkschaftsflügel des Zentrums. Man führte eine Reichstagsdebatte im Düsseldorfer Maßstab. Berten rechtfertigte den gegenwärtigen Generalstreik. „Wenn in den vorigen Wochen die Arbeiter beschlossen haben, in den Generalstreik einzutreten, um dadurch einen Druck auf die Regierung auszuüben, um die Regierung geneigter zu machen, den Ansprüchen der Arbeiter mehr entgegenzukommen (Zuruf: Welchen Ansprüchen?) und auch die Regierung, die ihre Unfähigkeit bewiesen hat, sozialistische Maßnahmen durchzuführen, zu beseitigen, so ist das das gute Recht der Arbeiter.“[57] Das hieß: Düsseldorf als Basiszelle der Revolution. Dennoch klang das Ganze etwas wirr. So stimmte Berten schließlich der Errichtung der geplanten örtlichen Polizeitruppe zu, warnte aber vor politischem Mißbrauch. Der Kampf werde schließlich „an anderer Stelle“ weitergehen.[58] Leupke wurde massiv persönlich. Befinde sich nicht auch der Sohn des USPD-Stadtverordneten Schmitt unter den Karabinerleuten, die sich in den Oberbilker Schützengräben eingegraben hätten? Der persönliche Angriff löste Lärmszenen aus.[59] Leupke brachte in die Debatte eine karnevalistische Atmosphäre. Sei etwa Herrn Schmitt nicht bekannt, daß sich in dem sozialistischen Konsumverein in der Ronsdorfer Strafe ein Waffenlager befand?[60]

[57] Stenographische Verhandlungsberichte 1919, S. 69.

[58] A. a. O.

[59] Leupke: „Da soll ja auch der Sohn des Herrn Schmitt sich in Oberbilk im Schützengraben befinden mit dem Karabiner im Nacken. Herr Schmitt, Sie haben uns voriges Mal erzählt, daß Sie von einer so frommen katholischen Mutter abstammen, aber da kann man nicht sagen, der Apfel fällt nicht weit vom Stamm (Heiterkeit), sondern Sie scheinen recht weit davon gefallen zu sein (erneute Heiterkeit), denn die Früchte der Erziehung – wenn das Tatsachen sind, daß auch Ihr Sohn sich in den aufgeworfenen Schützengräben befindet in Oberbilck – vererbten sich auf das 3. und 4. Glied, Herr Schmitt“ (Stenographische Verhandlungsberichte 1919, S. 71).

[60] Leupke: „Kein Engel ist so rein, als wie Herr Wilhelm Schmitt vom Konsumverein. (Heiterkeit. Zuruf: Du machst dich lächerlich!) Das hat Herr Berten ausge-

Leupke erläuterte die politische Gegenrechnung des Zentrums gegenüber der USPD: „Ich meine, Sie sind gar nicht in der Lage, das Schuldkonto der verflossenen Periode in Düsseldorf vom 9. November bis zu dem Tage, als Sie von den Spartakisten abgelöst wurden, nachdem Sie auch nichts mehr zu sagen hatten, von Ihrer Partei abzunehmen."[61] Man sei sich bis in die Kreise der Düsseldorfer Gewerkschaften darin einig, daß Bertens ›Volkszeitung‹ der eigentliche Initiator all der Unruhen in der Stadt seit dem November 1918 gewesen sei.[62] Auch sei es Berten gewesen, der durch seine Ausführungen versucht habe, „unser Stadtparlament" als „Spaßparlament" hinzustellen. Seine Fraktion, das Zentrum, wünsche, „daß endlich mit den Unruhen hier Schluß gemacht werden muß". Dies gelte auch für die politischen Streiks der Arbeiterschaft.

Bürgerliche Stadtverordnete drängten nach diesen langen Rededuellen auf Schluß der Debatte. „Wir haben", so der Stadtverordnete Dr. Hecker, „jetzt schon die vierte Sitzung, und sachlich haben wir bisher wirklich noch wenig geleistet." Der politischen Rede sei „satt und genug". Weder überzeuge die Linke die Rechte, noch umgekehrt.[63] Tatsächlich kam man zur Abstimmung. Die USPD hatte insgesamt keine glänzende Figur abgegeben. Allerdings war, das war sicherlich die Leistung dieser beiden Sitzungen am 8. und 11. April, viel politischer Dampf abgelassen worden. Die Mehrheit billigte die Vorlage zur Aufstellung des Polizeikorps. Damit hatte die Stadtverordnetenversammlung – vorerst – die Weichen für eine Wiederherstellung der zivilen städtischen Umgangsformen gestellt.[64] Der Belagerungszustand, d. h. das Verbot öffentlicher Demonstrationen, blieb allerdings über das ganze Jahr 1919 noch bestehen. Für die „Tumultschäden" in Oberbilk, insbesondere die Beschädigungen an Häusern, bewilligte die Vertretung am 23. April einen Kredit von 50000 Mark, der einen Monat später auf

zeichnet verstanden, das mache ich nicht" (Stenographische Verhandlungsberichte 1919, S. 71).

[61] A.a.O.

[62] Leupke: „Ein alter langjähriger Gewerkschaftsführer sagte mir noch vor wenigen Tagen, als ich ihn traf: Alles dies verdankt die Düsseldorfer Arbeiterschaft der Hetzpolitik der Volkszeitung (Zuruf rechts: Sehr wahr! Widerspruch links). So liegen die Dinge" (Stenographische Verhandlungsberichte 1919, S. 71).

[63] Stenographische Verhandlungsberichte 1919, S. 72.

[64] Schmitt erhielt noch die Möglichkeit zu einer persönlichen Erklärung, die er dazu nutzte, es Leupke heimzuzahlen: „Im übrigen kann ich Herrn Leupke nur sagen: Von diesen christlichen Gewerkschaftsführern habe ich noch mehr kommen und gehen sehen. Die sind von seiner eigenen Partei abgehalftert worden. Nimm Dich also in acht, Freund Leupke, daß Du nicht auch abgehalftert wirst. (Heiterkeit)" – Stenographische Verhandlungsberichte 1919, S. 73.

300000 Mark erweitert wurde.[65] Der Generalstreik wurde nach den Verhandlungen zwischen der Streikkommission und der Militärbehörde abgebrochen.

Jederzeit konnten bei beliebigen Tagesordnungspunkten der Beratungen des Stadtparlaments die Wunden der Vergangenheit wiederaufbrechen. Die publizistischen Auseinandersetzungen zwischen der Rechten und Linken während der Kriegsjahre waren nicht vergessen, und die Verarbeitung dieser Erfahrungen bildeten einen Kern der politischen Motivation der jeweiligen Parteien. Als die USPD am 18. November eine Anfrage wegen des Verbots ihrer Zeitung, der ›Volkszeitung‹, im linksrheinischen Oberkassel durch die dortigen belgischen Besatzungsbehörden einbrachte, wurde sofort das latente, aufgestaute Mißtrauen zwischen den politischen Gruppen sichtbar. Die USPD nahm an, daß die eigene Stadtverwaltung durch den das Oberkasseler Bürgermeisteramt verwaltenden Beigeordneten Knopp an dem Zeitungsverbot mitgewirkt hatte. Obwohl Knopp dem widersprach, blieb der Verdacht der „Denunziation" bestehen.

In dieser Aussprache rollte die USPD die Vergangenheit des bürgerlichen ›Tageblatts‹ während der Kriegsjahre auf. Habe nicht das ›Tageblatt‹ während des Krieges gegen die Friedensinitiative gehetzt? Dieselbe Zeitung, die damals die Annexion Belgiens gefordert habe, mache jetzt gemeinsame Sache mit den belgischen Besatzungsbehörden gegen die eigenen Landsleute, werfe sich den Belgiern geradezu in die Arme. Was sei dies für eine armselige Haltung.[66] Das Zentrum seinerseits erhob gleichfalls den Vorwurf der Denunziation gegenüber der USPD. Was bezwecke diese Erinnerung an die Kriegsjahre? Wolle man damit nicht ebenso den politischen Gegner gegenüber der belgischen Besatzungsbehörde diskreditieren? So erklärte Adams: „Meine Herren, die Adresse, wo das hingeht, verstehen wir auch. Da fragen wir: Wo sitzt der Denunziant?"[67] Die Debatte des 18. No-

[65] Beim städtischen Bauamt waren 700 Schadensmeldungen eingegangen (Stenographische Verhandlungsberichte 1919, S. 126.)

[66] Erdmann (USPD): „Das Tageblatt hat gegen jede Friedensbemühung gehetzt, wenn sie aus den eigenen Reihen kam. Das Blatt hetzte insbesondere gegen Belgien, es befürwortete gegen Belgien die ausschweifendsten Annexionspläne und hat bis zuletzt noch darauf beharrt, daß mindestens der flämische Teil Belgiens abgetrennt werden müsse. Und dieses selbe Tageblatt schmeißt sich jetzt mit einer Denunziation an die Belgier heran und tut besorgt um das Wohl derjenigen, gegen die es vier Jahre lang gehetzt hat. (Hört, hört, links!) Und dieses selbe Düsseldorfer Tageblatt, das infolge seines kriegshetzerischen Treibens tausendmal mehr Unheil angerichtet hat, als man dem Bolschewismus nachsagt, hat den traurigen Mut, andere des Bolschewismus zu bezeichnen, nicht weil es davon überzeugt ist, sondern weil es danach trachtet, sich eines geschäftlich und politisch unbequemen Gegners zu entledigen" (Stenographische Verhandlungsberichte 1919, S. 392).

[67] Stenographische Verhandlungsberichte 1919, S. 393.

ember über das Zeitungsverbot in Oberkassel blieb in dem gegenseitigen Vorwurf des Denunziantentums stecken. Ein kleiner Vorfall genügte, um die leidliche Zusammenarbeit zwischen den Fraktionen sogleich in einem unnachgiebigen Freund-Feind-Verhältnis erstarren zu lassen.

In einem politischen Punkt zeigten sich die Düsseldorfer Stadtverordneten einmal ungewöhnlich einig: als es darum ging, gegen die Bedingungen des Versailler Friedensvertrags zu protestieren. Der Zentrumssprecher Adams konnte am 13. Mai im Namen aller Fraktionen eine Protestkundgebung einbringen, die von fast allen Stadtverordneten angenommen wurde.[68] Doch die anschließende Aussprache zeigte in den Stellungnahmen der einzelnen Fraktionen sofort wieder die historischen Belastungen und die Diskrepanzen in der Beurteilung. Der USPD-Sprecher Dr. Erdmann warf die Frage nach der Schuld am Krieg auf: Die Hauptschuld trage die deutsche und österreichische Regierung, „die den Krieg gewollt haben". Er erntete „laute Pfui-Rufe rechts und in der Mitte. Lebhafte Zustimmung links." Von der linken Seite kamen Rufe wie: „Ihr habt den Krieg ja auch gewollt! Das ist aktenkundig nachgewiesen! Da gibt es kein Pfui!" Die Hauptschuld an der Länge des Krieges trügen jene Parteien, so fuhr Erdmann fort, die die damalige deutsche Regierung unterstützt hätten.[69] Gerlach für die SPD äußerte sich zurückhaltender, sprach allgemein von dem „entsetzlichsten aller Kriege der Welt" und bezog sich auf die Erklärung des SPD-Ministerpräsidenten Scheidemann in der Aula der Universität Berlin vom Vortage. Man wolle Deutschland „bis in alle Ewigkeit zum Sklaven des Entente-Imperialismus machen".[70] Bloem für die DDP wehrte den Vorwurf der deutschen Alleinschuld, den die USPD erhoben hatte, ab. Wer der deutschen Politik während des Krieges vorwerfe, nicht friedliebend gewesen zu sein, verfälsche die Geschichte. Werde übrigens nicht die Arbeiterschaft von dem Friedensvertrag am härtesten betroffen?[71]

[68] Wörtlich: „Als die erwählten Vertreter der Stadt Düsseldorf legen wir gegen diese Vergewaltigung Deutschlands Protest ein. Wir fordern einen Rechtsfrieden auf der Grundlage der Gleichberechtigung und des Selbstbestimmungsrechts aller Völker, auch des deutschen Volkes, wir appellieren an das Gerechtigkeitsgefühl und die leidenschaftliche Friedenssehnsucht aller Freunde des Weltfriedens, auf das noch in letzter Stunde das schmachvolle Unrecht abgewehrt werden möge" (Stenographische Verhandlungsberichte 1919, S. 123).

[69] Stenographische Verhandlungsberichte 1919, S. 124.

[70] Stenographische Verhandlungsberichte 1919, S. 125.

[71] Bloem: „Wir wollen die Früchte der Revolution, so wie wir sie erkennen, nicht gefährden, und aus diesem Grunde können wir diese Friedensvorschläge nicht annehmen. Ich vertraue aber, daß, wenn sie abgelehnt werden sollten, trotz allem, was uns dann noch bevorsteht, Deutschland doch noch wie ein Phoenix aus der Asche emporsteigen wird" (Stenographische Verhandlungsberichte 1919, S. 125). – Die

Der Sprecher der DNVP, Wöhler, erklärte pathetisch: „Meine Damen und Herren, wer nach dem Verlauf dieses Krieges und dieses Friedensangebotes noch die Hoffnung auf internationale Verbrüderung des Proletariats hegt, ... der ist mit Blindheit geschlagen." Die Friedensbedingungen seien abzulehnen. Unter dem „stürmischen Beifall" der Rechten und der Mitte rief er: „Lieber wollen wir ehrlich sterben, als Sklaven unserer Feinde sein!" Er holte sich dafür von der linken Seite den lakonischen Zuruf ein: „Sie hatten ja schon über 4 Jahre Zeit zum Sterben."[72] So endete die vorbereitete überfraktionelle Erklärung politischer Gemeinsamkeiten in eitel Disharmonie. „Ich bedaure auf das tiefste", erklärte der Stadtverordnete Dr. Petersen, „daß dieser häßliche Riß in dieser Stunde durch unser Haus gegangen ist."[73] Dieser Riß, das sollten noch die späteren Jahre der Stadtverordnetenversammlung zeigen, wurde jedesmal wieder sichtbar, sobald ein nationales Ereignis, das mit dem Krieg und seinen Nachwehen zusammenhing, die Gemüter in Deutschland bis in das letzte Kommunalparlament erhitzte, sei es nach dem Kapp-Putsch vom März 1920 oder während der Ruhrbesetzung von 1923, von der Düsseldorf besonders stark betroffen war.

Kommunalpolitik der Nachkriegszeit war in Düsseldorf keine beschauliche oder idyllische Angelegenheit. Nationale Emotionen ließen sich selten aus den täglichen Sachfragen heraushalten. Auch waren Stadtverordnete, die selbst den Krieg, teilweise an der Front, miterlebt hatten, kaum in der Lage, die Erfahrungen der jüngsten Vergangenheit und den Versuch, sie zu verarbeiten, bei ihrer politischen Artikulation zu unterdrücken. Dies reizte, gängige politische Schlagworte selbst bei den Details von Etatberatungen einzubringen. Zudem hatten die Düsseldorfer Stadtverordneten tagtäglich das ungelöste Wohnungsproblem für Tausende der Bewohner der Stadt, die unzureichende Lebensmittelversorgung, den Mangel an Kohle zum Heizen der privaten Wohnungen (im Herbst auch unter dem Eindruck des bevorstehenden Winters) vor Augen. Selbst der Kohlemangel konnte auf das Schuldkonto der feindlichen Siegerstaaten abgewälzt werden, die Deutschland die Eisenbahnwagen zum Transport der Kohle entzogen hätten.[74]

Schließlich beobachteten manche Stadtverordneten sorgenvoll ein kulturelles Phänomen, das sie als sittlichen Verfall, nicht zuletzt unter den

DDP-Fraktion in der Weimarer Nationalversammlung hat den Friedensvertrag bis zur Schlußabstimmung abgelehnt.

[72] Stenographische Verhandlungsberichte 1919, S. 126.

[73] Stenographische Verhandlungsberichte 1919, S. 126.

[74] Vgl. die Debatte über die Düsseldorfer Kohleversorgung und den Beitrag des Beigeordneten Robert Lehr am 12. August 1919 (Stenographische Verhandlungsberichte 1919, S. 316ff.); auch Kohlemangel ließ sich ausgezeichnet politisieren.

Frauen und Jugendlichen, beschrieben: eine Verrohung der Lebensformen, mangelndes Interesse der Frauen am Familienleben, Zunahme der Prostitution, ein ungewöhnlicher Drang nach Unterhaltung durch Kino und öffentliche Vergnügen, eine Erscheinung, die vor dem Krieg in Düsseldorf weithin unbekannt gewesen war. Tanzhallen würden nicht nur sonntags, sondern auch werktags besucht.[75] Hinter diesem Phänomen verbarg sich ein in allen deutschen Großstädten feststellbares Bedürfnis nach Erholung, Vergnügen, eine Art „Lebensgier", die durch die Frustration der letzten Jahre mitbedingt war, aber darüber hinaus ein moderneres Lebensgefühl der zwanziger Jahre ausdrückte, dem zumal konservative Stadtverordnete etwas hilflos gegenüberstanden.[76] Die Beobachtung dieser Entwicklungen veranlaßte die Abgeordneten des Zentrums, sich um so entschiedener für die Erhaltung der privaten (katholischen) und öffentlichen Düsseldorfer Lyzeen („höhere Mädchenschulen") einzusetzen. Es gelte einen Damm gegen die schädlichen Auswirkungen des Krieges auf das kulturelle Leben der Stadt aufzubauen, hieß es.[77] Man nahm diese Fragen sehr ernst.

[75] Auch der Bericht des Statistischen Amts klagte über die Zunahme an „Lustbarkeiten" als „ein ganz besonderes Kapitel". Trotz der „immer drückender werdenden Lebensbedingungen" sei der Hang zu Vergnügungen „nicht geringer, sondern größer geworden". Der Kommentar der Statistiker: „Fast will es so scheinen, als ob Tausende und Abertausende in den letzten beiden Jahren (d. h. 1919/20) versucht haben, die Schwere der Zeiten, und sei es auch nur auf kürzeste Zeit, durch Hineinstürzen in das Meer der Vergnügungen zu vergessen" (Jahresbericht des Statistischen Amtes der Stadt Düsseldorf 1919/20, S. 18). In Zahlen: Im Kriegsjahr 1918 habe die Zahl der steuerpflichtigen „Lustbarkeiten" 70000 betragen. Sie sei 1919 auf 92000 angewachsen und habe 1920 die 100000 überschritten. Generell habe der Besuch von Theatern und Varietés eher ab-, dagegen der Besuch von Kabaretts und Kinos zugenommen (a. a. O.)

[76] Vgl. W. Laqueur, Weimar. Die Kultur der Republik, Frankfurt a. M. u. a. 1977, besonders S. 279ff.; sehr instruktiv ist auch der Beitrag von D. Thomson, The Transformation of Social Life, in: The New Cambridge Modern History, Bd. 12 (The Shifting Balance of World Forces 1898–1945), hrsg. v. C. L. Mowat, Cambridge 1968, S. 10–36.

[77] Vgl. Stenographische Verhandlungsberichte 1919, S. 277ff. (24. 6. 1919), S. 146ff. (27. 5. 1919), S. 253ff. (15. 7. 1919). – Im Gegensatz zu den Klagen der Stadtverordneten stellt allerdings der Bericht des Statistischen Amtes für das Jahr 1919 fest, daß die Zahl der Besucher der Bibliotheken und öffentlichen Bücher- und Lesehallen erheblich angestiegen sei: In der Lesehalle der Landes- und Stadtbibliothek von 14000 (1918) auf 22000 (1920), in den städtischen Lesehallen von 44000 (1918) auf 84000 (1920). Ein ähnlicher Trend war bei den Sammlungen und Kunsthallen festzustellen (Kunsthalle, Löbbecke-Museum, Hetjensmuseum, Kunstgewerbemuseum). Die 1919 eingerichtete Volkshochschule, die überwiegend in Arbeitsgemeinschaften arbeitete, verzeichnete im Winter 1920/21 bereits 4000 Hörer. – Einige

So machte sich das Düsseldorfer Zentrum, jenseits der Tagespolitik, einen betonten kulturellen Konservatismus zu eigen. Wenn alles unsicher geworden war, so sollte hier wenigstens Halt und Sicherheit geboten werden. Man klammerte sich fest und bewußt an die eigenen kulturellen Traditionen und die katholische Lebenswelt, die die Traditionen der Stadt geprägt hatte.

Am 15. Juli 1919 hatte die Stadtverordnetenversammlung nach dreieinhalb Monaten den Jahresetat in den Fachausschüssen und der Finanzkommission durchberaten. Der Gesamtetat in Höhe von 74 Millionen Mark stand zur Abstimmung an.[78] Der größte Teil der Ausgaben entfiel auf die Personalkosten. Die Zahl der in städtischen Diensten beschäftigten Arbeiter stieg 1919 vorübergehend auf 6100.[79] Der Haushalt 1919 war gegenüber dem Vorjahr (49 Millionen) um 25 Millionen gestiegen. Als Gründe für den Anstieg nannte der Finanzdezernent Buck die Kriegsteuerungszulage für Beamte (11 Millionen) sowie die Mehrkosten an Löhnen einschließlich der Beiträge zu den Zuschußkassen, die allein 4,78 Millionen betrugen. Unbestimmt waren im Juli noch die Aufwendungen der Stadt für die Arbeitslosen, die zu einem Sechstel von der Stadt selbst aufzubringen waren. Im Juli betrug die Zahl der Arbeitslosen noch 14000. Die Gesamtaufwendungen für die „Nachwirkungen des Krieges“ wurden mit 12 Millionen beziffert. Unsicher war man in der Schätzung der Kosten für die Förderung des Wohnungsbaus. Düsseldorf benötigt nach den Berechnungen der Verwaltung 10000 neue Wohnungen. Dies bedeutet langfristig, so wurde der Versammlung vorgerechnet, theoretisch einen Beitrag von 170 Millionen, der von der

weitere Zahlen zum Bildungswesen: Düsseldorf zählte 1920 29 höhere Schulen mit 6200 Schülern und 5600 Schülerinnen, 12 Mittelschulen mit 1500 Schülern und 2200 Schülerinnen, 105 Volksschulen mit 26100 Schülern und 24800 Schülerinnen. Die Fach-, Handels- und Gewerbeschulen wurden mit 11000 Schülern und 1300 Schülerinnen besucht. Düsseldorfs Hochschulen und Akademien zählten 240 Hörer. (Jahresbericht des Statistischen Amtes der Stadt Düsseldorf 1919/20, S. 18.)

[78] Der Finanzausschuß hat 1919 insgesamt 35mal, der Personal- und Verfassungsausschuß 27mal getagt. (Verwaltungsbericht der Stadt Düsseldorf für die Jahre 1919–1922, S. 9.)

[79] Jahresbericht des Statistischen Amtes der Stadt Düsseldorf 1919/20, Düsseldorf 1921, S. 16. – Der Bericht nennt als Grund für die Neueinstellung von Arbeitern die Arbeitszeitverkürzung (8-Stunden-Tag). Infolge der Sparmaßnahmen der Stadt wurde die Zahl der städtischen Arbeiter bis Ende 1920 auf 5200 gesenkt. – Zur sozialökonomischen Lage der Nachkriegszeit in Europa, die hier nicht im einzelnen dargestellt werden kann, vgl. die ausführliche Darstellung bei D. H. Aldcroft, Die zwanziger Jahre (Geschichte der Weltwirtschaft, Bd. 3), München 1978, besonders die Kapitel 2, 3 und 5; ferner: C. M. Cipolla (Hrsg.), The Fontana Economic History of Europe. The Twentieth Century. Part One, Glasgow 1976.

Stadt aufzubringen sei. Dies würde jährlich 10 Millionen Mark bedeuten: der bisherige Anteil Düsseldorfs an der Einkommenssteuer.

Aus den letzten Jahren waren bei der Stadt Forderungen an das Reich in Höhe von 55 Millionen angelaufen, die für die Mindestsätze der kriegsbedingten Familienunterstützung aufgebracht worden waren. Man rechnete realistischerweise nicht mit einer Einlösung. „Die Finanzlage des Reichs", erklärte Buck, „ist Ihnen ja bekannt." Mit einer Erstattung durch das Reich sei in absehbarer Zeit nicht zu rechnen. Düsseldorf beabsichtigte, die Finanzlücke durch Kommunalobligationen in Höhe von 20 bis 30 Millionen vorerst abzudecken.[80]

Buck erklärte den Stadtverordneten, daß die Finanzlage Düsseldorfs insgesamt sicherlich nicht schlechter, allerdings auch nicht besser gestellt sei als die vergleichbarer deutscher Großstädte. Man könne dies beispielsweise an den Kursen der Düsseldorfer Kommunalobligationen an der Böse ablesen. „Wir sind einerseits mehr belastet durch die hohen Arbeitslosenziffern, andererseits stehen wir dadurch wieder besser da, daß noch immer eine größere Anzahl wohlhabender Leute ihren Wohnsitz in Düsseldorf haben."[81]

1919 war das letzte Jahr, in dem die Gemeinden selbständig ihren Anteil an der Einkommenssteuer festsetzen konnten. Die Finanzreform, die spätere sogenannte Erzbergsche Finanzreform von 1920, stand bereits in Aussicht. Vorläufig galt das „Gemeindeeinkommensnotsteuergesetz"vom 4. Juni 1919. Die Düsseldorfer Finanzkommission hatte vorgeschlagen, den Prozentsatz des städtischen Anteils nicht zu hoch anzusetzen, um in Düsseldorf ansässige Kapitaleigner nicht zu vergraulen und eine Kapitalflucht zu begünstigen. Dies Verfahren erinnere allerdings, fügte Buck hinzu, „etwas stark an die Preispolitik der Warenhäuser", also ein steuerlicher Billigtarif zur Anwerbung wohlhabender Stadtbewohner.[82] Insgesamt sah der Finanzdezernent die künftige Lage der Städte nicht als besonders günstig an. Realismus und Ironie klangen mit, als er ausführte, daß das Reich angesichts seiner eigenen Finanzmisere wohl künftig alle irgendwie lukrativen Steuern an sich ziehen werde: „Ein Beweis dafür ist die Lustbarkeitssteuer. Dies war

[80] Stenographische Verhandlungsberichte 1919, S. 256. – Der gesamte Posten „Famlienunterstützung", also 55 Millionen, waren weder im ordentlichen noch außerordentlichen Haushalt der Stadt aufgeführt worden und von der Stadt „vorgeschossen worden, in der unbestimmten Hoffnung, daß das Reich sie irgenwann, zu irgendeinem Zeitpunkt einmal zurückerstatten wird" (a.a.O.)

[81] A.a.O. – Buck: „Von diesen Gesichtspunkten aus wird es zweckmäßig sein, die Lage der Finanzen Düsseldorfs ohne Beschönigung, aber auch ohne allzu große Schwierigkeiten zu betrachten.

[82] Nach den in Düsseldorf üblichen Bemessungen des Einkommenssteuersatzes hätte der Betrag für 1919 auf 365% lauten müssen. Die Finanzkommission hatte statt dessen den niedrigeren Satz von 295% vorgeschlagen.

eigentlich die einzige Steuer, die für die Gemeinden noch hätte ergiebig werden können. Aber auch diese Steuer ist vom Reich in Anspruch genommen worden; was die Gemeinden davon bekommen werden – vielleicht wird es ein Viertel sein – steht noch nicht fest, so daß das einzige, was den Gemeinden noch zur Ausbeute überlassen wird, schließlich noch die Hundesteuer ist (Heiterkeit)."[83] Der Etat 1919 sah eine Erhöhung der Grundsteuer für unbebaute Grundstücke vor.

Die Aussprache wurde von Streichungsanträgen der Fraktion der USPD bestimmt. Insbesondere wollte die USPD die Zuschüsse für die privaten Lyzeen, die Medizinische Akademie und die Hochschule für das Hotel- und Verkehrswesen kürzen, ferner Zuschüsse an Vereine, darunter auch an den „Deutschen Luftflottenverein" und die „Großdeutsche Vereinigung". Bei den Vereinszuschüssen handelte es sich allerdings um minimale Beträge. Berten kritisierte als Sprecher der USPD die Festsetzungen zur Einkommenssteuer. Die Konkurrenz unter den Großstädten um den günstigsten Steuersatz für die großen Steuerzahler mache seine Fraktion nicht mit.[84] Sämtliche bürgerlichen Parteien einschließlich der Liberalen verteidigten die Zuschüsse für die privaten (katholischen) höheren Mädchenschulen. Der Betrag belief sich auf 34000 Mark. Man rechnete der USPD vor, daß damit öffentliche Leistungen abgedeckt würden. Auch seien die Klassenfrequenzen dort niedriger als an den städtischen Schulen. Mit dem Zuschuß werde die niedrigere Besoldung der Lehrkräfte an den Privatschulen der der übrigen Lehrer angeglichen.[85] Lediglich die kleinere Fraktion der SPD

[83] A.a.O. – Buck: „Man hat tatsächlich den Gemeinden immer mehr Aufgaben zugewiesen und ihnen immer mehr die Mittel beschnitten, um sich selbst Einkommensquellen zu erschließen. Das einzige Mittel, gesunde Finanzverhältnisse auf die Dauer aufrecht zu erhalten, ist Ihnen genauso bekannt wie mir und allen anderen; es ist einfach in zwei dürre Worte zu fassen. Diese Worte heißen: Arbeit und Sparsamkeit. Ich möchte nicht auf Gemeinplätzen mit Ihnen spazieren gehen. Aber schließlich ist doch der Weisheit letzter Schluß, um auch die Düsseldorfer Finanzverhältnisse in Ordnung zu halten, die Befolgung dieser beiden Worte, die ich eben nannte."

[84] Berten: „Wenn wir das Beispiel ... betrachten, so sehen wir, daß bei diesem Steuerzahler bei einem Einkommen von 2243470 Mark eine Gesamtsteuerlast ohne die Vermögensabgabe, von 750270 Mark entsteht. Dem Manne verbleibt also noch für diesese Jahr für seinen Lebensunterhalt die recht respektable Summe von über 1½ Millionen Mark, oder pro Monat 135258 Mark. Ich meine, das ist immerhin ein Betrag, mit dem sich sehr gut leben läßt" (Stenographische Verhandlungsberichte 1919, S. 258). – Allerdings wurde Berten vorgehalten, daß es sich bei diesem „reichsten Steuerzahler" nicht um eine private Person, sondern um eine Aktiengesellschaft handele. Man war erheitert.

[85] Berten plädierte für „die Freiheit der Erziehung zum richtigen staatsbürgerlichen Gefühl, das in der gegenseitigen Hilfe bestehen muß, nicht in der Absonderung

ging hier mit der USPD konform. Bei der Schlußabstimmung wurden die Zuschüsse an die Vereine, entsprechend dem USPD-Antrag, gestrichen. Die Frage der Zuschüsse an die Medizinische Akademie und die Hotelfachschule war inzwischen erledigt, da die Gelder – Mitte des Jahres – schon überwiegend angewiesen worden waren, wie die Verwaltung erklärte. Der Etat wurde gegen die Stimmen der USPD angenommen. Die SPD stimmte mit den bürgerlichen Parteien. Geusen lobte die Stadtverordneten: „Meine Herren! Wir haben für die Beratung des Etats insgesamt 3½ Monate gebraucht. Das ist nicht viel mehr, als wir in früheren Jahren auch gebraucht haben. Ich muß deshalb seitens der Verwaltung nochmals feststellen, daß die Stadtverordnetenversammlung und die Kommissionen sehr fleißig gearbeitet haben und sich der Beratung des Etats hier und in den Kommissionen mit großer Sorgfalt gewidmet haben. Wir können uns freuen, daß wir den Etat fertiggestellt haben.“[86] Die neue demokratische Stadtverordnetenversammlung Düsseldorfs hatte ihre erste Bewährungsprobe bestanden.

Dieser Beitrag hat wenig über Strukturen berichtet und nur selten Statistiken aufgeführt, wie dies in kommunalgeschichtlichen Untersuchungen meist üblich ist. Es ging vielmehr darum, das alltägliche politische Leben einer deutschen Großstadt im Jahre 1919 sichtbar werden zu lassen und lebendig in die Erinnerung zurückzurufen. Durch die Wiedergabe der wörtlichen Rede sollte die charakteristische Atmosphäre, die die Beratungen der Stadtverordneten prägte, eingefangen werden. Im allgemeinen berücksichtigen deutsche Historiker die parlamentarische Rede kaum und schon gar nicht die politischen Reden in kommunalen Parlamenten, die aus einer Haltung snobistischer Verachtung, aber vielleicht auch nur aus Gleichgültigkeit oder Unwissenheit historisch gleichsam geächtet sind. Das ist ein Fehler. Die Demokratie, auch ihre Geschichte, spielt sich nicht zuletzt am Ort ab. Es bedeutet den Verlust einer vitalen Tradition, wenn wir die Geschichte unserer kommunalen Parlamente in Vergessenheit geraten lassen. Wie immer man im einzelnen über die Düsseldorfer Debattenbeiträge des Jahres 1919 denken mag: einen gewissen Respekt vor dem politischen Verantwortungsgefühl der Stadtverordneten muß der Historiker fairerweise aufbringen, ganz gleich, wie diese politische Verantwortung jeweils motiviert war. Der Historiker sieht natürlich deutlicher als die seinerzeit unmittelbar Betroffenen und Handelnden, wie weit die Stadtverordneten in ihrer eigenen Erfahrungswelt und in ihren eigenen Urteilen und Vorurteilen befangen waren. Aber wer ist frei davon? Möglicherweise wird, wie nirgendwo sonst, gerade in den Gemeinden und ihrer Geschichte sichtbar, wie die Generationen im

der Einzelnen, nicht in der Erweckung des Gefühls, daß die eine Klasse der Bevölkerung besser ist als die andere“ (Stenographische Verhandlungsberichte 1919, S. 264).

[86] Stenographische Verhandlungsberichte 1919, S. 266.

Positiven wie Negativen voneinander abhängig sind, eine Einsicht, die bereits Edmund Burke in seinen berühmten ›Reflections on the Revolution in France‹ 1790 aussprach.[87]

[87] "People will not look forward to posterity, who never look backward to their ancestors" (Edmund Burke, Reflections on the Revolution in France [1790], in: The Works of the Right Honourable Edmund Burke. A New Edition, Bd. 5, London 1808, S. 78).

DIE GRÜNDUNG LETTLANDS UND ESTLANDS 1918/19*

Zwischen Revolution und Gegenrevolution: August Winnig als Generalbevollmächtigter des Reichs für die Baltischen Lande November 1918 – Januar 1919

Deutscher Imperialismus im Baltikum

Im Herbst 1918 wechselte der vierzigjährige deutsche Gewerkschaftsführer August Winnig in das Feld der aktiven Politik über. Die politischen Umwälzungen in Deutschland beförderten den 2. Vorsitzenden des Deutschen Bauarbeiterverbands und Sozialdemokraten zum Generalbevollmächtigten des Deutschen Reichs für die Baltischen Lande. Der Antirevolutionär Winnig wurde zum Außenpolitiker der deutschen Revolution. Das baltische Operationsfeld, in das sich der politische Außenseiter plötzlich hineingestellt sah, lag zwischen den Revolutionsländern Deutschland und Rußland. Hier standen sich deutsche Soldatenräte und die Rote Armee unmittelbar einander gegenüber. In den zehn Wochen, in denen Winnig in Riga die deutsche Baltikumspolitik leitete, brach das jahrhundertealte Feudalsystem des deutschbaltischen Adels zusammen, entstanden die bürgerlich-demokratischen Nationalstaaten Estland und Lettland und schließlich die Sowjetrepublik Lettland. Gleichzeitig trat Winnig das Erbe der imperialistischen Baltikumspolitik des kaiserlichen Deutschland an.

Die deutsche Baltikumspolitik während des Krieges hatte mit der Eroberung der an Ostpreußen angrenzenden russischen Ostseeprovinz Kurland im Mai 1915 begonnen. Am 3. September 1917 war Riga erobert, und Mitte Oktober 1917 waren die baltischen Inseln Ösel, Dagö und Moon von deutschen Truppen besetzt worden. Nach dem Abbruch der Friedensverhandlungen von Brest-Litowsk wurden im Februar 1918 auch die russischen Provinzen Livland und Estland erobert. Seit dem 1. März 1918 stand das gesamte Baltikum[1] unter deutscher militärischer Hoheit. In

* Wilhelm Ribhegge, August Winnig. Eine historische Persönlichkeitsanalyse, Bonn-Bad Godesberg 1973 (Schriftenreihe des Forschungsinstituts der Friedrich-Ebert-Stiftung, Bd. 99), S. 115–194.

[1] Unter Baltikum wird hier das Gebiet der russischen Ostseeprovinzen Kurland, Livland und Estland bzw. das Gebiet der Staaten Lettland und Estland verstanden (vgl. R. Wittram, Baltische Geschichten, München 1954, S. 7f.).

Kurland war eine selbständige Militärverwaltung eingerichtet worden, die dem Oberbefehlshaber Ost unterstand. Zum Chef der Militärverwaltung ernannte der Generalstabschef Ludendorff den konservativen Reichstagsabgeordneten und ehemaligen preußischen Landrat Alfred von Goßler, der sich als treuer Erfüllungsgehilfe der annexionistischen Ostpolitik Ludendorffs erwies.[2] Am 1. August 1918 wurde Goßler auch die Leitung der neugeschaffenen Militärverwaltung für die Baltischen Lande übertragen.[3]

Die Geschichte der deutschen Ostpolitik im Ersten Weltkrieg ist als ein Kapitel bezeichnet worden, „das nur in einigen Punkten Realität angenommen hat, in seinen wesentlichen Zügen dagegen auf der Stufe der Pläne und Verhandlungen stehen geblieben ist".[4] Eine klare Zielsetzung gab es nicht.[5] Teilweise wirkte noch Bismarcks offen bekundetes Desinteresse an den russischen Ostseeprovinzen und seine Absage an jede offizielle Intervention zugunsten der Baltendeutschen nach.[6] Die Annexion Kurlands oder gar sämtlicher Ostseeprovinzen hätte die deutsch-russischen Beziehungen nach dem Krieg erheblich belastet. Daher hat auch Bethmann Hollweg die Notwendigkeit baltischer Annexionen nicht als vorrangig angesehen.[7] Die annexionistische Gruppe hatte ihre bedeutendsten Vertreter in der dritten OHL unter Hindenburg und Ludendorff, Kreisen der Wirtschaft und einem Teil der deutschen Publizistik. Diese Gruppe beurteilte die Baltikumspolitik vornehmlich unter strategischen, wirtschafts- und bevölkerungspolitischen Gesichtspunkten. Das Baltikum war als Bollwerk gegen Rußland wie auch als Aufmarschgebiet für einen möglichen späteren Angriff auf Ruß-

[2] K.-H. Janßen, Alfred Goßler und die deutsche Verwaltung im Baltikum 1915/18, HZ 207, S. 43. H.-E. Volkmann, Die deutsche Baltikumpolitik zwischen Brest-Litovsk und Compiègne. Ein Beitrag zur „Kriegszieldiskussion" (Ostmitteleuropa in Vergangenheit und Gegenwart 13), Köln–Wien 1970, S. 8f.

[3] Janßen, S. 50.

[4] L. Lewerenz, Die deutsche Politik im Baltikum 1914–1918, Diss. Hamburg 1958, S. 1.

[5] R. Wittram, Baltische Geschichte, S. 252. Zu dem gleichen Ergebnis kommt: G. Schmidt, Die Stellung der deutschen Öffentlichkeit zum deutschen Ostkriegsziel in den Jahren 1914–1918, Diss. Jena 1938.

[6] H. Rothfels, Bismarck, der Osten und das Reich, Stuttgart [2]1962, S. 35f. – Dazu Lewerenz: „Außenpolitisch begründete Motive und klare Erkenntnisse der einem Nationalstaat durch das Nationalitätenproblem gesetzten Grenzen trafen also zusammen und führten zur eindeutigen Ablehnung jedes Eroberungsgedankens oder auch nur einer Einmischung in innerrussische Angelegenheiten in Form einer Fürsprache für die Deutschbalten" (S. 7).

[7] K.-H. Janßen, Macht und Verblendung. Kriegszielpolitik der deutschen Bundesstaaten 1914–1918, Göttingen u. a. 1963, S. 126.

land gedacht.[8] Landerwerb im Osten sollte die Basis der deutschen Wirtschaft verbreitern und neue Siedlungsmöglichkeiten schaffen.[9]

Die konservative Publizistik vertrat in der Frage der Ostkriegsziele keine einheitliche Position. Otto Hoetzsch sprach sich in der ›Kreuzzeitung‹ gegen eine Abtrennung der Ostseeprovinzen von Rußland aus, weil er Rußland als organisch gewachsenes Gebilde ansah. Der deutschbaltische Historiker Theodor Schiemann trat für die Angliederung der Ostseeprovinzen an Deutschland ein.[10] Der entschiedenste publizistische Verfechter einer Annexionspolitik war – allerdings nur vorübergehend – der deutschbaltische Schriftsteller Paul Rohrbach, der 1915 in seiner Schrift ›Rußland und wir‹ für eine Lösung der Ukraine, Polens, Finnlands, des Baltikums und Litauens von Rußland und die Einverleibung des Baltikums und Litauens in das Deutsche Reich eintrat.[11] Durch eine Verschiebung der Grenze gegenüber Rußland bis zum Peipussee[12] sollte die „russische Gefahr",[13] die Gefahr einer „Überflutung durch die russischen Millionen"[14] verhindert werden. Für ihn bedeuteten die annektierten Gebiete Litauens und des Baltikums ein „großartiges Rekrutierungsgebiet zur Stärkung unserer Wehrmacht, eine Entwicklungsmöglichkeit der Getreideproduktion und Viehzucht, die Deutschlands Versorgung auf immer sichert, und ein Zuwachs an nationaler Gesinnung, der das Opfer wert ist, die gebracht sind".[15] So entschlossen auch baltische Kriegszielpläne zumal von der OHL vorgetragen wurden – Ritter spricht von dem „Königreich" Ludendorffs im Baltikum[16] –, solange sich nicht konkrete Möglichkeiten einer Beendigung des Krieges abzeichneten, blieben sie Spekulation.

Eine reale Chance zur Verwirklichung der deutschen Kriegszielpläne im Baltikum ergab sich erst nach dem Ausbruch der russischen Oktoberrevolution 1917, die den Abschluß eines Separatfriedens mit Rußland ermöglichte. Durch den Diktatfrieden von Brest-Litowsk konnte die deutsche Politik die Besetzung des Baltikums völkerrechtlich absichern und den deutschen In-

[8] S. W. Page, The Formation of the Baltic States. Cambridge Harvard Univ. Press 1959, S. 90. – Nach Ritter hat sich Ludendorff eine „günstige Ausgangslage" für den „vielberufenen Zweiten Punischen Krieg" schaffen wollen. (G. Ritter, Staatskunst und Kriegshandwerk Bd. 4, München 1968, S. 103.)

[9] E. Ludendorff, Meine Kriegserinnerungen 1914–1918, Berlin 1919, S. 417.

[10] Lewerenz, S. 257.

[11] Rohrbach, Rußland und wir, Stuttgart 1915, S. 55ff.

[12] Rohrbach, S. 71.

[13] Rohrbach, S. 18.

[14] Rohrbach, S. 71. – Gegen Ende des Krieges hat Rohrbach, der dem AA nahestand (Schmidt, Ostkriegsziele, S. 209), seine Auffassung erheblich revidiert.

[15] Rohrbach, S. 71.

[16] G. Ritter, Staatskunst und Kriegshandwerk, Bd. 3, München 1964, S. 493.

teressen im Baltikum handfeste Ziele anbieten. Artikel 3 des Vertrags von Brest-Litowsk setzte die Lösung Kurlands, der Stadt Riga und der baltischen Inseln fest. Über die Zukunft dieser Gebiete hieß es: „Deutschland und Österreich beabsichtigen, das künftige Schicksal dieser Gebiete in Benehmen mit deren Bevölkerung zu bestimmen.“ [17] Von dem Selbstbestimmungsrecht, das im Mittelpunkt der öffentlichen Friedensverhandlungen gestanden hatte,[18] war in dem Vertragstext nicht mehr die Rede. Für die Provinzen Livland und Estland sah der Vertrag die Besetzung durch eine deutsche Polizeimacht bis zur Wiederherstellung der staatlichen Ordnung in diesen Gebieten vor. In einer Erklärung, die der Reichskanzler Hertling am 18. März 1918 bei der ersten Lesung des Vertrags vor dem Reichstag über die Zukunft Polens, Litauens, Estlands, Livlands und Kurlands abgab, hieß es, „daß diese Länder sich unter dem Schutz des mächtigen Deutschen Reichs diejenige staatliche Ordnung geben mögen, die ihrer kulturellen Entwicklung, ihrer Sinnesart, ihren Verhältnissen entspricht, selbstverständlich unter Wahrung unserer Interessen“.[19] Die hier formulierte offizielle deutsche Ostpolitik ließ viele Möglichkeiten offen. Die Folge war „eine erbitterte Auseinandersetzung zwischen Reichsleitung und Oberster Heeresleitung[20] in den restlichen Monaten der Kanzlerschaft Hertlings. Ludendorff wünschte den Ausbau der deutschen Position im Osten und darüber hinaus einen militärischen Vorstoß nach Petersburg, um dem Bolschewismus einen vernichtenden Schlag zu versetzen. In dem zweiten Punkt konnte er sich nicht durchsetzen, dafür aber in dem ersten, der sich mit den dynastisch motivierten Plänen Wilhelms II., einen alle drei Provinzen umfassenden Baltenstaat in Personalunion mit Preußen zu errichten, deckte.[21] Durch Artikel 7 des Berliner Ergänzungsvertrags zum Vertrag von Brest-Litowsk vom 27. August 1918 mußte sich schließlich Rußland mit der endgültigen Lösung sämtlicher baltischer Provinzen, also einschließlich Estlands und Livlands, aus dem russischen Territorium ab-

[17] Reichsgesetzblatt, Jg. 1918, Berlin, S. 484.

[18] W. Hahlweg, Der Diktatfrieden von Brest-Litowsk und die bolschewistische Weltrevolution, Münster 1960, S. 31.

[19] Verhandlungen des Reichstags. Stenographische Berichte, Bd. 311, S. 4425.

[20] W. Baumgart, Deutsche Ostpolitik 1918. Von Brest-Litowsk bis zum Ende des Ersten Weltkriegs, Wien–München 1966, S. 370.

[21] Baumgart, S. 68f. u. S. 261. – Volkmann, S. 135f. – Zur deutschen Ostpolitik des Jahres 1918: K. von Raumer, Zwischen Brest-Litowsk und Compiègne. Die deutsche Ostpolitik vom Sommer 1918, in: Baltische Lande, Bd. 4, Leipzig 1939, S. 1–13; ders., Das Ende von Helfferichs Moskauer Mission 1918, in: Gesamtdeutsche Vergangenheit. Festgabe für Heinrich Ritter von Srbik, München 1938, S. 392–399. H. W. Gatzke, Zu den deutsch-russischen Beziehungen im Sommer 1918, in: VfZG 3 (1956), S. 67–98.

finden.[22] In einem Telegramm an Ludendorff vom 6. August 1918, das den Berliner Zusatzvertrag betraf, versuchte der Staatssekretär des Auswärtigen, von Hintze, der deutschen Politik gegenüber dem bolschewistischen Rußland eine konservative Deutung im Sinne der traditionellen Doktrin der Staatsräson zu geben. Darin hieß es: „Die militärische Paralyse Rußlands; die besorgen die Bolschewicken besser und gründlicher als jede andere russische Partei und ohne daß wir einen Mann und eine Mark drangeben. Wir können nicht verlangen, daß sie oder andere Russen uns dafür lieben, daß wir ihr Land aus- und einpressen. Begnügen wir uns also mit der Ohnmacht Rußlands."[23] Erläuternd fügte Hintze hinzu: „Das ist politisch und Politik."[24] Hintze ging von der Vorstellung aus, die Bolschewiki den deutschen Interessen nutzbar zu machen.

Die deutsche Baltikumspolitik in den letzten Monaten der Kanzlerschaft Hertlings war nicht in der Lage, den realen Faktoren Rechnung zu tragen. Die politischen Verhältnisse im Innern des Baltikums wurden von ihr überhaupt nicht berücksichtigt.[25] Es bestand „ein schreiendes Mißverhältnis zwischen den hochgespannten Erwartungen und zukunftsfrohen Maßnahmen ... und den tatsächlichen Machtgrundlagen, die für eine solche Politik noch zur Verfügung standen".[26] Die Eroberung des Baltikums gab den deutschen Fürsten noch ein letztes Mal die Möglichkeit, dynastische Pläne zu verfolgen, bis sie kurz darauf von der politischen Bühne abtreten mußten.[27] Noch Ende September 1918 setzte sich die OHL für eine Angliederung der baltischen Provinzen durch Personalunion mit Preußen an das Reich ein.[28] Über einen Bündnisvertrag mit dem Herzogtum Kurland

[22] Reichsgesetzblatt, Jg. 1918, Berlin, S. 1158.

[23] Baumgart, Anhang, S. 394.

[24] A. a. O.

[25] Der liberale deutschbaltische Politiker Paul Schiemann bezeichnete es in einem Schreiben Ende Oktober 1918 an seinen Onkel Theodor Schiemann als den „Kardinalfehler" der deutschen Ostpolitik während des Krieges, „daß man sich ganz unmittelbar auf einen Machtzuwachs und nicht auf eine Erweiterung der staatlichen Einflußsphäre im Osten einstellte". (Nach: H. v. Rimscha, Die Politik Schiemanns während der Begründung der baltischen Staaten im Herbst 1918, in: Z. f. Ostforschung 5 [1965], S. 81.)

[26] Raumer, Brest-Litowsk und Compiègne, S. 11.

[27] Janßen, Kriegszielpolitik, S. 204.

[28] Schreiben Hindenburgs an den Rk vom 27. 9. 1918 (PA [= *Politisches Archiv des Auswärtigen Amts, Bonn*] – Der Weltkrieg 20 d Nr. 1 a Bd. 22 Bl. 1 f.). In seiner Eingabe hielt Hindenburg „eine einwandfreie Erklärung zur baltischen Frage für unaufschiebbar". Es sei gerade jetzt, „wo wir militärisch in die Verteidigung gedrängt sind, von besonderer Wichtigkeit, daß wir uns stark zeigen". Der entscheidende Satz lautete: „Ich kann nur dringend befürworten, daß unverzüglich nach dem Schreiben des (österreichischen) Friedensschrittes das Deutsche Reich in rückhaltloser Erklä-

(sowie mit dem Großherzogtum Litauen), der ein „ewiges Bündnis“ zwischen beiden Vertragspartnern, gemeinsame Verteidigung im Kriegsfall, Wirtschaftseinheit und über weitere Sonderabkommen eine weitgehende Vereinheitlichung auf dem Gebiet der Währung, der Wirtschaft der Zölle, des Postwesens, Eisenbahnwesens sowie des Rechts vorsah, wurde noch im Oktober in den zuständigen Reichsministerien verhandelt.[29]

Die politisch und sozial führende Schicht im Baltikum war bis 1918 der deutschbaltische Großgrundbesitz, die „baltischen Barone“, und – wenn auch in einem geringeren Maße – das deutschbaltische Bürgertum in den Städten. Geographische Lage und historische Sonderentwicklung hatten bis in den Ersten Weltkrieg ein politisch-gesellschaftliches System konserviert, das weitgehend noch auf „mittelalterlichen Grundlagen“[30] beruhte. Die nationalen und ethnischen Unterschiede deckten sich mit den sozialen Gegensätzen. Die deutschbaltische Oberschicht verstand sich gegenüber den estnischen und lettischen Unter- und Mittelschichten als „Herrenvolk“.[31] Die soziale Vormachtstellung der Deutschbalten wurde von mehreren Seiten bedroht. Seit der Mitte des 19. Jahrhunderts war in den baltischen Städten neben dem deutschen ein estnisches und lettisches Bürgertum entstanden, das nach Einführung der russischen Städteordnung im Baltikum 1877 auch in die Gemeinderäte einzog und in Reval bereits 1904 den Deutschbalten die Mehrheit nahm. In den größeren Städten des Baltikums, das zu den industriell fortgeschrittenen Gebieten Rußlands zählte, so in Reval, Dorpat, Pernau, Riga, Mitau, Libau, wuchs ein Industrieproletariat heran, von dem ein großer Teil in der Sozialdemokratie organisiert war. Die größte Gefahr drohte den Deutschbalten im Zeitalter des Nationalismus und der demokratischen Bewegungen aus der Veränderung der Bevölkerungsstruktur. Der prozentuale Anteil der Deutschbalten an der Gesamtbevölkerung, der ohnehin statistisch äußerst gering war, ging ständig zurück.[32]

rung den Schutz der baltischen Lande in Personalunion mit Preußen übernimmt. Die Anerkennung der Selbständigkeit und unsere Bereitwilligkeit zu Staatsverträgen genügen nicht.“

[29] BA (= Bundesarchiv Koblenz) R 2/2564.

[30] Wittram, S. 132f.

[31] Vgl. Wittram, S. 140.

[32] Wittram, S. 215. – Der Anteil der einzelnen Nationalitäten in den drei russischen Ostseeprovinzen schlüsselte sich nach der Volkszählung von 1897 folgendermaßen auf:

Deutsche:	165627	(6,94%)
Letten:	1070205	(44,84%)
Esten:	884553	(37,08%)
Russen:	182553	(5,39%)
Juden:	62686	(2,65%)

Die sozialen Spannungen auf dem Lande zwischen deutschbaltischem Großgrundbesitz und lettischer und estnischer Landbevölkerung, die sich zum Teil aus einer Schicht selbständiger Bauern, in der Mehrheit aber aus der Masse der Landlosen zusammensetzte, waren seit der Revolution von 1905, als der deutschbaltische Adel gemeinsam mit der zaristischen Regierung den Aufstand in den Ostseeprovinzen niederschlug, ständig gewachsen.

Bis zum Ersten Weltkrieg ließen sich die Deutschbalten in erster Linie von ihren wirtschaftlichen und sozialen Interessen leiten und blieben bis zum Sturz der russischen Monarchie 1917 dem Russischen Reich verbunden.[33] Erst während des Weltkriegs brachen die Deutschbalten mit ihrer seit zweihundert Jahren währenden Staatsloyalität gegenüber Rußland. Nach der deutschen Besetzung Kurlands und Rigas und der Bildung der Kerenski-Regierung in Rußland beschloß der erweiterte Kurländische Landtag in Mitau am 21. September 1917, das Schicksal Kurlands „in die Hand des deutschen Kaisers" zu legen.[34]

Unter dem Eindruck der russischen Oktoberrevolution und der Eroberung des Restbaltikums im Februar 1918 entwickelten die deutschbaltischen Kreise mit nachdrücklicher Hilfe der deutschen Militärverwaltung den sich geradezu phantastisch ausnehmenden Plan zur Schaffung eines baltischen Einheitsstaats, der die bisherigen Provinzen zusammenfassen und zugleich die Vorrangstellung der Deutschbalten aufrechterhalten sollte. Seit dem Abschluß des Vertrages von Brest-Litowsk war dieser baltische Einheitsstaat das Hauptziel der baltendeutschen Politik. Am 8. März 1918 trug der kurländische Landesrat Wilhelm II. die Herzogskrone Kurlands an.[35] Am 18. März sprach sich der Landesrat dafür aus, „daß das ganze Baltenland zu einer staatlichen Einheit im Anschluß an das Deutsche Reich zusammengefaßt werde".[36] Die Rigaer Stadtverordnetenversammlung richtete eine Eingabe an den Kaiser mit der Bitte um Zusammenfassung Livlands, Estlands und Kurlands zu einem Einheitsstaat unter der Hohenzollernkrone und in Personalunion mit Preußen.[37] Ähnliche Eingaben und Resolutionen wur-

Polen:	36057	(1,51%)
Litauer:	23211	(0,97%)
andere Nation.:	14897	(0,61%)
Gesamt:	2386115	(100,0%)

(Nach: Lewerenz, S. 27.)

[33] Lewerenz, S. 20.

[34] F. Fischer, Griff nach der Weltmacht, Düsseldorf [3]1964, S. 609.

[35] Volkmann, S. 120.

[36] E. Rosenberg, Für Deutschtum und Fortschritt in Lettland, Riga 1918, S. 43; Volkmann, S. 134.

[37] Rosenberg, S. 44.

den auf der estländischen Landesversammlung am 9. April 1918 in Reval und am 10. April 1918 von der livländischen Landesversammlung in Riga beschlossen, wobei man sogar diesen Schritt unter Berufung auf das von der russischen Revolutionsregierung am 15. November 1917 proklamierte Selbstbestimmungsrecht rechtfertigte.[38] Am 12. April 1918 konstituierte sich in Riga der „Vereinigte Landesrat von Livland, Estland, Riga und Ösel“ unter dem Vorsitz des livländischen Landmarschalls Pilar von Pilchau.[39] Am Zustandekommen dieses Gremiums waren die OHL und die deutsche Militärverwaltung unter Goßler maßgeblich beteiligt.[40] Der Vereinigte Landesrat forderte den Anschluß des zu gründenden Baltenstaats durch Personalunion mit Preußen an Deutschland.[41] Nachdem Rußland durch den Berliner Zusatzvertrag vom 27. August 1918 auch die Provinzen Estland und Livland formell abgetreten hatte, wurde die Selbständigkeit der beiden Länder am 22. September 1918 von Wilhelm II. anerkannt.[42] Die Personalunion scheiterte in Deutschland an dem Widerstand des Bundesrats, der am 6. September 1918 die Genehmigung versagte.[43]

Unter Berufung auf die kaiserliche Anerkennung erklärte das Präsidium des Landesrats am 20. Oktober den Vereinigten Landesrat zum Träger der souveränen Gewalt und kündigte die Bildung einer vorläufigen Landesregierung und eines Verfassungsausschusses an. Tatsächlich beschloß der Vereinigte Landesrat am 7. November die Errichtung eines gemeinsam mit dem kurländischen Landesrat zu bewählenden „Baltischen Regentschaftsrats“ als provisorisches Regierungsorgan des Baltenstaats und eines „Baltischen Landesausschusses“, der mit der Entwerfung einer Verfassung beauftragt wurde.[44] Um des Scheins willen hatte man an den genannten Beschlüssen auch einige Letten und Esten, die zur Zusammenarbeit bereit waren, mitwirken lassen. Am 9. November teilte der Vorsitzende des Kurländischen Landesrats, Baron von Rahden, der deutschen Reichsregierung mit, daß auch der Landesrat die entsprechenden Beschlüsse gefaßt habe und

[38] Rosenberg, S. 45; Volkmann, S. 151.

[39] Dem Vereinigten Landesrat gehörten 58 Mitglieder an: Adel: 3 Deutsche; Großgrundbesitz: 13 Deutsche; Landgemeinden: 9 Esten, 4 Letten; Städte: 13 Deutsche, 5 Letten, 2 Esten; Geistlichkeit: 4 Deutsche, 2 Esten, 1 Lette; Universität Dorpat: 1 Deutscher; Gebiet von Petschory: 1 Lette (Rosenberg, S. 46; Volkmann, S. 152).

[40] Fischer, S. 811.

[41] Rosenberg, S. 45; Volkmann, S. 152.

[42] J. von Hehn, Die Entstehung der Staaten Lettland und Estland (Forschungen zur osteuropäischen Geschichte, Bd. 4), Berlin 1956, S. 141; Volkmann, S. 215.

[43] H. von Rimscha, Die Staatswerdung Lettlands und das baltische Deutschtum, Riga 1939, S. 48.

[44] PA – Wk 20 d Nr. 1 a Bd. 23, Bl. 202.

seine beiden Vertreter in den Landesausschuß entsenden werde.[45] Am gleichen Tage wurde im Reich der Kaiser gestürzt, zwei Tage später das Waffenstillstandsabkommen unterzeichnet. Am 28. November stellte der Regentschaftsrat „bis zur völkerrechtlichen Klärung der Baltischen Frage“ seine Tätigkeit ein.[46]

Die reaktionären Pläne der deutschbaltischen Oberschicht zur Schaffung des Baltenstaats entsprangen der Absicht, ein letztes Bollwerk gegen die einbrechende Flut der estnischen und lettischen Nationalbewegung zu errichten. Bis zum Beginn des Ersten Weltkriegs konnte von einer estnischen und von einer lettischen Nation im politischen Sinn nicht gesprochen werden.[47] Erst der Krieg ließ in beiden Nationalitäten über das bereits seit Jahrzehnten bestehende kulturelle Nationalbewußtsein hinaus ein politisches Nationalbewußtsein entstehen.[48] Während des Krieges standen Esten und Letten auf seiten Rußlands gegen Deutschland. Vor den in Kurland 1915 einrückenden deutschen Truppen flohen Tausende von Letten in das Innere Rußlands, so daß die Einwohnerzahl Kurlands von 800000 vor dem Kriege auf 230000 zurückging.[49] Die Bildung der wegen ihrer Ausdauer und Leistungsfähigkeit berühmten acht freiwilligen lettischen Schützenregimenter im Rahmen des russischen Heeres, denen das Tragen lettischer Farben und Flaggen sowie der Gebrauch der lettischen Sprache als Kommandosprache gestattet wurde, kam der Errichtung eines lettischen Volksheeres gleich und trug wesentlich dazu bei, den lettischen Nationalgedanken zu popularisieren.[50] Die Formierung der lettischen Truppen förderte nicht nur die Anti-Gefühle der Letten gegen Deutschland und gegen die deutschbaltische Oberschicht, ihr mißbräuchlicher Einsatz durch das russische Oberkommando verschärfte zudem die Gegnerschaft gegen das zaristische Regime. Die bolschewistische Propaganda fand bei den lettischen Schützen große Aufnahmebereitschaft.

Die Abdankung des Zaren am 15. März 1917 gab das Signal zur Entfaltung einer regen politischen Aktivität unter Letten und Esten. In Estland und Lettland entstanden Arbeiter-, Soldaten- und Landlosenräte.[51] Am 12. April (greg. Kalender) gewährte die Petersburger provisorische Regierung Estland einen Selbstverwaltungsstatus. Nordlivland und die bisherige

[45] PA – Wk 20 d Nr. 1 a Bd. 23, Bl. 206.

[46] Hehn, S. 143.

[47] Vgl. A. Bilmanis, A History of Latvia, Princeton, N. J. 1951; E. Uustalu, History of the Estonian People, 1952.

[48] H. Dopkewitsch, Die Entwicklung des lettländischen Staatsgedankens bis 1918, Berlin 1939, S. 35.

[49] Hehn, S. 111.

[50] Bilmanis, S. 272.

[51] Hehn, S. 121f.

Provinz Estland sowie die vorgelagerten Inseln wurden zu dem neuen Verwaltungsbezirk Estland zusammengefaßt, an dessen Spitze als Regierungskommissar der Bürgermeister von Reval, Jaan Poska, und ein gewählter Landesrat, der „Maapäev", gestellt wurde.[52] Nach der Oktoberrevolution und der Auflösung des Maapäev durch den Arbeiter- und Soldatenrat am 28. November 1917[53] arbeitete der Maapäev illegal weiter und sandte eine diplomatische Mission unter Jaan Tonnisson, einem Vertreter des estnischen Bürgertums, nach Skandinavien und in die Entente-Länder, von denen sich die lettischen und estnischen Nationalbewegungen größtmögliche Unterstützung erhofften. Bei den Wahlen zur estnischen verfassunggebenden Versammlung am 3./4. Februar 1918, bei der die Bolschewiki nur 25–30% der Stimmen erzielten[54] – die weitere Durchführung der Wahl wurde abgesetzt[55] –, zeigte es sich, daß die Bolschewiki in Estland – anders als in Lettland – den Großteil der Bevölkerung nicht hinter sich hatten. Mit der Eroberung Estlands durch deutsche Truppen im Februar 1918 endete die kurze bolschewistische Herrschaft in Estland. Einen Tag vor der Besetzung Revals, am 24. Februar 1918, wurde durch den Ältestenrat des Maapäev die Republik Estland formell ausgerufen und ein „Komitee zur Rettung Estlands" unter Konstantin Päts, dem späteren Ministerpräsidenten der provisorischen estnischen Regierung, Jüri Vilms und Konstantin Konik gebildet. Die deutsche Besatzungsmacht erkannte das Komitee nicht an. Päts wurde kurzerhand inhaftiert. Eine Delegation des Maapäev begab sich nach Westeuropa und erwirkte die vorläufige Anerkennung des Maapäev als selbständige Regierungsgewalt durch Frankreich und England am 1. März 1918.[56]

Die Idee eines lettischen Nationalstaats war erstmals von einer sozialdemokratischen lettischen Emigrantengruppe um 1900 in Zürich ausgesprochen worden. Zwei Mitglieder dieser Gruppe, M. Valters und E. Skubikis, waren im November 1918 an der Gründung der Republik Lettland direkt be-

[52] Dem Maapäev gehören an: 5 Bolschewiki, 6 Vertreter der Estnischen Sozialdemokratischen Arbeiterpartei, 10 Sozialrevolutionäre, 11 Vertreter der gemäßigtsozialistischen „Arbeitsgruppe" sowie auf der nichtsozialistischen Seite 26 Vertreter des Demokr. Blocks, 1 Deutsch-Nationaler, 1 Schwedisch-Nationaler, 2 Parteilose (M. Martna, Estland, die Esten und die estnische Frage, Olten 1919, S. 199).

[53] Uustalu, S. 156.

[54] Hehn, S. 133.

[55] S. W. Page, The Formation of the Baltic States. A Study in the Effect of Great Power Politics upon the Emergence of Lithuania, Latvia, and Estonia, Cambridge, Mass. 1959, S. 81.

[56] Volkmann, S. 208. Die Datierung ist kontrovers, vgl.: Hehn, S. 146; E. Anderson (The British Policy toward the Baltic States 1918–1920, in: Journal of Central European Affairs 19 [1959], S. 277) datiert die britische Anerkennung auf den 3. 5. 1918.

teiligt. Die Züricher Emigrantengruppe griff Überlegungen auf, die von der österreichischen Sozialdemokratie über das Verhältnis der sozialistischen Bewegung zu unterdrückten nationalen Gruppen angestellt worden waren.[57] Das verbindende Element zwischen Sozialismus und Nationalstaat sahen Valters, Skubikis und Rolavs in dem Gedanken der Demokratie. Dabei kamen sie zu dem Ergebnis, daß ein demokratisches Rußland auf der Basis der Einheit von Volk und Staat wegen der Vielfalt der Nationalitäten nicht möglich sei.[58] In der 1904 in Riga gegründeten Lettischen Sozialdemokratischen Arbeiterpartei setzte sich jedoch die zentralistische und internationale Richtung gegenüber der nationalen durch. Die eigentlichen Träger der nationalen lettischen Bewegung wurden die während des Krieges in den lettischen Flüchtlingsgruppen in Rußland entstandenen bürgerlichen Parteien: der Bauernbund, die Nationaldemokratische Partei, die Radikaldemokratische Partei und die Demokratische Partei. Sie waren überwiegend liberal-fortschrittlich und traten für eine Autonomie Lettlands in Form einer „nationalen Demokratie" ein.[59] Das lettische Volk, schrieb 1917 der spätere lettische Staatspräsident Janis Čakste in einer deutschsprachigen Broschüre, „will die volle Möglichkeit und Freiheit haben, in seiner Latwija seinen nationalen, kulturellen und ökonomischen Entwicklungsgang selbst zu leiten und zu fördern".[60] An ein unabhängiges Lettland war dabei noch nicht einmal gedacht. Das autonome Lettland werde ein „treuer Vorposten" Rußlands an dessen westlicher Grenze sein.[61]

Anders als in Estland hatten die bürgerlich-nationalen Parteigruppen in Lettland keinen starken Rückhalt in der Bevölkerung. Bei den im Herbst 1917 durchgeführten Wahlen für die Gemeinde- und Kreisräte, den neugeschaffenen Landesrat – in Kurland konnten wegen der deutschen Besatzung keine Wahlen durchgeführt werden – und den Wahlen für die russische verfassunggebende Versammlung zeigte es sich, daß der größte Teil der lettischen Bevölkerung in Livland bolschewistisch eingestellt war.[62] In dem lettischen Teil Livlands erreichten die Bolschewiki bei den Wahlen zur verfassunggebenden Versammlung im November 1917 72% aller Stimmen gegenüber 24% in Gesamtrußland.[63] Nach der Oktoberrevolution wurde von bürgerlichen Gruppen der lettischen Flüchtlingsorganisationen im November 1917 auf einer Tagung in der livländischen Stadt Walk der lettische „Na-

[57] Dopkewitsch, S. 19.

[58] Dopkewitsch, S. 24.

[59] Dopkewitsch, S. 46f.

[60] J. Tschakste, Die Letten und ihre Latwija. Eine lettische Stimme, Stockholm 1917, S. 64.

[61] Tschakste, S. 65.

[62] Hehn, S. 125f.

[63] Hehn, S. 126.

tionalrat" ins Leben gerufen,[64] der ähnlich dem estnischen Maapäev die nationalen Forderungen der Letten im Ausland vertreten sollte. Die Ausrufung der Räterepublik in Rußland am 7. November 1917 und die nach der Einnahme Rigas durch deutsche Truppen am 3. September 1917 drohende Gefahr einer Angliederung des gesamten lettischen Gebiets an Deutschland, unter Beibehaltung der deutschbaltischen Vorherrschaft, veranlaßte die bürgerlich-nationalen Politiker eine radikale Wende in ihrem politischen Programm zu vollziehen. Sie gaben jetzt die Autonomieforderung auf und forderten erstmals die Errichtung eines unabhängigen lettischen Nationalstaats. Damit wurde die lettische Frage ebenso wie die estnische zu einem internationalen Problem. Der Nationalrat, dessen außenpolitische Vertretung Goldmanis übernahm und der im Ausland von Meierovics und Čakste vertreten wurde, mußte durch die Scylla der bolschewistischen Räterepublik und die Charybdis eines deutschen Baltenstaats hindurchsteuern. Da der Nationalrat die Masse der lettischen Bevölkerung nicht hinter sich hatte, hing das Schicksal des potentiellen lettischen Nationalstaats nahezu ausschließlich von äußeren Machtkonstellationen und der Entwicklung der weltpolitischen Kräfteverhältnisse ab. Am 11. November sprach der englische Außenminister Balfour in einem Schreiben an Meierovics die vorläufige De-facto-Anerkennung des Nationalrats aus. Die endgültige Regelung, so hieß es in dem Schreiben, müsse die Friedenskonferenz treffen.[65] Die lettische Politik sah in England die künftige Schutzmacht eines unabhängigen Lettland zwischen Rußland und Deutschland. Der außenpolitische Kurs des bürgerlichen Lettland war bereits festgelegt, bevor Lettland am 18. November 1918 offiziell als unabhängiger Staat proklamiert wurde.

Im Spätsommer 1918 gewann in der deutschen Reichsleitung die Erkenntnis Raum, daß die von Ludendorff und der deutschen Militärverwaltung im Baltikum unter von Goßler in Kooperation mit dem deutschbaltischen Großgrundbesitz gegen die lettische und estnische Nationalbewegung betriebene reaktionäre Baltikumspolitik zum Scheitern verurteilt war und keine Lösungsmöglichkeiten für die Regelung der künftigen deutschen Beziehungen zum Baltikum nach Beendigung des Krieges erhielt. Im Oktober 1918 wurde die Baltikumspolitik nach dem Regierungsantritt Max von Badens einer Revision unterzogen. In seiner Reichstagserklärung vom 5. Oktober stellte der neue Reichskanzler die Bildung freier Volksvertretungen im Baltikum in Aussicht, die ihre Verfassungsfragen und auswärtigen Beziehungen selbst regeln sollten. In ihrem Kern zielte die Neuformulierung der Ostpolitik darauf ab, die neu entstehenden baltischen Staaten mehr durch

[64] Bilmanis, S. 292f.

[65] Abdruck des Schreibens bei Bilmanis, S. 299. – Mit der Erklärung Balfours war noch keine De-jure-Anerkennung ausgesprochen (vgl. Anderson, S. 277).

Bande der Freundschaft und weniger durch Unterwerfung an Deutschland zu binden.[66] Am 7. Oktober richteten die beiden liberalen Deutschbalten Paul Schiemann und Friedrich von der Ropp ein Schreiben an den Reichskanzler mit Vorschlägen zur Neuorientierung der Ostpolitik. Im Gegensatz zu den Vorstellungen Goßlers schlugen Schiemann und Ropp die Errichtung von Volksvertretungen unter Einschluß aller Nationalitäten, die Bildung provisorischer von den Volksvertretungen gewählter Regierungen und die Wiedereinführung der von der Militärverwaltung beseitigten kommunalen Selbstverwaltung vor.[67] Am 18. Oktober entsandte die Reichsregierung den Freiburger Professor für Nationalökonomie und Reichstagsabgeordneten der Fortschrittlichen Volkspartei, Gerhart von Schulze-Gävernitz, zusammen mit Paul Schiemann mit dem Auftrag in das Baltikum, vorbereitende Besprechungen zur Bildung von Vertretungskörperschaften auf breiter Basis mit den beteiligten Kreisen zu führen, insbesondere die Deutschbalten für das neue Programm zu gewinnen.[68] Das Unternehmen scheiterte jedoch an dem Widerstand Goßlers und der Deutschbalten. Schulze-Gävernitz wurde nur mit „äußerster Zurückhaltung", Schiemann überhaupt nicht empfangen und statt dessen unter polizeiliche Beobachtung gestellt.[69] In Reval nahm Schulze-Gävernitz Kontakt mit den estnischen Politikern Poska, Päts und Martna, in Riga mit den bürgerlichen lettischen Politikern Bergs und Zamuels und dem Arzt Paul Kalninš, einem führenden Vertreter der lettischen Sozialdemokraten, auf.[70] Nach einem Bericht Goßlers an das Reichsamt des Innern vom 7. November 1918 gab Schulze-Gävernitz in Reval die Erklärung ab, daß die deutsche Regierung „geneigt sei, den Kerenski-Landtag (Maapäev) zu akzeptieren und diesen sogar für die einzige richtige staatliche Einrichtung halte".[71]

Am 19. Oktober reichten die lettischen Politiker Valters und Traubergs im Auftrag des lettischen Nationalrats eine Eingabe an den Reichskanzler ein, in der sie die Auffassung des Nationalrats über den neu zu schaffenden Staat Lettland darlegten, der Kurland, die vier südlichen Kreise Livlands und die lettgallischen Gebiete des Gouvernements Vitebsk umfassen sollte. Eine Angliederung Lettlands an Rußland oder an Deutschland wurde ebenso wie das Konzept eines lettisch-estnischen baltischen Einheitsstaats abgelehnt. Die Vorschläge sahen die unverzügliche Bildung einer provisori-

[66] D. Unfug, The Baltic Policy of Prince Max von Baden, in: Journal of Central European Affairs 23 (1963/64), S. 155.

[67] Rimscha, Die Politik Paul Schiemanns, S. 71; vgl. Volkmann, S. 214.

[68] Unfug, S. 163, Anm. 49.

[69] Rimscha, Die Politik Schiemanns, S. 72.

[70] A.a.O., S. 74. – B. Kalninš, Die Staatswerdung Lettlands (unveröff. Manuskript), 1969.

[71] PA – Wk 20 d Nr. 1 a Bd. 23, Bl. 167.

schen Regierung aus Vertretern der „maßgebenden Parteien“ und die Einberufung einer verfassunggebenden Nationalversammlung vor. Das Schreiben enthielt keine Angaben über den zukünftigen Status der Deutschbalten.[72] Valters und Traubers wurden am 31. Oktober in Berlin von dem Staatssekretär des Innern, dem Zentrumspolitiker Trimborn, und dem Unterstaatssekretär im Auswärtigen Amt, dem Sozialdemokraten David, empfangen. Bei dieser Besprechung wiederholten sie, daß die lettischen Politiker „fest entschlossen“ seien, „sich nicht mit dem Russischen Reich zu vereinigen“.[73]

Das Ergebnis der im Oktober eingeleiteten Überprüfung der baltischen Politik war der Entschluß zur Änderung des bisherigen Kurses. Am 1. November telegraphierte das Auswärtige Amt an den Vertreter des AA bei der Militärverwaltung der Baltischen Lande in Riga, den Gesandten von Kemnitz[74]: „Es besteht Einigkeit bei der Reichsregierung über grundsätzliche Änderung unserer Politik in den baltischen Ländern dahingehend, daß Politik in erster Linie mit den Nationalitäten zu machen ist. Auf diesem Wege kann vielleicht erreicht werden, daß Regierungen entstehen, die die Friedenskonferenz überleben. Unsere Hauptaufgabe wird bei dieser Politik sein, durchzusetzen, daß baltischem Deutschtum Minoritätsschutz unter Garantie für kulturelle und wirtschaftliche Selbständigkeit gewährleistet wird.“[75] Auch bei der Besprechung mit den lettischen Politikern Valters und Traubergs hatte Trimborn das Interesse der deutschen Regierung an dem Schutz der baltischen Minorität herausgestellt und betont, daß sie „mit keiner Regierung zusammenarbeiten werde, die sich nicht ausdrücklich zum Schutz der kulturellen und Wirtschaftsinteressen der deutschen Minorität verpflichtet“.[76] Die Überprüfung der deutschen Baltikumspolitik unter der Regierung Max von Baden hatte dazu geführt, daß das Selbstbestimmungsrecht als Grundlage der zukünftigen Regelung der baltischen Frage anerkannt wurde. Auf dem Hintergrund des deutsch-amerikanischen Notenaustauschs über die Herbeiführung eines Waffenstillstands bei gleichzeitiger Anerkennung der Botschaften Wilsons über eine Neuordnung der internationalen Politik erwies sich das Selbstbestimmungsrecht als das einzige Mittel, um unter Berufung auf die Nationalitätenrechte der Deutschbalten

[72] PA – Wk 20 d Nr. 1 a Bd. 23, Bl. 163–166.

[73] PA – Wk 20 d Nr. 1 a Bd. 23, Bl. 9.

[74] Hans Artur von Kemnitz, geb. 27. 8. 1870 in Charlottenburg, Jurist, seit Dez. 1917 Hilfsarbeiter des Vertreters des Reichsleiters beim Oberkommando Ost; Mai 1918 ao. Gesandter, Sept. 1918 Vertreter des AA bei der Militärverwaltung der Balt. Lande in Riga, 2. 12. 1918 einstweiliger Ruhestand, 1920–1928 MdR (DVP, ab 1924 DNVP), gest. 1. 8. 1955 Freiburg i. Br.

[75] PA – Wk 20 d Nr. 1 a Bd. 23, Bl. 5.

[76] PA – Wk 20 d Nr. 1 a Bd. 23, Bl.10.

den Einfluß Deutschlands auf die zukünftige Entwicklung des Baltikums zu sichern.

Die Wende in der deutschen Baltikumspolitik kam zu spät. Es bleibt daher offen, ob sie eine reale Chance zur Verwirklichung hatte. Zu bedenken ist, daß der neuen Politik voraussichtlich von seiten der deutschen Militärverwaltung und der Deutschbalten größte Hindernisse in den Weg gelegt worden wären. Es ist weiter fraglich, ob die junge politische Führungsschicht der lettischen und estnischen Nationalisten bereit gewesen wäre, sich in ein direktes oder indirektes Abhängigkeitsverhältnis von Deutschland zu begeben. Die einzige Maßnahme, die die Regierung Max von Baden noch im Sinne ihrer neuen Baltikumspolitik durchführen konnte, war die formelle Umwandlung der Militärverwaltung im Baltikum (und in Litauen) in eine Zivilverwaltung durch Kabinettsorder vom 3. November. Sechs Tage später endete die Regierung des Prinzen Max von Baden. Die neue Ostpolitik war über das Stadium der Planungen nicht hinausgekommen.

Winnigs Beziehungen zum Baltikum rührten von seinem Interesse an den baltischen Siedlungsplänen her. Die imperialistischen Vorstellungen des sozialdemokratischen Gewerkschaftsführers kreuzten sich an diesem Punkt mit den strategischen, bevölkerungs- und wirtschaftspolitischen Planungen der Militärs.

Am 27. April 1916 hatte Ludendorff, damals Stabschef des Oberbefehlshabers Ost, eine Anordnung erlassen, in der die seit 1915 von der Militärverwaltung Ober-Ost entwickelten Pläne zur Besiedlung Litauens und des Baltikums mit deutschen Kolonisten zusammengefaßt wurden. Danach sollte der kolonisierte Osten als Ernährungsbasis des Reichs und als „Quelle brauchbaren Menschenersatzes" dienen.[77] Die Pläne sahen die Ansiedlung von Bauern, Arbeitern und Handwerkern vor. Für die Militärverwaltung waren Litauen und das Baltikum primär „Kriegsbeute, Ausbeutungsobjekt, militärischer Sicherheitsrayon".[78] Seit 1917 arbeiteten Ober-Ost und das Reichsamt des Innern gemeinsam an dem Siedlungsprojekt. Am 22. September 1917 hatte die kurländische Ritterschaft beschlossen, ein Drittel ihrer landwirtschaftlichen Nutzfläche für deutsche Bauernsiedlung zur Verfügung zu stellen.[79] Das am 15. Juni 1918 in das Reichsamt des Innern über-

[77] R. Stupperich, Siedlungspläne im Gebiet des Oberbefehlshabers Ost (Militärverwaltung Litauen und Kurland) während des Weltkrieges, in: Jomsburg 5 (1941), S. 352.

[78] Ritter, Staatskunst und Kriegshandwerk Bd. 4, S. 301.

[79] Wittram, S. 252. Die Siedlungspläne fanden die Unterstützung der deutschen Industrie. Der zur Durchführung der Kolonisierung eingerichteten „Landgesellschaft Kurland GmbH", die mit einem Anfangskapital von 50 Millionen ausgestattet war, gehörten 19 größere Gesellschaften, darunter die Friedrich Krupp AG und das

führte Reichskommissariat für die Ostseegebiete und Litauen unter dem Unterstaatssekretär Freiherr von Falkenhausen, dem die Aufgabe zugeteilt worden war, das Siedlungsprojekt unter direkter Verantwortung des Reichskanzlers zu bearbeiten,[80] versuchte, auch Gewerkschaftler für das Projekt zu gewinnen und lud Winnig und Paul Umbreit zu einer Studienreise ins Baltikum ein. Winnig war von dem liberalen Hamburger Carl Petersen empfohlen worden.[81] Nähere Kenntnis von den Siedlungsplänen hatte Winnig bereits 1915 durch einen Vortrag des deutschbaltischen Gutsbesitzers und damaligen Pressereferenten des AA für baltische Fragen, Silvio Broederich-Kurmahlen, erhalten.[82] Er stand dem Siedlungsgedanken von vornherein positiv gegenüber.[83] Aus der Befürchtung, daß die wirtschaftliche Weltstellung Deutschlands durch den Ausgang des Krieges schwere Einbußen erleiden werde, dachte er sich den Osten als bevölkerungspolitische Auslagerungsstätte für kommende wirtschaftliche Notzeiten. Der „überschüssige Teil der deutschen Bevölkerung (sollte) in Gebiete abfließen ..., wo es dem deutschen Volkstum nicht verloren ging".[84] Auf dieser zwölftägigen Reise, die von Ende September bis Anfang Oktober dauerte,[85] besuchten Umbreit und Winnig in Begleitung Burchards, des Vertreters des Reichskommissars, den Winnig bereits von der Hamburger Bürgerschaft her kannte, in Kurland

Rheinisch-Westfälische Kohlensyndikat an (Bilmanis, S. 302). In Berlin wurde die „Neuland AG", im Mai 1918 die „Balten-Landbank" gegründet (Stupperich, S. 366).

[80] Das Reichskommissariat wurde am 8. 11. 1918 aufgelöst, da Falkenhausen nicht bereit war, den neuen ostpolitischen Kurs der Regierung Baden zu unterstützen (PA – Wk 20 d Nr. 1 a Bd. 23, Bl. 81). Vertreter des Reichskommissars bei der Militärverwaltung in Mitau bzw. Riga war der Hamburger Rechtsanwalt und konservatives Mitglied der Hamburger Bürgerschaft Dr. Wilhelm Amsinck Burchard-Motz. Burchard verblieb auch nach der Auflösung des Reichskommissars im Baltikum.

[81] Anlage zu einem Brief Burchards an Winnig vom 3. 5. 1956 (StALG Depositum August Winnig III).

[82] A. Winnig, Am Ausgang der deutschen Ostpolitik. Persönliche Erinnerungen und Erlebnisse, Berlin 1921, S. 6. – In einer 1915 als Manuskript gedruckten Schrift plädiert Broederich für die Annexion Litauens und des Baltikums an Deutschland zur Ausdehnung des „deutschen Volks- und Bauerngebiets", der Erhaltung des deutschbaltischen Großgrundbesitzes, der Vergrößerung des Reservoirs an Industriearbeiten der Sicherung der Fleischversorgung für die Reichsbevölkerung und einer „unabhängigen deutschen Volksernährung" (S. Broederich-Kurmahlen, Das neue Ostland, Charlottenburg 1915, S. 23). Die Schrift will besonders die Interessen der Arbeiterschaft ansprechen: bessere und billigere Korn- und Fleischversorgung, Absatzsteigerung der Industrie (S. 43). – 1918 wurde Broederich Direktor der Landgesellschaft Kurland (Lewerenz, S. 36, Anm. 2).

[83] Ostpolitik, S. 6.

[84] A.a.O.

[85] Ostpolitik, S. 5ff.

Libau und Mitau, weiter Riga und in Estland Dorpat und Reval. An der Welt des deutschbaltischen Adels, die Winnig auf dieser Reise zum ersten Mal in seinem Leben kennenlernte, fand er Gefallen.[86] Dem Reichskommissariat in Berlin schlug er bei seiner Rückkehr Lohnverbesserungen für die lettische und estnische Arbeiterschaft sowie die Einrichtung betrieblicher Arbeitsausschüsse vor. Eine Unterstützung der Ostpolitik durch die Gewerkschaften machte er von der Verbesserung der Arbeitsverhältnisse der einheimischen Arbeiterschaft abhängig.[87]

Wenige Wochen nach seiner Rückkehr wurde Winnig ein zweites Mal – diesmal im Auftrag der Regierung Max von Baden und im Zeichen der Revision der Ostpolitik – in das Baltikum gesandt.[88] Auch die Militärverwaltung hielt Winnig für den geeigneten Mann, um „Beziehungen zu den lettischen und estnischen Oppositionsparteien herzustellen".[89] In Berlin, von wo aus Winnig seine Reise am 25. oder 26. Oktober antrat,[90] mußte er feststellen, daß man in den führenden Kreisen der Sozialdemokratie wegen der prekären innenpolitischen Lage wenig Verständnis für seine baltischen Reisepläne zeigte. Ebert äußerte Winnig gegenüber seinen Unwillen.[91] David, Unterstaatssekretär im Auswärtigen Amt, bekundete ebenfalls sein Desinteresse und gab Winnig lediglich einige Beschwerdebriefe Rigaer Sozialisten über die Militärverwaltung mit auf den Weg.[92] Winnig stürzte sich in dem Augenblick in das baltische Abenteuer, als die Sozialdemokratie vor ihrer bisher größten politischen Bewährungsprobe stand.

In der Haltung der Sozialdemokratie gegenüber dem Baltikum während des Krieges hatte „eine gefühlsmäßig außerordentlich starke Ablehnung der ‚Baltischen Barone'" mitgespielt.[93] SPD und USPD wurden über die Vorgänge im Baltikum aus Kreisen der lettischen und estnischen Sozialdemokratie laufend unterrichtet, vor allem die USPD stand den politischen Bestrebungen der Letten und Esten positiv gegenüber.[94] Die Haltung der Mehrheitssozialdemokratie war zweideutug, da von ihr, zumindest von dem rechten Flügel, Ostannexionen nicht prinzipiell abgelehnt

[86] Weite Wege, S. 420. Ein guter Kontakt entwickelte sich zwischen dem Kreishauptmann des Kreises Grobin, Baron Knigge, in Libau und Winnig.

[87] Ostpolitik, S. 8.

[88] Nach Burchards Aussage erfolgte die zweite Entsendung Winnigs „als Reaktion auf Vorstellungen maßgebender deutscher und deutschbaltischer Kreise in Riga" (vgl. Anm. 81).

[89] Weite Wege, S. 423.

[90] A. a. O.; Ostpolitik, S. 9.

[91] Weite Wege, S. 424.

[92] Ostpolitik, S. 9.

[93] Schmidt, S. 147.

[94] Kalninš, a. a. O.

wurden.[95] Die beiden sozialdemokratischen Journalisten Ernst Heilmann und Adolf Köster hatten sich nach einem Baltikumaufenthalt in der Presse proannexionistisch geäußert und damit in der estnischen und lettischen Sozialdemokratie helle Empörung ausgelöst.[96] Auch Winnig war der Überzeugung, „daß der geschichtliche Fortschritt nicht die Schaffung kleiner leistungsschwacher Nationalstaaten vertrage, vielmehr die Bildung großer einheitlich verwalteter Wirtschaftsgebiete fordere".[97] Wem die russischen Randgebiete zufallen sollten, „müßte die Macht entscheiden, aber selbständig dürften sie nicht werden, das sei der Vernunft der Weltgeschichte zuwider".[98] Die offizielle Baltikumspolitik der Reichstagsfraktion stand seit 1918 auf dem Grundsatz der Selbstbestimmung. David forderte am 18. März 1918 bei der ersten Lesung des Vertrags von Brest-Litowsk, „daß nun in den Randstaaten eine Politik ehrlicher Verständigung, der demokratischen Selbstbestimmung durchgeführt werde".[99] Das Angebot der Herzogskrone durch den kurländischen Landesrat an Wilhelm II. nannte er „ein abgemachtes Geschäft zwischen den preußischen Junkern und den baltischen Baronen unter Zustimmung eines Teils der deutsch-lettischen Bourgeoisie".[100] Am 21. August 1918 erklärte Ebert während einer Beratung der Fraktionsführer beim Stellvertreter des Reichskanzlers für die SPD: „Unsere Stellung zur Randstaatenpolitik ist klar. Wir sehen in den Verträgen die Fortsetzung einer falschen Politik." Er sprach sich dabei gegen die in dem Zusatzvertrag vorgesehene Angliederung Estlands und Livlands von Rußland aus.[101] Die am 22. September 1918 von Parteiausschuß und Reichstagsfraktion herausgegebene Erklärung zur Regierungsbeteiligung der Sozialdemokratie enthielt die Forderung nach Einführung der Zivilverwaltung in den besetzten Gebieten und die Errichtung demokratischer Volksvertretungen.[102]

[95] Schmidt, S. 152.

[96] Martna, S. 168–174; Ostpolitik, S. 12.

[97] Ostpolitik, S. 5.

[98] A. a. O. – Am 6. 1. 1918 hatte sich Winnig auf einer öff. Versammlung in Altona für einen deutschen Verzicht auf Kurland zugunsten von Rußland ausgesprochen, um die deutsch-russischen Friedensverhandlungen erfolgreich abschließen zu können. In seinem Vortrag führte er aus: „Wir bringen den Deutschen [im Baltikum] volle Sympathie entgegen. Wir können aber diesen Wunsch nicht übermächtig werden lassen, wenn diese Frage: Was soll aus Kurland werden? der Stein des Anstoßes sein sollte, an dem die ganze Friedensfrage scheitern sollte" (Hamburger Echo Nr. 6 [8. 1. 1918]).

[99] Verhandlungen des Reichstags. Stenographische Berichte, Bd. 311, S. 4433 B.

[100] A. a. O., S. 4437 A.

[101] Baumgart, S. 400.

[102] Fr. Purlitz, Deutscher Geschichtskalender. Der Europäische Krieg in aktenmäßiger Darstellung. Ergänzungsband: Vom Waffenstillstand bis zum Frieden von Versailles, Leipzig o. J., S. 2.

Das ostpolitische Programm der Regierung Max von Baden entsprach weitgehend den sozialdemokratischen Forderungen. An die Stelle der Militärverwaltungen in Litauen und im Baltikum traten, allerdings erst nach dem Sturz Ludendorffs, durch eine Kabinettsorder vom 3. November 1918 Zivilverwaltungen. Die zweite Reise Winnigs sowie die Reise Schulze-Gävernitz und Schiemanns sollten dazu beitragen, die Voraussetzungen für die Verwirklichung der neuen Politik zu erkunden.

Da Winnigs Auffassung der Ostpolitik der der Rigaer Militärverwaltung näherkam als die der beiden liberalen Politiker, entwickelte sich ein gewisses Vertrauensverhältnis zwischen ihm, Burchard und Goßler, obwohl Goßler dem Gewerkschaftsführer bei dessen erster Reise noch „mit abwartendem Mißtrauen gegenübergestanden" hatte.[103] Burchard, der Winnig auch auf dessen zweiter Reise begleitete, konnte dem Reichskommissariat am 30. Oktober berichten: „Herr Winnig bewährt sich sehr gut als Ohr und gibt nach Möglichkeit ein Gegengewicht gegen den von Professor Schulze hinterlassenen Eindruck, indem er betont, daß die jetzige demokratische Regierung Deutschlands nicht auf wirtschaftliche Ziele im Osten verzichten könne und leitet daraus die Notwendigkeit der den Absichten der Verwaltung entsprechenden Dinge her."[104] Winnig war bestrebt, von der bisherigen deutschen Baltikumspolitik soviel zu halten, wie unter den gegebenen Umständen noch möglich war. Darin unterschied er sich sogar von Schulze-Gävernitz.[105] Winnig erkannte, daß eine in seinem Sinn erfolgreiche Ostpolitik nur möglich war, wenn sie sich statt auf die Zustimmung des Vereinigten Landesrats, den er als einen „etwas kriegsmäßig ausgefallenen Parlamentsersatz" ansah,[106] auf die Zustimmung der estnischen und lettischen Politiker stützen konnte. Er entfaltete gleich nach seiner Ankunft in Riga eine rege politische Aktivität und nahm an den geheimen Konferenzen der bürgerlichen und sozialdemokratischen Parteien des „Demokratischen Blocks" teil, der die Gründung der Republik Lettland von Riga aus – im Unterschied zu dem von bürgerlichen Politikern getragenen Lettischen Nationalrat, dessen Wirkungsfeld im Ausland lag – vorbereitete. Da Winnig einsah, daß die Gründung des unabhängigen lettischen Staates unmittelbar bevorstand, entschloß er sich, die Entwicklung nicht aufzuhalten, sondern

[103] Ostpolitik, S. 11.

[104] PA – Wk 20 d Nr. 1 a Bd. 23, Bl. 21.

[105] Über Schulze-Gävernitz berichtete Burchard in demselben Schreiben: „Die Reise von Professor Schulze-Gävernitz hat nach allgemeinem Urteil ungünstig gewirkt. Er hat den Eindruck hinterlassen, daß er selbst durch das derzeitige Schicksal Deutschlands völlig zerschlagen sei, was nicht im Interesse unseres Ansehens lag" (a. a. O., Bl. 20).

[106] Ostpolitik, S. 21.

„den Fluß der Dinge zu beschleunigen“,[107] um den deutschen Einfluß auf den neuen Staat sicherzustellen. Er riet Goßler, mit den lettischen Politikern Verhandlungen aufzunehmen, doch „Herr von Goßler schauderte zurück“.[108]

Winnig war es gelungen, über die lettischen Sozialisten Zugang zu den lettischen Politikern zu finden, von denen er die meisten im Haus des Sozialrevolutionärs und Ingenieurs Skubikis in Riga kennenlernte. Er gewann das Vertrauen der Sozialisten, „weil sie es als selbstverständlich betrachteten, daß ein deutscher Sozialdemokrat sich ihnen näher fühlte als seiner Regierung“.[109] Winnig betrieb, wie er später zugab, ein Doppelspiel. Er nahm an den Geheimkonferenzen teil und sorgte zugleich dafür, daß die deutsche Polizei nicht eingriff.[110] Winnig behauptet in seiner Schrift ›Am Ausgang der deutschen Ostpolitik‹, er selbst habe am 31. Oktober die Letten aufgefordert, die Republik zu proklamieren, und ihnen dabei gleichzeitig einen Proklamationstext vorgelegt, der die deutsche Okkupation staatsrechtlich legitimieren sollte. Die Richtigkeit dieser Angabe ist zweifelhaft.[111] Winnigs Staatsgründung fand jedenfalls nicht statt, da die Letten, wie Winnig von den lettischen Sozialdemokraten erfahren haben will, eine „Unabhängigkeit von Deutschlands Gnaden“ befürchteten.[112] Zudem waren auch die deutsche Militärverwaltung und die deutschbaltischen Politiker nicht bereit, eine lettische Regierung anzuerkennen, da sie nach wie vor den Vereinigten Landesrat als den vorläufig einzig legitimierten Träger der staatlichen Gewalt ansahen. In einem Schreiben an den Staatssekretär des Auswärtigen Amts vom 31. Oktober verteidigte der Vorsitzende des Vereinigten Landesrats, Baron Pilar von Pilchau, den Anspruch des Landesrats, alleiniger Träger der staatlichen Gewalt zu sein.[113] Er erklärte sich zwar zu einigen Zugeständnissen – in diesem Fall an die estnischen Politiker des Maapäev – bereit, doch könne „von der Gewährung des allgemeinen, gleichen und direkten Wahlrechts, allein schon im Interesse des Deutschtums, nicht die Rede sein“.[114] Der Vertreter des AA bei der Militärverwaltung in Riga, von Kemnitz, der in der Erhaltung der Existenz der Deutschbalten „unser einziges Interesse im Baltikum“ sah,[115] vertrat in einem Schreiben an den

[107] Ostpolitik, S. 13.

[108] A. a. O.

[109] Weite Wege, S. 424.

[110] A. a. O., S. 425.

[111] Das Datum zumindest scheint falsch zu sein, denn nach dem Schreiben Burchards an das Reichskommissariat vom 30. 10. am Abend des gleichen Tages reiste Winnig nach Reval.

[112] Ostpolitik, S. 14.

[113] PA – Wk 20 d Nr. 1 a Bd. 23, Bl. 42f.

[114] A. a. O., S. 43.

[115] Telegramm an AA vom 6. 11. 1918 – PA – Wk 20 d Nr. 1 a Bd. 23, Bl. 62.

Reichskanzler vom 1. November den Standpunkt, daß die Unabhängigkeit Livlands und Estlands gegenüber dem Vereinigten Landesrat vom Deutschen Reich anerkannt worden sei, und damit das Reich zu erkennen gegeben habe, „daß es in diesem die rechtmäßige Vertretung des Landes erblickt".[116] „Diesen Standpunkt plötzlich zu verlassen, ist meines Erachtens mit der Würde des Reichs nicht vereinbar."[117] Falls der Vereinigte Landesrat eine Einigung mit den einheimischen Politikern nicht zustande bringe, müsse er seine Macht „in die Hände der deutschen Regierung" legen und sie ersuchen, einen neu zu berufenden Vertrauensrat, dem Vertreter aller Nationalitäten und Berufsstände angehören sollten, mit der Ausarbeitung einer Verfassung zu beauftragen.[118] Der Verwaltungschef von Goßler bekräftigte in einem Schreiben an das Reichsamt des Innern vom 7. November noch einmal ausdrücklich die von Kemnitz dargelegte Rechtsauffassung.[119] In den Bemühungen von Kemnitz' und von Goßlers drückte sich der Widerstand aus, den die deutschen Stellen im Baltikum der Revision des ostpolitischen Kurses entgegenstellten. Nach dem Besuch Schulze-Gävernitz' und Schiemanns und den Orientierungen, die den lettischen Politikern Valters und Traubergs in Berlin gegeben worden seien, schrieb von Goßler, herrsche bei den Deutschbalten und bei der Militärverwaltung „augenblicklich die größte Verwirrung". Es sei kaum abzusehen, „wie noch eine der deutschen Interessen, sowohl hier wie in Deutschland, einigermaßen genügende Lösung gefunden werden soll".[120]

Eine ebenfalls an den „deutschen Interessen" orientierte, jedoch der gegebenen politischen Lage stärker Rechnung tragende, neue Konzeption entwickelte Burchard in einem Schreiben an das Reichskommissariat in Berlin vom 30. Oktober. Diese Konzeption ist nicht zuletzt deswegen bemerkenswert, weil sie von Winnig später weitgehend praktiziert wurde. In dem Schreiben Burchards hieß es: „Man kann annehmen, daß die Bevölkerung im Großen und Ganzen durchaus das Verbleiben der Truppen wünscht. Das ist der Hebel, der angesetzt werden kann. Er kann leichter von der Verwaltung eingesetzt werden, als von den Deutschen, welche schließlich nur für die Verwaltung sprechen konnten. Die Verhandlungen würden wohl am besten weiterkommen, wenn ein deutscher, ein lettischer und ein estnischer Nationalrat unter Zuziehung eines Regierungskommissars über die Lage beraten würden, der seinerseits über die weitere Besetzung des Landes ernsthafte Erörterungen anstellen und Mindestwünsche

[116] PA – Wk 20 d Nr. 1 a Bd. 23, Bl. 86.
[117] A. a. O.
[118] A. a. O.
[119] PA – Wk 20 d Nr. 1 a Bd. 23, Bl. 167.
[120] A. a. O., Bl. 168.

Deutschlands angeben könnte, deren Erfüllung ein Verbleiben deutscher Truppen zur Voraussetzung haben würde."[121] In diesem Schreiben Burchards wurde erstmals die von Winnig später praktizierte Politik des Hebels formuliert, die auf die Abhängigkeit der baltischen Länder vom Verbleiben deutscher Truppen spekulierte.

Nach seinen Besprechungen mit den lettischen Politikern in Riga reiste Winnig zusammen mit Burchard in den ersten Novembertagen nach Estland. In Gesprächen mit den dortigen Sozialisten erfuhr Winnig nähere Einzelheiten über den Polizeiterror der deutschen Militärverwaltung gegenüber den estnischen Politikern. Ihm wurde von Verhaftungen und Erschießungen berichtet.[122] „Ich wußte nun", schreibt Winnig, „daß es nicht bloß die Schuld der Letten und Esten war, wenn zwischen uns keine Freundschaft bestand."[123] Auf der Fahrt von Dorpat nach Reval traf Winnig am 1. November im Zug durch Zufall mit dem Publizisten Paul Rohrbach zusammen.[124] Rohrbach beurteilte die Lage im Osten pessimistisch.[125] Bei der Exekutive der estnischen Sozialdemokratie in Reval stellte Winnig eine starke Abwehrhaltung gegen Deutschland und die Neigung zu einem Anschluß an Rußland fest.[126] In Reval konnte er am 3. November[127] an einer geheimen Sitzung des bolschewistischen Arbeiterrats teilnehmen.[128] Mit den Vertretern der bürgerlichen estnischen Parteien konnte Winnig nicht sprechen, „da ihre Führer teils im Gefängnis, teils im Auslande saßen".[129]

[121] Wk 20 d Nr. 1 a Bd. 23, Bl. 20.

[122] Ostpolitik, S. 16. – Einen Einblick in die Unterdrückung politischer Aktivität der Esten durch die deutsche Militärverwaltung gibt Martna unter dem Titel ›Estland unter deutscher Okkupation‹ (Martna, S. 141–174).

[123] Ostpolitik, S. 16.

[124] In einer Denkschrift für das AA vom 3. 11. 1918 legte Rohrbach seine Verständigungskonzeption dar: Aufgabe der historischen Dreiteilung des Baltikums zugunsten einer Zweiteilung, Bildung einer „deutsch-estnisch-lettischen Einheitsfront", Abbau des deutschen Militärsystems, Einrichtung gemischter Behörden. Die Verständigungspolitik sollte möglichst von Liberalen und Vertretern der Linken durchgeführt werden. Auf diesem Weg könne vielleicht das Baltikum der deutschen Einflußsphäre erhalten bleiben. Die Einheitsfront glaubte Rohrbach durch ein Zusammengehen der besitzenden Schichten der Deutschen, Esten und Letten gegen die starken linksradikalen Strömungen erzielen zu können. Insbesondere die einheimischen besitzenden Schichten seien an einem Verbleiben der deutschen Truppen interessiert, da sie andernfalls den radikalen Kräften schutzlos ausgeliefert seien (PA – Wk 20 d Nr. 1 a Bd. 23, Bl. 34–36).

[125] Ostpolitik, S. 16.

[126] Ostpolitik, S. 18.

[127] PA – Wk 20 d Nr. 1 a Bd. 24 – A 51171.

[128] Ostpolitik, S. 18.

[129] Weite Wege, S. 427.

Am 5. November kehrte Winnig mit Burchard nach Riga zurück.[130] Dort erreichten ihn zum ersten Mal Nachrichten von der Meuterei der Matrosen in den deutschen Hafenstädten. Unbeeindruckt von der Tatsache, daß im Reich die roten Fahnen als Zeichen des kommenden Umsturzes gehißt wurden, beschloß der Vereinigte Landesrat in Riga am 7. November die Gründung des Baltenstaats. Winnig selbst nahm an der Sitzung des Landesrats teil, doch hatte er das Projekt des deutschbaltischen Einheitsstaats bereits abgeschrieben: „Der deutsche Baltenstaat zerfloß wie ein Traum."[131] Allerdings war Winnigs Haltung nicht ganz so eindeutig, wie er sie später in seinen Erinnerungsbüchern dargestellt hat. Das geht aus einem Telegramm hervor, das Burchard am 9. November nach Berlin durchgab: „Heute Konstituierung Regentschaftsrats aller baltischen Lande. Etwaige reichsdeutsche Stellungnahme dagegen bis zu weiterem mündlichen Bericht von Winnig und mir unter allen Umständen verhindern. Wir sind gleicher Meinung. Gedanken von Schulze-Gävernitz und Schiemann zur Zeit nachweisbar unzweckmäßig, ihre Vorschläge undurchführbar ... Täglich Beweise, daß ohne unsere Truppen Land in acht Tagen Wüste wäre."[132]

Die in dem Telegramm erwähnte Besprechung in Berlin kam nicht mehr zustande. Inzwischen hatten die Matrosenunruhen auch das Baltikum erreicht. Die Ereignisse am 9. November veranlaßten Winnig, im Baltikum zu bleiben. Am 9. November berichtete von Kemnitz dem AA von Versammlungen deutscher Matrosen in Libau und Windau, die Ausschüsse gebildet und Forderungen an die Kommandobehörden gerichtet hatten.[133] Mit dem Ausbruch der Revolution war Winnig plötzlich zu einer dominierenden Persönlichkeit im Baltikum geworden. Während die Kommandobehörden und die Militärverwaltung den Ereignissen fassungslos gegenüberstanden, gelang es Winnig, gleichsam als Noske des Ostens, die Situation mit erstaunlicher Sicherheit in den Griff zu bekommen. Nachdem die Marinedivisionen in Libau, Windau und Reval am 5. November von den Vorfällen auf der deutschen Hochseeflotte Kenntnis erhalten hatten,[134] breitete sich die revolutionäre Bewegung schnell von den Küstenstädten in die Soldatengarnisonen im Landinnern aus. Eine Weisung des Armeeoberkommandos VIII an die Militärbehörden in Libau, „rücksichtslos durchzugreifen", wurde nicht befolgt.[135] In Reval kam es zu Verbrüderungen zwischen deutschen Matro-

[130] PA – Wk 20 d Nr. 1 a Bd. 23, Bl. 54.

[131] Weite Wege, S. 429.

[132] PA – Wk 20 d Nr. 1 a Bd. 23, Bl. 142.

[133] PA – Wk 20 d Nr. 1 a Bd. 23, Bl. 82.

[134] Darstellungen aus den Nachkriegskämpfen deutscher Truppen und Freikorps. Im Auftrag des Kriegsministeriums bearb. u. hrsg. von der Forschungsanstalt für Heeresgeschichte, Bd. 1: Die Rückführung des Ostheeres, Berlin 1936, S. 129.

[135] A. a. O.

sen, bayerischem Landsturm, russischen Matrosen des Schiffes „Ozean" und der estnischen Zivilbevölkerung.[136] Winnig erkannte die Einmaligkeit der Situation. Er glaubte an seine Mission: „Jetzt und hier war ich der einzige Mensch, dem es gelingen konnte, des Aufruhrs Herr zu werden."[137]

Die Masse der aufrührerischen Matrosen war ebenso begeistert wie politisch hilflos. Winnig schreibt über eine Matrosenversammlung: „Dies war nun eine Revolution. Dies krause, leidenschaftliche, manchmal bösartige, meistens jedoch harmlose, manchmal verständige, meistens aber im Grunde törichte Durcheinander hob jetzt die deutsche Welt aus den Angeln."[138] Für Winnig war „die ganze Rätegeschichte ... ein grober Unfug". Er entschloß sich aber, mitzumachen, „um der Sache die gefährliche Spitze abzubrechen".[139] Am 9. November traf Winnig in Libau ein. Um die Debatten über die Neuordnung der Kommandogewalt und die Abschaffung der Grußpflicht abzubiegen, riet Winnig den Matrosen, einen Matrosenrat zu bilden, der Ruhe und Ordnung wiederherzustellen und die Heimkehr sicherzustellen habe.[140] Eine Versammlung von sechstausend Matrosen wählte am 10. November einen fünfköpfigen Matrosenrat, dessen Vorsitzender ein Maat und Gewerkschaftsfunktionär aus Hamburg namens Pickard war, den Winnig persönlich kannte.[141] Beide waren sich darin einig, dem Libauer Aufstand ein schnelles Ende zu bereiten. Die Neuordnung der Kommandogewalt wurde auf der Versammlung überhaupt nicht mehr behandelt.[142] Der Versuch einer Gruppe von Unabhängigen, die antirevolutionäre Taktik Winnigs und Pickards zu durchkreuzen, schlug fehl. Die Masse der Matrosen war nicht revolutionär, sondern mehrheitssozialdemokratisch eingestellt. Winnig liefert in seinem Bericht über die Versammlung vom 10. November dazu aufschlußreiches Anschauungsmaterial: „[Ich] fragte, ob Sozialdemokraten in der Versammlung seien. Viele hundert Hände flogen in die Höhe. Ohne Absicht, nur aus dem augenblicklichen Gefühl heraus, rief ich den vielen Parteifreunden ein Bravo! zu. Da erhob sich ein Orkan von Bravorufen und brauste minutenlang durch die Halle. Nie, in keiner Versammlung, auf keinem Parteitage und auf keinem internationalen Kongreß habe ich eine solche Huldigung der Partei erlebt, eine Huldigung, die wie ein Zauberschlag emporschoß und zugleich in ihren Bann zwang."[143]

136 A.a.O.
137 Weite Wege, S. 431.
138 Ostpolitik, S. 27.
139 Ostpolitik, S. 30.
140 Ostpolitik, S. 27.
141 Weite Wege, S. 432.
142 Ostpolitik, S. 29.
143 Ostpolitik, S. 28.

Auf einer späteren, zweiten Matrosenversammlung konnte Winnig wiederum einen mäßigenden Einfluß ausüben.[144] Der inzwischen in Libau neben dem Matrosenrat errichtete Soldatenrat ernannte Winnig am 12. November zum „Zivilkommissar der Arbeiter- und Soldatenräte des Gouvernements Libau" und beauftragte ihn, einen Kongreß der Soldatenräte der 8. Armee nach Riga einzuberufen.[145] Der Libauer Aufstand war beigelegt.

Inzwischen hatten die deutschen Verwaltungsbehörden eingesehen, daß Winnig wegen seiner Einstellung zur Ostpolitik, seiner politischen und sozialen Herkunft und seiner Kontakte zu den estnischen und lettischen Politikern die einzige Persönlichkeit war, die eine Kontinuität der deutschen Baltikumspolitik gewährleisten konnte. Goßler griff jetzt einen Plan auf, dem er bisher erheblichen Widerstand entgegengesetzt hatte: die Einsetzung eines für die gesamte deutsche Baltikumspolitik zuständigen Generalkommissars.[146] Auf der Sitzung des Kriegskabinetts in Berlin am 15. Oktober hatten Payer und Trimborn die Einsetzung eines Generalkommissars vorgeschlagen, nachdem sich das AA für die Abberufung Goßlers als Verwaltungschef ausgesprochen hatte.[147] Eine Anfrage des Auswärtigen Amts in Riga, ob Schulze-Gävernitz als Nachfolger Goßlers in Frage komme,[148] war von Kemnitz negativ beantwortet worden.[149] Jetzt, nach den Umwälzungen im Reich und nach dem Übergreifen der revolutionären Bewegung auf die im Baltikum stehenden Truppen schlug Burchard bei einer Zusammenkunft führender Balten, von Goßlers, des Stabschefs der 8. Armee, Major Frantz und Vertretern des Rigaer Soldatenrats vor, Winnig die Leitung sämtlicher Geschäfte im Baltikum zu übertragen. Der Vorschlag wurde angenommen. Am Nachmittag des 13. November telegrafierte Goßler nach Berlin: „Bitte im [fehlerhaft: Einverständnis] mit Armeeoberkommando und Landesrat dringend um sofortige telegrafische Ernennung des Herrn Winnig vom Deutschen Bauarbeiterverband zum Generalkommissar des Baltenlandes.

144 Ostpolitik, S. 30f.

145 Angaben nach: Ostpolitik, S. 35.

146 Das Reichskommissariat für die Ostseegebiete und Litauen, das vornehmlich für die Siedlungsfragen zuständig war, war am 8. 11. 1918 im Zuge der Revision der Ostpolitik aufgelöst worden.

147 E. Matthias, R. Morsey (Hrsg.), Die Regierung des Prinzen Max von Baden (Quellen zur Geschichte des Parlamentarismus und der politischen Parteien, 1. Reihe, Bd. 2), Düsseldorf 1962, S. 189f.

148 PA – Wk 20 d Nr. 1 a Bd. 23, Bl. 5.

149 „Schulze-Gävernitz würde von baltischen Deutschen schon wegen Parteirichtung, dann aber wegen enger Beziehungen zu Paul Schiemann, dessen kürzlich erschienene Denkschrift hier sehr unliebsames Aufsehen erregt hat, mit großem Mißtrauen aufgenommen. Protestantischer Nationalliberaler wäre annehmbarer" (PA – Wk 20 d Nr. 1 a Bd. 23, Bl. 40).

Letten und Esten augenscheinlich sehr einverstanden. Winnig ist mit Burchard [in] Riga. Ernennung würde schwierige Lage sehr erleichtern."[150] In einem Telegramm an das AA vom gleichen Tage bezeichnete Kemnitz Goßlers Vorschlag als „glückliche Lösung".[151] Im Namen des Exekutivkomitees der (menschewistischen) Sozialdemokratischen Partei Lettlands telegrafierte Kalninš an Ebert: „Unter Bezugnahme auf andererseits erfolgten Vorschlag ersuchen wir dringend um Ernennung des Generalbevollmächtigten Winnig und Durchführung der unentbehrlichen politischen Freiheiten."[152] Am 14. November wurde Winnig von dem Unterstaatssekretär im Reichsamt des Innern, Theodor Lewald, zum „Generalbevollmächtigten des Reichs für die Baltischen Lande" ernannt.[153] Entsprechende Anweisungen gingen an den Verwaltungschef und an das Armeeoberkommando. Die Berufung Winnigs ging nicht von dem Rat der Volksbeauftragten direkt aus, sondern kam durch ein Zusammenspiel von Militärverwaltung, deutschbaltischem Landesrat und Berliner Ministerialbürokratie zustande. Es war zweifellos ein ungewöhnlicher Vorgang, daß die ihrer Machtstellung beraubte Reaktion für die Zeit der Revolution ihren eigenen Nachfolger erwählen dufte. Winnig besaß allerdings von Anfang an das Vertrauen des Rats der Volksbeauftragten, auch das Vertrauen Haases, der die auswärtigen Angelegenheiten leitete. Das Kabinett erklärte sich auf seiner Sitzung am 15. November damit einverstanden, daß Winnig „mit Letten und Esten im Sinne ihrer Forderungen" verhandele.[154] „Die meiste Freude", schrieb Winnig später, „machte mir der schöne Titel."[155] Er sei stolz darauf gewesen, daß es „Generalbevollmächtigter des *Reichs*" und nicht etwa des „Deutschen Reichs" geheißen habe. In dieser Formulierung habe sich das weltweite Ansehen des Deutschen Reichs widergespiegelt, da „Reich" für jedermann das „Deutsche Reich" sei.[156]

[150] PA – Wk 20 d Nr. 1 a Bd. 23, Bl. 104.

[151] PA – Wk 20 d Nr. 1 a Bd. 23, Bl. 101.

[152] PA – Wk 20 d Nr. 1 a Bd. 23, Bl. 127.

[153] Wortlaut der telegrafischen Ernennung: „Redakteur August Winnig, Verwaltung der Baltischen Lande, Riga. Im Einvernehmen mit Auswärtigem Amt ernenne ich Sie zum Generalbevollmächtigten des Reichs für die Baltischen Lande und ersuche Sie Ihre Geschäfte sofort aufzunehmen. Reichsamt des Innern Vertretung Lewald" (PA – Wk 20 d Nr. 1 a Bd. 23, Bl. 108).

[154] BA R 43 I/1324, S. 24.

[155] Ostpolitik, S. 36.

[156] A. a. O.

Entstehung der Republik Lettland und Estland im November 1918

Vier Tage nach der Ernennung Winnigs, am 18. November 1918, wurde in Riga die Republik Lettland ausgerufen. Damit fanden die monatelangen Bemühungen des lettischen Nationalrats und des Demokratischen Blocks um die Errichtung eines selbständigen Staatswesens ihren Abschluß. Der militärische und politische Zusammenbruch hatte das letzte äußere Hindernis beseitigt. Da Winnig sich bereits früher für die lettischen Selbständigkeitsbestrebungen ausgesprochen hatte, verbürgte seine Anwesenheit die ungestörte Durchführung der Staatsneugründung, die mit seinem Einverständnis vollzogen wurde. Allerdings hatte er zunächst beabsichtigt, die Unabhängigkeitserklärung um einige Zeit hinauszuschieben, um zuvor das deutsch-lettische Klima zu verbessern.[157] Winnig stützte sich dabei auf Informationen, die er von dem Rigaer Ingenieur Skubikis erhalten hatte. Skubikis gehörte den Sozialrevolutionären an, einer Gruppe, die zwischen den Menschewiki und den bürgerlichen Parteien stand.[158] Zwischen Winnig und Skubikis hatte sich ein freundschaftliches Verhältnis entwickelt. Da Skubikis deutschfreundlich eingestellt war, nahm Winnig an, die lettischen Sozialisten insgesamt für eine enge Anlehnung des neuen Lettland an Deutschland gewinnen zu können. Durch die Entsendung deutscher Techniker und Facharbeiter sowie wirtschaftlicher und politischer Berater in das Baltikum glaubte er, „noch zu einem annehmbaren Ergebnis der deutschen Ostpolitik [zu] kommen".[159] In diesem Punkt beurteilte Winnig die Lage falsch. Das Hauptproblem, vor das sich die lettischen Sozialisten gestellt sahen, betraf weniger das Verhältnis zu Deutschland als das zu Rußland. Die lettischen Menschewiki mußten sich darüber klarwerden, ob sie sich für eine unabhängige bürgerliche Republik oder für ein freies Lettland in einem föderalistisch gegliederten sozialistischen Rußland entscheiden sollten.[160] Die bürgerlichen Parteien, deren stärkste Gruppe der Bauernbund unter Führung von Karlis Ulmanis war, traten im November 1918 uneingeschränkt für die nationale Souveränität Lettlands ein. Eine endgültige Einigung kam erst am Abend des 17. November zustande, als auf einer Zusammenkunft

[157] Ostpolitik, S. 50.

[158] Emil Skubikis (1875–1944), Studium Ingenieurwissenschaften in Zürich 1900 bis 1903, vertrat zusammen mit E. Traubergs und K. Albertin die sozialrevolutionäre Partei im Volksrat (Baltische Zeitung Nr. 183 vom 25. 11. 1919 u. Kalninš, S. 30f.)

[159] Ostpolitik, S. 50.

[160] Dopkewitsch, S. 115. – Die lettischen Menschewiki hatten am 17. 6. 1918 eine eigene Parteiorganisation unter dem Namen Sozialdemokratische Arbeiterpartei Lettlands (Latvijas sociāldemokratiska strādnieku partijā – LSDSP) geschaffen. Sie bezog eine klare Frontstellung gegen die Bolschewiki und stand in ihrem politischen Programm der deutschen USPD nahe (Kalninš, S. 4).

des Demokratischen Blocks in Riga unter dem Vorsitz des Menschewiken Margers Skujenieks[161] die Konstituierung des Volksrats beschlossen wurde, dem je zu einem Drittel der Bauernbund, die Sozialisten (Menschewiki und Sozialrevolutionäre) und die bürgerlichen Parteien angehören sollten.[162] Die Mitglieder des Volksrats, des ersten lettischen Parlaments, waren also nicht gewählt, sondern bestellt. Die Bolschewiki, hinter denen die Masse der lettischen Bevölkerung stand,[163] waren im Volksrat überhaupt nicht vertreten. Die kleine Gruppe konservativer lettischer Politiker um Krastkalns und Veinbergs, die in der Okkupationszeit mit den Deutschbalten zusammengearbeitet hatte, erhielt gleichfalls keinen Sitz. Die Deutschbalten waren selbstverständlich zu den vorbereitenden Verhandlungen nicht hinzugezogen worden. Der neue lettische Staat, der sich auf das Bündnis zwischen bürgerlich-demokratischen und gemäßigt-sozialistischen Parteien stützte, konnte sich nur auf die Zustimmung eines Teils und keinesfalls der Mehrheit der lettischen Bevölkerung berufen.

Von der Eröffnung des Volksrats und der bevorstehenden „Proklamation" der Republik Lettland war Winnig offiziell unterrichtet worden. Bei einer Zusammenkunft in den Amtsräumen Winnigs am Nachmittag des 18. November, an der von Goßler und der politische Referent des Verwaltungschefs, Hauptmann von Lindeiner-Wildau, teilnahmen, berichtete ein Vertreter der Letten namens Bruschis über die Vorgänge, die zur Gründung des Volksrats geführt hatten. Er teilte mit, daß sich die lettischen Parteien mit Ausnahme der Konservativen und Bolschewiki am 17. November auf ein gemeinsames Programm geeinigt hatten. Die Sozialdemokraten seien der Vereinigung beigetreten, hätten es aber abgelehnt, in die zu bildende Regierung einzutreten. Die Proklamation sehe ein „vereinigtes unabhängiges selbständiges Lettland" vor. Die endgültige Verfassung solle von einer schleunigst einzuberufenden und nach demokratisch-proportionalem Wahlrecht zu wählenden konstituierenden Versammlung beschlossen werden. Weiter informierte Bruschis Winnig über die zukünftige Form der Mitarbeit der nichtlettischen Nationalitäten, die entsprechend ihrer statistischen Bevölkerungszahl am Volksrat beteiligt werden sollten, und kündigte die Bil-

[161] Margers Skujenieks (1886–1941), seit 1903 Mitglied der Sozialdemokratie, 1921 Austritt aus der LSDSP und Gründung einer eigenen Partei, schloß sich 1934 dem Ulmanis-Putsch an (Kalninš, S. 29).

[162] Kalninš, S. 197.

[163] Hehn, S. 151; C. Grimm, Vor den Toren Europas 1918–1920, Hamburg 1963, S. 22; Sipols, S. 53. Bei den Wahlen zur Gesamtrussischen konstituierenden Versammlung im November 1917 in den drei nicht von Deutschen besetzten livländischen Kreisen hatten die Bolschewiki 97781 Stimmen, der Bauernbund 31453 und die Menschewiki 7046 erhalten. Drei der vier gewählten Deputierten waren Bolschewiki (Sipols, S. 17).

dung einer Regierung unter Ulmanis an.[164] „Die temporäre Regierung hat nicht das Recht", so führte Bruschis aus, „die sozialen und wirtschaftlichen Zustände des Landes zu ändern." Diese Äußerung unterstreicht den bürgerlichen Charakter der Staatsneugründung. Es wäre für Winnig ohne weiteres möglich gewesen, die offizielle Staatsproklamation vorläufig zu verhindern, da die tatsächliche Macht nicht bei dem Volksrat, sondern bei den deutschen Behörden lag. So entstand der bürgerliche Nationalstaat Lettland unter dem Schutz deutscher Waffen und mit Billigung des deutschen Generalbevollmächtigten. Ob es ohne die Anwesenheit deutscher Truppen zur Gründung des bürgerlichen Lettland gekommen wäre, ist fraglich.[165] In seiner Antwort an Bruschis erhob Winnig keine Einwände gegen die Proklamation, behielt sich jedoch eine endgültige Stellungnahme gegenüber dem Volksrat vor. Das Protokoll führt dazu aus: „Herr Winnig erwidert, daß er sich seine Stellung dem neuen Volksrat gegenüber vorbehalten müßte: Mit dem demokratischen Wahlrecht sei er naturgemäß einverstanden. Bezüglich der Beteiligung der Nicht-Letten an der Regierung stehe er allerdings auf dem Standpunkt, daß für die Beteiligung der Deutschen nicht lediglich die Zahl maßgebend sein dürfe, da die wirtschaftliche und soziale Bedeutung des deutschen Bevölkerungsteils eine weit größere sei, als in der Zahl zum Ausdruck komme."[166] Bereits in dieser Antwort wurde die Haltung Winnigs gegenüber der lettischen Regierung sichtbar, die er auch in den folgenden Wochen beibehielt. Er akzeptierte die Staatsgründung, weil er in ihr das einzige Mittel sah, den lettischen Teil des Baltikums in der deutschen Einflußsphäre zu erhalten. Gleichzeitig versuchte er, die Souveränität des lettischen Staats durch die Stärkung des deutschbaltischen Elements zu schwächen und ihn in ein Abhängigkeitsverhältnis zu Deutschland zu bringen. Dieses Doppelspiel ließ sich sogar demokratisch legitimieren. Die Unabhängigkeit Lettlands entsprach ebenso dem Selbstbestimmungsrecht wie die Mitwirkung der deutschen Minderheit in dem neuen Staatswesen. Zwangsläufig mußten daher die Kreise des deutschbaltischen Adels und des deutschbaltischen Bürgertums in seiner Politik einen besonderen Platz einnehmen, da sie als Hebel fungierten, um den neuen Staat in einem Schwebezustand zu halten. Am Abend des 18. November fand eine Besprechung Winnigs mit Vertretern der Ritterschaft im Ritterhaus statt. Winnig teilte den Anwesenden mit, „daß ihm soeben Herr Ullmann die Bildung des letti-

[164] PA – Gesandtschaft Riga Nr. 33 Bl. 379.

[165] Es ist unzutreffend, wenn der damalige Innenminister der Regierung Ulmanis später schrieb: „In jenen Tagen der Staatswerdung Lettlands herrschte eine tiefe Begeisterung. Eine lebendige Hoffnung tat sich auf" (M. Walters, Lettland. Seine Entwicklung zum Staat und die baltischen Fragen, Rom 1923, S. 359).

[166] PA – Gesandtschaft Riga Nr. 33, Bl. 379.

schen Volksrats offiziell angezeigt habe. Er habe ihn hierzu beglückwünscht, sich im übrigen aber seine Stellung vorbehalten".[167] In der darauffolgenden Aussprache wurde festgelegt, „zunächst zu prüfen, ob der Volksrat wirklich die breiten lettischen Volksmassen der bürgerlichen und demokratischen Partei hinter sich hat; trifft das zu, so würde die Verwaltung ihn als geeignetes Organ zur Vertretung des lettischen Volksteils ansehen".[168] Im Falle eines Beitritts der nichtlettischen Bevölkerungsteile sei er „geeignet als Ausgangspunkt für die neue lettische Staatsbildung".[169] Die Ritterschaft erklärte sich bereit, unter Vermittlung Winnigs in Verhandlungen mit dem lettischen Volksrat einzutreten. Sie sprach die Befürchtung aus, „daß der Volksrat sehr bald in ein radikales Fahrwasser geraten könne".[170] Von einzelnen lettischen Rednern sei bereits auf der Veranstaltung die entschädigungslose Enteignung des gesamten deutschen Großgrundbesitzes und der Abzug sämtlicher deutscher Truppen gefordert worden. Noch am gleichen Abend teilte Winnig dem AA telegrafisch die Proklamation der lettischen Republik mit.[171] Winnigs Vorstellungen über die Verhandlungen mit den Letten wurden vom AA am 20. November telegrafisch gebilligt.[172] Er deklarierte seine Politik gegenüber den Letten als Versöhnungspolitik. Am 21. November ließ er durch seinen Pressereferenten Köhrer eine Erklärung bekanntgeben, in der es hieß: „Bei dem versöhnlichen Geist, der sich auch hier allmählich bemerkbar macht, hoffe ich zuversichtlich, daß ... sehr bald die Grundlagen für ein freundnachbarschaftliches Verhältnis geschaffen werden."[173] Eine offizielle Anerkennung der lettischen Regierung und des Volksrats wurde von Winnig vorläufig nicht ausgesprochen, da ihm daran lag, die politischen Verhältnisse so lange im Schwebezustand zu halten, bis der deutsche Einfluß auf das neue Staatswesen gesichert war.

Der lettische Volksrat[174] zählte bei seiner Konstituierung 39 Mitglieder. Davon entfielen auf den lettischen Bauernbund 13, auf die Sozialdemokratische Arbeiterpartei (Menschewiki) 10, die Sozialrevolutionäre 3, die Demokratische Partei 5, die Radikaldemokratische Partei 4, die Republikani-

[167] A.a.O.
[168] A.a.O..
[169] A.a.O.
[170] A.a.O.
[171] PA – Wk 20 d Nr. 1 a Bd. 23, Bl. 146.
[172] PA – Wk 20 d Nr. 1 a Bd. 24, Bl. 153. – Das Telegramm wurde nach Reval, nicht nach Riga gesandt und scheint Winnig nicht erreicht zu haben.
[173] Baltische Zeitung Nr. 1918 vom 25. 11. 1918.
[174] Über den Volksrat schrieb Winnig: „In dessen Namen und Art kehrten die Gedanken wieder, die meinen Vorschlägen von Ende November zugrundelagen, wie auch der Wortlaut der Proklamation starke Anklänge an meinen damaligen Entwurf enthielt" (Ostpolitik, S. 53).

sche Partei 1 und auf die Unabhängige Partei 1 Sitz.[175] Für Kurland und Lettgallen, die noch keine Abgeordneten benannt hatten, waren 21 bzw. 18 Sitze vorgesehen. Den Nicht-Letten wurden 20% der Gesamtsitze in Aussicht gestellt, die unter die Deutschen, Russen, Juden, Polen, Litauer und Esten aufzuteilen waren.[176] Als „vorläufige Verfassung" diente die politische Plattform des Volksrats,[177] auf die sich die in ihm vertretenen Parteien geeinigt hatten.[178] Abschnitt I der Plattform sah die baldige Einberufung einer konstituierenden Versammlung vor, die „seitens beider Geschlechter aufgrund des allgemeinen, gleichen, direkten, geheimen und proportionalen Wahlrechts" zu erfolgen habe. Abschnitt II, der die Staatsform und die auswärtigen Beziehungen betraf, bestimmte Lettland als „Republik auf demokratischer Grundlage" und als „Vereinigtes, selbständiges und unabhängiges Lettland im Völkerbund". Diese Bestimmung enthielt die Absage an das sozialistische Rußland. In Abschnitt III hieß es: „Die souveräne Gewalt liegt bis zur Einberufung der konstituierenden Versammlung in den Händen des Volksrats, der die zeitweilige Regierung ernennt." Als Gremien der politischen Willensbildung mit dem Recht, Delegierte in den Volksrat zu entsenden, wurden durch den Abschnitt III Abs. 2 die politischen Parteien, die nationalen Minoritäten und die lettischen Gebiete, in denen noch keine politischen Parteien bestanden (Kurland und Lettgallen), anerkannt. Diese Bestimmung beruhte nicht nur auf einem Mangel an verfassungsrechtlicher Klarheit, sie verdeutlichte auch die innere Schwäche des neuen Staatswesens, dessen Bestand trotz der demokratischen Fiktion weniger von den Kräften im Innern des Landes als vielmehr von den außenpolitischen Kräfteverhältnissen abhing. Um die Beteiligung aller Parteien an der Regierungsgewalt sicherzustellen, wurde für die zu bildende Regierung der Koalitionsgrundsatz aufgestellt, der auch auf die Beteiligung der nationalen Minoritäten ausgedehnt wurde. Die staatliche Exekutive wurde bis zur Einberufung der konstituierenden Versammlung der provisorischen Regierung übertragen. Der bürgerliche Charakter der lettischen Demokratie wurde durch Abschnitt III Abs. 5 der Plattform unterstrichen: „Die zeitweilige Regierung hat bis zur konstituierenden Versammlung nicht das Recht, die soziale Ordnung zu verändern." Die Plattform enthielt keine Bestimmung über eine Landreform, die die wirtschaftliche Vorrangstellung des deutschbaltischen Grundbesitzes und damit zugleich die Basis der bisherigen gesell-

[175] Baltische Zeitung Nr. 178 vom 19. 11. 1918.

[176] A.a.O.

[177] Walters, S. 360.

[178] Wortlaut der Plattform in: Baltische Zeitung Nr. 178 vom 19. 11. 1918. Die Plattform ist abgedruckt bei: R. Wittram, Zur Geschichte des Winters 1918/19, in: Baltische Lande, Bd. 4, Leipzig 1939, S. 37f.

schaftlichen und politischen Oberschicht beseitigt hätte. Die große Landreform wurde in Lettland erst zwei Jahre später durch das Landreformgesetz der Konstituierenden Versammlung vom 16. September 1920 beschlossen. Den nationalen Gruppen wurden ihre kulturellen und nationalen Rechte zugestanden. Indem die Plattform für die Beteiligung der nationalen Gruppen an der Regierung den Grundsatz des Proporzes aufstellte, kodifizierte sie die politische Entmachtung der Deutschbalten. Es war selbstverständlich, daß sich die Deutschbalten mit dieser Tatsache nicht abfinden würden, solange ihnen noch andere Machtmittel zur Verfügung standen. Die lettische Staatsgründung enthielt erheblichen Sprengstoff, der sich in den nächsten Monaten entladen sollte. Durch Abschnitt V wurde die Presse-, Rede-, Versammlungs- und Vereinsfreiheit und eine allgemeine politische Amnestie gewährt. Damit erteilte die liberale lettische Demokratie dem russischen Rätesozialismus eine Absage und knüpfte an die Traditionen der westlichen Demokratien an. Abschnitt VI, der den Schutz des Staates betraf, sah die Gründung einer lettischen Volksmiliz auf der Grundlage der Wehrpflicht vor, wobei ein freiwilliger Wehrdienst nicht ausgeschlossen wurde. Die Miliz war der provisorischen Regierung direkt unterstellt. Der Aufbau dieser Miliz, deren Aufgabe zunächst in der Verteidigung des bürgerlichen Lettland gegen die bolschewistischen russisch-lettischen Truppen bestand, sollte der Regierung in den folgenden Wochen große Schwierigkeiten bereiten, da sowohl zuverlässige regierungstreue Truppen als auch Waffen und Munition fehlten, die sich noch in den Händen der deutschen Besatzungsmacht befanden. Abschnitt VI Abs. 2 der Plattform lautete: „Die deutschen Truppen sind in bestimmter Zeit zu evakuieren." Die Formulierung dieses Passus enthüllte die prekäre Situation des lettischen Staates. Einerseits verlangte die Souveränität Lettlands den Abzug der deutschen Truppen; andererseits war aber der Staat gerade zur Sicherung seiner Souveränität gegen die bolschewistische Bedrohung von innen und außen auf ihre Anwesenheit angewiesen. Das entscheidende politische Organ war nach dieser vorläufigen Verfassung die provisorische Regierung. Am Tage seiner feierlichen Proklamation war der lettische Staat mehr Wille und Vorstellung als politische Realität. Die zukünftige Entwicklung Lettlands hing zunächst von der Haltung der deutschen Besatzungsmacht und damit von den Entscheidungen des Generalbevollmächtigten ab.[179] Die lettischen Politiker erwarteten von Winnig weitgehendes Entgegenkommen, verstanden sich doch beide Seiten als Repräsentanten einer demokratischen Bewegung, die sowohl in Deutschland wie in Lettland die bisherige Herrschaft der konservativen Oberschicht beseitigt hatte. Beide Seiten waren sich in der Gegnerschaft

[179] Winnig ging bei seiner Politik von der Annahme aus, daß nur 35–40 % der Gesamtbevölkerung hinter der Regierung Ulmanis standen (Ostpolitik, S. 60).

gegen die russische Rätedemokratie einig, deren weiteres Vordringen sie verhindern wollten.

Winnigs Hoffnung auf einen Erfolg seiner Ostpolitik beruhte nicht zuletzt auf seiner Einschätzung der lettischen Politiker. In einem Bericht an das AA[180] charakterisierte er den Ministerpräsidenten Ulmanis[181] folgendermaßen: „Ulmann, der Führer des Bauernbundes, ist Agronom, hat in Deutschland studiert und sechs Jahre lang in Amerika doziert. Er ist ein Anglophile, aber ein aufrichtiger Mann mit Tatsachensinn. Er ist Opportunist und wird, wenn die Verhältnisse es ihm nahelegen, ohne langes Zöfern mit uns arbeiten. Aber er ist auch ein echter lettischer Patriot und steht infolgedessen noch sehr unter dem Eindrucke der Mißgriffe und Härten, die während der Okkupation vorkamen und der deutschen Sache ungeheuer geschadet haben, wie ich immer wieder feststellen muß. Er ist Ministerpräsident und der feste Mann der Regierung. Wenn sich die Staatsgründung bewähren sollte, so wird es in erster Linie sein Verdienst sein – ohne Ulmann würde wahrscheinlich alles durcheinander gehen."[182] Über den zweiten Mann der Regierung, den Innenminister Valters, berichtete Winnig: „Als ich ihn Anfang November persönlich kennenlernte, rühmte er sich mir gegenüber seiner Deutschfreundlichkeit, für die er wirklich von der alten russischen Regierung verfolgt worden ist. Er ist Journalist, sehr belesen, aber ich traue ihm keine organisatorischen Fähigkeiten zu. Er ist ein guter Rede- und Repräsentationsminister, sichtbar eitel und nach meinem bisherigen Urteil an der Proklamierung der Latwija mehr persönlich als sachlich interessiert."[183] Im Hinblick auf Valters politischen Lebensweg war

[180] Handschriftlicher Bericht an das AA vom 1. 12. 1918 (PA – Wk 20 d Nr. 1 a Bd. 24 – A 51531).

[181] Karlis Ulmanis, geb. 4. 9. 1877, entstammte einer kurländischen lettischen Bauernfamilie, Studium der Agronomie in Zürich und Leipzig, 1905 Emigration in die USA, Tätigkeit am Landwirtschaftlichen Institut der Universität Nebraska. Rückkehr nach Lettland kurz vor Ausbruch des Ersten Weltkriegs. Frühjahr 1917 von russischer provisorischer Regierung zum stellvertretenden Kommissar für Livland ernannt. Begründete zusammen mit M. Valters und den Menschewiken Fr. Menders, P. Kalninš und M. Skujenieks im Herbst 1917 im besetzten Teil Lettlands den „Demokratischen Block". In der provisorischen Regierung zunächst Ministerpräsident und Außenminister. Von 1918 bis 1934 leitete er 7 der 18 Regierungen. Begründete 1934 durch Staatsstreich das autoritäre Lettland. 1940 nach Rußland verschleppt (Hehn, S. 109, Anm. 25).

[182] PA – Wk 20 d Nr. 1 a Bd. 24 A 5131.

[183] A. a. O. – Mikelis Valters, geb. 1874, entstammte einer Libauer Arbeiterfamilie. In den 90er Jahren Kontakt mit der „Neuen Strömung", einer vom Marxismus beeinflußten nationalen lettischen Bewegung. 1897 verhaftet, Flucht in die Schweiz, dort Jura-Studium. In der Schweizer Emigration entwickelte Valters zusammen mit E. Skubikis und E. Rolavs den Gedanken einer lettischen Republik. 1914 Veröffent-

die letzte Behauptung Winnigs falsch. Aber die Einschätzung Valters charakterisierte Winnigs Einstellung zur lettischen provisorischen Regierung. 1921 schrieb Winnig über die restlichen Kabinettsmitglieder: „Von den anderen Ministern ist wenig zu sagen. Der Finanzminister war eine bescheidene Null, der Kriegsminister Saliths ein trunksüchtiger Krakeeler. Das Gehabe der Leute hatte viel Operettenhaftes."[184] Der Einschätzung der provisorischen Regierung entsprach auch seine Einschätzung der lettischen politischen Führungsschicht: „Die lettische Intelligenz war politisch radikal, und wenn ich Walter und Ulmann sowie die paar Sozialisten davon ausnehme, war unter ihnen nicht ein einziger Kopf, der irgend etwas bedeutete."[185] Winnigs abwertendes Urteil über die lettische politische Führungsschicht entsprach seiner ostpolitischen Konzeption. Der Mangel an realer Macht auf seiten der lettischen Politik brachte Winnig dazu, sie politisch nicht ernst zu nehmen. Die lettische Politik war für ihn operettenhaft, unwirklich und grenzte an das Lächerliche. So betrachtete sich Winnig als der Regisseur eines Marionettentheaters, der mit den ihm zur Verfügung stehenden Figuren sein ostpolitisches Spiel treiben konnte. Für den lettischen Nationalismus hatte er wenig Verständnis. An den lettischen Sozialisten kritisierte er deren „Kleinstaaterei".[186] Winnig hielt ihnen vor, daß sie eine Balkanisierung des Baltikums anstrebten, die wirtschaftlich unhaltbar sei und vor der Kritik des Marxismus nicht bestehen könnte.[187] Doch dienten solche scheinmarxistischen Argumente nur der Einkleidung seines in größeren Räumen denkenden Sozialimperialismus.

Am 21. November protestierte der Vorsitzende des Baltischen Regentschaftsrats, Baron Pilar von Pilchau, in einem Telegramm, das dem AA mit der Bitte um Weiterleitung an die Regierungen anderer Staaten zugeleitet wurde, „gegen [die] einseitige Proklamierung estländischer und lettländischer Sonderstaaten". Die Entscheidung müsse einer Friedenskonferenz vorbehalten bleiben. Gleichzeitig ersuchte Pilar um eine Beschleunigung

lichung seines Buchs ›Mūsū taubības jautājums. Domas par Latvijas tagadni un nākotni‹ (Unsere Volkstumsfrage, Gedanken über Lettlands Gegenwart und Zukunft). 1913 Anschluß an die Sozialrevolutionäre. 1915 Rückkehr nach Riga. Anschluß an den Bauernbund. November 1918 Innenminister unter Ulmanis. 1920–24 Gesandter Lettlands in Rom, 1924–25 in Paris, 1934–37 in Warschau, 1937–40 in Brüssel. In Rom erschien 1923 sein Buch ›Lettland. Seine Entwicklung zum Staat und die baltische Frage‹, in dem er sich auch eingehend mit Winnigs Selbstdarstellung seiner Ostpolitik auseinandersetzte (Dopkewitsch, S. 10 – Hehn, S. 110).

[184] Ostpolitik, S. 54.

[185] Ostpolitik, S. 13.

[186] Ostpolitik, S. 11.

[187] Ostpolitik, S. 12.

der Schutzmaßnahmen gegen den Bolschewismus.[188] Dieser Protest gab den Auftakt zu einem letzten Versuch der Deutschbalten, wenigstens einen Rest ihrer politischen Sonderstellung zu erhalten. Bereits Anfang November war der „Baltisch-deutsche Nationalausschuß" zur Verteidigung der deutschbaltischen Interessen gegründet worden, dem Vertreter überkommener Körperschaften, berufsständischer Organisationen und einige der neuentstandenen deutschbaltischen Parteien angehörten.[189] Der rund 80köpfige Nationalausschuß, dessen Vorsitz der Rechtsanwalt A. Reusner innehatte, trat am 13. November mit einem Aufruf zur Schaffung einer Landeswehr gegen die Bedrohung des Landes durch bolschewistische Truppen erstmals an die Öffentlichkeit. Nach der Ausrufung der lettischen Republik sah der Nationalausschuß seine Aufgabe in der Vertretung der deutschbaltischen Interessen gegenüber dem lettischen Volksrat. Winnig war sich der Tatsache bewußt, daß die überkommene politische Stellung der Deutschbalten unhaltbar geworden war.[190] Ebenso hielt er eine Agrarreform, die den lettischen Bauern und Landlosen aus deutschbaltischem Grundbesitz Land zuteilte, für unaufschiebbar.[191]

Nach dem Protest Pilars vom 21. November versuchte Winnig zwischen den alten und neuen politischen Kräften zu vermitteln. Während Winnig die estnische Republik am 19. November anerkannt und ihr am 21. November die Verwaltung übergeben hatte, zögerte er die Anerkennung der lettischen provisorischen Regierung hinaus, um zuvor mit Letten und Deutschbalten zu verhandeln. Die von Winnig geleiteten Verhandlungen begannen am 22. November im Hotel Rom in Riga[192] und zogen sich bis zum 1. Dezember hin, weil eine Einigung nicht zustande kam. Winnigs Intentionen gehen aus einem Redemanuskript hervor, das sich unter der Überschrift ›Sitzung mit Deutsch-Balten und Letten. 23. November 1918‹ in den Akten der Gesandtschaft Riga befindet. Als Ziel wurde von Winnig die Versöhnung beider Volksteile genannt. „Auch hier heißt es heilen. Die alte schwärende

188 PA – Wk 20 d Nr. 1 a Bd. 23, Bl. 178.

189 Wittram, Zur Geschichte des Winters 1918/19, S. 23.

190 Ostpolitik, S. 58.

191 Ostpolitik, S. 59.

192 Von lettischer Seite erschienen 12 Vertreter, darunter Ulmanis und Valters, die Führer der lettischen Menschewiken Menders und Skujenieks und der Sozialrevolutionär Skubikis, der Vertraute Winnigs. Nach der Anwesenheitsliste nahmen von deutschbaltischer Seite 11 Vertreter teil, darunter der Vorsitzende des Nationalausschusses Reusner, der Vorsitzende des kurländischen Landesrats, Baron von Rahden, und der Präses der Deutschbaltischen Fortschrittspartei, Baron von Rosenberg. Von seiten der deutschen Behörden nahmen außer Winnig der Verwaltungschef von Goßler, Burchard und von Lindeiner-Wildau an den Verhandlungen teil (Anwesenheitsliste in PA – Gesandtschaft Riga I Nr. 2).

Wunde der Abneigung hat sich zum Haß entwickelt. Der macht blind und scharfäugig. Blind für die guten, scharfäugig für die schlechten Seiten des Anderen."[193] „Aber", so führte er aus, „was hilft das alles? Der Eigensinn der Geschichte hat sie zusammengeführt. Sie müssen doch, wohl oder übel, auszukommen suchen."[194] Bei der Betonung der Vermittlerrolle ging Winnig von der allerdings fiktiven Vorstellung eines Mindestbestands an Gemeinsamkeiten zwischen beiden Parteien aus. Mitarbeit, Aufbau, Überwindung von Mißtrauen, Heilung vergangener Wunden waren die Leitgedanken seiner Ansprache. Diese harmonisierende Betrachtungsweise stand im Widerspruch zu den tatsächlich vorhandenen Gegensätzen. Der propagandistische Charakter seiner Ausführungen war unverkennbar. Indem Winnig die beiden Gruppen als gleichberechtigte Verhandlungspartner einander gegenüberstellte, wertete er die Autorität der bis dahin von ihm noch nicht anerkannten provisorischen Regierung ab und sicherte den Deutschbalten eine starke Verhandlungsposition. Nach einigen Verhandlungstagen mußte sich Winnig selbst eingestehen, daß er den Bogen zu weit gespannt hatte.

Als zentraler Streitpunkt erwies sich bei den Verhandlungen die künftige Stellung der baltischen Deutschen in Lettland. Die deutschbaltischen Vertreter forderten eine Beteiligung im Volksrat und in der Regierung entsprechend der wirtschaftlichen und kulturellen Bedeutung der Deutschbalten.[195] Weiter verlangten sie eine politische Amnestie für die Vergangenheit, kirchliche und Schulautonomie für die deutsche Minorität, Schutz des Eigentums natürlicher und juristischer Personen, ungehinderter Fortbestand der Korporationen, Vereine, Kreditanstalten und Stiftungen, Gewährleistung der deutschen Sprache in Kirche, Schule und Rechtspflege und Ämterbesetzung nach Befähigung, nicht nach Nationalität. Für die zu bildende Landeswehr wurde die Zulässigkeit nationaler Wehrverbände gefordert.[196] Für den Fall der Akzeptierung dieser Forderungen erklärte sich Winnig zur Anerkennung der lettischen Regierung bereit. Da die Letten sich nicht bereit fanden, den Deutschbalten über die in der Plattform zugesicherten Rechte hinaus einen Sonderstatus zu gewähren, unterbreitete Winnig am 24. November einen Einigungsvorschlag, der die Entsendung von fünfzehn deutschbaltischen Abgeordneten in den Volksrat und die Aufnahme eines Ministers und dreier Ministergehilfen in das Kabinett vorsah.[197] Winnig hielt eine Beteiligung der Deutschbalten im Volksrat und in

[193] PA – Gesandtschaft Riga I Nr. 2.

[194] A. a. O.

[195] Stellungnahme abgedruckt bei Wittram, Zur Geschichte des Winters 1918/19, S. 39f.

[196] A. a. O.

[197] PA – Gesandtschaft Riga I Nr. 2 (die Zahlen sind durch handschriftlichen Zu-

der Regierung für notwendig, um, wie es in einer Stellungnahme Burchards hieß, „über die Vorgänge dort einwandfrei unterrichtet zu sein und einen Einfluß darauf unmittelbar ausüben zu können".[198] Der Vermittlungsvorschlag wurde von lettischer Seite abgelehnt. Damit war Winnigs Versöhnungspolitik bereits in den Anfängen gescheitert.[199] Am 26. November erkannte Winnig die provisorische Regierung und den Volksrat vorläufig an, ohne die Verhandlungen abgeschlossen zu haben. Das Anerkennungsschreiben lautete:

> Der Generalbevollmächtigte des Reichs
> für die Baltischen Lande
>
> Riga, den 26. November 191[8]
>
> An den Herrn Präsidenten der Provisorischen Regierung
>
> Ich beehre mich, dem Herrn Präsidenten anzuzeigen, daß die deutsche Regierung bereit ist, den Volksrat Lettlands als selbständige machtausübende Versammlung und die Provisorische Regierung als deren Vollzugsausschuß temporär anzuerkennen, bis der Friedenskongreß entschieden hat, der über die zukünftige Lage Lettlands auf Grund des Selbstbestimmungsrechts der Völker entscheiden wird.
>
> gez. August Winnig[200]

Die Übergabe der Verwaltung war mit der formellen Anerkennung noch nicht verbunden. Vorläufig bestand die Republik Lettland lediglich aus einem Parlament und einer Regierung ohne jeden administrativen Unterbau. Goßler blieb weiterhin Verwaltungschef. Gegen die Anerkennung legte Pilar namens des Baltischen Regentschaftsrats bei Winnig förmlich Protest ein.[201] Er sprach dem Volksrat die demokratische Legitimation ab, lehnte dessen politische Plattform ab, schlug zur Abwehr der äußeren und inneren Bedrohung durch den Bolschewismus die Einsetzung einer erprobten, mit

satz noch korrigiert worden: statt 15 sind 8 Volksratsmitglieder, statt 3 sind 2 Ministergehilfen angegeben). Vgl. Wittram, S. 40.

198 Burchard, Stellungnahme zum Eintritt von Deutschbalten in den Volksrat und die Provisorische Regierung (vom 29. 11. 1918) – (PA – Gesandtschaft Riga I Nr. 2).

199 Winnigs Haltung ist später von den Letten heftig kritisiert worden. Valters schreibt, Winnig habe zwar „alle Sympathien für Lettland zur Schau getragen, aber im Grunde war das ein Spiel, das auch sehr bald als solches von der Regierung erkannt wurde" (Walters, S. 362). Winnig habe sich auf die Seite der Deutschbalten gestellt und einen „Zerstörungsfeldzug gegen den neu entstandenen Staat begonnen" (S. 363).

200 PA – Gesandtschaft Riga I Nr. 33. Winnigs handschriftlicher Entwurf des Anerkennungsschreibens in: PA – Gesandtschaft Riga I Nr. 1.

201 Der Regentschaftsrat traf am 28. 11. zum letzten Mal zusammen (Rimscha, Staatswerdung, S. 80).

Machtmitteln ausgestatteten Regierung anstelle der provisorischen Regierung vor und sprach die dringende Bitte aus, die Übergabe der Verwaltung hinauszuzögern.[202] Die Gegensätze waren trotz der mehrtägigen Verhandlungen unüberbrückbar geblieben. Die Verhandlungen nahmen eine ungewöhnliche Wende, als der Präses der Deutschbaltischen Fortschrittspartei, Eduard von Rosenberg, am 30. November unerwartet die Bereitschaft seiner Partei erklärte, unter den von den Letten genannten Bedingungen in den Volksrat einzutreten.[203] Damit war Winnigs Taktik durchkreuzt. „Da war ich geschlagen", schreibt Winnig. „Der baltische Baron Rosenberg trat vor die Demokratie, um sie vor den reaktionären Anschlägen des deutschen Gewerkschaftsführers zu schützen. Jeder genoß die Würze dieses Vorschlages auf seine Weise, am tiefsten genossen sie die lettischen Minister."[204] Die Fortschrittlichen traten mit fünf der insgesamt acht den Deutschbalten zugedachten Delegierten in den Volksrat ein. Rosenberg selbst übernahm das Amt der Staatskontrolleurs. Am 8. Dezember trat auch die (deutschbaltische) Demokratische Partei dem Volksrat bei. Die Nationalliberalen und der Baltenbund lehnten eine Mitarbeit im Volksrat ab.[205]

Winnigs Verzögerungstaktik hatte einen zunehmenden Autoritätsverlust der lettischen Regierung bewirkt. Ende November erkannte Winnig, daß eine Weiterführung seiner bisherigen Taktik zum endgültigen Zusammenbruch des bürgerlichen Lettland führen mußte. Am 1. Dezember berichtete er dem AA: „Mit den Bolschewisten sind auch breite nicht parteipolitisch disziplinierte Schichten des lettischen Volkes mit der provisorischen Regierung unzufrieden, weil sich die Verhandlungen wegen der Übernahme der Verwaltung fast zwei Wochen hingezogen haben. Würde ich jetzt noch länger den Abschluß der Verhandlungen hinausschieben, so würde die provisorische Regierung noch mehr Boden verlieren und wahrscheinlich bald fallen, um einem neuen Gebilde Platz zu machen, das dann den Bolschewisten große Zugeständnisse machen müßte."[206] Winnig befürchtete eine Auflösung der politischen Ordnung und dadurch eine Erschwerung des Rücktransports der deutschen Truppen. Der Grund für seine Verzögerungstaktik wird aus folgendem Satz ersichtlich: „Ich muß dann, so leid es mir

[202] PA – Gesandtschaft Riga I Nr. 2.

[203] Wittram, Zur Geschichte des Winters 1918/19, S. 25.

[204] Heimkehr, S. 24. Rosenberg hat später in einer polemischen Schrift mit Winnig abgerechnet. Winnig, schreibt Rosenberg, habe „verworrenen Plänen" nachgehangen, „die niemals gelingen konnten und auch mit allen demokratischen, sowie erst recht mit allen sozialdemokratischen Grundsätzen gänzlich unvereinbar waren" (E. von Rosenberg, Für Deutschtum und Fortschritt in Lettland. Erinnerungen und Betrachtungen, Riga 1928, S. 67).

[205] Wittram, Zur Geschichte des Winters 1918/19, S. 25.

[206] PA – Wk 20 d Nr. 1 a Bd. 24, A 51531.

tut, auf schriftliche Garantien für den Schutz der deutschen Minderheit verzichten."[207] Die lettische Regierung sträubte sich gegen jede rechtliche Fixierung des Minderheitenschutzes, weil sie befürchtete, die Souveränität des neuen Staats preiszugeben. Winnig führte die Hartnäckigkeit der Letten lediglich auf deren Deutschenhaß zurück. In dem Bericht an das AA hieß es: „Mündliche Zusicherungen habe ich, aber die provisorische Regierung kann sich nicht entschließen, sie schriftlich zu geben, weil sie davon eine weitere und für ihren Bestand gefährliche Verschlechterung ihrer Stellung befürchtet. Sie glaubt, der unversöhnlichen Stimmung ihrer Auftraggeber Rechnung tragen zu sollen. Der Haß gegen alles Deutsche – vornehmlich gegen die Deutschbalten – ist in der Tat für unsere Begriffe erstaunlich groß und hartnäckig."[208]

Aufschlußreich ist in diesem Zusammenhang eine Denkschrift Burchards vom 29. November zum Eintritt der Deutschbalten in den Volksrat, von der anzunehmen ist, daß sie auch den Vorstellungen Winnigs weitgehend entsprach. In dieser Denkschrift wird der Volksrat als einzige repräsentative Vertretung Lettlands anerkannt.[209] Die Hinzuziehung der Sozialdemokraten zum Volksrat mache es wahrscheinlich, „daß eine gewisse Verbindung mit Deutschland und Befruchtung durch das Reich nicht abgelehnt werde". Der Wunsch der Reichsregierung, im Baltikum politische Gebilde zu errichten, die den Friedenskongreß überlebten, erfordere eine Einwirkung auf die Deutschbalten, um sie für einen Eintritt in den Volksrat zu gewinnen. Der Eintritt sei für Deutschland „erwünscht, um über die Vorgänge dort einwandfrei unterrichtet zu werden und einen Einfluß darauf unmittelbar ausüben zu können". Der Ausspruch belegt die interventionistische Konzeption, die Winnigs baltischer Politik zugrunde lag. Über die Zukunft des Baltikums hieß es: „Weder Deutschland noch Rußland haben ein Interesse daran, selbständige wirtschaftliche Gebilde zwischen sich zu dulden. Die Entwicklung könnte dahin gehen, daß die estnischen Teile wirtschaftlich an Rußland, die lettischen ebenso wie Litauen wirtschaftlich an Deutschland angeschlossen werden. Auch der wirtschaftliche Anschluß des ganzen Landes kann noch nicht als unmöglich angesehen werden." Zwischen Deutschen und Nichtdeutschen bestünde in den baltischen Ländern „ein zwingendes einigendes Moment in dem Kampf gegen den Bolschewismus, aber auch in der Absage zu einem neuen Rußland auf nicht-bolschewistischer Grundlage". Da die gegenwärtige Sicherung der Rechtstellung der Deutschbalten ausschließlich durch die Anwesenheit der Militärmacht gewährleistet werde, folge daraus, daß „eine gewisse Machtstellung auch

[207] A.a.O.
[208] A.a.O.
[209] Siehe Anm. 198.

durch Truppen" bis zur endgültigen Lösung auf dem Friedenskongreß zu erhalten sei.

Die Durchführung der in Burchards Aufzeichnungen enthaltenen Konzeption wurde aber nicht nur durch die Unnachgiebigkeit der Letten, sondern auch durch die Haltung der Deutschbalten selbst erschwert, die nicht bereit und, aus ihrer traditionellen Einstellung, wohl auch nicht in der Lage waren, sich Winnigs Strategie und Taktik unterzuordnen. Winnig beklagte, daß den Deutschbalten wie auch der deutschen Verwaltung das Verständnis für die „neuen Möglichkeiten" fehle. Die Deutschbalten könnten „aus Schmerz über die verlorenen Privilegien die Möglichkeiten der neuen Tatsachenlage nicht fassen".[210] Da durch den unerwarteten Schritt Rosenbergs die Frage der Beteiligung der Deutschbalten an dem Volksrat erledigt war, mußte nur noch die Übergabe der Verwaltungsorgane an die lettische Regierung geregelt werden. Am 1. Dezember einigten sich Winnig und die provisorische Regierung auf den Text einer „vorläufigen Vereinbarung".[211]

Durch Artikel 1 der vorläufigen Vereinbarung wurde noch einmal die Anerkennung der provisorischen Regierung ausgesprochen. Er lautete: „Die oberste Regierungsmacht im ethnographisch-lettischen Gebiet wird ausgeübt von der provisorischen Regierung Lettlands in Form eines Ministeriums, das dem Volksrat Lettlands verantwortlich ist." Artikel 2 setzte die Übergabe der Verwaltung fest: „Die deutsche Zivilverwaltung übergibt nach Maßgabe näherer Vereinbarungen, die getroffen werden, die Verwaltungsgeschäfte an die Organe der provisorischen Regierung."[212] Die übrigen der insgesamt 13 Artikel hatten folgende Punkte zum Gegenstand: Art. 3: Landesschutz durch deutsche Truppen bis Beendigung des Abtransports der Truppen im Einverständnis mit der provisorischen Regierung; Art. 4: Gewährung von Unterkunft an deutsche Truppen durch die provisorische Regierung; Art. 5: Versorgung der deutschen Truppen gegen Bezahlung. Art. 6 bis 12 betrafen Einzelheiten der Verwaltungsübergabe, ein Ausfuhrverbot für Lebensmittel und sonstige Waren, die Rückführung und den Verkauf von Heeresgut, die Rückgabe beschlagnahmter Betriebe, Räumlichkeiten und Gegenstände, den Betrieb der Eisenbahnen, die Übergabe der öffentlichen Gebäude, Liegenschaften, Wälder und landwirtschaftlichen Betriebe an die provisorische Regierung. Besondere Abmachungen über die Übergabe der von deutschen Behörden hergestellten Bahnen und Verkehrsanlagen sowie für die Übergabe des Post- und Telegraphenver-

[210] PA – Wk 20 d Nr. 1 a Bd. 24, A 51531.

[211] A. a. O. Auf den 1. 12. datierte Entwürfe des Textes in: PA – Wk 20 d Nr. 1 a Bd. 24, A 54479 und: PA – Gesandtschaft Riga Nr. 2.

[212] Endgültiger Text der Vereinbarung vom 16. 12. in: PA – Ges. Riga I Nr. 2^3, Bl. 1–5.

kehrs wurden in Aussicht gestellt. Art. 13 setzte fest, daß das Verhältnis zwischen der Okkupationsmacht und der provisorischen Regierung nach Art. 43 der Haager Landkriegsordnung geregelt werde. Eine Schlußklausel machte die Gültigkeit der Vereinbarung von der Zustimmung der Reichsregierung und des Volksrats abhängig.

Die Unterzeichnung wurde von Winnig zunächst ausgesetzt, um die Zustimmung des AA einzuholen.[213] Am 5. Dezember teilte Winnig dem AA mit, daß die Vereinbarung nach einiger Kritik vom Volksrat angenommen worden sei.[214] Den Text der Vereinbarung scheint Winnig wenige Tage später bei seiner mündlichen Berichterstattung in Berlin dem AA vorgelegt zu haben.[215] Die endgültige Unterzeichnung der Vereinbarung fand erst am 16. Dezember in Abwesenheit Winnigs durch Ulmanis und Burchard statt.[216] Inzwischen stellten sich neue Schwierigkeiten ein. Am 11. Dezember hatten Ulmanis und Valters vorübergehend die Unterzeichnung abgelehnt, „da Deutschland den ihm obliegenden Schutz der Länder nicht ausreichend durchführe".[217] Da die Unterzeichnung der Vereinbarung am 16. Dezember bereits unter dem Eindruck des bevorstehenden Einmarsches der Roten Armee stand, sind die rechtlichen Auswirkungen der Vereinbarung nur noch von geringerer Bedeutung gewesen. Im Sinne der Vereinbarung wurde von Goßler am 3. Dezember der Beginn der Übergabe der Verwaltung für den 5. Dezember und die Beendigung der Übergabe für den 15. Dezember angesetzt. Die Auflösung der Zivilverwaltung wurde für den 15. Dezember angeordnet.[218]

In Artikel 15 des Waffenstillstandsvertrags vom 11. November hatte Deutschland den Verzicht auf die Ostfriedensverträge von Brest-Litowsk und Bukarest sowie deren Zusatzverträge erklärt. Aus dieser Rechtslage ließ sich ableiten, daß Kurland, Livland und Estland wieder russisches Territorium waren. Am 13. November hatte auch das Allrussische Zentralexekutivkomitee der Sowjets den Vertrag von Brest-Litowsk und den Zusatzvertrag annulliert. Dennoch war die völkerrechtliche Lage nicht eindeutig. Der estnische Maapäev und der lettische Nationalrat waren von Großbritannien und Frankreich anerkannt worden.[219] Das Baltikum befand sich im November 1918 völkerrechtlich in einem Schwebezustand. Durch Art. 12 des Waf-

[213] Ostpolitik, S. 55.

[214] PA – Wk 20 d Nr. 1 a Bd. 24, A. 51 673.

[215] Nach Winnigs Darstellung in ›Ostpolitik‹ wurde die Vereinbarung von der Reichsregierung genehmigt.

[216] Bericht über den „Stand der Geschäfte am 16. 12. 1918" vom 17. 12. 1918 (PA – Gesandtschaft Riga I Nr. 1).

[217] A. a. O.

[218] PA – Gesandtschaft Riga I Nr. 2.

[219] Die Anerkennung des Maapäev und des lettischen Nationalrats durch Groß-

fenstillstandsvertrags, der den Abzug der deutschen Truppen aus dem ehemals russischen Territorium vorsah, „sobald die Alliierten, unter Berücksichtigung der inneren Lage dieser Gebiete, den Augenblick für gekommen erachten“,[220] wurde der Anspruch der Entente auf Intervention im Baltikum bekräftigt. Sipols hat den Art. 12 als „das militärische Bündnis der Ententestaaten mit ihrem bisherigen Gegner Deutschland gegen Rußland bezeichnet.[221] Die Baltikumspolitik der Entente ziele darauf ab, die bolschewistische Bewegung in Rußland einzudämmen. Winnig befürwortete die Entstehung der neuen Randstaaten Estland und Lettland, weil er glaubte, die neuen Staaten in die deutsche Einflußsphäre einbeziehen zu können. Seine Ostpolitik unterschied sich von der bisherigen in erster Linie durch die Methode. Er war bemüht, „den deutschen Einfluß mehr durch Diplomatie als durch Zwangsmaßnahmen aufrechtzuerhalten“.[222]

Bereits einige Tage vor Winnigs Amtsantritt hatte die provisorische estnische Regierung in Reval, die zunächst von Jaan Poska anstelle des noch inhaftierten Ministerpräsidenten Päts geleitet wurde, ihre Tätigkeit aufgenommen. Verhandlungen, die der estländische Ritterschaftshauptmann, Freiherr von Dellingshausen, Anfang November mit politischen Führern der Esten geführt hatte, um sie für den baltischen Einheitsstaat zu gewinnen, waren gescheitert.[223] Die provisorische estnische Regierung konnte ihre Tätigkeit unter dem Schutz deutscher Soldatenräte, die sich gegen die eigenen Kommandobehörden stellten, aufnahmen.[224] Unter dem Eindruck der Auflösungserscheinungen im deutschen Heer genehmigte der Kommandierende General des Generalkommandos 68, Generalleutnant von Seckendorff, von sich aus, ohne die Einwilligung der politischen Instanzen einzuholen, am 12. November den Zusammentritt des Maapäev und erkannte die provisorische estnische Regierung „unter Vorbehalt der späteren Anerkennung der deutschen Reichsregierung als bestehend“ an.[225] Am gleichen Tag übergab der Leiter der estnischen Provinzialverwaltung, Landeshaupt-

britannien und Frankreich scheint Winnig bei der Übernahme seiner Geschäfte am 14. 11. nicht bekannt gewesen zu sein.

[220] Der Waffenstillstand 1918–1919. Das Dokumentenmaterial des Waffenstillstands, hrsg. im Auftrag der Waffenstillstandskommission, Bd. 1, Berlin 1928, S. 39.

[221] Sipols, S. 40.

[222] W. F. William, Die Politik der Alliierten gegenüber den Freikorps im Baltikum 1918–1919, in: VfZG 12 (1964), S. 149.

[223] Telegr. von Kemnitz an AA vom 6. 11. 18 (PA – Wk 20 d Nr. 1 a Bd. 23, Bl. 62).

[224] Telegramm Winnig an AA vom 1. 12. 18 (PA – Wk 20 d Nr. 1 a Bd. 24 A 51 171).

[225] Telegramm des Landeshauptmanns von Zahn an Militärverwaltung Riga vom 12. 11. (PA – Gesandtschaft Riga I Nr. 32, Bl. 327).

mann von Zahn, die gesamte Verwaltung an die provisorische Regierung.[226] Durch diese übereilte Entscheidung wurde Winnig in Estland vor vollendete Tatsachen gestellt. Bestrebungen, die Übergabe der Verwaltung wieder rückgängig zu machen, scheiterten an Winnigs Einspruch, der in diesem Fall einen ernsten Konflikt befürchtete.[227]

Winnig entschloß sich, sogleich Verhandlungen mit der provisorischen estnischen Regierung aufzunehmen, um den neuentstandenen Verhältnissen eine rechtliche Grundlage zu geben. Am 16. November teilte er dem AA mit, daß die Verhandlungen mit der estnischen Regierung in die Wege geleitet seien. Die aus politischen Gründen gefangengenommenen Personen habe er freigelassen. Der von den Esten geforderten Übergabe der Verwaltung stehe nichts im Wege, da die deutsche Verwaltung Estland bereits verlassen habe. Die Herausgabe von Waffen lehnte Winnig jedoch mit der Begründung ab, daß „die Stellung der provisorischen Regierung noch ganz ungeklärt und unsicher sei".[228] Anders als in Lettland war in Estland die Gefahr eines Bürgerkriegs nicht so groß, da die Bolschewiki dort nicht über einen entsprechenden Anhang verfügten. Um so bedrohlicher war die äußere Lage, denn nach dem Abzug der deutschen Truppen von der Narwa-Front war eine Invasion der russischen Truppen in das militärisch frei werdende Estland mit Sicherheit zu erwarten. Die erste Verhandlung Winnigs mit estnischen Politikern fand am 17. November in Riga statt.[229] Winnig erklärt sich bereit, namens der deutschen Regierung eine Erklärung abzugeben, „daß die deutschen Okkupationsbehörden berechtigten Anlaß zu Mißtrauen und Verbitterung gegeben hätten".[230] Eine Anerkennung der estnischen Republik lehnte Winnig ab: „Ich habe erklärt, daß sie eine Selbstverständlichkeit sei, sobald der Friedensschluß ihre Bildung gutheiße."[231] Die eigentlichen Verhandlungen mit Vertretern der provisorischen estnischen Regierung fanden am 18. November, ebenfalls in Riga, statt. Leiter der estnischen Delegation war der Arzt Dr. Konik.[232] Bei den Verhandlungen vertrat Winnig den Standpunkt, daß eine endgültige Anerkennung der estnischen Republik nicht möglich sei, da Estland nach der Annullierung des Vertrags von Brest-Litowsk durch das Waffenstillstandabkommen völkerrechtlich wieder russische Provinz sei.[233] Bei den Verhandlungen mit den

[226] A.a.O.

[227] PA – Wk 20 d Nr. 1 a Bd. 24, A 51 171.

[228] PA – Wk 20 d Nr. 1 a Bd. 23, Bl. 130f.

[229] Nach ›Ostpolitik‹ handelte es sich dabei um zwei estnische Politiker aus Dorpat namens Jansen und Lucht.

[230] Tel. Winnig an AA vom 18. 11. 18 (PA – Wk 20 d Nr. 1 a Bd. 23, Bl. 143).

[231] A.a.O.

[232] Baltische Zeitung Nr. 179 vom 20. 11. 1918.

[233] Baltische Zeitung Nr. 182 vom 24. 11. 1918.

Esten hatte Winnig nur noch wenige Trümpfe in der Hand. Die deutsche Verwaltung hatte ihre Geschäfte bereits den Esten übergeben und das Land verlassen. Das Heer befand sich auf dem Rückzug. Im übrigen betrachteten die deutschen Soldaten „in verworrenem Internationalismus und kindhaften Verbrüderungsdrange", wie Winnig später verärgert feststellte, die Esten als ihre Freunde.[234] Bei den deutschen Soldaten sei nach vierjähriger Kriegszeit „der nationale Wille schlaff geworden".[235]

Die Verhandlungen konnten am 19. November mit einer Vereinbarung abgeschlossen werden. Der öffentlichen Bekanntgabe der Vereinbarung in der Presse ließ Winnig eine persönliche Erklärung hinzufügen, in der es hieß: „Ich fasse meine Mission so auf, daß ich mich als der Liquidator der alten Ostpolitik ansehe." Seine Politik charakterisierte er als Versöhnungspolitik: „Ich hoffe weiter, daß es mir gelingt, einen Geist der Versöhnung und des Vertrauens zu dem neuen Deutschland zu schaffen, der uns die Wiederholung der bitteren Erfahrungen in Polen ersparen wird. Ich will diese Versöhnungspolitik durchführen, unbekümmert um alle Widerstände, weil ich glaube, nur dadurch einen Schutz der deutschen Minorität erzielen zu können."[236] Tatsächlich beruhte Winnigs Versöhnungspolitik auf einer Fiktion, denn sie wurde zu einem Augenblick proklamiert, als die Unversöhnlichkeit der Gegensätze zum ersten Mal offen ausgetragen werden konnte. Durch die Vereinbarung wurde die provisorische Regierung als oberste staatliche Gewalt für das neue Estland, das außer der bisherigen Provinz Estland, Nordlivland einschließlich Dorpat sowie die vorgelagerten Inseln umfaßte, anerkannt. Art. 1 der Vereinbarung lautete: „Die oberste Regierungsmacht im ethno[graphischen] estn[ischen] Gebiet wird ausgeübt vom estnischen Ministerium in Form einer provisorischen Regierung, die dem estnischen Landesrat (Maapäev) verantwortlich ist."[237] Art. 2 setzte die Übernahme der gesamten Verwaltung durch estnische Verwaltungsorgane auf den 21. November fest. Art. 3 schloß ein Eingreifen der deutschen Truppen in die inneren Angelegenheiten Estlands aus. Art. 4 übertrug den Postverkehr an die estnische Verwaltung, während Telegraphen- und Fernsprechverkehr weiter unter militärischer Verwaltung blieben. Art. 5 regelte das Eisenbahnwesen, das vorläufig unter militärischer Verwaltung blieb. Durch Art. 6 wurde die Ausfuhr von Waren mit Ausnahme des Heeresguts der Kontrolle der estnischen Regierung unterstellt. Art. 7 betraf das Aus-

[234] Ostpolitik, S. 43.

[235] A. a. O.

[236] Baltische Zeitung Nr. 183 vom 25. 11. 18.

[237] Abschriften der Vereinbarung mit jeweils unterschiedlicher Schreibweise der Namen einiger Verhandlungsteilnehmer in: PA – Wk 20 d Nr. 1 a Bd. 23, Bl. 202 und: PA – Gesandtschaft Riga I Nr. 3. Nur der letzte Text enthält Datum und Ort der Ausfertigung.

scheiden Estlands aus dem Zollgebiet Ober-Ost. Die Universität Dorpat, die erst im September als deutsche Universität wiedereröffnet worden war, wurde durch Art. 8 der estnischen Verwaltung übergeben. Im Art. 9 erklärten sich beide Parteien bereit, „die weiteren Beziehungen im besten Einvernehmen zu regeln". Unterzeichnet war die Vereinbarung von Winnig und auf estnischer Seite von F. Peterson, W. Puck, Dr. Konik und H. Lucht. Winnig bemerkt, daß er diese Vereinbarung „ohne jede Fühlungsnahme mit dem Auswärtigen Amt" habe abschließen müssen.[238] Dem Ersuchen Winnigs, die Verhandlung vom 17. November und die Vereinbarung vom 9. November zu genehmigen,[239] wurde vom AA entsprochen.[240] Winnig hat später behauptet, seiner Erinnerung nach nie ein Schriftstück vom AA erhalten zu haben. Eine „politische Weisung oder auch nur Äußerung" habe er „bestimmt nie empfangen".[241] Diese Behauptung trifft nicht zu. Es steht jedoch fest, daß die deutsche Baltikumspolitik nicht in Berlin, sondern von Winnig in Riga gemacht wurde. Doch konnte sich Winnig auf das Vertrauen des Rats der Volksbeauftragten stützen.

Die Vereinbarung vom 19. November enthielt keine Bestimmung über Waffenlieferungen an die estnische Regierung. Eine solche Vereinbarung kam am 30. November zustande,[242] wurde aber nicht durchgeführt, weil Winnig kein Vertrauen zur estnischen Regierung hatte.[243] Der estnische Sozialdemokrat Martna hat wenige Monate später Winnig in einer heftigen Polemik vorgeworden, „Estland schutzlos den eindringenden Feinden preisgegeben" zu haben.[244] Martnas Anklage gipfelte in den Worten: „Man verhinderte die estnische Mobilisation, man ließ uns ohne Waffen, ohne Verteidigungsmöglichkeit in der teuflischen Erwartung, die russische Bedrängnis werde das Volk dazu treiben, doch um deutsche Hilfe nachzusuchen."[245] Die Weitergabe von Waffen war für Winnig nicht unproblematisch, da sie sich gegen die den Esten verhaßte deutschbaltische Oberschicht richten konnten. Die Rücksichtnahme auf die Deutschbalten mußte Winnig in einen Konflikt mit der von ihm betriebenen Versöhnungspolitik bringen. Ein

[238] Ostpolitik, S. 54.

[239] Tel. vom 18. 11. und 19. 11. (PA – Wk 20 d Nr. 1 a Bd. 23, Bl. 143 u. Bl. 154–158).

[240] Tel. AA an Winnig vom 18. 11. 18 (PA – Wk 20 d Nr. 1 a Bd. 23, Bl. 153 – Dieses Tel. wurde fälschlich nach Reval geschickt) und Tel. AA an Winnig vom 22. 11. 18: „Antwort auf Tel. vom 19. d. M. Vereinbarung mit Peterson und Genossen wird genehmigt. St[aats] S[ekretär]."

[241] Heimkehr, S. 12.

[242] Tel. Winnig an AA vom 1. 12. 18 (PA – Wk 20 d Nr. 1 a Bd. 24, A 51171).

[243] Ostpolitik, S. 44.

[244] Martna, S. 171.

[245] Martna, S. 173.

Ausgleich zwischen der alten und der neuen politischen Führungsschicht war vorläufig ausgeschlossen. Die Unversöhnlichkeit der Gegensätze zwang Winnig, für eine Seite Partei zu ergreifen. Er entschied sich für die Deutschbalten. Als ihm Nachrichten über eine Bedrohung der Deutschbalten zugetragen wurden, übergab er der estnischen Regierung am 20. November eine Schutzerklärung zugunsten der Deutschbalten. Die Erklärung, die ein wichtiges Dokument der deutschen Ostpolitik im November 1918 darstellte, hatte folgenden Wortlaut:

Der Generalbevollmächtigte des
Reichs für die Baltischen Lande

Riga, den 20. November 1918

Erklärung

Der estnischen provisorischen Regierung beehre ich mich folgende Erklärung zu übergeben:
Alle estländischen Landeseinwohner deutscher Abstammung und Sprache stehen unter dem Schutze des deutschen Volksstaates.
Die deutsche Volksregierung erwartet weiter, daß den estnischen Landeseinwohnern, die während der Okkupation eine deutschorientierte Politik vertraten, aus diesem Grunde [keine] Nachteile zugefügt werden.
In der Beachtung dieser Erklärung sieht die deutsche Volksregierung die Voraussetzung für den Schutz, den die weitere Anwesenheit der deutschen Wehrmacht dem Lande verbürgt.

Der Generalbevollmächtigte
gez. August Winnig[246]

Die Erklärung wurde am 21. November in der deutschsprachigen Rigaer Presse in einer erweiterten Fassung unter der Überschrift ›Schutz des Deutschtums im Baltikum‹ veröffentlicht. In dem Text der von der Presse veröffentlichten Erklärung hieß es, „daß die deutsche Volksregierung sich der deutschen Interessen vollauf bewußt ist und sie keinen Augenblick aus den Augen verliert" und daß „die deutsche Minderheit durchaus und jederzeit auf die Unterstützung des deutschen Volksstaats muß rechnen können".[247] Die Schutzerklärung vom 20. November 1918 war ein bemerkenswertes Dokument einer imperialistischen Außenpolitik, die sich im Gegensatz zur deutschen Ostpolitik während des Krieges in ein demokratisches Gewand kleidete. Aus dem letzten Absatz geht hervor, daß Winnig die Erklärung namens „der deutschen Volksregierung" abgab. Der Terminus „Volksregierung" zur Kennzeichnung des Rats der Volksbeauftragten findet sich erstmals in dem Aufruf Eberts „An die deutschen Bürger" vom 9. No-

[246] PA – Wk 20 d Nr. 1 a Bd. 23, Bl. 201.
[247] Rimscha, Staatswerdung, S. 94f.

vember 1918, wo es heißt: „Die neue Regierung wird eine Volksregierung sein."[248] Außer dem Terminus „deutsche Volksregierung" verwendete Winnig in seiner Erklärung den Terminus „deutscher Volksstaat", der als Umsetzung des Begriffs „demokratische Republik" zu verstehen war. Durch die Verwendung dieser Termini wurde eine klare Abgrenzung von der am 9. November beseitigten alten Reichsverfassung gezogen. Die Termini Volksstaat und Volksregierung verwiesen auf den demokratischen Staatsbegriff. Bemerkenswert war, daß Winnig dieser demokratischen Bedeutung des Volksstaats eine nationalistische Variante beifügte. Die estländische Bevölkerung deutscher Abstammung wurde unter den Schutz des „deutschen Volksstaats" gestellt. Die Formulierung lautete nicht, unter den Schutz des „Deutschen Reichs". Dem Wortlaut und der Intention der Schutzerklärung zufolge beschränkte sich die hoheitliche Gewalt des „deutschen Volksstaats" nicht auf die territorialen Grenzen des Deutschen Reichs, sondern erfaßte über das Territorium und die Einwohnerschaft des Reichs hinaus auch die deutsche Bevölkerung eines ausländischen Staates. Demzufolge erstreckten sich die staatlichen Machtbefugnisse des „deutschen Volksstaats" – Schutz der Bevölkerung – auch auf nichtdeutsches Staatsgebiet, sofern dort eine deutschstämmige und deutschsprachige Bevölkerung ansässig war. Nach dem in Winnigs Schutzerklärung enthaltenen Verständnis des „deutschen Volksstaats" wäre auch das demokratische Deutschland auf außenpolitische Intervention und machtpolitische Expansion angelegt gewesen. Seine Ostpolitik bewegte sich mit neuen Prinzipien in eingefahrenen Bahnen des deutschen Imperialismus.

Die Schutzerklärung blieb allerdings nur Programm, da die machtpolitischen Voraussetzungen fehlten. Das deutsche Heer war am 20. November überhaupt nicht mehr in der Lage, militärischen Schutz zu gewähren. Der Abtransport der Truppen aus Estland war bereits angelaufen. Winnigs Ostpolitik blieb daher mehr Postulat als Realität. Unter günstigeren militärischen Voraussetzungen hätte seine Politik nicht scheitern müssen.[249]

Die Schutzerklärung habe, so konnte Winnig am 1. Dezember an das AA

[248] Vorwärts Nr. 310 Jg. 35. (10. 11. 1918). – Die offizielle Bezeichnung der neuen Reichsleitung lautete „Rat der Volksbeauftragten". Am 30. 12. 18, einen Tag nach dem Austritt der USPD, beschloß der Rat der Volksbeauftragten, Gesetze in Zukunft im Namen der „Reichsregierung" zu erlassen (BA – R 43 I/1325, S. 310). Daneben findet sich in den amtlichen Dokumenten die Bezeichnung „Reichsleitung". (Vgl. W. Elben, Das Problem der Kontinuität in der deutschen Revolution, Düsseldorf 1965, S. 28.)

[249] Auf Zusammenhänge zwischen Winnigs Schutzerklärung und der späteren nationalsozialistischen Außenpolitik weist von Rimscha hin (H. von Rimscha, Paul Schiemann als Minderheitenpolitiker, in: VfZG 4 [1956], S. 54).

telegrafieren, eine „gute Wirkung" gehabt.[250] Von bolschewistischer Seite sei die Lage der Deutschen nicht gefährdet, „wenn estnische Regierung bleibt und bolschewistische Invasion ferngehalten wird".[251] Die bolschewistische Gefahr im Innern sei nach Auffassung der Esten nicht sehr groß.[252] Die Wirkung der Vereinbarung vom 19. November über die Übergabe der Verwaltung war geringer als erwartet. Die vereinbarte Übergabe brachte neue Reibungen.[253] Schwierig gestaltete sich die Klärung der Eigentumsverhältnisse bei dem in Estland zurückgelassenen Heeresgut, das die Esten als Entschädigung für die früheren deutschen Requisitionen einbehielten. Am 30. November fanden erneut Verhandlungen zwischen Winnig und Vertretern der estnischen provisorischen Regierung statt, die damit endeten, daß Winnig die Übergabe von erbeuteten Waffen und von eineinhalb Millionen Mark aus Geldern der früheren Verwaltung zusagte.[254] Die Übergabe der Waffen scheint aber wegen der erneuten Verschlechterung des deutsch-estnischen Verhältnisses nicht durchgeführt worden zu sein.[255] Nach dem Angriff der Roten Armee an der Narwa-Front begann der Rückzug der deutschen Truppen aus Estland. Aus diesem Grund und wegen des Abzugs der deutschen Verwaltungsbehörden aus Estland schied Estland praktisch aus dem Operationsfeld von Winnigs Ostpolitik aus. Seit Dezember 1918 hat er keinen nennenswerten Einfluß mehr auf die politischen Vorgänge in Estland ausgeübt.

Ostpolitiker der deutschen Revolution

Über die Zuordnung von Außen- und Innenpolitik in der deutschen Revolution von 1918/19[256] liegt noch keine eingehende Untersuchung vor. So ist auch die Frage, welchen Stellenwert die Baltikumspolitik in der Regierung des Rats der Volksbeauftragten in der Zeit vom 10. November 1918 bis zum 6. Februar 1919, dem Tag des Zusammentritts der Nationalversammlung, einnimmt, noch ungeklärt.[257] Von einer sozialistischen Außenpolitik

[250] PA – Wk 20 d Nr. 1 a Bd. 24, A 51171.

[251] A. a. O.

[252] A. a. O.

[253] A. a. O.

[254] PA – Wk 20 d Nr. 1 a Bd. 24, A 51171.

[255] Ostpolitik, S. 44.

[256] Zum Begriff „deutsche Revolution 1918/19" statt „Novemberrevolution": R. Rürup, Rätebewegung und Revolution in Deutschland, in: Neue Politische Literatur 12 (1967), S. 303–315; und: E. Kolb, Räteweirklichkeit und Räteideologie in der deutschen Revolution von 1918/19, in: Deutschland und die russische Revolution, Stuttgart 1968, S. 95 ff.

[257] Auch G. Rosenfeld, Sowjetrußland und Deutschland 1917–1922, Berlin 1960,

der Volksbeauftragten konnte kaum die Rede sein. Sie waren bestrebt, die außenpolitische Kontinuität zu wahren. Solf wurde zunächst als Staatssekretär im Auswärtigen Amt belassen, sein Nachfolger Brockdorff-Rantzau, der, im Gegensatz zu seinem Vorgänger, dem neuen System aufgeschlossener gegenüberstand, entstammte gleichfalls der Karrierediplomatie. Der vorläufig wichtigste außenpolitische Posten, die Leitung der Waffenstillstandskommission, wurde dem Zentrumspolitiker Erzberger übertragen. Haase, der bis zu seinem Ausscheiden aus dem Rat der Volksbeauftragten für die Außenpolitik zuständig war, hat ebensowenig wie der sozialdemokratische Unterstaatssekretär im AA, David, und der zum Beigeordneten im AA bestellte Unabhängige Kautsky eine Außenpolitik angestrebt, die konzeptionell als „sozialistisch" oder „revolutionär" zu bezeichnen gewesen wäre.[258] Der Rat der Volksbeauftragten fand sich nicht einmal bereit, die am 5. November von der Regierung Max von Baden abgebrochenen diplomatischen Beziehungen Deutschlands zu Rußland wiederaufzunehmen. Das Protokoll der Kabinettssitzung vom 18. November 1918 über das Verhältnis Deutschlands zur Sowjetrepublik Rußland verzeichnet die folgende Äußerung Eberts: „Ebert hält es für die Hauptaufgabe der Regierung, Frieden zu schließen. Alles, was den Frieden störe, müsse zurückgestellt werden."[259] Das außenpolitische Interesse der Volksbeauftragten zielte zunächst darauf ab, mit den westlichen Siegermächten zu einem Friedensabschluß zu kommen und die Reichseinheit zu erhalten. Dadurch war der Handlungsspielraum der deutschen Politik gegenüber dem Osten von vornherein begrenzt. Die deutsche Haltung gegenüber Polen war wegen der Gebietsstreitigkeiten um Oberschlesien und Posen auf eine Verteidigung der bisherigen Reichsgrenzen festgelegt. Litauen, während des Krieges „bloßes Objekt" der deutschen Politik, war ein Nachbar geworden, „der Gleichberechtigung verlangte".[260] Über diesen beiden Staaten, die ihre Entstehung der deutschen Kriegspolitik verdankten, lag die schützende Hand der Siegermächte. Im Baltikum entstanden wenige Tage nach dem deutschen Zusammenbruch die estnische und die lettische Republik. Die Republik Lettland nahm eine Sonderstellung ein, weil sie in den ersten Monaten ihres Bestehens auf den deutschen militärischen Schutz angewiesen war. Zugleich

streift die deutsche Baltikumspolitik in der Zeit von November 1918 bis Januar 1919 nur am Rande.

[258] Kautsky konnte keine Kontrolltätigkeit über Solf ausüben, da er nur die von Solf für ihn bestimmten Vorgänge zu sehen bekam und die übrigen Angelegenheiten erst dann, wenn ein Protest zu spät war (Elben, S. 111).

[259] BA – R 43 I/1324, S. 41.

[260] G. Linde, Die deutsche Politik in Litauen im Ersten Weltkrieg, Wiesbaden 1965, S. 228.

stellte Lettland das geographische Zwischenglied zwischen Deutschland und Rußland dar. Dieser Sachverhalt wirft die Frage nach dem wechselseitigen Verhältnis zwischen den beiden Revolutionsländern auf.[261]

Die möglichen Anknüpfungspunkte zwischen der deutschen und russischen Revolution erschöpften sich nicht in der Frage der Wiederaufnahme diplomatischer Beziehungen zwischen beiden Ländern. Deutschlands erzwungener Verzicht auf den Vertrag von Brest-Litowsk durch das Waffenstillstandsabkommen und die Annullierung des Vertrags durch das Gesamtrussische Zentralexekutivkomitee am 13. November hätten Gelgenheit gegeben, die Frage des deutsch-russischen Verhältnisses einschließlich der Randstaatenfrage neu aufzurollen und zu grundlegenden neuen Regelungen zu kommen. Die Skala der möglichen Übereinkünfte reichte von praktischen Einzelvereinbarungen über die Rückführung deutscher Truppen aus der Ukraine und dem Baltikum nach Deutschland bis zu einem „Bündnis" zwischen der deutschen und der russischen Revolution".[262] Wenn sich auch die deutsche Revolutionsregierung mit dem „erborgten russischen Titel"[263] schmückte, so blieb die große revolutionäre Verbrüderung ebenso aus wie ein praktisches Zusammengehen in Einzelfragen. Zu einem Versuch, eine Verständigung über die Zukunft der zwischen Deutschland und Rußland liegenden baltischen Gebiete zu erzielen, ist es nie gekommen. Scheidemann hat diese Haltung der Volksbeauftragten später mit der Notwendigkeit der Rücksichtnahme auf die Entente begründet.[264]

Bei der historischen Erwägung der Möglichkeiten eines deutsch-russischen Brückenschlags[265] im November und Dezember 1918 dürfen die

[261] Vgl. H. Neubauer, Zwei Revolutionen, in: Deutschland und die russische Revolution, Stuttgart 1968, S. 19.

[262] A. Schreiner, Auswirkungen der Großen Sozialistischen Oktoberrevolution auf Deutschland vor und während der Novemberrevolution, in: ZfG 6 (1958), S. 25.

[263] Ph. Scheidemann, Der Zusammenbruch, Berlin 1921, S. 211.

[264] „An eine nähere Verbindung [zwischen Deutschland und Rußland nach dem 9. 11.] war gar nicht zu denken; das hätte unsere Stellung gegenüber der Entente, die alle Gewaltmittel der Waffenstillstandspolitik gegen uns führen konnte, ganz unhaltbar gemacht" (Scheidemann, S. 227). – Lösche vertritt gegenüber der Ansicht Kolbs, daß die deutsche Regierung die Entente und zumal die USA in dem Antibolschewismus bestärkt habe, um sie als Stütze im innenpolitischen Kampf um die Nationalversammlung zu gewinnen (E. Kolb, Die Arbeiterräte in der deutschen Innenpolitik 1918–1919, Düsseldorf 1962, S. 184), die Auffassung, daß die deutsche Regierung den vorhandenen Antibolschewismus der Alliierten taktisch geschickt dazu benutzt habe, um eine außenpolitische Interessengleichheit zwischen Siegern und Besiegten herzustellen. (P. Lösche, Der Bolschewismus im Urteil der deutschen Sozialdemokratie, Berlin 1968, S. 239.)

[265] Auf sozialdemokratischer Seite wurde die Frage eines Zusammengehens mit der russischen Revolution zum erstenmal im November und Dezember 1917 von

durch die vorhergegangene Außenpolitik von SPD und USPD bereits fixierten ostpolitischen Positionen der beiden sozialistischen Parteien nicht übersehen werden. Die revolutionären Ereignisse in Rußland 1917 hatten in Deutschland einen nachhaltigen Eindruck hinterlassen. Die Februarrevolution hatte durch den Sturz des autokratischen Zarenregimes den Beweis für die Möglichkeiten einer Revolution mitten im Krieg erbracht[266] und die Oktoberrevolution der deutschen Arbeiterschaft das Beispiel einer proletarischen Revolution vor Augen geführt. Doch blieb der direkte Einfluß der russischen Oktoberrevolution auf die deutsche Arbeiterbewegung gering.[267] Indirekt wirkte sie sich als „Katalysator für die Spaltung der Arbeiterbewegung" aus.[268] Anfängliche Sympathien in der deutschen Sozialdemokratie für die siegreichen und friedenswilligen Bolschewiken[269] waren nach der Auflösung der russischen Konstituante in eine antibolschewistische Haltung umgeschlagen. Der Antibolschewismus wurde von Kautsky ideologisiert und zum „negativen Mythos"[270] erhöht und von Friedrich Stampfer im ›Vorwärts‹ massenwirksam propagiert. Die sozialdemokratische Memoirenliteratur hat später versucht, die staatsautoritäre Haltung der Sozialdemokratie in der deutschen Revolution aus dieser antibolschewistischen Einstellung zu rechtfertigen.[271]

Eduard David (›Frieden von Osten her?‹, Leitartikel im ›Vorwärts‹ vom 22. 11. 1917) und Richard Gädke (›Waffenstillstand im Osten‹, Leitartikel im ›Vorwärts‹ vom 21. 12. 1917) gefordert (Lösche, S. 120).

[266] W. Tormin, Die deutschen Parteien und die Bolschewiki im Weltkrieg, in: Deutschland und die russische Revolution, Stuttgart 1968, S. 60.

[267] Tormin, S. 66; Schreiner, S. 23; E. Matthias, Die Rückwirkung der russischen Oktoberrevolution auf die deutsche Arbeiterbewegung, in: Deutschland und die russische Revolution, Stuttgart 1968, S. 89.

[268] Tormin, S. 66.

[269] Lösche, S. 120.

[270] Lösche, S. 138.

[271] Während Scheidemann in seinen 1921 veröffentlichten Erinnerungen an die deutsche Revolution keine Anhaltspunkte für die Erklärung der deutschen Politik aus der Bolschewismusfurcht liefert, führt Hermann Müller (H. Müller-Franken, Die Novemberrevolution, Berlin 1928) sieben Jahre später die politischen Gegensätze in der deutschen Revolution auf den Gegensatz Bolschewismus–Antibolschewismus zurück und leitet daraus das politische Scheitern der Sozialdemokratie ab. Das schlechte Abschneiden der sozialistischen Parteien bei den Wahlen zur Nationalversammlung erklärt Müller aus der abstoßenden Wirkung der „Treibereien der Linksradikalen" und des Kampfes „unter Sozialisten und Kommunisten" auf Arbeiter und Angestellte. Severing schreibt in seinen Erinnerungen: „Wer nach dem Kalendertag sucht, von dem an die Entmachtung der deutschen Arbeiterklasse begann, der soll den 9. November 1918 aufschlagen." Severing bezieht sich hier auf die Ausrufung der sozialistischen Republik durch Liebknecht und die damit verbundene

Die betonte außenpolitische Distanz der deutschen Sozialdemokratie zu Sowjetrußland seit 1917 entsprach einer „Kontinuität in der sozialdemokratischen Ostpolitik über die beiden russischen Revolutionen hinaus".[272] Die Haltung, die die SPD-Reichstagsfraktion gegenüber dem Vertrag von Brest-Litowsk einnahm, bedeutete bei aller verbalen und ideologischen Distanzierung in der praktischen Konsequenz eine Tolerierung der offiziellen Ostpolitik der „großen Abgliederungskonzeption".[273] Die führenden sozialdemokratischen Politiker verstanden die deutsche Revolution 1918/19 als eine nationale Revolution, keineswegs als den Teilabschnitt einer proletarischen Weltrevolution. Der Internationalismus wurde von ihnen nicht einmal als Anspruch geltend gemacht. Für SPD und USPD war der nationale Charakter der deutschen Revolution gewissermaßen schon fixiert, bevor die Revolution selbst ausbrach. Bereits am 10. November 1917 hatte sich der ›Vorwärts‹ in einem Leitartikel von der russischen Oktoberrevolution abgesetzt, indem er der Idee der internationalen Revolution den Gedanken der nationalen Eigengesetzlichkeit politischer Entwicklungen gegenüberstellte: „Hier [in Deutschland] ein schrittweises Vordringen, dort der kühne Taumelsprung in die Stühle der Macht. Sollte dieser Unterschied nur auf Meinungsverschiedenheiten zwischen Sozialisten, sollte er nicht vielleicht doch auf entwicklungsgeschichtliche Notwendigkeiten zurückzuführen sein?"[274] Der Antibolschewismus, der als eine „Art neuer Integrationsideologie"[275] fungierte, die USPD und SPD miteinander verband,[276] richtete sich nicht nur gegen die bolschewistische Strategie und Taktik, sondern war wesentlich national motiviert. Aus dieser Einstellung wurde das bolschewistische Rußland von der deutschen Sozialdemokratie als direkter Nachfahre des zaristischen Rußland angesehen.[277] Darin unterschied die SPD sich kaum von der Reichsleitung im kaiserlichen Deutschland, für deren Ostpolitik auch nach der Oktoberrevolution der nationale Gegensatz zwischen

Spaltung der Arbeiterschaft (C. Severing, Mein Lebensweg, Bd. I, Köln 1950, S. 360). Auch diese Äußerung Severings unterstützt die Legende, daß die eigentliche Alternative 1918 die zwischen Antibolschewismus und Bolschewismus war.

[272] Matthias, Die Rückwirkung der russischen Oktoberrevolution, S. 86.

[273] B. Mann, Die baltischen Länder in der deutschen Kriegszielpublizistik 1914–1918, Tübingen 1965, S. 110.

[274] Nach: Schreiner, S. 17.

[275] W. Tormin, Die deutschen Parteien und die Bolschewiki im Weltkrieg, S. 63.

[276] Lösche, S. 103.

[277] E. Matthias, Die deutsche Sozialdemokratie und der Osten, Köln–Graz–Tübingen 1954, S. 72. Lösche weist auf die Übereinstimmung in der Etikettierung des Bolschewismus und des Zarismus in der sozialdemokratischen Propaganda hin, die sich u. a. in Formeln wie „asiatische Despotie", „Cäsarismus", „Cliquenherrschaft" äußerte (Lösche, S. 173).

Deutschland und Rußland der bestimmende Faktor geblieben war. Der Rat der Volksbeauftragten stimmte mit den vorhergegangenen Regierungen in der Beurteilung der internationalen Lage auch darin überein, daß man den russischen Bolschewiki keine großen Überlebenschancen einräumte.[278] Auf diesem historischen Hintergrund erscheint der Antibolschewismus als eine neue ideologische Form der traditionell antirussischen Haltung der deutschen Sozialdemokratie.

Winnig stand der Revolution, die ihn auf einem Außenposten des Reichs in eine verantwortliche politische Stellung getragen hatte, zunächst positiv gegenüber. Das Erlebnis der Libauer Matrosenversammlung vom 10. November blieb ihm nach seiner eigenen Aussage unvergeßlich[279]: „Deutlich ... spürte ich: hier ist Partei und Volk eins geworden – die Partei ist die einzige, die große Hoffnung des Volkes."[280] Winnig sah in dem Vorgang den „Triumph und Lohn", der der Arbeiterpartei „für das treue und starke Halten zum Vaterlande während der ganzen schweren Kriegszeit" zuteil geworden war.[281] Die Versammlung habe gefühlt: „Nur die Sozialdemokratie kann uns jetzt führen und retten – sie ist die Kraft, die den alten morschen Staat jung hämmern wird."[282] Die Sozialdemokratie übernahm die Führung der Nation, darin lag für Winnig die Bedeutung der revolutionären Umwälzung. Auch von Winnig läßt sich sagen, daß für ihn „die Revolution bereits am 10. November beendet"[283] war. Der Stolz und die soziale Befriedigung des in die Spitze der nationalen politischen Hierarchie aufgestiegenen Arbeiterführers spricht aus den folgenden Worten, die Winnig am 24.Januar 1919 bei seiner Abschiedsreise in Libau aussprach: „Ich stehe hier nicht als einzelner Mann, sondern als Vertreter der Regierung – das Reich steht hinter mir."[284] Daß die Hoffnungen, die er mit der Revolution verband, nur teilweise mit der revolutionären Wirklichkeit übereinstimmten, konnte Winnig erstmals bei einer Dienstreise nach Berlin Mitte Dezember feststellen. Bei der Durchfahrt durch Posen hörte er, daß der Posener deutsche Soldatenrat zu einer Abtretung Posens an Polen bereit war. Winnig selbst setzte später mit diesem Erlebnis den Beginn seines inneren Bruchs mit der Revolution und der Sozialdemokratie an: „In diesen Stunden richtete sich zwi-

[278] In der Kabinettssitzung vom 18. 12. 18 vertrat Kautsky die Ansicht, „die Sowjetregierung würde sich nicht mehr lange halten, sondern in einigen Wochen erledigt sein" (BA – R 43 I/1324, S. 39).

[279] Ostpolitik, S. 29.

[280] Ostpolitik, S. 28f.

[281] Ostpolitik, S. 29.

[282] A.a.O.

[283] W. Tormin, Zwischen Rätediktatur und sozialer Demokratie. Die Geschichte der Rätebewegung in der deutschen Revolution 1918/19, Düsseldorf 1954, S. 70.

[284] PA – Gesandtschaft Riga I Nr. 2 (Vortrag Winnigs vom 24. 1. 1919, S. 7).

schen mir und der neuen Zeit eine Scheidewand auf."[285] Nach der Darstellung, die Winnig 1935 in seinem Buch ›Heimkehr‹ gab, kam er während seines Berlinaufenthalts mit Ebert, den er sehr schätzte, zusammen.[286] Dabei will er – nach seiner eigenen Aussage – Ebert vorgeschlagen haben, eine Million Soldaten aufzustellen, um sie zur Sicherung der inneren Ordnung gegen die radikale Linke, selbst auf die Gefahr des Bürgerkrieges hin, einzusetzen. Die Soldatenräte sollten beseitigt werden.[287] Winnig spielte sogar mit dem Gedanken, ohne ihn jedoch Ebert vorzutragen, Ebert die Übernahme der Diktatur vorzuschlagen.[288] Er war der Überzeugung, daß die Masse der politisch und gewerkschaftlich gebundenen Arbeiter für die Revolution nur wenig Verständnis hatte.[289] Wenn Winnig die Arbeiterschaft als eine den kleinbürgerlichen Denk- und Verhaltensweisen verhaftete, antirevolutionäre soziale Schicht bezeichnete, so beschrieb er in diesem Buch nicht zuletzt seine eigene Einstellung. In Übereinstimmung mit der Mehrheit der sozialdemokratischen Führungsschicht lehnte Winnig die soziale Revolution ab. Der Untergang Rosa Luxemburgs und Karl Liebknechts in der Revolution war für ihn „geschichtlicher Zwang".[290] Liebknecht war seiner Ansicht nach von einem „destruktiven Wirkungsdrang von dämonischer Heftigkeit" beseelt.[291] Er sei ein „großer Fanatiker und Phantast, aber ein schwacher Intellekt"[292] gewesen. Ledebour, den linken Flügelmann der USPD, nannte er einen „eitlen Geck".[293] Lediglich die Persönlichkeit Rosa Luxemburgs, die sich vor dem Krieg vergeblich bemüht hatte, den jungen Gewerkschaftsführer für die Linke zu gewinnen, flößte ihm Hochachtung ein. Sie „war einer der klügsten Menschen, die ich kennenlernte".[294] Im Dezember 1918 war Rosa Luxemburg die erste, die Winnigs Ostpolitik durchschaute und ihren reaktionären Charakter mit aller Schärfe bloßlegte.

Einen genauen Einblick in die revolutionäre Situation im Innern Deutschlands erhielt Winnig während seiner beiden Reisen nach Berlin Mitte Dezember 1918 und Mitte Januar 1919. Im Dezember kam er mit den Volksbeauftragten Ebert und Landsberg[295] und dem Mitglied des Vollzugs-

[285] Ostpolitik, S. 72.
[286] Heimkehr, S. 47; Ostpolitik, S. 9.
[287] Über das Gespräch mit Ebert: Heimkehr, S. 44–47.
[288] Heimkehr, S. 47.
[289] Heimkehr, S. 111.
[290] Ostpolitik, S. 101.
[291] A.a.O.
[292] Ostpolitik, S. 99.
[293] Ostpolitik, S. 102.
[294] Ostpolitik, S. 99.
[295] Heimkehr, S. 37; Ostpolitik, S. 62 (am 10. 12.).

rates der Arbeiter- und Soldatenräte von Groß-Berlin, Däumig,[296] zusammen. Weitere Auskünfte über die Lage suchte er bei seinen Gesprächen im Auswärtigen Amt mit Staatssekretär Solf[297] und im preußischen Kriegsministerium mit Oberst Reinhardt[298] und dem Kriegsminister Scheüch.[299] Zudem nahm er Kontakt mit dem Büro des Bauarbeiterverbandes auf.[300] Bei seinem zweiten Berliner Besuch – Winnig traf am 10. Januar in Berlin ein – geriet er mitten in die Januarkämpfe.[301] Er gewann dabei den Eindruck, daß es bei den Berliner Massenaufzügen im Januar „nichts Bösartiges und keine Gefahr" gab.[302].

Winnig lehnte ein Rätesystem, das er mit Bolschewismus gleichsetzte, ab. Er selbst zählte zu den wenigen sozialdemokratischen Politikern in Deutschland, die einen russischen Arbeiterrat tatsächlich einmal kennengelernt hatten.[303] In dem Bolschewismus sah Winnig „das östliche System der Arbeiterorganisation, das sich grundsätzlich von dem deutschen System unterscheidet".[304] Das „deutsche System", schrieb er 1921 in der Schrift ›Am Ausgang der deutschen Ostpolitik‹, arbeite von unten nach oben. Da die Masse den Führer wähle und kontrolliere, sei es die Verkörperung der Demokratie. In dem „östlichen System" ergreife der einzelne die Führung, um die Massen zu „disziplinieren und notfalls zu tyrannisieren". Es führe „immer zur Diktatur".[305] Das demokratische Organisationsprinzip erklärte Winnig aus einer höheren Entwicklungsstufe der deutschen Arbeiterschaft: „In diesen beiden Systemen offenbart sich das Wesen der Masse. Der deutsche Arbeiter ist zu selbstbewußt, um sich in solcher Weise wie eine Schachfigur schieben zu lassen. Der Osteuropäer, ohne Erfahrung und Übung in der Demokratie, unterwirft sich der Führungsdiktatur wie einer Selbstverständlichkeit."[306] An dieser Charakterisierung des Bolschewismus läßt sich ablesen, wie stark Winnigs Antibolschewismus sozialpsychologisch von nationalen Motiven her bestimmt wurde, eine Tatsache, die bereits in der Terminologie „deutsches System" – „östliches System" zum Ausdruck kommt.

Der Ablauf der Revolution entsprach nicht Winnigs Vorstellungen. Die

[296] Heimkehr, S. 38.
[297] Heimkehr, S. 36.
[298] Heimkehr, S. 42f.
[299] Heimkehr, S. 43.
[300] Heimkehr, S. 38.
[301] Ostpolitik, S. 101.
[302] Ostpolitik, S. 99.
[303] Bei seinem Besuch des 20köpfigen illegalen Arbeiterrats in Reval am 3. 11. 1918.
[304] Ostpolitik, S. 18.
[305] A.a.O.
[306] A.a.O.

Berliner Vorgänge, die Schwäche der Regierung enttäuschten ihn. So wurde ihm das Baltikum zum politischen Refugium, wo er glaubte, geschichtliche Leistungen vollbringen zu können, die Berlin nicht zu leisten imstande war. Seine Beziehungen zur Revolution blieben distanziert, aber nicht, wie Winnig 1935 in seinem Buch ›Heimkehr‹ darzustellen versuchte, vollkommen ablehnend. Er blieb der politische Beauftragte der Volksbeauftragten, und Berlin ließ ihm weitgehend freie Hand.[307] Mit der Ernennung Winnigs zum „Gesandten in außerordentlicher Mission bei der lettischen bzw. estnischen Regierung“ unter gleichzeitiger Belassung in seiner Funktion als Generalbevollmächtigter am 24. Dezember 1918[308] bestätigte der Rat der Volksbeauftragten Winnigs ostpolitischen Kurs, ohne allerdings über dessen baltische Absichten voll informiert zu sein.

„Als ich mir darüber Klarheit zu verschaffen suchte, wie denn nun die großen Linien der deutschen Ostpolitik zu ziehen seien, da war es mir klar, daß ich von der alten Ostpoltik nur wenig brauchen konnte.“ Mit diesen Worten interpretierte Winnig am 24. Januar 1919 auf einer Abschiedsveranstaltung in Libau kurz vor seiner Abreise nach Königsberg seine Ostpolitik. Als Beweis für die Neuorientierung nannte er die vorläufige Anerkennung der provisorischen lettischen Regierung und den Abschluß der Vereinbarung über die Übergabe der Verwaltung. „Dies sollte“, so führte er aus, „als ein genügender Beweis gelten, daß das neue Deutschland die Verständigung will, daß es sich lossagt von der Machtpolitik.“[309] Bereits in seiner ersten öffentlichen Erklärung als Generalbevollmächtigter hatte sich Winnig als „Liquidator der alten Ostpolitik“ bezeichnet und die Hoffnung ausgesprochen, daß es ihm gelinge, „einen Geist der Versöhnung und des Vertrauens zu dem neuen Deutschland zu schaffen, der uns die Wiederholung der bitteren Erfahrung in Polen ersparen wird“.[310] Auch in späteren Schriften und Publikationen Winnigs wird seine Ostpolitik als Versöhnungspolitik gedeutet.[311] „Wir haben vieles gutzumachen“, erklärte Winnig in seiner Rede

[307] Nach ›Heimkehr‹ sagte Solf im Dezember zu Winnig: „Was sollen wir Ihnen raten? Auf uns stürmen viel größere Dinge ein ... Das Baltenland ist ein Nebenschauplatz. Ich habe das Vertrauen zu Ihnen, daß Sie es gut machen werden“ (Heimkehr, S. 36).

[308] Die Ernennung wurde Winnig am 24. 12. 1918 telegrafisch von Solf mitgeteilt (PA – Gesandtschaft Riga I Nr. 1). Auch der Unabhängige Hugo Haase sprach sich gegenüber Winnig in einem persönlichen Gespräch im Januar 1919 anerkennend über dessen Ostpolitik aus und sagte ihm, daß er selbst darauf gedrungen habe, Winnig zum Gesandten zu ernennen (Heimkehr, S. 114). Der Kabinettsbeschluß über die Ernennung Winnigs kam erst am 28. 12. zustande (BA – R 43 I/1324, S. 305).

[309] PA – Gesandtschaft Riga I Nr. 2.

[310] Baltische Zeitung Nr. 183 vom 25. 11. 1918.

[311] Winnig, Die deutschen Soldaten im Baltikum, in: Vorwärts Nr. 455 Jg. 36

am 24. Januar 1919, „was man an dem Lande vergangen und versäumt hat.“ [312] Gegenüber dem AA vertrat der die Auffassung, „das wir nicht nur die okkupierende, sondern auch die schützende Macht dieser Länder sind“.[313] Eingriffe in die inneren Angelegenheiten Lettlands wurden von Winnig nicht machtpolitisch, sondern moralisch begründet. In dem Bericht an das AA vom 7. Dezember 1918 hieß es: „Wir haben diese Länder aus einer, wenn auch primitiven staatlichen Rechtsordnung herausgelöst, und wir haben darum diesen Ländern und der übrigen Welt gegenüber die Pflicht, dafür zu sorgen, daß sie, wenn wir das Land verlassen, über eine neue staatliche Organisation verfügen, die Leben und Eigentum der Staatsangehörigen schützen kann.“[314] Winnig empfahl daher, „unsererseits den Schutz dieser Länder gegen die von Osten drohenden Gefahren solange auszuüben, bis sie ihn selbst ausüben können oder bis die Gefahren verschwunden sind“.[315] Innerhalb dieses Zeitraums, davon konnte Winnig ausgehen, mußte es gelingen, die enge wirtschaftliche und politische Bindung der neuen baltischen Staaten an Deutschland sicherzustellen.

Indem Winnig seine Ostpolitik aus einer moralischen Verpflichtung ableitete, setzte er eine weitgehende Übereinstimmung der Interessen Deutschlands und den baltischen Staaten, insbesondere Lettlands voraus, die aber in Wirklichkeit kaum vorhanden war. Der Ideologiecharakter dieser moralisierenden Argumentation ist unverkennbar. Die lettischen und estnischen außenpolitischen Interessen waren auf die Entente-Staaten ausgerichtet. Die Unabhängigkeit der beiden neuen baltischen Staaten war für Winnig kein Selbstzweck. Noch am 14. November hatte er den Wunsch gehegt, die lettische Unabhängigkeitserklärung noch einige Zeit hinauszuschieben, um zuvor Lettland stärker an Deutschland zu binden.[316] Im übrigen war er der Ansicht gewesen, daß „der geschichtliche Fortschritt nicht die Schaffung kleiner leistungsschwacher Nationalstaaten vertrüge, vielmehr die Bildung großer, einheitlich verwalteter Wirtschaftsgebiete fordere“.[317] Die Zukunft der ehemals russischen Randgebiete war für ihn eine Machtfrage, keine Frage des Selbstbestimmungsrechts. Die Forderung nach Selbständigkeit

(6. 9. 1919). Vgl. Ostpolitik, S. 68, wo Winnig ebenfalls von einer „moralischen Verpflichtung zum Schutz Lettlands“ spricht.

[312] PA – Gesandtschaft Riga I Nr. 2.

[313] PA – Wk 20 d Nr. 1 a Bd. 24, A 52478 (›Bericht über die militärisch-politische Lage‹ vom 7. 12. 1918, S. 7).

[314] A. a. O.

[315] A. a. O.

[316] Ostpolitik, S. 50.

[317] Ostpolitik, S. 5.

der kleinen Nationen beurteilte er als „eine Weisheit von vorgestern, eine Kleinbürgerei".[318]

Winnigs Absage an die „Machtpolitik" ergab sich zwangsläufig aus der außenpolitischen und militärischen Situation Deutschlands nach dem Zusammenbruch. Bei seinem Eintreffen im Baltikum hatte er jedoch seine imperialistischen Hoffnungen nicht aufgegeben. Für ihn bedeutete der Osten die Ausgangsbasis für einen deutschen Imperialismus unter sozialdemokratischer Führung. Als der Schriftsteller Rohrbach sich Anfang November in einer Unterhaltung Winnig gegenüber pessimistisch über die noch verbliebenen Möglichkeiten der deutschen Ostpolitik äußerte, entgegnete ihm Winnig: „Die Seegeltung ist verloren, der Weg nach Westen verbaut – aber hier muß der Weg offen bleiben – der Weg in die Welt."[319] Winnig hatte nicht die Absicht, die Ostpolitik zu liquidieren, sondern sie mit anderen Mitteln und modifizierten Zielen fortzusetzen. Über das Verhältnis der „alten" zur „neuen" Ostpolitik schrieb er 1921: „Ich sah ... meine Aufgabe sowohl in einem Abbau der alten Politik, wie in der Schaffung einer neuen, wobei ich manches Stück der alten verwenden mußte."[320] Gegenüber dem AA sprach Winnig Anfang Dezember von „neuen Möglichkeiten", wobei er zugleich bedauerte, daß die Deutschbalten, die sich eher von ihren sozialen und wirtschaftlichen Interessen und weniger von Winnigs Sozialimperialismus leiten ließen, für diese neuen Möglichkeiten noch nicht das genügende Verständnis aufbrächten.[321]

Für Winnigs ostpolitische Ambitionen erwies sich der Bolschewismus als ein „Gnadengeschenk des Himmels", wie es später der Deutschbalte v. d. Decken in einer Zuschrift an Winnig formulierte.[322] Winnig verbot Zeitungen und Versammlungen der Bolschewiki in Lettland.[323] Die innere und äußere Gefährdung des bürgerlichen Lettland durch die Bolschewiki gab ihm die Machtmittel an die Hand, um auf die Regierung Ulmanis massiven politischen Druck ausüben zu können. Winnig war sich darüber im klaren, daß die hinter der Regierung Ulmanis stehenden Bevölkerungskreise alles andere als Zuneigung zu den Deutschen hegten. Am 1. Dezember berichtete er dem AA von einer „unversöhnlichen Stimmung": „Der Haß gegen

[318] A. a. O. – Winnig folgt hier weitgehend Lensch, der 1915 in der ›Glocke‹ im „Interesse der Arbeiterklasse" die Bildung großer Wirtschaftsräume gefordert hatte, „in denen der Kapitalismus und damit das Proletariat sich voll entwickeln und ihrer historischen Aufgabe entgegenreifen können" (P. Lensch, Sozialismus und Annexionen in der Vergangenheit, in: Die Glocke 1 [1915], S. 500).

[319] Ostpolitik, S. 16.

[320] Ostpolitik, S. 37f.

[321] PA – Wk 20 d Nr. 1 a Bd. 24, A 51531.

[322] Abgedruckt in: Ostpolitik, S. 113.

[323] PA – Wk 20 d Nr. 1 a Bd. 24, A 52465.

alles Deutsche – vornehmlich aber gegen die Deutschbalten – ist in der Tat für unsere Begriffe erstaunlich groß und hartnäckig."[324] Auch das Verhältnis Winnigs zur lettischen Regierung blieb, selbst in Augenblicken größter Gefahr für die lettische Regierung, äußerst gespannt.[325] In seiner Libauer Abschiedsrede führte Winnig aus: „Der Haß gegen alles was deutsch heißt, und das alteingesessene Mißtrauen gegen uns, sie äußerten sich oft in wenig angenehmen Formen, machten es uns schwer, unsere Hilfe zur Verfügung zu stellen. Wir ließen uns auch dadurch nicht beirren ... Es wurde uns als ‚Unterdrücker des lettischen Volkes' nicht leicht gemacht, dem jungen Staat diese Hilfe zu gewähren, aber wir haben uns über diese Dinge hinweggesetzt und haben getan, was wir tun konnten, um die Existenz des Staates zu stützen und, wenn möglich, zu retten."[326] Da eine Verständigung nicht zustande kam, mußte Winnig andere Mittel anwenden, um seine Ziele zu erreichen. Die Verhandlungen über die Übergabe der Verwaltung an die lettische Regierung hatte er so lange hingezogen, bis die Regierung Ulmanis einen solchen Autoritätsverlust erlitten hatte, daß sie kurz vor dem Zusammenbruch stand.[327] Er glaubte schließlich, die lettische Regierung „begünstigen zu müssen, um nicht die zerstörenden Kräfte der Bolschewiki ans Ruder zu bringen.[328] Winnig erkannte, daß nur die Weiterexistenz der bürgerlichen Regierung eine weitere Einflußnahme Deutschlands auf das Baltikum gewährleisten konnte. Am 7. Dezember 1918 schrieb er dem AA: „In dem Augenblick, wo wir diese Länder, die sich selbst noch nicht schützen können, dem Zugriff der russischen Anarchie preisgeben, verlieren wir auch die bisher behauptete Position."[329] Im Zusammengehen mit der Regierung Ulmanis sah Winnig vorläufig den gangbarsten Weg zur Behauptung der deutschen Position. Er spielte jedoch auch mit dem Gedanken, die lettische Regierung bei einem von den Deutschbalten durchgeführten Umsturz fallenzulassen. Das geht aus einem Schreiben Winnigs an das AA vom 1. Januar 1919 hervor, in welchem er von einem möglicherweise nahe bevorstehenden Handstreich der deutschbaltischen Landeswehr und deutschfreundlicher lettischer Rechtskreise gegen die provisorische Regierung sprach. Über die eigene Haltung, die er in einem solchen Fall einzunehmen gedachte, teilte er dem AA mit: „Es ist selbstverständlich, daß ich in diesem Falle strengste Enthaltsamkeit üben und es den Landeseinwohnern überlassen werde, ihre Angelegenheiten allein zu ordnen."[330] Der von Winnig ver-

324 PA – Wk 20 d Nr. 1 a Bd. 24, A 51531.
325 Bericht Winnigs an AA vom 29. 12. 18, S. 5 (PA – Wk 20 d Nr. 1 a Bd. 24, A 9).
326 PA – Gesandtschaft Riga I Nr. 2.
327 PA – Wk 20 d Nr. 1 a Bd. 24, A 5131 (Bericht an AA v. 1. 12.).
328 A. a. O.
329 PA – Wk 20 d Nr. 1 a Bd. 24, A 52478.
330 PA – Wk 20 d Nr. 1 a Bd. 25, A 398.

mutete Umsturz wurde tatsächlich dreieinhalb Monate später, am 16. April 1919, von der Baltischen Landeswehr durchgeführt, zu einem Zeitpunkt allerdings, als Winnig bereits das Baltikum verlassen hatte. Es ist aufschlußreich, daß Winnig, der sich seiner Mitwirkung beim Aufbau des lettischen Staates rühmte,[331] ernsthaft die Möglichkeit erwog, mit einer von den Deutschbalten getragenen Regierung zusammenzugehen,[332] und damit bereit war, den soeben ins Leben gerufenen lettischen Staat, der durch den Volksrat und die provisorische Regierung vertreten wurde, wieder preiszugeben.

Zum Verständnis der deutschen Baltikumspolitik in der Zeit vom November 1918 bis Januar 1991 bedarf es einer Kenntnis der militärischen Vorgänge, da sie den Ablauf der politischen Ereignisse wesentlich mitbestimmten. Nach der Aufkündigung des Vertrags von Brest-Litowsk begann in der zweiten Novemberhälfte der Vorstoß der Roten Armee auf das Baltikum zur Rückeroberung der russischen Provinzen. Auch Winnig vertrat anfangs die Auffassung, daß nach dem Waffenstillstandsabkommen vom 11. November die baltischen Gebiete völkerrechtlich als russisches Gebiet anzusehen seien.[333] Dem Vorstoß der Roten Armee gegen das Baltikum seit Mitte

[331] „Wir sind bereit ... ihm [dem lettischen Staat] zu ermöglichen, sein Haus zu bauen und seine eigenen Tatkräfte zu stählen, bis er eine Hilfe gegen die von außen andringende Gefahr nicht mehr braucht. ... Wir haben gearbeitet für den jungen lettischen Staat wie kein anderer Staat" (Winnigs Abschiedsrede vom 24. 1. 19 – PA – Gesandtschaft Riga I Nr. 1).

[332] Der entsprechende Abschnitt aus dem Bericht vom 1. 1. 19 über die Umsturzpläne im Baltikum lautete: „Innenpolitisch gärt es. Die Landeswehr, in der Mehrzahl aus jungen Deutschbalten bestehend, weiß, daß sie der einzige Schutz der provisorischen Regierung ist. Ihr Selbstgefühl ist stark gestiegen. Es melden sich Gelüste, die Regierung zu stürzen. Der von der Regierung ausgeschlossene Teil des Lettentums konspiriert, hinter ihm steht der Verein ehemaliger lettischer Offiziere. Beide haben Fühlung miteinander. Solange die heutige Situation dauert, wird nichts zu befürchten sein. Dagegen ist ein Handstreich gegen die Regierung möglich, wenn sie erst in Mitau ist" (PA – Wk 20 d Nr. 1 a Bd. 25, A 398).

[333] Mit dieser Auffassung begründete Winnig seine Ablehnung einer formellen Anerkennung der estnischen Regierung. In einer in der ›Baltischen Zeitung‹ vom 24. 11. 1918 veröffentlichten Erklärung Winnigs heißt es: „Durch die Annullierung des Brester Friedensvertrages und den Waffenstillstand ist die Anerkennung der Selbständigkeit der Baltenlande sowohl seitens Deutschlands als auch Rußlands hinfällig geworden: infolgedessen ist auch Estland völkerrechtlich wieder auf die Stufe einer russischen Provinz zurückversetzt. Deutschland ist verpflichtet, eine Selbständigkeit russischer Gebietsteile nicht zu unterstützen. Deshalb wäre die Anerkennung der estnischen Unabhängigkeit eine Verletzung der Waffenstillstandsbedingungen." Später hielt sich Winnig nicht mehr an diese Interpretation des Waffenstillstandsabkommens.

November folgte am 29. November die Bildung einer estnischen Sowjetregierung im eroberten Narwa[334] und am 14. Dezember die Bildung einer „Sowjetregierung der Arbeiter, Landlosen und Schützen Lettlands" unter Peteris Stučka, die in einem Manifest vom 17. Dezember das Privateigentum an Grund und Boden aufhob[335] und zur Festigung der Sowjetmacht in Lettland aufrief.[336] In Lettland bot sich den Bolschewiki die einmalige Chance, eine von der Zustimmung einer nichtrussischen Bevölkerung getragene bolschewistische Musterrepublik an der Ostgrenze Deutschlands und mit freiem Zugang zur Ostsee zu errichten.[337]

Die Demarkationslinie im Baltikum nach dem Vertrag von Brest-Litowsk verlief von Narwa (deutsche Besetzung) aus in südliche Richtung entlang des Peipussees über Pleskau, Ostrow, Rossitten bis Polozk und beließ Estland, Livland, Kurland und Lettgallen unter deutscher Besetzung. Das Baltikum war von den rund 150000 Mann umfassenden Truppen der 8. Armee besetzt, deren Oberkommando in Riga saß. Winnig erfuhr am 17. November zum erstenmal von der bedrohlichen Lage an der Ostfront, als auf dem Rigaer Soldatenkongreß ein Vertreter der bei Dünaburg (Lettgallen) stationierten Truppen dringend Verstärkung gegen die Angriffe der Roten Armee verlangte.[338] Auf Winnig wirkte die Nachricht „außerordentlich überraschend"[339]: „An einen Krieg mit den Bolschewisten dachte kein Mensch ... Warum sollte man sich mit den Bolschewisten schlagen?"[340] Diplomatisch vorbereitet wurde der russische Angriff durch ein Telegramm des Volkskommissars für Auswärtige Angelegenheiten, Čičerin, vom 22. November 1918 „An die deutschen Arbeiter- und Soldatenräte",[341] in welchem er sich auf einen Zwischenfall in Reval bezog, bei der nach Čičerins Darstellung deutsche Soldaten auf eine Arbeiterdemonstration zu Ehren der deutschen Revolution geschossen haben sollen. Čičerin bezeichnete es als notwendig, Arbeiter-, Bauern- und Soldatenräte in den okkupierten Gebieten wählen zu lassen und ihnen die Leitung der baltischen Angelegenheiten zu übertragen. Nur in der Hoffnung, daß dies geschehe, werde Petersburg in der Lage sein, „unsere Genossen in den okkupierten Gebieten von Gegenmaßnahmen gegen die für den Blutverguß an Ort und Stelle Verantwortlich[en] abzuhalten". Winnig wurde über das Telegramm nicht unterrichtet. Noch am gleichen Tage, am 22. November, griff die Rote Armee die deutschen Trup-

334 Wittram, Zur Geschichte des Winters 1918/19, S. 26.
335 Sipols, S. 71.
336 Wittram, a.a.O., S. 27.
337 Vgl. Page, Formation, S. 135.
338 Ostpolitik, S. 49.
339 Vorwärts Nr. 445 Jg. 36 (6. 9. 1919).
340 A.a.O.
341 PA – Wk 20 d Nr. 1 a Bd. 23, Bl. 189.

pen an dem Frontabschnitt zwischen Finnischem Meerbusen und Peipussee (Narwa) an.[342] Die estnische Regierung ersuchte über das deutsche AA um die Entsendung einer englischen Flotte nach Reval.[343] Am 25. November wurde Pleskau von russischen Truppen erobert. Am 28. November begann der Angriff auf Narwa[344] von der Land- und Seeseite. Nach dem Fall Narwas[345] war Reval, die Hauptstadt des neuen Estland, unmittelbar bedroht. Doch konnte die Stadt so lange gehalten werden, bis Mitte Dezember die neuaufgestellte einheimische estnische Truppe zum Gegenstoß ansetzte und mit Unterstützung durch die Artillerie englischer Kriegsschiffe, finnischer Freiwilliger und weißrussischer Truppen Estland bis Ende Februar 1919 wieder zurückeroberte.

In Lettland sah die militärische Lage für die bürgerliche Regierung noch ungünstiger aus. Das Vordringen der Roten Armee wurde durch die Anweisung der Reichsleitung zum Abzug der deutschen Truppen vom 29. November erleichtert.[346] Die Rote Armee stieß in zwei Richtungen auf Riga vor. Der aus Norden kommende Vorstoß erfolgte entlang der Eisenbahnlinie Dorpat–Walk–Riga, der zweite Vorstoß aus östlicher Richtung von Lettgallen aus entlang der Düna und der Eisenbahnlinie Dünaburg–Riga. Die Kampfkraft der 8. Armee war erloschen. Widerstand wurde kaum geleistet, zumal das nahende Weihnachtsfest den Wunsch der Rückkehr verstärkte. Über den Zustand der Truppen berichtete Winnig dem AA am 7. Dezember: „Es muß leider festgestellt werden, daß die Verfassung der 8. Armee es nicht mehr gestattet, gegen diese Bedrohung die notwendige Sicherheit zu schaffen. Der Krieg ist vorbei, und jeder ist froh, daß er ihn überstanden hat, keiner will nun zuletzt noch ihm zum Opfer fallen."[347] Winnig befürchtete, daß der Rücktransport der 30000 noch in Estland nördlich Walk stehenden Truppen durch ein Abschneiden der Rückzugslinien gefährdet sei.[348] Bis zum 27. Dezember konnten jedoch sämtliche in Estland stehenden Truppen nach Riga geführt und von dort aus nach Deutschland transportiert werden.[349] Die Rote Armee setzte ihren Vormarsch fort, ohne auf ernsthaften Widerstand zu stoßen. Der Soldatenrat einer deutschen Infanteriebrigade bei Alt-Schwaneburg traf am 5. Dezember auf eigene Faust eine Vereinbarung mit Vertretern der Roten Armee über den Abzug der Bri-

342 PA – Wk 20 d Nr. 1 a Bd. 23, Bl. 126.

343 A. a. O., PA – Wk 20 d Nr. 1 a Bd. 23, Bl. 209.

344 PA – Wk 20 d Nr. 1 a Bd. 23, Bl. 209.

345 Die Rückführung des Ostheeres. Darstellungen aus den Nachkriegskämpfen deutscher Truppen und Freikorps, Bd. 1, Berlin 1936, S. 141.

346 Rückführung, S. 133.

347 PA – Wk 20 d Nr. 1 a Bd. 24, A 52478.

348 A. a. O.

349 Rückführung, S. 147.

gade.[350] Am 8. Dezember wurde Werro aufgegeben, am 17. Dezember Walk von deutschen Truppen kampflos geräumt.[351] Damit war die Verbindung zwischen Riga und Reval unterbrochen. Am 19. Dezember telegrafierte Winnig nach Berlin: „Walk von Leninschen Truppen besetzt. Drängen auf Wolmar in Richtung Riga scharf nach."[352] Gleichzeitig meldete Winnig, daß an der Düna die Rote Armee bis an den Fluß Oger, 40 km südöstlich von Riga, vorgedrungen war.[353] Wegen der völlig unsicheren politischen und militärischen Lage ersuchte Winnig um die Umwandlung der Stelle des Generalbevollmächtigten in eine diplomatische Vertretung bei der lettischen und estnischen Regierung.[354] Die neuaufgestellten deutschen Freiwilligentruppen konnten anfangs kleine Erfolge verbuchen, waren aber zu schwach, um dauerhaften Widerstand zu leisten.[355] Am 29. Dezember stand die Rote Armee im Norden 50 km und im Südosten 40 km von Riga entfernt.[356] „Das öffentliche Leben in den baltischen Republiken", schrieb Winnig dem AA, „steht ganz unter dem Eindruck des Vordrängens der bolschewistischen Truppen."[357] Die Stärke der Ende Dezember gegen Riga operierenden Truppen lag nach Schätzungen Winnigs zwischen 15000 und 20000 Mann, denen nur noch 2000 Mann zur Verteidigung Rigas gegenüberstanden.[358] „Rein militärisch gesehen", hieß es in dem Bericht vom 29. Dezember, „ist die Lage der Stadt verzweifelt. Wenn die Bolschewiki nicht doch noch immer Furcht vor unseren Soldaten hätten, könnten sie in 36 Stunden vor der Stadt stehen."[359] Er befürchtete, „daß sich ganz besonders demoralisierte Teile des Armeerestes den Bolschewiki anschließen und mit ihnen plündern würden".[360] In dieser Situation kam es Winnig in erster Linie darauf an, Zeit zu gewinnen, um den in Riga verbliebenen 4000 Reichsdeutschen und den besonders gefährdeten Deutschbalten die Ausreise zu ermöglichen.[361] Es gelang schließlich, noch vor dem Einmarsch der Roten Armee zahlreiche reichsdeutsche Zivilisten und Deutschbalten sowie einen Großteil der in Riga gelagerten Vorräte abzutransportieren.

350 Rückführung, S. 144.

351 C. Grimm, Vor den Toren Europas 1918–1920, Geschichte der Baltischen Landeswehr, Hamburg 1963, S. 46.

352 PA – Wk 20 d Nr. 1 a Bd. 24, A 53451.

353 A. a. O.

354 A. a. O.

355 PA – Wk 20 d Nr. 1 a Bd. 24, A 9 (Bericht über die Lage vom 29. 12. 18).

356 A. a. O.

357 A. a. O.

358 A. a. O.

359 A. a. O.

360 A. a. O.

361 A. a. O.

Um den Abtransport sicherzustellen, entschloß sich Winnig am 28. Dezember, Verhandlungen mit den Bolschewiki aufzunehmen. Bereits vom 5. bis 7. Dezember hatte der Zentralsoldatenrat der 8. Armee in Abwesenheit Winnigs, aber unter Teilnahme von Vertretern seiner Behörde und des AOK 8, in Dünaburg Verhandlungen mit den Bolschewiki geführt, um den Zusammenbruch der 8. Armee aufzuhalten.[362] Dabei wurde der freie Abzug der deutschen Truppen unter Mitnahme des deutschen Heeresguts vereinbart. Nach der Räumung sollte das freigewordene Gebiet von den Bolschewiki besetzt werden.[363] Die Vereinbarung war jedoch von den Bolschewiki nicht eingehalten worden. Bei der erneuten Kontaktaufnahme beabsichtigte Winnig durch Abschluß einer Vereinbarung über eine zwölftägige Einstellung der Kampfhandlungen,[364] den Gegner zu einer vorübergehenden Einstellung des Vormarsches[365] zu veranlassen und einen „Modus der Räumung und kampflosen Übergabe" zu vereinbaren.[366] Ein Mitarbeiter Winnigs, Leutnant Becker, der Vorsitzende des Zentralsoldatenrats, Unteroffizier Siemens, und ein Dolmetscher wurden zu Verhandlungen mit den Bolschewiki nach Walk geschickt.[367] Auf der Fahrt wurden Becker und der Dolmetscher wahrscheinlich infolge eines Mißverständnisses erschossen.[368] Siemens wurde von der lettischen Räteregierung gefangengesetzt[369] und erst Ende Januar wieder freigelassen.[370] Eine Vereinbarung mit den Bolschewiki kam daher nicht zustande. Der Präsident der lettischen Räteregierung Stručka nahm den Vorfall zum Anlaß, dem deutschen AA über Moskau einen Funkspruch zuzuleiten. Darin lehnte er den Abschluß eines Waffenstillstands ab. Die lettische Räteregierung sei zwar bereit, den deutschen Soldaten freien Abzug zu gewähren, sie könne aber nicht zulassen, daß die deutschen Truppen „die Rigaer Weißgardisten mit Waffen, gepanzerten Zügen und Automobilen ausrüsten und zu deren Hilfe Ententekräfte ins Land rufen".[371] Weiter hieß es in dem Funkspruch Stručkas: „Das Kommando der achten Armee wie auch ihr Rat haben sich die ganze Zeit uns gegenüber

[362] Vorwärts Nr. 455 Jg. 36 (6. 9. 1919); Ostpolitik, S. 72f.

[363] A. a. O.

[364] Funkspruch der Räteregierung Lettlands an AA vom 31. 12.. PA – Wk 20 d Nr. 1 a Bd. 24.

[365] PA – Wk 20 d Nr. 1 a Bd. 24, A 450.

[366] Schreiben Dr. Scheubner-Richter an den Präsidenten der lettischen Räteregierung vom 7. 1. 1919 (PA – Gesandtschaft Riga I Nr. 2).

[367] A. a. O.

[368] A. a. O., S. , Ostpolitik, S. 87.

[369] Funkspruch der Räteregierung Lettlands vom 31. 12. 18 (PA – Gesandtschaft Riga I Nr. 2).

[370] Ostpolitik, S. 87.

[371] Funkspruch vom 31. 12. 18 a. a. O.

feindselig verhalten. Sie haben die Weißgardisten bewaffnet, sie mit Bekleidung versorgt (Tote hat man in deutscher Soldatenkleidung aufgefunden) und den Soldaten erlaubt, in den Dienst der örtlichen Weißgardisten zu treten. Daher verlangen wir, daß die deutschen Truppen sofort aus Lettland zurückgezogen werden, denn der Brester Friedensvertrag ist annulliert. Widrigenfalls können wir die Sicherheit der deutschen Truppen nicht garantieren."[372]

Winnig war auf die Unterstüzung der 8. Armee angewiesen, da sie im November und Dezember 1918 den einzigen Machtfaktor in dem von deutschen Truppen besetzten Teil des Baltikums darstellte. Seine Bemühungen, den Oberbefehlshaber General der Infanterie, von Kathen, und dessen Stabschef, Major Frantz, für seine Ostpolitik zu gewinnen, schlugen trotz Vermittlungsversuchen von seiten Goßlers fehl. Beide Soldaten begegneten dem Sozialdemokraten mit größtem Mißtrauen.[373] Über die Vorgänge an der Front wurde Winnig von ihnen nur unzureichend unterrichtet. Man arbeitete „ohne Fühlung nebeneinander".[374] Die Spannungen zwischen den deutschen politischen und militärischen Stellen im Baltikum rührten bereits aus der Zeit vor Winnigs Amtsantritt her. Der Stabschef, Major Frantz, hatte versucht, entgegen dem neuen Kurs der Regierung Max von Baden im Baltikum eine annexionistische Politik auf eigene Faust zu betreiben.[375] Der Vertreter des AA bei der Militärverwaltung in Riga, von Kemnitz, drängte in einem Telegramm an das AA vom 4. November 1918 auf die „sofortige Beseitigung von Major Frantz, der Säbelregiment verkörpert" und Goßler an freier politischer Betätigung hindere.[376] Das AA hatte sich bei der OHL um die Abberufung Frantz' bemüht, jedoch ohne Erfolg. Nach dem Zusammenbruch resignierten von Kathen und Frantz völlig und waren nicht einmal auf Winnigs Pläne zur Bildung der Eisernen Division ansprechbar. Winnig, der der Autorität der Militärs großen Respekt zollte, scheute sich, von sich aus in die militärischen Dinge einzugreifen.[377] Die Gegensätze zwischen Armeekommando und Generalbevollmächtigtem konnten

[372] A.a.O.

[373] Heimkehr, S. 20.

[374] A.a.O.

[375] Am 25. Oktober telegrafierte von Kathen an die Einwohner der baltischen Insel Dagö: „... Auch ich habe den aufrichtigen Wunsch und die feste Zuversicht, daß die Insel unter deutschem Schutz und deutscher Führung einer gesegneten Zukunft entgegengehen möge" (PA – Wk 20 d Nr. 1 a Bd. 23, Bl. 38).

[376] PA – Wk 20 d Nr. 1 a Bd. 23, Bl. 40. Im gleichen Sinn Telegramm AA an Hintze vom 4. 11. 18 (PA – Wk 20 d Nr. 1 a Bd. 23, Bl. 32). Eine scharfe Kritik an der Haltung des AOK 8 findet sich in dem Aufsatz (des Augenzeugen) E. Buchfink, Zu Winnigs ›Heimkehr‹, in: HZ 154 (1936), S. 563.

[377] Heimkehr, S. 28.

nicht bereinigt werden. Dasselbe Armeeoberkommando, das noch wenige Wochen zuvor eine harte Ostpolitik betrieben hatte, lehnte jetzt jede Mitwirkung an Winnigs ostpolitischen Plänen ab und drängte auf den sofortigen und vollständigen Rückzug der deutschen Truppen aus dem Baltikum.[378] Bereits am 24. November beklagte sich Winnig beim AA über die Passivität des Oberkommandos.[379] Am 7. Dezember forderte er bei seinem Besuch in Berlin eine restlose Klärung seines Verhältnisses zum AOK: „Wollen wir unsere weiteren militärischen Maßnahmen in diesen Ländern den angedeuteten politischen Interessen unterordnen, so muß auch mir, als dem verantwortlichen Leiter, ein entsprechender Einfluß auf die Entschlüsse und Maßnahmen des AOK zugesprochen werden."[380] Winnig berichtete, Kathen und Frantz seien ihren Aufgaben nicht mehr gewachsen. Sie seien „mutlos geworden" und hätten „mit dem Vertrauen auch jede Tat- und Entschlußkraft eingebüßt".[381] Er forderte ihre Absetzung, zumindest die des Generalstabschefs Frantz. Am 14. Dezember wurden von Kathen und Frantz ihrer Posten enthoben.[382]

Mit der Umbesetzung im AOK trat erstmals ein preußischer General in Winnigs Lebenskreis, der später während des Kapp-Putsches einen maßgeblichen Einfluß auf ihn ausüben sollte: Generalleutnant Ludwig von Estorff. Estorff, der bis dahin das Generalkommando 60 (Sitz Reval) geleitet hatte, wurde das Oberkommando in Riga übertragen. Er traf am 18. Dezember in Riga ein.[383] Als Generalstabschef wurde ihm Oberstleutnant Bürkner beigegeben. Zwischen dem neuen Oberkommando und dem Generalbevollmächtigten entwickelte sich jetzt ein gutes Vertrauensverhältnis.[384] Estorff war bereit, sich Winnigs Kurs anzuschließen. Wie auch später von der Goltz verstand Estorff seine Aufgabe als die eines „politischen Generals im Osten". Anders als von Kathen und Frantz erkannte er sogleich die Chance einer reaktionären Politik, die sich trotz des militärischen und

[378] Vgl. dazu die Darstellung in: Rückführung, S. 42: „Bald zeigte sich, daß er [Winnig] von ganz anderen Voraussetzungen ausging, als der Oberbefehlshaber der 8. Armee und dessen Generalstabschef. Während diese aufgrund ihrer Kenntnis des inneren Zustands der Truppe eine glatte Räumung für notwendig hielten, wollte Winnig möglichst lange den politischen Einfluß auf die lettische und estnische Regierung aufrechterhalten und zu diesem Zweck die Räumung hinausschieben. Es konnte nicht ausbleiben, daß dieser innere Gegensatz zu Reibungen führte."

[379] PA – Wk 20 d Nr. 1 a Bd. 23, Bl. 192.

[380] Bericht über die militärisch-politische Lage vom 7. 12. 1918, S. 8 (PA – Wk 20 d Nr. 1 a Bd. 24, A 52478).

[381] A. a. O.

[382] Rückführung, S. 148.

[383] Rückführung, S. 146.

[384] Heimkehr, S. 55.

politischen Zusammenbruchs Deutschlands im Osten bot. Wenige Tage nach seiner Ankunft in Riga unterbreitete Estorff Winnig den Vorschlag, als gemeinsamer Kriegsminister in den Dienst der provisorischen estnischen und lettischen Regierungen zu treten und den Oberbefehl einer aus estnischen und lettischen Verbänden sowie deutschen Freiwilligen gebildeten und von Estland und Lettland unterhaltenen Armee zur Abwehr der bolschewistischen Truppen zu übernehmen.[385] Damit schaltete sich das AOK wieder aktiv in die Ostpolitik ein. Wieweit der Vorschlag Estorffs möglicherweise auf Winnig selbst zurückgeht, ist nicht zu ermitteln. Er kam jedenfalls seinen Plänen sehr gelegen. Am 21. Dezember teilte Winnig Ebert den Vorschlag telegrafisch mit und führte dazu aus: „Ich unterbreite den Vorschlag zur Erwägung. Seine Durchführung würde die heutige schwierige Lage am besten lösen, da das Reich als solches unbeteiligt bliebe und nur durch Erlaubnis der Freiwilligenwerbung Unterstützung gewährte. Diese Unterstützung ergibt sich aus unserer Stellung zu den Ostseeländern, denen wir die Selbstverwaltungsorgane und dadurch die Möglichkeit des Selbstschutzes genommen haben. Bleiben die Länder ungeschützt, so werden sie dem Bolschewismus zum Opfer fallen. Der Bolschewismus wird bis zu den Reichsgrenzen vordringen. Die Entente könnte das zum Anlaß nehmen, unsere östlichen Provinzen zu besetzen. Befürworte darum Vorschlag des Oberbefehlshabers."[386] Es steht somit fest, daß Winnig den Vorschlag Estorffs billigte. Mit der Ernennung Estorffs zum Oberbefehlshaber einer estnisch-lettischen Armee hätten die beiden baltischen Staaten sich weitgehend ihrer Selbständigkeit begeben und ihre Zukunft den deutschen Militärs anvertraut, die noch wenige Wochen zuvor alle estnischen und lettischen Selbständigkeitsbestrebungen unterdrückt hatten. Die Tatsache, daß Winnig den Vorschlag Estorffs ernsthaft unterstützte, beweist, wie hochgesteckt seine ostpolitischen Ambitionen waren. Bedenken, daß die Verwirklichung dieses Vorschlags erheblichen außenpolitischen Konfliktstoff sowohl in bezug auf das deutsch-russische Verhältnis wie auf das Verhältnis zwischen Deutschland und der Entente in sich bergen mußte, scheinen Winnig nicht gekommen zu sein. Bemerkenswert ist, daß in dem Telegramm an Ebert das antibolschewistische Motiv in den Vordergrund gerückt wird. In

[385] Telegramm Winnigs an Ebert vom 21. 12. 1918: „Der Oberbefehlshaber der 8. Armee, Generalleutnant von Estorff, beabsichtigt, provisorischen Regierungen von Riga und Reval vorzuschlagen: Um die Ostseeprovinzen von den eingedrungenen Leninschen Truppen zu befreien, tritt Generalleutnant von Estorff als gemeinsamer Kriegsminister in den Dienst beider Republiken und übernimmt Oberbefehl über sämtliche lettischen und estnischen Truppen. Diese Truppen sollen durch deutsche Freiwillige verstärkt werden. Die Kosten tragen beide Staaten" (PA – Gesandtschaft Riga Nr. 25).

[386] A. a. O. Winnig bat „um schnelle Entscheidung und Nachricht".

seinen Erinnerungsbüchern hat Winnig den gesamten Vorgang verschwiegen.

In Berlin mußte selbstverständlich der Vorschlag Estorffs auf schärfsten Widerstand stoßen. Das Kabinett befaßte sich in seiner Sitzung am 27. Dezember, an der auch der Vertreter der Zweigstelle Berlin des Generalbevollmächtigten, Denhard, teilnahm, mit dieser Frage. David nannte den Vorschlag „unmöglich", das „wäre der Krieg mit Rußland".[387] Haase lehnte den Vorschlag gleichfalls ab. Er sprach sich gegen jegliche deutsche militärische Intervention im Baltikum aus. Völkerrechtlich vertrat Haase den Standpunkt, daß der Brest-Litowsker Frieden ungültig sei und den Russen damit das Recht zustehe, „ihre Territorien wieder zu besetzen".[388] Ferner führte Haase aus: „Wenn wir den Letten und Esten nicht helfen können, so müssen wir das bedauern, aber es ist nicht zu ändern."[389] Zwei Tage nach dieser Sitzung schied Haase gemeinsam mit den beiden anderen USPD-Vertretern aus dem Rat der Volksbeauftragten aus. Noch am Tage der Kabinettssitzung unterrichtete Denhard Winnig von der Ablehnung des Vorschlags Estorffs.[390]

Winnigs Ostpolitik war auf die Präsenz einer kampffähigen deutschen Truppe im Baltikum angewiesen. Da das AOK bis zum 14. Dezember nicht zu einer Zusammenarbeit bereit war, mußte Winnig die Anwesenheit deutscher Truppen auf eine andere Weise sicherstellen. In dieser Lage fand er einen ungewöhnlichen Ausweg: er verbündete sich mit den Soldatenräten. Die im Osten eingesetzten Truppen setzten sich aus Landsturmleuten zusammen, deren Alter zwischen 40 und 50 Jahren lag.[391] Die deutsche Revolution hatte auch diese Armee der Familienväter ergriffen. Von den deutschen Matrosen in den baltischen Hafenstädten Libau, Windau und Reval verbreitete sich die Revolution weiter auf die Garnisonen im Landinnern aus. Überall bildeten sich Soldatenräte, denen die Kommandobehörden – wie in der kurländischen Hauptstadt Mitau der Ortskommandant, Hauptmann Schmidt[392] – kampflos das Feld räumten. In den Soldatenräten gelang es den mehrheitssozialdemokratischen Kräften, die Führung zu übernehmen. Am 10. November erklärte der spätere Präsident des Mitauer Soldatenrats, Robert Albert, auf einer Soldatenversammlung: „Nicht wollen wir uns russische Methoden zum Muster nehmen. Das Gegenteil: Alles, was

387 BA – R 43 I/1325, S. 81.
388 BA – R 43 I/1325, S. 83.
389 A. a. O.
390 PA – Gesandtschaft Riga I Nr. 1.
391 Rückführung, S. 4.
392 Franz Réne Wohlgemuth [Pseudonym f. Robert Albert], Fruchtbare Arbeit eines Soldatenrats im besetzten Gebiet. Sein erfolgreiches Wirken für die Revolution, das Reich und den Sozialismus, Dresden 1919, S. 8. Vgl. Rückführung, S. 129.

wir tun, diene der sozialistischen Demokratie, sei eine Unterstützung der neuen Volksregierung."[393] Obwohl die Truppen in den vorhergegangenen Monaten unter dem Einfluß bolschewistischer Propaganda gestanden hatten,[394] setzte sich in den Soldatenräten die antibolschewistische Tendenz durch. „Lieber unter preußischen Junkern als unter der Herrschaft dieser von einigen fanatischen Ideologen und ideologischen Phantasten angeführten Tiere leben!"[395] Mit diesen Worten charakterisierte Albert die Haltung seines Soldatenrats gegenüber den Bolschewiki. Zwar versuchte die sowjetrussische Regierung mit den deutschen Soldatenräten Kontakt aufzunehmen,[396] doch blieben entsprechende Bemühungen erfolglos.

Am 16. November rief Winnig die Soldaten der 8. Armee zur Mitarbeit in allen Dienststellen auf, da nur in der Zusammenarbeit von Führung und Mannschaften die anstehenden Aufgaben gelöst werden könnten.[397] Die Zuständigkeit der Kommandobehörden bleibe jedoch unangetastet. Am folgenden Tag begann in Riga der von Winnig einberufene Kongreß der Soldatenräte der 8. Armee. Der Kongreß, der unter der Leitung Robert Alberts stand, entschied sich für einen gemäßigten, mehrheitssozialdemokratischen Weg. Winnig forderte die Sozialdemokraten in den Räten auf, für die Aufrechterhaltung der Ordnung zu sorgen.[398] Die Mehrheit der 360 Delegierten stand hinter ihm. In einer Resolution versicherte der Kongreß, der sich als das „Parlament sämtlicher Soldatenräte der ehemaligen Ostfront" bezeichnete, die Berliner „Volksregierung" der „tatkräftigen Hilfe bei der Durchführung ihrer dem Volkswohl dienenden Aufgaben".[399] Die gemäßigte Haltung des Kongresses kam in einer weiteren Resolution zum Ausdruck, in der die Beschleunigung der Vorbereitungen zur Wahl der Nationalversammlung gefordert wurde.[400] Auf Antrag von Oberstleutnant von Scheubner-Richter protestierten die Delegierten gegen die als „schmachvoll und erniedrigend" bezeichneten Waffenstillstandsbedingungen.[401] Die

[393] Wohlgemuth, S. 8.

[394] Rückführung, S. 5.

[395] Wohlgemuth, S. 41. Vgl. S. 8, 15, 28.

[396] Telegramm Čičerin an Oskar Cohn über das AA vom 14. 11. 1918. Enthält Anfrage, ob in Reval Soldatenrat gebildet sei, da Fragen des Schiffsverkehrs eilig gelöst werden müßten (PA – Wk 20 d Nr. 1 a Bd. 23, Bl. 106).

[397] Wohlgemuth, S. 37.

[398] Ostpolitik, S. 48.

[399] Die Freiheit Nr. 9 Jg. 1 (19. 11. 1918).

[400] Wohlgemuth, S. 38.

[401] A. a. O. – Scheubner-Richter schloß sich später in München der Hitler-Bewegung an, trat als Verbindungsmann zwischen Hitler und Ludendorff in Aktion und war maßgeblich an der Vorbereitung und Durchführung des Hitler-Putsches vom 9. 11. 1923 beteiligt, bei dem er ums Leben kam.

Soldatenräte im Baltikum waren antibolschewistisch und betont national eingestellt.[402] Dementsprechend setzte sich der auf dem Kongreß gewählte vierundzwanzigköpfige Zentralsoldatenrat der 8. Armee aus Gemäßigten zusammen. „Es waren wackere Männer, die vieles zum Guten wandten", heißt es in Winnigs Rückblick.[403] In den einzelnen Soldatenräten übernahmen geschulte Sozialdemokraten, Gewerkschaftler, Links- und Rechtliberale die Führung, „um der Bewegung Schärfe und gefährliche Spitzen zu nehmen".[404] Im übrigen sahen sie wie auch Winnig selbst in der Rätebewegung „eine leider unvermeidliche Torheit".[405]

Die Rolle der Soldatenräte in der deutschen Revolution 1918/19 ist wenig erforscht.[406] Der Großteil der Soldatenräte war regierungstreu,[407] politisch unerfahren,[408] „weder proletarisch noch sozialistisch, noch wollte er eine Diktatur ausüben".[409] Diese Charakterisierung traf zweifellos auch auf die Soldatenräte im Baltikum zu.[410]

In den letzten Kriegsmonaten waren die Soldaten der demoralisierten 8. Armee einer zunehmenden bolschewistischen Propaganda ausgesetzt gewesen.[411] Bereits vier Wochen vor der Räumung Rigas weilten Abgesandte der Bolschewiki in Riga, um unter den deutschen Truppen zu agitieren.[412] Die Petersburger Sowjetregierung, der die innere Lage der 8. Armee wahrscheinlich durch Berichte der örtlichen estnischen und lettischen Bolschewiki bekannt war, suchte die Situation auszunutzen, um eine Verbindung mit den deutschen Soldatenräten zu erreichen. In einem Telegramm an das AA vom 13. November sprach der russische Volkskommissar des Äußeren,

[402] Sogar den lothringischen Truppenteilen der 8. Armee wurde das Tragen blauweißroter Farben vom Mitauer Soldatenbund untersagt (Wohlgemuth, S. 39).

[403] Ostpolitik, S. 49. Die gemäßigte Haltung wird auch von der offiziellen Geschichtsschreibung des Kriegsministeriums bestätigt. Der Zentralsoldatenrat habe „sich zunächst als ganz vernünftig" erwiesen (Rückführung, S. 130).

[404] Ostpolitik, S. 47.

[405] A.a.O.

[406] P. v. Oertzen, Betriebsräte, Düsseldorf 1962, S. 7, Anm. 1.

[407] R. Bauer, Über den Charakter der Novemberrevolution, in: ZfG 6 (1958), S. 165.

[408] Scheidemann, Zusammenbruch, S. 219.

[409] A. Rosenberg, Die Entstehung der Weimarer Republik, hrsg. v. K. Kersten, Frankfurt a. M. 1961, S. 242.

[410] Albert war sozialdemokratischer Journalist, Siemens, der Vorsitzende des Zentralsoldatenrats, Redakteur eines westfälischen Zentrumsblattes (Ostpolitik, S. 65). In Dorpat wurde der Soldatenrat von dem Redakteur der Gewerkschaftszeitung der Buchdrucker, Schaeffer, geleitet.

[411] Rückführung, S. 129.

[412] Von Scheubner-Richter, Bericht über die militärischen Beobachtungen der deutschen Gesandtschaftsabordnung in Riga, S. 2 (PA – Wk 20 d Nr. 1 a Bd. 25, Beilage).

Čičerin, von bevorstehenden revolutionären Bewegungen in der einheimischen Bevölkerung der okkupierten Gebiete als Folge der Revolution in Deutschland.[413] Er mahnte eindringlich, Zusammenstöße zwischen deutschen Truppen und Einheimischen zu vermeiden, und forderte: „Ich mache Sie darauf besonders aufmerksam, daß es allerdringendst notwendig ist, daß die neugeschaffenen Organisationen der deutschen Soldaten in Kontakt kommen mit den Organisationen der breiten Massen dieser Gebiete, wobei wir helfen können."[414] Der Vorschlag Čičerins zu einer Kontaktaufnahme zwischen deutschen Soldatenräten und bolschewistischer Bewegung im Baltikum war durchaus ernst gemeint, da die russische Sowjetregierung zu dem damaligen Zeitpunkt noch keine genauen Kenntnisse über den wirklichen Charakter der deutschen Revolution haben konnte.[415] Die russische Regierung glaubte anfangs an Gemeinsamkeiten der Interessen zwischen russischer und deutscher Revolution bei der Abwehr der Weißgardisten und in der Gegnerschaft zur Entente. Wörtlich hieß es in dem Telegramm: „Ich erinnere Sie wieder daran, wie sehr die Weißgardisten eine Gefahr für die Freiheitsbewegung auch in Deutschland sind und welche Rolle sie spielen können in Verbindung mit den Kräften der Entente angesichts der Bedingungen des Waffenstillstands."[416] Das Bündnis zwischen deutscher und russischer Revolution gegen die Konterrevolution und gegen die Entente kam nicht zustande. Für die neue politische Führung in Deutschland war das Baltikum nicht die Brücke, sondern das Grenzland zwischen Deutschland und Rußland. Diese Einstellung bestimmte auch die Haltung der Soldatenräte, obwohl ihnen die Bemühungen Čičerins in Berlin nicht bekannt waren. Von einigen Ausnahmen abgesehen,[417] gab es keine Verbrüderungen zwischen deutschen Soldatenräten und lettischen und estnischen Bolschewiki. Allerdings unterstützten die drei Vertreter der 8. Armee auf dem Berliner Rätekongreß am 20. Dezember eine Resolution der Delegierten der Ostfront, die die Aufforderung zur Aufnahme diplomatischer Beziehungen zur russischen Sowjetregierung enthielt.[418] In Riga ließ der Solda-

[413] PA – Wk 20 d Nr. 1 a Bd. 23, Bl. 100.

[414] A. a. O.

[415] Das Telegramm enthielt auch die Bitte an Rosa Luxemburg und Tyska (Leo Jogiches), mit den polnischen Sozialisten Karski und Darwinski Rücksprache zu nehmen.

[416] A. a. O.

[417] An einigen Stellen der Front hatten deutsche Soldaten mit den Bolschewiki fraternisiert und ihnen Geschütze, Maschinengewehre und Munition überlassen (Vorwärts Nr. 455 Jg. 36, 6. 12. 1919).

[418] Der Zentralrat der Deutschen Sozialistischen Republik 19. 12. 1918–8. 4. 1919. Vom ersten bis zum zweiten Rätekongreß, bearbeitet von Eberhard Kolb unter Mitwirkung von Reinhard Rürup, Leiden 1968, S. 34.

tenrat eine Versammlung der Bolschewiki unter Androhung von Waffengewalt schließen.[419]

Am 10. Dezember faßte der Soldatenrat des Gouvernements Riga einstimmig eine Entschließung, in der es hieß: „Nach wie vor erklären wir uns gegen jede Klassenherrschaft und wünschen eine Beteiligung des ganzen Volkes beim Wiederaufbau unseres schwergeprüften Vaterlandes.“[420] Gleichzeitig wurde das baldige Zusammentreten der Nationalversammlung gefordert, um eine „vom Vertrauen des gesamten Volkes getragene Regierung“ bilden zu können. Die Soldatenräte im Baltikum, denen auch Offiziere und bürgerliche Vertreter angehörten – der Präsident des Mitauer Soldatenrats hatte sogar Juristen in das Präsidium des Soldatenrats aufgenommen und zu Ressortchefs befördert –, waren Gegner einer sozialistischen Revolution. Der Marinesoldatenrat in Libau ging so weit, am 19. November 1918 vom Reichsmarineamt telegrafisch die Zuteilung einer angemessenen Zahl von Seestreitkräften zur Aufrechterhaltung von Ruhe und Ordnung und zur Verhinderung der „zunehmenden Gärung unter der Einwohnerschaft des Baltenlandes und ungesunder Selbständigkeitsbestrebungen“.[421] Am 18. November teilte die Informationsstelle der Reichsregierung der Öffentlichkeit ein Telegramm Winnigs mit, in dem es hieß, daß Beunruhigungen über die Lage im Baltikum unberechtigt seien und die Soldatenräte die Kommandobehörden in der Aufrechterhaltung der Ordnung unterstützten.[422] Um dem Autoritätsverlust des AOK 8 entgegenzuwirken, kümmerte sich der Zentralsoldatenrat in Riga um die Disziplinierung der Truppe und drohte Soldaten, die vorzeitig nach Deutschland zurückkehren wollten, mit Repressalien.[423] Nach seinen eigenen Angaben führte Winnig mit dem Zentralsoldatenrat regelmäßig Besprechungen durch und unterrichtete ihn über alle wichtigen Angelegenheiten. Das Vertrauen sei nicht mißbraucht worden, „nie sind wir uneinig auseinandergegangen“.[424]

Solange das AOK 8 unter der Leitung von Kathens und Frantz' stand, lag die faktische Organisationsgewalt bei den Soldatenräten. Winnig war daher auf die Zusammenarbeit mit den Soldatenräten angewiesen. Doch in der Auswahl seiner Mitarbeiter griff er ausschließlich auf Beamte der bisherigen

[419] K. Ottersberg, Der Kampf des lettischen Volkes um die Sowjetmacht bis zu ihrer Wiederrichtung Ende 1918/Anfang 1919, in: Jahrbuch f. Geschichte der UdSSR und der volksdemokratischen Länder Europas, Bd. 3, Berlin 1959, S. 215.

[420] Abgedruckt in: Die Freiheit Nr. 49 Jg. 1 (11. 12. 18). Die ›Freiheit‹ bezeichnete den Vorschlag als völlig indiskutabel.

[421] PA – Wk 20 d Nr. 1 a Bd. 23, Bl. 196. – Die Anfrage wurde abschlägig beantwortet.

[422] PA – Wk 20 d Nr. 1 a Bd. 23, Bl. 161.

[423] Bekanntmachung des Zentralsoldatenrats vom 6. 12. 18 (Wohlgemuth, S. 19).

[424] Ostpolitik, S. 49.

deutschen Verwaltung – so ernannte er Burchard zu seinem Stellvertreter – und auf Offiziere aus dem Stab zurück. Seine einseitige Personalpolitik trug ihm später die Kritik Robert Alberts ein.[425] Winnigs Haltung gegenüber den Soldatenräten änderte sich, als die Räte seit Mitte Dezember als Folge der Rückführung der Truppen und nach der Bildung der Freiwilligenformation der Eisernen Division ihre bisherige Machtbasis verloren. Nach der Übernahme des Oberbefehls durch Estorff gingen Winnig und Estorff daran, die Soldatenräte zu entmachten und aufzulösen. Ende Dezember erließen Winnig und Estorff einen gemeinsamen Aufruf „An die Freiwilligenverbände der 8. Armee", mit dem offiziell die Auflösung der Soldatenräte eingeleitet wurde.[426] Das in dem Aufruf ausgesprochene Verbot der Bildung von Soldatenräten innerhalb der Freiwilligenverbände hatte neben militärischen auch außenpolitische Gründe. Die Politisierung der Armee sollte gestoppt und wieder rückgängig gemacht werden. Im Zentralrat der Arbeiter- und Soldatenräte in Berlin stieß das eigenmächtige Verfahren Winnigs, revolutionäre Institutionen von sich aus aufzulösen, sofort auf Widerspruch.[427] Zum offenen Konflikt kam es, als Albert in Mitau versuchte, die Kompetenz des Soldatenrats auch auf die neugegründete Eiserne Division auszudehnen. Der Stadtkommandant von Mitau, Oberst von Knobelsdorff, ließ am 31. Dezember im Einvernehmen mit dem neuen Generalstabschef, Bürkner, Albert für abgesetzt erklären. Daraufhin veranlaßte Albert die Festnahme des Obersten. Knobelsdorff wurde erst wieder freigelassen, nachdem er in einer schriftlichen Erklärung den Soldatenrat offiziell anerkannt hatte.[428] Winnig, der sich gerade in Mitau aufhielt, hatte die Verhaftung des Obersten nicht verhindern können.[429] Er entschloß sich, mit dem Mitauer Soldatenrat Schluß zu machen. Dem AA berichtete Winnig am 1. Januar 1919: „Im Mitauer Soldatenrat herrschen recht peinliche Verhältnisse, deren Seele der frühere Redakteur der Armeezeitung Robert Albert ist. Da auch meine Behörde nun nach Mitau geht, werde ich Ordnung schaffen können."[430] Am 6. Januar 1919 löste sich der Mitauer Soldatenrat selbst auf.[431]

Von den Soldatenräten der 8. Armee blieb schließlich nach dem Abtransport der Truppen lediglich der Libauer Soldatenrat übrig. Aber auch hier

[425] Wohlgemuth, S. 36.

[426] Abgedruckt (ohne Datum, nach dem 23. 12. 18) bei Wohlgemuth, S. 47ff. „Wo gekämpft wird", heißt es in dem Aufruf, „kann es keine Teilung der Kommandogewalt geben."

[427] Kolb/Rürup, S. 160f.

[428] Wohlgemuth, S. 55.

[429] PA – Wk 20 d Nr. 1 a Bd. 24, A 398.

[430] A.a.O.

[431] Wohlgemuth, S. 73.

strebte das AOK 8 die Auflösung an, so daß sich der Soldatenrat gezwungen sah, am 7. Januar 1919 eine Erklärung herauszugeben, in der er die Notwendigkeit seines Weiterbestehens zu begründen versuchte.[432] Der Soldatenrat konnte sich noch einige Wochen halten, bis Generalmajor von der Goltz am 1. Februar 1919 das Generalkommando des VI. Reservekorps und des Gouvernements Libau übernahm. Ein letzter Versuch des Libauer Soldatenrats, durch die Selbsterklärung zum Zentralsoldatenrat in Lettland die Soldatenratsbewegung zu retten,[433] scheiterte an dem Widerstand von der Goltz' und der Freikorps. In einem Telegramm an die Reichsregierung bestritt von der Goltz sowohl die Zuständigkeit wie die Legitimation des Libauer Zentralsoldatenrats. Er verwies darauf, daß „die Hauptmasse der Fronttruppen und gerade die am vorzüglichsten fechtenden Teile trotz unbedingter Regierungstreue Soldatenräte verwerfen und in treuer Kameradschaft mit ihren Führern leben".[434] Obwohl sich der Soldatenrat Libau am 16. Februar nochmals an die Reichsregierung wandte und auf seine vermittelnde Stellung zwischen der Okkupationsmacht und dem lettischen Volk verwies,[435] hatte er keine Überlebenschance mehr. Die in Libau eintreffenden Freikorps räumten, wie E. von Salomon schreibt, „mit einer schnellen Handbewegung, wie gewohnt, den obskuren Soldatenrat hinweg".[436]

Freikorpseinsatz und deutsch-lettischer Siedlungsvertrag

Eine der ersten Maßnahmen Winnigs nach der Übernahme seiner Amtsgeschäfte im November 1918 bestand in der Freilassung der politischen Gefangenen.[437] Dabei stützte er sich auf Empfehlungen der Menschewiki und Sozialrevolutionäre. Die lettischen gemäßigten Sozialisten traten für eine an Deutschland orientierte Außenpolitik ein und verwarfen die ententefreundliche Politik der Regierung Ulmanis, der sie nicht beigetreten waren. Am 4. Dezember 1918 gab der Sprecher der Menschewiki im Volksrat eine außenpolitische Erklärung seiner Partei ab, in der sich die Sozialdemokra-

432 PA – Gesandtschaft Riga I Nr. 2.

433 Telegramm des „Zentralsoldatenrats in Lettland" an die deutsche Reichsregierung vom 14. 2. 19. Darin heißt es: „Der Zentralsoldatenrat wird weiterhin hinter der durch die Nationalversammlung gefestigten Regierung stehen und wie bisher so auch weiter für folgende Ziele arbeiten: 1. Für den Schutz der Heimat vor den Bolschewiken, 2. für das Wohl aller deutschen Kameraden in Lettland, 3. für Anbahnung eines guten Verhältnisses zu[r] Republik Lettland" (BA – R 43 I/1941, Bl. 44).

434 BA – R 43 I/1941 Bl. 45.

435 BA – R 43 I/1941 Bl. 49.

436 E. von Salomon, Nahe Geschichte, Berlin 1936, S. 40.

437 PA – Wk 20 d Nr. 1 a Bd. 24, A 52465.

ten im Gegensatz zu den bürgerlichen Parteien „als Freunde eines neuen sozialistischen und revolutionären Deutschland“ bekannten.[438] In bezug auf die Freilassung der Bolschewiki rieten die Menschewiki zur Vorsicht.[439] Am 23. November hob Winnig die Vorzensur der Zeitungen auf und genehmigte die Herausgabe einer sozialdemokratischen und einer sozialrevolutionären Zeitung. Weiter gab er die generelle Erlaubnis zur Abhaltung von Versammlungen, zunächst auch für die Bolschewiki. Um die Bolschewiki näher kennenzulernen, besuchte er zwei ihrer Versammlungen und hielt auf einer eine Ansprache. „Ich riet den Versammelten, sich auf den Boden der Demokratie und der gewerkschaftlichen Arbeit zu stellen. Ein kleiner Teil applaudierte, ein anderer pfiff dazu, das Gros verhielt sich schweigend.“[440] Nachdem die Bolschewiki am 24. November auf zwei Veranstaltungen zum gewaltsamen Angriff auf die Okkupationsmacht aufgefordert hatten und Veranstaltungen der Menschewiki von den Bolschewiki gestört waren, verweigerte Winnig den Bolschewiki die Genehmigung einer Tageszeitung.[441] Am 1. Dezember veranstalteten die Bolschewiki in Riga unter den Losungen „Weg mit den Okkupanten“ und „Alle Macht den Sowjets!“ Demonstrationen,[442] an denen nach Schätzungen Winnigs 600 Personen teilnahmen. Die Bolschewiki entwickelten in Riga eine intensive Aktivität unter der Arbeiterschaft,[443] die sich zunehmend gegen die Regierung Ulmanis und gegen die gemäßigten Sozialisten richtete. Den menschewistischen Politikern wurden Verhaftung und Todesurteil angedroht.[444] Auf Anraten der Menschewiki verbot schließlich Winnig Anfang Dezember im Einverständnis mit der provisorischen Regierung und den Soldatenräten alle weiteren politischen Versammlungen,[445] da er befürchtete, daß die Ulmanis-Regierung von der bolschewistischen Bewegung hinweggefegt würde.[446]

Die Regierung Ulmanis erhielt zur Unterhaltung der Verwaltung von der deutschen Behörde Finanzzuweisungen, die aus den ehemaligen Landesmitteln bereitgestellt wurden.[447] Die am 16. Dezember 1918 unterzeichnete „Vorläufige Vereinbarung“ über die Verwaltungsübergabe enthielt jedoch keine Regelung für die Übertragung der finanziellen Mittel der alten Landesbehörden an die neue lettische Regierung. Ulmanis war daher auf das

438 B. Kalninš, S. 20. PA – Wk 20 d Nr. 1 a Bd. 24, A 9.
439 PA – Wk 20 d Nr. 1 a Bd. 24, A 52463.
440 A. a. O.
441 A. a. O.
442 Ottersberg, S. 217.
443 PA – Wk 20 d Nr. 1 a Bd. 24, A 51531. – Sipols, S. 68.
444 PA – Wk 20 d Nr. 1 a Bd. 24, A 52463.
445 PA – Wk 20 d Nr. 1 a Bd. 24, A 51531.
446 A. a. O.
447 Bericht Burchards an AA vom 17. 12. 18 (PA – Gesandtschaft Riga I Nr. 1).

Wohlwollen des Generalbevollmächtigten angewiesen. Winnig verstand es, die Finanznot der provisorischen Regierung auszunutzen. Anträge auf weitere finanzielle Unterstützung von Einrichtungen, für deren Unterhalt bisher die Militärverwaltung aufgekommen war, ließ er an die provisorische Regierung verweisen, wobei er durchblicken ließ, „daß wir helfen würden, wenn sie sich an uns wenden würde".[448] Er ging davon aus, das Ulmanis in absehbarer Zeit weder von der Entente noch auf dem Weg einer inneren Anleihe ausreichende Mittel für die Verwaltung der Gemeinden, der staatlichen Unternehmen, für die zunehmende Zahl der Arbeitslosen und für die Unterhaltung der neugebildeten Landeswehr erhalten konnte.[449] Winnig bezifferte am 1. Dezember den vorläufigen Finanzbedarf für die dringendsten Aufgaben auf 100 Millionen Mark. Dabei schwebte ihm eine deutsche Anleihe in dieser Größenordnung vor, die durch die Kronländereien abzusichern gewesen wäre.[450] Er war sich der politischen Implikationen einer solchen Anleihe bewußt: „Das bei kleinen, jungen Völkern besonders reizsame Selbstgefühl wird sich dagegen sträuben." Von der öffentlichen Bekanntgabe seines Vorschlags sah Winnig daher zunächst ab. Der „Zwang der Verhältnisse" müsse sich „erst fühlbar machen".[451] Erst danach würden sich die „neuen Möglichkeiten", der deutschen Ostpolitik voll ausschöpfen lassen.[452] Vorläufig mußte Ulmanis jedesmal, wenn die Regierung in Geldknappheit war, an Winnig mit der Bitte um Zuweisungen herantreten. Nach den Angaben Sipols geht aus den Unterlagen in dem Archiv der bürgerlichen Regierung hervor, daß Ulmanis am 17. Dezember, am 23. Dezember 1918 und am 4. Januar 1919 Gelder jeweils in Höhe von etwa einer Million Mark zur Unterhaltung des Staatsapparats[453] und am 22. November, am 10. Dezember, am 19. Dezember, am 20. Dezember, am 30. Dezember 1918 und am 2. Januar 1919 Beträge zur Unterhaltung der Landeswehr in Höhe von insgesamt 2,25 Millionen Mark erhielt.[454] Winnig war auch später noch davon überzeugt, wie aus seinen Erinnerungen hervorgeht, daß der von ihm eingeschlagene Weg der finanziellen Erpressung Lettlands politisch erfolgreich gewesen wäre, wenn ihm nur die ausreichenden Mittel vom Reich zur Verfügung gestellt worden wären.

Es fällt auf, daß Winnig bei allen von ihm getroffenen Maßnahmen trotz der ungewöhnlichen Fluktuation der politischen und militärischen Ereig-

[448] PA – Wk 20 d Nr. 1 a Bd. 24, A 51531.
[449] A.a.O.
[450] A.a.O.
[451] A.a.O.
[452] A.a.O.
[453] Sipols, S. 56.
[454] Sipols, S. 59.

nisse mit einer erstaunlichen Sicherheit sein ostpolitisches Ziel, die Randstaaten in ein wirtschaftliches und politisches Abhängigkeitsverhältnis zu Deutschland zu bringen, verfolgte. Er dachte auf Zeit. Er glaubte, im Baltikum vollendete Tatsachen schaffen zu können, auf die die spätere Wirtschafts- und Außenpolitik einer innerlich und äußerlich wieder gefestigten Großmacht Deutschland würde aufbauen können.

Die größte Schwierigkeit, vor der die provisorische Regierung stand, ergab sich aus der ungesicherten militärischen Lage Lettlands. Zur Abwehr der Roten Armee bildeten sich im November/Dezember 1918 im Baltikum drei militärische Verbände: die Landeswehr in Lettland, das Baltenregiment in Estland und die Eiserne Division. Bereits am 1. November 1918 hatte die OHL der Reichsregierung den Vorschlag des AOK 8 vorgetragen, „deutschbaltische, lettische und estnische Kriegsfreiwillige in das deutsche Heer eintreten zu lassen, um die im Baltenland lebende deutsche Oberschicht, die Trägerin alter deutscher Kultur ... vor der Vernichtung durch den Bolschewismus zu bewahren".[455] Dabei war auch an die Verwendung von Kolonisten aus Südrußland gedacht, die später im Baltikum siedeln sollten.[456] Diese Freiwilligen sollten im Falle einer Räumung des Baltikums den Kern des dann zu bildenden Selbstschutzes darstellen. Am 11. November 1918 wurde durch Beschluß des baltischen Regentschaftsrates und mit Genehmigung des AOK 8 die Baltische Landeswehr gegründet,[457] eine Freiwilligenformation, die von den Deutschbalten getragen wurde und befehlsmäßig dem deutschen Oberbefehlshaber der 8. Armee unterstand.[458] Nach der Ausrufung der lettischen Republik wurde die Landeswehr neu organisiert und um eine lettische und gemischte russisch-polnisch-jüdische Kompanie erweitert. Doch haftete der Landeswehr in den Augen der Regierung Ulmanis „das Odium der deutschen Gründung an, so daß es notwendig war, durch Verhandlungen das Verhältnis der Landeswehr zu den machtausübenden Faktoren des Landes neu zu regeln".[459] Diese Neuregelung, die am 7. Dezember vereinbart wurde, sah die Bildung einer Landeswehr mit 18 lettischen, 7 deutschbaltischen und 1 russischen Kompanie in einer Gesamtstärke von 6000 Mann vor,[460] doch weigerte sich das AOK, die lettischen Kompanien mit Waffen auszurüsten,[461] so daß die Ulmanis-Regierung mili-

455 PA – Wk 20 d Nr. 1 a Bd. 23, Bl. 42.

456 A. a. O.

457 Rückführung, S. 135; Grimm, S. 30.

458 Bekanntmachung des AOK 8 vom 12. 11. 18 (Grimm, S. 31).

459 Bericht Winnig an AA vom 7. 12. 18 (PA – Wk 20 d Nr. 1 a Bd. 24, A 52478).

460 Grimm, S. 39; Rimscha, Staatswerdung, S. 84; Sipols, S. 57f. Die volle Planstärke wurde nicht erreicht.

461 PA – Wk 20 d Nr. 1 a Bd. 24, A 52478; Ostpolitik, S. 69.

tärisch auf das deutsche Heer und die Deutschbalten angewiesen war. Die Landeswehr stand auch weiterhin unter deutschem Oberbefehl.[462]

In Estland wurde unter dem Namen „Baltenregiment" ebenfalls eine deutschbaltische Schutztruppe gegründet. Am 30. November schloß Winnig mit Mitgliedern der provisorischen estnischen Regierung eine Vereinbarung ab, die die Bildung einer estnischen Landeswehr unter estnischem Oberbefehl vorsah, der besondere deutschbaltische Kompanien einzugliedern seien. Der estnischen Regierung wurde die Bereitstellung von Waffen und Munition aus Beutebeständen zugesagt, doch scheiterte die Übergabe der Waffen am Widerstand von Kathens und Frantz'.[463]

Am 22. November befürwortete Winnig gegenüber dem AA den schleunigen Abtransport der alten Landsturmleute und bat um Ersatz durch jüngere Soldaten.[464] Zwei Tage später schlug er der Berliner Regierung die „Bildung freiwilliger Nachhuten oder Ablösung heimbedürftiger Mannschaften durch freiwillige aus ins Reich zurückgekehrten Soldaten" vor.[465] Das AOK stand dem Plan zum Einsatz reichsdeutscher Freiwilliger im Baltikum völlig ablehnend gegenüber. Die Genehmigung zur Gründung von Freiwilligenverbänden wurde dem Oberbefehlshaber, von Kathen, in einer erregten Aussprache am 29. November von den Vorsitzenden des Zentralsoldatenrats, Siemens und Saß, dem Vorsitzenden des Mitauer Soldatenrats, Albert, und Winnig regelrecht abgezwungen.[466] Dieser 29. November war die „Geburtsstunde der Eisernen Division".[467] Die Soldatenräte gingen davon aus, daß die Truppe „selbstverständlich nur zum Schutz unserer Kameraden, nie und nimmer zum Schutz der Baltenbarone geschaffen werde".[468] Sie sahen in den Freiwilligen „einen starken Wall für unser Vaterland gegen die Sturmflut des Bolschewismus".[469] Am 30. November erließen der Generalbevollmächtigte, die beiden Vorsitzenden des Zentralsoldatenrats und der Generalstabschef einen Aufruf zur Bildung einer freiwilligen Nachhuttruppe.[470] Den Freiwilligen wurde ein hoher Tagessold von 10 Mark pro Tag zugesagt.[471] Da

462 Grimm, S. 39.

463 PA – Wk 20 d Nr. 1 a Bd. 24, A 52478.

464 PA – Wk 20 d Nr. 1 a Bd. 23, Bl. 379.

465 PA – Wk 20 d Nr. 1 a Bd. 23, A 50245.

466 Datum nach Wohlgemuth, S. 40. Vgl. Vorwärts Nr. 455 Jg. 36 (6. 9. 19) u. Grimm, S. 40.

467 Ostpolitik, S. 66. – Die Wortkombination „Eiserne Division" scheint Winnig selbst geprägt zu haben (Wohlgemuth, S. 40).

468 Wohlgemuth, S. 40.

469 Aufruf des Mitauer Soldatenrats vom 1. 12. 18, Wohlgemuth S. 42.

470 PA – Wk 20 d Nr. 1 a Bd. 24, A 51171.

471 Anordnung des Zentralsoldatenrats und des AOK 8 vom 7. 12. 18, in: PA – Gesandtschaft Riga I Nr. 25.

die Gründung der Eisernen Division von den Soldatenräten ausging, blieb sie zunächst im Reich vor dem Vorwurf der Gegenrevolution geschützt.[472]

„Bewähren" sollte sich die Eiserne Division, so stelle Winnig nachträglich fest, „freilich erst später, als die letzte Spur soldatenrätlichen Einflusses aus ihr getilgt war".[473] Offiziell wurde sie als Nachhuttruppe deklariert. So hieß es in einer gemeinsamen Anordnung des 2. Vorsitzenden des Zentralsoldatenrats, Saß, und des Generalstabschefs, Frantz, vom 7. Dezember 1918: „Aufgabe der Freiwilligenverbände ist, die Nachhut der Armee zu bilden, deren Abtransport zu sichern, Bahnen und wichtige Punkte zu schützen, Aufruhr im Lande, sofern dadurch den eigenen Truppen oder dem Rücktransport geschadet wird, niederzuhalten."[474] Eine Verwendung der Truppen zum Schutz des Baltikums nach dem Abzug der 8. Armee wurde durch Punkt 10 der Anordnung vom 7. Dezember ausdrücklich verneint.[475] Um einem politischen Mißbrauch der Truppe vorzubeugen, setzte Punkt 11 der Anordnung fest: „Verwendung der Freiwilligenverbände erfolgt durch Kommandobehörde im Einvernehmen mit zuständigem Soldatenrat."[476] Die Freiwilligen verpflichteten sich durch Handschlag und Unterschrift, „sich als treue und brave Soldaten zu führen, alle ihnen obliegenden Pflichten zu erfüllen, jeden Dienst, insbesondere den Kampf mit der Waffe zur Erfüllung vorstehend bezeichneter Aufgaben willig zu versehen und sich den Befehlen der Vorgesetzten unweigerlich zu unterwerfen".[477] Eine Vereidigung auf die Volksbeauftragten war nicht vorgesehen. Entgegen der offiziellen Deklaration der Eisernen Division als Nachhuttruppe unterstützten einige Soldatenratsführer, so z. B. auch Albert, die Bestrebungen, Siedlungsland für die Freiwilligen zu erhalten.[478] Die Bildung von Freiwilligenverbänden bedurfte der Zustimmung der Reichsregierung. Am 1. Dezember unterrichtete Winnig das AA von dem Aufruf zur Bildung der Freiwilligentruppe.[479] Im Gegensatz zu einer Weisung der OHL, den Rückzug zu beschleunigen,[480] wollte Winnig vor allem der deutschbaltischen Bevölke-

[472] In diesem Sinn verteidigte Walter Bergmann am 4. 12. die Eiserne Division im Berliner Vollzugsrat der Arbeiter- und Soldatenräte (H. Müller-Franken, Die Novemberrevolution, Berlin 1928, S. 179).

[473] Heimkehr, S. 25.

[474] PA – Gesandtschaft Riga I Nr. 25.

[475] „Die Freiwilligen-Verbände werden *nicht* zum Schutze des Baltenlandes oder seiner Bevölkerung nach erfolgtem Abtransport der Armee verwandt werden" (a. a. O.).

[476] A. a. O.

[477] A. a. O.

[478] Wohlgemuth, S. 49.

[479] PA – Wk 20 d Nr. 1 a Bd. 24, A 51171 und 51531.

[480] PA – Wk 20 d Nr. 1 a Bd. 24, A 51531.

rung Schutz gewähren. Er teilte daher dem AA mit, er werde die Einrichtung der Freiwilligentruppe weiter betreiben, sofern nicht eine ausdrückliche Gegeninstruktion eingehe.[481]

Um die Reichsregierung für seine Ostpolitik zu gewinnen und die Aufstellung der Freiwilligentruppen zu beschleunigen, reiste Winnig Anfang Dezember nach Berlin, wo er sich wahrscheinlich vom 7. bis 15. Dezember aufhielt.[482] In einem „Bericht über die militärisch-politische Lage" forderte er die Aufstellung einer Freiwilligenformation in einer Stärke von mindestens 25000 Mann.[483] In diesem Bericht trug Winnig zwei Konzeptionen vor, sowohl die einer reinen Nachhuttruppe wie die einer politischen Schutztruppe. Aus dem Bericht geht hervor, daß er sich – entgegen der offiziellen Version in der Anordnung des AOK 8 und des Zentralsoldatenrats vom gleichen Tage – zugunsten der zweiten Lösung, nämlich für den Landesschutz, entschied: „Ich empfehle daher, unsererseits den Schutz dieser Länder gegen die vom Osten drohenden Gefahren solange auszuüben, bis sie ihn selbst ausüben können oder die Gefahren verschwunden sind."[484]

Während seines Berliner Aufenthalts verhandelte Winnig mit den Volksbeauftragten Ebert und Landsberg, dem Staatssekretär des Auswärtigen Solf, dem Kriegsminister Scheüch und dem Obersten Reinhardt, dem die Organisation und Werbung der Reichsfreiwilligen unterstellt wurde.[485] Bei Scheüch und Reinhardt fand Winnig sofort volle Unterstützung für seine Pläne.[486] Schließlich gelang es ihm, auch Ebert für die Aufstellung von Reichsfreiwilligenverbänden zu gewinnen.[487] Am 12. Dezember konnte die OHL nach Riga telegrafieren: „Ebert und Groener über Lage unterrichtet, beschleunigte Bildung Freiwilligentruppe etwa 3 Btle mit Zuteilung zur Verwendung als Nachhut der 8. Armee ist befohlen."[488] Bemühungen Winnigs, geschlossene Heeresverbände in das Baltikum zu überführen – der Zentralsoldatenrat Riga hatte noch am 7. Dezember telegrafisch um die Entsendung von 10000 Mann als geschlossenem Heeresverband ersucht[489] –, schlu-

[481] A.a.O.

[482] Während des Zeitraums wurden Telegramme aus Riga an Winnig nach Berlin geschickt. Am 13. 12. kündigte Winnig seine Rückkehr für den 15. 12. an (PA – Gesandtschaft Riga I Nr. 25).

[483] PA – Wk 20 d Nr. 1 a Bd. 24, A 52478.

[484] A.a.O.

[485] Telegramm Winnigs nach Riga vom 11. 12. 18 (PA – Gesandtschaft Riga I Nr. 25).

[486] Heimkehr, S. 43.

[487] Heimkehr, S. 47.

[488] PA – Gesandtschaft Riga I Nr. 25.

[489] A.a.O.

gen fehl.[490]. Statt dessen entschied sich das Kriegsministerium für die organisierte Anwerbung von Freiwilligen. Der Zentralsoldatenrat in Riga wurde aufgefordert, 20 Werber nach Berlin zu schicken.[491] In Berlin wurde eine „Werbestelle des Generalbevollmächtigten des Deutschen Reichs für die Baltischen Lande" unter der Bezeichnung „Anwerbungsstelle Baltenland" eingerichtet, die dem Grafen von der Goltz, dem Bruder des Generals, unterstellt wurde. Zweigstellen der Anwerbungsstelle gab es in Kiel, Hamm und Hannover. Sechs Monate später, am 5. Mai 1919, verbot die Reichsregierung auf Druck der Alliierten die weitere Anwerbung von Freiwilligen.[492] Bemühungen, auch Freiwillige aus den skandinavischen Ländern für den Einsatz in Lettland anzuwerben, blieben ergebnislos.[493]

Trotz des persönlichen Einsatzes Winnigs in Berlin lief die Anwerbung nur schleppend an, so daß sich die Eiserne Division im Dezember noch nahezu ausschließlich aus Freiwilligen der im Baltikum stationierten Truppen rekrutierte. Die Stärke der Eisernen Division scheint in den Monaten Dezember und Januar 1919 zwischen 450[494] und 700 Mann[495] gelegen zu haben. Die Truppe war mit Maschinengewehren und Flugzeugen gut ausgerüstet, aber schlecht diszipliniert.[496] Den Befehl über die Eiserne Division übernahm am 21. Dezember 1918 der Stab der 403. Infanteriebrigade unter Oberst Kumme.[497] Kumme, der von Winnig als Versager geschildert wird, nahm bereits in den ersten Januartagen seinen Abschied. Erst nach der Übergabe der Befehlsgewalt an Major Bischoff am 17. Januar 1919 entwikkelte sich die Truppe zu jenem schlagkräftigen Freikorpsverband, als die sie später bekannt wurde. Der Einsatz der Eisernen Division und der Landeswehr ermöglichte im Dezember 1918 den geordneten Rückzug der 8. Armee.

Die Entsendung deutscher Freikorps in das Baltikum eröffnete diesen Landsknechttruppen neuerer Art von „eindeutig konterrevolutionärem

[490] A. a. O. (Telegr. Winnigs vom 11. 12.).

[491] A. a. O.

[492] H. Euler, Die Außenpolitik der Weimarer Republik 1918/1923, Aschaffenburg 1957, S. 54.

[493] Der Feldzug im Baltikum bis zur zweiten Einnahme von Riga. Darstellungen der Nachkriegskämpfe deutscher Truppen und Freikorps, Bd. 2, hrsg. im Auftrag des Reichskriegsministeriums, Berlin 1937, S. 34.

[494] Rückführung, S. 154.

[495] Ostpolitik, S. 76. – Die Angabe der Zahl von 3600 in einem Bericht Burchards vom 17. 12. 1918 (PA – Gesandtschaft Riga I Nr. 1) scheint auf einem Fehler zu beruhen.

[496] Ostpolitik, S. 76 u. 80.

[497] Rückführung, S. 145.

Charakter"[498] ein Freigelände für politische Abenteuer. „Wo immer nach dem Niederbruch sich Männer fanden, die nicht verzichten wollten", schreibt der Freikorpskämpfer E. von Salomon in seinen Erinnerungen, „erwachte eine unbestimmte Hoffnung auf den Osten."[499] Und weiter: „Wir dachten, Deutschland müsse so weit reichen wie seine Kraft."[500] Im öffentlichen Bewußtsein in Deutschland galten die „Baltikumer", die zahlenmäßig nur einen geringen Teil aller nach Kriegsende entstandenen Freikorps ausmachten, als der Prototyp der deutschen Freikorps.[501]

In der Anordnung vom 7. Dezember war darauf verzichtet worden, die Freiwilligen auf die Volksbeauftragten zu verpflichten. Das sollte dazu führen, daß die Freikorps später auf die Person ihrer Führer verpflichtet wurden, ein Vorgang, der selbst von Freikorpsführern „als geradezu mittelalterlich" empfunden wurde.[502] Erhebliche politische Konsequenzen enthielten die Siedlungsversprechungen, die den Freiwilligen gemacht wurden. In dem von dem Generalbevollmächtigten und dem Oberbefehlshaber der 8. Armee erlassenen Aufruf „An die Freiwilligen-Verbände der 8. Armee" hieß es: „Die Provisorische Lettische Regierung hat grundsätzlich zugestanden, daß allen Soldaten, die freiwillig an diesem Kampfe teilnehmen, auf ihren Antrag die vollen Staatsbürgerrechte gewährt werden. Wer also die Absicht hat, sich später in diesem Lande eine Existenz zu suchen, hat dadurch die Gewißheit, daß ihm durch die Teilnahme am Kampfe die Möglichkeit dazu gegeben wird."[503] Der Aufruf sollte bei den Freiwilligen Hoffnung auf Siedlungsland wecken. Die von Winnig in Berlin eingerichtete Anwerbestelle versprach in ihrem Werbeaufruf den Freiwilligen ausdrücklich Siedlungsland: „Nach Abschluß der Kämpfe ist für die bis zum Ende an den Kämpfen teilnehmenden Militärpersonen günstige Ansiedlungsmöglichkeit im Baltenlande gegeben."[504] Winnig hat sich im Herbst 1919 unter dem Eindruck zunehmender Kritik an den Baltikumern von dem früheren Werbeaufrufen seiner Anwerbestelle distanziert.[505]

Der Spielraum, der der deutschen Politik im Osten nach dem Zusammenbruch Deutschlands im November 1918 zur Verfügung stand, hing nicht zu-

[498] H. Schulze, Freikorps und Republik 1918–1920, Boppard/Rh. 1959, S. 27.

[499] Salomon, S. 107.

[500] Salomon, S. 108.

[501] Schulze, S. 125.

[502] Tagebuchaufzeichnung des Führers der Freiwilligen Eskadron des 2. Garde-Dragoner-Regiments Rittmeister Braun von Stumm, zit. nach: Der Feldzug im Baltikum, S. 27.

[503] Abdruck des Aufrufs bei Wohlgemuth, S. 47–49. Auszug des Aufrufs in: Rückführung, S. 149.

[504] Abdruck des Werbeaufrufs in: Der Feldzug im Baltikum, S. 140f.

[505] Vorwärts Nr. 455 Jg. 36 (6. 9. 1919).

letzt von der Haltung der Siegermächte ab. Die Anwesenheit deutscher Truppen im Baltikum wurde durch Artikel 12 des Waffenstillstandsvertrags vom 11. November 1918 geregelt. Dabei muß die Entstehungsgeschichte dieses Artikels berücksichtigt werden. Die ursprünglich von Marschall Foch dargelegte Fassung des Artikel 12 sah den Rückzug sämtlicher deutschen Truppen aus den Gebieten Österreichs, Rußlands, Rumäniens und der Türkei hinter die deutschen Grenzen vom 1. August 1914 vor.[506] Während Erzberger die Räumung Österreich-Ungarns, Rumäniens und der Türkei sofort akzeptierte, meldete er für die Räumung Rußlands schwerwiegende Bedenken an, da „die sofortige Räumung der ehemals russischen, jetzt noch von deutschen Truppen besetzten Gebiete, die dortige Bevölkerung den Greueltaten des Bolschewismus schutzlos preisgegeben würde".[507] Die alliierte Seite ging auf die deutschen Einwände ein, so daß der entscheidende Satz in beiderseitigem Einvernehmen folgende Endfassung erhielt: „Alle deutschen Truppen, welche sich augenblicklich auf den vor dem Kriege zu Rußland gehörigen Gebieten befinden, müssen ebenfalls hinter die wie oben angegebenen deutschen Grenzen (vom 1. August 1914) zurückgehen, sobald die Alliierten unter Berücksichtigung der inneren Lage dieser Gebiete, den Augenblick für gekommen erachten."[508] Die durch die Bestimmungen des Artikel 12 im Baltikum entstandene Lage war zweifellos paradox.[509] Da die Alliierten zwar den Bolschewismus eindämmen wollten, zu einem Truppeneinsatz aber nicht bereit waren, nahmen sie das deutsche Angebot gerne auf. Der Waffenstillstand beinhaltete somit eine gemeinsame deutsch-alliierte Kampfansage an Sowjetrußland. Erzberger hat sich auch später dazu bekannt, daß die entscheidende Formulierung im Artikel 12 auf seinen Vorschlag hin angenommen wurde.[510] Nach der Interpre-

[506] Der Waffenstillstand 1918–1919, hrsg. im Auftrag der Deutschen Waffenstillstandskommission, Bd. 1, Berlin 1928, S. 36.

[507] A.a.O.

[508] Waffenstillstand, S. 37 u. 39. – Die Entstehungsgeschichte des Art. 12 erklärt auch den Widerspruch zwischen Art. 12 und Art. 13. Letzterer lautete: „Die Abbeförderung der deutschen Truppen und die Rückberufung sämtlicher deutschen Instrukteure, Gefangenen, Zivil- und Militäragenten vom russischen Gebiet (nach den Grenzen vom 1. August 1914) ist sofort in Angriff zu nehmen" (a.a.O., S. 39). Die Waffenstillstandskommission hat den Fehler dadurch zu berichtigen versucht, daß sie dem veröffentlichten deutschsprachigen Text des Art. 13 die Anmerkung hinzufügte: „Soweit nicht in Art. XIII anders bestimmt ist" (a.a.O., S. 39).

[509] Williams, S. 147.

[510] Rede Erzbergers auf der 21. Sitzung der Nationalversammlung am 5. März 1919 (Stenographische Berichte der Verfassunggebenden Nationalversammlung 1919/20, Berlin 1920, S. 527). Dem Kabinett berichtete Erzberger am 27. 12. 18 über das Zustandekommen der Formulierung: „Man hat erst von uns die sofortige Räu-

tation, die Erzberger vor dem Kabinett am 27. Dezember 1918 gab, beinhaltete die Bestimmung das „Recht ..., dort so lange zu bleiben, als wir es für nötig halten und die Entente es gestattet".[511] Für Deutschland bot sich dadurch die Möglichkeit, das Tor zum Osten offenzuhalten. Der Artikel 12 gab die völkerrechtliche Grundlage für die deutsche Baltikumspolitik 1918/19 ab.

Am 20. November 1918 entsandte die britische Regierung ein etwa zwanzig Kriegsschiffe umfassendes Geschwader unter Konteradmiral Edwyn S. Alexander-Sinclair in das Baltikum.[512] Das Geschwader erreichte am 1. Dezember Libau, am 12. Dezember die estnische Hauptstadt Reval, wo die Truppen der provisorischen Regierung mit Waffen und Munition versorgt wurden,[513] und traf am 18. Dezember in Riga ein. Sinclair nahm sogleich Verhandlungen mit der provisorischen lettischen Regierung auf. Ein Teil des Geschwaders blieb in Riga, der Rest kehrte am 19. Dezember nach Libau zurück.[514] Die Anwesenheit der englischen Schiffe verschaffte der Regierung Ulmanis einen stärkeren politischen Rückhalt. Sinclair und der frühere britische Generalkonsul in Riga, Bosanquet, versprachen der provisorischen Regierung Unterstützung für den Kampf Lettlands gegen die Rote Armee durch die Bereitstellung von Waffen und Munition und durch die Stationierung englischer Kriegsschiffe in Riga.[515] Die Anwesenheit englischer Kriegsschiffe wurde auch von deutscher Seite begrüßt. Die OHL hatte bereits am 15. November gegenüber dem AA den Wunsch nach Entsendung englischer Kriegsschiffe in das Baltikum geäußert.[516] Da die britische Regierung unter Lloyd George nicht bereit war, sich in dem Kampf gegen Rußland fest zu binden und dementsprechend das englische Geschwader die strikte Anweisung hatte, keine Truppen zu landen, konnten die Briten der lettischen Regierung keine wirksame militärische Hilfe anbieten. Als der Kommandant der in Riga liegenden englischen Schiffe am 27. und 28. Dezember auf Wunsch Winnigs eine Patrouille bewaffneter Matrosen

mung verlangt, erst, als wir gesagt haben, daß wir das wegen der abzuliefernden Lokomotiven nicht können, hat man uns das Recht eingeräumt, das Gebiet noch länger zu halten. Auch unser uns zugebilligtes Ankaufsrecht und die Erwägung, daß beim schnellen Abmarsch in dem schutzlosen Lande Kämpfe und Blutvergießen entstehen müssen, haben zu der jetzt bestehenden Formulierung geführt" (BA – R 43 I/1325, S. 79).

511 BA – R 43 I/1325, S. 80.

512 E. Anderson, The British Policy toward the Baltic States 1918–1920, in: Journal of Central European Affairs 19 (1959), S. 278.

513 Anderson, S. 278f.

514 PA – Wk 20 d Nr. 1 a Bd. 24, A 53451.

515 Sipols, S. 61.

516 Telegramm OHL an AA vom 15. 11. 18 (PA – Wk 20 d Nr. 1 a Bd. 23, Bl. 126).

zur Abschreckung der Bolschewiki in Riga an Land setzen ließ,[517] erhielt er sogleich einen Verweis seitens der eigenen Regierung.[518]

Die Engländer versuchten, da ihnen selbst durch ihre Regierung die Hände gebunden waren, wenigstens die deutschen Truppen in Lettland festzuhalten. Zu diesem Zweck kam am 23. Dezember 1918 auf Einladung des Kommandanten der in Riga liegenden Schiffe eine deutsch-englische Besprechung über die Ausführung der Waffenstillstandsbedingungen auf dem englischen Hilfskreuzer "Princess Margaret" zustande. Von deutscher Seite nahmen außer Winnig sein Vertreter Burchard und der Chef des Stabs der 8. Armee, Bürkner, teil. Auf der englischen Seite wurden die Verhandlungen von Bosanquet geleitet.[519] Die Engländer gaben bekannt, daß sie beauftragt seien, die Ausführung der Waffenstillstandsbedingungen zu überwachen. Artikel 12 wurde von ihnen so ausgelegt, daß er die „Pflicht Deutschlands" beinhalte, „die baltischen Provinzen zu schützen".[520] Diese Interpretation ging sehr weit, entsprach selbstverständlich den Vorstellungen der provisorischen lettischen Regierung und kam im Grunde genommen auch den Plänen Winnigs entgegen. Die englische Vertretung verlas eine Zehn-Punkte-Erklärung, in der die deutsche Schutzverpflichtung konkretisiert wurde. In Punkt 1 hieß es: „Die Deutschen haben eine Streitmacht im Lande zu halten, die ausreicht, um die Bolschewiki nicht über die Linie vordringen zu lassen, die sie heute behaupten."[521] Dieser Punkt bedeutete praktisch die Aufforderung Deutschlands zur Kriegsführung gegen das bolschewistische Rußland. Darüber hinaus hieß es in Punkt 7: „Alle Plätze, welche künftig den Deutschen innerhalb der gegenwärtigen Front verloren gehen sollten, sind von ihnen wiederzuerobern." Punkt 8 machte Deutschland für die Sicherheit der lettischen Bevölkerung gegenüber bolschewistischen Angriffen verantwortlich. Punkt 3 verpflichtete das deutsche Oberkommando, alle künftigen militärischen Dispositionen den Engländern mitzuteilen.

In seiner Antwort bestritt Winnig zunächst, daß sich aus dem Artikel 12 die Verpflichtung Deutschlands, seine Truppen weiter in diesem Gebiet zu

[517] PA – Wk 20 d Nr. 1 a Bd. 24, A 9.

[518] Ostpolitik, S. 77f.

[519] Über den Ablauf der Verhandlungen liegt ein Bericht Winnigs an das AA vom 24. 12. (PA – Wk 20 d Nr. 1 a Bd. 24, A 54387), ein knappes Telegramm Winnigs an Ebert vom 25. 12. (PA – Wk 20 d Nr. 1 a Bd. 24, A 540057) sowie ein ausführlicher telegr. Bericht Bürkners an das AA vom 25. 12. (PA – Wk 20 d Nr. 1 a Bd. 24, A 54186) vor. Der Text des Bürkner-Telegramms wurde von der ›Roten Fahne‹ am 1. 1. 1919 unter der Überschrift ›Ein Geheimdokument. Hinter den Kulissen der Gegenrevolution‹ veröffentlicht.

[520] PA – Wk 20 d Nr. 1 a Bd. 24, A 54387.

[521] A.a.O.

belassen, ableite. Diese Pflicht sei nachträglich hineininterpretiert worden.[522] Er fügte jedoch einlenkend hinzu: „Wir müssen uns nach Lage der Dinge dieser Auslegung anzupassen versuchen."[523] Im Verlauf der Verhandlungen ging Winnig noch einen Schritt weiter, indem er von sich aus eine Schutzverpflichtung Deutschlands anerkannte. Der entscheidende Passus in den Ausführungen Winnigs lautete: „Der Schutz dieser Länder gegen äußere Feinde liegt uns selbst am Herzen. Wir sind um ihren Schutz bemüht, nicht nur, weil hier ein deutsches Volkstum zu schützen ist, sondern weil wir uns moralisch verpflichtet fühlen, diese Länder, die wir aus einer staatlichen Organisation herausgelöst haben, solange zu schützen, bis sie zu einer anderen staatlichen Organisation gefunden haben."[524] Zu einer ernsten Auseinandersetzung kam es erst, als Bosanquet die sofortige und vollständige Einstellung des deutschen Heeresrücktransports verlangte und diese Forderung von Winnig und Bürkner unter Hinweis auf eine mögliche Meuterei der deutschen Soldaten entschieden zurückgewiesen wurde,[525] woraufhin Bosanquet harte Folgen für die zukünftigen Friedensbedingungen in Aussicht stellte.[526] Gegen Ende der Unterredung unternahm Winnig den Versuch, die Engländer für eine deutsch-englische Waffengemeinschaft im Baltikum zu gewinnen.[527] Auf seine Frage, ob mit einer Teilnahme der Engländer zu rechnen sei, erhielt er von den englischen Vertretern die Antwort, daß sie darüber nicht verhandeln könnten.[528]

Bei weiteren Zusammenkünften zwischen Winnig und den englischen Vertretern in den folgenden Tagen zeigte es sich, daß die Meinungsverschiedenheiten keineswegs unüberbrückbar waren. Am 27. und 28. Dezember ließ der englische Kommandeur auf Wunsch Winnigs einige Matrosen in Riga zur Abschreckung der Rigaer Bolschewiki in der Stadt aufmarschieren. Am 30. Dezember wurde eine Meuterei der lettischen Kompanie der Landeswehr in einer gemeinsamen Aktion von den deutschbaltischen Teilen der Landeswehr, deutscher Kavallerie und englischer Schiffsartillerie niedergeschlagen. 191 Mann und 2 Offiziere kapitulierten.[529] 10 lettische Soldaten wurden erschossen.[530]

Winnigs eigenmächtige Verhandlungen mit Bosanquet stießen in Berlin sofort auf den Widerstand Erzbergers, der am 27. Dezember in der Kabi-

[522] A. a. O.
[523] A. a. O.
[524] A. a. O.
[525] A. a. O.
[526] A. a. O.
[527] A. a. O.
[528] A. a. O.
[529] Telegr. Winnig an AA vom 30. 12. 18 (PA – Wk 20 d Nr. 1 a Bd. 24, A 54703).
[530] Sipols, S. 66.

nettssitzung äußerte, „die Auffassung der Entente über den § 12 wäre in finanzieller Hinsicht eine Schraube ohne Ende, da man uns für alles schadensersatzpflichtig machen würde“.[531] Er verwahrte sich dagegen, daß in Riga über Waffenstillstandsfragen verhandelt werde. Der einzige Verhandlungsort sei Spa.[532] Noch am gleichen Tage wurde Winnig von der Waffenstillstandskommission aufgefordert, jede Diskussion über die Auslegung der Waffenstillstandsbestimmungen mit Ententevertretern abzulehnen.[533]

Winnigs Verhandlungen mit den Engländern wurden durch die Veröffentlichungen der ›Roten Fahne‹ auch im Reich bekannt. Der Zentralrat der Ostfront hatte ein an das AA gerichtetes Telegramm Bürkners an die Delegation der Ostfront in Berlin weitergeleitet und diese den Text der Redaktion der ›Roten Fahne‹ übergeben. Rosa Luxemburg las in ihrer Rede vor dem Gründungskongreß der KPD am 31. Dezember in Berlin Auszüge aus dem Telegramm vor, griff Winnigs Ostpolitik leidenschaftlich und scharf an und bezeichnete ihn als einen Verbrecher, der ins Zuchthaus gehöre.[534] Durch die Enthüllungen der Spartakisten und die sich daran notwendigerweise anschließende eingehende Berichterstattung in der sozialdemokratischen und bürgerlichen Presse über die Vorgänge im Baltikum wurde Winnigs Tätigkeit erstmals einer größeren Öffentlichkeit bekannt. Die Waffenstillstandskommission sah sich veranlaßt, am 2. Januar 1919 eine Erklärung herauszugeben, in der sie sich von Winnigs Verhandlungen in Riga distanzierte. Entgegen anderslautenden Presseberichten, so hieß es in der Erklärung, habe Winnig keine „Abmachungen“ getroffen, sondern nur die Auffassung des englischen Befehlshabers entgegengenommen.[535] Deutschland habe „ein Recht, aber keine Pflicht“, seine Truppen im Baltikum zu belassen. Winnig sei von der Reichsregierung angewiesen worden, sich in der Räumungsfrage als unzuständig zu erklären. Die ›Rote Fahne‹ bemerkte zu dieser Erklärung der Waffenstillstandskommission triumphierend: „Danach scheint die Sache wohl so zu liegen, daß selbst den bürgerlichen Erzberger die Scham überkommt angesichts des Schachers, den Winnig mit den Engländern über deutsches Menschenfleisch treibt.“[536]

Winnigs Bemühungen um eine militärische deutsch-englische Kooperation im Baltikum scheiterten an der reservierten Haltung der Engländer. Die britische Regierung war vorerst nicht bereit, sich auf ein festes Engage-

[531] BA – R 43 I/1325, S. 80.

[532] PA – Wk 20 d Nr. 1 a Bd. 24, A 54304.

[533] A.a.O.

[534] H. Weber (Hrsg.), Der Gründungsparteitag der KPD. Protokolle und Materialien, Frankfurt a. M. 1969, S. 193–195.

[535] Vorwärts Nr. 4 Jg. 36 (3. 1. 1919).

[536] Die Rote Fahne Nr. 3 Jg. 1919 (3. 1. 1919).

ment im Baltikum einzulassen.[537] Nachdem das aktive Eingreifen der englischen Kriegsschiffe in die inneren Angelegenheiten Lettlands von der Londoner Regierung mißbilligt worden war, verließen die Kriegsschiffe Riga am Vormittag des 3. Januar,[538] wenige Stunden bevor Riga von der Roten Armee erobert wurde. Am 6. Januar 1919 wurde Konteradmiral Sinclair von seinem Kommando abberufen.[539] Damit endete vorläufig die direkte Intervention der Entente im Baltikum. Erst nachdem von der Goltz im März 1919 seine Erfolge bei der Rückeroberung Lettlands erzielte, wurde erneut eine englische Flotte, diesmal unter dem Befehl von Admiral Cowan, in das Baltikum entsandt.[540]

In Fortsetzung seines Weges der militärischen Sicherung Lettlands schloß Winnig am 29. Dezember 1918 einen zweiten Militärvertrag mit der provisorischen lettischen Regierung ab, der den Einsatz der reichsdeutschen Freiwilligen in Lettland betraf. Dem Vertragsabschluß war die Ernennung Winnigs zum Gesandten bei der lettischen und estnischen Regierung am 24. Dezember vorausgegangen.[541] Die Ankunft englischer Kriegsschiffe im Hafen von Riga schien zunächst die Position der provisorischen Regierung zu stärken, doch Ulmanis' Hoffnungen auf einen englischen Militärschutz blieben unerfüllt. Vierzig Tage nach der Proklamation der Republik Lettland sah er den sicheren Untergang seines Staatsschiffs vor Augen. In dieser Situation entschloß sich Winnig zu handeln. Bei den Verhandlungen, die dem Abschluß des Vertrags, der später als ›Siedlungsvertrag‹ bekannt wurde, vorausgingen, ließ er sich von zwei Gesichtspunkten leiten: Stärkung des baltischen Deutschtums, damit es „eine reale Macht, ein Stück Verfassung im Sinne Lassalles" bilde, und Ansiedlung von Deutschen in Lettland, „um das Deutschtum wirtschaftlich und zahlenmäßig zu stärken".[542] Winnig hat später seine beim Abschluß des Vertrags eingenommene Haltung mit zynischer Offenheit dargelegt: „Er [Ulmanis] sah die Latwija, die so sehr sein Werk war, in Gefahr, und nichts war natürlicher, als daß er diese einzige Möglichkeit der Rettung ergriff. Ich hätte pflichtvergessen und töricht gehandelt, wenn ich nicht versucht hätte, diese vielleicht letzte Gelegenheit zur Erhaltung und Stärkung des Deutschtums in Lettland zu nützen."[543]

Der am 29. Dezember 1918 von Winnig einerseits und von dem Ministerpräsidenten Ulmanis, dem Industrie- und Handelsminister Paegle und dem

[537] Anderson, S. 280.

[538] PA – Wk 20 d Nr. 1 a Bd. 24, A 327.

[539] Anderson, S. 280.

[540] A. a. O.. Dazu: G. Bennet, Cowan's War. The Story of the British Naval Operations in the Baltic 1918–1920, London 1964.

[541] Beauftragter des Gesandten in Reval war der frühere Vizekonsul Vogl.

[542] Ostpolitik, S. 83.

[543] A. a. O.

Verteidigungsminister Sahlits andererseits abgeschlossenen Vertrag hatte folgenden Wortlaut[544]:

Riga, den 29. Dezember 1918

Vertrag zwischen dem Bevollmächtigten des Deutschen Reichs und der provisorischen lettländischen Regierung

§ 1 Die provisorische lettländische Regierung erklärt sich bereit, allen fremdstaatlichen Heeresangehörigen, die mindestens vier Wochen im Verbande von Freiwilligenformationen beim Kampf für die Befreiung des Gebietes des lettländischen Staates von den Bolschewiki tätig gewesen sind, auf ihren Antrag das volle Staatsbürgerrecht des lettländischen Staates zu gewähren.

§ 2 Die deutsch-baltischen Angehörigen des lettländischen Staates erhalten das Recht, in die reichsdeutschen Freiwilligenverbände einzutreten. Andererseits bestehen für die Dauer des Feldzuges keine Bedenken gegen Verwendung reichsdeutscher Offiziere und Unteroffiziere im Verbande der deutsch-baltischen Kompagnien der Landeswehr als Instrukteure.

§ 3 Das im Vertrage vom 7. Dezember den Deutschbalten zugestandene Recht zur Bildung von 7 nationalen Kompagnien und 2 Batterien im Verbande der Landeswehr wird seitens der provisorischen Regierung ausdrücklich garantiert, auch wenn § 2 vorliegender Abmachung zur vorübergehenden Auflösung deutsch-baltischer Verbände führen sollte.
Bei der Erhöhung der Zahl der lettischen Kompagnien tritt eine entsprechende Erhöhung der Zahl der deutschen Kompagnien ein.

§ 4 die in Ausführung von § 1 notwendigen Listen über Zu- und Abgänge von Freiwilligen werden der provisorischen Regierung mindestens einmal wöchentlich übersandt werden. Aufgrund dieser Listen wird zwischen den Vertragsschließenden festgesetzt werden, welche deutschen Staatsangehörigen sich das Staatsbürgerrecht gemäß § 1 erworben haben.

gez. August Winnig
(deutscher Gesandter)

gez. K. Ulmanis
(Ministerpräsident)
gez. Fr. Paegle
gez. J. Sahlit[s]

Der Vertrag schränkte die faktische Souveränität des lettischen Staates erheblich ein. Die reichsdeutschen Freiwilligen wurden, indem ihnen ein Anspruch auf das lettische Staatsbürgerrecht zugestanden wurde, zu einem entscheidenden Faktor der lettischen Innen- und Außenpolitik. Das Versprechen des Staatsbürgerrechts barg politischen Sprengstoff in sich, da es von den Freiwilligen als Siedlungsrecht verstanden wurde. Wieweit der Ver-

[544] Zitiert nach einer Abschrift des Vertrags, die dem AA am 7. 8. 1919 von der Deutschen Gesandtschaft in Mitau zugeleitet wurde (PA – Gesandtschaft Riga I Nr. 10). Dieser Vertragstext sowie die Wiedergaben des Textes in ›Ostpolitik‹ (S. 83) und im ›Feldzug im Baltikum‹ (S. 142) weisen jeweils geringfügige Abweichungen voneinander auf.

trag tatsächlich als „Siedlungsvertrag" anzusehen war, als der er in den Aufrufen der Berliner Anwerbestelle des Generalbevollmächtigten gedeutet wurde,[545] ist fraglich. Genaugenommen konnte nur von einem Vertrag über das Staatsbürgerrecht gesprochen werden. Es steht allerdings fest, daß deutscherseits die Absicht vorlag, einen Siedlungsvertrag abzuschließen. Aus taktischen Erwägungen wurde in den Verhandlungen mit der lettischen Regierung sowie in dem endgültigen Vertragstext nur vom Staatsbürgerrecht, nicht aber vom Siedlungsrecht gesprochen.[546] Winnig bestätigte in seinen Erinnerungen, daß der Vertrag in der Absicht abgeschlossen worden sei, den deutschen Freiwilligen den Erwerb von Land in Lettland zu ermöglichen.[547] Er ließ den Vertrag auch sogleich der Anwerbestelle Baltenland zur Unterstützung der Freiwilligenwerbung zuleiten.[548]

Der Vertreter der englischen Regierung in Riga, Bosanquet, teilte Ulmanis vor dem Abschluß der Verhandlungen schriftlich mit, daß er in Anbetracht der gefährdeten Lage Lettlands keine Einwände gegen die Verleihung des Staatsbürgerrechts an die reichsdeutschen Freiwilligen erheben könne.[549] So konnte der Vertrag, nachdem auch das interfraktionelle Büro der im lettischen Volksrat vertretenen Parteien zugestimmt hatte,[550] am 29. Dezember, fünf Tage vor dem Fall Rigas, der bereits vorauszusehen war, unterzeichnet werden. Der Druck, dem sich die provisorische Regierung ausgesetzt sah, zwang Ulmanis, Winnigs Bedingungen zu akzeptieren.

Der Vertrag vom 29. Dezember bildete die Grundlage für den Einzug der Freikorps in das Baltikum in den folgenden Monaten.[551] Die antibolschewistische Zielsetzung des Unternehmens und die Versprechungen von Sied-

[545] In einem Aufruf heißt es: „Nach Abschluß der Kämpfe ist den für die bis zum Ende an den Kämpfen teilnehmenden Militärpersonen günstige Ansiedlungsmöglichkeiten im Baltenland gegeben" (Abschrift des Aufrufs in: Der Felzug im Baltikum, S. 140f. Die gleiche Version – Siedlungsvertrag – vertritt auch H. Euler, Die Außenpolitik der Weimarer Republik 1918/1923, Aschaffenburg 1957, S. 55).

[546] Zu diesem Komplex bemerkt Burchard im Schreiben an das AA vom 17. 12. 18: „Bei den Verhandlungen ist jedenfalls zu vermeiden das Wort ‚Ansiedlung' und höchstens zu sprechen von ‚Einbürgerung'. Geschieht eine solche mit den vollen Rechten des Bürgerrechts, so ist die Möglichkeit der Niederlassung in den Städten und auf dem Lande von selbst gegeben" (PA – Gesandtschaft Riga I Nr. 1).

[547] Ostpolitik, S. 96.

[548] Bereits am 26. 12. telegrafierte Winnig an die Anwerbestelle nach Berlin, daß die Einbürgerung der Freiwilligen von der lettischen Regierung zugestanden worden sei (PA – Gesandtschaft Riga I Nr. 25).

[549] Das Schreiben Bosanquets ging bei der provisorischen Regierung am 25. 12. ein (Sipols, S. 63f.).

[550] Das interfraktionelle Büro rechnete mit 5000 Freiwilligen und beschloß, diesen das Recht auf die lett. Staatsangehörigkeit zu geben (Sipols, S. 63).

[551] Williams, S. 152.

lungsland mußten die Freikorps in ein konterrevolutionäres und reaktionäres Fahrwasser treiben. Als problematisch erwies sich die Tatsache, daß die versprochenen Siedlungsmöglichkeiten nicht einmal in dem Vertrag abgesichert waren. Der Anspruch auf das lettische Staatsbürgerrecht mußte sich bei einer geänderten Machtlage im Baltikum als Leerformel erweisen. Die deutschen Freiwilligen wurden mit trügerischen Hoffnungen in das Baltikum gelockt.

In dem Bericht Winnigs an das AA vom 29. Dezember wurde der am gleichen Tag abgeschlossene Vertrag nicht erwähnt, ebenfalls nicht in dem folgenden Bericht vom 1. Januar 1919.[552] Dem AA scheint der Vertragstext monatelang nicht bekannt gewesen zu sein, denn am 6. August 1919 wurde die deutsche Gesandtschaft in Libau aufgefordert, den Wortlaut des Vertrags nach Berlin telegrafisch zu übermitteln.[553]

Am 30. Dezember siedelte das Armeeoberkommando von Riga nach Mitau um. Die Behörde des deutschen Gesandten folgte am 2. Januar nach.[554] Am Abend des 3. Januar wurde Riga von bolschewistischen Truppen eingenommen.[555] Da auch Mitau nicht gehalten werden konnte, mußte Winnig seine Behörde nach Libau verlegen. Mitau selbst wurde am 8. Januar von den deutschen Truppen geräumt.[556] Mitte Januar 1919 war das gesamte Territorium Lettlands mit Ausnahme des Brückenkopfs Libau in der Hand der lettischen Räteregierung. Die bürgerliche lettische Regierung mußte ein kümmerliches Dasein in Libau fristen, der einzigen Stadt, die militärisch gehalten werden konnte und von der im Frühjahr 1919 die Rück-

552 PA – Wk 20 d Nr. 1 a Bd. 24, A 9 u. A 398. – Auch aus den Akten der Gesandtschaft ergeben sich keine Anhaltspunkte dafür, daß dem AA der Vertrag zugleitet wurde.

553 PA – Gesandtschaft Riga I Nr. 10. – Am 20. 7. 1919 teilte der damalige Außenminister Hermann Müller von Weimar aus seinem Berliner Büro mit, daß „das Reichskabinett diese Abmachungen niemals besonders anerkannt hat". In der Anweisung Müllers hieß es ferner: „Was die Erklärung an die ansiedlungsbereiten Freiwilligen anbetrifft, so ermächtigt Sie die Reichsregierung zu der Erklärung, daß, so schmerzlich das für die Freiwilligen auch sein mag, nach den tatsächlichen Verhältnissen die Deutsche Regierung nicht die Macht hat, die Ansprüche der in lettische Dienste getretenen Freiwilligen zu unterstützen. Nach den Bestimmungen des Friedensvertrages werden entsprechende Abmachungen von der künftigen Lettischen Regierung nicht anerkannt werden" (PA – Wk 20 d Nr. 1 a Bd. 41, A 20443). – Unterstützt wurden Winnigs Siedlungspläne im Dezember 1918 von der OHL. Am 27. 12. 1918 telegrafierte Groener nach Berlin, er halte es für zweckmäßig, „mit der estnischen und lettischen Regierung Vereinbarungen über spätere Ansiedlung deutscher Freiwilliger zu treffen" (nach: Ottersberg, S. 219).

554 Bericht Winnig an AA vom 1. 1. 1919 (PA – Wk 20 d Nr. 1 a Bd. 24, A 398).

555 PA – Wk 20 d Nr. 1 a Bd. 24, A 327.

556 Rückführung, S. 153.

eroberung Lettlands ausging. Die provisorische Regierung hatte in Libau nicht einmal die lettische Bevölkerung hinter sich, da sie überwiegend mit den Bolschewiki sympathisierte. Die provisorische Regierung war, wie Winnig es formulierte, „ganz auf den Schutz durch deutsche Bajonette angewiesen".[557]

Im Januar 1919 unternahm Winnig noch einmal einen Versuch, in Berlin Unterstützung für die Freiwilligenwerbungen zu finden. Als er am 7. Januar in Berlin eintraf,[558] geriet er mitten in den Januaraufstand. Am 8. Januar hatte Winnig eine Unterredung mit David und dem neuen Staatssekretär des Auswärtigen, Brockdorff-Rantzau, in dessen Privatwohnung.[559] In dieser und einer weiteren Besprechung sicherte Brockdorff-Rantzau Winnig die Unterstützung seiner Ostpolitik zu.[560] Winnig kam ebenfalls mit Landsberg und Noske zusammen. Nach seiner eigenen späteren Darstellung riet er Noske, die in Dahlem stationierten, für das Baltikum angeworbenen Freiwilligen gegen die Berliner Aufständischen einzusetzen.[561] Winnig hielt sich bis zum 15. Januar, dem Tag der Ermordung Liebknechts und Luxemburgs, in Berlin auf.[562]

Bei dem Auszug seiner Behörde aus Riga hatte Winnig eine Vertretung unter von Scheubner-Richter zurückgelassen, der von dem Präsidenten der Sowjetrepublik Lettland, Peteris Stučka, festgesetzt, aber Ende Januar 1919 wieder freigelassen wurde. Nach dem Einzug der lettischen Räteregierung in Riga hatte Scheubner zunächst versucht, diplomatische Kontakte mit ihr aufzunehmen. In einem Schreiben vom 7. Januar 1919 teilte Scheubner Stučka mit, daß er von Winnig bevollmächtigt sei, „mit der Räteregierung Verhandlungen zu führen, um eine Basis für [die] Aufrechterhaltung der wirtschaftlichen und handelspolitischen Beziehungen zwischen Deutschland und Lettland zu schaffen".[563] Scheubner schlug vor, „baldmöglichst in

557 PA – Wk 20 d Nr. 1 a Bd. 24, A 9.

558 PA – Wk 20 d Nr. 1 a Bd. 24, A 327; Ostpolitik, S. 95.

559 BA – Nachlaß David/14; Heimkehr, S. 115.

560 Heimkehr, S. 117 u. 121.

561 Heimkehr, S. 123.

562 In ›Heimkehr‹ (S. 122ff.) berichtet Winnig folgende Episode. Bei seinem Berlinaufenthalt sei er im Reichsfinanzministerium mit Eduard Bernstein und dem Physiker Albert Einstein zusammengekommen. Beide versuchten, Winnig dazu zu überreden, aus den Finanzbeständen, die von der früheren deutschen Verwaltung im Baltikum übriggeblieben waren, Einstein einen Betrag von 30000–40000 Mark für die Drucklegungen seiner neuesten Entdeckungen zur Verfügung zu stellen. Winnig lehnte ab. „So ging die Ehre an mir vorüber, in den Annalen der Wissenschaft als der selbstlose Förderer der Einsteinschen Relativitätstheorie genannt zu werden" (Heimkehr, S. 123).

563 PA – Gesandtschaft Riga I Nr. 23.

diplomatische, wirtschaftliche und Handelsbeziehungen zu treten".[564] Die Reichsregierung war von der Initiative Scheubners nicht unterrichtet. Sie widersprach zudem der von Winnig bisher im Baltikum verfolgten Politik. Das Angebot Scheubners wurde von Stučka zurückgewiesen. Über einen Funkspruch teilte Stučka dem AA und dem Zentralrat in Berlin mit, daß er der deutschen Vertretung in Riga keinen diplomatischen Status gewähren könne, solange Winnig als Gesandter bei der bürgerlichen lettischen Regierung akkreditiert sei.[565] Gleichzeitig forderte Stučka die deutsche Regierung auf, ihre Truppen aus Lettland zurückzuziehen und auf weiteres Blutvergießen zu verzichten.[566] Am 2. Februar 1919 kehrte Scheubner-Richter mit den restlichen Gesandtschaftsangehörigen nach Königsberg zurück und erstattete Winnig Bericht.[567]

Trotz des Vormarsches der Roten Armee setzte Winnig auch im Januar 1919 seine Bemühungen fort, von der provisorischen lettischen Regierung feste Zusagen für eine deutsche Ansiedlung in Lettland zu erlangen. Während der wenigen Tage des gemeinsamen Aufenthalts der provisorischen Regierung und der Behörde des Gesandten in Mitau vom 3. Januar bis 8. Januar 1919 glaubte Winnig, eine neue Chance, die provisorische Regierung zu binden, gefunden zu haben.[568] Angesichts der sich täglich verschlechternden militärischen Lage erklärte sich die lettische Regierung bereit, ernsthaft über die Ansiedlung der Freiwilligen zu verhandeln.[569] Nach Winnigs Darstellung hat Ulmanis, nachdem Winnig ihm am 3. Januar Verstärkung der Freiwilligenwerbungen gegen Zusicherung des Ansiedlungsrechts schriftlich angeboten hatte, am 4. Januar Landzuweisungen aus dem Grundbesitz des Adels an die Freiwilligen in Aussicht gestellt.[570] Ein endgültiges Ergebnis kam aber auch hierbei nicht zustande, da keine Einigung über die voraussichtliche Zahl der Freiwilligen erzielt werden konnte.[571] Am 23. Januar 1919, einen Tag vor seiner Abreise nach Königsberg, erhielt Winnig von den in Libau anwesenden Regierungsmitgliedern Valters, Hermanowskis und Sahlits eine schriftliche Zusage, daß sie sich im Kabinett für Landzuweisungen an die deutschen Soldaten einsetzen werden.[572] Diese den

[564] A. a. O.
[565] PA – Wk 20 d Nr. 1 a Bd. 25, A 1430.
[566] A. a. O.
[567] Ostpolitik, S. 107f.
[568] Ostpolitik, S. 93.
[569] Vorwärts Nr. 455 Jg. 36 (6. 9. 1919).
[570] Winnig in der ›Rheinisch-Westfälischen Zeitung‹ (Nr. 783 vom 2. 10. 1919).
[571] Ostpolitik, S. 95f.
[572] Wortlaut: „Die anwesenden Mitglieder des Kabinetts Dr. Walters, Sahlits, Hermanowskis erklären sich bereit, im Kabinett zu beantragen, daß den für die Befreiung Lettlands kämpfenden Freiwilligen in Fällen kriegerischer Tüchtigkeit Aus-

Regierungsmitgliedern noch in letzter Minute abgerungene Erklärung konnte aber nicht als formelle und verbindliche Zusage angesehen werden.

An dieser Stelle scheint ein kurzer Augenblick auf die spätere Rolle des „Siedlungsvertrags" in der Auseinandersetzung um die deutschen Freikorps im Sommer 1919 geboten, weil von dort aus die Problematik des Vertrags sichtbar wird. Winnig übte zu dieser Zeit keinen entscheidenden Einfluß mehr auf die Vorgänge im Baltikum aus. Die provisorische lettische Regierung in Libau versuchte, die Bestimmungen des Vertrags zu umgehen, indem sie die Anträge auf Einbürgerung nicht bearbeitete.[573] Im Zusammenhang mit dem von dem deutschbaltischen Stoßtrupp der Landeswehr am 16. April 1919 in Libau durchgeführten Putsch wurde die Regierung Ulmanis gestürzt und durch die Marionettenregierung des deutschfreundlich eingestellten lettischen Pastors A. Niedra ersetzt. Wenige Tage nach dem Umsturz berief der Leiter der Berliner Anwerbestelle Baltenland, Regierungsrat von der Goltz, in Libau eine Versammlung ein, um den Frontoffizieren der Freikorps seine baltischen Siedlungspläne zu erklären. Dabei knüpfte er an die alten Siedlungspläne Ludendorffs und der Deutschbalten an, indem er den bekannten Siedlungsfachmann des deutschbaltischen Adels, Silvio Broederich, dessen Vorstellungen vor den Soldaten entwickeln ließ. Broederich begründete die Siedlung mit der Notwendigkeit der Stärkung des Deutschtums im Baltikum.[574] Nachdem die lettische Bevölkerung während des Krieges von 1,2 Millionen auf 800000 gesunken sei, müsse jetzt das Hindenburgprogramm für die Ansiedlung Kurlands durchgeführt werden. Für 25000 bis 40000 Soldaten müsse Land beschafft werden, wobei die Besiedlung truppenweise im Rahmen der bestehenden Truppenverbände durchgeführt werden solle, um den Letten jederzeit mit Waffengewalt gegenübertreten zu können.[575] Es reiche aus, wenn auf 4 bis 5 Letten ein Deutscher komme. Den Ansiedlern seien auch nach dem Ausscheiden aus der Truppe die Waffen zu belassen.[576] Broederichs Vorstellungen basierten auf der Idee einer rassistischen Volkstumspolitik. Das lettische Volk, so

zeichnungen in der Form von Landeszuweisungen verliehen werden. Bestimmungen über Umfang und Einzelheiten der Auszeichnung bleiben im Falle eines zustimmenden Kabinettsbeschlusses besonderen Gesetzgebungsakten vorbehalten. Libau, den 23. Januar 1919. Gez. Dr. Walters, gez. Hermanowskis, gez. Sahlits" (PA – Gesandtschaft Riga I Nr. 10).

573 Schreiben der Deutschen Gesandtschaft in Libau an Winnig vom 12. 4. 1919 (PA – Gesandtschaft Riga I Nr. 10).

574 Aufzeichnung der Deutschen Gesandtschaft in Libau vom 30. 4. 1919 (PA – Gesandtschaft Riga I Nr. 10).

575 A.a.O.

576 A.a.O.

führte er aus, sterbe ab, „so daß anzunehmen sei, daß durch kräftige[s] Deutschtum die Letten bald aufgesogen sein würden. Notwendig sei hierzu, daß sich die Ansiedler ihre Frauen nicht aus den Lettenmädchen, sondern aus Deutschland holen müßten, da sonst die Gefahr bestände, daß das Deutschtum im Lettentum aufginge".[577] Broederichs Siedlungsideologie vulgarisierte das überkommene soziale und politische Elitebewußtsein des deutschbaltischen Adels und paßte es den Bedürfnissen der deutschen Freikorpskämpfer an. Das Baltikum wurde 1919 zum sozialen und ideologischen Umschlagplatz der Gegenrevolution. Nach dem Scheitern des baltischen Abenteuers kehrten die deutschen Freikorpskämpfer als Bannerträger eines rassistisch-elitären politischen Sendungsbewußtseins in das Reich zurück.

Am 22. Mai 1919 wurde Riga von den Freikorps zurückerobert. Damit endete die kurze Herrschaft der lettischen Sowjetregierung. Fünf Tage nach dem Fall Rigas, am 27. Mai, wies das AA in Beantwortung einer entsprechenden Anfrage der Deutschen Gesandtschaft in Libau die Gesandtschaft und die OHL an, mit Rücksicht auf die vorgesehenen Artikel 116 und 193 des Friedensvertrags beschleunigt die Einbürgerung der deutschen Freiwilligen zu beantragen.[578] Am 6. Juni wandte sich der Kommandierende General des VI. Reservekorps, von der Goltz, an die Regierung Niedra mit einem Schreiben, in welchem er auf die bevorstehende endgültige Befreiung Lettlands verwies und Forderungen auf Landzuweisungen anmeldete. Darin hieß es: „Die vielfach mündlichen Versicherungen und Erklärungen, daß den deutschen Kriegern hier Siedlungsmöglichkeiten gewährt werden sollen, bedürfen nunmehr der Niederlegung in staatsrechtlicher Form. Die provisorische Regierung Lettlands wird daher gebeten, den Verkauf deutschbaltischen Grundbesitzes an reichsdeutsche Siedler freizugeben und diese Freigabe in solcher staatsrechtlicher Form zu vollziehen, daß der Besitzwechsel auf für spätere Zeiten voll gültiger Grundlage erfolgen kann."[579] Die Regierung Niedra erwies sich den deutschen Forderungen gefügig. In ihrem Antwortschreiben vom 10. Juni vertrat sie die Rechtsauffassung, daß das in dem Vertrag vom 29. Dezember 1918 festgelegte Einbürgerungsrecht das Siedlungsrecht mitbeinhalte. Wörtlich hieß es in dem Schreiben: „In der Kabinettssitzung vom 16. Mai 1919 ist konstatiert worden, daß die lettländische Staatsangehörigkeit auch die Berechtigung zum Erwerb

[577] A. a. O.

[578] „Bitte Angelegenheit nachdrücklichst bei dort. Regierung zu betreiben. Es liegt in deren Interesse, durch rasche Einbürgerung Landeswehr zu verstärken, bevor dies durch etwaige Bestimmungen [des] Friedensvertrags unmöglich gemacht oder doch erschwert wird" (Telegramm AA an Dt. Gesandtschaft vom 27. 5. 1919 – PA – Gesandtschaft Riga I Nr. 10).

[579] PA – Gesandtschaft Riga I Nr. 10.

von Grundeigentum in sich schließt."[580] Niedra bestätigte, daß sich seine Regierung durch den Vertrag der Ulmanis-Regierung als gebunden betrachte. Gegenüber dem Kriegsministerium vertrat von der Goltz am 11. Juni 1919 die Auffassung, daß mit dem Siedlungswerk sofort begonnen werden müsse.[581] Dieses Schreiben gibt Auskunft über die ideologischen Vorstellungen, die von der Goltz mit dem Siedlungsprojekt verband. Es komme darauf an, schrieb er, zusätzlich zu den Mannschaften vor allem die Offiziere für die Ansiedlung zu gewinnen, da „deren Bodenständigwerden – gewissermaßen als geistige und wirtschaftliche Mittelpunkte – ... unstreitig eine wichtige Voraussetzung für das Gelingen der Kolonisation in völkischer Hinscht" sei.[582] Im einzelnen schlug von der Goltz Vergünstigungen für die Offiziere vor, um ihnen bei der Kapitalbeschaffung zum Ankauf von Siedlungsland behilflich zu sein. Das Schreiben schloß: „Die Überbevölkerung der Heimat machen derartige Maßnahmen zur gebieterischen Pflicht, da sonst die Gefahr droht, daß die Auswanderer führerlos den Einflüssen Fremdstämmiger erliegen, und daß Deutsche auch in den genannten Ländern (Kurland, Livland, Litauen) zum Völkerdünger werden, wie dies ohnehin mit Millionen unserer Volksgenossen in anderen Ländern und Erdteilen der Fall sein wird."[583] Der Ausspruch belegt, welch starken Einfluß das in den Freikorps im Baltikum entstandene Amalgam von soldatischem Elitedenken, rassistischer Bevölkerungspolitik und völkischem Sendungsbewußtsein auf einen Mann wie von der Goltz auszuüben vermochte.

Die Siedlungspläne von der Goltz' konnten ebensowenig wie die Winnigs realisiert werden. Die Einwirkung der internationalen Politik und die Veränderung der innenpolitischen Kräfteverhältnisse in Lettland besiegelten das Schicksal des deutschen Siedlungsprojekts. Nachdem ein weiteres Vordringen deutschbaltischer und deutscher Truppen nach Livland von den Esten abgeschlagen worden war, setzte der Waffenstillstand von Strasdenhof (Strazmuiza), an dessen Zustandekommen die von dem Obersten Rat der Alliierten auf der Pariser Friedenskonferenz eingesetzte alliierte Militärkommission maßgeblich beteiligt war, den Abzug aller deutschen Truppen aus Lettland „sobald als möglich" fest.[584] Am 27. Juni kehrte Ulmanis aus dem Ausland nach Libau zurück. Niedra, der durch das Waffenstillstandsabkommen seiner einzigen machtpolitischen Stütze beraubt war, trat zurück. Die lettische Politik lag nun wieder in den Händen der entente-

[580] A. a. O.
[581] A. a. O.
[582] A. a. O.
[583] A. a. O.
[584] Wiedergabe des Waffenstillstandsabkommens bei: Grimm, S. 269.

freundlich eingestellten Regierung Ulmanis. Mit der Unterzeichnung des Versailler Vertrags am 28. Juni wurde durch Art. 292 der Siedlungsvertrag annulliert.

Am 27. Juli beschlossen Vertreter der Freikorpskämpfer auf einer Versammlung in Mitau eine Resolution, in der sie die Deutsche Gesandtschaft in Namen von „ca. 10000 zur Einwanderung nach Lettland entschlossenen" Soldaten aufforderten, „ihre wohlerworbenen Rechte auf die lettländische Staatsangehörigkeit und damit auf Lebens- und Erwerbsmöglichkeiten in diesem Lande ... auf das allerenergischste bei der lettländischen Regierung unterstützen und betreiben zu wollen".[585]

Der Weiterleitung dieser Resolution an die Regierung Ulmanis schloß sich ein Schriftwechsel zwischen der lettischen Regierung und der Deutschen Gesandtschaft an, in dessen Mittelpunkt die Auslegung des Vertrags vom 29. Dezember 1918 stand. In seinem Antwortschreiben vom 2. August 1919 bestritt der lettische Außenminister Z. A. Meierovicz die Gültigkeit des Vertrags, da es sich dabei lediglich um einen Vertragsentwurf gehandelt habe, der von der Regierung Lettlands am 29. Dezember 1918 der Deutschen Gesandtschaft vorgelegt worden sei. Meierovicz führte dazu aus: «Je dois vous rappeler que ce document n'est resté qu'un projet de traité qui n'a jamais abouti à devenir traité conclu et mis à exécution.»[586] Meierovicz berief sich ferner auf den Art. 292 des Friedensvertrags. Neben den rechtlichen führte Meierovicz politische Gründe an, die die Gewährung des Ansiedlungsrechts ausschlössen. Er verwies auf die Absetzung der Regierung Ulmanis am 16. April. Die Ereignisse im April hätten eindeutig bewiesen, daß die deutschen Truppen weder zum Schutz der lettischen Regierung noch der Republik Lettland bereit gewesen seien.[587]

Am 19. August übersandte Burchard als Geschäftsträger der Deutschen Gesandtschaft dem lettischen Außenminister die Urschrift des Vertrags vom 29. Dezember 1918 und legte die „Auffassung der Deutschen Reichsregierung über die Rechtslage der deutschen Lettlandkämpfer" dar. Burchard vertrat die Ansicht, daß jeder Freiwillige nach dem Vertrag vom 29. Dezember 1918 ein privatrechtliches Recht auf Einbürgerung habe.[588] Daran ändere auch Artikel 292 des Friedensvertrags nichts. Der Briefwechsel zwischen der lettischen Regierung und der Deutschen Gesandtschaft bestätigt, daß es bei dem Siedlungskomplex weniger um Rechtsfragen, sondern primär um Machtfragen ging, die je nach Belieben juristisch untermauert wurden. Da der Vertrag durch eine politische Erpressung zustande gekommen

[585] PA – Gesandtschaft Riga I Nr. 10.
[586] A. a. O.
[587] A. a. O.
[588] Schreiben Burchards vom 18. 8. 1919 (a. a. O.).

war, erwies er sich in dem Augenblick als hinfällig, in dem sich die Machtverhältnisse geändert hatten.[589]

Die Auseinandersetzungen über den Verbleib oder Abzug der deutschen Truppen zog sich von Juli bis Dezember 1919 hin. Die Haltung der Alliierten gegenüber den deutschen Freikorps war keineswegs eindeutig und gradlinig.[590] Seit Mitte Juni, insbesondere nach der Wiedereinsetzung der Regierung Ulmanis, waren die Alliierten entschlossen, dem deutschen Freikorpseinsatz ein Ende zu bereiten. Am 14. Juli forderte Marschall Foch in einer Note an die deutsche Waffenstillstandskommission den Abzug der deutschen Truppen aus dem Baltikum.[591] Goltz versuchte, den Abzug hinauszuzögern.[592] Die Bemühungen der Reichsregierung um den Abzug der Truppen riefen den heftigsten Widerstand unter den Freiwilligen hervor, die sich um ihre Siedlungsrechte betrogen fühlten. Am 24. Juli meuterte in Mitau die Eiserne Division unter ihrem Führer, Major Bischoff, und verweigerte dem Befehl auf Abzug den Gehorsam. Sämtliche anderen Freikorps schlossen sich der Befehlsverweigerung an.[593] In einem Schreiben an das Generalkommando des VI. Reservekorps vom 24. August begründete Major Bischoff seine Befehlsverweigerung.[594] Darin wurde der Reichsregierung vorgeworfen, durch den Abschluß des „Schmachfriedens" den Vertrag vom 29. Dezember 1918 annulliert und damit die Rechte der Freikorpskämpfer aufgegeben zu haben: „Die Reichsregierung scheint aber nicht gewillt zu sein, den Offizieren, Unteroffizieren und Mannschaften, deren Aufopferung sie ihre Existenz verdankt, ihr Recht zu gewähren. Ich betrachte es daher als meine Pflicht, gestützt auf die Wünsche der Truppe, diese Rechte der Truppe nunmehr selbst zu wahren. Ich werde mich mit meiner ganzen Person für ihre Erfüllung einsetzen. Daher habe ich den Abtrans-

[589] Mit einigem Recht bemerkte später Valters zu dem Vertrag vom 29. 12. 1918: „Aber selbstverständlich konnte es auf Seiten der Provisorischen Regierung sich nur darum handeln, das Versprechen auf solche Fälle zu beziehen, bei denen es klar nachweisbar war, daß der Anspruch auf Staatsbürgerschaft durch wirkliche Verteidigungsbetätigung im Interesse des Staates begründet war. Eine andere Haltung der lettischen Regierung wäre sittlicher und politischer Selbstmord gewesen" (Walters, S. 368).

[590] Sipols, S. 134f.; Anderson, S. 282.

[591] Documents on British Foreign Policy, 1. Series, Bd. 1, London 1947, S. 254f.

[592] R. G. L. Waite, Vanguard of Nazism. The Free Corps Movement in Postwar Germany 1918–1923, Cambridge, Mass. 1952, S. 122.

[593] Telegramm von der Goltz an Oberkommando Nord, in: Telegramm Deutsche Gesandtschaft an das AA vom 25. 8. 1919 (PA – Gesandtschaft Riga I Nr. 10).

[594] Wortlaut des Schreibens a. a. O. Die Erklärung Bischoffs ist abgedruckt in: J. Bischoff, Die letzte Front. Geschichte der Eisernen Division im Baltikum, Berlin 1935, S. 349f.

port nach Deutschland für die Division verboten."[595] Sein Schritt, behauptete Bischoff, richte sich nicht gegen die Reichsregierung: „Ich will keine Gegenrevolution machen."[596] Bischoff forderte von der Reichsregierung bindende Zusagen für den Fortbestand der Eisernen Division bis zu ihrer endgültigen Versorgung, die Offenhaltung von mindestens 30% der Offiziers-, Unteroffiziers- und Mannschaftsstellen in der künftigen Reichswehr und die geschlossene Unterbringung der Division im ostpreußisch-litauischen Grenzraum.

Von der Goltz distanzierte sich zwar von dem Vorgehen Bischoffs, unterstützte aber seine Forderungen in allen wesentlichen Punkten.[597] Darüber hinaus schlug er der Reichsregierung den Übertritt der Freikorpskämpfer in die russischen Verbände vor.[598] Gemeint waren die Truppen des sich als Fürsten titulierenden russischen Abenteuerers Bermondt-Awalow, der im Einvernehmen mit den Alliierten aus ehemaligen russischen Kriegsgefangenen eine antibolschewistische Kampfeinheit zusammengestellt hatte.[599] Nach seinen eigenen späteren Angaben hatte von der Goltz in Berlin erfahren, daß die Reichsregierung dem Übertritt deutscher Soldaten in russische Verbände keinen ernsthaften Widerstand entgegensetzen werde.[600] Von der Goltz wollte ebenso wie Bischoff die Baltikumtruppen erhalten. Moralische und politische Unterstützung erhielten die meuternden Soldaten von Winnig, dem neuen Oberpräsidenten von Königsberg. In der Antwort auf einen an ihn gerichteten Appell der Soldaten teilte er ihnen mit, daß er ihre Entrüstung über den „lettischen Vertragsbruch" teile. Weiter hieß es in Winnigs Telegramm: „Kein Vertragsbruch kann den deutschen Sold[at]en das erworbene Recht rauben. Reichsregierung wird ihre Ansprüche unterstützen."[601] Den Soldaten empfahl Winnig, von der Reichsregierung die Entlassung zu erbitten, „damit sie im Lande bleiben und ihre Rechte vertreten können".[602] Diese Empfehlung an die Freikorpskämpfer unterstreicht, daß Winnig auch noch im Sommer 1919 grundsätzlich an seiner ursprünglichen ostpolitischen Konzeption festhielt. Er mußte sich über die politische Tragweite seiner Haltung im klaren sein. Es ging ja letzten Endes nicht um die Wahrung individueller Rechte der einzelnen Soldaten. Die Baltikumer waren eine gegenrevolutionäre Kraft. Diese Tatsache war für den Zeit-

[595] A.a.O.
[596] A.a.O.
[597] A.a.O.
[598] A.a.O.
[599] Dazu: Fürst Awaloff, Im Kampf gegen den Bolschewismus. Erinnerungen, Glückstadt/Hamburg 1925, S. 120ff.
[600] R. von der Goltz, Als politischer General im Osten, Leipzig 1936, S. 143.
[601] Telegramm vom 27. 8. 1919 (PA – Gesandtschaft Riga I Nr. 10).
[602] A.a.O.

genossen offenkundig; sie ist auch von von der Goltz und Bischoff in ihren späteren Veröffentlichungen bestätigt worden, in denen sie schreiben, daß die Baltikumtruppen einen Marsch auf Berlin und die Absetzung der Regierung geplant hatten.[603] Winnig stand allerdings mit seiner Haltung keineswegs allein. Auch Noske deckte als Reichswehrminister die Baltikumer und unterstützte die von von der Goltz eingeschlagene Verzögerungstaktik beim Abzug der Freikorpstruppen.[604] Der Anschluß der Freikorpstruppen an die Awalow-Armee blieb eine kurze Periode, um so heftiger wurde sie in der deutschen Presse und in der Nationalversammlung diskutiert.

Am 31. Oktober forderte die Reichsregierung die Baltikumskämpfer unter Androhung des Verlusts der deutschen Staatsbürgerschaft sowie sämtlicher Versorgungs- und Rentenansprüche auf, das Baltikum bis zum 11. November zu verlassen.[605] Anfang Dezember, ein Jahr nach der Bildung der Eisernen Division durch Winnig, kehrten die letzten Freiwilligen über Ostpreußen in das Reich zurück. Sie fühlten sich um ihre Rechte betrogen und von der deutschen Regierung verraten. Am 2. Dezember begrüßte Winnig die letzten heimkehrenden Baltikumer auf ostpreußischem Boden. Er riet ihnen, sich „als treue Söhne des Vaterlands [zu] bewähren und alles [zu] unterlassen, was die Schwierigkeiten der Heimat vergrößern kann".[606]

Am 24. Januar 1919 hatte Winnig das Baltikum verlassen, um sein neues Amt als Reichskommissar für Ost- und Westpreußen in Königsberg anzutreten. Mit der Weiterführung der Geschäfte der Gesandtschaft in Libau beauftragte er Burchard, ein Beweis für das Vertrauensverhältnis, das zwischen beiden bestand. Nach seinem Amtsantritt in Königsberg konnte sich Winnig mit den baltischen Angelegenheiten nur noch am Rande befassen.[607] Bereits vor Winnigs Abreise zeichnete sich der harte Kurs ab, den das deutsche Militärgouvernement in Libau gegenüber der provisorischen lettischen Regierung einzuschlagen begann und der die spätere Haltung General von der Goltz' bestimmte, der am 1. Januar das Kommando des Gouvernements und die Leitung des deutschen Freikorpseinsatzes im Baltikum übernahm. In einem Schreiben an das Gouvernement vom 23. Januar verurteilte Winnig die zunehmenden Übergriffe der Militärbehörden in die inneren Angelegenheiten der Republik Lettland. Er hob hervor, daß er namens des Reichs die provisorische Regierung als „Träger der obersten Regierungsgewalt in Lettland" anerkannt habe. Solange die Regierung in Riga

603 Von der Goltz, S. 145 u. S. 166f.; Bischoff, S. 243f.

604 Vgl. G. Noske, Von Kiel bis Kapp. Zur Geschichte der deutschen Revolution, Berlin 1920, S. 177f.

605 Purlitz, Deutscher Geschichtskalender 1919, II. Anhang, S. 75.

606 A.a.O., S. 112.

607 Ostpolitik, S. 107f.

ihren Sitz gehabt habe, sei sie in der Ausübung ihrer Hoheitsrechte von dem Generalbevollmächtigten geschützt worden. Zwar hätten sich die Verhältnisse nach der Übersiedlung der Regierung nach Libau und der Übertragung der Polizeigewalt an das deutsche Militärgouvernement kompliziert, doch sei die deutsche Behörde weiterhin verpflichtet, die lettische Regierung zu achten. Winnig verwahrte sich gegen die Art, in der das Gouvernement die Verhaftung lettischer Staatsbürger nach eigenem Gutdünken vornehme. „Meine hier im Auftrag des Reichs verfolgte Politik zielt ab auf eine Verständigung und die Anbahnung freundnachbarlicher Beziehung mit dem lettländischen Staat; es ist natürlich ganz ausgeschlossen, daß die Politik Früchte tragen kann, wenn unausgesetzt Maßnahmen getroffen werden, die zu dem alten noch neuen Haß säen.“ [608]

Am Tage seiner Abreise aus dem Baltikum hielt Winnig im Kurhaussaal in Libau einen Vortrag,[609] in dem er die politische und historische Bilanz seiner siebzigtägigen Tätigkeit als deutscher Generalbevollmächtigter im Baltikum zog. Er verabschiedete sich von den Letten in der Pose des Verständigungspolitikers. Winnig leitete seinen Vortrag mit der Feststellung ein, daß die Auswirkungen der Vergangenheit, die rigorose Politik der deutschen Militärverwaltung während des Krieges und die jahrhundertelange Herrschaft der deutschbaltischen Oberschicht, das deutsch-lettische Verhältnis belasteten. Doch die Beispiele Finnlands, der Schweiz und Amerikas bewiesen, daß ein Zusammenleben verschiedener Volksgruppen möglich sei. Die deutsche Okkupationsmacht habe während des Krieges im Baltikum lediglich die Herrschaft der alten Oberschicht zu erhalten versucht. „Wir deutschen Sozialisten waren alle, bis auf einige Ausnahmen, die nicht mitzählen, gegen eine solche Politik, und als ich Anfang November einen Einfluß auf die Reichsregierung gewann, da gehörte es zu meinen ersten Taten, hier Wandel zu schaffen.“[610] Nach seiner Ernennung zum Generalbevollmächtigten am 14. November und der Proklamation der Republik Latwija am 18. November habe er die politischen Gefangenen freigelassen, Pressefreiheit und Versammlungsfreiheit gewährt und der provisorischen Regierung die Verwaltung übergeben. „Dies sollte als genügender Beweis gelten, daß das neue Deutschland die Verständigung will, daß es sich losgesagt hat von der Machtpolitik.“[611] Die Worte Winnigs mußten für seine lettischen Zuhörer um so überzeugender wirken, als er mit warmen Worten die lettländische Staatsgesinnung der deutschbaltischen Kämpfer der Landes-

[608] PA – Gesandtschaft Riga I Nr. 2.
[609] Ostpolitik, S. 105.
[610] Protokollarische Wiedergabe der Rede vom 24. 1. 1919 (PA – Gesandtschaft Riga I Nr. 2).
[611] A. a. O.

wehr pries, die schon seit Wochen einen Putsch gegen Ulmanis planten: „Lettland hat keine treueren Stützen gefunden als die jungen Deutschbalten, die sich selbstlos mit großer Bravour vor das Land stellten, um es mit ihrem Leib zu schützen."[612] Nach seiner Rückkehr aus Berlin konnte Winnig den Letten versichern, daß seine Politik von der Reichsregierung voll unterstützt werde, was nicht zuletzt durch seine Ernennung zum Reichskommissar für Ost- und Westpreußen zum Ausdruck komme. Deutschland sei darauf angewiesen, seine wirtschaftlichen Beziehungen zum Osten auszubauen. Es liegt ihm daher an einer Verständigung mit den Randstaaten, um wirtschaftlich nicht von Rußland abgeschnitten zu werden. Zum Schluß seines Vortrags sprach Winnig die Hoffnung aus, daß Lettland in wenigen Monaten zurückerobert sein werde und danach seine inneren Probleme, die Arbeiterfrage und die Agrarfrage, lösen könne.[613]

In dem Schlußkapitel der Schrift ›Am Ausgang der deutschen Ostpolitik‹ von 1921 hat Winnig die Motive und Grundlagen seiner Baltikumspolitik offener dargelegt als in jenem Libauer Abschiedsvortrag. Er gab zu, daß er „die Notlage der Lettenregierung im deutschen Interesse" ausgenutzt habe.[614] Der Ablauf der Ereignisse im Baltikum erhielt in dieser Schrift eine historisch-verklärende Sinndeutung. „Denn wovon ich zu berichten hatte, das ist eine der größten Tragödien der Weltgeschichte."[615] Von der Donau bis zur Ostsee habe „das Deutschtum alle seine Stellungen verloren, die es einst jenseits seiner alten Grenzen geschaffen hatte".[616] Die politischen und gesellschaftlichen Veränderungen im Baltikum im November 1918 seien „keine soziale Revolution, sondern ein Vernichtungskampf gegen das Deutschtum gewesen".[617] Dem deutschen „Drang nach Osten" wies die Schrift eine national- und universalhistorische Mission zu: „Heute wie vor 700 Jahren ist der deutsche Boden zu klein geworden für die quellende Lebenskraft seines Volkes. Heute wie damals strebt der Überschuß über die Grenzen des eigenen Landes hinaus, und heute wie damals wird sich ein großer Teil davon nach Osten wenden."[618] In Winnigs politischer Vision von 1921 bestimmte der „Drang nach Osten" auch das künftige deutsche Schicksal: „Ich glaube nicht, daß dieser Ausklang das letzte Wort der Weltgeschichte für den Osten ist. Der Osten braucht den Deutschen, wie der Deutsche den Osten braucht. Wenn nicht der ganzen abendländischen Kultur ein

[612] A.a.O.
[613] A.a.O.
[614] Ostpolitik, S. 117.
[615] Ostpolitik, S. 121.
[616] A.a.O.
[617] A.a.O.
[618] Ostpolitik, S. 122.

nahes Ende bevorsteht, so wird sich schon bald der Zug nach dem Osten, von dem jeder Tag Äußerungen bringt, wieder neue Wege bahnen."[619]

„Das ist Konterrevolution, was hier gemacht wird." Mit diesen Worten charakterisierte Rosa Luxemburg Winnigs Ostpolitik in ihrer Rede auf dem Gründungsparteitag der KPD am 31. Dezember 1918 in Berlin.[620] In der ›Roten Fahne‹ hieß es am 1. Januar 1919 in einem Auszug aus der Rede Luxemburgs: „Alle diese Machenschaften, alle diese eisernen Divisionen, das sind die letzten Reserven, an die man appellieren wird, um die deutsche Revolution zu erdrosseln."[621] Am Schluß ihres Referats legte Luxemburg dem Kongreß eine Resolution vor, die einstimmig[622] angenommen wurde: „Die Reichskonferenz nimmt mit Entrüstung Kenntnis von dem Vorgehen der deutschen Regierung im Osten. Das Zusammengehen deutscher Truppen mit denen baltischer Barone und englischer Imperialisten bedeutet nicht nur einen niederträchtigen Verrat an den russischen Proletariern und an der russischen Revolution, es bedeutet auch die Besiegelung des Weltbundes der Kapitalisten aller Länder gegen das kämpfende Proletariat der Welt. Der Parteitag erklärt angesichts dieser Ungeheuerlichkeiten aufs neue: Die Regierung Ebert-Scheidemann ist der Todfeind des deutschen Proletariats. Nieder mit der Regierung Ebert-Scheidemann!"[623] Rosa Luxemburg zählte zu den wenigen Beobachtern wie auch Akteuren der damaligen politischen Bühne, die die Bedeutung der scheinbar am Rande liegenden Vorgänge im Baltikum voll erkannten.

Im Lager der Mehrheitssozialdemokratie wurde der baltischen Politik zunächst wenig Beachtung geschenkt, da sie im Vergleich zu den Vorgängen im Reichsinnern als belanglos erschienen. Der ›Vorwärts‹, seit dem 10. November halboffizielles Regierungsorgan, hat bis zum 31. Dezember 1918 über das Baltikum nur unzulänglich berichtet. Winnigs Name wurde bis dahin im Zusammenhang mit dem Baltikum überhaupt nicht erwähnt. Als offizielle Darstellung brachte der ›Vorwärts‹ am 28. Dezember 1918 die Version, daß „der Rückmarsch unserer Truppen aus dem Osten durch fortgesetzte kriegerische Aktionen der Sowjetrussen gehindert und erschwert wird".[624] Die Presse der Unabhängigen und des Spartakusbundes brachte seit Anfang Dezember Informationen über das Baltikum, wobei die Berichterstattung von einem anfänglich neutralen bis kritischen Ton allmählich in

[619] A.a.O.

[620] Weber, Gründungsparteitag der KPD, S. 194. – In der ›Roten Fahne‹ ist der Wortlaut der Rede in einer anderen Fassung wiedergegeben.

[621] Rote Fahne Nr. 1 Jg. 1 (1. 1. 1919).

[622] Weber, Gründungsparteitag der KPD, S. 200.

[623] A. a. O. – Derselbe Wortlaut in: Rote Fahne Nr. 1 Jg. 1 (1. 1. 1919).

[624] Vorwärts, 28. 12. 1918.

eine scharfe Anklage umschlug. ›Die Freiheit‹, das Organ der Unabhängigen, berichtete am 1. Dezember 1918 über die Bildung der Eisernen Division und die Mitwirkung des Zentralsoldatenrats der 8. Armee, des Generalbevollmächtigten und des AOK. Die Freiwilligenarmee habe den Zweck, „den geordneten Abzug der Truppen aus dem Osten zu sichern und das Herüberfluten der bolschewistischen Welle mit der Waffe in der Hand zu verhindern“.[625] Dieser Meldung schloß die ›Freiheit‹ die kritische Bemerkung an, daß man der Eisernen Division „einiges Mißtrauen“ entgegenbringen müsse und warnte: „Der Kampf gegen den Bolschewismus kann nicht Aufgabe unserer Armee sein.“[626] Die ›Rote Fahne‹ und die ›Freiheit‹ veröffentlichten Telegramme Winnigs an das AA mit kritischen Kommentaren. Am 22. Dezember hieß es in der ›Roten Fahne‹, der aus baltischen Baronen und deutschen Unteroffizieren „angeblich zum Schutz der Grenzen vor Polen und den Bolschewisten“ aufgestellten Eisernen Division sei die Aufgabe zugewiesen worden, „die Stoßtruppe der deutschen Konterrevolution vorzubereiten“.[627] Seit der Veröffentlichung des Protokolls der Rigaer Verhandlungen zwischen Winnig und dem englischen Regierungsvertreter Bosanquet in der ›Roten Fahne‹ am 1. Januar 1919 und der Anklagerede Luxemburgs gegen Winnig, Ebert und Scheidemann wurde die Ostpolitik der Volksbeauftragten als konterrevolutionär gebrandmarkt und zum Gegenstand heftigster öffentlicher Attacken der radikalen Linken erhoben. Am 1. Januar 1919 befaßte sich der Zentralrat in Berlin mit den Veröffentlichungen der ›Roten Fahne‹. Der Vorsitzende, Cohen, vertrat dabei die Ansicht, „daß wir das Baltikum für uns behalten können, wäre eine geradezu irrsinnige Idee“.[628] Insgesamt stand der Zentralrat der baltischen Politik skeptisch, aber nicht prinzipiell ablehnend gegenüber. Die Haltung Winnigs war unter den Mehrheitssozialdemokraten des Zentralrats umstritten.[629] Die ›Freiheit‹ brachte am 3. Januar 1919 eine Stellungnahme des Soldatenrats in Wilna, in der es hieß, daß „Herrn Winnigs Ansichten von der moralischen Pflicht Deutschlands, die baltischen Barone vor den Bolschewikis zu schützen, keineswegs von den deutschen Sozialisten geteilt werden“.[630] Auf dem Hintergrund dieser zunehmenden Angriffe von links versuchte der Chefredakteur des ›Vorwärts‹ in seinem Leitartikel ›Weichsel und Rhein‹ vom 5. Januar 1919, die Politik der Volksbeauftragten im Baltikum ideologisch

[625] Die Freiheit, 1. 12. 1918.

[626] A.a.O.

[627] Rote Fahne, 22. 12. 1918.

[628] Kolb/Rürup, S. 145.

[629] A.a.O. – Vgl. Kolb/Rürup, S. 160f., 194f., 198f. (Gemeinsame Sitzung von Zentralrat und Rat der Volksbeauftragten), S. 246.

[630] Die Freiheit, 3. 1. 1919.

zu rechtfertigen.[631] Deutschland, schrieb Stampfer, stehe mitten zwischen dem „Weltbolschewismus" und „Ententeimperialismus". Es gelte, zwei einander entgegengesetzte Gefahren abzuwenden: einerseits die Gefahr, von der Weltrevolution des Bolschewismus erfaßt zu werden und mit dem revolutionären Rußland gemeinsam über den Rhein nach Westen vorzustoßen, und andererseits die Gefahr, als Bündnispartner des Westens ausgenutzt zu werden, um den Kampf gegen das bolschewistische Rußland jenseits der Weichsel auf Kosten Deutschlands aufzunehmen. Der deutsche Weg sei demgegenüber der des „demokratischen Sozialismus": „Der demokratische Sozialismus steht zwischen dem scheinsozialistischen Despotismus Rußlands und den kapitalistisch beherrschten Demokratien des Westens isoliert, er findet weder rechts noch links Wesensverwandtes, dem er sich aus Überzeugung anschließen könnte."[632] Welcher Stellenwert kommt der baltischen Tätigkeit August Winnigs innerhalb der sozialen und politischen Entwicklung seiner Persönlichkeit zu? Winnig selbst sah sich im Baltikum vor die große politische Bewährungsprobe seiner eigenen Persönlichkeit wie der seiner Klasse gestellt. Die Revolution hatte die Schranken, die die Sozialdemokratie bisher von den höchsten politischen Ämtern im Reich ferngehalten hatte, aufgehoben und dadurch Winnig den Weg zu einer politischen Karriere freigemacht. Obwohl die revolutionären Umwälzungen den Arbeiterführer in sein neues Amt befördert hatten, lehnte er die Revolution ab. Die Revolution konnte Winnig bestenfalls als ein unvermeidliches Durchgangsstadium akzeptieren, das den politischen Machtwechsel ermöglichte, aber danach sofort liquidiert werden mußte. Aus diesem Verständnis der historischen Situation betrachtete Winnig auch seine Aufgabe im Baltikum. Waren die neuen politischen Verhältnisse in Deutschland erst einmal konsolidiert, davon ging Winnig aus, dann mußte Deutschland unter sozialdemokratischer Führung die deutsche Großmachtpolitik, an der die bisher herrschenden Klassen gescheitert waren, erfolgreich zu Ende führen. Die Revolution sollte das Reich stärken, nicht schwächen. Auf dem Hintergrund der äußeren und inneren Lage Deutschlands Ende 1918 waren die sozialimperialistischen Hoffnungen des zum Politiker avancierten Gewerkschaftlers illusionär. Winnig verkannte, daß sich in der gegebenen historischen Situation die Außenpolitik nur an den innenpolitischen Bedürfnissen und Möglichkeiten orientieren konnte. Die auf Expansion im Osten ausgerichtete Politik, die Winnig im Baltikum verfolgte, mußte sich, da sie von vornherein zum Scheitern verurteilt war, innenpolitisch verhängnisvoll auswirken und das politische Vertrauenskapital der sozialdemokratischen Führung im Reich untergraben. Die Schuld an dieser Entwicklung traf nicht

[631] Vorwärts Nr. 8, 5. 1. 1919.
[632] A.a.O.

Winnig allein. Die Reichsregierung hatte ihm im Osten weitgehend freie Hand gelassen und die antibolschewistische Tendenz seiner baltischen Unternehmungen, die von der wohlwollenden Zustimmung der Entente begleitet wurde, nachdrücklich unterstützt.

Winnig selbst brachte für das Feld der Außenpolitik zu wenig praktische Erfahrungen mit, als daß er die Möglichkeiten und Grenzen seiner baltischen Politik realistisch hätte einschätzen können. Unter diesen Umständen durfte auch der Einfluß reaktionärer politischer Kreise auf den jungen „Staatsmann" kaum dazu beigetragen haben, Winnig mit den politischen Realitäten vertrauter zu machen. Der persönliche Umgang mit den baltischen Baronen, den konservativen Beamten der deutschen Militärverwaltung und den Offizieren des deutschen Heeres übte auf die Persönlichkeit Winnigs eine Faszination aus, der er sich nicht entziehen konnte. Erstmals in seinem Leben stand er im Mittelpunkt der „besseren" Gesellschaft. Winnig berichtet in seinen Erinnerungen, daß sich in den zahlreichen Gesprächen, die er in Riga mit von Goßler, Burchard, den Offizieren von Scheubner-Richter, Tresckow und Willi Becker führte, seine spätere politische Wende angebahnt habe. „Es war im Dezember achtzehn, daß wir an unserm Kamin ... von der konservativ-sozialistischen Ehe sprachen, also zu einer Zeit, als wir schon etliche Wochen die Größe unseres Unglücks hatten ansehen und ermessen können."[633] Diese Begegnungen hinterließen bei ihm einen nachhaltigen Eindruck und entfernten ihn von der politischen Wirklichkeit der Gegenwart: „Es waren sowohl die Ereignisse wie unsere Gespräche, die uns allmählich dem Drucke entrückten, der auf dieser Zeit lag ... Es lebte in uns die Hoffnung, daß wir an diesem äußersten Saume deutscher Geltung berufen sein möchten, mit unserem Planen, Tun und Wagen die ersten Stufen zum Wiederanstieg zu legen."[634] Die politische Isolation, in die sich Winnig im Baltikum treiben ließ, löste politische Bindungen, die er früher als verpflichtend angesehen hatte. „Ich hatte die Sache der Revolution verlassen. Einst hatte ich zu ihr gestanden."[635] Die Konfrontation mit der Revolution setzte in der Persönlichkeit des verbürgerlichten Arbeiterführers antirevolutionäre Mechanismen in Gang, die zwar bereits vorhanden, aber erst in der Krisensituation, in die sich die Persönlichkeit plötzlich gestellt sah, voll bewußt wurden. Die historische Krise wirkte sich in seiner Persönlichkeit als Krise des individuellen politischen Bewußtseins aus. Er war nicht in der Lage, die Situation der Revolution positiv zu verarbeiten. Die Folge war ein Umschlag in antirevolutionäres Bewußtsein und Verhalten. Winnig selbst erfuhr die Umstrukturierung sei-

[633] Heimkehr, S. 51.
[634] Heimkehr, S. 52.
[635] Heimkehr, S. 39.

nes politischen Bewußtseins als Reifungsprozeß, und er hat ihn als solchen in seinen Erinnerungen beschrieben: „Ich hatte gelernt. Ich konnte nicht ewig an Entscheidungen gebunden sein, die ich einst als halbes Kind getroffen hatte. Es ist das Recht des Menschen, zu werden, zu wachsen und zu reifen."[636] Es entsprach dem ausgeprägten Harmoniebedürfnis seiner Persönlichkeit, daß er seine antirevolutionäre Entwicklung positiv bewertete und sich zeit seines Lebens zu ihr bekannt hat. Man kann die Frage aufwerfen, ob Winnig in der Krisensituation, vor die er sich im Baltikum gestellt sah, andere Entscheidungsmöglichkeiten offenstanden. In der gegebenen Situation hätte er zweifellos anders handeln können, wenn sein Verhalten von anderen Einsichten geleitet gewesen wäre. Der ostpolitische Kurs, den Winnig im November 1918 einschlug, beruhte weitgehend auf seiner persönlichen Entscheidung. Von einem äußeren Zwang der politischen Verhältnisse zu einer auf deutsche Machterweiterung im Osten ausgerichteten Politik konnte nicht die Rede sein. Die äußeren Umstände sprachen vielmehr eindeutig gegen diese Baltikumspolitik. Winnig ließ sich bei seinen grundsätzlichen Entscheidungen von inneren Zwängen leiten, die in der politischen Struktur seiner Persönlichkeit angelegt waren. Er geriet dadurch in die Position eines politischen Außenseiters. Der Prozeß der politischen Selbstisolation, der während der Tätigkeit Winnigs im Baltikum manifest wurde, setzte sich in den folgenden Monaten, in denen sich Winnig auf der ostpreußischen Bühne bewegte, fort und führte schließlich zum Bruch der Arbeiterpersönlichkeit mit seiner Klasse.

[636] Heimkehr, S. 40.

STADT UND NATION*

Zur deutschen Kommunalgeschichte seit 1918

Eine Untersuchung über die historische Systemfunktion der deutschen Gemeinden bedarf einiger Vorüberlegungen über die Stellung und Bedeutung der Gemeinden innerhalb politischer, wirtschaftlicher und gesellschaftlicher Systeme. Zunächst läßt sich der Bereich der Gemeinde negativ abgrenzen. Die Gemeinde und die Kommunalpolitik erfassen nur einen Teilbereich des politisch-gesellschaftlichen Verhaltens. Charakteristisch für die Funktion der Gemeinde ist die Tatsache, daß eine eindeutige Unterscheidung zwischen der örtlichen Politik und der örtlichen Gesellschaft nicht möglich ist, was im deutschen Sprachgebrauch bereits in dem Wort „Gemeinde" bezeichnet wird, das sowohl die politisch-verfaßte Gemeinde als auch die Gemeinde als eine wirtschaftliche, gesellschaftliche und kulturelle Einheit umschreibt. Die Konstruktion einer Trennung von „Staat" und „Gesellschaft" ist auch auf das örtliche System der Gemeinde nicht anwendbar.

Die Gemeinde ist ein Teilsystem innerhalb umfassenderer politisch-gesellschaftlicher Systeme. Andererseits nimmt die Gemeinde als örtlich begrenztes Teilsystem der Gesellschaft wesentliche gesamtgesellschaftliche Funktionen wahr. Ihr fällt die Aufgabe zu, auf der lokalen Ebene die Befriedigung der wirtschaftlichen, gesellschaftlichen und kulturellen Bedürfnisse ihrer Einwohner zu organisieren. Insbesondere die Großstädte stellen in sich außerordentlich komplexe gesellschaftliche Systeme dar, die bereits durch ihre städtebauliche Struktur ihre innere Komplexität widerspiegeln. Produktion und Konsum, Wohnen, Bildung, Gesundheit, Erholung vollziehen sich auch in einer „mobilen" Gesellschaft überwiegend auf der örtlichen Ebene. Diese Tatsache scheint so selbstverständlich zu sein, daß sie in dem öffentlichen Bewußtsein kaum registriert wird. Diese Nichtbeachtung liegt allerdings auch darin begründet, daß sich die örtlichen Lebensverhältnisse in den Gemeinden gleicher Größenordnung kaum voneinander unterscheiden. Von einer Individualität der Städte kann in dieser Beziehung kaum die Rede sein. Die Gemeinden sind funktionale Teilsysteme der Gesellschaft geworden.

Ebenso kann von einer politisch-gesellschaftlichen Autonomie der Ge-

* Aus Politik und Zeitgeschichte, Beilage zur Wochenzeitung: Das Parlament, B 47/73 (24. 11. 1973), S. 3–29 unter der Überschrift: ›Die Systemfunktion der Gemeinden‹.

meinde, wie sie von Heffter für die deutsche Selbstverwaltung des 19. Jahrhunderts beschrieben wurde,[1] nicht mehr gesprochen werden. Die Ursachen dieser Entwicklung lassen sich jedoch weniger aus einem Funktionsverlust, sondern eher aus einer Funktionsvermehrung der Gemeinden erklären, die aus der wachsenden Übertragung gesamtgesellschaftlicher Funktionen auf die Gemeinden und die Integration der Gemeinde in die übergeordneten gesellschaftlichen und politischen Systeme resultiert.[2]

Die Funktion der Gemeinde ergibt sich aus den wirtschaftlichen, gesellschaftlichen, politischen und kulturellen Systemen, in die sie integriert ist. In der „kapitalistischen" Gesellschaft ist die Stellung der Gemeinden zu dem vorherrschenden Wirtschaftssystem ambivalent: Da sich die kommunale Wirtschaft nicht auf dem Prinzip des Privateigentums und der Gewinnmaximierung organisieren läßt, stellen die Gemeinden in der Marktwirtschaft „systemfremde" Gebilde dar. Andererseits sind die Gemeinden der Marktwirtschaft insofern systemkonform, als sie in einer Ergänzungsfunktion zahlreiche wirtschaftliche Leistungen erbringen, die sich privatwirtschaftlich nicht rentabel erbringen lassen und die für die Aufrechterhaltung des gesamten sozioökonomischen Systems unabdingbar sind. Dazu gehört der gesamte öffentliche Versorgungsbereich: das kommunale Verkehrswesen, die Versorgung mit Gas, Wasser, Elektrizität bis zu den kommunalen Einrichtungen für Gesundheit, Freizeit und Erholung. Ohne diese kommunalen wirtschaftlichen Leistungen ließe sich das wirtschaftliche Leben nicht aufrechterhalten. Kommunale und privatwirtschaftliche Interessen sind tendenziell einander entgegengesetzt, wenn auch faktisch koordinierbar, und bilden die Grundlage latenter oder offen ausgetragener Konfliktsituationen.

Von anderen Teilsystemen der Gesellschaft zeichnete sich die Gemeinde – zumindest in der Größenordnung der Mittel- und Großstädte – historisch dadurch aus, daß sie alle sozialen Schichten in sich vereinigte. Nirgendwo wurde die Sozialstruktur einer Gesellschaft und der Grad der Integration und Desintegration der sozialen Gruppen so deutlich wie in den Gemeinden. Ließen sich auf der gesamtgesellschaftlichen Ebene die bestehenden gesellschaftlichen Gegensätze politisch und ideologisch verbrämen, so traten sie auf der kommunalen Ebene offen zutage. Das gesellschaftliche Leben der sozialen Schichten spielte sich weitgehend auf der örtlichen Ebene ab.

[1] H. Heffter, Die deutsche Selbstverwaltung im 19. Jahrhundert. Geschichte der Ideen und Institutionen, Stuttgart 1954.

[2] Zu Ansätzen der Theorie der Stadt: R. R. Grauhan, Zur politischen Theorie der Stadt, in: Archiv f. Kommunalwissenschaften 4 (1965), S. 87–111; W. Franke / R. Mand / K. H. Schöneberg / R. Stüber, Die Stadt als soziale und politische Gemeinschaft im entwickelten gesellschaftlichen System des Sozialismus, in: Stadt und Recht 17 (1968), S. 1339–1352.

Die Gemeinden stellten die Basis des politischen Systems dar. Veränderungen des politischen Systems realisierten sich in den kommunalen Machtstrukturen, wie auch die Veränderung der kommunalen Machtstrukturen – das zeigt die deutsche Revolution von 1918 – die Umwälzung des politischen Systems herbeiführen konnte. Auch in Zeiten politischer Stabilität ist die Gemeinde keineswegs so unpolitisch, wie sie oft dargestellt wird. Wer die Kommunalpolitik lediglich als einen technischen Verwaltungsablauf beschreibt, übersieht, daß sich in der „Verwaltung" der Gemeinde ein gesellschaftlicher Steuerungsprozeß auf der örtlichen Ebene vollzieht.

Aus der engen Verflechtung gesellschaftlicher und politischer Strukturen auf der örtlichen Ebene ergibt sich, daß Kommunalpolitik – bezogen auf die von ihr begünstigten oder benachteiligten Gruppen – Interessenpolitik ist. Hier stellt sich das für die Gemeinden zentrale Problem der kommunalen Demokratie. Sie muß die Verflechtungen zwischen den gesellschaftlichen Interessen und politischen Entscheidungsprozessen in der Gemeinde sichtbar machen und allen örtlichen gesellschaftlichen Gruppen die Möglichkeit verschaffen, ihre Interessen zu artikulieren und, soweit sie es vermögen, auf dem Wege von Mehrheitsentscheidungen durchzusetzen.

Aus diesen Überlegungen ist auch die Tradition der deutschen kommunalen Selbstverwaltung des 19. Jahrhunderts, von den Kommunalverwaltungen auch heute noch immer wieder als demokratische Legitimationsbasis beschworen, mit kritischen Augen zu sehen. Von dem konservativen preußischen Minister Freiherr vom Stein 1808 als Zugeständnis an das sich unter dem Eindruck der Französischen Revolution politisch emanzipierende deutsche Bürgertum gedacht, entwickelte sich die deutsche Selbstverwaltung insbesondere seit der Entstehung der großen Industriestädte in der zweiten Hälfte des 19. Jahrhunderts zu einem ausgesprochenen Instrument bürgerlicher „Klassenherrschaft". Das kommunale Wahlrecht schloß die nichtbesitzenden Schichten von den Stadtverordnetenversammlungen bis zum Ersten Weltkrieg weitgehend aus. Die Geschichte der kommunalen Demokratie in Deutschland beginnt daher erst mit der Beseitigung der kommunalen Klassenherrschaft des Bürgertums durch die deutsche Revolution von 1918.

1. Kommunale Demokratie in der Novemberrevolution

Bis 1918 hatte sich die bürgerlich-patrimoniale Selbstverwaltung der Städte zusammen mit der landrätlichen Kreisverwaltung als eine solide Stütze des deutschen Kaiserreichs erwiesen. Landräte und Oberbürgermeister repräsentierten das politische System auf der örtlichen Ebene und fungierten als fürsorgliche Oberhäupter des kommunalen Lebens, deren gesellschaftliche Autorität außer von den Sozialdemokraten nicht bestritten wurde. „Bürgerliche Freiheit und eine starke, in den gesetzlichen Bahnen sich haltende Selbstverwaltung sind die Grundlage eines blühenden Gemeinwesens und zugleich eine feste Stütze für König und Vaterland"[3] erklärte 1906 in seiner Antrittsrede der neue Oberbürgermeister von Halle, Rive, ein typischer Repräsentant der Tradition der deutschen Selbstverwaltung.

Mit dem Ende des deutschen Kaiserreichs im November 1918 brach zugleich die kommunale Basis des Systems zusammen. Während des Ersten Weltkriegs war der Funktionsbereich der Gemeinden durch ihre Eingliederung in die Kriegsorganisation und durch die Ausweitung ihrer Aufgaben auf dem Gebiet der Fürsorge und der Arbeitsvermittlung wesentlich vergrößert worden. Die Anfang November 1918 einsetzende revolutionäre Bewegung richtete sich daher zunächst gegen die örtlichen militärischen und politischen Machtstellungen des Systems, die Stellvertretenden Generalkommandos und kommunalen Verwaltungsbehörden. Zwischen dem 5. und 10. November bildeten sich in allen größeren Städten des Reichs Arbeiter- und Soldatenräte.[4] In den mittleren und kleineren Städten der ländlichen Gebiete zog sich die Entstehung der Räte bis in die zweite Novemberhälfte hin. Über die Entstehung, Funktion und Auswirkung der deutschen Rätebewegung 1918/19 liegen die Arbeiten von Tormin, Kolb und von Oertzen vor,[5] die ebenso wie die Publikation der Sitzungsprotokolle des Rats der Volksbeauftragten und des Zentralrats der Arbeiter- und Soldatenräte[6] zu einer positiven Neubewertung der bis dahin in der – westdeutschen – Geschichtsschreibung weitgehend ablehnend behandelten deutschen Revolution von 1918/19 geführt haben.

Kolb unterscheidet zwei Modelle, nach denen sich die Gründung der örtlichen Räte vollzog. Nach dem ersten Modell wurde die Zusammensetzung

[3] R. R. Rive, Lebenserinnerungen eines deutschen Oberbürgermeisters, Stuttgart 1960, S. 102f.

[4] E. Kolb, Die Arbeiterräte in der deutschen Innenpolitik 1918–1919, Düsseldorf 1962, S. 85.

[5] P. v. Oertzen, Betriebsräte in der Novemberrevolution. Eine politikwissenschaftliche Untersuchung über Ideengehalt und Struktur der betrieblichen und wirtschaftlichen Arbeiterräte in der deutschen Revolution 1918/19, Düsseldorf 1954; W. Tormin, Zwischen Rätediktatur und sozialer Demokratie. Die Geschichte der Rätebewegung in der deutschen Revolution 1918/19, Düsseldorf 1954.

[6] Die Regierung der Volksbeauftragten 1918/19. Eingeleitet von E. Matthias, bearbeitet von S. Miller unter Mitwirkung von H. Potthof, 2 Bde., Düsseldorf 1969; Der Zentralrat der Deutschen Sozialistischen Republik. 19. 12. 1918–8. 4. 1919. Vom ersten bis zum zweiten Rätekongreß. Bearbeitet von E. Kolb unter Mitwirkung von R. Rürup, Leiden 1968.

des Arbeiterrats zwischen den örtlichen Leitungen der Mehrheitssozialisten (SPD), der Unabhängigen (USPD) und der Gewerkschaften ausgehandelt,[7] nach dem zweiten, vor allem in Großstädten praktizierten Modell wurden die Arbeiterräte auf großen Versammlungen von Betriebsdelegierten gewählt.[8] In den Provinzen wurden aus den örtlichen Räten Kreis-AR, Bezirks-AR und Provinzial-AR zur Kontrolle der Landratsämter, Regierungspräsidenten und Oberpräsidien gebildet. In den meisten überörtlichen Gremien der Rätebewegung bis in den Berliner Rätekongreß besaßen die gemäßigten Mehrheitssozialisten der Richtung Ebert-Scheidemann gegenüber den Unabhängigen und den Anhängern des Spartakusbundes die Mehrheit.[9] Zu einer Vorherrschaft der Linkssozialisten kam es nur in wenigen Städten, so in Bremen, Braunschweig, Leipzig, Halle, Zwickau, Gotha, Erfurt, Düsseldorf, Hamborn und Mülheim.[10] In dem Berliner Vollzugsrat bestand ein Gleichgewicht zwischen den Mehrheitssozialisten und den Linken. Die vereinzelt stattfindende Ausrufung von „Räterepubliken" in den Anfangsmonaten des Jahres 1919 kennzeichnet bereits das Ende der Rätebewegung. Räterepubliken konnten sich nur in Bremen (Januar 1919) und in München (April 1919) über einen Zeitraum von drei Wochen halten. In Cuxhaven, Mannheim und Braunschweig bestanden sie nur wenige Tage.[11]

Abgesehen von diesen Fällen lag das Schwergewicht der Tätigkeit der örtlichen Arbeiterräte in der Kontrolle der örtlichen Verwaltung. Die kommunalen Behörden wurden von den Räten nicht aufgelöst, sondern ihrer Kontrolle unterworfen. Anordnungen der Verwaltung wurden vom zuständigen Arbeiterrat gegengezeichnet. Die wichtigsten Aufgaben der örtlichen Arbeiter- und Soldatenräte lagen auf dem Gebiet der Aufrechterhaltung der öffentlichen Sicherheit und Ordnung, der Sicherstellung der Lebensmittelversorgung und der Durchführung der Demobilisierung des Heeres. Da die Bildung der Räte nicht zentral organisiert worden war, sondern aus spontanen örtlichen Aktionen erfolgte, gab es anfangs auch keine Räteideologie im eigentlichen Sinn. Die Mehrheit der Räte verstand sich als eine Einrichtung zur Regelung der dringenden Probleme des Augenblicks nach dem Zusammenbruch der alten Gewalten. In den Monaten November 1918 bis 1919 stellten die örtlichen Räte unumstritten die einzig bestehende politische

[7] So in Köln, Bielefeld, Karlsruhe, Offenbach, Magdeburg, Breslau, Leipzig, Braunschweig, Dortmund, Essen, Oberhausen. In den Städten Duisburg, Recklinghausen, Bottrop, Buer wurden auch Zentrumsvertreter und christliche Gewerkschaftler in die Räte aufgenommen (Kolb, S. 95f.).

[8] So der Vollzugsrat der Arbeiter- und Soldatenräte Groß-Berlins und die Räte in Bremen. Hamburg, Frankfurt a. M., Leipzig, Braunschweig (Kolb, a. a. O.)

[9] Kolb, S. 113.

[10] Kolb, S. 97.

[11] Kolb, S. 327.

Autorität auf kommunaler Ebene dar. Sie sicherten auf der örtlichen Ebene den politischen und gesellschaftlichen Machtwechsel und begründeten dadurch die Basis für die Demokratisierung Deutschlands. Durch die Räte wurden erstmals breite Schichten der Arbeiterschaft an der Politik und Verwaltung der Gemeinden beteiligt. Sie bildeten ein demokratisches Potential, das es in diesem Umfang weder vorher noch nachher in der deutschen Geschichte gegeben hat. Die Auseinandersetzung über das neu zu errichtende politische System in Deutschland wurde nur in wenigen Fällen in den örtlichen Räten geführt. Sie spielte sich in erster Linie in Berlin ab, für dessen Räte sich eine „Polarität von lokaler Politik und einer Art Missionsbewußtsein für das ganze Reich" ergab.[12]

Der am 10. November gebildete Berliner Vollzugsrat verstand sich zunächst als oberstes Regierungsorgan des Reichs. Am 13. November übertrug er die Exekutive an den Rat der Volksbeauftragten, der seinerseits den Vollzugsrat am 23. November in dessen Funktion als provisorische Kontrollinstanz bestätigte. Schließlich trat der Berliner Vollzugsrat seine Reichsfunktion an den auf dem Rätekongreß am 19. November 1919 gewählten Zentralrat ab. Auf dem Rätekongreß fiel die Entscheidung gegen die Institutionalisierung des Rätesystems und für die Überleitung der Revolution in die parlamentarische Demokratie. In dem mit großer Mehrheit gefaßten Beschluß des Kongresses, die Wahl zur Nationalversammlung am 19. Januar 1919 stattfinden zu lassen, kam die mehrheitssozialdemokratische Einstellung der Arbeiter- und Soldatenräte zum Ausdruck, die die Rätebewegung als eine Einrichtung des revolutionären Systemwechsels, aber nicht als Grundlage des neu zu schaffenden politischen Systems verstanden.

Der neugebildete Zentralrat unterstützte die Bestrebungen Eberts und des Rats der Volksbeauftragten, die Rätebewegung schrittweise abzubauen. Die gleiche Zielrichtung verfolgte die sozialdemokratisch geführte Regierung in Preußen, dem größten Land des Reichs. Durch diese Wendung gegen die Räte betrieben die Revolutionsregierungen im Reich und in Preußen den Abbau ihrer eigenen machtpolitischen Positionen und brachten damit die konservative Beamtenschaft in verlorengegangene politische und gesellschaftliche Stellungen zurück. Man hatte sich „auf der einen Seite den Chefs der alten Bürokratie und des alten Heeres anvertraut und kämpfte auf der anderen Seite täglich im revolutionären Gewande um das Vertrauen (der) Anhänger".[13]

Mit den Wahlen zur Nationalversammlung am 19. Januar 1919 und den im

[12] F. Bey-Heard, Hauptstadt und Staatsumwälzung. Berlin 1919. Problematik und Scheitern der Rätebewegung in der Berliner Kommunalverwaltung, Stuttgart 1969, S. 17.

[13] W. Elben, Das Problem der Kontinuität in der deutschen Revolution. Die Poli-

gleichen Monat stattfindenden Wahlen zu den Verfassunggebenden Landesversammlungen in Preußen, Bayern, Württemberg und Baden zeichnete sich das Ende der Rätebewegung ab, ohne daß die entscheidenden gesellschaftlichen Machtfragen in Deutschland geklärt waren. In der Nationalversammlung war die Sozialdemokratie, die nur 37,9% der Stimmen erhalten hatte, auf die Unterstützung bürgerlicher Parteien angewiesen. Die Unabhängigen hatten 7,6% der Stimmen erhalten. In dem Wahlergebnis spiegelte sich bereits der Vertrauensschwund wider, den die ambivalente Haltung der sozialdemokratischen Führung zeitigte.

Den Wahlen zur Nationalversammlung und zu den Landesversammlungen folgte die Ausschreibung von Kommunalwahlen nach dem neuen demokratischen Wahlrecht, das erstmals auch den Frauen den Zugang zu den Gemeinderäten eröffnete. Die preußische Regierung löste durch die Verordnung vom 24. 1. 1919 die bis dahin formell bestehenden, nach dem alten Wahlrecht zusammengesetzten Gemeindevertretungen auf und ordnete Neuwahlen auf der Grundlage des Verhältniswahlrechts an. Seitdem gab es ein kommunales Doppelsystem, da neben den neugewählten Vertretungen die Räte weiterarbeiteten, wenn sie auch in ihrer faktischen Funktion zunehmend eingeschränkt wurden. Der eigentliche Gewinner dieses kommunalen Doppelsystems war die kommunale Beamtenschaft, die durch die politische Konkurrenz von Räten und Gemeindevertretungen zwangsläufig aufgewertet wurde. Da die örtlichen Räte in der Regel keine personellen Umbesetzungen vorgenommen hatten und entsprechende Bestrebungen von den kommunalen Aufsichtsbehörden verhindert wurden, hatte 1918/19 eine Demokratisierung der unteren Verwaltungsorgane nur begrenzt stattgefunden.[14] Die Weimarer Demokratie hatte es nicht verstanden, sich auf ihrer örtlichen Basis abzusichern.

Während die Regierungsstellen zunächst nur faktisch, aber nicht offen gegen die örtlichen Räte gearbeitet hatten, wurde schließlich im Laufe des Jahres 1919 die Beseitigung der Räte offiziell herbeigeführt. So hieß es in dem Runderlaß des preußischen Ministers des Innern vom 10. Juni 1919: „Eine Kontrolle der nach dem neuen Wahlrecht gewählten Gemeindevertretungen oder Stadtverordnetenversammlungen muß als mit dem Grundsatz der Demokratie im Widerspruch stehend abgelehnt werden."[15] Bis Anfang 1920 waren die meisten Arbeiterräte aufgelöst. Lediglich auf dem wirt-

tik der Staatssekretäre und der militärischen Führung vom November 1918 bis Februar 1919, Düsseldorf 1965, S. 172.

[14] Bereits am 16. November 1918 hatte das preußische Innenministerium die örtlichen Räte davor gewarnt, Beamte, die sich der Kontrolle der örtlichen Räte widersetzten, aus dem Amt zu entfernen (Bey-Heard, S. 77).

[15] Nach: Kolb, S. 273.

schaftlichen Gebiet hatte die Rätebewegung durch das Betriebsrätegesetz vom Februar 1920 eine partielle gesetzliche Institutionalisierung erfahren. Auf dem kommunalen Gebiet ist eine über die Revolution hinausgehende Wirkung ausgeblieben. Waren die Arbeiterräte 1918/19 „nicht nur die einzigen zur Verfügung stehenden, sondern auch die geeignetsten Instrumente zur Erringung und zum Ausbau der Machtorganisationen in der Verwaltung und damit zur Sicherung des demokratischen Charakters der jungen Republik" gewesen,[16] so blieb diese Chance zum Ausbau der kommunalen Demokratie und zur wirksamen Mitbestimmung der Arbeiterschaft in dem neuen Staat ungenutzt. Doch handelte es sich nicht nur um ein Machtproblem.

II. Die kommunale Entwicklung in der Weimarer Republik

Das Deutsche Reich gliederte sich 1919 in 17 Länder und rund 65000 Gemeinden. Auf diese Zahl der Gemeinden entfielen 50 Großstädte mit einer Einwohnerzahl von über 100000, 45 Städte mit einer Einwohnerzahl zwischen 50000 und 100000 und 470 Städte mit einer Einwohnerzahl zwischen 10000 und 50000.[17] Die überörtliche Verwaltungsstruktur in Kreise, Bezirke und Provinzen war in den einzelnen Ländern unterschiedlich geregelt. Die Auseinandersetzung in der Weimarer Republik über eine Reichsreform zur Neugliederung der politischen und Verwaltungsstruktur des Reichs hat nicht zu einem Ergebnis geführt. Der Kampf richtete sich vornehmlich auf die künftige Stellung der Länder, wobei sich die unitarische Richtung, die den dezentralisierten Einheitsstaat und die Reduzierung der Länder propagierte, und die föderalistische Richtung, die die Kompetenzen der Länder zu erhalten suchte, einander gegenüberstanden. Die Reichsverfassung von 1919 hatte im Gegensatz zur Verfassungskonstruktion von 1871 die Position des Reichs gegenüber den Ländern und damit zugleich gegenüber den Gemeinden gestärkt. Die Gemeinden blieben zwar staatsrechtlich von den Ländern abhängig, wurden jedoch als Ausführungsorgane der Gesetzgebung des Reichs stärker als vor 1919 in die Reichspolitik einbezogen.

Eine entscheidende Bedeutung für die Stellung der Gemeinden hatte die

[16] Kolb, S. 405.

[17] Zu der Zahl der 65000 Gemeinden sind auch die zahlreichen Kleinstgemeinden mit weniger als 500 Einwohnern zu rechnen, von denen es in Preußen allein 17000 gab. Neben den Gemeinden bestanden in Preußen noch 12000 Gutsbezirke, die erst 1925 aufgelöst wurden. Zu den zehn größten Städten des Reiches zählten 1929 (nach der kommunalen Neugliederung des rheinisch-westfälischen Industriegebiets) folgende Städte: Berlin, Hamburg, Köln, München, Leipzig, Essen, Dresden, Breslau, Frankfurt a. M., Dortmund.

Erzbergersche Finanzreform von 1920, die die steuerpolitische Selbständigkeit der Gemeinden durch die Aufhebung des bisherigen Systems der gemeindlichen Zuschläge zur Einkommens- und Körperschaftssteuer erheblich einschränkte. Damit trug die Finanzreform der industriellen und großstädtischen Entwicklung Rechnung, die eine Lösung des kommunalen Finanzsystems von den besitzbürgerlichen örtlichen Strukturen und reichseinheitlichen Regelungen der kommunalen Finanzverhältnisse erforderlich machte, um eine gleichmäßigere Versorgung der Bevölkerung über die örtlichen Grenzen hinweg zu gewährleisten. Den Gemeinden verblieb die Grund- und Gewerbesteuer sowie die Erhebung kleiner Gemeindesteuern (Hundesteuer, Vergnügungssteuer, Beherbergungssteuer). Im übrigen waren die Gemeinden nach dem Landessteuergesetz vom 20. 3. 1920 auf die Beteiligung an den den Ländern vom Reich zugewiesenen Steuerzuweisungen angewiesen, deren Höhe von den Ländern festgesetzt und im einzelnen sehr unterschiedlich geregelt wurde. Es bestand ein starkes Interesse der Städte, die intermediäre Stellung der Länder zu umgehen, und eine engere, unmittelbare Verbindung zwischen Reich und Gemeinden herzustellen.

Art. 127 der Weimarer Reichsverfassung gewährte den Gemeinden „das Recht der Selbstverwaltung innerhalb der Schranken der Gesetze". Art. 17 Abs. 2 kodifizierte die „allgemeine, gleiche, unmittelbare und geheime Wahl von allen reichsdeutschen Männern und Frauen nach den Grundsätzen der Verhältniswahl" und gliederte die Gemeinden in das System des demokratischen Parteienstaats ein. Die Einführung des Verhältniswahlrechts bedeutete für das kommunale Verfassungsrecht die Aufhebung der bürgerlich-patrimonialen Selbstverwaltung, obwohl faktisch die aus der Selbstverwaltungstradition des 19. Jahrhunderts entstandene Vorstellung von der gemeindlichen Selbstverwaltung als einer dem Staat entgegengesetzten, eigenständigen „gesellschaftlichen Korporation"[18] auch in den zwanziger Jahren weiter fortbestand. Die Bestrebungen zur Demokratisierung der Gemeinden beschränkten sich nach der Beendigung der Revolution weitgehend auf die Einführung des demokratischen Wahlrechts. In Preußen, dem größten Land des Reichs, wurde die kommunale Verfassungsstruktur weiterhin durch die obrigkeitsstaatlichen Städteordnungen von 1856 bestimmt, die u. a. die Bestätigung der von den Stadtverordnetenversammlungen gewählten leitenden Kommunalbeamten durch die staatlichen Aufsichtsbehörden vorsahen.[19] Das Bestätigungsrecht wirkte sich vor allem negativ bei der Besetzung kommunaler Stellen mit Vertretern der Linksparteien aus.

[18] W. Hofmann, Plebiszitäre Demokratie und kommunale Selbstverwaltung in der Weimarer Republik, in: Archiv f. Kommunalwissenschaften 4 (1965), S. 269ff.

[19] Vgl. H. Peters, Grenzen der kommunalen Selbstverwaltung in Preußen, Berlin 1926, S. 118.

Da die Sozialdemokratie, abgesehen von den letzten Kriegsjahren, keinen Zugang zu Beamtenstellungen gehabt hatte, konnte sie nach 1918 nur selten auf erfahrene Verwaltungsfachleute zurückgreifen. Den staatlichen Aufsichtsbehörden fiel es daher nicht schwer, die von den Linksparteien benannten Außenseiter, häufig Partei- und Gewerkschaftsfunktionäre, wegen mangelnder „fachlicher" Qualifikation zurückzuweisen.[20]

Wesentliche Veränderungen bewirkte das neue Wahlrecht bei der Zusammensetzung der Stadtverordnetenversammlungen und Gemeindevertretungen. An die Stelle der früheren Honoratiorengruppen zogen jetzt die örtlichen Vertreter der Weimarer Parteien in die Rathäuser ein. Neben den im Reichstag vertretenen Parteien SPD, USPD (bis 1922), KPD, Zentrum, DDP, DVP und DNVP und seit dem Ende der zwanziger Jahre der NSDAP bildeten sich auf der örtlichen Ebene weitere Rathausparteien, wie Haus- und Grundbesitzerparteien. Die heftigen Debatten, die in den kommunalen Parlamenten seit 1919 geführt wurden, ließen in der Öffentlichkeit den Eindruck entstehen, als habe sich die politische Struktur der Gemeinden grundlegend gewandelt. Tatsächlich aber bestanden die kommunalen Machtstrukturen der vorrevolutionären Zeit zum großen Teil weiter fort. Die Situation war jedoch insofern verändert, als die politischen Strukturen jetzt öffentlich benannt wurden und die Oberbürgermeister und hauptamtlichen Stadträte gezwungen waren, die sich in den kommunalen Parlamenten artikulierenden Meinungen bei ihren Entscheidungen und Planungen zu berücksichtigen.

In den meisten Ländern wurden während der Weimarer Zeit drei Kommunalwahlen durchgeführt: 1919, 1924 und 1929. Seit 1924 gab es in den deutschen Städten nur noch wenige Stadtverordnetenversammlungen, in denen die bürgerlichen Parteien nicht die Mehrheit hatten. Die SPD lehnte auch auf der kommunalen Ebene ein Zusammengehen mit der KPD in der Regel ab und arbeitete mit den bürgerlich-demokratischen Parteien zusammen. Selbst in der 1920 durch die Schaffung der Einheitsgemeinde Groß-Berlin zur 4-Millionen-Stadt angewachsenen „roten" Reichshauptstadt ergaben sich bei den Kommunalwahlen 1921 und 1925 bürgerliche Mehrheiten.[21] Im Januar 1921, als in Berlin SPD und USPD zusammen noch über die Mehrheit verfügten, stimmten die Sozialdemokraten bei der Oberbürgermeisterwahl gemeinsam mit den Stadtverordneten der DDP, DVP und

[20] Ch. Engeli, Gustav Böß. Oberbürgermeister von Berlin 1921–1930, Stuttgart 1971, S. 52–66; W. Runge, Politik und Beamtentum im Parteienstaat. Die Demokratisierung der politischen Beamten in Preußen zwischen 1918 und 1933, Stuttgart 1965; H. Freske, Monarchisches Beamtentum und demokratischer Staat. Zum Problem der Bürokratie in der Weimarer Republik, in: Demokratie und Verwaltung, Berlin 1972, S. 197–136.

[21] Engeli, S. 85.

des Zentrums für den bisherigen Stadtkämmerer Gustav Böß (DDP) und gegen den sozialistischen Kandidaten Weyl, den die USPD-Mehrheitsfraktion präsentiert hatte. Alle Großstädte des Reichs mit einer Einwohnerzahl von über 500000 (Berlin, Hamburg, Köln, München, Leipzig, Essen, Dresden, Breslau, Frankfurt/Main und Dortmund) wurden in der Zeit der Weimarer Republik von bürgerlichen, in der Regel hauptamtlichen, Oberbürgermeistern geleitet, die zum Teil, so Adenauer (Zentrum) in Köln, Blüher (DVP) in Dresden und Eichhof in Dortmund, schon vor 1918 in ihr Amt berufen worden waren. München hatte von 1919 bis 1924 in Eduard Schmid einen sozialdemokratischen ehrenamtlichen Oberbürgermeister, der von einer sozialistischen Mehrheit gewählt worden war. Aus der SPD kamen nur zwei führende und langjährige Oberbürgermeister der Weimarer Zeit: Max Brauer (Altona) und Hermann Beims (Magdeburg).[22] Beide gehörten dem Vorstand des Deutschen Städtetages an.[23]

In der Regel übten die leitenden Kommunalbeamten ihre Funktion hauptberuflich aus. Sie hatten eine juristisch-akademische Ausbildung absolviert und eine Verwaltungslaufbahn im Staats- oder Kommunaldienst beendet. Im Gegensatz zu den politischen Ämtern im Reich und in den Ländern blieben die Oberbürgermeister, deren Wahlperiode sechs oder zwölf Jahre dauerte, über einen längeren Zeitraum in ihren Funktionen – eine Tatsache, die nicht wenig zur Festigung ihres örtlichen und überörtlichen politischen Einflusses beitrug.[24] In ihrer politischen Selbstdarstellung verstanden sich die Oberbürgermeister jedoch nicht als ihrer Partei oder der bürgerlichen Gesellschaftsschicht, der sie entstammten, verantwortlich, sondern unter Berufung auf die deutsche Selbstverwaltungstradition als über den Parteien und Klassen stehende verantwortliche Leiter der kommunalen Verwaltung. In der Figur des beamteten Oberbürgermeisters setzten sich vorrevolutionäre Traditionen auf der kommunalen Ebene der Republik weiter fort. Nur wenige Oberbürgermeister, wie die Sozialdemokraten Brauer und Beims und der Münchener BVP- und Mittelstandspolitiker Karl Scharnagel, traten in ihrer öffentlichen Selbstdarstellung betont als Repräsentanten ihrer Parteien auf. Charakteristisch für das überparteiliche Selbstverständ-

[22] 1931 trat Ernst Reuter die Nachfolge des Magdeburger Oberbürgermeisters an.

[23] Die überwiegende Mehrheit der Oberbürgermeister der Weimarer Republik gehörte bürgerlichen Parteien an oder bekannte sich zu ihnen. Zu den führenden Oberbürgermeistern der DDP zählten außer Böß: Petersen (Hamburg), Lohmeyer (Königsberg), Luppe (Nürnberg) und Landmann (Frankfurt a. M.); der DVP: Jarres (Duisburg), Brüher (Dresden), Hübschmann (Chemnitz); des Zentrums: Adenauer (Köln) und Bracht (Essen); der BVP: Scharnagel (München) und Hipp (Regensburg); der DNVP: Lehr (Düsseldorf).

[24] W. Haus, Biographien deutscher Oberbürgermeister, in: Archiv f. Kommunalwissenschaften 4 (1965), S. 140.

nis der Weimarer Oberbürgermeister ist die Persönlichkeitsdarstellung des Essener Oberbürgermeisters und späteren Reichskanzlers Hans Luther, der sich in seinen Erinnerungen als „Politiker ohne Partei" beschrieb.[25]

Hinter der nach außen zur Schau getragenen konservativen Selbstdarstellung der Weimarer Oberbürgermeister verbarg sich häufig jedoch ein modernes kommunales Management, das an Leistungsfähigkeit und Dynamik den Führungskräften der Wirtschaft nicht nachstand und mit diesen im Kampf um die gesellschaftliche Macht konkurrierte. Der erfolgreiche Oberbürgermeister entsprach dem Typ des Sozialingenieurs, der das großstädtische System und die in ihm vorherrschenden wirtschaftlichen und gesellschaftlichen Kräfte überschaute, sie zu koordinieren und zu lenken verstand. Die Umstellung auf die demokratische Republik fiel den leitenden Kommunalbeamten nicht so schwer wie der Reichs-, Länder- und Militärbürokratie, zumal die Demokratisierung der Gemeindeparlamente die Stellung der kommunalen Spitzenbeamten – sofern sie sich den neuen Anforderungen gewachsen zeigten – nicht schwächte, sondern eher stärkte. Bei Verhandlungen mit den Landes- und Reichsbehörden konnten sich die Oberbürgermeister auf die Voten der Stadtverordnetenversammlungen berufen.

Bereits im preußischen Herrenhaus war in der „Oberbürgermeisterfraktion" eine zunächst informelle Gruppenbildung der leitenden Kommunalbeamten entstanden, die zur Gründung des Preußischen Städtetags 1896 und schließlich des Deutschen Städtetags (DST) 1905 führte.[26] Mit der Einrichtung einer hauptamtlichen Geschäftsführung 1913 entwickelte sich der DST zu einer kommunalen Spitzenorganisation, wobei die bereits bestehenden Spitzenverbände der Industrie und Landwirtschaft als Vorbild dienten.[27] Während des Ersten Weltkriegs gewann der DST durch Berufung sei-

[25] H. Luther, Politiker ohne Partei, Stuttgart 1960. – Zur Tradition der Oberbürgermeister: H. Lohmeyer, Die preußischen Oberbürgermeister und die Städtetage, in: H. Luther, Im Dienst des Städtetags, Stuttgart 1959, S. 7–11. Biographien/Autobiographien: A. Behrendt, Wilhelm Külz. Aus dem Leben eines Suchenden, Berlin 1958; W. Brandt/R. Löwenthal, Ernst Reuter. Ein Leben für die Freiheit. Eine politische Biographie, München 1957; W. Först, Robert Lehr als Oberbürgermeister. Ein Kapitel deutscher Kommunalpolitik, Düsseldorf – Wien 1962; Walter Hensel, 3 × Kommunalpolitik 1926–1964. Ein Beitrag zur Zeitgeschichte,Köln–Berlin 1970; Männer der deutschen Verwaltung. 23 biographische Essays, Köln–Berlin 1963; F. Hesse, Von der Residenz- zur Bauhausstadt. Erinnerungen an Dessau, 2 Bde., Bad Pyrmont–München 1963/64; G. Ritter, Carl Goerdeler und die deutsche Widerstandsbewegung, München 1964; P. Weymar, Konrad Adenauer, München 1955.

[26] Lohmeyer, S. 10.

[27] Geschäftsführer des DST bis 1933: Hans Luther (1913–1918), Heinrich Sahm (1918–1919), Paul Mitzlaff (1919–1926), Oskar Mulert (1926–1933). – Zur Verbandsgeschichte des DST: W. Hofmann, Städtetag und Verfassungsordnung. Position und

ner Vertreter in die Kriegsbehörden wachsende Bedeutung als Interessenvertretung der Großstädte gegenüber dem Reich und den Einzelstaaten.[28] Als weitere kommunale Spitzenorganisationen entstanden 1910 der Reichsverband Deutscher Städte (ab 1918: Reichsstädtebund) als Organisation der kreisangehörigen Mittel- und Kleinstädte, der Deutsche Landgemeindetag und 1912 der Deutsche Landkreistag, deren politische Bedeutung jedoch hinter der des DST, der die Großstädte und größeren Mittelstädte vertrat, zurückblieb. Entsprechend der Zusammensetzung der Verbandsvorstände, in denen die Stadtverordneten nur in geringer Zahl vertreten waren, fungierten die Verbände als Organisationen der leitenden Kommunalbeamten.

In den zwanziger Jahren sah der DST seine Aufgabe vor allem darin, die Stellung der Gemeinden im Reich-Länder-Gemeinden-System zur Geltung zu bringen und möglichst verfassungsrechtlich abzusichern und die Interessen der Gemeinden gegenüber den konkurrierenden Interessen der Wirtschaft in der Gesetzgebung und Verwaltung des Reichs und der Länder zu vertreten. Auf diese Weise entstanden in den kommunalen Spitzenverbänden politische Machtfaktoren, die bald als eine „Gefahr" für Staat und Wirtschaft kritisiert wurden.[29]

Seit 1926 griff der DST unter dem neuen Geschäftsführer Oskar Mulert in immer stärkerem Maße in die verfassungspolitische Auseinandersetzung um die Reichsreform ein. Der DST verfocht mehrheitlich die Konzeption des dezentralisierten Einheitsstaats. Darin stimmte er im wesentlichen mit den verfassungspolitischen Zielen der SPD und DDP überein, die in der überkommenen Konstruktion der Länder und der ihnen zufallenden finanzpolitischen Schlüsselgewalt bei der Zuteilung der Überweisungen an die Gemeinden eine großstadtfeindliche Einrichtung sahen.[30] Die Jahreshauptversammlungen des DST 1927 in Magdeburg und 1928 in Breslau standen unter den Leitthemen „Reichspolitik und Städte" und „Reichsaufbau und Selbstverwaltung". Die in Magdeburg verabschiedete Resolution forderte eine „weitgehende Dezentralisierung der Verwaltung" und einen „unmittelbaren Zugang der Gemeinden zum Reich".[31] Für die weitergehende Forde-

Politik der Hauptgeschäftsführer eines kommunalen Spitzenverbands, Stuttgart 1966; O. Ziebill, Geschichte des Deutschen Städtetags, Stuttgart 1956; Der Deutsche Städtetag. 25 Jahre Gemeinschaftsarbeit deutscher Städte, Berlin 1930.

[28] Vgl. Luther, Im Dienst des Städtetags, S. 40–62.

[29] Peters, S. 264; E. Forsthoff, Die Krise der Gemeindeverwaltung im heutigen Staat, Berlin 1932, S. 62.

[30] So der Sprecher der SPD-Fraktion Lohmann (Berlin) auf der Hauptversammlung des DST in Magdeburg 1927 (7. Deutscher Städtetag, Magdeburg, 23. September 1927, S. 92f.)

[31] A. a. O., S. 111.

rung einer unmittelbaren staatsrechtlichen Verbindung zum Reich etwa durch die Vertretung der Gemeinden neben den Ländern im Reichsrat, die von Mulert betrieben wurde, fand sich im Städtetag keine Mehrheit.

Die vom DST beklagte Verschlechterung der finanziellen und verwaltungsmäßigen Lage der Gemeinden war als Argumentation allerdings insofern irreführend, als es den aufstrebenden Großstädten weniger um die Wahrung kommunaler Besitzstandsgarantien, sondern vielmehr um die Ausweitung ihrer politischen, sachlichen und finanziellen Kompetenzen ging, um der dynamischen inneren Entwicklung der Großstädte gewachsen zu sein. Die Reichs- und Länderbürokratie brachte für deren Lage weder ein ausreichendes sachliches, geschweige denn politisches Verständnis mit. So wurden die Gemeinden weniger durch ihre innere politische Verfassung als vielmehr durch ihre tatsächliche Interessenlage zu einem realen Träger der Weimarer Demokratie auf der örtlichen Basis. Die Weimarer Rechte lenkte daher ihre Stoßrichtung außer gegen die demokratischen Parteien nicht zuletzt gegen die Gemeinden, insbesondere gegen die Großstädte und deren Spitzenverband.

Diese Angriffe galten nicht nur den Gemeinden als politische Körperschaften, sondern vor allem der wachsenden wirtschaftlichen und gesellschaftlichen Macht der Großstädte. 1929, nach dem Ausbruch der Wirtschaftskrise, führte der Duisburger Oberbürgermeister Karl Jarres auf der Jahresversammlung des Preußischen Städtetags aus: „Seitdem im Jahre 1926 der Reichsverband der Deutschen Industrie mit den anderen Unternehmerspitzenverbänden in die Offensive gegen die Gemeindeunternehmungen vorgegangen ist, und zwar in einer Form, daß man mit Recht von einem konzentrischen Angriff gegen die Gemeinden gesprochen hat, will es nicht mehr ruhig werden. Wie auf anderen Gebieten spricht man auch hier von einer Vertrauenskrise. Man sucht Prügelknaben, an denen man seine verständliche Verstimmung über die beklagenswerte deutsche Wirtschaftslage auslassen kann und findet sie in den Gemeinden und hier wiederum vornehmlich in den Städten.“[32] Jarres' Äußerung bezog sich auf eine Kampagne, die die Spitzenverbände von Industrie, Handel und Banken und die ihnen nahestehende Presse seit der Mitte der zwanziger Jahre gegen die wirtschaftliche Betätigung der Gemeinden betrieben, die mit den Schlagwörtern „kalte Sozialisierung“, „Staatssozialismus“ und „Staatskapitalismus“ bedacht wurde.[33]

Die Sozialisierungsforderung hatte in der Revolution, vor allem in den Arbeiterräten des Kohlebergbaus, eine zentrale Rolle gespielt, ihre Durchführung aber war nicht zuletzt an dem Widerstand der Volksbeauftragten

[32] DST 23 (1929), Sp. 1242f.

[33] C. Böhret, Aktionen gegen die „kalte Sozialisierung“ 1926–1930, Berlin 1966.

bereits Anfang 1919 gescheitert. In der Inflationsphase Anfang der zwanziger Jahre verebbte die Sozialisierungsdebatte und wurde nach dem Einsetzen der Stabilisierung der deutschen Wirtschaft seit 1924 durch den Kampf der Wirtschaftsverbände gegen die Beteiligung der öffentlichen Hand an der Privatwirtschaft erneut entfacht. Bei dieser Auseinandersetzung standen sich nicht nur sozialistische, liberale und konservative Auffassungen gegenüber, sie wurde auch entscheidend von der Interessenlage der staatlichen, kommunalen und privatwirtschaftlichen Bürokratien, die um eine Ausweitung ihrer Einflußsphären kämpften, geprägt,[34] wobei das kapitalistische Wirtschaftssystem als solches nicht in Frage gestellt wurde. Die Kritik der Privatwirtschaft betraf weniger die industrielle Betätigung des Staates, die etwa im Falle Preußens keineswegs unerheblich war.[35] Der Stein des Anstoßes bildete in erster Linie die wirtschaftliche Tätigkeit der Großstädte, die sich nicht ohne weiteres in das aus dem Ersten Weltkrieg gestärkt hervorgegangene nationale kapitalistische System, in welchem die Schwerindustrie eine bevorzugte Stellung einnahm, eingliedern ließ. Die kommunale Wirtschaft war nicht antikapitalistisch, doch sie orientierte sich in erster Linie an den örtlichen wirtschaftlichen Bedürfnissen der städtischen Bevölkerung. Die Vielzahl kommunaler Wirtschaftsunternehmen wirkte als ein systemfremdes Element gegenüber dem Konzentrationsprozeß der deutschen Wirtschaft in den zwanziger Jahren.

Das explosive Anwachsen der deutschen Städte vor allem in den Wirtschaftszentren des rheinisch-westfälischen Industriegebiets, Berlins, Mitteldeutschlands und Schlesiens seit dem letzten Drittel des 19. Jahrhunderts – das Deutsche Reich zählte 1871 acht, Ende der zwanziger Jahre fünfzig Großstädte mit einer Bevölkerung von über 100000 Einwohnern – hatte zwangsläufig zu einer Ausdehnung der kommunalen Verwaltungstätigkeit auf dem Wirtschafts- und Versorgungssektor geführt. Die überlokale und überregionale Gleichförmigkeit der städtischen Entwicklung hatte erstmals ein einheitliches Verständnis der Kommunalpolitik als ein auf den lokalen Bereich bezogenes, aber – überörtlich betrachtet – gleichartiges politisches Handeln entstehen lassen. Die Weimarer Demokratie hatte die Selbständigkeit des kommunalpolitischen Bereichs nicht nur faktisch hingenommen, sondern auch politisch legitimiert, wenn auch die neuen Lösungen noch

[34] E. Heimann, Stellung und Bedeutung der öffentlichen Unternehmung im Wirtschaftssystem des Kapitalismus, in: Moderne Organisationsformen der öffentlichen Verwaltung, hrsg. v. J. Landmann, Teil I, München–Leipzig 1932, S. 14; Böhret, S. 18; O. Büsch, Geschichte der Berliner Kommunalwirtschaft in der Weimarer Epoche, Berlin 1960, S. 202.

[35] Konzerne des Staates Preußen in den zwanziger Jahren: 1923 Preußag (Preußische Bergwerks- und Hütten-AG), 1927 Preag (Preußische Elektrizitäts-AG), 1929 Veba (Zusammenschluß Preußag und Preag). Vgl. Böhret, S. 54.

nicht den Bedürfnissen der Gemeinden entsprachen. Die wirtschaftliche Tätigkeit der Gemeinden veränderte ihren Charakter von einer behelfsmäßigen Einrichtung zur Abdeckung unabweisbaren öffentlichen Bedarfs zu einer systematisch betriebenen eigenständigen Kommunalwirtschaft, als deren Träger die demokratisch kontrollierten Verwaltungen der Gemeinden fungierten. Die Kommunalwirtschaft unterschied sich durch ihre Bindung an die politischen Körperschaften grundlegend von dem System der Privatwirtschaft, bediente sich jedoch in der Regel bei der Geschäftsführung kommunaler Unternehmen privatwirtschaftlicher, auf die Erzielung von Gewinn ausgerichteter Methoden.

Am 10. November 1926 veranstalteten die Spitzenverbände der deutschen Wirtschaft unter Führung des Reichsverbands der Deutschen Industrie, des Deutschen Industrie- und Handelstags und des Centralverbands des Deutschen Bank- und Bankiersgewerbes in Berlin eine Kundgebung gegen die „kalte Sozialisierung", die die Kampagne der Privatwirtschaft gegen die wirtschaftliche Betätigung der Gemeinden einleitete. Die Vorwürfe, die gegen die Gemeinden erhoben wurden, betrafen die mangelnde Elastizität kommunaler Unternehmen, das Fehlen einer Rentabilität des eingesetzten Kapitals, die ungerechtfertigte Konkurrenz kommunaler Betriebe gegenüber dem örtlichen Gewerbe, die Errichtung ertragsabwerfender kommunaler Betriebe sowie die Überdehnung der wirtschaftlichen Betätigung der Gemeinden durch die Aufnahme von Auslandskrediten.[36] Die Aufnahme von Auslandsanleihen durch die Großstädte, wodurch sie auf dem ausländischen Kapitalmarkt mit der deutschen Privatwirtschaft in Konkurrenz traten, bildete den hervorstechendsten Punkt der Auseinandersetzung. Bereits kurz vor der Kundgebung der wirtschaftlichen Spitzenverbände hatte der DST in einer Denkschrift vom Oktober 1926, ›Städte, Staat, Wirtschaft‹, die wirtschaftliche Betätigung der Gemeinden gerechtfertigt. 1927 bildete der DST zur besseren Vertretung der kommunalwirtschaftlichen Interessen einen Wirtschaftsausschuß.

Den größten Teil der wirtschaftlichen Betätigung der Gemeinden nahmen die städtische Versorgung mit Gas, Wasser, Elektrizität und die städtischen Verkehrsbetriebe ein. Die in diesen Unternehmen erzielten Überschüsse erhielten wachsende Bedeutung für die kommunalen Finanzen und erwiesen sich vor allem in den Krisenjahren seit 1929 als eine der wenigen stabilen Einnahmen der Gemeinden zum Ausgleich ihrer Haushaltsdefizite.[37] Über die Sparkassen, die sich in der Trägerschaft der Gemeinden befanden, und dem 1924 gegründeten „Deutschen Sparkassen- und Giroverband" waren die Städte am Bank- und Kreditgeschäft beteiligt. Die Aus-

[36] Böhret, S. 30.
[37] Büsch, S. 8.

dehnung des Kreditgeschäfts der Sparkassen auf die Privatwirtschaft in den zwanziger Jahren rief den Protest des Centralverbands des Deutschen Bank- und Bankiersgewerbes hervor.[38] Auf Kritik stieß ebenfalls die Ausdehnung der städtischen Kulturpolitik und die Grundstücksvorratspolitik der Gemeinden, z. B. der Aufkauf von Rittergütern. Zu den Gegenständen kommunaler Wirtschaftstätigkeit zählten schließlich auch die Straßenreinigung, Wohnungsbau, Friedhofsbetriebe und gelegentlich Hotels, Gaststätten, Bäckereien und Blumengeschäfte. Als Konkurrenz des Einzelhandels erwiesen sich die von den Berliner Elektrizitäts- und Gasanstalten unterhaltenen Installationsabteilungen und Verkaufsstellen für elektrische und Gasgeräte.[39]

Auf Reichsebene resultierte der wirtschaftliche Einfluß der Gemeinden und ihrer Spitzenverbände aus ihrer Mitgliedschaft im Reichsverband kommunaler und anderer öffentlicher Arbeitgeberverbände, im Verwaltungsrat und Vorstand der Reichsanstalt für Arbeitsvermittlung und Arbeitslosenfürsorge, im Reichswirtschaftsrat sowie in zahlreichen Reichsanstalten, Reichsbeiräten und sonstigen öffentlichen Gesellschaften und Vereinigungen.

Zum Ausbau der städtischen Versorgungsanstalten gingen die Gemeinden seit 1924 ebenso wie Reich, Länder und Privatwirtschaft zur Aufnahme von Auslandskrediten vorwiegend in den Vereinigten Staaten, über. Im Oktober 1927 kritisierte der Reparationsagent Gilbert Parker die in Deutschland vorherrschende „Tendenz zur übermäßigen Geldausgabe und übermäßiger Kreditbeanspruchung“ insbesondere der Kommunen.[40] Die gleiche Kritik nahm Reichsbankpräsident Schacht in einer aufsehenerregenden Rede am 18. November 1927 in Bochum auf, in der er gegen die „Luxusausgaben“ und Auslandsverschuldung der Gemeinden polemisierte.[41] Der Allgemeine Deutsche Gewerkschaftsbund warf daraufhin Schacht vor, er habe sich zum „Schrittmacher des Privatkapitals im Kampf gegen die öffentlichen Betriebe“ gemacht.[42] Abgelehnt wurde die Argumentation Schachts ferner von der SPD und einigen überregionalen Tageszeitungen, lebhaft begrüßt von dem RDI und dem DIHT, da der Reichsbankpräsident auf die Anti-Großstadt-Kampagne der wirtschaftlichen Spitzenverbände eingeschwenkt war. Der DST führte gegen Schacht aus, daß die Auslandskredite ausschließlich für produktive Zwecke, insbesondere für die Modernisierung

[38] Böhret, S. 39.

[39] Böhret, S. 56.

[40] G. Schulz, Die Anfänge des totalitären Maßnahmenstaats, in: K. D. Bracher / W. Sauer / G. Schulz, Die nationalsozialistische Machtergreifung, Köln–Opladen 1962, S. 570.

[41] Böhret, S. 176.

[42] Böhret, S. 127.

der Versorgungsbetriebe verwandt würden.[43] Der Anteil der Gemeinden und Gemeindeverbände an der gesamten deutschen Auslandsverschuldung in Höhe von 4,4 Milliarden Mark des Jahres 1927 betrug 518 Millionen[44] und lag erheblich unter den Anteilen der Privatwirtschaft, des Reichs und der Länder. Die Vorwürfe gegen die Auslandsverschuldung der Gemeinden und die „kalte Sozialisierung“, die Schacht übernahm, müssen im Zusammenhang mit der von der bürgerlichen Rechten betriebenen Systemkritik an der Weimarer Demokratie und ihrer kommunalen Basis gesehen werden.

Gegenüber den Angriffen auf die wirtschaftliche Betätigung der Gemeinden erklärte der Wirtschaftsausschuß des DST im November 1929: „Die Universalität der Zuständigkeit der Gemeinden in ihrer wirtschaftlichen Betätigung muß unter allen Umständen aufrechterhalten bleiben. Die Aufstellung eines sogenannten Katalogs erlaubter oder bedingt erlaubter wirtschaftlicher Tätigkeit der Kommunen ist unbedingt abzulehnen.“[45] Entschieden befürwortet wurde die Kommunalwirtschaft von den freien Gewerkschaften. Der ADGB sah in den öffentlichen Unternehmen im Sinne der von ihm propagierten Wirtschaftsdemokratie eine Korrektur des kapitalistischen Wirtschaftssystems und eine „Keimzelle künftiger sozialistischer Wirtschaftsordnung“.[46] Die Kommunalpolitiker der KPD dagegen kritisierten an den kommunalen Unternehmen ihre „hemmungslose Profitwirtschaft“ in der Preis- und Tarifgestaltung, die den Kleinverbraucher für den Großkonsumenten bezahlen lassen. Die Arbeiterschaft kommunaler Betriebe werde zur Erzielung von Überschüssen ebenso ausbeuterisch behandelt wie die Arbeiterschaft privatwirtschaftlicher Betriebe.[47]

Eine pragmatisch-kapitalistische Konzeption der Kommunalwirtschaft vertrat der Geschäftsführer des DST, Oskar Mulert, einer der profiliertesten Sprecher der Weimarer Kommunalpolitik. Mulert bewertete die kommunale Wirtschaft als ein „beachtliches und nicht mehr wegzudenkendes Glied der Volkswirtschaft“, dem eine doppelte Aufgabe zufalle: „die Förderung der allgemeinen Produktion, auch der Privatwirtschaft, durch Unterhaltung privatwirtschaftlich nicht rentierlicher Anlagen und die Versorgung

[43] Böhret, S. 176f.; Büsch, S. 7; P. Steinborn, Grundlagen und Grundzüge Münchner Kommunalpolitik in den Jahren der Weimarer Republik. Zur Geschichte der bayerischen Landeshauptstadt im 20. Jahrhundert, München 1968, S. 391f.

[44] Meyer-Lülmann, Kommunale Auslandsanleihen, in: DST 21 (1927), Sp. 291f.

[45] Nach: Böhret, S. 32.

[46] Böhret, S. 30f.

[47] KPD-Stadtverordneter Schwenk (Berlin) auf der Jahreshauptversammlung des Preußischen Städtetags 1929 (DST 23 [1929], Sp. 1246). – Vgl. R. Wimmer, Charakteristika der Berliner Kommunalwirtschaft in der Weimarer Republik, in: Jahrbuch f. Wirtschaftsgeschichte, Teil I, 1969, S. 104.

breiter Schichten der Bevölkerung mit unentbehrlichen Lebensgütern, um die Arbeitskraft der Menschen als wichtigsten Faktor der Produktion zu erhalten."[48] Der Boden, auf dem die wirtschaftliche Betätigung der Gemeinde erwachse, führte Mulert 1929 auf dem Internationalen Gemeindekongreß in Sevilla aus, sei in allen Ländern „die kapitalistische Wirtschaftsordnung, die in ihrer Fortentwicklung Begleiterscheinungen hervorruft, zu denen die Ausbildung der wirtschaftlichen öffentlichen Körper gehört".[49]

Die deutschen Gemeinden hatten, ebenso wie die Gesamtwirtschaft, von der wirtschaftlichen Stabilitäts- und Prosperitätsphase der Jahre 1924 bis 1928 profitiert. Um so härter traf sie die 1929 einsetzende Wirtschaftskrise. Die öffentlichen Lasten der Massenarbeitslosigkeit wurden von Staat und Wirtschaft auf die Gemeinden abgewälzt. Zwar hatte 1927 das Reich die Arbeitslosenversicherung eingeführt, die Ausgaben für die wachsende Zahl der aus der Arbeitslosenversicherung ausgesteuerten Erwerbslosen mußte aber von den kommunalen Wohlfahrtsämtern übernommen werden. Da für die kommunalen Wohlfahrtslasten keine ausreichenden Deckungsmittel vorhanden waren, arbeiteten zahlreiche Gemeinden seit 1930 mit defizitären Haushalten. Die Überschüsse aus den kommunalen Versorgungsunternehmen wurden zur Finanzierung der Wohlfahrtskosten verwandt. Die in der ersten Notverordnung Brünings vom 26. Juli 1930 vorgesehene Erhöhung der Biersteuer und Schankverzehrsteuer sowie die Einführung einer Bürgersteuer (Verwaltungskostenbeitrag) zur Verbesserung der kommunalen Finanzen brachte den Gemeinden keine wesentliche Erleichterung, zumal die Einführung der als „Kopfsteuer" verrufenen Bürgersteuer zu heftigen politischen Konflikten in den Stadtverordnetenversammlungen führte und von diesen häufig abgelehnt wurde. 1932 gingen einige Gemeinden dazu über, staatliche Steuern nicht mehr an das Reich abzuführen, um sie für die Erwerbslosenfürsorge zu verwenden.[50] Diese Situation veranlaßte einige Länder, so Preußen und Sachsen, zur Einsetzung von Staatskommissaren in den betreffenden Gemeinden mit weitgehenden Eingriffsrechten in die kommunale Finanzverwaltung.[51]

In diese außerordentlich prekäre Situation der Gemeinden platzte 1929/30 der Berliner Sklarek-Skandal, eine kommunale Korruptionsaffäre, in die mehrere städtische Beamte, darunter auch Sozialdemokraten, verwickelt waren und die zum Sturz des Berliner Oberbürgermeisters Gustav Böß führte, obwohl Böß persönlich nur am Rande von der Affäre betroffen war.

[48] O. Mulert, Wirtschaftliche Betätigung der Gemeinden, in: DST 23 (1929), Sp. 252.

[49] A. a. O., Sp. 251.

[50] W. Haus, Staatskommissare und Selbstverwaltung, in: DST NF 9 (1956), S. 97.

[51] Haus, S. 96f.; Schulz, S. 443.

In der angespannten politischen Situation dieser Jahre trugen die Umstände des Sklarek-Skandals in der Reichshauptstadt, in dessen Mittelpunkt für die Öffentlichkeit ein führender demokratischer Kommunalpolitiker stand – Böß war seit 1921 Präsident des DST –, zu einer verstärkten Diskreditierung der kommunalen Demokratie und darüber hinaus des Weimarer Systems bei.

Zur gleichen Zeit, als in den Jahren 1930 bis 1933 die Gemeinden in eine politische und finanzielle Ohnmachtsstellung getrieben wurden, entstand in der wissenschaftlichen Literatur das Schlagwort von der „Krise der kommunalen Selbstverwaltung".[52] In dieser ‚Krisenliteratur' fand die seit Jahren von der bürgerlichen Rechten vorgetragenen Kritik an der kommunalen Demokratie, der Kommunalpolitik und Kommunalwirtschaft ihren theoretischen Niederschlag.[53] Die Großstädte wurden darin als „pluralistische Sprengkörper im Gefüge des Staates"[54] und die Politisierung der Gemeinden durch die Einführung des demokratischen Wahlrechts 1919 als „Denaturierung der Demokratie in den Parteienstaat" beschrieben.[55] Demokratie und kommunale Selbstverwaltung seien miteinander unvereinbar. Diese konservative Abwehrreaktion gegen die kommunale Demokratie muß auf dem Hintergrund der politisch-ökonomischen Gegensätze gesehen werden: „Zur Überwindung der Klassengegensätze", hieß es, „können die Gemeinden Wesentliches nicht beitragen."[56] Der von den Gemeinden vertretene Grundsatz der Universalität des kommunalen Wirkungsbereichs ermögliche eine „fast grenzenlose Ausdehnung der Gemeindewirtschaft".[57] Es drohe die Gefahr, daß sich die Gemeinden von „einer politischen in eine ökonomische Einheit" wandelten.[58] In dieser ‚Krisenliteratur' spiegelt sich der Abbau des demokratischen Systems der Weimarer Republik nach dem Bruch der großen Koalition 1930, der die Wende zu dem autoritären Regierungssystem unter Brüning, Papen und Schleicher und der wachsenden Faschisierung Deutschlands bis zum Sieg des Nationalsozialismus 1933 markiert.

Die Gemeinden und kommunalen Spitzenverbände wurden in dieser

[52] W. Hofmann, Plebiszitäre Demokratie, S. 264.–281; H. Herzfeld, Demokratie und Selbstverwaltung in der Weimarer Epoche, Stuttgart 1957, S. 32–37.

[53] Vgl. Forsthoff, a.a.O.; A. Köttgen, Die Krise der kommunalen Selbstverwaltung, Tübingen 1931; C. Schmitt, Der Hüter der Verfassung, Tübingen 1931. – Zur Großstadtfeindschaft: K. Bergmann, Agrarromantik und Großstadtfeindschaft, Meisenheim a. Glan 1970.

[54] Köttgen, S. 26.

[55] Köttgen, S. 47.

[56] Forsthoff, S. 70.

[57] Schmitt, S. 92.

[58] Köttgen, S. 30.

Phase immer weiter entmachtet. Unter den Kabinetten Papen und Schleicher und nach der Absetzung der letzten demokratischen Regierung Preußens durch den Staatsstreich vom 20. Juli 1932 lag die staatliche Macht in den Händen der antidemokratisch und großstadtfeindlich eingestellten Gruppe der Barone, Militärs und Industriellen. Die Nationalsozialisten haben schließlich im Zuge der politischen Gleichschaltung der öffentlichen Körperschaften die kommunale Demokratie vollends beseitigt.

III. Nationalsozialistische Kommunalpolitik

Die Entwicklung des kommunalen Faschismus 1933–1945 ist durch drei Phasen gekennzeichnet. In die erste Phase fällt die politische Eroberung der kommunalen Machtpositionen und die Beseitigung der kommunalen Demokratie. Diese Phase war bereits nach wenigen Monaten abgeschlossen. Es folgte in den Jahren 1933 bis 1935 die organisatorische Eingliederung der Gemeinden in das wirtschaftliche, gesellschaftliche und politische System des Nationalsozialismus. Der Erlaß der Deutschen Gemeindeordnung von 1935 kennzeichnet das Ende dieser zweiten Phase, für die eine engere Zusammenarbeit zwischen Nationalsozialismus und konservativer kommunaler Bürokratie charakteristisch ist. Nachdem der in erster Linie von Sozialdemokraten und Kommunisten getragene örtliche politische Widerstand weitgehend unterdrückt war, setzte 1935 jene Entwicklung ein, die die Gemeinden in die nationalsozialistische Kriegsvorbereitung und seit 1939 in die Organisation der Kriegführung einbaute. Diese dritte Phase des kommunalen Faschismus endete mit der Zerstörung der deutschen Städte 1945.

Mit den Arbeiten von Matzerath, Bretschneider, Bludau, Görgen, Klotzbach, Roloff und Steinberg liegen eingehende Detailuntersuchungen über die kommunale Machtergreifung der Nationalsozialisten vor.[59] Es gelang den Nationalsozialisten 1933 in kurzer Zeit, die Kommunen, insbesondere die Großstädte, in ihre Hand zu bringen und damit das NS-System machtpolitisch auf der örtlichen Ebene abzusichern. In Preußen wurden bereits am 4. Februar 1933 die bestehenden kommunalen Vertretungskörper-

[59] H. Matzerath, Nationalsozialismus und kommunale Selbstverwaltung, Stuttgart 1970; K. Bludau, Gestapo, geheim! Widerstand und Verfolgung in Duisburg 1933–1945, Bonn-Bad Godesberg 1973; H. Bretschneider, Der Widerstand gegen den Nationalsozialismus in München 1933–1945, München 1968; H.-P. Görgen, Düsseldorf und der Nationalsozialismus, Köln 1968; K. Klotzbach, Gegen den Nationalsozialismus. Widerstand und Verfolgung in Dortmund 1930–1945, Hannover 1969; E. A. Roloff, Bürgertum und Nationalsozialismus. Braunschweigs Weg ins Dritte Reich, Hannover 1960; H.-J. Steinberg, Widerstand und Verfolgung in Essen 1933 bis 1945, Hannover 1969.

schaften aufgelöst und Neuwahlen für den 12. März – eine Woche nach den Reichstagswahlen – ausgeschrieben.[60] Aus diesen Wahlen gingen in fast allen Großstädten die Nationalsozialisten als stärkste Fraktion hervor.[61] Entgegen der Großstadtfeindschaft in der proklamierten NS-Ideologie besaßen die Nationalsozialisten ein sicheres Gespür dafür, daß die politisch-gesellschaftlichen Zentralen nicht auf dem Lande, sondern in den großen Städten zu suchen waren. Die Mandate der in die neuen Stadtverordnetenversammlungen gewählten kommunistischen Vertreter wurden sogleich kassiert, ihre Träger in Schutzhaft genommen. Im übrigen blieb den neuen Kommunalparlamenten als einzige Aufgabe übrig, die Überleitung der Gemeinden in autoritär verfaßte kommunale Systeme sicherzustellen. Teilweise wurde die kommunale Macht, so in Dortmund und Essen, Staatskommissaren übertragen, denen die „Säuberung" der Verwaltung oblag.[62] Die Tätigkeit der Düsseldorfer Stadtverordnetenversammlung beschränkte sich auf eine einzige Sitzung am 4. April.[63]

Das besondere Augenmerk der Nationalsozialisten richtete sich auf die kommunale Verwaltungsspitze, wobei neben politischen Absichten auch der Bedarf an Positionen zur Versorgung der „alten Kämpfer" eine Rolle spielte. 1935 zählten von 2228 städtischen Oberbürgermeistern und Bürgermeistern 1049 (47%) zu den Altparteigenossen, 694 (31%) zu den Neuparteigenossen und 485 (22%) zu den Nicht-Parteigenossen.[64] Dem Personalschub von 1933 waren mit Ausnahme des Leipziger Oberbürgermeisters Carl Goerdeler alle bekannten kommunalen Spitzenbeamten der Weimarer Zeit, darunter auch Adenauer (Köln), Lehr (Düsseldorf) und Jarres (Duisburg), zum Opfer gefallen.[65] Als rechtliche Handhabe für die Amtsenthebungen in den örtlichen Magistraten, die zum Teil die gesamte Verwaltungsspitze umfaßte,[66] diente das neugeschaffene Gesetz zur Wiederherstellung des Berufsbeamtentums vom 7. 4. 1933.[67] Darüber hinaus umfaßte die Säuberung auch den unteren Bereich des kommunalen Stellenkegels: kommunistische Arbeiter wurden aus dem öffentlichen Dienst entfernt.[68] Gegenüber der rigorosen Personalpolitik der Nationalsozialisten in den Kommunen 1933 erschienen die personellen Maßnahmen der Arbeiter- und Solda-

[60] Matzerath, S. 63.

[61] Matzerath, S. 65.

[62] Klotzbach, S. 110f.; Steinberg, S. 44.

[63] Görgen, S. 47.

[64] M. Broszat, Der Staat Hitlers, in: Deutsche Geschichte seit dem Ersten Weltkrieg, Bd. 1, Stuttgart 1971, S. 720.

[65] DST 27 (1933), S. 226.

[66] Görgen, S. 54.

[67] H. Mommsen, Beamtentum im Dritten Reich, Stuttgart 1966, S. 39–61.

[68] Klotzbach, S. 112; Görgen, S. 55.

tenräte von 1918/19 geradezu harmlos. Während die Räte 1918 die monarchisch-konservative Beamtenschaft weitgehend in ihren Ämtern belassen und sie lediglich der demokratischen Kontrolle unterworfen hatte, entfernten die Nationalsozialisten ohne Ausnahme sämtliche Anhänger der Linksparteien und die meisten Anhänger bürgerlich-demokratischer Parteien aus den kommunalen Verwaltungsstellen. Lediglich der nach wie vor nicht unerhebliche Teil der konservativen Beamtenschaft konnte sich auf der örtlichen Ebene wie auch in den Bürokratien der kommunalen Spitzenverbände behaupten.

Der örtliche Faschismus erstreckte sich jedoch nicht nur auf den Bereich der kommunalen Politik und Verwaltung, sondern erfaßte das gesamte gesellschaftliche und kulturelle Leben der Gemeinde.[69] Görgen stellt für den Fall Düsseldorf fest, daß im Leben der Stadt „kaum etwas dem Einflußstreben der Nationalsozialisten" entging. Die Nationalsozialisten setzten sich in allen örtlichen gesellschaftlichen, kulturellen und wirtschaftlichen Vereinigungen fest, vom Haus- und Grundbesitzerverein, dem Ärzteverein bis zu den städtischen Handwerkerinnungen.[70] Lediglich bei den örtlichen Gliederungen der Kirchen, insbesondere der katholischen Kirche, blieben die Versuche zur Gleichschaltung und personellen Umbesetzung häufig erfolglos. Der für die deutschen Gemeinden der Weimarer und Vor-Weimarer Zeit charakteristische Pressepluralismus wurde durch das Verbot der Blätter, Eingriffe in die Redaktionen und den Ausbau der lokalen NSDAP-Presse beseitigt. Zu den Maßnahmen der nationalsozialistischen Kulturpolitik zählte die Auflösung von Volkshochschulen und Abendhochschulen, an deren Stelle die neuen „Volksbildungsschulen" traten, sowie Bücherverbrennungen und die Säuberung der Volksbüchereien von „artfremdem Kulturgut". Ein Erlaß des preußischen Ministers für Wissenschaft, Kunst und Volksbildung vom 2. 9. 1933 setzte fest, daß den „Volksbüchereien für die geistige und seelische Erneuerung unseres Volkes und seine künftige Erziehung im nationalsozialistischen Geiste eine wichtige Aufgabe zufällt".[71]

Der wirksamste Einfluß auf die Gemeinden ging von den lokalen Organisationen der NSDAP selbst, der SA und seit 1934 der SS sowie den NSDAP-Nebenorganisationen, der Deutschen Arbeitfront, der NS-Volkswohlfahrt, dem NS-Frauenbund und der Hitlerjugend, aus. Während die

[69] Vgl. W. S. Allen, „Das haben wir nicht gewollt." Die nationalsozialistische Machtergreifung in einer Kleinstadt 1930–1935, Gütersloh 1966.

[70] Steinberg, S. 56; Klotzbach, S. 226. – Zur kommunalen NS-Kulturpolitik: W. Rischer, Die nationalsozialistische Kulturpolitik in Düsseldorf 1933 bis 1945, Düsseldorf 1972; H. Müller-Werth, Geschichte und Kommunalpolitik der Stadt Wiesbaden. Unter besonderer Berücksichtigung der letzten 150 Jahre, Wiesbaden 1963, S. 189.

[71] DST 27 (1933), S. 506.

NSDAP die allgemeine Linie der örtlichen Politik bestimmte, erwarben sich die Nebenorganisationen entsprechende Einflußmöglichkeiten in den sie betreffenden Fragen der Kommunalpolitik.[72] Die Inhumanität des örtlichen Faschismus fand seinen erschreckendsten Ausdruck in den antisemitischen Ausschreitungen, die sich vor allem gegen den örtlichen jüdischen Mittelstand richteten. Das Kesseltreiben gegen die jüdischen Mitbürger führte zur „Reichskristallnacht" 1938 und schließlich zu den Judendeportationen der Kriegsjahre, die sich ohne die passive Haltung der örtlichen „Volksgenossen" nicht hätten durchführen lassen. Der Faschismus hatte das Bewußtsein örtlicher Gemeinschaft, das Widerstand verlangt hätte, weitgehend zerstört.

Ernst zu nehmenden politischen Widerstand gegen die örtliche Herrschaft der Nationalsozialisten gab es in den ersten Jahren des NS-Systems lediglich aus den Kreisen der Arbeiterschaft. Der örtliche Widerstand wurde, wie es die Untersuchungen in den Fällen Dortmund, Essen und Düsseldorf zeigen, von der KPD, der RGO (Revolutionäre Gewerkschaftsopposition), dem KJVD (Kommunistischer Jugendverband) und von Sozialdemokraten getragen. Bis 1935/36 waren jedoch die örtlichen Organisationen des linken Widerstands von der Gestapo zerschlagen.[73]

Am 24. März 1933 führte der deutschnationale Oberbürgermeister von Leipzig, Goerdeler, auf einer Ratssitzung aus: „Zum ersten Male seit der Gründung des Reichs durch Bismarck ist die Möglichkeit gegeben, die Verfassung des Reichs und der Länder, das Recht der Gemeinden und sonstigen Selbstverwaltungskörperschaften so zu gestalten, wie es nach den Erfahrungen der letzten sechzig Jahre den Lebensinteressen des deutschen Volkes, seiner Eigenart, seinem nationalen Willen und seiner Ehre entspricht."[74] Hinter diesen Worten stand die Erwartung führender konservativer Kreise aus Wirtschaft und Verwaltung, mit Hilfe der Nationalsozialisten ein staatsautoritäres System herzustellen, das an die Stelle der demokratischen Republik von 1919 treten sollte. Diese Vorstellung lief auf einen von konservativen Beamten, Militärs und Wirtschaftsführern geleiteten Technokratenstaat hinaus, als dessen Vorbild die Geschlossenheit des politischen und wirtschaftlichen Systems Deutschlands im Ersten Weltkrieg diente. Goerdeler, gleichzeitig ein führender Kommunalpolitiker im Vorstand des DST, fand sich nach der Machtergreifung bald zu einer Zusammenarbeit mit den Nationalsozialisten bereit.

Der Vorstand des DST suchte sich zunächst den neuen Gegebenheiten dadurch anzupassen, daß er sich am 17. 3. 1933 in einen Arbeitsausschuß um-

[72] Görgen, S. 207.

[73] Steinberg, S. 80; Görgen, S. 149.

[74] C. Goerdeler, Gemeinden als Teil des Reichsganzen, in: DST 27 (1933), S. 148.

wandelte, in den auch einige Nationalsozialisten kooptiert wurden. Gleichzeitig gingen von den nationalsozialistischen Kommunalpolitikern unter Führung des Leiters des NSDAP-Hauptamts für Kommunalpolitik, Karl Fiehler (München), Bestrebungen zum Zusammenschluß aller kommunalen Spitzenverbände zu einem Einheitsverband aus, der eine wirksame politische Kontrolle des Verbandes gewährleisten sollte.[75] Dieser Einheitsverband kam am 22. 5. 1933 unter dem Namen „Deutscher Gemeindetag" zustande. Fiehler wurde zum Vorsitzenden des Verbandes, der Kommunalwissenschaftler Kurt Jeserich zum Geschäftsführer bestellt und der bisherige Geschäftsführer Oskar Mulert fristlos entlassen. Durch die Gleichschaltung der kommunalen Spitzenverbände wurde die „dritte Ebene" des Staatsaufbaus, das kommunale System, als eigenständiger politischer Willensträger entmachtet. Den neuen Verhältnissen trug schließlich das ›Gesetz über den Deutschen Gemeindetag‹ vom 15. 12. 1933 Rechnung, das allen Selbständigkeitsbestrebungen des kommunalen Spitzenverbands einen Riegel vorschob, indem es das Recht zur Bestellung des Vorstands, seine Einberufung und die Festsetzung der Tagesordnung der Sitzungen des Vorstands sowie die Genehmigung des Haushaltsplans dem Reichsminister des Innern übertrug. Auf dem Nürnberger Parteitag der NSDAP 1934, so konnte das Verbandsorgan des DGT berichten, habe sich erstmals das Bild der „Einigkeit von Staat und Gemeinde" gezeigt, das sich vorteilhaft von den früheren Klagen der Gemeinden gegenüber dem Staat abgehoben habe.[76] Eine wesentliche Funktion konnte der DGT allerdings über das Jahr 1933 hinaus bewahren. Er blieb weiterhin die Spitzenvertretung der leitenden kommunalen Beamtenschaft. In dieser Eigenschaft trat er zwangsläufig in eine Rivalität zu den im Hauptamt für Kommunalpolitik vertretenen Interessen der nationalsozialistischen Parteiorganisation.

Der Interessenlage der leitenden kommunalen Beamtenschaft entsprach auch die Deutsche Gemeindeordnung von 1935, die unter maßgeblicher Mitwirkung Goerdelers zustande kam, der bis zu seinem Ausscheiden aus dem Amt des Leipziger Oberbürgermeisters im Jahre 1937 dem Vorstand des DGT angehörte. Bereits am 15. 12. 1933 hatte Preußen unter dem Einfluß der konservativen Ministerialbürokratie ein neues Gemeindeverfassungsgesetz erlassen, das die Abschaffung kommunaler Wahlgremien und ihre Ersetzung durch teils nach berufsständischen Prinzipien ernannte Gemeinderäte vorsah. Die Berufung des „Leiters der Gemeinde" wurde der staatlichen Aufsichtsbehörde, nicht der Partei, übertragen. In dieser Konzeption trafen „autoritäre Vorstellungen und das nationalsozialistische Führerprinzip" zusammen, „um die Stellung des Bürgermeisters gegenüber den

[75] Matzerath, S. 102.
[76] DGT 28 (1934), S. 566.

Gemeindevertretern und innerhalb der Lokalverwaltung als des ausschließlich verantwortlichen Leiters der Ortsbehörden auszubauen".[77] Eine einheitliche Grundlage des kommunalen Verfassungsrechts für das gesamte Reich mit Ausnahme Berlins schuf schließlich die Deutsche Gemeindeordnung (DGO) vom 30. 1. 1935. Sie ersetzte sämtliche bis dahin auf der Länder- und Provinzialebene bestehenden Städte- und Gemeindeordnungen und faßte alle Gemeinden von der Großstadt bis zur Landgemeinde auf einer einheitlichen verwaltungsrechtlichen Basis zusammen. Die Konzentration der Verwaltung durch die DGO entsprach der auf die Zentralisierung aller gesellschaftlichen Kräfte ausgerichteten nationalsozialistischen Politik. „Die deutsche Gemeinde", so kommentierte das Verbandsorgan des DGT, fühle sich „durch die Deutsche Gemeindeordnung dem Führer noch unmittelbarer verbunden als bisher".[78]

Die Verfassungskonstruktion der DGO beruhte auf dem Führerprinzip. Die „Führung" der Verwaltung wurde dem Bürgermeister in „voller und ausschließlicher Verantwortung übertragen" (§ 32). Zur Beratung, nicht zur Beschlußfassung, wurden ihm Gemeinderäte beigegeben, deren Rat er in bestimmten, gesetzlich festgelegten Angelegenheiten einzuholen hatte. Die Gemeinderäte – Frauen waren von diesem Amt ausgeschlossen – wurden durch den örtlichen Beauftragten der NSDAP im Benehmen mit dem Bürgermeister berufen, nicht gewählt. Bei ihrer Berufung war auf „nationale Zuverlässigkeit, Eignung und Leumund zu achten und Persönlichkeiten zu berücksichtigen, deren Wirkungskreis der Gemeinde ihre besondere Eigenart oder Bedeutung gibt oder das gemeindliche Leben wesentlich beeinflußt" (§ 52). Der örtliche Beauftragte der NSDAP, in der Regel der Ortsgruppen- oder Kreisleiter, wurde vom Stellvertreter des Führers bestimmt. In Gemeinden mit einer Einwohnerzahl von über 100000 wurde der Oberbürgermeister vom Reichsminister des Innern, in Gemeinden darunterliegender Größenordnung von den Aufsichtsbehörden jeweils für eine Amtszeit von zwölf Jahren bestellt, wobei zuvor der örtliche Beauftragte einen Dreiervorschlag einzureichen hatte. Ähnliche Bestimmungen galten für die Bestellung der Beigeordneten.

In der Beschränkung der wirtschaftlichen Betätigung der Gemeinden entsprach die DGO den Forderungen, die seit den zwanziger Jahren von der Privatwirtschaft gegen die Gemeinden erhoben worden waren.[79] Die wirtschaftliche Betätigung der Gemeinden wurde auf jene Fälle eingegrenzt, in denen ein „öffentlicher Zweck" gegeben, das Unternehmen der Leistungsfähigkeit und dem Bedarf der Gemeinden entsprach und „der Zweck nicht

[77] Matzerath, S. 123.
[78] DGT 29 (1935), S. 62.
[79] Böhret, S. 121.

besser und wirtschaftlicher durch ein anderes (Unternehmen) erfüllt wird oder erfüllt werden kann" (§ 67 Abs. 1, 3).[80]

Für die politische Auswirkung der Deutschen Gemeindeordnung von 1935 ist ein Ausspruch Goerdelers aus dem Jahre 1944 charakteristisch, worin er resignierend feststellt: „Das Gemeindeleben ist verödet, die Selbstverwaltung tot, die Bürger kennen kaum noch den Namen ihres Bürgermeisters, geschweige denn die von der Partei ernannten, im Verborgenen blühenden Gemeinderäte."[81]

Die dringendsten Sachaufgaben, denen die Kommunen 1933 gegenüberstanden, bestanden in der Bewältigung der Arbeitslosigkeit und dem Abbau der kommunalen Verschuldung. Durch das Gemeindeumschuldungsgesetz vom 21. 9. 1933 wurden alle kurzfristigen Verbindlichkeiten der Gemeinden auf den „Umschuldungsverband Deutscher Gemeinden" übertragen, der seinerseits den Gläubigern Inhaberschuldverschreibungen zu 4% Zinsen und 3% Tilgung gab. Seit 1935 nahm die defizitäre Entwicklung der Gemeinden spürbar ab. 1937/38 konnte die Finanzlage der Gemeinden als konsolidiert angesehen werden. Diese Entwicklung ging jedoch zu Lasten der kommunalen Wirtschaftstätigkeit und begünstigte den privatwirtschaftlichen Sektor. Die Gemeinden wurden zu radikalen Sparmaßnahmen, zu Grundstücksverkäufen und zum Verkauf von Beteiligungen an Wirtschaftsunternehmen gezwungen. Die Ausgabenentwicklung und damit zusammenhängend die Bautätigkeit der Gemeinden stagnierte. 1936 schrieb der Beigeordnete des DGT, Hettlage: „Die Verwendung von Überschüssen zur Vermehrung der Ausgaben, z. B. für große Bauten – abgesehen von einzelnen Sonderfällen –, wäre nach wie vor verfehlt."[82] Häufig wurden kommunale Überschüsse zur Unterstützung von NSDAP-Nebenorganisationen, so der NS-Volkswohlfahrt und HJ, verwandt.[83] Die Realsteuerreform von 1936 gab den Gemeinden die Grund- und Gewerbesteuer als ausschließliche Gemeindesteuer zurück. Die 1936 mit dem Beginn des Vierjahresplans einsetzende Zusammenfassung aller wirtschaftlichen Kräfte für die Rüstungspolitik brachte den Gemeinden erneute Kreditrestriktionen, so daß sich die konsolidierte Finanzlage nicht in einer Wiederbelebung der kommunalpolitischen Aktivitäten auswirken konnte. Der 1936 im Zuge des Vierjahresplans verordnete generelle Preisstopp verhinderte Veränderungen der Gebühren und Entgelte.

Das Gesetz zur Änderung der Arbeitslosenhilfe vom 22. 9. 1933 brachte

[80] Ähnliche oder gleichlautende Bestimmungen wurden nach 1945 in die meisten Gemeindeordnungen der westdeutschen Länder wieder übernommen.

[81] Nach Ritter, Goerdeler, S. 45.

[82] K. M. Hettlage, Gemeindefinanzen, in: DGT 30 (1936), S. 404.

[83] Matzerath, S. 370ff.

den Gemeinden, die bis dahin die Lasten der Erwerbslosenfürsorge zu tragen hatten, eine wesentliche Erleichterung. Die Arbeitslosigkeit selbst ging in den folgenden Jahren unter den Auswirkungen des Arbeitsbeschaffungsprogramms, des Reichsarbeitsdienstes und der Einführung der allgemeinen Wehrpflicht allmählich zurück, erreichte jedoch im Winter 1935/36 noch einmal einen Stand von zwei Millionen.

Die ersten Warnzeichen künftiger kommunaler Probleme deuteten sich 1935 mit dem Erlaß des Reichsluftschutzgesetzes und der Gründung des Reichsluftschutzbundes an, obwohl der Bau von Bunkern und Feuerlöschteichen erst nach Kriegsbeginn in Angriff genommen wurde. Stärker trafen die Gemeinden die Kriegsvorbereitungen im Zusammenhang mit dem Vierjahresplan. Den Gemeinden wurde eine vermehrte Rücklagenbildung als „Ehrenpflicht" auferlegt.[84] Rückblickend auf die Jahre 1936 bis 1939 schrieb das Verbandsorgan des DGT 1939: „Schon nach dem Vierjahresplan waren die Gemeinden nicht nur ausführende Werkzeuge, sondern auch wesentliche Träger der Maßnahmen, die zur Sicherung und Entwicklung der deutschen Volkswirtschaft getroffen wurden. Ganz anders als im Jahre 1914 sind wir heute auf die Aufgabe vorbereitet, die sich aus der im Kriege notwendigen öffentlichen Wirtschaftsverwaltung ergeben." Die Gemeinden seien gewissermaßen als „Träger der gesamten Kriegswirtschaft" aufgebaut worden.[85]

Auf der Ausstellung ›Die Deutsche Gemeinde‹, die vom 7. bis 13. Juni 1936 in Berlin im Zusammenhang mit dem dort tagenden Internationalen Gemeindekongreß ausgerichtet wurde, wurden die deutschen Kommunen dem in- und ausländischen Publikum als Muster eines geordneten Gemeinwesens vorgeführt. Kommunalpolitische Akzente trug auch die Reichsausstellung ›Schaffendes Volk‹ vom 8. Mai bis 17. Oktober 1937 in Düsseldorf, die mit ihren Abteilungen „Werkstoff- und Industrieschau", „Siedlungsbau" und „Lebensraum" der Propagierung des Vierjahresplans und der „Wehrhaftmachung des deutschen Volkes" diente.

Im Gegensatz zu der offiziellen NS-Ideologie, die die Großstädte als Brutstätten politischen und kulturellen Verfalls verfemte, richtete sich die nationalsozialistische Kommunalpolitik in erster Linie auf die Großstädte, die 1933 ein Drittel der deutschen Bevölkerung erfaßten. Abgesehen von der Propagierung und Förderung der Stadtrandsiedlungen und des Kleinsiedlungsbaus sind in der nationalsozialistischen kommunalpolitischen Praxis wenig Ansätze einer Anti-Großstadt-Politik zu finden. Matzerath bemerkt dazu: „Das Bedürfnis nach Selbstdarstellung durch großzügige, bisweilen monströse städtebauliche und verkehrstechnische Planungen, die

[84] Matzerath, S. 365.
[85] DGT 33 (1939), S. 623.

besonders bei Hitler nachhaltiges Interesse und Förderung fanden, richtete sich geradezu auf die Großstädte und ihre Entwicklung."[86]

Als besonders förderungswürdige Projekte wurden die Städte Berlin, München, Nürnberg und Hamburg im Rahmen des Gesetzes über die Neugestaltung deutscher Städte vom 5. 10. 1937 unterstützt, zu denen später noch weitere Städte, darunter die „Gauhauptstädte", hinzukamen.[87] Keineswegs an einer Förderung des ländlichen Raums orientiert waren die im Zuge der Raumordnungspolitik durchgeführten Eingemeindungen von Klein- und Mittelstädten in Großstädten, so in München, Leipzig, Kassel, Braunschweig, Hannover, Karlsruhe, Stuttgart, Nürnberg und anderen Städten.[88] Die sich in großräumigen Zielsetzungen bewegende Politik des Dritten Reichs gab der Stärkung der Leistungskraft der Verwaltung eindeutig den Vorzug, weil sie den faschistischen Eroberungsplänen eher entsprach als kleinteilige Förderungsmaßnahmen in den ländlichen Gemeinden und Städten. „Von vornherein mit ‚Blut und Boden' verknüpft und auch von konservativer Seite als der eigentliche Raum der Selbstverwaltung betrachtet", verloren die ländlichen Gemeinden „nicht nur zunehmend an Bedeutung, sondern es ergaben sich auch hier die meisten und stärksten Schwierigkeiten".[89]

Der Funktionszusammenhang der nationalsozialistischen Kommunalpolitik zeigte sich sehr deutlich nach dem Anschluß Österreichs und der Besetzung der sudetendeutschen Gebiete 1938. Am 15. 9. 1938 wurde die Deutsche Gemeindeordnung in Österreich und am 10. 11. in den Sudetengebieten eingeführt. Die österreichischen und sudetendeutschen Gemeinden wurden im Dezember 1938 dem Deutschen Gemeindetag eingegliedert. Die deutschen Gemeinden wurden von Fiehler im Januar 1939 in seinem Aufruf „Großdeutsche Gemeindepolitik, Wille und Weg" aufgefordert, sich der Einschränkung der kommunalen Selbstverwaltung im übergeordneten „staatspolitischen Interesse" zu beugen.[90]

Nachdem die deutschen Gemeinden nach sechsjähriger nationalsozialistischer Kommunalpolitik ihrer politischen Eigenständigkeit beraubt waren, ließ sich die Überführung der Kommunalverwaltung in die Maschinerie der Kriegspolitik und Kriegswirtschaft reibungslos durchführen. Während der Kriegsjahre funktionierte der kommunale Apparat, obwohl durch Einberufungen von Beamten und Angestellten erheblich geschwächt, mit der Per-

[86] Matzerath, S. 335.
[87] A.a.O.
[88] A.a.O.
[89] Matzerath, S. 339.
[90] K. Fiehler, Großdeutsche Gemeindepolitik. Wille und Weg, in: DGT 33 (1939), S. 1–4.

fektion eines Uhrwerks. Unter diesen Umständen war es sogar möglich, daß der Führererlaß vom 28. 9. 1939 über die Vereinheitlichung der Verwaltung, der die Gemeinden den Weisungsbefugnissen der Aufsichtsbehörden unterstellt hatte, ein Jahr später durch den Erlaß vom 12. 2. 1940 wieder gelockert wurde, indem die staatlichen Mittelinstanzen angewiesen wurden, „mehr noch als bisher der eigenverantwortlichen Tätigkeit der Gemeinden und Gemeindeverbände Spielraum zu lassen und sich bei der Handhabung der Aufsicht im allgemeinen nur der Mittel zu bedienen, die die Gemeindeverfassungsgesetze vorsehen".[91] Es hatte sich in der Zwischenzeit gezeigt, daß die Durchführung der kriegswirtschaftlichen Maßnahmen auf der örtlichen Ebene ohne die Ausweitung der Eigeninitiative der Kommunalverwaltungen kaum möglich war. So erlangten paradoxerweise die Gemeinden während der Kriegsjahre faktisch einen Teil jener verwaltungsorganisatorischen Selbständigkeit zurück, die ihnen in den vorhergegangenen Jahren nationalsozialistischer Politik genommen worden war. Aber ihrer demokratischen Substanz beraubt, waren die Gemeinden nicht in der Lage, Widerstand gegen eine Kriegspolitik zu leisten, die schließlich zur Zerstörung der deutschen Großstädte führte. In diesem Werk der Selbstzerstörung fiel den Gemeinden die Aufgabe der „inneren Reichsverteidigung" zu. „Die innere Front der Heimat", hieß es in dem Neujahrsaufruf Fiehlers 1940, „hat sich zu einer auf Leben und Tod verschworenen Gemeinschaft zusammengeschlossen, die zu allen Opfern bereit ist. Diese innere Front ist im neuzeitlichen Krieg nicht minder bedeutungsvoll als ein Schutzwall aus Beton und Eisen an den Grenzen des Reiches oder auch als ein Millionenheer kampfesmutiger Männer, die mit der Waffe in der Faust das Lebensrecht des deutschen Volkes erzwingen."[92]

Der wichtigste kommunale Beitrag zur Kriegsorganisation bestand in der Versorgung der Bevölkerung durch die bei den Landkreisen und kreisfreien Städten geführten Wirtschafts- und Ernährungsämter, in deren Zuständigkeit die Ausgabe von Lebensmittelkarten und Bezugsscheinen für lebenswichtige Güter fiel und denen die örtliche Regulation des Verbrauchs und der Erzeugung oblag. Obwohl die Versorgung insgesamt den Kriegsverhältnissen entsprechend funktionierte, herrschte ein ständiger Mangel an Fleisch und Kohle. Zu den weiteren Kriegsaufgaben der Gemeinden zählte die Raumbeschaffung für die Wehrmacht, der Luftschutz, der Familienunterhalt, die Kriegshinterbliebenenfürsorge sowie die nur behelfsmäßig mögliche Aufrechterhaltung des Schulbetriebs, der 1944 faktisch zum Erliegen kam.[93] Die Tätigkeit der kommunalen Behörden beschränkte sich auf eine

[91] Nach: DGT 34 (1940), S. 65.
[92] K. Fiehler, Zum neuen Jahre, in: DGT 34 (1940), S. 1.
[93] Gemeindearbeit im Kriege, in: DGT 35 (1941), S. 1–3.

Art Notverwaltung. Für die Vorbereitung neuer kommunaler Projekte fehlte sowohl die Finanzkraft als auch das Personal.

Die Kriegsjahre sind das düstere Kapitel der deutschen Kommunalgeschichte. Unter den 1940 einsetzenden und seit 1943 sprunghaft anwachsenden Bombenangriffen sanken die deutschen Großstädte in Schutt und Asche.

IV. Kommunalgeschichtliche Entwicklung seit 1945

Die Beschlüsse der Potsdamer Konferenz vom 17. 7. bis 2. 8. 1945 sahen für die künftige politische Entwicklung Deutschlands vor: „Die Verwaltung Deutschlands muß in Richtung auf eine Dezentralisierung der politischen Struktur und der Entwicklung einer örtlichen Selbstverwaltung durchgeführt werden." Dieser Linie entsprechend richteten die vier Besatzungsmächte 1945 in ihren Zonen von den Militärbehörden kontrollierte lokale Verwaltungen ein. Die nationalsozialistischen Oberbürgermeister, Bürgermeister und Landräte wurden abgesetzt und interniert, sofern sie nicht bereits durch Flucht und einige durch Selbstmord aus dem Amt geschieden waren.[94] Diese erste Säuberungswelle, die den späteren Entnazifizierungsverfahren vorausging, traf in den drei westlichen Besatzungszonen in erster Linie die kommunalen Spitzenbeamten. Die mittlere und untere Ebene der kommunalen Beamtenschaft wurde von diesen Maßnahmen nicht erfaßt, da die Alliierten bestrebt waren, die "efficiency" der Verwaltung aufrechtzuerhalten. Bei der Neubesetzung der kommunalen Ämter bedienten sich die lokalen Militärbehörden des Rats örtlicher Honoratioren, insbesondere auch der Geistlichen der beiden als politisch integer geltenden christlichen Kirchen – ein Faktum, das zu den späteren Wahlerfolgen der CDU/CSU nicht unwesentlich beigetragen hat. Da die Gewerkschaften in dieser Anfangsphase der politischen Entwicklung noch keinen entscheidenden Einfluß besaßen, war die Personalpolitik der Besatzungsmächte der Westzonen an ausgesprochen konservativen Leitvorstellungen orientiert.[95] Den neuernannten Bürgermeistern wurden ohne beschließende Funktion Beiräte beigegeben, so daß die autoritäre Struktur der kommunalen Verwaltungen beibehalten wurde.

Das neue kommunale System des Jahres 1945, so stellt Rudzio in der britischen Zone fest, „ähnelte doch verzweifelt der formalen Struktur der DGO von 1935 mit ihrem Führerprinzip, nur daß die Militärregierung an-

[94] W. Rudzio, Die Neuordnung des Kommunalwesens in der Britischen Zone. Zur Demokratisierung und Dezentralisierung der politischen Struktur. Eine britische Reform und ihr Ausgang, Stuttgart 1968, S. 36.

[95] Rudzio, S. 38.

stelle von Staatsaufsicht und NSDAP getreten schien".[96] Den in verschiedenen westdeutschen Gemeinden entstandenen antifaschistischen Räten, die sich aus ehemaligen Häftlingen der Konzentrationslager, Kommunisten, Sozialdemokraten und bürgerlichen Demokraten zusammensetzten, standen die westlichen Besatzungsbehörden ablehnend gegenüber. Dagegen spielten in der sowjetischen Besatzungszone die antifaschistischen Komitees und die bereits am 10. Juni 1945 zugelassenen demokratischen Parteien und Gewerkschaften, die sich im „Demokratischen Block" zusammenschlossen, bei der örtlichen Personalpolitik der sowjetischen Militärbehörden eine bedeutendere Rolle, obwohl auch sie zunächst überwiegend bürgerliche Verwaltungsfachleute in die Leitung der Kommunen beriefen.[97] Nach einer Aufstellung des Personalamts der Landesverwaltung von Mecklenburg gehörten am 10. 1. 1946 von den in den 20 Kreisen und 8 kreisfreien Städten des Landes tätigen Bediensteten 1508 der KPD, 1907 der SPD, 416 der CDU und LDPD und 7490 keiner Partei an.[98] Im Gegensatz zu den westlichen Besatzungsmächten verfolgten die sowjetischen Militärbehörden in der ersten Nachkriegsphase eine betont antifaschistische Personalpolitik, die sich vor allem auf erklärte politische Gegner der Nationalsozialisten stützte.

Weder vorher noch nachher haben die deutschen Gemeinden im Bewußtsein der Bevölkerung eine derart überragende Stellung eingenommen wie in der Situation der Jahre 1945/46. In seiner ersten Ausgabe schrieb das Verbandsorgan des inzwischen neu gegründeten Deutschen Städtetags 1948: „Daß das deutsche Leben unter seinen derzeitigen Voraussetzungen noch nicht völlig zum Erliegen gekommen ist, zeugt von einer nach so viel Katastrophen fast erstaunlichen Kraft. Ausdruck dieser Kraft sind nicht zuletzt die Gemeinden, die sich seit dem Zusammenbruch als eine der wenigen Realitäten im Gespensterskat der Fiktionen bewährt haben und bewähren."[99] Da das durch die Kriegswirtschaft eingeführte System der öffentlichen Wirtschaftsverwaltung nach 1945 zunächst weiterbestand, regelte das örtliche Bezugsscheinamt nicht nur die Zuteilung von Nahrungsmitteln, Kleidung, Haushaltsgegenständen für den Massenverbrauch, sondern auch die Zuteilung von Rohstoffen, Ersatzteilen und Waren für die örtlichen Betriebe. Die Hauptprobleme der Städte in der Nachkriegszeit bestanden in der Wiederbeschaffung von Wohnraum, dem Wiederaufbau der Versorgung

[96] Rudzio, S. 41.

[97] H. Winter, Die Ausbildung demokratischer Verwaltungsorgane in Chemnitz (Karl-Marx-Stadt), in: Staat und Recht 18 (1969), S. 740–753.

[98] W. Wilhelmus, Die Anfänge der Machtentfaltung des Volkes in den Jahren 1945/46. Untersucht an der Entwicklung in Mecklenburg, in: Staat und Recht 18 (1969), S. 760.

[99] DST NF 1 (1948), S. 6.

mit Wasser, Gas und Elektrizität und der Wiederherstellung der örtlichen Verkehrseinrichtungen. Die überragende Bedeutung der Städte in dieser Zeit beruhte primär auf den von ihr wahrgenommenen wirtschaftlichen Funktionen. Die deutsche Wirtschaft der ersten Nachkriegsjahre bestand aus einem Netz kommunaler Wirtschaftszentralen. Erst die spätere politische und wirtschaftliche Entwicklung in der Bundesrepublik und der DDR hat die Bedeutung der Kommunen als Verwaltungs- und Wirtschaftszentren wieder zurückgestuft und auch die praktische Erfahrung der Gemeinden als neuralgische Knotenpunkte des wirtschaftlichen und gesellschaftlichen Lebens wieder mehr aus dem Bewußtsein der Öffentlichkeit verdrängt.[100]

Durch die Kriegseinwirkungen hatte sich die Bevölkerungsstruktur der Gemeinden erheblich verändert. Die Großstädte Berlin, Düsseldorf, Nürnberg, Mannheim, Trier, Magdeburg, Chemnitz und Dresden hatten zwischen 20% und 30% der Bevölkerung, Köln, Aachen, Münster, Heilbronn, Darmstadt, Mainz zwischen 30% und 40% und Kassel, Würzburg, Frankfurt/O. über 40% der Bevölkerung verloren.[101] Gleichzeitig hatte die Evakuierung der Bevölkerung aus den zerbombten Städten und der Zustrom der Flüchtlinge in einigen Gebieten zu einem sprunghaften Anwachsen der Bevölkerung in den ländlichen Gemeinden geführt, so daß die Struktur des ländlichen Raums, der bisher von der Außenwelt nahezu abgeschlossen war, grundlegend verändert wurde.[102] Der Bevölkerungszuwachs im Vergleich der Jahre 1939–1946 betrug im Gebiet des Landes Schleswig-Holstein 62,1%, in Niedersachsen 37,7%, in Bayern 28,3%, in Mecklenburg 52,2%, in Sachen-Anhalt 20,9% und in Thüringen 20,4%.[103] Die Veränderung der Bevölkerungsstruktur bewirkte in den folgenden Jahrzehnten eine Dynamisierung und Urbanisierung des ländlichen Raums und trug zur wachsenden Bedeutung der Kommunalpolitik der Klein- und Mittelstädte bei.

Ende 1945 gingen die Besatzungsmächte dazu über, durch Erlaß von provisorischen Gemeindeordnungen den Kommunen eine neue verfassungsrechtliche Grundlage zu geben, die an die Stelle der DGO treten und das Führerprinzip durch die Wiedereinführung demokratischer Vertretungskörperschaften ablösen sollte. Am 1. April 1946 trat in der britischen Zone die sogenannte revidierte Deutsche Gemeindeordnung in Kraft, die erstmals in

[100] Zum Wiederaufbau: D. J. Irving, Und Deutschlands Städte starben nicht. Ein Dokumentarbericht, Zürich 1963.

[101] Der deutsche Bestand. Bevölkerung und Fläche der vier Besatzungszonen und Berlins nach der Volkszählung vom 26. 10. 1946, in: DST NF 2 (1949), S. 37–39.

[102] Einen instruktiven Einblick in das "working system" einer ländlichen Gemeinde der fünfziger und sechziger Jahre gibt: B. Luckmann, Politik in einer deutschen Kleinstadt, Stuttgart 1970.

[103] Der deutsche Bestand, a. a. O.

der deutschen Kommunalgeschichte die Trennung von politischer und administrativer Leitung der Gemeinden – den politischen Bürgermeister als Vorsitzenden der Gemeindevertretung und den Stadtdirektor als beamteten Leiter der den Beschlüssen der Vertretung unterworfenen Verwaltung – einführte. Über die Absicht der neuen Gemeindeordnung hieß es in der Einführung: „Das Naziwesen auszutilgen, die politischen Ziele und Lehren der nationalsozialistischen Partei aus dem deutschen Recht auszumerzen, ordnungsgemäße Regierungsmethoden einzuführen und der Bevölkerung das Recht und die Verantwortung zur Führung ihrer eigenen Angelegenheiten zu geben ..." Einschränkend wurde dazu vermerkt: „Diese Politik kann nur schrittweise zur Ausführung gelangen, die Schaffung völlig demokratischer Einrichtungen, die auf dem Wahlprinzip beruhen, muß in Stadien vor sich gehen."[104]

Am weitesten wurde die Demokratisierung der Kommunalverfassung in der sowjetischen Besatzungszone durch die ›Demokratische Gemeindeordnung‹ vom 30. 9. 1946 betrieben, die einheitlich in allen fünf Ländern der Zone eingeführt wurde. Kennzeichnend sei, so kommentierte der Kölner Oberbürgermeister Hermann Pünder (CDU) die Demokratische Gemeindeordnung im Vergleich zu den Gemeindeordnungen der westlichen Zonen, „daß diese neue Gemeindeverfassung die Grundsätze der Demokratie in einer Gemeindeverfassung wohl am schärfsten zum Ausdruck bringt, wobei nur die Frage offen bleibt, ob diese extreme Gestaltung ihre Funktionsfähigkeit in der Praxis wird erweisen können".[105] Die Demokratische Gemeindeordnung setzte eine zweijährige Wahlzeit der Gemeindevertretung fest und sah die Möglichkeit einer vorzeitigen Abberufung der Vertretung durch einen Gemeindeentscheid vor. Als ausführendes Verwaltungsorgan fungierte der Gemeinderat, dem neben dem Bürgermeister bis zu vierzehn besoldete und unbesoldete Mitglieder angehörten. Seine Amtszeit wurde gleichfalls auf zwei Jahre beschränkt. Ferner wurde der Grundsatz eingeführt, daß der Bürgermeister zu seiner Amtsführung des Vertrauens der Gemeindevertretung bedürfe.

Bei den ersten Gemeindewahlen nach Kriegsende, die im Januar 1946 in der amerikanischen Zone und im September 1946 in den drei anderen Zonen stattfanden, konnten die inzwischen neu gebildeten Parteien, in den Westzonen die CDU und CSU, die SPD, die KPD und die liberalen Parteien, in der Ostzone die aus dem Zusammenschluß von KPD und SPD gebildete SED, die CDU und LDPD, ihre ersten kommunalen Schlüsselposi-

[104] Nach W. Loschelder, Die Gemeindeordnungen in der Bundesrepublik Deutschland, Stuttgart u. a. 1965, S. 5.

[105] H. Pünder, Die deutschen Gemeinden gestern, heute und morgen, Köln 1948, S. 65.

tionen erobern. Mit dem Einzug der überörtlich organisierten Parteien in die Rathäuser endete die erste Phase der Nachkriegs-Kommunalpolitik. Die relative Selbständigkeit der Kommunen trat wieder zugunsten ihrer übergeordneten politischen und gesellschaftlichen Systemfunktionen zurück.[106]

Im Zuge der Bemühungen der Parteien um die Wiederherstellung zentraler staatlicher Organe dienten die Kommunen fortan als Ausgangsbasen zur Eroberung der politischen Macht. Auch die Neubildung der Länder, der Ausbau der Landesverwaltungen und die Wahlen zu den Landtagen und schließlich die Auswirkung des Ost-West-Gegensatzes auf die innenpolitische, wirtschaftliche und gesellschaftliche Entwicklung Deutschlands drängte die Bedeutung der Kommunen zunehmend in den Hintergrund. Die Einrichtung zentraler Wirtschaftsverwaltungen, der Deutschen Wirtschaftskommission in Berlin und des Wirtschaftsrats in Frankfurt 1947, nahm den Gemeinden wieder die überragende wirtschaftliche Funktion, die ihnen nach dem Kriegsende zugefallen war.[107] Als einzige Stadt konnte Berlin, wenn auch unter problematischen Umständen, ihre überragende politische Bedeutung behaupten. Die ehemalige Reichshauptstadt geriet durch die Berliner Blockade 1948/49 in den Brennpunkt der deutschen und der Weltöffentlichkeit. Mit der Gründung der beiden deutschen Staaten endete schließlich die von einigen Kommunalpolitikern nach 1945 euphorisch berufene „Stunde der Selbstverwaltung".[108]

Ungeachtet dieser Tatsache propagierten jedoch die in Westdeutschland 1946/47 wiederbegründeten kommunalen Spitzenverbände, der Deutsche Städtetag, der Deutsche Landkreistag, der Deutsche Städtebund und der Deutsche Gemeindetag – die sich 1953 zur Bundesvereinigung kommunaler Spitzenverbände zusammenschlossen –, auch weiterhin die herkömmliche Ideologie kommunaler Selbstverwaltung. Anknüpfend an die Tradition der bürgerlichen Selbstverwaltung im Deutschland des 19. Jahrhunderts und unter Berufung auf die preußische Städtereform des Freiherrn vom Stein hielt dieses Selbstverwaltungskonzept an der Konstruktion eines Gegensatzes zwischen staatlicher Verwaltung und örtlicher Selbstverwaltung fest. Gegenüber dem demokratischen Verfassungssystem der Bundesrepublik mit gewählten Vertretungskörperschaften auf allen politischen Ebenen wirkte dieses von den kommunalen Spitzenverbänden vertretene Selbstverwal-

[106] O. Ziebill, Politische Parteien und kommunale Selbstverwaltung, Stuttgart u. a. 1972.

[107] Zur Nachkriegsentwicklung einer westdeutschen Großstadt: H. Vietzen, Chronik der Stadt Stuttgart 1945–1948, Stuttgart 1972.

[108] Vgl. Rudzio, S. 97; A. Gasser, Gemeindefreiheit als Rettung Europas, Basel 1947; K. E. von Turegg, Politische Selbstverwaltung, Köln 1948.

tungskonzept ausgesprochen restaurativ und konservativ. Oft verteidigte diese Selbstverwaltungsideologie nicht nur die demokratischen Rechte der kommunalen Bürgerschaft zur Selbstbestimmung ihrer örtlichen Angelegenheiten, sondern auch die Interessen einer sich bewußt unpolitisch gebenden und auf die Absicherung ihres sozialen Besitzstands bedachten kommunalen Beamtenschaft. Eine Selbstverwaltung im Sinne einer inneren Politisierung und Demokratisierung der Gemeinden war jedenfalls nicht immer gemeint. Die kommunale Beamtenschaft suchte, nachdem das Entnazifizierungsverfahren überstanden war, Kontinuität und Stabilität. Die Beamtenschaft sei, so schrieb 1949 H. G. Wormit in seinem Beitrag ›Der Beamte in der Selbstverwaltung‹ im Verbandsorgan des DST, gerade „in Zeiten politischer Unruhe, sozialer und wirtschaftlicher Spannungen für den Volkskörper lebensnotwendig“, da er das „Element der Stetigkeit“ verkörpere.[109] Um so notwendiger sei es, „die Kontinuität der Verwaltung, die sich in einem eingearbeiteten Beamtentum verkörpert, zu entwickeln und zu wahren und dies in Zukunft vor weiteren tiefgreifenden Erschütterungen zu schützen“.[110]

Der kommunalen Beamtenschaft gelang es in den fünfziger Jahren, auch die gewählten Vertretungskörperschaften weitgehend zu entpolitisieren. Nach einigen Jahren kommunalpolitischer Neuorientierung arbeiteten die in den Rathäusern vertretenen politischen Parteien Westdeutschlands unter Wahrung des Proporzes bei den kommunalen Stellenbesetzungen in der Regel einträchtig zusammen. Die unter politischen Vorzeichen erfolgende Wahl der hauptamtlichen Oberbürgermeister und Bürgermeister bzw. Oberstadtdirektoren und Stadtdirektoren verdeckte die tatsächliche Entpolitisierung der kommunalen Verwaltung.[111] Die Große Koalition war in den westdeutschen Städten bereits eine ständige Einrichtung, bevor auf der bundespolitischen Ebene überhaupt jemand daran dachte. Wesentlich verstärkt wurde der Prozeß der Entpolitisierung der Kommunen durch den Prozeß der Pressekonzentration und dem seit dem Ende der fünfziger Jahre wachsenden Einfluß der überregionalen und vorwiegend bundespolitisch orientierten Fernsehanstalten. Die kommunale Öffentlichkeit der Großstädte wurde zunehmend reduziert und ist heute in vielen Gemeinden überhaupt nicht mehr vorhanden.[112]

[109] H. G. Wormit, Der Beamte in der Selbstverwaltung, in: DST NF 2 (1949), S. 6.

[110] A. a. O.

[111] R. R. Grauhan, Politische Verwaltung. Auswahl und Stellung der Oberbürgermeister als Verwaltungschefs deutscher Großstädte, Freiburg 1970.

[112] Eine Ausnahme im Prozeß der Entpolitisierung der Gemeinden stellten die 1958 von den SPD-regierten Städten Frankfurt a. M., Offenbach, Darmstadt und den Stadtstaaten Hamburg und Bremen geplanten, allerdings nicht kommunalpolitisch motivierten Volksbefragungen im Zusammenhang mit der Auseinandersetzung

Beide deutsche Verfassungen von 1949, die der Bundesrepublik und die der DDR, stellten für die Gemeinden den Grundsatz der kommunalen Selbstverwaltung auf. Art. 28 Abs. 2 GG besagt: „Den Gemeinden muß das Recht gewährleistet sein, alle Angelegenheiten der örtlichen Gemeinschaft im Rahmen der Gesetze in eigener Verantwortung zu regeln." Art. 28 Abs. 1 GG setzte für die Wahl der Gemeindevertretungen den Grundsatz der allgemeinen, gleichen und geheimen Wahl fest. Art. 139 der Verfassung der DDR von 1949 lautete: „Gemeinden und Gemeindeverbände haben das Recht der Selbstverwaltung innerhalb der Gesetze der Republik und der Länder. Zu den Selbstverwaltungsaufgaben gehören die Entscheidung und Durchführung aller öffentlichen Angelegenheiten, die das wirtschaftliche, soziale und kulturelle Leben der Gemeinde oder des Gemeindeverbands betreffen. Jede Aufgabe ist vom untersten dazu geeigneten Verband zu erfüllen." Art. 140 setzte das demokratische Wahlrecht für die Vertretungskörperschaften fest. Das staatliche Aufsichtsrecht wurde durch Art. 142 auf die Gesetzmäßigkeit der Verwaltung und die Beachtung demokratischer Verwaltungsgrundsätze begrenzt. Art. 141 übernahm die Bestimmung der Demokratischen Gemeindeordnung von 1946, die die ausführenden Organe der Gemeinde bei ihrer Amtsführung an das Vertrauen der Vertretungskörperschaften band.

Entgegen den Bestimmungen der DDR-Verfassung wurde die politische und wirtschaftliche Selbständigkeit der Gemeinden, die in der als antifaschistisch-demokratische Umwälzung bezeichneten Phase der Nachkriegszeit mit ihren aus freien Wahlen hervorgegangenen Vertretungskörperschaften eine bedeutende Rolle gespielt hatten, im Zuge des Aufbaus der zonalen und später der Staatsverwaltung nach den Grundsätzen des demokratischen Zentralismus systematisch abgebaut. Diese Entwicklung setzte 1948 mit der Eingliederung der Zentralverwaltungen der Sowjetischen Militäradministration in die Deutsche Wirtschaftskommission ein und führte zum Aufbau eines zentralen Systems der Planung von Wirtschaft und Verwaltung, das 1950 in dem Gesetz über die Reform des öffentlichen Haushaltswesens, das sämtliche Haushalte der Republik, der Länder, Landkreise und kreisfreien Städten zusammenfaßte, seine gesetzliche Grundlage fand. Damit war die Finanzhoheit der Kommunen aufgehoben.

1948 hatte der stellvertretende Vorsitzende der SED und spätere Justizminister Max Fechner, selbst langjähriger SPD-Kommunalpolitiker, in einem Beitrag in der Kommunalzeitschrift ›Demokratischer Aufbau‹ die Abschaffung der verwaltungsorganisatorischen Trennung von Staatsverwaltung und

um die atomare Bewaffnung der Bundeswehr dar. Das Bundesverfassungsgericht erklärte am 30. Juli 1958 die Volksbefragungen für verfassungswidrig (H. Lilge, Deutschland 1945 bis 1963, Hannover 1967, S. 172f.)

Selbstverwaltung und den Einbau der kommunalen Körperschaften in eine einheitliche Gesamtverwaltung gefordert.[113] Ihren Abschluß fand die Zentralisierung des Verwaltungsaufbaus der DDR in der Verwaltungsgliederung von 1952, die die fünf Länder beseitigte und unter Berücksichtigung der regionalen Wirtschaftsstruktur 14 Bezirke schuf, die wiederum in 214 Kreise, davon 22 Stadtkreise, eingeteilt waren. Die Stadtkreise wurden in Stadtbezirke untergliedert. Zur Begründung der Verwaltungsreform hieß es in dem Gesetz über die weitere Demokratisierung des Aufbaus und der Arbeitsweise der staatlichen Organe in den Ländern der Deutschen Demokratischen Republik vom 23. 7. 1952: „Die Aufgaben der weiteren demokratischen und wirtschaftlichen Entwicklung der Deutschen Demokratischen Republik erfordern eine größtmögliche Annäherung der Organe der Staatsgewalt an die Bevölkerung und eine breitere Einbeziehung der Werktätigen in die Leitung des Staates ... Deshalb ist die alte administrative Gliederung ... jetzt zu einer Fessel der neuen Entwicklung geworden. Die örtlichen Organe der Staatsgewalt müssen deshalb so reorganisiert werden, daß der Staatsapparat die Möglichkeit erhält, den Willen der Werktätigen, der in den Gesetzen der Deutschen Demokratischen Republik zum Ausdruck gebracht ist, unverbrüchlich zu erfüllen und, gestützt auf die Initiative der Massen, eine Politik des werktätigen Volkes durchzuführen."[114]

Von einer verstärkten Initiative der Massen konnte allerdings keine Rede sein. Die Arbeit der Volksvertretungen und Räte der Kreise und Gemeinden beschränkte sich fast ausschließlich auf eine ausführende, von den übergeordneten Verwaltungsorganen kontrollierte Tätigkeit. Nach den 1950 aufgrund der Einheitslisten der Nationalen Front durchgeführten Wahlen zu den örtlichen Volksvertretungen fanden sieben Jahre lang überhaupt keine Kommunalwahlen mehr in der DDR statt. Die gesamte politische Administration und Wirtschaftsverwaltung wurde auf die staatliche Zentrale konzentriert. Die örtlichen Volksvertretungen der DDR sanken seit dem Anfang der fünfziger Jahre auf die Stufe politischer Bedeutungslosigkeit.

Auch in Westdeutschland fiel die Vorentscheidung über die künftige Systemfunktion der Gemeinden bereits Ende der vierziger Jahre. Die föderale Struktur der Bundesrepublik brachte die Gemeinden in eine weitgehende Abhängigkeit von der Landesverwaltung und Landesgesetzgebung und verhinderte eine bundeseinheitliche Regelung nicht nur des kommunalen Verfassungsrechts, sondern auch in dem entscheidenden Bereich der Gemeindefinanzen.[115] Die Gemeinden waren und blieben das schwächste

[113] M. Fechner, Selbstverwaltung als Teil der staatlichen Gesamtverwaltung, in: Demokratischer Aufbau 3 (1948), S. 145ff.

[114] GBl. (1952), S. 613.

[115] J. Bertram, Staatspolitik und Kommunalpolitik, Stuttgart 1967.

Glied im System der westdeutschen Verwaltung. Dementsprechend kritisch waren die Kommentare der Gemeinden zu dem neugeschaffenen Grundgesetz. „Bonn hat die Gemeinden verraten", erklärte Ernst Böhme, von 1929 bis 1933 und von 1945 bis 1948 sozialdemokratischer Oberbürgermeister von Braunschweig: „Die glänzende Gelegenheit, einen klaren, einfachen, billigen Verwaltungsaufbau von unten nach oben, ein wirklich demokratisches Ganzes durch einen Instanzenzug Gemeinde – Land – Bund zu schaffen, ist verpaßt."[116]

Die stärkste Benachteiligung entstand den Gemeinden jedoch durch die expansive Entwicklung der westdeutschen Privatwirtschaft, die die gemeinwirtschaftliche Funktion der Gemeinden als selbständig handelnder wirtschaftlicher Einheiten immer stärker eingrenzte. 1952 erklärte der Regierende Bürgermeister von Berlin, Ernst Reuter: „Es ist an der Zeit, in einem Augenblick, in dem sich die ‚Wirtschaft' als die alleinige Herrin des Schicksals unseres Volkes hinzustellen beliebt, der Welt und der Öffentlichkeit zu zeigen, daß es neben der Privatwirtschaft eine öffentliche Wirtschaft gibt, ohne die die Privatwirtschaft gar nicht leben und existieren könnte, und daß die öffentliche Wirtschaft sehr wohl einiges Positives zu sagen, zu lehren und mitzubringen hat."[117] Da das Grundgesetz keine Regelungen der westdeutschen Wirtschaftsverfassung enthielt, blieb die Abgrenzung zwischen öffentlicher und privater Wirtschaft ungelöst – eine Tatsache, die seit dem Anfang der sechziger Jahre zu wachsenden Spannungen zwischen den Kommunen und dem kapitalistischen Wirtschaftssystem führte.

Die Entwicklung der deutschen Gemeinden bis in die siebziger Jahre kann im Rahmen dieses historischen Überblicks nur kurz aufgezeigt werden. Ende der fünfziger, Anfang der sechziger Jahre endete die Phase des Wiederaufbaus der deutschen Städte. Inzwischen hatten die westdeutschen Gemeinden über dreizehn Millionen Ostvertriebene und Flüchtlinge aufgenommen. Danach setzte im Zuge der Hochkonjunktur der

[116] Die Welt, 5. 8. 1949. – Die am 1. 4. 1957 in Kraft getretene Änderung des Art. 106 GG brachte die grundgesetzliche Verankerung der Realsteuern (Grund- und Gewerbesteuer) als Gemeindesteuern und die prozentuale Beteiligung der Gemeinden an dem Aufkommen der Körperschafts- und Einkommenssteuer der Länder sowie die Verpflichtung des Bundes zur Gewährung eines finanziellen Ausgleichs bei der Entstehung von Sonderlasten für einzelne Gemeinden durch Auftragsangelegenheiten. Das Gemeindefinanzierungsreformgesetz vom 8. 9. 1969 setzte den Anteil der Gemeinden an dem Aufkommen der Einkommenssteuer generell auf 14% fest und kürzte den Anteil der Gemeinden an dem örtlichen Gewerbesteueraufkommen um 40%. Die dadurch erzielte geringfügige Verbesserung der kommunalen Finanzlage wurde von den Gemeinden als „Tropfen auf den heißen Stein" bewertet.

[117] E. Reuter, Die kommunale Versorgungswirtschaft als Aufgabe unserer Zeit, in: Die demokratische Gemeinde 4 (1952), S. 218.

wachsende Zustrom der Ausländer in die deutschen Städte ein, die jedoch vom Wahlrecht zu den kommunalen Vertretungskörperschaften ausgeschlossen blieben. Allmählich wurde das bis dahin planlos und unkontrollierte Wachstum der Städte, das sich am stärksten im Bereich des Städtebaus und des innerörtlichen Verkehrs auswirkte, als das zentrale Problem der westdeutschen Kommunalpolitik erkannt. „Die Erneuerung unserer Städte" lautete das Leitthema der Hauptversammlung des Deutschen Städtetags in Augsburg 1960. Im Verlauf der sechziger Jahre zeigte sich immer deutlicher, daß die Gemeinden mehr noch als von der politischen Verwaltung in Land und Bund von der tatsächlichen konjunkturellen Entwicklung der Wirtschaft abhängig waren und daß für eine geregelte, an den gesellschaftlichen Bedürfnissen der Gemeinden orientierte langfristige Investitionstätigkeit kaum Spielraum vorhanden war. Das Gesetz zur Förderung der Stabilität und des Wachstums der Wirtschaft vom 8. 6. 1967 und die gleichzeitige Änderung des Art. 109 GG zur Erhaltung des gesamtwirtschaftlichen Gleichgewichts brachten den Gemeinden keine Verbesserungen ein, sondern machten die ungeklärte Stellung der Gemeinden im Wirtschafts- und im Verfassungssystem der Bundesrepublik nur noch deutlicher.[118] Eine wesentliche Bedeutung für die Kommunalpolitik kam dem Bundesbaugesetz von 1960 zu, das die örtliche Planungshoheit der Gemeinden bundesgesetzlich verankerte, aber in der Regelung des kommunalen Bodenrechts ebenso wie das spätere, auf den Bereich der Stadtsanierung beschränkte Städtebauförderungsgesetz von 1971 keine Lösung brachte. Eine insgesamt gesehen strukturelle Verbesserung der Verwaltungssituation der ländlichen Gemeinden ging von der 1968 begonnenen und um 1975 abgeschlossenen Gebietsreform aus, die bis zum 1. 7. 1972 die Gesamtzahl der Gemeinden in der Bundesrepublik von 24282 auf 15857 verringerte und 8730 Gemeinden mit einer Einwohnerzahl unter 5000 auflöste.[119] Der Deutsche Städtetag hat seit seiner Münchener Hauptversammlung im Mai 1971, die unter dem Leitthema „Rettet unsere Städte jetzt!" stand, die „Krise" der westdeutschen Gemeinden, insbesondere der Großstädte, zum offiziellen verbandspolitischen Programmpunkt erhoben.[120] „Bei uns steht die große Krise der Stadt erst bevor", schrieb das Organ des DST im Januar

[118] Inzwischen wird auch in der verfassungsrechtlichen Literatur, wenn auch in zurückhaltender Form, eine neue rechtliche und politische Funktionsbestimmung der Gemeinden gefordert: U. Scheuner, Zur Neubestimmung der kommunalen Selbstverwaltung, in: Archiv f. Kommunalwissenschaften 12 (1973), S. 1–44.

[119] S. Wimmer, Gebietsreform – Eine Zwischenbilanz zum 1. Juli 1972, in: DST NF 25 (1972), S. 641 f.

[120] Rettet unsere Städte jetzt! Vorträge, Aussprachen und Ergebnisse der 16. Hauptversammlung des Deutschen Städtetags vom 25.–27. 5. 1971 in München (Neue Schriften des Deutschen Städtetags, H. 28), Stuttgart 1971.

1972. „Der Stellenwert, den die Stadt in der Politik erhält, wird darüber entscheiden, ob und wann die Krise kommt.“[121]

Die strukturellen Probleme, wie sie sich aus dem unkontrollierten Wachstum der westdeutschen Städte ergaben, waren in diesem Ausmaß in der DDR nicht vorhanden. Der Flüchtlingsstrom aus der DDR in die Bundesrepublik Deutschland hat die Bevölkerungszahl der DDR seit 1949 nicht ansteigen lassen, sondern verringert. Die Bevölkerungsdichte der DDR betrug 1969 bei einer Gesamtbevölkerung von 17 Millionen 158 Einwohner/qkm, die der Bundesrepublik bei einer Einwohnerzahl von 61 Millionen 245 Einwohner/qkm.[122] Die private Motorisierung lag erheblich unter dem Stand der Bundesrepublik. Ein Verkehrschaos wie in den westdeutschen Städten war in den Städten der DDR, unter denen die Mittelstädte eine bedeutendere Position einnehmen als die der Bundesrepublik, nicht vorhanden. Die kommunalpolitischen Probleme der Städte der DDR unterschieden sich daher wesentlich von denen ihrer westdeutschen Nachbarn. Eine „Krise“ der Stadt in der DDR gab es nicht, natürlich auch deshalb, weil es sie nicht geben durfte.

1957 wurde durch das Gesetz über die örtlichen Organe der Staatsmacht, das die bis dahin formell noch bestehende Demokratische Gemeindeordnung von 1946 aufhob, die verfassungsrechtliche Situation der Gemeinden der DDR auf der Grundlage des Prinzips des demokratischen Zentralismus neu geregelt. Das Gesetz konstituierte die Gemeinden als staatliche Organe mit örtlich begrenzter Zuständigkeit und ordnete sie den Weisungsbefugnissen der übergeordneten Räte und des Ministerrats unter. Um eine stärkere Anteilnahme der Bevölkerung an den örtlichen Volksvertretungen zu erreichen, führte das Gesetz den Grundsatz der Ablösbarkeit der Abgeordneten ein und räumte den Bürgern die Möglichkeit ein, in den Sitzungen der Volksvertretungen das Wort zu ergreifen. Eine politische Aufwertung erfuhren die Gemeinden durch die Gründung des „Deutschen Städte- und Gemeindetags der DDR“ im Frühjahr 1957.

Ungeklärt und auch in der zweiten Verfassung der DDR vom 6. 4. 1968 nicht gelöst war die Kompetenzabgrenzung zwischen Gemeinden und Betrieben. Art. 41 stellt die Gemeinden und Betriebe als funktional gleichgeartet nebeneinander: „Die sozialistischen Betriebe, Städte, Gemeinden und Gemeindeverbände sind im Rahmen der zentralen staatlichen Planung und Leitung eigenverantwortliche Gemeinschaften, in denen die Bürger arbeiten und ihre gesellschaftlichen Verhältnisse gestalten.“ Den Gemeinden wurde in Art. 43 die Gestaltung der „notwendigen Bedingungen für eine stän-

[121] DST NF 25 (1972), S. 1.

[122] Bericht der Bundesregierung und Materialien zur Lage der Nation 1971, hrsg. v. Bundesministerium f. innerdeutsche Beziehungen, S. 71.

dige bessere Befriedigung der materiellen, sozialen, kulturellen und sonstigen gemeinsamen Bedürfnisse der Bürger" in Zusammenarbeit mit den örtlichen Betrieben und Genossenschaften zugewiesen. Dagegen hoben die Artikel 81–85 die den anderen Gemeinschaften übergeordnete politische und Verwaltungsfunktion der Gemeindeorgane in dem örtlichen Zuständigkeitsbereich hervor. Art. 81 Abs. 1 besagte: „Die örtlichen Volksvertretungen sind die von den wahlberechtigten Bürgern gewählten Organe der Staatsmacht in den Bezirken, Kreisen, Städten, Stadtbezirken und Gemeindeverbänden." Sie haben das Recht, „in eigener Verantwortung über alle Angelegenheiten, die ihr Gebiet und seine Bürger betreffen", zu entscheiden. Der von den Volksvertretungen gewählte Rat ist ihnen gegenüber für seine Tätigkeit verantwortlich und dem übergeordneten Rat rechenschaftspflichtig. Für die Arbeitsweise des Rats gilt das Kollektivprinzip.

Gegenüber der Situation der fünfziger Jahre gewannen die örtlichen Organe an politischer Bedeutung, zumal da die Volksvertretungen die örtliche Bürgerschaft in das Verwaltungssystem integrierten. Im Zuge dieser Entwicklung wurde von den Kommunalpolitikern mit wachsendem Nachdruck die Forderung nach dem „politischen Primat" der Gemeindeorgane gegenüber den anderen örtlichen Gemeinschaften erhoben. Eine kommunalpolitische Tagung der Deutschen Akademie für Staats- und Rechtswissenschaft in Potsdam über die „gesellschaftliche Funktion der Stadt und Aufgaben der Stadtverordnetenversammlungen" 1968 stellte die „wachsende Bedeutung der sozialistischen Stadt im entwickelten gesellschaftlichen System des Sozialismus" heraus und forderte die Priorität der örtlichen Volksvertretungen gegenüber den Betrieben, denen aufgrund ihrer partikularen Funktion nicht die Totalität des örtlichen Wirkungsbereichs zukomme wie den städtischen Organen.[123] Die faktische Situation der kommunalen Verhältnisse wurde allerdings durch die auf derselben Konferenz geäußerte Klage beleuchtet, daß „noch Auffassungen zu überwinden" seien, welche die Städte „nur als Hilfsorgane der Betriebe für die Lösung von Wohnungs- und Sozialfragen sehen".[124]

Nachtrag 1991: Die Städte und Gemeinden spielten bei dem Zusammenbruch der DDR 1989 eine zentrale Rolle. Die Kritik an der Manipulation der Kommunalwahlen im Frühjahr 1989 stärkte die Protestbewegung in den Städten der DDR. Das „Gesetz über die Selbstverwaltung der Gemeinden

123 Gesellschaftliche Funktion der Stadt und Aufgaben der Stadtverordnetenversammlung. Funktion, Rechtsstellung und Arbeitsweise der Organe der Staatsmacht in kreisangehörigen Städten im entwickelten gesellschaftlichen System des Sozialismus, Bd. 1, Berlin 1969, S. 23.

124 A. a. O., S. 24.

und Landkreise in der DDR“ vom 17. Mai 1990 führte die demokratische kommunale Selbstverwaltung wieder ein. Bereits am 6. Mai 1990 waren sämtliche kommunale Vertretungen nach dem neuen, demokratischen Wahlrecht gewählt worden. Damit begann die Demokratisierung – ähnlich wie nach 1945 – auf der kommunalen Ebene. Es folgten die Landtagswahlen in den wieder errichteten, 1952 aufgelösten Ländern am 14. Oktober und die Bundestagswahl am 2. Dezember 1990. Wie selten zuvor wurde bei der Demokratisierung der DDR der enge Zusammenhang von Stadt und Nation sichtbar.